HISTOIRE DE FRANCE

Les origines

HISTOIRE DE FRANCE
sous la direction de Jean FAVIER

Tome 1, Karl Ferdinand WERNER, *Les origines (avant l'an mil)*
Tome 2, Jean FAVIER, *Le temps des principautés (de l'an mil à 1515)*
Tome 3, Jean MEYER, *La France moderne (de 1515 à 1789)*
Tome 4, Jean TULARD, *Les révolutions (de 1789 à 1851)*
Tome 5, François CARON, *La France des patriotes (de 1851 à 1918)*
Tome 6, René RÉMOND, *Notre siècle (de 1918 à nos jours)*

HISTOIRE DE FRANCE
Sous la direction de Jean Favier

KARL FERDINAND WERNER

LES ORIGINES

avant l'an mil

FAYARD

Texte français original,
mis au point par Jean Favier

INTRODUCTION GÉNÉRALE

par JEAN FAVIER

L'histoire de France que voici est un récit où les historiens ne prétendent pas rompre le lien — logique, même s'il n'a rien d'exclusif — qui procède de la suite des temps. Cent générations se sont succédé sur le sol français depuis l'aube des siècles historiques. Cet ouvrage est leur histoire.

Que l'on n'en déduise pas trop vite qu'une telle histoire, où le temps fait son œuvre comme il la fait dans les instants du vécu, sera celle des seuls événements datés, des naissances et des morts, des batailles et des traités, des « premières » et des naufrages. Événementielle, ou anti-événementielle, l'histoire ne l'est que dans la caricature ou dans l'excès, ou dans la caricature des excès. Au vrai, l'homme vit à la fois dans une continuité qu'il perçoit sans la remarquer et dans un quotidien où se perçoit surtout l'anormal qui, parfois, dérange la normale. Notre journée est aussi bien tissée du bombardement ou de l'attentat qui attire l'attention et porte ses effets sur l'évolution à long terme des relations politiques que des modes de gestion des affaires publiques ou privées qui — dans leurs types et par leurs technologies — déterminent nos comportements et modifient le présent et l'avenir sans que notre attention s'y porte chaque matin. Notre histoire contemporaine est faite de la bombe et de l'ordinateur, du leader et du chômeur, de la création délibérée et de l'urbanisation spontanée. De même les Français du XIIe siècle ont-ils vécu en même temps les défrichements, les croisades, l'art roman, les amours d'Aliénor et l'incendie de Chartres.

Cette diversité mouvante donne sa touche propre à l'univers de chaque génération. Elle est la richesse du vécu, où les priorités d'intérêt tiennent aux espoirs et aux difficultés du temps. Elle est la diversité des mentalités, que structure l'entrecroisement des strates de la culture héritée et des habitudes acquises, celles des talents personnels et des curiosités développées, celles des capacités économiques et des audaces sociales. Elle est aussi l'éventail largement ouvert des préoccupations, qui tient autant aux données générales de la conjoncture qu'aux intérêts individuels développés hors du déterminisme qui ferait nécessairement passer le raisonnable et le possible avant le déraisonnable et l'impossible.

Dans le choix des ponctuations chronologiques du récit, nous avons tenu compte de ces mutations de l'horizon perçu par les cent générations.

D'autres analyses ont privilégié le long terme, ce temps multiséculaire qui est celui des évolutions intellectuelles et des mutations sociales. Il est l'échelle chronologique de la variation significative du revenu agricole comme de la tendance démographique. On y mesure les relations des civilisations. On y situe le retournement d'une Europe tantôt attirée par l'Orient, tantôt ouverte sur le Ponant. De ce long terme que nul historien ne saurait négliger s'il veut comprendre avec le recul des temps ce que les hommes ont vécu sans bien situer leur perception des choses et d'eux-mêmes, nous ne perdrons jamais de vue les flexions profondes. Aux moments où s'infléchit la tendance, aussi bien qu'à ceux où les phénomènes de longue durée en viennent à caractériser une époque, nous ferons le point.

Le court terme, en revanche, c'est celui de la vie quotidienne. Celui de l'alerte et de l'espoir, de l'épidémie et de la guerre. Mais ce qui s'inscrit dans l'instant porte ses fruits dans la durée. Les destructions de la guerre prolongent le temps des combats, et la psychose de guerre suffit à paralyser les dynamismes démographiques. L'épidémie touche les salaires, et après eux les prix. La mort trop spectaculaire perturbe les esprits, conduit les uns au mysticisme et les autres au cynisme des jouissances immédiates.

Toutes ces secousses du temps court participeront en définitive de l'univers mental d'une génération qui les a vécues aussi bien que des suivantes qui en auront été bercées. Les petits-enfants de la Peste noire et ceux des tranchées de Verdun se comprendraient mal si l'on ne pensait aux récits entendus et aux cimetières visités. Tout homme, en prenant sa place dans le groupe familial ou dans la communauté sociale, trouve déjà faite une partie de son histoire personnelle.

Entre le temps des flexions profondes et celui des oscillations perceptibles au jour le jour, il y a le moyen terme : le temps des bilans que l'on fait à l'échelle d'une vie, celui des perceptions collectives de la communauté d'habitants, celui des mutations ressenties et souvent maîtrisées. C'est le temps de la génération, au sens que prend ce mot quand on le qualifie et quand il se définit par une après-guerre ou par une conquête technologique.

Ne soyons pas dupes du vocabulaire. Il est vrai qu'au fil des naissances qui se suivent, il naît une génération chaque jour. Mais qui nierait qu'à certains moments les hommes d'un âge se sont sentis plus proches de leurs pères, ou plus étrangers. La génération de l'après-guerre de Cent Ans ou celle de l'après-1945, ce sont des femmes et des hommes qui ont ensemble éprouvé, à un point différent de leur destin personnel, les mêmes joies et les mêmes illusions, les mêmes fraternités et les mêmes rancœurs, les mêmes fiertés et les mêmes besoins matériels ou moraux. La bombe d'Hiroshima a éclaté pour les vieux comme pour les jeunes, et l'enthousiasme de la première croisade a lancé sur la route de Jérusalem des croisés imberbes en même temps que des vieillards jadis bercés des récits de pèlerinage.

Cet univers mental d'une génération forme un tout. L'homme d'affaires vit dans le classicisme ou le baroque, et le chef de guerre n'ignore ni l'inflation ni l'étalement des vacances. Pour les besoins de l'analyse, l'historien mêle parfois dans le long terme, au fil d'une étude des façons agraires ou des tendances littéraires, des hommes qui ne se sont jamais rencontrés. Mais dans le monde que chacun se construit avec les matériaux que lui offre son temps, tout se conjugue et souvent s'ordonne dans le moyen terme des décantations et des consolidations. Notre âge est à la fois celui de l'atome et celui de la décolonisation, celui de l'Atlantique en cinq heures et celui de la retraite à soixante ans.

Le parti de cette Histoire de France est de privilégier cette vue globale du monde qu'ont eue, chacune en son temps, les générations qui se sont succédé sur le sol de l'actuelle France.

A cette échelle, l'histoire des groupes humains et le rôle de l'individu ne sauraient s'opposer. On peut se demander si l'Europe eût été autre sans l'échec d'Attila, non si les contemporains de Musset eussent été les mêmes sans Napoléon. L'alternative « histoire des chefs ou histoire sans noms » prêterait à rire dans le temps réel. Imagine-t-on la presse quotidienne inattentive aux chefs d'État, aux chefs d'entreprise ou aux chefs d'orchestre ? Ce qui ne signifie nullement que les hommes n'ont pas ressenti le monde ou la conjoncture séculaire à travers des phénomènes anonymes comme l'effondrement médiéval de la rente foncière ou l'exode rural contemporain. Dans le récit historique aussi bien que dans la vie, tout n'est-il pas affaire d'équilibre entre les horizons ? La maison que l'on construit et le panier de la ménagère que l'on remplit s'inscrivent l'un et l'autre dans la conjoncture, et parfois dans les choix d'une même journée. L'un dépend souvent de l'autre.

Nous avons voulu démontrer trois propositions, comme auraient dit les clercs de la Sorbonne médiévale. L'une est qu'une histoire peut être totale sans être désincarnée. L'autre est que l'histoire se comprend à l'horizon des hommes comme elle s'analyse en haussant le point de vue. La troisième est qu'écrire pour ceux qui ne sont pas — ou pas encore — historiens n'interdit pas de faire place aux recherches les plus avancées dans leurs conclusions les plus récentes.

J'ajouterais volontiers une quatrième proposition : que six historiens parfaitement indépendants pouvaient écrire une Histoire de France dans le respect d'une unité d'esprit définie en commun et dans l'absolue originalité de leurs talents propres. L'historien du monde franc qu'est K.F. Werner a bien voulu se joindre, ici comme en tant d'autres occasions, à ses collègues français. Des savants aux compétences aussi différentes qu'un historien de la société française de l'Ancien Régime, un historien de Napoléon, un spécialiste de l'économie industrielle et le maître des analyses politiques contemporaines ont accepté avec le même enthousiasme d'unir à mes côtés leurs efforts dans l'aventure d'une œuvre collective. On me permettra de les remercier de leur confiance.

J. F.

AVANT-PROPOS

Ce premier volume veut introduire à la compréhension des origines de la France. Son propos est de suivre l'évolution des fondements géographiques, humains, religieux, culturels, économiques et surtout politiques de ce pays, avant que celui-ci se constitue en tant que tel, et cela dans le cadre de l'histoire générale et européenne. Car l'histoire de la France, considérée à juste titre comme la leur par plus de cinquante millions de Français, appartient également à l'humanité entière, tant par les influences reçues de l'extérieur que par l'action menée dans toute l'Europe et dans le monde. Elle est en soi un phénomène de portée générale, qui concerne le destin de notre univers.

Comment s'est formé ce « terroir » actuel de la nation française que l'on nomme, à cause de sa forme apparente, « Hexagone » ? Quelle est la situation géographique de cet hexagone dans le monde environnant et quelles ont été les autres conditions — géographiques et climatiques — capables d'influencer les populations qui se sont succédé sur son sol ? Quelles ont été les conditions de vie et les réalisations de l'homme depuis son apparition dans l'Hexagone jusqu'au moment où nous pouvons nommer les peuples et les civilisations ? En d'autres termes, quel est l'héritage préceltique ? Après avoir répondu dans la mesure du possible à ces questions préliminaires, nous esquisserons la naissance de la Gaule et de sa civilisation celtique, ainsi que l'histoire de la conquête romaine et de la civilisation gallo-romaine. Quels sont l'héritage « gaulois » et l'héritage « latin » dans la géographie historique et dans l'histoire de la France ?

Une attention particulière sera consacrée à la Gaule romaine du Bas-Empire : c'est dans ce cadre que s'est établi le christianisme et que les peuples barbares — surtout les Francs — se sont installés dans l'Hexagone. Comment, en adoptant le catholicisme, les Francs ont-ils pu amorcer une histoire politique, institutionnelle et sociale qui mènera sans discontinuité à la France qui leur doit son nom ? A côté des événements politiques qui ont permis à la Gaule franque, sous les Mérovingiens et à nouveau sous les Carolingiens, de jouer un rôle considérable en Occident, nous chercherons à donner une image nuancée de la civilisation dite « mérovingienne » — de mieux en mieux connue grâce aux découvertes archéologiques — et de la civilisation en Gaule sous les Carolingiens : elle sera fondamentale pour l'évolution ultérieure de l'Europe. En évoquant l'empire de Charlemagne, nous examinerons les influences subies par la Gaule en raison de son appartenance à un ensemble qui dépassait, et de loin, ses frontières. Comment l'organisation politique du « royaume des Francs » et les divisions de l'Empire carolingien ont-elles préparé, non seulement les frontières de ce qui sera la France, mais également les limites des grandes régions françaises ? Comment, enfin, dans un Xe siècle trop souvent négligé par les historiens et pourtant capital, l'essor d'une dynastie qu'on appellera beaucoup plus tard « capétienne et celui de la « société féodale » se sont-ils préparés ? Que se cache-t-il derrière cette formule moderne mi-scientifique, mi-politique ? Quels ont été les premiers signes d'une conscience collective particulière au royaume franc occidental — autour de notions telles que *Francia, regnum Francorum, Franci, Franceis* — préludant à la naissance d'un « sentiment national » français ?

Cette simple énumération de questions illustre l'ampleur et les difficultés de notre tâche. On l'aura remarqué, nous évitons ici de parler de « Gaule » avant l'occupation celtique de l'Hexagone et de parler de la France — à l'exception d'un sens purement géographique « hors du temps historique » — avant la fondation du royaume des Francs. Nous laissons à des développements ultérieurs la clarification d'un problème épineux : le point de départ de l'histoire de France. Commence-t-elle avec Clovis et la continuité des *reges Francorum*, rois des Francs, rois de France ? Commence-t-elle avec le traité de Verdun en 843, après la discontinuité introduite par un Empire carolingien dont la dissolution dégage ces frontières qui restent celles de la France à l'époque féodale ? Ou commence-t-elle seulement avec Hugues Capet, c'est-à-dire au moment où le pays sort définitivement du monde carolingien et prend ses distances avec l'Empire ottonien, qui poursuivra l'expérience carolingienne à l'est ? Quoi qu'il en soit, une grande précision dans l'usage des termes est indispensable lorsqu'il s'agit de notions, même familières, que l'histoire a lourdement chargées de connotations, comme c'est le cas pour « Gaule » et pour «France ».

Dans un premier chapitre, nous avons voulu présenter ou au moins esquisser l'idée que les habitants de l'Hexagone se faisaient, à différentes époques, de leurs origines. Il constatera la variété des conceptions, souvent contradictoires entre elles : l'une souligne le caractère « franc », l'autre l'origine « gauloise » des populations en train de devenir un peuple sous l'action de véritables « mythes créateurs ». Car il ne s'agit pas de dépister « les erreurs du passé » par une science historique moderne qui se croirait porteuse de la seule vérité, mais de comprendre les hommes d'une période donnée à travers leur propre vision du monde, celle-ci combinant toujours une « image » des origines et une projection de cette image dans l'avenir : il y a corrélation, dans l'esprit des hommes, entre le début et le but de l'histoire.

Dans ce domaine, l'explication religieuse du rôle des Francs dans le monde catholique — un rôle fondé sur la volonté divine — est directement issue de la situation du christianisme en Gaule au moment des invasions et de celle de l'hérésie arienne. L'action de ces idées a été puissante et décisive dans l'histoire de la nation française et des idées que cette dernière s'est faites de sa mission particulière. Quiconque voudra comprendre l'histoire des origines de la France devra faire un effort pour se détacher quelque peu de ses idées familières concernant les périodes « barbares ». C'est pourquoi un premier chapitre — donnant la « géologie » ou la « stratigraphie » des conceptions politiques que les habitants de l'Hexagone avaient de la Gaule et de la France et de leur « identité » — nous semble indispensable. Il serait aberrant de vouloir suivre l'histoire des hommes sans avoir une idée de ce qu'ils ont cru, et de ce qu'ils ont voulu être et faire sur la base de cette croyance. Connaissant mieux les interprétations que les siècles reculés et le monde moderne et contemporain ont données des origines de la France, le lecteur sera ainsi mieux préparé à juger sereinement et sans idées préconçues le récit que procurera ce livre.

Ces idées reçues — et de fait fort répandues — à propos des origines humaines et nationales relèvent principalement de deux catégories. Certaines procèdent du dédain d'un passé lointain et de ses hommes, jugés de façon hautaine par nos contemporains, trop sûrs d'avoir atteint en ce qui les concerne les cimes de la perfection dans le monde d'aujourd'hui. D'autres résultent d'une identification romantique avec le passé et les hommes, dont on se sent proche tout en les admirant trop facilement.

Dans le premier cas, les hommes de nos origines apparaissent soit comme des monstres, soit comme des enfants ; il suffit pour s'en rendre compte de regarder quelques bandes dessinées, ou d'être attentif à des propos de presse, même s'ils émanent de gens intelligents et cultivés. Ce qui est un peu attristant, car les découvertes archéologiques étonnent depuis longtemps par les preuves qu'elles apportent des réelles facultés, de l'habileté et de l'esprit d'invention de nos ancêtres, placés dans des conditions de vie difficiles, et avec des moyens limités.

Dans le second cas, on se rapproche de façon arbitraire — qu'on imagine « naturelle » — des hommes du passé, un peu comme si, après tout, nous étions toujours les mêmes hommes, de la même race, de la même nation. Quelle déception ! Gaulois en tête, nos ancêtres sont, en y regardant de près, des êtres très différents de nous, et de prime abord « incompréhensibles » si nous leur appliquons nos propres normes et nos propres idéaux. Il faut donc chercher à connaître leurs normes et leurs idéaux et à les mettre dans la balance si nous voulons « juger ».

Face à cette double erreur de perspective — trop approcher ce qui est très loin ; croire très ancien ce qui tient parfois aux idées du XIXe siècle —, il n'y a qu'une recette : une compréhension historique, fondée sur la rigueur chronologique, aussi bien pour les idées que pour les faits, doit précéder l'essai d'une compréhension humaine qui, sans cela, ne serait qu'un jeu de l'esprit faussant la rencontre avec la vérité de notre histoire.

Ce volume ne saurait être un ouvrage d'érudition ; il vise à faire comprendre de façon claire les origines de la France, dont une large partie est antérieure à la naissance de la langue française, même sous sa forme la plus ancienne : des mots celtiques, franciques et surtout latins apparaissent donc parmi les noms de personnes, de lieux et de régions, dans les notions de droit et les institutions et enfin dans les titres officiels — souvent très significatifs — des rois et des princes. Nous les avons parfois donnés dans leur forme originale : le mot français, lorsqu'il existe, trahit souvent le sens propre et précis de l'époque. C'est ainsi que la notion de *militia* ne peut être remplacée ni par celle de « chevalerie », ni par celle de « milice », bien qu'elle ait joué un rôle déterminant dans les origines de la chevalerie. Le lecteur non latiniste a par ailleurs l'habitude de l'emploi d'expressions latines en histoire naturelle *(homo sapiens)*, en géologie, en archéologie, matières dont nous traiterons au début de ce volume. Il accepte aussi qu'on lui parle de *civitates* ou de *pagi* pour la période romaine de la Gaule. Or la Gaule franque continue d'être, comme nous allons le voir, un monde largement latin, et non seulement dans le domaine de l'Église : *civitas* et *pagus* restent d'actualité, sans qu'on puisse parler de « cité » ni de « pays », mots qui pourtant en dérivent. Bien entendu, chacune de ces notions et chaque mot non français appelleront un commentaire.

CHAPITRE PREMIER

Origines et conscience historique

Apparition d'une conscience historique en Gaule franque

En évoquant « nos ancêtres les Gaulois » et en appelant leur patrie « France » *(Francia,* pays des Francs) tout en se considérant comme un peuple latin, les Français ont trois fois raison — malgré ces contradictions apparentes. Ils se reconnaissent dans chacune de ces trois strates essentielles d'une évolution qui a précédé l'histoire de France proprement dite. Ils ont cependant tort lorsqu'ils ne veulent admettre qu'une seule de ces racines historiques, et non raciales — ou lorsque, comme ils l'ont souvent fait dans le passé, ils attribuent à l'une d'entre elles une prépondérance excessive. Ils ont en effet vécu leur histoire d'une façon à la fois passionnée et consciente, se querellant à propos de la « véritable origine » et de la « race » de leurs rois, des origines du peuple français et de ses institutions politiques. Cette réflexion — dans le double sens du terme — au sujet des origines, nourrie dans la conscience des habitants d'un pays, fait partie intégrante et authentique de l'histoire de chaque époque, tout autant que les conditions géographiques et climatiques et les autres données fondamentales de l'histoire d'un peuple. Comme pour celles-ci, une information préalable du lecteur nous semble nécessaire, afin qu'il comprenne cette réflexion dans l'ensemble de son évolution, et qu'il en repère les différentes phases dans les différentes périodes de cette histoire, en restant conscient de son rôle constant dans l'explication des événements.

Les populations qui ont habité l'Hexagone avant les Celtes, les Romains et les Germains ont laissé de nombreuses traces archéologiques dans le sol français. Elles n'ont pourtant pas laissé de nom : ou alors, comme dans le cas des Ibères et des Ligures, ces noms sont tels que leur attribution certaine à des régions et à des populations d'une période déterminée reste difficile. Dans l'incapacité de « nommer » ces traces, on les a oubliées dans les traditions historiques et populaires, et dans ce qu'on appelle l'« imaginaire historique ». Cela ne signifie pas pour autant qu'on puisse les tenir pour négligeables. L'ensemble des hommes « préceltiques » représente sans doute une part considérable dans la constitution génétique comme dans l'héritage culturel des populations postérieures. Les Celtes, les Romains, les Francs et tant d'autres peuples et peuplades installés en Gaule y ont laissé soit leur langue — ou des traces plus ou moins importantes de celle-ci — soit leur nom, et souvent d'importants éléments de leur civilisation.

En comprenant le rôle respectif des Celtes, des Romains et des Francs dans la représentation de leurs origines, la tradition de celles-ci et son impact sur la conscience historique de ceux qui vécurent après, on constate un phénomène curieux : les Gaulois, qui appartenaient à une civilisation celtique pourtant brillante, n'ont laissé aucun texte sur leurs origines et leur histoire ancienne, pas même lorsqu'ils devinrent des « Gallo-Romains », avec des élites fort cultivées. Ils ont abandonné aux auteurs grecs et romains le soin de s'intéresser à leurs origines et de formuler des hypothèses. Malgré tout ce que l'on a pu écrire sur les regrets de ces Gaulois quant à leur liberté perdue sous le « joug romain », ce silence trahit un manque de conscience historique et, probablement, de conscience politique. Il semble confirmer ceux qui soutiennent qu'il n'y eut pas de véritable nation gauloise, thèse généralement admise, comme elle l'est pour les « Germains », c'est-à-dire les peuples qui parlaient en langue germanique.

La cohérence politique des populations de langue celtique semble donc avoir été relativement faible malgré l'originalité et l'unité impressionnante de leur art et des autres manifestations de leur civilisation. De toute façon, une conscience historique propre des Gaulois, si tant est qu'elle ait existé, n'a guère laissé de traces, et l'on n'a vraiment aucune trace d'une tradition populaire. Que même la dernière lutte héroïque d'un Vercingétorix ne nous soit connue que par le récit du vainqueur est un fait qui donne à réfléchir.

Il en va autrement de la conscience provinciale des habitants de la Gaule romaine : elle nous est révélée par des textes nombreux et significatifs. Rien à voir, ici, avec une conscience nationale « gauloise », car il y eut parmi ses tenants des Romains authentiques, habitant la Gaule, ainsi devenue leur patrie. C'est donc un patriotisme régional, dans le sens précis que connaît à cette époque le mot latin *patria* : il peut refléter l'appartenance commune à une ville, à une petite ou à une grande région dans le sein de l'Empire romain. Un tel particularisme n'implique pas l'abandon de l'appartenance à l'Empire, de la dignité de *civis romanus*, citoyen romain, et de l'identification avec un peuple romain destiné par la volonté des dieux à « dominer les peuples », et à « combattre ceux qui osent résister, tout en protégeant ceux qui se soumettent ». Cette idéologie romaine, admirablement exprimée par le génie de Virgile, a été infiniment plus puissante, même en Gaule, qu'une idéologie gauloise dont les preuves font défaut.

La force des idées romaines fut de ne pas vanter seulement la puissance, les victoires et la domination du peuple romain, mais de constituer aussi un concept puissant de civilisation, où l'humanisme d'une culture raffinée faisait face aux Barbares qui en étaient exclus. Ce concept allait survivre dans tous les peuples issus des provinces romaines de l'Occident latinisé, c'est-à-dire les peuples « latins ».

Souvent cités comme preuve d'un sentiment national gaulois authentique, les « empereurs gaulois » n'ont pas suscité de littérature « nationale » gauloise, et pas même en latin : eux aussi furent chefs d'une Gaule « gallo-romaine », incluse dans le monde romain ; la fierté de l'une des provinces les plus riches et les plus civilisées de ce monde ne fut pas antiromaine. Cela n'exclut pas qu'elle préparât, comme dans les autres grandes régions occidentales de l'Empire, l'autonomie ultérieure qu'allait favoriser l'intervention d'armées ou de peuples germaniques.

Ces Barbares entrés dans l'Empire subirent à leur tour l'emprise de l'idéologie romaine, jointe ici à celle du christianisme sous la forme qu'il avait prise pendant le Bas-Empire. Nous en voulons pour preuve l'adaptation aux Francs de la légende de l'origine troyenne des Romains. Virgile avait habilement développé une légende selon laquelle, fuyant avec les siens la débâcle de Troie, Énée serait à l'origine de la fondation de Rome, avec Lavinius, Romulus et Remus. Les Romains se hissaient ainsi, historiquement, au niveau de la Grèce antique au moment même où la littérature latine se développait en imitant la littérature grecque et où le jeune Romain noble étudiait le grec avant le latin. Il est significatif qu'au VIIe siècle au plus tard, en Gaule septentrionale, on voulût donner aux Francs cette même origine troyenne, et qu'on répétât — avec moins d'élégance et d'art il est vrai — le procédé virgilien. Mais c'était au profit du peuple franc qui, prétendument issu d'autres héros partis de Troie, se voyait ainsi élevé à la même noblesse d'origine que les Romains. On verra le succès, incroyablement durable, de cette fabulation. Retenons pour l'instant que personne, apparemment, dans cette Gaule, ne s'intéressa aux origines celtiques et aux antécédents gaulois. Seuls comptaient l'idéologie et le prestige romains. La fierté des peuples barbares et de leurs chefs cherchait tout naturellement à profiter du modèle romain.

Sur le plan religieux, la preuve de l'impact romain sur les idées et le comportement des Barbares entrés dans l'Empire est plus précoce encore, et d'une tout autre portée. Dans un empire devenu chrétien au cours du IVe siècle, les populations de l'*Orbis romanus*, du monde romain, y compris les habitants de la Gaule romaine, vénéraient en Constantin le Grand celui qui, instrument de Dieu, avait donné la victoire à la vraie foi. Au cours d'une apparition, Dieu lui aurait indiqué le symbole (le monogramme du Christ) grâce auquel il avait vaincu en 312 son rival Maxence, lequel se fiait aux oracles et auspices païens. L'idée que Dieu aurait d'abord uni l'humanité en un seul empire afin que le message de salut apporté par le Christ pût trouver un réceptacle propice à sa propagation est également précoce. Les conquêtes des Romains et l'étendue de leur Empire païen paraissaient dès lors imputables à la volonté divine, tout comme l'était l'histoire sainte judéo-chrétienne : il y avait une unité de l'histoire universelle. Monde romain et monde chrétien coïncidaient dorénavant dans l'Empire chrétien. On imagine facilement l'impact de ces idées qui apportaient une explication de l'histoire.

Cette explication devait faire ses preuves au moment où apparaissaient deux phénomènes qui allaient bouleverser l'Empire et le christianisme : les invasions barbares et les hérésies. Ces dernières avaient pris naissance au sein même de l'Empire : l'arianisme a même dominé officiellement, un certain temps, grâce à l'assentiment de l'empereur Valens. Sa mort — il brûla vif lors de la défaite romaine devant les Visigoths à Andrinople en 378 — fut ressentie comme un jugement divin, dans un monde romain auquel le catholicisme s'imposa de nouveau peu après. Mais les vainqueurs visigoths avaient connu le christianisme dans sa version arienne ; ils propagèrent cette hérésie parmi les autres peuples germaniques. Un danger se dessina donc pour la chrétienté catholique et romaine : les hérétiques de l'intérieur pouvaient trouver un appui chez les Barbares hérétiques. Auxiliaires de plus en plus nécessaires à l'armée romaine, et capables de donner à celle-ci des généraux, ces Barbares constituaient une menace sérieuse pour l'avenir.

C'est dire l'importance capitale de deux événements qui secouèrent l'Occident du Ve siècle, qui avait vu l'Espagne et une grande partie de la Gaule dominées par des Visigoths ariens et le reste de la Gaule menacée par eux : la conversion au catholicisme d'un chef franc, Clovis, fils d'un général franc des Romains du nord de la Gaule, Childéric, et sa victoire sur les Visigoths. Les élites romaines et catholiques de la Gaule réagirent à ces événements de manière déterminante pour la conscience historique des siècles à venir.

Grégoire, évêque de Tours — d'origine sénatoriale romaine — fut pendant la seconde moitié du VIe siècle l'historien de son église de Tours, mais aussi de l'Église catholique et de ses luttes contre les hérétiques dans le monde romain, surtout en Gaule. Le danger hérétique, qui l'obsède, est encore présent dans l'Espagne visigothique, mais l'essentiel a déjà été fait grâce à Dieu, et l'instrument de Dieu est le roi des Francs, Clovis. L'histoire écrite par Grégoire de Tours est donc également, et même principalement, l'histoire des rois francs. La conversion de Constantin le Grand a transformé en triomphe le destin des chrétiens qui étaient encore, peu de temps auparavant, victimes de persécutions de la part de l'État romain. De même, la conversion de Clovis et sa victoire sur les Alamans païens et sur les Visigoths hérétiques a-t-elle sauvé la Gaule et nettoyé son sol de la souillure de l'hérésie. C'est très normalement que Grégoire voit dans ce roi barbare « un nouveau Constantin » qui, en se convertissant, a changé le cours de l'histoire. Clovis a préparé la conversion au catholicisme, tôt ou tard, de tous les autres rois barbares et de leurs peuples.

D'ailleurs, au moment même de l'événement, l'évêque de Vienne saint Avit avait déjà, en saluant dans une lettre adressée à Clovis sa conversion, comparé son catholicisme à celui de l'empereur de Constantinople ; il entrevoyait les conséquences de l'acte de Clovis pour tous les peuples païens, hors de l'Empire. Faut-il s'étonner, dans ces circonstances, que l'analogie entre Clovis, instrument de Dieu pour la conversion des Barbares, et Constantin, instrument de Dieu pour la conversion des Romains, ait donné naissance à une légende analogue à celle qui avait illustré le premier empereur chrétien ? Dieu aurait annoncé la victoire à Clovis, menacé dans une bataille décisive par la fougue des Alamans, à condition qu'il acceptât avec son peuple la foi du Christ. C'est de cette légende que Grégoire de Tours fait la clé des événements, à un moment où la Gaule est devenue le *regnum Francorum*, le royaume des Francs.

Le lecteur moderne est habitué, depuis Edward Gibbon et son *Histoire de la décadence et de la chute de l'Empire romain*, à l'image d'un Empire romain s'écroulant sous les coups des Barbares sauvages et d'une civilisation antique affaiblie sous l'influence du christianisme. Il est ainsi convaincu d'avance du cauchemar que les contemporains de ces événements auraient vécu dans un décor de fin du monde, sans espoir de voir la culture humaine se relever de cette débâcle. Le lecteur doit mesurer l'abîme qui sépare cette image de l'idéologie des Ve-VIe siècles, dont nous venons de citer les témoins. L'empereur Constantin assure la victoire du christianisme, victoire confirmée par le triomphe de l'empereur Théodose Ier sur le dernier empereur païen. La Croix, pendant ces siècles, est signe de victoire, beaucoup plus que signe de la Passion du Christ. Le Crucifié lui-même est représenté en vainqueur et en dominateur du monde. Avec le premier roi catholique, Clovis, la nouvelle puissance franque assure la victoire des chrétiens catholiques en Gaule et au-delà des frontières. Ce ne seront pas les païens ni les hérétiques qui régneront en Gaule ; et les Francs, chrétiens et catholiques, régneront plus tard sur les rives de l'Elbe, où ils imposeront le catholicisme.

C'est un sentiment de victoire et de confiance dans la direction divine du monde qui domine donc chez ces hommes, malgré leurs peines et malgré le mal qu'ils voient autour d'eux. Dans une perspective esthétique du monde, celle de Gibbon, cette période était lugubre et sinistre ; dans une vision chrétienne, elle fournit la preuve que la nouvelle foi, sous sa forme authentique, vaincra tous ses adversaires. Il se trouve que cette vision-là était la seule qui comptât pour les contemporains et, qui plus est, pour les hommes de nombreux siècles à venir. Toute l'histoire ultérieure de la France et des successeurs de Clovis, toute la fierté de ce pays d'être le royaume aimé du Christ, toute la « religion royale » dont parlait Ernest Renan et qui s'épanouit en saint Louis et en Jeanne d'Arc, tout cela repose sur les bases religieuses de la conscience politique de cette haute époque que nous venons d'esquisser. L'histoire de France est incompréhensible sans cette approche des origines du royaume franc : nous reconnaissons là la roche primitive qui réapparaîtra toujours à travers les couches ultérieures d'idées historiques et politiques.

Dès cette aube de la Gaule franque, la mission et le prestige de ses rois dépassent les frontières d'un seul royaume et suggèrent un rôle d'avant-garde et de premier plan au sein de l'Occident catholique. Ni l'idée de continuité « nationale » gauloise ni l'idée de continuité germanique n'ont effleuré la pensée de ces hommes. L'affirmation du contraire n'est pas un titre de gloire des historiographies française et allemande du XIXe siècle ; se croyant détentrices de la critique historique, elles ne l'appliquèrent qu'à la reconstitution des anciens textes et des événements et oublièrent de reconstituer les idées et les motivations des hommes du passé, qu'elles n'hésitèrent pas à remplacer par leurs idées propres.

Tout en bénéficiant des recherches méritoires de leurs prédécesseurs, les plus récents historiens trouvent dans les textes authentiques — contemporains des événements étudiés — les « modèles de société » et les explications du monde qui assignent une place et une fonction à chacun. Présentés, interprétés et réinterprétés par une élite, ces modèles ont pu avoir une influence déterminante sur les actions des dirigeants et sur le comportement des masses. C'est ainsi que nous trouverons les Carolingiens dominés par l'idée de la mission confiée par Dieu à la royauté franque dans le contexte du monde catholique latin. Un survol rapide nous permettra de suivre les étapes principales de cette « idéologie franque ».

Le mythe franc

Une version de la « loi salique » rédigée sous Pépin le Bref vante dans son prologue les mérites du peuple franc, aimé du Christ : depuis sa conversion, ce peuple vénère les reliques des martyrs torturés par les cruels Romains et les garde en des châsses d'or rehaussées de pierres précieuses. Implorant le secours des Francs contre les Lombards, les papes présentèrent les Francs comme le nouveau peuple élu de Dieu, et saluèrent plus tard en Charlemagne le « nouveau David » et un « second Constantin ». Charlemagne fit personnellement réunir ces lettres pontificales qui confirmaient le rang spirituel des Francs et de leurs rois. Il avait assez tôt adopté le nom de « David » dans les réunions qu'il tenait avec ses meilleurs conseillers et confidents à la cour : c'est sous ce nom que lui écrit l'Anglo-Saxon Alcuin, en 794-795.

> « Heureux le peuple exalté par un chef... dont la main droite brandit le glaive des triomphes et dont la bouche fait retentir la trompette de la vérité catholique. C'est ainsi que jadis David, choisi par Dieu comme roi du peuple, qui était alors (!) son peuple élu... soumit à Israël par son glaive victorieux les nations d'alentour. Un

autre David est maintenant notre chef. Il inspire la terreur aux nations païennes. Il est un guide dont la dévotion ne cesse de fortifier, par sa fermeté évangélique, la foi catholique contre les adeptes de l'hérésie... »

C'est effectivement l'idée de Charlemagne lorsqu'il réunit en 794 le synode de l'Église d'Occident à Francfort et qu'il s'occupe en personne de la rédaction des canons proposés par les hommes d'Église. Les successeurs d'un Charlemagne, d'un Clovis, premier roi « catholique », d'un Dagobert — vénéré comme fondateur de l'abbaye de Saint-Denis, consacrée à l'apôtre des Gaules, patron spécial de la royauté avec saint Martin et saint Remi — auront une dignité d'un caractère tout particulier, indépendant de ce que sera leur puissance à un moment donné. Les rois de l'Ancien Testament représenteront dorénavant de façon symbolique les rois des Francs, puis de la France, jusqu'à ce que leurs statues figurent sur les façades des cathédrales; le nouveau peuple élu a relayé l'ancien, déchu pour avoir rejeté le Christ.

Cette interprétation n'a pas disparu après la Révolution. Le cardinal Langénieux écrit en 1896 dans l'introduction de *La France chrétienne dans l'histoire* : « Le peuple franc a été au Ve siècle cet élu de la Providence, dont le Christ laisse pressentir l'avènement en signifiant à Israël sa réprobation (Matth. XXI, 43). Nul autre depuis n'a reçu une destination plus marquée... »

La conséquence capitale du partage de l'empire de Charlemagne était que les rois des Francs, à l'est comme à l'ouest, ne reconnurent plus qu'une préséance honorifique au Carolingien qui portait le titre d'empereur dans le royaume central. Inspiré peut-être par l'usage introduit au VIIIe siècle par les papes — oindre les jeunes rois carolingiens avec le chrême sacré, au moment de leur baptême à Rome —, l'archevêque de Reims Hincmar († 882) se fit le propagateur d'une tradition en vertu de laquelle saint

Remi aurait oint Clovis au moment de son baptême, utilisant pour cela le saint chrême apporté du ciel par une colombe.

La signification d'une telle tradition est double. D'un côté, le centre spirituel du monde franc, déplacé à Rome sous l'empire de Charlemagne et de Louis le Pieux, était réinstallé au sein du royaume, où Hincmar voulait le voir durablement établi à Reims. De l'autre, elle impliquait l'idée d'un contact direct des rois francs avec Dieu. C'est un thème que l'on retrouvera dans les chansons de geste ; Charlemagne parle à Dieu, et Dieu arrête même le cours du soleil pour aider l'empereur dans une situation difficile. Plus important encore : l'héritage direct de Clovis sera ainsi réservé au seul roi franc gouvernant le royaume occidental. Les successeurs de Charlemagne à l'est obtiendront le titre impérial, le rang d'avoué de l'Église romaine et la mission de lutter contre les païens à l'est. Mais les rois occidentaux, seuls successeurs de Clovis, garderont finalement seuls le titre et le nom de « rois des Francs », origine des dénominations « France » et « Français ».

Qui étaient donc ces Francs ? Comment ont-ils évolué depuis l'époque de Clovis ? Avant toute autre chose, il faut constater que les Francs n'étaient plus des Barbares. Les Barbares, c'étaient maintenant « les autres », hors des frontières de la chrétienté : par exemple en Scandinavie ou dans le monde slave. Face à ces *gentes*, dans le double sens de païens et de barbares, le *populus* n'était plus celui des Romains, mais bien celui des Francs qui avait pris la première place, pour protéger l'Empire d'Occident et le peuple catholique. Dans les églises, les prières liturgiques appelant l'aide de Dieu pour l'armée romaine avaient été remplacées dans un premier temps par une formule mentionnant l'armée des Romains et des Francs ». Mais on finit par prier tout simplement pour les Francs : « Christ, exauce-nous ! A tous les juges et à toute l'armée des Francs, vie et victoire ! » On ne s'étonne pas de voir que, dans les parties centrales du royaume franc — celles qui portent le nom de *Francia* dans un sens plus restreint —, tous veulent faire partie de ce peuple porteur de l'État, quitte à oublier leurs appartenances « nationales » antérieures en donnant des noms francs à leurs enfants. Tous sont d'ailleurs obligés de combattre, le cas échéant, pour le roi des Francs et pour la foi catholique.

Tous se considèrent donc comme Francs, par une évolution parallèle à celle que nous venons de constater pour les textes liturgiques. Ainsi, dans les textes écrits dans la *Francia* au nord de la Loire, ces régions passent, dès le VIIe siècle, pour habitées par des Francs, tandis que les habitants des régions au sud du fleuve sont nommés « Romains » ou « Aquitains ». Des chroniques des VIIe-Xe siècles prétendent que les Francs auraient chassé ou tué les Romains au moment de la conquête, au moins au nord de la Loire : c'est ainsi qu'une *Passion du saint roi Sigismond,* écrite en Bourgogne avant 750, raconte une telle extermination des « Romains » par les Burgondes. Il s'agit là évidemment d'essais naïfs d'explication : où seraient passées les populations qui vivaient dans ces régions avant la conquête, si les habitants de ces régions prétendent ensuite appartenir tous, ou presque, à la nation des conquérants ? Citons enfin une note ajoutée à une chronique neustrienne — de la région de Paris — du VIIIe siècle, dans un manuscrit du IXe conservé à Liège : « Clovis a exterminé tous les Romains qui se trouvaient en Gaule, et l'on n'en trouve plus. Il semble qu'à cette époque, les Francs aient reçu la langue romane qu'ils parlent encore aujourd'hui des Romains qui y habitaient. On ne sait pas ce qu'a été leur langue originale. »

Un processus lent, mais irréversible, a donc tendu à régionaliser les appartenances nationales jusqu'à ce que tous les habitants de la *Burgundia* soient appelés *Burgundiones*, ceux de la *Francia*, *Franci* et, au Xe siècle, ceux de la *Lotharingia* — qui n'existe que depuis le IXe siècle —, *Lotharienses.* Au IXe siècle, l'histoire des évêques du Mans appelle les anciens évêques « Romains », les évêques plus récents « Francs », et ceux de la période intermédiaire — lorsque les auteurs ne savent pas trop — « originaires de la Gaule ».

La recherche historique du XIXe siècle n'a évidemment pas suivi toutes ces naïvetés. Elle a pourtant été victime de sources relativement tardives, qui voulaient que la conquête franque de la Gaule, au Ve siècle, ait eu des conséquences funestes pour les habitants gallo-romains. Cette vue des choses a influencé jusqu'à nos jours les idées du grand public en ce qui concerne « les invasions ». Les sources contemporaines des événements ne disent rien de tel, nous le verrons. Elles nous montrent, à l'opposé, les futurs maîtres de la Gaule défendant ce qui reste de la Gaule romaine contre les Visigoths. Les idées introduites dans la tradition historique et politique de la Gaule septentrionale du VIIe et du VIIIe siècle ont donc joué le rôle de mythe créateur pour la « nation franque de langue romane », qui deviendra la nation française, mais elles ont mystifié les historiens modernes qui cherchaient à faire l'histoire des invasions.

Il est donc permis de parler d'une véritable substitution de conscience « nationale », et chez les descendants des Francs romanisés qui ont oublié jusqu'à la langue de leurs pères, et chez les Gallo-Romains de la Gaule septentrionale qui se considèrent comme « Francs », et oublient les noms de leurs pères. Cela a été possible par la symbiose entre les aristocraties gallo-romaine et franque, toutes deux admises d'une façon égale par la royauté à la direction du pays, et formant en définitive une élite homogène dans l'État et dans l'Église. Une semblable symbiose dans la population de ces régions est confirmée par les dernières fouilles archéologiques faites dans des cimetières « francs » du VIIe siècle contenant manifestement des squelettes de la population indigène.

Il était donc normal que cette « nouvelle nation » portant le nom franc se cherchât une origine commune : il lui fallait se distinguer des Romains au sud et des Germains à l'est. Ainsi s'explique le succès durable de la légende des origines troyennes des Francs. Une chronique écrite au milieu du VIIe siècle — au XVIe siècle, on l'appela à tort *Chronique de Frédégaire*, mais elle est aujourd'hui connue sous le nom de *Chronique du pseudo-Frédégaire* — affirme l'origine troyenne de ces Francs qui habitent la Gaule et parlent la langue de ce pays. Au chapitre « De la captivité de Troie, et des origines des Francs et des Romains », Priam, roi de Troie, est compté comme le premier roi des Francs. Partis après la destruction de leur ville, ces Troyens auraient traversé l'Asie avec leur chef Friga pour arriver enfin et après des fortunes diverses au pays situé entre le Rhin, le Danube et la mer. Celui qui les conduisait, le valeureux « Francion » — « Francus », dans des textes postérieurs —, leur aurait valu le nom de Francs. Soumis un certain temps aux Romains, ils en auraient rejeté le joug : plus personne n'aurait pu, depuis, les vaincre. Ce texte assez médiocre et fort confus, caché dans le deuxième livre de la chronique puis repris en quelques lignes au troisième livre, a pourtant suffi pour que cette idée d'une origine troyenne fasse fortune : elle correspondait à un besoin évident d'explication et à la recherche d'une identité historique, tout en soulignant avantageusement l'ancienneté et la noblesse du peuple franc, égales à celles du peuple romain. Ces Francs-là, nous l'avons vu, n'étaient pas des Barbares !

Gênés par le succès d'une légende aussi extravagante, des historiens ont souligné son caractère artificiel et « érudit », pour suggérer qu'elle n'aurait trouvé crédit que chez quelques moines. L'erreur est manifeste. Non seulement la doctrine de cette origine troyenne ne sera ébranlée qu'au XVIe siècle, mais on la trouve dans la *Chanson de Roland* dès la fin du XIe siècle : lorsque celle-ci indique les limites extrêmes du pays des Francs, ce sont Besançon au sud, Wissant (Pas-de-Calais) au nord, Saint-Michel-au-

Péril-de-la-mer à l'ouest et *Seinz* à l'est. Or, Eugen Ewig a pu le prouver, ce dernier nom correspond à Xanten, ville située sur le Rhin inférieur. Avant de s'appeler « *Ad sanctos* », à cause des reliques importantes qu'elle contenait (ce qui donna Xanten en allemand), cette ville portait le nom de *Colonia Traiana* qui rappelait l'empereur romain Trajan mais fut interprété comme *Troiana* dans les légendes selon lesquelles, venant de Troie jusque sur les bords du Rhin, les Francs auraient installé là leur capitale et l'auraient appelée Troie, après leur ancienne patrie. Ces traditions sont donc effectivement entrées dans l'« imaginaire populaire ».

Le document de loin le plus important est cependant l'*Histoire des Francs,* écrite autour de l'an mil par Aimoin, moine de Saint-Benoît-sur-Loire, sous la direction de son abbé, Abbon de Fleury († 1004). Abbon était devenu le conseiller très influent du roi Robert II dès les dernières années du Xe siècle ; il chargea alors Aimoin d'écrire une histoire quasi officielle des Francs, destinée à être dédiée au roi de la nouvelle dynastie. Aidé par des collaborateurs, Aimoin rassembla toutes les mentions des Francs et de leurs rois qu'il put trouver chez les auteurs anciens, dans les chroniques et les textes hagiographiques, et donna à son récit un style et un caractère anecdotique inspirés d'une histoire anonyme de la guerre des Juifs et de la destruction de Jérusalem. Ce genre historiographique du Bas-Empire était, notons-le, fort apprécié au Moyen Age, ce qui explique le succès ultérieur de l'œuvre. Cette histoire des Francs est la première à contenir tous les éléments de la tradition franque que nous venons d'esquisser : le baptême de Clovis à l'aide du saint chrême apporté du Ciel par une colombe et l'origine troyenne des Francs. Parmi les nombreuses victoires des Francs invincibles, Aimoin souligne celles qu'ils remportèrent sur les Gaulois et sur les Germains, tous peuples braves certes, mais incapables de résister aux Francs.

Ainsi, pour cet auteur de l'an mil, les Francs ne sont ni Gaulois ni Germains. Nous le savons par lui-même, Aimoin était franc d'origine, et fier de l'être. Né dans une colonie militaire franque en Gascogne, *Ad Francos*, il n'a que dédain pour les Gascons. Dans les autres œuvres historiques qu'il a consacrées à l'histoire de son abbaye et à son époque, il distingue les Francs des Aquitains, des Bretons, des Lotharingiens et des Normands. Il fait ainsi apparaître les réalités politiques et psychologiques du temps d'Hugues Capet et, parmi elles, il laisse clairement percevoir le noyau franc du nord de la Gaule comme le noyau de la France naissante.

Par une coïncidence qui ne semble pas fortuite, la même époque nous a laissé une autre histoire du royaume, écrite de façon fort différente par Richer, moine de Saint-Remi de Reims : un élève du grand savant Gerbert, cet humaniste avant la lettre qui fut écolâtre de l'église de Reims, puis archevêque. Pour son époque, Gerbert connaît bien l'Antiquité et sa littérature. S'il rêve d'une « renaissance » des splendeurs antiques procurée par ses amis les empereurs ottoniens, son élève, Richer, formant son style rhétorique à l'école d'un Salluste, rêve également, mais avec des objectifs politiques diamétralement opposés : il voit en son pays la continuation et la renaissance de l'ancienne Gaule. Utilisant des noms de peuples modernes — *Flandrenses* et autres *Alemanni* —, il évite cependant systématiquement de parler des Francs. Ses compatriotes, il les nomme « Gaulois » *(Galli)*. Clovis est ainsi, curieusement, présenté comme le premier « roi des Gaulois ».

Ce n'est pas là une simple question de rhétorique : si Aimoin vante les mérites et la bravoure des Francs, Richer fait de même pour les Gaulois. Quand ce dernier cite saint Jérôme, ce n'est pas pour une phrase dans laquelle les Francs sont traités de peuple valeureux — phrase soulignée par Aimoin — mais pour celle-ci : « La Gaule est le seul pays qui n'ait pas produit des monstres. Mais de tout temps elle s'est distinguée par ses hommes avisés et éloquents ! » Richer est donc le premier à exprimer l'idée d'une continuité de la patrie gauloise à travers les âges et les dynasties. Son œuvre restera cependant presque inconnue ; on ne la redécouvrira, dans la bibliothèque de Bamberg, qu'en 1821. Obligé de quitter la France — il sera archevêque de Ravenne, puis pape sous le nom de Sylvestre II —, Gerbert a probablement emporté le manuscrit de Richer pour l'offrir à l'empereur Otton III, dont l'héritage devait échoir à l'empereur Henri II, fondateur et bienfaiteur de l'évêché de Bamberg.

Le destin de l'*Histoire des Francs* d'Aimoin fut tout à fait différent. Certes, Abbon connut la disgrâce royale ; certes, l'œuvre d'Aimoin n'a jamais été présentée à la cour royale. Elle fut même abandonnée avant que d'être achevée. Mais elle fut continuée à la fin du XIe siècle par un historiographe de Saint-Germain-des-Prés, Gislemar, et plus tard encore, une nouvelle fois, à Saint-Denis. C'est là qu'on fit en 1274 une traduction française de cette énorme chronique latine formée par l'œuvre d'Aimoin et de ses continuateurs : ce sont les *Grandes Chroniques de France,* qui deviendront l'histoire presque officielle du royaume. Les nombreux manuscrits et le grand nombre d'éditions imprimées aux XVe et XVIe siècles témoignent de l'estime portée jusqu'aux temps modernes à cette histoire des Francs et de la France. Avec tous les autres titres de gloire de la royauté française, elle contient des textes propres à montrer que les Capétiens descendent des Carolingiens, et ceux-ci des Mérovingiens : tous les rois de France sont ainsi successeurs et héritiers légitimes de Clovis, premier roi catholique. On comprend pourquoi cette histoire royale fut importante pour la vie politique et religieuse de la France : elle souligne le rang des rois de France et leur contact direct avec Dieu. L'idée se répandit dans le peuple. Que la monarchie fondée et exaltée par Dieu doive être sauvée par lui au moment d'un danger mortel, ce sera la certitude de Jeanne d'Arc.

Cette « archéologie » spirituelle de l'idée franque dans l'histoire politique de la France nous dévoile ainsi, non pas les « erreurs » ou les « inventions » d'une période reculée, mais bien l'histoire vécue par les hommes, sur la base d'une foi qui correspondait elle-même à une réalité historique : le succès de la symbiose entre la royauté, l'aristocratie et le peuple francs et l'aristocratie et la population de la Gaule romaine. La mission religieuse et le caractère sacré de son roi conféraient à l'ensemble de la nation un rôle particulier, ainsi qu'une fierté exprimée à la fin du XIIe siècle par l'auteur de la *Chanson de Saisnes :*

La couronne de France doit être mise avant,
Car tous autres rois doivent être à lui pendant.
Dieu fit le premier roi de France, par son command,
Couronner à ses anges dignement en chantant,
Puis le commanda être en terre son sergent.

Les Français n'avaient plus besoin ni de la papauté ni d'une intervention spéciale de l'Église pour exalter leur royauté protégée de Dieu. Le degré de spiritualité atteint par cette royauté, personnalisé par la figure de saint Louis, donne au roi une grande liberté de mouvement, et cela même face à l'Église. Philippe le Bel en bénéficia. Le culte quasi religieux de cette spiritualité royale a pu servir de base à un culte national, également porteur d'une mission à accomplir. Que la France soit ainsi devenue à la fois « fille aînée de l'Église » et « mère des révolutions » est peut-être moins paradoxal qu'il ne paraît à première vue. Au premier rôle privilégié de la France s'en est en effet ajouté un second qui, comme l'autre, procède pour une part de l'évolution des idées sur les origines du pays.

Le mythe gaulois

Dans la conscience historique française, il est un autre mythe créateur : celui de la « nation gauloise », considérée comme préfiguration de la nation française. La victoire de cette idée n'a cependant été ni spontanée ni facile, mais au contraire le résultat tardif d'une évolution tortueuse, aux conséquences parfois dramatiques. En démontrant la fausseté de l'origine troyenne des Francs, les humanistes des XVe et XVIe siècles provoquèrent une grave crise d'identité, avec des disputes interminables dans un contexte que Marc Bloch a défini comme la « hantise des origines ». Selon le mythe franc, les Francs et, en identité avec eux, les Français — on employait un seul et même mot — étaient les fondateurs de la première royauté catholique, formaient la première nation chrétienne, habitaient la patrie de la science — théorie de la *translatio studii* d'Athènes et de Rome à Paris — et de la chevalerie, donc de l'art de vivre et de la civilisation aristocratiques. Or ils redevenaient, dans l'opinion des humanistes, les descendants de Barbares germaniques qui avaient détruit, avec l'Empire romain, la culture, les arts et la civilisation de l'Antiquité. La France ne perdit pas seulement dans l'affaire la gloire de ses origines ; elle y laissa son unité historique et sociale : la conquête étant la suprême légitimation du pouvoir, ceux qui le détiennent, à savoir les nobles, revendiqueront pour eux seuls l'ascendance franque et considéreront le reste de la population comme descendant des Gaulois vaincus. Comment, dans ces circonstances, un nouveau mythe unificateur pouvait-il naître ? La découverte des Gaulois n'aura des répercussions d'envergure nationale qu'au moment où le peuple, rejetant « les aristocrates descendant d'une race étrangère », commencera de s'identifier avec les Gaulois.

Pendant les siècles qui précédèrent le mouvement humaniste, on ne parla guère des Gaulois. Le préhumanisme de Richer n'avait pu influencer l'évolution des idées dans le royaume de France. Notion purement géographique, désignant les pays entre Pyrénées et Rhin comme « Germanie » désignait ceux d'outre-Rhin, le mot « Gaule » resta d'usage courant, sans interruption depuis l'époque romaine. On l'employait surtout dans le domaine ecclésiastique, où il pouvait avoir un caractère officiel, par exemple à propos des conciles. Abbé de Saint-Denis et biographe du roi Louis VI, Suger parle ainsi au XIIe siècle de la *Francia* et du *regnum Francorum* dans un contexte politique, mais de la *Gallicana Ecclesia* pour les questions ecclésiastiques. Les luttes pour les « libertés gallicanes » — concernant les églises du royaume de France face à la papauté — ont pu contribuer, vers la fin du Moyen Age, à une perception déjà plus politique et nationale du terme « gallican ».

Les humanistes donnèrent une actualité toute nouvelle aux notions de « Gaule » et de « Germanie », maintenant utilisées de manière fréquente. Elles perdirent alors leur coloration ecclésiastique. Ces mots *(Gallia, Germania)* servirent aux adeptes du latin classique pour exprimer les notions de « France » et d'« Allemagne ». Cette identification, au demeurant imprécise au point de vue historique et au point de vue géographique, est donc l'œuvre des humanistes. Les humanistes italiens, très chauvins, vantaient avec arrogance la puissance et la supériorité culturelle de leurs ancêtres romains, et fustigeaient le *Medium Aevum* — « Moyen Age », terme qu'ils venaient de créer — dont le latin et l'art médiocres étaient attribués à l'action des Barbares au nord des Alpes.

Cette accusation provoqua la susceptibilité des nations ainsi mises en cause et excita leurs érudits comme leurs poètes. Les humanistes allemands pouvaient au moins se consoler par la découverte, au XVe siècle, de *Germania,* l'opuscule de Tacite qui soulignait les vertus des Germains par rapport aux vices des Romains et cela à seule fin de donner une leçon à ses compatriotes. Tandis que, fiers et satisfaits, les Allemands faisaient les premiers pas vers un germanisme chauvin, la situation des humanistes français était plus délicate ; ils demeurèrent sur la défensive, refusant surtout le terme « Moyen Age » avec son sous-entendu péjoratif. Il n'était pas question pour eux de sacrifier la grandeur de leur monarchie, dont les dynasties — première, deuxième et troisième « races » — restèrent le cadre chronologique de l'histoire. Il faudra la Révolution, admiratrice du modèle romain, pour accepter la notion de « Moyen Age ».

Le problème principal des humanistes français était celui des origines. Vers 1510-1513, Jean Lemaire des Belges, historiographe officiel et poète humaniste, se fondait encore sur l'origine troyenne des Francs pour faire des Français, dans ses *Illustrations de Gaule et singularitez de Troye*, les égaux des Romains. Les humanistes érudits, qui ne lisaient plus les *Grandes Chroniques de France* mais les sources latines originales, contemporaines des événements, et qui en découvraient et éditaient de nouvelles, ne pouvaient plus avoir le moindre doute : les Francs n'avaient jamais été des Troyens. C'étaient des Germains, tout comme les autres Barbares de langue germanique. Grand collectionneur de manuscrits anciens, Jean du Tillet († 1570) s'éleva contre l'absurdité de toute origine franque autre que germanique. Rabelais se moqua alors de l'origine troyenne et Ronsard, tout en la mentionnant dans sa *Franciade*, fit savoir par un clin d'œil, dans sa préface de 1587, qu'il n'y croyait guère.

Découvrir la vérité était une chose, en supporter les conséquences en était une autre. On sent l'embarras chez Estienne Pasquier dans les *Recherches de la France* publiées en 1560 : il admet l'origine germanique des Francs, mais montre un souci significatif au sujet de la Gaule et des Gaulois. « Notre Gaule avait été nommée France, pour la multitude des Français qui y vinrent de la Germanie... » Et d'ajouter : « Jules César n'eut les Gaulois en opinion de Barbares. L'occasion de ce vint de leur ancienne policie », c'est-à-dire de leur « culture ».

Il y avait, en fait, un choix déchirant. Il fallait admettre ou bien une population gauloise supplantée par un peuple barbare ou bien l'existence de deux peuples au sein du royaume : les Gaulois vaincus et les Francs vainqueurs. Pour éviter ces deux éventualités, on lança une version palliative dont l'incroyable succès montre combien était ressentie la difficulté que nous venons de résumer : n'étant plus Troyens, les Francs ne sont pas pour autant Germains. En vérité, ce sont des Gaulois qui ont quitté leur patrie, conquise par les Romains — ou avant même cette conquête, selon quelques auteurs — et sont revenus triompher pour libérer leur pays de ces Romains. C'était là faire d'une pierre plusieurs coups : venger l'humiliation de la défaite gauloise devant les Romains, éviter l'hypothèse de la soumission à l'envahisseur germanique, préserver l'unité de l'origine nationale — qui, pour la première fois, est imaginée comme purement gauloise — et éviter enfin l'ascendance barbare et « allemande », car l'époque ne distinguait guère entre « Germains » et « Allemands ».

Chez Belleforest, *Les Grandes Annales et histoire générale de France* (1579), cette théorie est pleinement développée. Cimbres, Sicambres — Francs — et Celtes ne sont que des Gaulois. Les envahisseurs du Ve siècle « sont originaires de notre Gaule : en venant la conquérir, ils n'ont fait que rentrer en leur ancienne possession ». Cette thèse permit de faire d'Hugues Capet un « Gaulois naturel » de naissance. L'idée d'un retour des Gaulois-Francs de Germanie se trouve encore chez Audigier : dans sa dédicace à Louis XIV de *L'Origine des Français et de leur empire* (1676), il affirme que « la gloire de l'ancienne France sera dignement établie » par son livre. C'est au XVIIe siècle également qu'apparaissent des notions comme « esprit gaulois » et « histoires gauloises », donc une sorte de familiarité qui donne à la vie française un aspect « éternel », venu de la Gaule.

La thèse de l'origine gauloise des Francs est réfutée dans la première moitié du XVIIIe siècle par le monde érudit français. Malgré cela, elle rebondit encore au XIXe siècle : elle était, on l'a vu, séduisante. Son rôle historique a donc été de préparer les esprits à reprendre un jour l'origine gauloise mais la vraie, celle qui ne cherchait pas l'assimilation de l'ascendance franque par un subterfuge, mais la refusait.

Parlons maintenant de ceux qui, dès le XVIe siècle, acceptèrent l'origine germanique des Francs : donc, dans la langue et l'esprit de l'époque, des « Français ». L'entourage de François Ier était heureux de souligner les vieilles attaches germaniques des rois de France lorsque le roi brigua en 1519 la couronne impériale contre Charles Quint, alors roi d'Espagne. Cette acceptation d'une « francité germanique » devint éclatante au moment de l'alliance d'Henri II avec les princes protestants du Saint-Empire, cette alliance qui devait finalement permettre le retour à la France des évêchés lorrains de Metz, Toul et Verdun. Jean-Daniel Pariset définit, à l'aide d'une riche documentation, les idées que l'on trouve chez les conseillers du roi : « Francs et Germains, cousins, unis contre les Latins, contre Rome, dignes héritiers de leurs vaillants ancêtres..., descendants d'Arminius, défenseurs des libertés », représentant « un rêve collectif et un thème politique et littéraire ».

On n'a peut-être pas assez remarqué dans quelle mesure l'aristocratie française a été influencée pendant ce XVIe siècle par la découverte, faite en même temps que celle des origines germaniques des Francs, des « libertés » de l'aristocratie dans le Saint-Empire. Les princes allemands présentent un modèle séduisant, sur un fond d'autorité monarchique faible. C'est à cette époque que naît la théorie selon laquelle toutes les assemblées limitant le pouvoir monarchique auraient pour origine les assemblées des hommes libres mentionnées par Tacite. C'est la fameuse « liberté des forêts germaniques », dans laquelle un homme de l'envergure de Montesquieu voit l'origine des institutions anglaises qu'il admire tant. Et Voltaire de lui répondre que les Francs étaient des bêtes sauvages à la recherche de leur nourriture. Comment les Anglais pourraient-ils donc leur devoir leur flotte et leurs fabriques, étant admis que les Germains ne travaillaient pas puisqu'ils se contentaient de piller les autres ? Voilà un petit exemple des passions déclenchées par la question des origines, et des théories qu'elle fit naître.

Cette double découverte d'une noblesse ancienne et forte face à une royauté faible et d'une origine prétendue commune avec cette même noblesse allemande devait exercer un irrésistible attrait sur la noblesse française. Il y avait là deux aspects également intéressants : l'ancienneté des libertés qui limitaient les droits de la royauté, et l'ancienneté de la soumission du peuple à la noblesse par le fait de la conquête de la Gaule par les Francs libres. Nous lisons chez Estienne Pasquier, en 1560 : « Étant donc les Français arrivés dans les Gaules, et s'en étant faits maîtres et patrons », et encore : « Les vaincus qui furent faits serfs, auxquels on laissa leurs terres, mais avec tant de charges pesantes. » Témoin essentiel de la « société d'ordres » décrite de nos jours par un Roland Mousnier, Charles Loyseau affirme en 1638 dans le *Traité des seigneuries* : « Nos Français, quand ils conquirent les Gaules, c'est chose certaine qu'ils se firent seigneurs des personnes et des biens d'icelles... Quant aux personnes, ils firent les naturels du pays, serfs... Mais quant au peuple vainqueur, il demeura franc de ces espèces de servitudes et exempt de toute seigneurie privée. » Plus brève, mais encore plus importante fut la formule du grand érudit Adrien de Valois, parlant des impôts après la conquête : *Franci immunes, Galli tributarii.* Les Francs n'étaient donc pas seulement les maîtres héréditaires des Gaulois soumis, mais ils étaient également exonérés des impôts que devaient les Gaulois en sus des charges dues à leurs « seigneurs privés ».

Les découvertes et les déductions savantes des humanistes philologues, historiens et juristes ont donc transformé la situation sociale et politique en France, en faisant éclore des idées qui allaient bouleverser la

France et sa société comme la Réforme avait secoué l'Église. L'origine troyenne unificatrice, permettant à tous de se considérer comme Francs, est remplacée par un modèle historique et une explication du monde social et de l'histoire nationale à l'effet diviseur : on attribue aux descendants des uns les droits imprescriptibles des vainqueurs, aux descendants des autres la situation humiliante des vaincus, avec des lourdes charges et une situation sans issue parce que héréditaire.

Il va sans dire que la réalité sociale ne correspondait pas à ces théories — il suffit de rappeler l'ascension par les moyens les plus divers jusque dans la noblesse — et qu'elle ne changea surtout pas du jour au lendemain. Mais le climat social s'était profondément modifié : les puissants avaient trouvé de nouveaux arguments dangereux, et les autres, déjà désavantagés, devaient s'en défendre et chercher à les réfuter. Un fils de la bourgeoisie aisée, l'abbé Du Bos, publia en 1734 une *Histoire critique de l'établissement de la monarchie* où il montrait qu'il n'y avait eu ni conquête par les Francs ni soumission des Gaulois ; les Francs, alliés et non ennemis des Romains en Gaule, gardèrent bon nombre de leurs institutions, et notamment les droits du prince romain, que reprit le roi franc. Dès cette époque, on reprocha à cet ouvrage de grande valeur de trop chercher à plaire au roi, allié objectif des « bourgeois », contribuables et souvent fonctionnaires importants de l'administration royale, contre une aristocratie hautaine. Celle-ci prenait en effet ses distances avec les « roturiers » — l'ensemble des non-nobles — et commençait de s'opposer hardiment au roi. Le livre de Du Bos était déjà une réponse au plaidoyer le plus célèbre et le plus explicite en faveur de la thèse de l'aristocratie, publié en 1727 après la mort (1722) de son auteur, Henri de Boulainvilliers, comte de Saint-Saire, l'*Histoire de l'Ancien Gouvernement de la France.* Qu'il suffise d'en citer une seule phrase : « Il y a deux races d'hommes dans le pays. »

Tout cela mène loin. La France allait connaître une grande révolution car, seule, elle était divisée par une doctrine neuve, radicale et révolutionnaire, qui bouleversait le pays et ses habitants au moment où en d'autres pays les anciennes institutions s'estompaient déjà. Cette nouvelle doctrine était contraire à la réalité économique et sociale, contraire à la situation acquise par les « roturiers » ; elle fut d'autant plus humiliante, et la réaction finale allait donc être violente. Jusqu'ici appliqué à la famille, et surtout à la dynastie royale, le mot « race » était maintenant utilisé pour établir une distinction « héréditaire » entre des parties entières de la population. Augustin Thierry allait l'appliquer à la lutte des nations, et des nations entrées par conquête dans d'autres nations soumises, cependant que Gobineau développerait sa théorie d'une race nordique dominatrice. On en connaît les conséquences funestes.

La découverte en France des origines germaniques des Francs aura ainsi fait naître des idéologies fondées sur la division entre les hommes, aussi bien sur le plan national que sur le plan social : c'est la lutte des races et c'est la lutte des classes.

Le cas de Nicolas Fréret montre que le danger représenté par des idées aussi explosives était parfaitement perçu. Ce jeune homme de 23 ans présenta, le 11 novembre 1714, un mémoire devant l'Académie des Inscriptions. Il y « achève de détruire la légende troyenne et distingue clairement dans la population française une masse de souche gauloise et une minorité descendant des envahisseurs francs ». Il n'était pas le premier à découvrir la chose, mais le premier à la dire de façon solennelle et en une enceinte officielle. Cela fut jugé passablement audacieux : on embastilla l'auteur pendant quelques mois, ce qui ne l'empêcha pas de devenir secrétaire perpétuel de l'Académie.

Quant on sait que la Révolution française fut déclenchée, comme l'a montré Georges Lefebvre, par l'attaque menée contre la royauté par une noblesse arrogante, on comprend la réponse célèbre de Sieyès — dans son fameux *Qu'est-ce que le Tiers État ?* (1789) — à la provocation d'un Boulainvilliers et à l'application de ses idées exigée par une noblesse qui fondait ses privilèges sur son origine étrangère : que les étrangers retournent « dans les forêts de Franconie » ! L'aversion contre les Francs, Barbares ressuscités par l'humanisme, mais rendus odieux par les prétentions de l'aristocratie, fut telle que l'on proposa sérieusement, dans ces jours de la Révolution, de changer le nom de la nation et d'abolir celui de « France ».

Où sont donc les Gaulois ? L'idée que le peuple français ne serait que le peuple gaulois, soumis pendant un certain temps par les Romains, puis par les Francs, n'a été émise qu'avec hésitation et de façon intermittente : deux soumissions, cela gênait. Un mouvement de celtophilie se dessina au XVIIIe siècle, faisant d'ailleurs de nombreux adeptes en Allemagne. Les mentions favorables aux Gaulois furent de plus en plus nombreuses, mais il fallut attendre la Révolution pour que l'ascendance gauloise des masses populaires fût clairement annoncée et assumée par J.-A. Dulaure dans son *Histoire critique de la noblesse* (1790) : « Ah, malheureux peuple, vous étiez au pied des Barbares, dont les aïeux ont massacré vos ancêtres. Ils sont tous des étrangers, des sauvages échappés des forêts de la Germanie, des glaces de la Saxe... Il est probable qu'ils descendent d'un brigand. » Et l'auteur de déclarer fièrement : « Je suis de race gauloise. » Constatons que la construction historique échafaudée par les tenants de la thèse d'une division durable, à travers des siècles, des conquérants francs et des vaincus gaulois a été tout simplement acceptée, mais tournée contre les anciens vainqueurs : les vertus devenaient ainsi des tares, et vice versa. Les armées de la Révolution et celles de Napoléon avaient cependant d'autres titres de gloire que l'ascendance gauloise, dont le succès populaire resta fort limité.

La Restauration retrouva des partisans fiers mais modérés d'une ascendance franque dans l'aristocratie : ainsi Chateaubriand. Elle connut des essais de conciliation, comme celui de Guizot. Ce dernier distingue toujours la « race conquérante » de la « race conquise », mais il admet que la Révolution a mis fin à cette division en préparant l'unité nationale. Tout le passé reste ainsi déchiré par l'antagonisme des races, mais Guizot trouve une consolation dans l'action civilisatrice de la culture et du droit romains, et il observe déjà fort bien le rôle intermédiaire de la France : par sa situation géographique, elle incarnerait, mieux que les autres nations, la romanité et le germanisme. Les autres nations seraient « surtout germaniques » ou « surtout romaines » : l'idée sera chère à Gaston Paris, l'un des fondateurs de la philologie des langues romanes médiévales.

Augustin Thierry est plus combatif. Il voit partout la lutte des races : ainsi dans la conquête de l'Angleterre anglo-saxonne par les Normands. Dans l'histoire de la France, il distingue les Barbares plus doux, plus rapidement romanisés et civilisés, comme les Visigoths et les Burgondes, des Barbares plus farouches, plus sauvages, comme les Francs. Par aversion contre l'arianisme, le clergé aurait préféré les Francs aux Barbares plus civilisés. Mais enfin, les Francs se romanisèrent à leur tour quand les conquérants barbares — les Carolingiens — soumirent de nouveau la Gaule. « Premier empereur allemand », Charlemagne est ainsi à l'origine d'une régression que la France ne vaincra que lentement sous les Capétiens, dynastie plus nationale. Pour Augustin Thierry, « il est absurde de donner pour base à une histoire de France la seule histoire du peuple franc. C'est mettre en oubli la mémoire du plus grand nombre de nos ancêtres, de ceux qui mériteraient peut-être à un plus juste titre notre vénération filiale ».

Ces remarques — assez prudentes en ce qui concerne les Gaulois — de l'auteur des *Lettres sur l'histoire de la France* seront largement dépassées par son frère Amédée Thierry qui donne les fondements d'une conscience historique « gauloise » en France par son *Histoire des Gaules*, publiée en 1828 et suivie en 1847 d'une *Histoire de la Gaule sous l'administration romaine.* Pour lui, la majorité des Français est d'origine gauloise ; il y a surtout continuité du caractère gaulois dans les traits du caractère national français : individualisme, bravoure personnelle, ouverture d'esprit et intelligence, manque de persévérance, répugnance aux idées de discipline et d'ordre qui — selon lui — caractérisent les « races germaniques ». Il commet là une confusion entre ce qu'il imagine des anciens Germains et ses impressions contemporaines quant à une Prusse qui doit cependant peu aux « Germains ». Réfutant la litanie de la germanophilie libérale — les Germains seraient à l'origine des libertés —, Jules Michelet fonde plus justement son idée de la docilité et de la discipline « germaniques » sur le fait que l'Allemagne est dominée depuis des siècles par ses princes. Mais il oublie, ce faisant, l'Angleterre. Il oublie également la soumission séculaire des Français à une royauté et à une aristocratie dont la nation vient justement, dans une large mesure, de se libérer. On voit donc comment l'histoire d'une nation, qui commence vraiment, selon Michelet, avec la Révolution, peut être favorable au « modèle gaulois » si celui-ci permet à cette nation nouvelle de se reconnaître dans un lointain passé gaulois. Cela supposerait évidemment, pour être historiquement exact, que les Gaulois n'aient ni connu ni accepté la domination d'une aristocratie...

Peu importe, la victoire de l'idée gauloise devenait inéluctable. Henri Martin, qui avait fait beaucoup plus de recherches sur les Celtes que Michelet, commence sa monumentale *Histoire de France* par la Gaule libre. Pour lui, les Français sont « fils des Gaulois par la naissance et le caractère, fils des Romains par l'intelligence ». Il n'y avait plus de place pour les Francs, jadis fierté de la nation, maintenant barbares ou aristocrates : la manière dont les

Français considèrent leurs origines en sera jusqu'à nos jours profondément marquée. Il y aura désormais un lointain passé gaulois, mythique et vénéré, puis les origines immédiates de l'État franc qui deviendra la France, origines correspondant à une période que l'on n'évoque qu'avec beaucoup de gêne : on n'en est pas tellement fier.

La Révolution de 1830 apporte la consécration des honneurs officiels et populaires à l'ascendance gauloise des Français. Le « coq gaulois » est piqué sur les hampes des drapeaux sous un Louis-Philippe qui doit chercher la popularité cocardière plutôt que la légitimité du descendant de Clovis. Fort à propos, Balzac fait expirer en 1830 le marquis d'Esgrignon, Franc noble et fier, en prononçant ces mots : « Les Gaulois triomphent ! » La longue « lutte des Francs et des Gaulois », dont on a parlé, est terminée. L'expression « Nos ancêtres les Gaulois » s'implante définitivement. Son contenu domine les manuels, la vague gauloise étant particulièrement forte entre 1871 et 1914 dans l'enseignement primaire, tandis que l'enseignement secondaire donne plus de place à l'apport de la civilisation romaine. La quête d'une identité si possible totale entre Gaulois et Français conduit l'historien Henri Martin à observer chez les Français des poumons plus importants et des entrailles plus réduites que chez les Allemands. Selon lui, ces caractéristiques correspondent certainement à celles des Gaulois et des Germains.

Dans cette considération raciale et physiologique des origines françaises, Rome n'a finalement pris qu'une place modeste. On ne lui a pas pardonné la conquête de la Gaule et le sort de Vercingétorix. Cette attitude mitigée est fort bien exprimée par une remarque d'Edgar Quinet (*La Révolution*, 1865) : « Tout homme qui vient au monde, chez nous, porte le sceau de la tradition latine. Nous naissons serfs de Rome, prisonniers du monde antique, enchaînés au pied du Capitole comme nos pères, les Gaulois. Voilà chez nous l'homme tel que l'Histoire l'a fait. »

A la notion romantique des libertés franques et germaniques, trop utiles aux privilèges des nobles, succède donc l'idée romantique de la liberté gauloise, liberté dont les Romains seraient les bourreaux. Cela donne jusqu'à nos jours une immense littérature, dans laquelle se cristallise l'image d'un peuple gaulois rejetant farouchement l'emprise romaine. Mais cette vision correspond fort peu aux vestiges nombreux et divers de la civilisation gallo-romaine que les fouilles archéologiques font découvrir chaque jour, partout en France.

Aussi, l'attitude de la recherche récente devant ce culte du Gaulois est-elle fort réservée. On s'est notamment rendu compte du processus artificiel qui a engendré une idéologie parfaitement adaptée aux problèmes d'une époque donnée. Aucune tradition populaire n'a jamais porté en France le souvenir des Gaulois, à la différence des souvenirs celtiques dans les îles Britanniques et en Bretagne celtisante. « C'est la douloureuse réflexion sur la défaite de 1870 qui souffle aux pères de la République... l'envie d'ériger la Gaule en patrie instinctive et Vercingétorix en premier héros de l'histoire nationale » (Jean-Pierre Rioux). Même la droite, qui se trouvait précédemment dans le camp conservateur des « Francs », n'a aucun mal, à la suite de Boulanger, à « enrôler les Gaulois dans les forces de l'ordre éternel ».

Fustel de Coulanges était convaincu que la vérité historique, démontrée par la recherche critique, pouvait faire taire les divisions que l'on vient d'évoquer : « L'histoire mal connue divise, l'histoire bien connue unit. Nos théories historiques sont le point de départ où toutes nos factions ont pris naissance ; elles sont le terrain où ont germé toutes nos haines. »

Retenons les faits qui sortent de cette évocation de l'idée que les habitants de l'Hexagone se sont faite de leurs origines. La nation est née dans le cadre d'un royaume qui fut réellement le premier en Occident à être catholique et qui vit ensuite croître son prestige politique et religieux. Il s'est donc développé une idéologie franque, catholique et royale. Devenue politiquement « adulte », la nation a tout naturellement pris son destin en main lorsqu'elle n'a plus eu besoin ni du roi ni de l'Église pour la guider. Elle s'est alors forgé une idéologie historique de liberté et une identité nationale gauloise pour remplacer une idéologie jugée obsolète.

Ce qui n'a pas changé dans ces bouleversements mérite notre attention. L'idée du rôle particulier de la France en Occident et dans le monde n'a jamais été mise en question. Elle appartient aux deux systèmes idéologiques, aux deux « mythes que nous venons d'esquisser. Ce sentiment, cette certitude, ont mobilisé les forces morales et intellectuelles du pays dans toute l'étendue de son histoire. Il y a là de quoi impressionner l'observateur : « une certaine idée de la France » date d'une époque qui précède d'assez loin la formation de la nation proprement dite.

Dans le cas de la France, les origines ont donc une importance toute particulière. Il est logique de se demander dans quelle mesure les conditions géographiques — et surtout la situation de l'Hexagone dans l'ensemble de l'Occident — ont pu favoriser son destin et sa place en Europe. En ce qui concerne les opinions sur les origines, elles ne sont souvent que des arguments politiques, utiles à l'époque qui les prononce, mais elles ne résistent pas à l'examen scientifique et objectif, tant est grande la différence qui sépare, dans des conditions et devant des problèmes tout à fait autres, la façon de penser et d'agir de nos ancêtres et la nôtre. Pour approcher tant soit peu ces « ancêtres », il faut entrer dans la cohérence — parfois aussi dans l'incohérence apparente ou effective — de leur pensée ; il faut respecter leurs convictions, sans être pour autant obligé de les adopter. Aborder les trésors de l'histoire, c'est une épreuve de caractère, de sensibilité : en un mot, de culture.

CHAPITRE II

L'Hexagone

L'homme et son environnement

Pendant très longtemps l'homme a regardé le monde qui l'entoure comme immuable, éternel, et constituant un « théâtre » de la vie humaine et publique. On avait pourtant reconnu très tôt l'importance de la situation et du climat d'un pays pour la vie et la richesse de ses habitants. Cette image relativement statique, qui prédomine dans les autres continents jusqu'à une période récente, a été bouleversée en Europe par une révolution de l'esprit, dont le philosophe italien Giambattista Vico (1668-1744) fut le premier grand témoin. Conservant partiellement l'idée antique d'un retour éternel des choses, il conçoit une évolution de la civilisation — ou des différentes civilisations — et prépare ainsi la victoire d'une conception évolutionniste dans les domaines les plus divers. Au même XVIIIe siècle, Goethe recherche déjà les signes d'une évolution des espèces et de leurs formes dans la flore et la faune. Les fossiles que l'on collectionne depuis un certain temps s'insèrent au XIXe siècle — on découvre alors l'évolution des sociétés et celle des langues — dans une évolution des espèces prouvée maintenant de façon scientifique ; le « darwinisme » n'est rien d'autre que l'application de l'hypothèse évolutionniste parvenue à sa confirmation.

Tout a ainsi changé d'aspect, et même l'univers ; les astres qui étaient l'image d'un ordre immuable, soumis éternellement à des lois mathématiques pour les astronomes des siècles précédents, se révèlent au XXe siècle comme des éléments d'un cosmos en mouvement, né à un moment donné et soumis à des changements considérables à long terme. Toute la nature est « historisée » : la terre va avoir son histoire, dont les périodes sont étudiées par les géologues et les paléontologues ; les continents révèlent des silhouettes différentes selon les époques de l'évolution terrestre : on reconnaît qu'ils sont en mouvement, à vitesse lente bien que mesurable.

La dernière phase de cette révolution de notre conscience, et peut-être la plus importante, nous la devons à la biologie. C'est la découverte de l'évolution du corps, de deux cellules à la conception jusqu'à six milliards au moment de la naissance. Ce n'est pas seulement la découverte de la programmation génétique de l'histoire d'un corps individuel, c'est aussi la découverte du cerveau. On sait aujourd'hui que celui-ci comporte au moment de la naissance environ 30 milliards de neurones ; ce nombre décroît pendant toute la vie, alors que ces neurones entrent couramment en connexion — jusqu'au chiffre extraordinaire de 10^{15} contacts — et représentent les acquis intellectuels, tandis que les neurones non utilisés sont éliminés. « Apprendre est donc éliminer » (Jean-Pierre Changeux, *L'Homme neuronal*, 1983), mais l'apprentissage et le développement des « capacités combinatoires » se réalisent par l'éducation, l'observation, l'expérience et la confrontation à la réalité d'un environnement « dont nous portons l'image et l'empreinte socioculturelle dans nos graphies neuroniques ». On savait déjà que, grâce à son alimentation, la composition chimique de l'homme correspond à celle de son environnement : le vieux mythe selon lequel l'homme naît de la terre se trouve ainsi d'une certaine façon confirmé. On peut aujourd'hui affirmer que l'homme a la composition psychique et intellectuelle qui correspond aux choix que ses facultés génétiques ont pu réaliser dans son environnement. L'homme est donc le « produit » — non dans le sens d'une détermination, mais dans un sens limitatif — de son environnement dans la mesure où son développement cérébral est l'adaptation aux défis d'un environnement qui, dans le meilleur des cas, est à la fois favorable et exigeant.

En jetant « un pont entre le cérébral et le social », la biologie montre une fois de plus le caractère « historique », évolutif et irréversible de la vie humaine : elle fait ainsi tomber les vieilles séparations entre « nature » et histoire, corps et âme, corps et esprit, sciences naturelles et sciences humaines. Dans ce contexte, le cadre géographique et climatique prend davantage d'importance et de signification. L'univers exerce une action directe et continue sur l'homme par le soleil, la chaleur, la lumière et la gravitation. La situation géographique et climatique intervient donc à chaque instant de l'histoire, et non uniquement à ses débuts comme l'on pouvait le croire à la vue de l'ordonnance des livres d'histoire. Et ces données géographiques se modifient sous l'influence de l'homme.

La création du monde, une fois pour toutes, est ainsi remplacée par la création permanente, en évolution constante et dans une relation qui se modifie entre le pays et les groupes ou les générations d'hommes qui l'habitent. La France est la création des hommes qui l'ont habitée ; ces hommes sont le « produit » de la France. Cette union-là nous semble plus importante que toute « unité de race » qui, après des centaines de milliers d'années d'histoire humaine, n'existe pratiquement pas.

Il n'est peut-être pas inutile de donner quelques exemples de l'interaction des facteurs géographiques et de la réaction humaine. Dès que les hommes furent capables d'en profiter en répondant positivement à une offre de la nature, la Méditerranée fut un endroit idéal pour la navigation. Pour naviguer, les hommes avaient besoin de navires, qu'ils construisaient avec des bois appropriés. La conséquence fut la recherche de ces bois : elle fut fatale à plusieurs régions côtières. Il y eut, par exemple, des razzias arabes sur les côtes et les îles de la Méditerranée septentrionale, dont le seul but était de se procurer le bois en question. La moindre rétention de l'humidité — assurée jusque-là par les forêts ainsi détruites — et la perte de terre fertile provoquée par les précipitations firent apparaître un paysage rocheux et stérile : la dégradation de l'environnement par l'homme ne date pas d'aujourd'hui.

Un exemple d'interaction de plusieurs facteurs est fourni par la production du vin : elle tient, certes, à un climat chaud sur des sols ensoleillés, mais elle ne dépasse le cadre local pour devenir « exportatrice » que dans des zones côtières ou fluviales, lorsque la navigation assure l'écoulement facile des produits. L'environnement géographique et historique influence également le psychisme de l'homme. Les Bretons considèrent les dolmens et les menhirs, auxquels ils ont donné un nom, comme une spécificité de leur patrie et une part immémorable de leur patrimoine, alors qu'ils n'ont absolument rien à voir avec la civilisation qui les a réalisés : celle-ci avait disparu depuis longtemps lorsque les Bretons sont venus dans cette région. Le « terroir » prime sur les indigènes, dont les mythes se façonnent à l'image de l'environnement qui constitue leur patrie.

Cette symbiose entre les conditions géographiques et la vie humaine — les résultats en sont les « paysages » — nous semble justifier de ne pas séparer les facteurs géographiques et les débuts de l'évolution humaine. Au seuil d'une histoire de France écrite à la fin du XXe siècle, force est au moins de présenter les découvertes et les techniques qui ont récemment élargi, de façon souvent inattendue, nos possibilités de perception et de connaissance du passé lointain de la terre, de la vie et des hommes. Nous évoquerons donc tout d'abord cette transformation des méthodes, puis nous traiterons des conditions géographiques et climatiques ; enfin, dans le chapitre suivant, nous en viendrons à l'apparition et à la vie des hommes dans l'Hexagone jusqu'à l'aube des civilisations.

La « nuit des temps » s'éclaire

Le champ des connaissances sur le passé de l'homme est resté longtemps limité à une période débutant au Ier millénaire av. J.-C., période sur laquelle les textes bibliques et les auteurs grecs fournissent des informations. On distinguait les « temps historiques » des temps « préhistoriques », ceux-ci n'ayant pas laissé de traces écrites. Or, depuis près de deux siècles, les fouilles archéologiques ont fait apparaître des archives importantes provenant de civilisations anciennes qui pratiquaient l'écriture — hiéroglyphes, écritures cunéiformes, etc. — et le déchiffrement plus ou moins complet de ces signes a permis de remonter, pour l'Orient ancien, jusqu'au IIIe millénaire av. J.-C. les temps historiques dont la chronologie est assurée.

Basées sur le concept de l'évolution déjà évoqué, plusieurs disciplines ont développé, chacune de façon indépendante, une *chronologie relative* : la paléontologie pour l'histoire des espèces végétales et animales, l'anthropologie pour l'histoire de l'homme et des hominidés, enfin l'archéologie pour la forme des objets ouvrés et utilisés par l'homme. Cette dernière méthode, dite « typologique », permet de reconstituer des courbes entières d'évolution des formes pour un genre d'objet déterminé. Lorsqu'on découvrait dans des couches de terre identifiées plusieurs objets datables, on pouvait établir une chronologie relative qui permettait de reconstituer une sorte « d'histoire » qui manquait seulement de la précision et de la certitude d'une *chronologie absolue* dont on pensa longtemps qu'on ne l'aurait jamais.

Au cours des dernières décennies, la chimie et la physique ont pénétré la structure de la matière ; la biologie a pénétré celle de la vie et l'astronomie celle de l'univers. On connaît les conséquences de ces découvertes pour le présent et l'avenir de l'homme. Elles ont aussi, brusquement, éclairé son passé, surtout grâce à la précision des procédés de mesure des matériaux de toute nature. Il est aujourd'hui possible de dater d'une façon plus ou moins précise le bois, les métaux, la pierre, les squelettes. Ces objets, jusqu'ici muets, commencent donc à nous parler : tout ce qui devient ainsi datable devient en même temps un élément localisable dans l'histoire. Il est donc maintenant possible de suivre d'assez près l'histoire de la terre à l'intérieur de celle du cosmos, l'histoire des espèces à l'intérieur de celle de la vie et l'histoire de l'homme depuis ses origines jusqu'aux « temps historiques ».

Les nouveaux procédés et les données qui en résultent n'annulent d'ailleurs pas les résultats acquis ; ils les confirment assez souvent, en les modifiant et en les précisant. Des méthodes isotopiques qui mesurent la radioactivité naturelle permettent des datations grâce au carbone 14 résiduel dans les restes biologiques. A la mort d'un organisme (arbre coupé, par exemple), la « demi-vie » du carbone 14 étant de 5 710 ans, l'objet a perdu la moitié de sa radioactivité après cette durée. Cela permet des datations allant de 2 000 à 30 000 ans avec une précision de 100 à 500 ans. Ainsi sait-on que les premiers dolmens de Bretagne sont, avec une date de – 3 500 à – 3 000, beaucoup plus anciens que les premières pyramides d'Égypte qui sont du IIIe millénaire. L'étude de la radioactivité du potassium fournit également des dates absolues pour des âges situés entre 3,8 millions d'années et 800 000 ans environ. Cette datation, moins utile pour l'archéologie, est précieuse pour la géologie, car elle permet de dater des roches. La « thermoluminescence » donne des dates moins sûres pour les céramiques, mais très précises pour les silex, c'est-à-dire pour l'outillage le plus fréquent des hommes de l'âge de pierre, jusqu'à environ – 50 000 ans, sous réserve que ces outils se soient trouvés à un moment donné près d'un foyer. Une fois brûlés, ces objets émettent en effet de la lumière quand on les chauffe à nouveau, et l'intensité de ce rayonnement est proportionnelle à la dose d'irradiation, laquelle dépend à son tour du temps écoulé depuis la dernière chauffe.

Les différents procédés doivent évidemment se compléter et se contrôler. Les risques d'erreur sont plus grands avec la méthode du radiocarbone, parce que la présence de contaminants contenant aussi du radiocarbone (l'asphalte naturel par exemple) n'est pas toujours exclue. La recherche moderne applique souvent des méthodes combinées concernant les objets découverts, et use pour cela de l'ordinateur. Des traitements mathématiques (« traitement graphique », « analyse factorielle », « classification automatique ») permettent alors de donner à chaque objet sa place exacte dans une série « typologique », avec une date absolue de plus en plus précise ; c'est le cas par exemple pour les plaques-boucles portées à l'époque mérovingienne.

Le *nec plus ultra* de la précision chronologique a été récemment atteint par le développement de la méthode dendrochronologique. Les anneaux des arbres — avec une partie tendre, l'« anneau estival », et une partie dure, l'« anneau hivernal » — sont plus ou moins larges selon la fertilité ou la stérilité de l'environnement et, à l'intérieur de ces données locales, selon le climat de l'année. Une succession d'anneaux absolument spécifique en résulte donc pour une suite d'années donnée, et l'on ne saurait la confondre avec la succession d'une autre période. A l'aide de spécimens de bois et d'arbres, on a établi un relevé continu de ces caractéristiques d'anneaux, d'abord en remontant jusqu'en 500 av. J.-C., puis jusqu'à 6 000 ans. Tous les vestiges en bois peuvent être ainsi datés à une année, l'utilisation du bois pour la confection d'un objet ou pour une construction ayant normalement suivi de peu la coupe de l'arbre. Grâce à la dendrochronologie on peut aussi observer la succession d'années chaudes ou froides au cours des derniers millénaires. Mais l'histoire du climat est encore plus renouvelée par l'analyse des glaciers et de leurs traces mesurables sur les roches, et par l'analyse de l'oxygène 18 des glaces de l'« inlandsis » au Groenland.

Le dépistage du passé atteint ainsi une diversité et une dimension étonnantes. Le magnétisme des objets est utilisé à la datation (« archéomagnétisme ») ; on découvre les structures géologiques souterraines, jusqu'ici cachées, grâce aux propriétés physiques du sol et aux variations thermiques à la surface ; on examine les objets métalliques par des méthodes nucléaires, après les avoir détectés à l'aide d'appareils de localisation souterraine. La recherche sous-marine est devenue une branche florissante de l'archéologie. Elle a fait découvrir des navires, des monnaies et quantité d'autres objets souvent datables, renouvelant ainsi notre connaissance des techniques de construction navale, ou des routes et marchandises du commerce naval en Méditerranée, sur lequel les témoignages écrits faisaient défaut ou demeuraient rares. La « recherche de pollens » permet de dater des traces végétales ; elle permet surtout de dater l'apparition de différentes espèces d'arbres, phénomène capital pour l'histoire de l'homme : le pin et le bouleau datent ainsi de – 11 000 ans, l'aulne de – 8 500, le chêne de – 8 000, le hêtre rouge de – 5 000 et le charme de – 2 500. Enfin, des photographies aériennes d'une précision inouïe ont permis de découvrir ces dernières années dans la Gaule septentrionale des milliers d'exploitations agricoles romaines, souvent immenses (des *villae*), avec leur « silhouette » précise au sol, ainsi que des milliers de « mottes féodales », c'est-à-dire d'élévations de terre ayant supporté la construction d'une fortification faite normalement en bois. Toute la géographie historique des régions de France, toutes les données statistiques sur l'occupation du sol, la densité du peuplement, les origines politiques et sociales du pays se trouvent ainsi bouleversées ou renouvelées. Et l'on n'en est qu'aux premiers bilans...

Le récit des origines de la France profite déjà des premiers résultats de ces nouvelles recherches. Il nous a semblé impossible de ne pas informer le lecteur, même de façon brève et incomplète, de cette véritable révolution que traverse notre connaissance de ces époques que, longtemps, les historiens s'étaient résignés à ne jamais connaître. Le miracle n'est pas encore achevé et l'on peut s'attendre à de nouvelles révélations, surtout à des cartes de plus en plus « denses » de données relatives à tel ou tel phénomène, ou à telle ou telle époque. C'est ainsi que naît une compréhension plus profonde de notre histoire.

Le recours aux méthodes de l'anthropologie montre également ce que peuvent attendre les historiens de procédés conçus pour l'analyse d'autres temps. On a pu appliquer les méthodes de la médecine légale au squelette d'un Néandertalien, mort il y a 45 000 à 50 000 ans, pour connaître l'âge du sujet à son décès. On a d'abord situé la mort entre 40 et 50 ans, mais on a précisé ensuite : la mort est survenue à l'âge de 42 ans. La comparaison de douzaines de squelettes d'une même « population » donne ainsi l'âge moyen atteint à la mort, tandis que les déformations osseuses révèlent les maladies et que l'examen des déchets et ordures ménagères suggère la composition de la nourriture.

Tout notre entourage est ainsi devenu témoin du passé. Nous le sommes nous-mêmes, avec notre héritage génétique qui permet aujourd'hui de reconstituer dans certains cas, par l'établissement de groupes sanguins spécifiques, des parentés ou des divergences raciales significatives, qui remontent aux époques préhistoriques (Jean Bernard, *Le Sang et l'histoire*, 1983). La présence du passé dans le présent n'est pas un phénomène nouveau en soi ; mais elle entre aujourd'hui dans la conscience des hommes et augmente considérablement l'« actualité » de la connaissance du passé, de plus en plus ressenti comme un patrimoine. La science historique, comme l'archéologie, présente une recherche en plein mouvement, non un édifice de connaissances figées. Le champ d'intérêt de la recherche historique s'était déjà élargi depuis un certain temps, et en France avant d'autres pays ; il correspond assez exactement aux résultats apportés aujourd'hui par l'archéologie, l'anthropologie, l'ethnologie. Il embrasse la vie quotidienne, les cultes, les croyances et les coutumes, les objets et les procédés (les « techniques »), voire, lorsque la chose est possible, des données statistiques, certes incomplètes, mais combien significatives pour ces époques.

Le fossé entre l'histoire des origines de l'homme et l'histoire des hommes de la Gaule et de la France ancienne se comble ainsi. Les différences de principe se tassent, les différences de détail se précisent : l'homme d'aujourd'hui regarde plus loin dans l'espace, mais aussi plus loin dans le passé.

L'Hexagone dans l'histoire de la terre

Dans quel contexte géologique, et quand, l'Hexagone est-il né ? Quelles sont les caractéristiques essentielles de sa structure géologique ? Du point de vue de l'immensité chronologique qu'il faut considérer pour faire l'histoire de notre globe, rappelons que l'âge de la matière est estimé à environ 20 milliards d'années. Pour rendre intelligible cette infinité de temps, on l'a comparée à une seule année témoin. Avec un âge d'environ 4,5 milliards d'années la terre apparaît ainsi au mois d'octobre de cette « année de l'univers », la vie vers le 20 décembre et l'homme le 31 décembre vers 23 heures. L'ère chrétienne représente un peu plus de trois secondes de cette année témoin...

Pour la formation géologique de l'écorce terrestre après le refroidissement du globe, il suffit de retenir le dernier 1,5 milliard d'années, soit pratiquement le dernier mois de l'année témoin. On connaît les ères datables à l'aide de fossiles d'êtres vivants : le primaire (– 570 à – 225 millions d'années), le secondaire (– 225 à – 65 millions d'années), le tertiaire (– 65 à – 1,5 million d'années) et le quaternaire. La première période du primaire étant le « cambrien », on appelle « précambrien » l'ère immense qui précède le primaire.

L'immense tronc de cette péninsule occidentale du continent eurasien qu'est l'Europe appartient géologiquement à cette ère la plus ancienne. Ce tronc s'étend de l'Oural à la Vistule ; il est limité au nord par le bouclier balte — Finlande, Suède, Norvège méridionale — et au sud par le bouclier ukrainien. A côté de cette « Europe précambrienne », il y a l'Europe calédonienne, née pendant le primaire — ainsi s'est créée une chaîne de montagnes le long de la Norvège, qui se poursuit au nord et à l'ouest des îles Britanniques — l'Europe hercynienne et l'Europe alpine. Ces deux dernières concernent directement l'Hexagone.

Le cycle hercynien est appelé ainsi d'après la *silva Hercynia* des Anciens, qui désigne les montagnes de hauteur moyenne de Germanie méridionale et de Bohême. Son orogenèse (*oros*, montagne et *genesis*, formation) constitue l'événement principal pour la plus grande partie de l'Hexagone : alors se sont créés — il y a de 350 à 225 millions d'années — la *meseta* ibérique, le Massif central, le massif armoricain, le massif des Ardennes, le massif des Vosges, et le massif centreuropéen autour de la Bohême. Les régions intermédiaires de l'Hexagone, tel le Bassin parisien, appartiennent aussi à cette Europe hercynienne ; elles n'ont reçu ultérieurement que des couches formées par l'érosion de ces massifs — dont ne subsistent plus que des montagnes moyennes — et par des sédiments assemblés pendant les longues périodes d'invasion marine sur le sol de l'Hexagone. La fameuse ordonnance circulaire du Bassin parisien, qui comporte des couches successives datant du trias, du jurassique, du crétacé, de l'éocène, de l'oligocène et du quaternaire, s'est formée de la sorte. Ces couches laissent apparaître à leurs bords la côte de Moselle, la côte de Meuse, la côte des Bars, la côte de Champagne et la côte de l'Ile-de-France. Ces « côtes » constituent autant de « remparts ».

Ce monde hercynien n'a été bouleversé qu'une seule fois, au sud, pendant le tertiaire, lorsque l'orogenèse du cycle alpin érigea des chaînes de montagnes à travers l'Europe méridionale, des cordillères Bétiques de l'Espagne méridionale et des Pyrénées (37 millions d'années) aux Alpes (12 millions d'années), à l'Apennin en Italie, aux Dinarides en Dalmatie, aux Hellénides en Grèce, les plissements se prolongeant d'autre part jusqu'aux Carpates et en Asie Mineure. De plus en plus sérieusement confirmée comme étant une tectonique de « plaques » continentales, la dérive des continents a assurément joué un rôle dans cet énorme plissage dû à la pression exercée par le continent africain sur le subcontinent européen. Il est certain que le sol hercynien de l'Afrique septentrionale et de l'Europe méridionale s'est plié, ce qui a engendré de nouvelles chaînes de montagnes « jeunes », en Afrique d'un côté, en Europe de l'autre. Ce bouleversement donna lieu à une intense activité volcanique dans cette zone de rupture. C'est là que se forma la mer Méditerranée.

Ce qui sera l'Hexagone est dorénavant séparé par les hautes montagnes de la péninsule Ibérique (Pyrénées) et de la péninsule apennine (Alpes), mais participe — fait capital — à la côte méditerranéenne entre ces montagnes. Le Jura fait également partie de cette orogenèse ; il forme un plissement plus ancien que celui des Alpes, plissement qui se prolonge vers la Germanie méridionale au nord du Danube. Celui-ci limite exactement le glacis septentrional des Alpes. Des passages nord-sud d'une grande importance se forment d'un côté par le sillon rhodanien, (Saône-Rhône) qui limite vers l'ouest le Jura et les Alpes, d'un autre par le Rhin qui rassemble une partie des eaux alpines et jurassiennes — depuis l'effondrement d'un fossé rhénan qui séparera la Forêt Noire des Vosges — et perce les schistes des Ardennes avant d'unir ses eaux à celles de la Tamise. Une irruption très récente (après 8000 av. J.-C.) — l'homme était déjà là — de la mer du Nord sépara les îles Britanniques du continent, et coupa donc en deux le système fluvial du Rhin et de la Tamise, les deux reposant sur la même plate-forme littorale, à moins de 200 mètres de profondeur. C'est seulement à ce moment très tardif que l'Hexagone prend forme dans sa partie septentrionale ; ces côtes de la Manche verront d'ailleurs, à la période historique, d'autres changements non négligeables.

Sauf dans sa partie la plus méridionale, l'Hexagone est donc essentiellement constitué par des parties de l'Europe hercynienne. Celle-ci se prolonge au-delà de la Manche dans une partie de l'Angleterre méridionale, limitée par la Tamise, et jusque dans le sud du Pays de Galles et de l'Irlande. L'Angleterre centrale et orientale appartient, comme les Pays-Bas actuels, le Danemark et toute la plaine s'étendant au nord de la Germanie et de la Pologne actuelle, à la « dépression germano-polonaise ». Celle-ci constitue une portion soumise à l'action des glaciers de la dernière période glaciaire, de la grande plate-forme précambrienne de l'Europe orientale. Ainsi les immenses plaines de l'Est se prolongent-elles à travers le nord de l'Europe centrale jusqu'aux limites de l'Hexagone : c'est là un autre facteur capital pour l'histoire de ce pays.

Il est d'ailleurs curieux que la première expansion des peuples de langue germanique corresponde largement à l'étendue de cette dépression germano-polonaise, tandis que les régions habitées par les Celtes, de la Bohême jusqu'à l'Hexagone et jusqu'au sud-ouest des îles Britanniques, à travers les montagnes moyennes au sud de la grande plaine, appartiennent toutes à l'Europe hercynienne. On sait que les Celtes s'organisaient autour d'*oppida* fortifiés, en profitant de collines et de promontoires facilement défendables comme il s'en trouve un peu partout dans ces formations anciennes, taillées par l'érosion et soumises à un morcellement très poussé en petits « pays » : on ne parlera peut-être pas d'un simple hasard. C'est surtout le cas en ce qui concerne un épisode tardif, dans les îles Britanniques, où les Celtes se sont précisément maintenus à travers les siècles dans des régions de ce genre, alors que les Anglo-Saxons avaient occupé, depuis le Ve siècle ap. J.-C., les plaines au nord de la Tamise et seulement la partie la plus orientale et la moins montagneuse au sud de ce fleuve.

Le résultat de l'évolution géologique qui intéresse le plus directement la vie de l'homme, c'est, à côté du relief, la qualité du sol, largement conditionnée par les types de roche qui prévalent dans une région donnée. En négligeant les variations locales dues à une histoire tectonique complexe — des calcaires se trouvent dans le bassin de Rennes en plein pays granito-schisteux —, il semble utile d'énumérer ici rapidement, en citant Jean Boulaine, les types de roches les plus caractéristiques de l'Hexagone. Ce sont les roches quartziques sableuses (Landes, Sologne), les roches quartziques dures (Bretagne, Vosges), les granites et granulites (Bretagne, Massif central, Pyrénées), les schistes (Bretagne, Massif central, Alpes), les calcaires durs (Bassin parisien, Midi), les marnes (Est, Limagne), la craie (Champagne), les basaltes (Massif central), les limons éoliens (Bassin aquitain, Bassin parisien, Alsace) et les alluvions fluviatiles et fluviomarines (Camargue, marais de l'Ouest, vallées des fleuves et rivières).

La géographie et l'histoire

Les bases géomorphologiques du contour et des structures de l'Hexagone ont eu des conséquences de grande portée pour la situation géographique de l'ensemble et de ses parties, le relief et le climat, celui-ci étant, selon Pierre George, « l'ensemble des phénomènes caractérisant le contact de l'atmosphère et du relief ». Les observations faites par les auteurs de l'Antiquité seront ici les bienvenues. Elles représentent un témoignage de la permanence de ces facteurs et de leur perception par l'homme.

La première impression qui se dégage de l'histoire géologique et de son effet sur le relief est la combinaison entre une unité et une grande perméabilité. C'est exactement ce que les auteurs anciens ont souligné. Flavius Josèphe (37-100 ap. J.-C.), l'auteur de *La Guerre des juifs*, parle des remparts naturels de la Gaule : Alpes, Pyrénées, Rhin et océan. Ammien Marcellin (v. 330-v. 395) voit la Gaule protégée par un mur de remparts naturels comme une œuvre très réussie. Tous deux soulignent donc l'unité géographique du pays. Le géographe Strabon (63 av. J.-C. -23 ap. J.-C.) admire la « correspondance » ou « harmonie » du rapport des fleuves, de la mer intérieure (Méditerranée) et de l'océan, ce qui ferait penser à une « prévision intelligente » : un cadeau des dieux. Il souligne l'existence de grands fleuves bien répartis, mais aux sources très proches, et avec des seuils faciles à franchir d'un réseau fluvial à un autre. Il parle enfin de cet « isthme » d'à peine 400 km, formé par la minceur du continent entre le golfe du Lion et la Gironde, que l'on franchit sans peine par la vallée de l'Aude, le seuil du Lauragais et la vallée de la Garonne.

Ce passage était utilisé longtemps avant l'arrivée des Romains, les Anciens ayant compris quel avantage il y avait à faire l'économie du tour de la péninsule Ibérique — dangereux par le golfe de Gascogne — pour arriver, par la Gironde et la côte du *Mare Gallicum,* aux îles Britanniques où se trouvait l'étain très recherché de Cornouaille. Le commerce entre l'Italie et les îles Britanniques a pu suivre aussi d'autres voies à travers la Gaule : cela ressort du contexte d'une fameuse trouvaille, celle du cratère de Vix. Découvert près du mont Lassois (à proximité de Châtillon-sur-Seine, en Bourgogne), ce vase date d'environ 500 av. J.-C. Or plusieurs « seuils » peu élevés permettent de passer du sillon rhodanien au Bassin parisien en évitant le Massif central, seul obstacle sérieux au centre de la Gaule (seuil du Charolais, de l'Auxois, de Langres, de Lorraine). L'avantage offert par la Gaule à qui voulait aller de la Méditerranée vers le nord sans franchir les Alpes fascinait à ce point les Romains que Tacite mentionne le projet — jamais réalisé — d'une liaison directe entre Saône et Moselle.

L'Hexagone profite en effet de cette ouverture entre Pyrénées et Alpes, et il est la seule partie du continent qui ne soit pas séparée du Midi par le plissement géant du tertiaire : les Pyrénées et les Alpes le limitent, mais ne le divisent pas. Il n'y a pas non plus de barrière climatique ; on y passe du Nord froid au Sud chaud en douceur, sans contrastes trop accentués. Cette perméabilité acquiert sa signification grâce à la situation centrale de l'Hexagone par rapport au reste du subcontinent européen : l'Italie et la péninsule Ibérique au sud, la Germanie et les îles Britanniques au nord entourent la Gaule. Celle-ci sera non seulement bien située pour le commerce ; elle constituera la « plaque tournante » ou le « pont » qui transmettra la civilisation gréco-romaine et le christianisme au nord et au centre du continent.

La situation en même temps excentrique de l'Hexagone à la pointe occidentale du continent, en revanche, n'a guère eu d'influence. On se trouve sans doute « à l'extrémité du monde », devant l'immensité d'un océan considéré longtemps comme la limite qui entoure le disque terrestre (« Finistère » en Bretagne, « *Land's End* » en Grande-Bretagne), mais on est là en compagnie de la péninsule Ibérique, qui avance encore davantage, et des îles Britanniques. Au reste, les côtes occidentales sont animées par le cabotage depuis les temps les plus anciens, précisément en raison de leur situation intermédiaire. Cette situation proche de l'océan offrira de nouveaux avantages dès le temps des découvertes. Elle permettra à la France de participer activement à la naissance du commerce mondial et au mouvement de fondation des colonies outre-mer.

A côté des passages vers l'Italie dans une direction générale nord-ouest/sud-est, il faut également parler des passages en direction nord-est/sud-ouest. Pour les premiers, mentionnons encore le rôle des cols alpins, utilisés surtout depuis l'époque de la domination de la Méditerranée par les Arabes et même des passages terrestres le long de la côte dans la région des Alpes maritimes, et au temps de la faiblesse générale du trafic en mer Méditerranée au haut Moyen Age. La route principale des Carolingiens entre le centre politique de la Gaule — les palais royaux entre Compiègne, Soissons et Laon — et l'Italie passait par Langres, Besançon, Orbe et le Grand-Saint-Bernard, et enfin le val d'Aoste, mais on utilisait également le col du Mont-Cenis — où l'abbaye de Nonantola était bien placée — et le passage à travers la Rétie, de Coire vers Milan. Du nord-est vers le sud-ouest, la grande ouverture entre Germanie et Gaule était la « porte de Bourgogne » entre les Vosges d'un côté, le Jura et les Alpes de l'autre : mais la vallée du Doubs — avec Besançon où l'on croise la route du nord-ouest vers le sud-est n'était guère facile à pratiquer. Il y avait également le col de Saverne au nord des Vosges. Plus au nord, on se servait de la Moselle, dont le trafic fluvial était déjà développé, mais il y eut aussi une route romaine qui, venant de Reims, traversait l'Eifel en direction de Cologne. Le massif des Ardennes — l'immense *silva carbonaria*, la « Forêt charbonnière », se prolongeant vers la Manche par les collines de l'Artois — constituait un obstacle tel que le premier royaume de Clovis (avant l'union, vers 509, avec le royaume franc de Cologne) y avait sa limite orientale, la frontière méridionale étant formée par la Loire. On le franchissait par le seuil de Vermandois, pour gagner le Bassin parisien par Soissons, ce qui explique l'importance précoce de cette ville.

Du Bassin parisien, plusieurs voies s'offraient pour passer en Aquitaine. Soulignons ici la situation prédestinée de Paris au meilleur passage du système fluvial de la Seine, le mieux placé et facilité de surcroît par des îles. Se croisaient là l'axe fluvial vers les cours supérieurs de la Seine et de ses affluents et la route du nord-est vers le sud-ouest, qui allait être utilisée pendant des siècles, et surtout depuis le XIe siècle par les pèlerins de Saint-Jacques. L'axe principal était celui de Paris à Orléans, véritable trait d'union entre le Nord et le Midi, parce qu'on pouvait, à partir d'Orléans, ou bien remonter la Loire et l'Allier pour franchir ensuite le Massif central, ou bien se diriger vers Bourges, ou bien encore descendre la Loire pour trouver à Tours le principal passage du fleuve vers le seuil de Poitou et le Bassin aquitain.

Toutes ces ouvertures vers l'extérieur, tous ces passages à l'intérieur du pays constituaient autant de dangers d'invasion, ou autant de lieux ultimes de défense. Ce fut le cas lors de la bataille livrée par Charles Martel contre les Arabes au seuil de Poitou. Les derniers siècles et leurs invasions du nord-est ont donné l'impression que la France n'était en rien exposée à des dangers venus d'autres horizons. En vérité, à travers les siècles, les attaques vinrent de tous les côtés. Du nord vinrent les Saxons du Ve siècle et les Normands du IXe. Après une menace anglo-normande exercée du Vexin normand sur Paris si proche tout au long des XIe-XIIIe siècles, les Anglais firent de même pendant la guerre de Cent Ans. De l'ouest arrivèrent les Normands qui, aux IXe et Xe siècles, attaquèrent par la vallée de la Loire et par la Gironde. Après cela, ce furent les Anglais, installés pendant plusieurs siècles en Gironde. C'est de la Gironde également que partirent les campagnes du Prince Noir qui inquiétèrent la France pendant la guerre de Cent Ans. Entre-temps, saint Louis avait remporté l'une de ses plus belles victoires à Saintes sur Henri III d'Angleterre.

Du sud vinrent les attaques incessantes des Basques qui provoquèrent les campagnes punitives de Dagobert Ier et causèrent plus tard la débâcle de l'arrière-garde de Charlemagne à Roncevaux. De là venaient au VIIIe siècle les invasions arabes qui échouèrent une fois devant Carcassonne, causèrent des destructions jusqu'à Autun et provoquèrent quelques terribles batailles comme à Tours-Poitiers et surtout, près de Narbonne, celles qu'immortalisa la *Geste de Guilhem*.

Avant les Arabes qui contrôlèrent au Xe siècle les Alpes maritimes, avec le centre fortifié de La Garde-Freinet, les Romains étaient venus du sud, occupant d'abord ce qui allait être la Provence et la Septimanie, puis toute la Gaule, organisée — autour d'une capitale créée de toutes pièces à Lyon — par un réseau routier adapté. Du sud-est, on voit attaquer les Lombards, battus au VIe siècle par un général franc de naissance romaine, Mummolus et après eux, au Xe siècle, par les mêmes cols des Alpes, les Hongrois.

Au nord des Alpes, la porte de Bourgogne est franchie par les Celtes, plus tard par les Suèves d'Arioviste, puis par les Alamans qui s'étendent jusqu'au plateau de Langres. C'est sur ce même plateau que se rassembleront les forces alliées — Autrichiens et Russes — en 1814, avant d'avancer vers Paris. Le Rhin moyen est passé par les Germains et surtout, en 406, par les Vandales et les Suèves ; il l'est peu après par les Huns d'Attila, plus encore par les Hongrois qui dévastent particulièrement ces mêmes régions qu'avait visitées Attila avant d'être battu près de Troyes, ces mêmes régions où s'installèrent d'abord et de la façon la plus intense les Celtes, les futurs « Gaulois ». Quant au nord-est et aux Francs « saliens », on reviendra sur une évolution plus compliquée, qui ne cadre pas avec le cliché des « invasions ».

D'un point de vue géopolitique, on a observé que les grandes migrations est-ouest de l'Asie vers l'Occident se sont surtout déroulées dans la zone « potamique » (du grec *potamos*, fleuve) autour du Danube, située entre les zones baltique et méditerranéenne moins marquées par ces mouvements. C'est en effet à partir des régions danubiennes, entre la Bohême et les Alpes, que s'est déroulée l'occupation la plus importante, peut-être, de l'Hexagone : celle que l'on doit aux Celtes. Mais combien d'invasions, d'occupations, de passages — de peuples, de tribus ou de groupes d'hommes plus petits — se sont-ils déroulés avant l'arrivée des Celtes ?

Si l'on met l'accent sur la perméabilité de l'Hexagone, on arrive à une grande multitude et une grande diversité de populations, ce qui est la richesse historique de cette partie de l'Occident. Si, au contraire, on insiste sur l'unité géographique observée très tôt par les hommes, où en est-on quant à l'unité politique ? L'Hexagone était-il prédestiné à l'unification politique ? On peut l'affirmer *a posteriori*, sous l'impression de l'admirable continuité qui tend vers l'unité, autour du centre parisien, depuis les débuts capétiens jusqu'à l'histoire contemporaine. Mais l'historien doit se tenir en garde contre la simplification d'un déterminisme géographico-historique. L'histoire de ces six volumes démontrera combien étaient nombreux les incertitudes, les alternatives et les obstacles, ce que confirme l'histoire des frontières politiques.

Celles-ci ont souvent débordé l'Hexagone ; souvent, elles l'ont divisé. Le monde celtique n'était absolument pas limité à la Gaule avant que n'arrivent sur le haut Rhin les Germains qui l'ont « coupée » de l'est, ce qui s'est passé immédiatement avant César et sa description géographique qui présente pour la première fois la Gaule et la Germanie dans un voisinage désormais classique. Cette Gaule celtique géographiquement circonscrite possède un centre culturel, dans la région chartraine, mais elle reste sans centre ni unité politiques. Les Romains imposent un centre : Lyon, bien situé vu de Rome, mais périphérique en ce qui concerne le pays même. Plus périphérique encore est l'organisation de la défense : axée sur le Rhin et le Danube, reliés par un *limes* (ligne de fortifications), elle est directement dirigée de Rome. C'est seulement au Bas-Empire que l'on crée un commandement unifié pour la défense de la Gaule, sous le *magister militum per Gallias*, un généralissime pour les Gaules dont le poste sera finalement offert au roi des Burgondes. Jamais il n'y aura d'unité administrative pendant la période romaine.

A Clovis revient le mérite d'avoir, en installant sa capitale à Paris, donné à la Gaule un centre politique qui, malgré sa position septentrionale, semble prédestiné à l'organisation d'une unité qui nécessitera des siècles. Le même Clovis porte la frontière de son royaume jusqu'aux Pyrénées, et exprime le désir de « nettoyer » la Gaule d'une souillure : l'hérésie visigothique. C'est dire que l'idée d'une Gaule existe sur le plan géographique, culturel et religieux, et que la Gaule franque est sa première réalisation politique. Mais elle ne dure pas. En raison des partages successoraux aussi bien que des conquêtes hors de Gaule, ni les Mérovingiens ni les Carolingiens ne reviendront à la situation connue sous Clovis et ses fils, qui apparaît comme un programme, un symbole de l'unité au début d'une longue histoire. Il est significatif que Paris ne puisse conserver sa position de capitale : elle se perd entièrement sous les Carolingiens. Si les Mérovingiens ont eu le mérite de conquérir le Sud-Est (Bourgogne et Provence), les partages carolingiens font perdre au royaume occidental — qui sera la France — la plus grande partie de ces régions en même temps que la Lotharingie.

Ainsi recule pour de longs siècles la frontière orientale. La frontière méridionale déborde en revanche les Pyrénées : la Catalogne — on appellera ainsi ce pays à partir des XIe-XIIe siècles — sera franque jusqu'au traité de Paris de 1259. On l'oublie trop quand on perd de vue que les hommes qui combattirent les musulmans avec le Cid étaient appelés *Francos*. D'autre part, les relations étroites de ces régions ibériques avec le Languedoc, la *Septimania* du Bas-Empire, la *Gothia* du haut Moyen Age — ces pays étant gouvernés, des deux côtés des Pyrénées occidentales, par une aristocratie de souche à demi visigothique mais à demi franque — sont à l'origine d'un ensemble culturel et politique qui, vers le XIIe siècle, tend à devenir un véritable État (Ch. Higounet). Celui-ci aurait pu séparer de larges provinces du midi de la France, comme l'État des ducs Valois de Bourgogne fera perdre au royaume une grande partie des pays mosans. Les Basques, et plus tard les comtes de

Béarn, ont longtemps contesté leur appartenance au royaume de France, comme l'ont montré P. Chaplais pour la Gascogne et P. Tucoo-Chala pour le Béarn ; encore au XVIIIe siècle, la ville de Marseille prétendra n'obéir au roi de France qu'en tant qu'il est comte de Provence.

Nous ne parlons même pas des principautés lentement récupérées, la Bretagne en dernier lieu, par la royauté. Une longue histoire donc, et l'on invoquera en vain la frontière naturelle des Alpes, sans se rappeler qu'elle n'a été atteinte en Savoie que très tardivement, sur la côte sud avec l'acquisition du comté de Nice en 1860. De larges parties de la France — à un moment donné toute sa moitié occidentale, des Pyrénées à la Normandie — ont appartenu au roi d'Angleterre, non parce que les Anglais sont venus les conquérir mais parce que des princes français sont devenus rois d'Angleterre. Les structures politiques sont donc bien loin d'être déterminées par la géographie.

Cela dit, l'arbre ne doit pas cacher la forêt. Une certaine logique géographique — ou, si l'on veut, géopolitique — finit souvent par s'imposer. Malgré les exceptions et les divisions qui subsistent (Portugal, Catalogne, Irlande, Pays de Galles, Écosse), les îles Britanniques, aussi bien que les grandes péninsules du continent, ont fini par atteindre une unité politique complète ou presque : on sait combien ce fut long et difficile en Italie. Les habitants d'un continent ou d'une fraction bien définie d'un continent finissent normalement par prendre le dessus sur ceux qui sont venus de l'extérieur sans vraiment se fondre dans la population. Quand une nation est assez nombreuse, assez forte, pour « remplir » un cadre géographique évident, le « programme » géopolitique inhérent peut s'accomplir. L'unité politique de l'Hexagone dans la France actuelle ne s'est pas développée naturellement comme une plante, elle est l'effet d'une volonté politique exercée dans le même sens pendant plusieurs siècles ; et celle-ci a bénéficié de conditions géographiques favorables. Pendant cette même période, très longue, s'est développée dans le peuple une volonté nationale d'unité : ces deux évolutions sont l'histoire même de la France. Tous les détails de cet accomplissement ne peuvent être énumérés ici, comme, par exemple, le remplacement d'un système routier romain axé autour de Lyon, par un système routier — et, après, un réseau de chemin de fer — axé autour de Paris. C'est toujours une volonté et un succès politiques qui transforment en réalités les virtualités qui tiennent aux conditions extérieures.

Il faut considérer à part la frontière de l'Hexagone vers le nord-est ; on a parlé pour elle d'une évolution « inachevée ». On pourrait rapprocher cette observation de celles qu'ont faites des historiens allemands et français en parlant des frontières « artificielles », « contre nature » de la Lotharingie établie au IXe siècle entre les royaumes occidental et oriental des Carolingiens. Ce serait faire vraiment peu de cas des facteurs géographiques, si évidents, que constituent les systèmes fluviaux du Rhin et de la Meuse : avec leurs nombreux affluents, ils forment un véritable axe sud-nord entre les Alpes et la mer, entre l'Italie et l'Angleterre.

Historiquement, ces régions sont extrêmement importantes, et il est hautement significatif qu'elles aient été la patrie des Carolingiens : plus que toute autre dynastie, ceux-ci appartiennent à l'ouest comme à l'est et comme au centre du monde franc. Aujourd'hui encore, elles représentent un axe européen. Les populations voisines de ces fleuves et de leurs affluents ont toujours été, vu les conditions du trafic fluvial, attirées les unes vers les autres plus que vers les régions situées à l'est ou à l'ouest. Être « entre les deux », appartenir à l'Empire, mais pas à l'Allemagne, et non à la France, c'est là une situation historique et géographique fort ancienne, que nous devrions considérer avec toute sa dynamique actuelle, qui s'exprime en particulier par des ports qui sont parmi les plus importants du monde, et qu'il faut reconnaître dans son rôle historique. C'est justement là la différence entre la Gaule, dans sa définition du Ier siècle av. J.-C., et l'Hexagone. Cette différence ne manque ni de causes historiques, ni de causes géographiques.

Le climat

Qu'en est-il de la répercussion des conditions climatiques sur la vie des hommes dans l'Hexagone ? Ont-elles eu une influence sur le comportement et la façon de communiquer des habitants ? Avant de donner les caractéristiques essentielles du climat français actuel, il faut se rappeler que les méthodes mentionnées au début de ce chapitre ont permis de détecter des changements notables depuis la dernière période glaciaire et pendant les temps historiques. Les variations des moyennes de température ont atteint 1,5 à 2°, ce qui peut avoir eu des répercussions assez fortes pour la flore, les hommes et leur nourriture. Assez bien prouvée, une période chaude autour de l'an mil explique que les hommes qui découvrirent alors le Groenland purent lui donner ce nom qui signifie « terre verte ». On avait déjà connu un temps plus chaud pendant le Haut-Empire romain, plus froid du Ve au VIIIe siècle et surtout à partir du XVe. Pour cette dernière période, on a parlé, avec exagération, d'un « petit âge glaciaire » ; mais le climat a effectivement eu des effets déplorables sur les moissons et sur la vie des populations. C'est seulement autour de 1850-1860 qu'un temps plus chaud est revenu, qui dure encore de nos jours.

Indépendamment de ces variations selon les époques, il y a les climats régionaux qui distinguent de façon durable les pays entre eux. De toutes les régions tempérées qui ont joué un rôle décisif dans l'histoire de l'humanité, l'Hexagone est la plus équilibrée. Cette absence d'excès climatiques est garantie par les mers qui entourent l'Hexagone — l'eau est plus chaude que la terre en hiver, plus froide que la terre en été — et qui, dans l'océan Atlantique, profitent de la température plus élevée du Gulf Stream. Elle bénéficie enfin des grands vents d'ouest qui soufflent de la mer vers le continent. Ce climat océanique domine l'ouest de l'Hexagone, qui est humide en hiver avec des températures très douces (plus de 6° de moyenne en janvier). En été, les températures restent agréablement fraîches au nord d'une ligne qui va de l'embouchure de la Loire à la Meuse près de Mézières. L'est de l'Hexagone connaît un climat plus continental ; les hivers y sont sensiblement plus froids, mais sans connaître les excès du véritable climat continental.

De la Lorraine aux Alpes les précipitations sont fréquentes, sensiblement plus importantes que dans la zone intermédiaire entre Massif central et Bassin parisien ou Normandie. Dans le Midi, au sud d'Orange, le climat se distingue par des étés à forte chaleur, régulièrement accompagnée de sécheresse ; malgré leur douceur générale, les hivers connaissent des coups de froid et des vents violents : c'est le mistral. Ces régions de climat méditerranéen sont le pays du figuier, du chêne vert et de l'olivier. Les Romains y fondèrent une « province » entre 125 et 118 av. J.-C. : la *Gallia Narbonensis*, dont Pline l'Ancien (24-79 ap. J.-C.) affirmait qu'elle était une véritable Italie plutôt qu'une province. On a justement observé que l'Empire romain n'avait normalement aucun intérêt à dépasser l'aire de la vigne et de l'olivier, à quitter le climat méditerranéen, avec ses conditions de vie et de nourriture. La conquête de César ne déborda ces régions que pour des causes politiques précises, mais elle trouva un climat fort doux — et apte à la vigne — jusqu'à une ligne qui allait alors de Trèves au cours inférieur de la Loire. Rappelons enfin qu'il y a dans l'Hexagone des climats régionaux sensiblement plus froids dans les Pyrénées, le Massif central et les Alpes.

La combinaison des facteurs géologiques — configuration très variée du relief, qualité souvent bonne des sols — et climatiques offre une grande richesse d'exploitation des terres. Cela va des bocages armoricains, où les forêts sont « souffreteuses » à cause du vent qui inhibe les développements d'arbres forts, et des enclos des pentes septentrionales et occidentales du Massif central jusqu'aux champs ouverts du Nord, du Bassin parisien et des autres pays de passage où l'homme peut profiter des couches de lœss fertile formées à la suite de la dernière période glaciaire. Le pays offre en même temps une vaste étendue de forêts, l'une des plus importantes en Europe jusqu'à nos jours. Les zones forestières d'une certaine importance se trouvent surtout à l'est et au sud-est, mais aussi au nord, en Normandie et en Ile-de-France, et bien entendu en Auvergne, dans les Cévennes et les Pyrénées. Rappelons que l'immense exploitation forestière des Landes ne date que des temps modernes. Certaines de ces forêts ont joué un rôle dans l'histoire de la France ; c'est le cas de celles qui entouraient les palais royaux de la forêt de Brotonne près de Rouen, de la forêt de Cuise le long de l'Oise, des forêts des Vosges, de la forêt d'Orléans, etc. Nous reviendrons sur le rôle économique essentiel de ces forêts dans l'ancienne France.

Il y avait enfin des régions moins favorisées, des « gâtines » et des « landes » : la Touraine septentrionale, la Sologne, les Dombes, les Landes, la Camargue, la Champagne pouilleuse. Toutes offraient peu de ressources à l'homme.

L'Hexagone compte donc dans l'ensemble parmi les régions les plus fertiles du monde. On y dispose de contrées particulièrement favorables à la culture des céréales, surtout du froment : la Beauce, la Brie, le Lieuvin, le pays de Caux, le Vexin, la Picardie, le Perthois en Champagne, certaines parties de l'Alsace. L'exploitation des richesses du sol a été précoce : la densité des *villae* et autres exploitations agricoles de la période gallo-romaine en Vendée et en Anjou, en Aquitaine — dans la région de Bordeaux, mais aussi près des Pyrénées — et dans les grandes plaines du

Nord suffit à le prouver. Même des « pays » moins riches profitèrent souvent de régions voisines plus favorisées, par un heureux partage du travail précoce et par l'emploi de travailleurs saisonniers.

Cette richesse est surtout agraire. L'Hexagone est pauvre en minerais. Les plus importants, dans le passé, étaient les mines de sel du Pays Basque, de Lorraine près de Metz et du Jura près de Salins. Cette richesse semble pourtant plus profonde et plus saine — moins ostentatoire, aussi — que celle dont s'enorgueillissent d'autres lieux du monde. Elle se manifeste bien entendu dans le commerce : ce sont les foires de la région parisienne (Saint-Denis et Lendit) et de la Champagne, et ce sont les ports, dont l'activité est fort précoce (Marseille, Arles, Bordeaux, Nantes, Rouen). L'abondance du blé et des primeurs distingue le pays de ses voisins situés plus à l'est.

Le géographe Vidal de La Blache a même supposé que l'atmosphère du pays, son climat agréable et sa richesse relative — même durant les époques autrement dures que la nôtre — ont pu contribuer à la naissance d'un « genre particulier de sociabilité » qui, « force bienfaisante », aurait préparé l'unité des habitants au-delà même de leurs appartenances raciales. Certes, la vivacité de la communication, celle du franc-parler dans les réunions de soirées moins chaudes ont joué également, mais pourquoi, en effet, en dissocier le vin et la qualité de la nourriture ? Sans lyrisme aucun, il est incontestable qu'il y a une conscience du bien-être qui attache l'homme à son pays. Quand on fait dire à un Louis VII, confronté à la puissance de son voisin Henri II, « Nous, nous n'avons que du pain, du vin et de la joie... », peu importe que l'anecdote soit vraie ; l'important est qu'on la colporte. Elle exprime à sa manière la symbiose entre le pays, ses produits et ses hommes, fiers d'y vivre.

CHAPITRE III

De l'apparition de l'Homme aux premières civilisations

« L'homme préhistorique »

C'est par un réflexe assez naturel que l'homme d'aujourd'hui confond souvent en un seul cliché « les premiers hommes » et ceux de l'âge de bronze. Il se barre ainsi la route vers une compréhension plus profonde de ses origines. En vérité, il y a d'un côté, très loin de nous, l'homme qui est resté un prédateur, et de l'autre l'homme devenu producteur, et capable de produire une large partie de sa nourriture. Le premier vit de la cueillette de ce qu'il trouve dans la nature, et de formes plus ou moins développées de la chasse. Ces activités ne le séparent guère des hominidés qui ont précédé l'homme proprement dit, et même des mammifères les plus développés. Mais il a déjà réussi à dominer le feu et il sait améliorer ses outils de pierre. L'histoire de l'homme prédateur a duré au moins un million d'années, après plusieurs millions d'années d'existence des hominidés prédateurs.

L'histoire de l'homme producteur, elle, est très courte et toute récente : moins de 10 000 ans. Pendant cette période marquée par une accélération impressionnante de l'histoire, les hommes commencent à pratiquer la terre pour produire des céréales. Ils inventent le pain, la poterie, le tissage, la roue, et enfin le village, la ville, l'écriture, une administration — il y a 4500 ans, au Proche-Orient — et l'État. Ces hommes dont nous ne sommes séparés que par 300 générations biologiques au plus — et par moins de 200 générations de tradition directe d'homme âgé à homme jeune —, c'est nous.

Ces remarques préliminaires se trouvent confirmées et en même temps expliquées par l'évolution de trois phénomènes qui, en laissant des traces, ont donné aux chercheurs des repères chronologiques : l'évolution climatique, l'évolution biologique de l'homme et l'évolution des techniques d'outillage. Depuis que le centre magnétique de la terre n'a plus changé (époque « Brunhes », depuis — 700 000 années), une suite de huit cycles — au moins — de périodes glaciaires et interglaciaires, plus froides ou chaudes de 2° à 3° en moyenne, n'a cessé de bouleverser les conditions de vie de la flore, de la faune et de l'homme. Pour l'Europe occidentale, les traces laissées près de quatre affluents du Danube — Günz, Mindel, Riss et Würm — ont permis de distinguer, et de préciser ultérieurement, les périodes glaciaires et interglaciaires suivantes, depuis la fin du tertiaire et les débuts du quaternaire :

	entre	et
Günz I et II	– 600 000	– 540 000 ans
Interglaciaire Günz/Mindel	– 540 000	– 480 000
Mindel I, II et III	– 480 000	– 340 000
Interglaciaire Mindel/pré-Riss	– 340 000	– 310 000
Pré-Riss	– 310 000	– 290 000
Interglaciaire pré-Riss/Riss	– 290 000	– 235 000
Riss I, II et III	– 235 000	– 135 000
Interglaciaire Riss/Würm	– 135 000	– 120 000
Würm I	– 120 000	– 95-90 000
Interglaciaire Würm I/Würm II	– 95 000	– 80 000
Würm II	– 80 000	– 40-35 000
Würm III	– 40-22 000	– 10 000
Würm IV	– 10 000	– 8 000

L'accélération dont nous avons parlé correspond à la période qui a suivi la dernière période glaciaire. La conséquence la plus dramatique du changement des moyennes de température fut, à la suite de la formation ou de la fonte des immenses calottes glaciaires qui occupaient une partie des continents, une baisse considérable du niveau de la mer ou, au contraire, une « transgression marine » monstre, submergeant les parties basses des continents. Les terrasses formées par les anciens comblements sur les flancs des vallées fluviales sont donc d'autant plus anciennes qu'elles sont haut placées : c'est ce qui a permis de distinguer des niveaux correspondant aux différentes périodes interglaciaires : « Sicilien I », 80 m à 100 m (avant Günz I, avant – 600 000), « Milacien » ou « Sicilien II », 50 m à 60 m (Günz/Mindel, env. – 500 000), « Tyrrhénien I », 27 m à 34 m (Mindel/Riss, env. – 300 000), « Tyrrhénien II » ou « Grimaldien », 15 m à 20 m (Riss/Würm, env. – 130 000) et « Flandrien », 1 m à 1,50 m (postglaclaire). Ce dernier niveau correspond aux hommes des dernières dix mille années. Ils ont vécu dans le monde tel que nous le connaissons encore quant à la configuration des côtes, avec une exception notable pour les côtes de la mer du Nord et surtout de la Baltique : une partie de la Suède et du Danemark n'est sortie des eaux qu'aux derniers millénaires avant Jésus-Christ.

Quant à l'évolution biologique de l'homme, nous en noterons seulement les repères chronologiques essentiels. L'évolution parallèle de différentes espèces de primates est aujourd'hui datée : entre – 15 à – 10 millions d'années. Les traces les plus anciennes d'hominidés, trouvées surtout en Afrique orientale, sont datées entre – 4 millions et – 2,5 millions d'années. Cet *homo habilis* (homme adroit, mobile), dont la station debout est encore assez courbée, mesurait environ 1,20 m et avait une capacité crânienne de moins de 500 cm^3 ; mais il avait des dents très proches de celles des hommes et savait déjà produire des outils. Le premier outil — trouvé en Éthiopie et daté de – 2,3 millions d'années — est un *chopper*, couperet latéral biface façonné à l'aide de galets aménagés.

Rien ne prouve que l'*homo erectus* (ayant la position verticale), trouvé surtout en Eurasie, descende de l'*homo habilis* : « Actuellement plus aucun fossile n'est l'ancêtre de qui que ce soit » (Yves Coppens). Des découvertes récentes font remonter l'apparition de cet *homo erectus* d'environ – 1 million d'années à peut-être plus de – 1,5 million d'années. Il atteint et parfois dépasse une taille de 1,50 m et une capacité crânienne de 850 cm^3. C'est l'homme le plus ancien dont on ait trouvé la trace en Europe, avec la mandibule de l'*homo heidelbergensis,* trouvée en 1906 à Mauer, près de Heidelberg, et datée d'environ – 500 000 années, et le crâne de l'« homme de Tautavel », trouvé en 1971 dans la « Caune » de l'Arago, près de Perpignan, et daté d'environ – 450 000.

C'est seulement vers – 100 000 ans qu'apparaît le type du « Néandertalien » nommé par l'Anglais King d'après un squelette trouvé en 1856 dans le Néandertal, près de Düsseldorf. On peut le considérer comme représentant l'*homo sapiens* (doué de raison), avec une capacité crânienne d'environ 1 100 cm^3. Encore fallait-il un changement décisif de la configuration du crâne et du visage, survenu entre – 100 000 et – 10 000 ans, pour en arriver à l'aspect de l'homme « moderne », à l'*homo sapiens sapiens :* au lieu de très grandes arcades orbitaires en protubérance, d'un front fuyant et d'un menton pratiquement inexistant, apparaît alors la tête de l'homme actuel avec un visage moins grand, un menton marqué et un crâne plus haut. L'avance la plus remarquable entre les premiers représentants de l'*homo sapiens* et l'homme moderne est marquée par l'« homme de Cro-Magnon », trouvé aux Eyzies-de-Tayac, en Dordogne, et daté d'environ – 35 000. Il atteint déjà la taille de l'homme actuel : 1,80 m et plus. Il dispose d'une capacité crânienne comparable à celle que l'on trouve aujourd'hui, soit en moyenne 1 400 cm^3.

Les développements les plus importants de l'évolution biologique se sont également passés très rapidement pendant les toutes dernières dizaines de millénaires. Là aussi, on doit distinguer clairement une approche très longue, très lente, à travers des millions, puis des centaines de milliers d'années — elle équivaut à la véritable « pré-histoire » de l'homme — et une histoire après tout assez « récente », comportant une évolution terminale rapide. Tandis que les « archanthropiens » représentés par l'*homo erectus*, les « paléoanthropiens » représentés par les néandertaliens, et les « néanthropiens » — du grec *archaios* (très ancien), *palaios* (ancien), *neos* (nouveau) et *anthropos* (homme) —, représentés entre autres par l'homme de Cro-Magnon, sont considérés comme des branches ayant une parenté et dont les croisements ont pu favoriser le développement ultérieur, l'*homo sapiens recens* ou *sapiens sapiens* n'est présent d'une façon certaine que depuis environ 30 000 ans.

L'évolution des techniques s'analyse assez bien grâce aux outils que ces différentes phases de l'histoire de l'humanité nous ont laissés. On a distingué très tôt « l'âˇe de la pierre » des âges métalliques : du cuivre, du bronze et du fer. A l'expression « âge du cuivre » on préfère aujourd'hui la dénomination de Chalcolithique — du grec *khalcos* (cuivre, bronze) — pour désigner la période de transition où l'on utilisa à la fois la pierre et le cuivre : une telle pratique persista pendant l'âge du bronze. Cette transition technologique commence dans le Proche-Orient au ve millénaire av. J.-C. et atteint l'Occident vers 4000 av. J.-C., où le bronze ne s'impose vraiment qu'au IIe millénaire av. J.-C. Les âges métalliques sont donc tout à fait récents. Pour la très longue période qui les précède et qui est techniquement dominée par l'emploi de la pierre, on distingue l'âge de la pierre taillée, le Paléolithique, de celui de la pierre polie, le Néolithique. Une période intermédiaire les sépare, le Mésolithique (âge moyen de la pierre). On fait commencer ce dernier vers – 10 000, et le Néolithique à des dates qui peuvent, selon les lieux, se situer entre – 7000 en Orient et – 4000 en Occident. Dans ce domaine de l'évolution des techniques, nous constatons donc une confirmation frappante de nos remarques initiales : toutes les périodes de la « préhistoire », à l'exception du seul Paléolithique, appartiennent aux derniers dix mille ans de l'histoire de l'humanité. Ils en sont vraiment « le présent ».

Voir les liens étroits qui unissent, dans tous les domaines, les hommes de ces derniers dix mille ans est un avantage certain pour mieux comprendre l'évolution de l'humanité en Orient et en Occident. La chose est d'autant plus intéressante que les périodes antérieures ne laissent en rien prévoir l'avance très nette de l'évolution des civilisations dans le Proche-Orient. Celle-ci est elle-même le résultat des premiers millénaires de ces derniers dix mille ans et semble due essentiellement à des conditions climatiques qui permirent la culture de céréales fondée sur des graminées appropriées. C'est là une remarque de première importance pour l'histoire de l'Hexagone. De l'essor formidable de l'Orient, il recevra peu à peu les répercussions — et les influences — par deux voies : la voie danubienne et celle de la Méditerranée. Auparavant, l'Hexagone aura joué un rôle de premier plan au Paléolithique.

Le Paléolithique

La situation géographique de l'Hexagone, au climat tempéré entre tous, devait favoriser la survie des hommes pendant les périodes glaciaires. Sauf pour les alentours des Alpes et des Pyrénées, les grands glaciers n'ont jamais atteint l'Hexagone. Surtout, les régions méridionales ont offert des cavernes accueillantes : il suffit de citer l'exemple du Périgord. La qualité et le nombre des vestiges archéologiques pour l'ensemble de l'« âge de pierre » sont tels que la nomenclature des périodes utilise essentiellement des éponymes français, correspondant à des sites importants dans l'Hexagone. En voici un schéma destiné à faciliter la lecture des pages suivantes :

Paléolithique inférieur

(Günz/Mindel)	Abbevillien	Abbeville (Somme)	vers – 500 000
	Clactonien inférieur	Clacton-on-Sea (Essex)	
(Mindel)	Abbevillien		vers – 400 000
	Clactonien moyen		
(Mindel/Riss)	Acheuléen ancien	Saint-Acheul (Somme)	vers – 320 000
	Acheuléen moyen		
	Clactonien supérieur		
(Riss)	Acheuléen supérieur		vers – 180 000
	Levalloisien ancien	Levallois-Perret (Hauts-de-Seine)	
(Riss/Würm)	Acheuléen supérieur		vers – 125 000
	Micoquien	La Micoque (Dordogne)	vers – 120 000
	Levalloisien supérieur		
	Tayacien	Les Eyzies-de-Tayac (Dordogne)	vers – 120 000

Paléolithique moyen

(Würm I, II)	Moustérien	Le Moustier, commune de Peyzac-le-Moustier (Dordogne)	– 90 000 – 35 000

Paléolithique supérieur

(Würm III)	Périgordien ancien	Périgord	– 35 000 – 30 000
	Aurignacien	Aurignac (Haute-Garonne)	– 30 000 – 19 000
	Périgordien supérieur		– 30 000 – 19 000
	Solutréen	La Roche-de-Solutré (Saône-et-Loire)	– 19 000 – 15 000
	Magdalénien I-IV	La Madeleine, commune de Tursac (Dordogne)	– 15 000 – 10 000

Mésolithique

– 10 000 – 5 500 à 3 000

(Würm IV)	Azilien	Mas-d'Azil (Ariège)
	Sauveterrien	Sauveterre-la-Lémance (Lot-et-Garonne)
	Tardenoisien	Tardenois, entre la Vesle et la Marne
	Montmorencien	Forêt de Montmorency (Val d'Oise)

Néolithique

– 4 500 à 1 500

Le *Cardium* (décor céramique), v^{e} millénaire	
Culture danubienne, groupe rubané (décor céramique)	
Culture danubienne, groupe de Rœssen	
Le Michelsberg	Michelsberg, près d'Untergrombach (Bade)
Chasséen	Chassey, près de Chagny (Saône-et-Loire)
Campignien	Campigny, près de Blangy-sur-Bresle (Seine-Maritime)

Malgré leur détermination fondée sur les seules caractéristiques techniques des outils, les Paléolithiques moyen et supérieur correspondent assez précisément à l'apparition du Néandertalien, *homo sapiens* (vers – 100 000) et à celle de l'homme de Cro-Magnon. Le Paléolithique ancien regroupe l'ensemble des traces que nous a laissées l'*homo erectus*, lesquelles commencent, dans l'Hexagone, très longtemps avant les premiers vestiges osseux en forme d'outils ou les premiers habitats localisés. On considère actuellement comme les plus anciens témoins de la présence d'un hominidé-homme dans l'Hexagone quelques outils taillés sur des galets de quartz, trouvés à Chilhac (Haute-Loire). Selon la faune « villafranchienne » à laquelle on les croit associés, ils dateraient de – 1,8 million d'années.

Plus assurée est la datation vers – 900 000 ans d'objets « travaillés » sur galets et sur os, trouvés dans la grotte du Vallonnet à Roquebrune-Cap-Martin, dans les Alpes-Maritimes. Près d'un lac — comme à Chilhac — on a découvert à Soleilhac (Haute-Loire) un campement de chasseurs d'éléphants et de rhinocéros, avec un alignement de blocs de granit et de basalte (vers – 800 000 ans), « qui pourrait être chez nous l'un des plus anciens aménagements de l'espace habité » (Michel Brézillon). D'autres découvertes, considérées comme les plus anciennes traces de foyer connues, ont été faites dans la grotte de l'Escale à Saint-Estève-Janson (Bouches-du-Rhône) vers – 700 000, à Lunel-Viel (Hérault) dans la grotte du Mas des Caves, dans le site de Terra Amata près de Nice et, également à Nice, dans la grotte du Lazaret. On a pu dater de – 700 000 ans le site de l'Escale et de – 150 000 celui du Lazaret. A Lunel-Viel, on date d'entre – 400 000 et – 300 000 ans de vrais fonds de cabanes bordés de blocs à l'intérieur de la grotte, tandis que la grotte du Lazaret a révélé les restes d'une sorte de grande cabane, d'environ – 150 000. Quant à l'intérêt des vestiges de Terra Amata, il consiste dans le caractère particulier d'un habitat constitué par de vastes huttes sur un cordon littoral et sur la dune qui lui succéda. Daté d'environ – 380 000 ans, ce site est un des premiers, avec ceux de Vertesszölös en Hongrie et de Torre in Pietra en Italie, à confirmer l'apparition de l'usage du feu ; suit de près le site d'Achenheim, près de Strasbourg (vers – 350 000 ans), avec des traces d'un foyer datable dans un ensemble paléolithique commençant à – 600 000 ans.

On voit donc le bilan très riche pour les périodes les plus anciennes du Paléolithique inférieur, avec des dates parfois antérieures à l'apparition des bifaces volumineux de l'« Abbevillien » qui sont précédés par les petits bifaces irréguliers découverts sur la très haute terrasse de la Somme à Abbeville et constituent le « Pré-Abbevillien ». Datables vers –700 000/–650 000 ans, ils constituent les plus anciens véritables bifaces — appelés longtemps « coups-de-poing » — trouvés en Europe.

Nous n'entrerons pas dans le détail des procédés techniques de fabrication d'outils dont l'usage est souvent incertain. Les spécialisations ultérieures laissent envisager un emploi très varié des instruments les plus anciens. La tendance générale de la production et de la technique va vers l'affinement. Les outils deviennent de plus en plus petits, et l'on finit par les obtenir grâce à une technique de lamination. On se sert d'enclumes — des pierres appropriées — et on emploie des méthodes indirectes au lieu du coup direct pratiqué auparavant. Ainsi, dès l'Acheuléen dont on distingue sept niveaux allant de – 400 000 à – 180 000 ans — les bifaces ont une forme plus régulière obtenue par l'enlèvement de petits éclats, opéré avec un percuteur en bois ou en os. Les « éclats Levallois » constituent les témoins d'une méthode employée également pendant longtemps, entre autres : elle laisse une face de l'objet lisse, sans retouche, tandis que l'autre est aménagée par l'enlèvement d'éclats qui donne à cette face une forme bombée.

Avec le Tayacien, on arrive à un niveau technique caractérisé par de petits bifaces lancéolés, qui correspond à un homme qui, tout en étant encore antérieur à l'homme de Néandertal, présente déjà quelques traits plus évolués, comme l'a montré la découverte de restes humains dans la grotte de Fontéchevade (Charente).

On quitte ici le Paléolithique inférieur, caractérisé par le biface, dont on a trouvé dans la seule France septentrionale au moins 50 000 spécimens. Cet instrument était remarquable par sa matière première, utilisée dans de larges parties de l'Europe et précisément dans l'Hexagone : le silex, un genre de verre à base d'acide silicique, dont les masses en forme de tubercules ou en plaques sont surtout conservées dans les formations du crétacé. Ce genre de pierre étant plus dur que l'acier, il n'est pas aberrant de supposer que l'évolution de l'homme a été favorisée dans les régions disposant de cette matière première de choix. Pour l'Europe, en dehors des régions souvent couvertes par la glace, c'était principalement le cas de l'Hexagone. On y disposait de masses telles que l'on jeta les pièces devenues moins tranchantes. Pour les formes les plus évoluées et les plus fines, qui demandaient un travail plus long, se développa une « industrie » dont on a trouvé des « ateliers » : on a compté des milliers de fragments de silex dans une seule caverne. De même exploitait-on de véritables mines de silex.

Ces derniers développements appartiennent à des époques plus évoluées et non pas au Paléolithique inférieur, dont les hommes ne semblent pas avoir formé des groupes dépassant la dizaine. Ce qui est certain, c'est qu'ils étaient capables de capturer et d'abattre de très grosses bêtes en utilisant des trappes et d'autres formes de piège qui supposent la coopération de plusieurs hommes. Pour le reste, on ignore leur vie, et plus encore leur pensée. On connaît un peu mieux leur environnement qui, bien sûr, différait selon les périodes, chaudes ou froides. A l'époque de l'Abbevillien et de l'Acheuléen, il y avait dans la région parisienne des hippopotames, des éléphants et des rhinocéros, mais on trouve aussi parmi les bêtes chassées l'ours brun, le bison, le cerf, le sanglier, sans oublier le lapin.

Ces hommes étaient des nomades. Cela n'implique d'ailleurs pas nécessairement la migration sur de très grandes distances. Interrompu par des haltes plus ou moins longues, un déplacement continuel était nécessaire pour assurer la survie quand les ressources en un lieu donné étaient épuisées. Mais il y avait toujours des migrations plus étendues qui furent importantes pour la propagation des techniques — même si celle-ci pouvait parfaitement se faire par imitation — et surtout pour l'évolution des hommes eux-mêmes : « Dans l'évolution du patrimoine génétique, le facteur essentiel, c'est la migration » (Albert Jacquard). L'homme est alors « un animal très mobile, très nomade. Dès qu'il se trouve devant un fleuve, une montagne, il n'a qu'une idée : les franchir, voir ce qu'il y a derrière. »

L'acquis essentiel du Paléolithique inférieur aura été la faculté de provoquer et de garder sous contrôle le feu, avec le pouvoir d'aménager des vrais foyers, de mieux s'installer la nuit et pendant l'hiver. On en arrive ainsi à une stabilité partielle pendant quelques semaines, voire pendant toute une saison. Ce « sédentarisme » intermittent, comme la communauté au moment de la chasse du gros gibier, a certainement une influence sur ces premières formes de société et de famille qui, pour cette époque, nous échappent encore.

L'aspect « humain » de l'homme paléolithique apparaît plus nettement avec les Néandertaliens du Paléolithique moyen (à partir d'environ – 100 000 ans) et surtout avec l'« homme de Cro-Magnon » et le Paléolithique supérieur, à partir de – 40 000/– 35 000 ans. Car les premiers pratiquent la sépulture des morts, et le second invente l'art, avec une diversité et une beauté étonnantes. Les hommes du Paléolithique moyen — appartenant à la dernière période interglaciaire (Riss/Würm) et aux deux premiers segments de la dernière période glaciaire (Würm I et II) — nous sont connus par cent cinquante squelettes plus ou moins complets. Ils ont laissé dans leurs cavernes des vestiges considérables, dominés par un faciès que l'on appelle le Moustérien (d'après des objets trouvés au Moustier, en Dordogne). Le biface perd alors son importance ; il devient tout petit : 5 cm environ. Il est principalement remplacé par les pointes triangulaires produites à partir de petits éclats. D'une façon générale, le Moustérien se distingue par une diversité très équilibrée d'outils : burins, racloirs, grattoirs, couteaux, denticulés. Chasseurs de mammouth, d'ours gris, de chamois et de bœuf musqué se construisent des cabanes, parfois en utilisant les os les plus énormes du gibier.

Ces hommes, dont l'aspect extérieur est encore assez éloigné de l'homme moderne, et dont la « civilisation » moustérienne se trouve de l'Afrique jusqu'en Sibérie, semblent avoir eu une conscience de la mort : ils inhument leurs morts, ce qui, plus que toute autre chose, distingue l'homme de l'animal. Dans l'Hexagone, le plus ancien exemple d'une tombe intentionnelle — parce que munie d'offrandes — a été trouvé à La Chapelle-aux-Saints (Corrèze) ; elle est datée de – 40 000 ans. Les hommes du Paléolithique moyen ont « une certaine conception de l'Au-delà » (Gabriel Camps), et cet Au-delà s'exprime par des rites qui accompagneront désormais, avec les formes les plus diverses, l'existence des hommes. Tombes et cimetières deviennent ainsi la source la plus importante pour la connaissance des anciennes civilisations. Les anthropologues supposent que les hommes du Paléolithique moyen connaissaient déjà le chant, et auraient peut-être « inventé » la communication par la parole. De toute façon, l'« aire 44 », où la fonction du langage est localisée dans le cerveau, est déjà présente dans le crâne de l'*homo habilis.* Il est important de souligner à cet égard le caractère général, et non régional, des changements apportés par le Paléolithique moyen. Alors qu'on n'en connaît pas un seul exemple auparavant, les sépultures se rencontrent maintenant un peu partout, en France, en Israël, en Irak, en Crimée et en Ouzbékistan. Les fosses, les offrandes, les ossements d'animaux déposés sur le mort, tout révèle une capacité mentale, une dimension psychique nouvelles.

Le Paléolithique supérieur : naissance de l'art

Pendant la période glaciaire Würm III (vers – 40 000 à – 35 000 ans), on voit apparaître un type d'homme qui se distingue nettement du Néandertalien. On suppose que ces hommes venaient de l'est ; se mêlant peut-être avec ceux qui se trouvaient déjà en Europe occidentale, ils l'emportent soudain pour caractériser un niveau nouveau. Celui-ci est surtout représenté, quant aux vestiges humains, par l'homme trouvé dans l'abri de Cro-Magnon aux Eyzies et dans les cavernes de Grimaldi. Cette « race de Cro-Magnon » atteint une taille de 1,80 m et plus. Mais il y a aussi des hommes plus petits, comme ceux que l'on a trouvés à Chancelade (1,60 m). L'essentiel est la forme crânienne, tout à fait proche de la nôtre.

Ces hommes ont apporté, et développé en Europe occidentale, principalement dans l'Hexagone, les premières formes de l'art : sculpture, à la dimension souvent petite, peinture et gravure. Globalement, on peut distinguer un art « mobilier » — gravure sur support du genre os ou plaquette d'argile, sculpture en argile ou en ivoire de mammouth — et un art pariétal, connu par ces peintures des cavernes de la péninsule Ibérique et de l'Hexagone, dont la découverte a provoqué l'étonnement à la fin du XIXe siècle et au début du XXe.

La production habituelle de ces œuvres, petites ou grandes, apparaît bien avec ces hommes ; on en a pour preuve la découverte récente d'une figure humaine en demi-bosse, en ivoire de mammouth, faite dans le Jura souabe près de Blaubeuren et datable précisément — par la méthode du carbone 14 — de – 34 000 ans. Le développement de cet art dans l'Hexagone, surtout entre – 20 000 et – 15 000, place dans ce domaine l'Occident loin devant les autres parties du monde en ce qui concerne l'évolution des facultés humaines. Voilà les premiers « ancêtres » assez certains, dont les habitants ultérieurs de l'Hexagone ont tout lieu d'être fiers.

Il faut partir de la situation climatique de l'époque pour bien comprendre ces changements importants. Le climat est assez froid, avec une période culminante à partir de – 22 000 et surtout entre – 18 000 et – 14 000 ans. Une steppe ou une toundra immense s'étend alors de l'Atlantique au nord et au sud de la Loire à travers le Bassin parisien et vers l'est jusqu'à l'Oural et plus loin. Elle est parcourue par de grands troupeaux de bœufs et de bisons, de chevaux sauvages et de rennes, qui constituent pour l'homme du Paléolithique supérieur un gibier relativement facile à chasser. Ces troupeaux disparaîtront vers – 8 000 ans avec la dernière période glaciaire (Würm IV).

Voilà donc un milieu bien circonscrit, entre les glaciers et les forêts qui dominent la partie méridionale de l'Hexagone. C'est là que nous pouvons observer, par exemple, les chasseurs de rennes à Pincevent — sur la Seine, près de Montereau — qui ont été étudiés sous la direction d'André Leroi-Gourhan. On y a pu reconstituer un habitat, avec ses tentes faites de peaux de rennes. L'outillage de l'époque, à côté des pièces en pierre, est largement constitué d'os habilement utilisés par exemple pour fabriquer des harpons pour la pêche et la chasse.

La technique de taille de la pierre permet de distinguer, après les formes finales du Moustérien : vers – 35 000 le Châtelperronien qui est un faciès du Périgordien ancien, vers – 27 000 l'Aurignacien qu'accompagne jusqu'en – 19 000 le Gravettien qui est un faciès du Périgordien supérieur, vers – 18 000 à – 15 000 le Solutréen et entre – 15 000 et – 10 000 le Magdalénien. Notons que l'on suppose pour le Périgordien un développement relativement autochtone, de même que pour le Solutréen, caractéristique de l'Hexagone et de la péninsule Ibérique, la thèse de ses origines « hongroises » ou africaines étant abandonnée. On est en revanche assez certain que l'Aurignacien est arrivé de l'est en ayant déjà atteint un certain niveau de développement, que l'on constate dans les régions danubiennes.

C'est dans ce milieu aurignaco-périgordien que l'art a pris son essor. Quant aux outils, le Périgordien connaît les racloirs et les pointes du Moustérien précédent, et ajoute les couteaux et les burins d'angle du Châtelperronien, ainsi que les pointes, fines comme des aiguilles, de Gravette. L'Aurignacien a des outils plus solides, des grattoirs souvent épais, des burins robustes et souvent busqués, enfin des lames parfois étranglées par deux coches opposées ; il est caractérisé par un outillage osseux très riche, avec surtout des sagaies. Le Solutréen, qui invente l'aiguille à chas, est fameux par la retouche très fine des pointes en « feuilles de laurier », retouche « en pelure » dont les résultats sont si parfaits qu'on les a longtemps classés dans le Néolithique. Mais après ce dernier, l'art disparaîtra de nouveau. Notons enfin que l'Aurignacien a développé une technique, qui permet d'obtenir d'un seul nucléus de silex, par des coups portés à angle de 75°, toute une série de lames extrêmement fines, pour lesquelles on emploie maintenant des manches en os ou en bois, tandis que le Magdalénien est caractérisé par de nombreux outils en os, parmi lesquels les harpons déjà cités.

Le phénomène le plus important du Paléolithique supérieur, c'est l'art. En ce qui concerne le style, A. Leroi-Gourhan a donné une classification en quatre temps : 1) autour de – 25 000 (Aurignacien, Gravettien) : des griffonnages, notamment de symboles sexuels, et quelques animaux sur bloc. 2) Autour de – 18 000 (début du Solutréen) : un art pariétal caractérisé par la ligne cervico-dorsale ondulée des animaux, avec des détails qui indiquent s'il s'agit d'un cheval, d'un mammouth ou d'un bison, et des pattes inachevées. Il y a aussi des figures féminines en ronde bosse. 3) Autour de – 15 000 (Solutréen et début Magdalénien) : des espèces animales bien déterminées et variées, avec des corps volumineux et des pattes très courtes. Il y a des figurations humaines, mais aussi des scènes comme par exemple le combat de deux bouquetins. 4) Autour de – 13 000 (Magdalénien moyen) : la perfection de cet art — qui déclinera assez tôt — est atteinte dans les proportions des animaux et dans la perspective. On note la grande variété des couleurs.

Il faut au moins mentionner les premiers vestiges de lampes — elles sont en pierre et contiennent de la graisse — qui nous expliquent comment les hommes ont pu pénétrer, séjourner et créer leurs œuvres dans des cavernes très profondes et souvent assez difficiles d'accès. Le rôle de ces « sanctuaires » — au moins supposés dans certains cas — peut être étudié grâce aux sujets traités par l'art pariétal, en laissant de côté pour l'instant l'art mobilier formé souvent de très petits objets.

La représentation des animaux domine ici d'une façon éclatante, et notamment celle des animaux le plus en vue de l'homme chasseur. Ce n'est pas ici le lieu d'entrer dans les discussions souvent acharnées dont ces ensembles admirables que sont Lascaux, Rouffignac ou Altamira en Espagne ont été l'objet parmi les spécialistes et dans le public. Mais on peut affirmer une chose : aussi certainement que la « magie des chasseurs » n'a pas été le seul motif de ces peintures, cette magie a vraiment tenu un rôle de première importance dans beaucoup de cas. L'anthropologie a trouvé chez des nomades prédateurs et chasseurs de l'époque moderne des comportements identiques à ceux que l'on trouve mille fois dessinés dans l'art paléolithique. Ainsi des indigènes africains qui, avant la chasse, dessinent dans le sable la silhouette du gibier, pour tirer des traits dans l'encolure de la « bête » afin de tuer, ensuite, le gibier d'une façon absolument identique. Mais il est évident que beaucoup d'autres motivations, principalement à caractère religieux, doivent avoir joué un rôle. Là aussi, des analogies certaines avec des civilisations ultérieures peuvent aider à la compréhension ; ainsi la vénération envers le grand gibier avant de le tuer, ou le fait que les dieux prennent souvent des formes animales et que les hommes se déguisent volontiers en bêtes : on en trouve de merveilleux exemples dans les peintures pariétales, comme ce « sorcier » dansant qui combine dans son déguisement les caractéristiques de plusieurs bêtes. Il est sûr que la vie de ces hommes, et donc leur représentation de l'univers, dans le « réel » et dans l'Au-delà, était dominée par la présence des bêtes. Elles pouvaient porter la mort. Comme gibier, elles signifiaient la vie.

Un autre sujet de prédilection est la femme, souvent réduite aux parties sexuelles, à la seule vulve parfois : dans la plupart des cas, elle est représentée sans tête, ou avec une tête toute petite. Dans l'art mobilier également, la femme est le seul sujet vraiment fréquent à côté des animaux : on connaît une multitude de petites figurines, avec des formes exubérantes. Que les deux sujets principaux correspondent aux impulsions naturelles les plus puissantes, instinct de conservation — par la nourriture — et instinct sexuel pour la conservation de l'espèce, est l'évidence même. Cela n'exclut absolument pas une sublimation, une divinisation de la fertilité et — en ce qui concerne les chefs-d'œuvre de représentation des animaux dans la peinture pariétale — dans une perfection artistique qui est en elle-même une des premières sublimations de l'homme : avec l'« humain », le divin entre dans la vie des hommes.

Sur un total de 109 lieux de découvertes ayant livré des milliers d'images, il faut distinguer le phénomène de Lascaux (commune de Montignac, Dordogne), cette grotte de plus de 120 m de profondeur, découverte en 1940, fermée au public en 1963 et reconstituée depuis en grandeur nature pour mieux préserver l'original. Par ses peintures datées de – 15 500 ans, c'est Lascaux qui permet le mieux — avec Altamira daté de – 12 000 ans environ — de mesurer l'incroyable maîtrise des hommes du Magdalénien, leur technique de la préparation et du mélange des couleurs, la sûreté de leur dessin, leur ordonnance de la matière. On a trouvé toute une collection de couleurs avec les ustensiles du peintre. Ces couleurs proviennent des carrières de la région, jusqu'à 40 km de la grotte : l'oxyde de manganèse pour le noir, le kaolin blanc, l'hématite pour le rouge sombre, les ocres de fer pour les jaunes, les bruns, les oranges. Une salle de la grotte contient des biches et des bouquetins, une autre montre plus de trois cents chevaux. Dans la fameuse « salle des taureaux », certaines peintures du plafond se trouvent à quatre mètres du sol. Dans l'histoire de l'art, la première civilisation connue de l'humanité est magdalénienne, et elle précède celles de l'Orient.

Cet art est né avec les chasseurs de troupeaux de l'Aurignacien et du Gravettien, et il disparaît avec les chasseurs de troupeaux de la dernière des six phases du Magdalénien. Une façon de vivre et, avec elle, des croyances et des cultes ont disparu en Occident, où les cultes des agriculteurs les remplaceront plus tard. Mais les croyances ont survécu — ou au moins trouvé des parallèles — chez des populations vivant de façon comparable à celle des hommes du Magdalénien : chasseurs en Sibérie, Indiens américains (venus jadis de Sibérie), Esquimaux, Finno-Hongrois, dont nous connaissons un peu les idées religieuses avant leur christianisation. Tous ces peuples sont dominés par le chamanisme, avec des prêtres-magiciens capables d'entrer en relation avec les forces de la nature par l'extase et la transe, la faculté de guérir et celle de procurer le succès de la chasse. On y trouve, comme dans les grottes du Magdalénien, des « sorciers » dansant avec un déguisement en peaux de bêtes, un bois de cerf sur la tête... De nombreux contes d'origine chamanique permettent, peut-être, d'entrer dans une mentalité proche des hommes qui ont vécu aussi longtemps avant l'éclosion des grandes civilisations de l'Orient que les hommes de ces dernières ont vécu avant nous.

Il n'est pas inutile de rappeler que les chasseurs du Magdalénien ont atteint — dans un climat tempéré froid assez stable avec une faune très riche — une certaine aisance. Cela nous est confirmé par un campement de chasseurs daté de – 10 500 ans découvert en 1968 à Gönnersdorf, sur les bords du Rhin, près de Neuwied. Conservé par une éruption volcanique qui a recouvert l'ensemble, le campement nous révèle les traces de trois maisons — pour les « fondations » desquelles plusieurs tonnes de schistes ont été transportées — et de deux tentes. A côté d'aiguilles, de pointes d'ivoire pour la chasse, on y trouve des parures, avec des colliers de dents de bêtes perforées et perles de bois, des statuettes de femmes et des représentations gravées de mammouths, de biches, d'oiseaux, d'élans, de rhinocéros, de femmes, de phallus et de vulves. Le campement a été utilisé par un important groupe de chasseurs qui pouvait profiter d'un gibier abondant, avec une préférence pour les chevaux sauvages. D'autres groupes suivaient plutôt le renne. Dans les deux cas, on allait vers le nord en été, vers le sud en hiver, toujours s'adaptant à la vie des bêtes, mais toujours en revenant à la base. De nombreux campements d'été et d'hiver ont été découverts, permettant de conclure à une augmentation de la population jamais connue dans les périodes antérieures. Elle sera d'ailleurs sans lendemain dans l'immédiat. Les changements de climat, assez brutaux vers – 10 000 et – 8 000, avec un échauffement générateur des incursions maritimes dont nous avons parlé, déstabiliseront tout ce monde. La période suivante, le Mésolithique, commencera à un niveau démographique très bas.

Le Mésolithique

C'est seulement vers 1895 que des chercheurs ont senti le besoin de créer le terme de « Mésolithique » (« âge moyen de la pierre ») pour désigner la période de transition entre le Paléolithique et le Néolithique : d'environ – 10 000 à – 5 000/4 000 ans. On a distingué les faciès Azilien, Sauveterrien, Tardenoisien et Campignien ainsi que, plus localement, Valorgien, Montadien, Castelnovien et Montmorencien. Mais il ne fait aucun doute qu'une large partie du Tardenoisien et la totalité du Campignien font partie du Néolithique.

Période de transition entre toutes, le Mésolithique voit disparaître dans nos parages — à cause du changement de climat — le renne, le bison et le mammouth, tandis que le cerf, le sanglier, mais aussi la marmotte (estimée pour sa peau, sa chair et sa graisse), prennent de l'importance parmi le gibier. Beaucoup d'espèces d'arbres se répandent dans ce climat qui se réchauffe : les pins et les bouleaux, puis les noisetiers, les chênes, les ormes et les tilleuls. C'est peut-être une des causes du fait que les objets en bois sont de plus en plus utilisés, comme le fait supposer le nombre des pointes en silex, de plus en plus petites. Des haches plus lourdes trahissent aussi le rôle qu'a dû jouer la coupe et le façonnage du bois. Or c'est du Mésolithique que date la lance en bois découverte à Lehringen. Dans l'ensemble de cent flèches en bois de pin et de deux fragments d'un arc trouvé dans le limon d'un lac près d'Ahrensburg datant du Néolithique, la variété même des flèches montre que l'arc était familier depuis longtemps à l'homme ; le prouvent aussi ces pointes antérieures, trouvées sans le bois mais faisant certainement partie de flèches, ainsi que les flèches dessinées des peintures pariétales. Enfin, des restes de deux arcs, quatre flèches et plusieurs lances, trouvés dans un marécage à Friesack près de Potsdam peuvent être datés de – 8 000 à – 10 000.

Une des armes les plus importantes, ayant son action à distance, a donc été inventée pendant le Mésolithique au plus tard. On la retrouvera à l'avenir dans les guerres, mais elle devait, au début, servir à la chasse, tout comme les propulseurs et les sortes de boomerang qu'on trouve également.

C'est là que se pose le problème de la guerre, considérée par plusieurs auteurs comme un vice de civilisation, inconnue de l'état naturel et quasi innocent. C'est la vue romantique du « bon sauvage », contrastée par cette autre qui imaginait les premiers hommes comme la plus féroce des bêtes. On remarquera tout simplement que la guerre, dans le sens plein du mot, suppose des sociétés relativement organisées et développées, avec des chefs : elle ne saurait apparaître avant. En revanche, la mort violente, qui est malheureusement de tous les âges, est attestée pour l'homme néandertalien de Fontéchevade, comme d'ailleurs par les traces du massacre dans la baume Fontbrégoua à Salernes (Var), qui date du premier Néolithique (v^{e} millénaire av. J.-C.). Seuls, les âges métalliques, avec leurs armes perfectionnées au service de cités déjà développées, font apparaître la guerre à l'âge chalcolithique dans nos sources archéologiques.

Autre problème du comportement des hommes anciens : ont-ils pratiqué, oui ou non, l'anthropophagie ? Encore faut-il distinguer le repas rituel du cerveau — il y a beaucoup d'exemples de crânes ouverts artificiellement après la mort — ou du cœur, d'un cannibalisme pratiqué pour la nourriture, comme habitude et en dehors des moments où l'on risquait de mourir de faim. Les chimpanzés le pratiquent, comme les primates dont le « comportement de prédateurs est le plus proche de celui des premiers hominidés » (Jean-Jacques Hublin). Mais les preuves certaines sont rares, comme d'ailleurs dans les observations sérieuses des ethnologues auprès des « sauvages ». Dans l'ensemble, les traces de conflits sont également rares à l'âge de la pierre : il y avait assez d'espace pour tout le monde ; la nature et les grosses bêtes présentaient des menaces devant lesquelles il était indiqué de s'unir plutôt que de se battre. On pense, enfin, que de petits groupes humains vivant ensemble pratiquèrent assez tôt l'échange de femmes avec d'autres groupes. Ils auraient ainsi évité l'endogamie.

Un phénomène caractéristique du Mésolithique est la grande consommation de coquillages. On le constate de la Baltique au sud de l'Arabie, mais aussi dans l'Hexagone. Ces coquillages sont également utilisés pour confectionner des parures, dont l'usage est définitivement ancré dans les mœurs. Ces parures accompagnent aussi les morts dans leurs tombes, où l'on trouve l'une des premières traces de distinction sociale : les parures de tête. Le Paléolithique supérieur avait déjà diversifié les rites autour de l'inhumation des hommes, dont on a cité les premières traces au Paléolithique moyen. C'est le Mésolithique qui, le premier, vers 10 000 av. J.-C., a laissé des cimetières ; mais c'est en Mésopotamie, dans cet Orient qui, avec les premières grandes communautés permanentes, va voir naître un monde nouveau.

CHAPITRE IV

De la « révolution néolithique » à la fin de la préhistoire

Une genèse orientale

Le changement climatique dans les années – 10 000 ans, et de nouveau vers – 8 000 ans à la fin de la dernière période glaciaire « Würm IV », a mis fin à la brillante civilisation du dernier Paléolithique en Occident. Il faudra plusieurs millénaires — pendant le Mésolithique — pour trouver un nouvel équilibre. Ce même climat plus chaud a favorisé au Proche-Orient une accélération spectaculaire de l'évolution — avec les débuts d'un progrès qui, depuis, n'a jamais vraiment cessé. C'est désormais à l'est de la Méditerranée, dans une région qui jusqu'à cette époque n'avait pas la vedette en comparaison de l'Afrique et de l'Occident, qu'il faut chercher les innovations — techniques et autres — pendant le Néolithique, le Chalcolithique et l'âge du bronze. Le niveau technique correspondant ne sera atteint en Occident qu'avec un sensible retard chronologique.

Force est donc, dans une histoire des origines de la France, de rapporter les transformations capitales vécues par l'humanité dans les derniers 10 000 ans, et cela en commençant par un rappel bref de leurs origines orientales. Cela permettra, dans une certaine mesure, de suivre le cheminement des grandes innovations à travers l'Europe ou à travers la Méditerranée, vers l'ouest et jusqu'à l'Hexagone où, au dernier millénaire av. J.-C., naîtra la Gaule. Il se confirme donc que la grande césure historique n'est pas entre la fin de l'« âge de pierre » et le début des âges métalliques — d'autant moins que la pierre reste largement utilisée dans des sociétés où le métal ne la remplace que partiellement —, mais entre l'homme prédateur et l'homme producteur. Ce dernier apparaît en Orient pendant un Mésolithique qui y est de ce fait assez bref : l'homme producteur inaugure le monde néolithique.

Ce monde est riche en réalisations si importantes qu'on a pu parler d'une « révolution néolithique ». Cette expression est séduisante pour la simple raison qu'elle dispense de parler de plusieurs « révolutions » qui en font partie ou en ont été la conséquence, à commencer par la « révolution agricole » — débuts de l'agriculture, apparition des animaux domestiques et de l'élevage — et la naissance de techniques fondamentales pour l'humanité : la céramique, le tissage, l'écriture et, à la fin du Néolithique, l'emploi des métaux. L'identification des origines de l'agriculture et de l'élevage avec le Néolithique est telle qu'aujourd'hui cette appellation n'est plus liée, comme elle l'était autrefois, à la technique « de la pierre polie ». A la différence des autres dénominations des grandes périodes préhistoriques, le mot « néolithique » ne fait plus référence à une matière première et à une technique, mais à un phénomène général de civilisation ; on parle ainsi, aujourd'hui, de la « néolithisation » d'une région. Tout tient donc à la date à laquelle agriculture et élevage commencent à dominer la vie des hommes.

Cette date, on la place au VIIIe millénaire av. J.-C. en Asie Mineure, en Syrie et en Palestine, au VIe en Égypte, dans les Balkans et au nord de la mer Noire, au Ve en Italie du Sud, dans les pays ibériques et dans l'Hexagone, au IVe en Inde et en Extrême-Orient, au début du IIIe enfin, en Baltique et dans les îles Britanniques. La fin du Néolithique, marquée par les débuts de l'utilisation des métaux — la notion reprend ici les bases techniques de sa définition — est approximativement datée du IVe millénaire en Égypte et au Proche-Orient, du IIIe dans les Balkans, dans la vallée du Danube et au nord de la mer Noire, en Italie du Sud et en Inde, du début du IIe dans l'Hexagone et dans la péninsule Ibérique, enfin du deuxième tiers de ce même millénaire en Baltique et dans les îles Britanniques. La durée du Néolithique est donc bien différente selon les régions : très brève en Égypte, assez étendue dans l'Hexagone où il dure d'environ – 5000 (sinon plus tôt, pour l'élevage) à environ 1800 av. J.-C.

Tout semble avoir commencé avec le réchauffement général et le retour de certaines herbes : des graminées qui seront à la base des premières céréales, dans une région montagneuse que J.H. Breasted a nommée le « Croissant fertile » à cause de sa forme : les plateaux des actuels pays d'Israël, Jordanie, Liban, Syrie, Irak et Iran. C'est là, mais aussi dans l'Anatolie voisine, que l'agriculture est née. Les deux grandes civilisations de l'Égypte et de la Mésopotamie n'apparaîtront que plus tard aux deux extrémités du « Croissant fertile ». La recherche des pollens a permis de suivre par exemple les traces de l'orge sauvage du Maroc — où il s'était retiré pendant les périodes froides — jusque dans les régions élevées et semi-arides que nous venons de mentionner ; on y trouve encore aujourd'hui des formes sauvages de blé et d'orge ainsi que des ovins sauvages : trois « piliers » des débuts de l'agriculture et de l'élevage.

Il semble qu'il y ait eu un « prélude natoufien » : le faciès mésolithique du Natoufien (découvert à Wadi an-Natuf, en Palestine) permet de prouver la sédentarisation, vers – 8500, d'une population pratiquant la chasse et la pêche, usant d'habitations permanentes et utilisant des couteaux — silex à manchette d'os — pour une cueillette intensive des herbes sauvages.

A côté de plusieurs villages, Jéricho, la ville la plus ancienne que l'on connaisse, située à – 250 m dans la vallée profonde du Jourdain, appartient à une première période néolithique acéramique (ne connaissant pas la poterie) qui continue vers 7800 av. J.-C. le Natoufien. Cette « ville » dispose dès 7000 av. J.-C. d'un mur, large de 2 mètres et atteignant parfois une hauteur de 4 mètres, flanqué d'une tour circulaire d'une hauteur de 9 mètres. Des villages faits de petites maisons rondes en argile se trouvent au VIIe millénaire sur le territoire de l'actuelle Syrie.

On semait des graminées sauvages dans les champs proches des villages — on pratiquait donc l'agriculture comme à Tell Aswad, où de longues faucilles, datées de — 7500 environ, prouvent l'importance des récoltes qui favorisaient la croissance démographique. On a sans doute commencé à cueillir les graines d'herbes ; puis on a semé les graines les plus grosses, et on en est ainsi arrivé à la culture d'espèces plus développées : l'orge, l'engrain (avec un seul grain par épillet), l'épeautre — une espèce de blé rustique et dur — et enfin le froment. Toutes les conditions de la grande révolution agricole du Néolithique étaient donc réunies, d'autant plus que la période connaissait un « optimum climatique » entre environ 6000 et 4500 ans av. J.-C., ce qui procura même à l'Europe, exception faite des pays baltiques, un climat semi-tropical. Toujours en Syrie, on a découvert à Bugras des maisons en briques d'argile datant d'environ – 6000 : elles comportaient plusieurs pièces et s'ordonnaient en rues d'une façon méthodique. A côté de la chasse des gazelles et de l'aurochs, les habitants pratiquaient l'élevage des chèvres, des moutons, des bœufs et des porcs. D'autres traces d'un élevage précoce se trouvent à la même époque au sud de l'Anatolie centrale, au nord de la Mésopotamie, en Chypre et en Grèce septentrionale, où Argissa-Magula présente l'un des premiers exemples de « néolithisation » en Europe. D'autres se trouvent autour de la mer Noire, dans l'actuelle Bulgarie : on y trouve, pour les VIIe-Ve millénaires, des preuves de la pratique de l'agriculture, de l'élevage, de la céramique et du tissage.

Ainsi sont nées la production et la consommation du pain et de la viande, produite par l'élevage du bétail. Ce n'est pas ici le lieu de suivre le destin brillant d'Ur, de Sumer, d'Élam, d'Ébla (en Syrie), de l'Égypte et de Babylone, celui des Assyriens, et celui d'Israël, mais on doit mentionner un texte sumérien qui, au IIIe millénaire av. J.-C., évoque le temps mythique où « les hommes ne connaissaient pas le pain ». Notons qu'avec cette façon de se nourrir apparaissent sur les dents des restes humains, trouvés dans les fouilles archéologiques, les traces de la carie, une maladie que les périodes précédentes ne connaissaient pas. Outre la farine, l'enrichissement de la nourriture par les légumes est attesté au moins à partir du VIIe millénaire : on trouve les pois, les vesces, les fèves, les lentilles. A côté des formes sauvages de la pomme, de la poire et des châtaignes, apparaissent déjà le raisin et l'olive.

Les conséquences sociales les plus spectaculaires de cette production de denrées viennent des possibilités presque illimitées offertes par les céréales. On peut stocker les grains dans les greniers. On peut les peser. On peut même les compter, leur donnant ainsi une fonction qui sera plus tard celle de l'argent. Partout au Proche-Orient, nous voyons les producteurs des céréales payer l'impôt en céréales. Le calcul des recettes et la conservation de documents comptables sont à l'origine de l'écriture, et à la naissance d'une carrière, celle du scribe : ainsi apparaît l'administration. Le stockage des céréales a donc permis, pour la première fois, l'accumulation des richesses et la concentration du pouvoir. Il a rendu possible le partage du travail et créé la diversité des métiers comme celle des fonctions sociales. Les hiérarchies sacrées des prêtres et les hiérarchies politico-militaires des rois et des guerriers se constituent alors, et avec elles l'État. La spécialisation des activités économiques sera cause de nouveaux et rapides progrès techniques.

L'écart se creuse de plus en plus entre les nouveaux centres urbains, qui profitent de la production agraire de la campagne voisine, et les régions « sous-développées » qui n'ont pas encore vécu la révolution néolithique : « Toute civilisation avancée est une civilisation urbaine » (Gordon Childe). A terme, les régions les plus avancées ne manqueront pas d'exercer une influence profonde sur les autres et de provoquer chez elles des évolutions originales. C'est le cas dans l'Hexagone. Avec la « révolution néolithique », les grands bouleversements des données essentielles à la vie des hommes proviennent pour la première fois, non de la nature et du climat, mais de l'homme qui commence d'agir à son tour sur la nature et de créer ici et là des « paysages ». Parmi ses réalisations les plus spectaculaires dans le Néolithique de l'Orient ancien, retenons pour l'instant la céramique, le tissage et la navigation.

La poterie sans tour de potier — ce dernier ne sera inventé qu'au IIIe millénaire av. J.-C., en Orient — n'est pas à proprement parler une innovation du seul Orient. Les premiers exemples connus proviennent de l'Afrique et peuvent être datés du VIIIe millénaire. En Syrie, les premiers vestiges de récipients faits d'une pâte de calcaire brûlée avec de la cendre de bois durcie par séchage datent du début du VIe millénaire ; vers le milieu du même millénaire, on faisait déjà des récipients d'argile, endurcis par brûlage. Les premières formes des outils céramiques étaient sans doute des « imitations » de ces récipients en cuir dans lesquels on avait longtemps chauffé l'eau en y plaçant des pierres chauffées. La céramique facilita donc la cuisson des aliments aussi bien que leur conservation. Les premiers exemples en Europe se trouvent en Thessalie, avec une poterie « imprimée » à l'aide de coquilles.

En ce qui concerne le tissage, c'est le site néolithique de Çatal Hüyük en Anatolie qui a livré les restes de tissus les plus anciens : le niveau date d'environ 6000 av. J.-C. et l'on y connaissait les maisons de briques d'argile, les céréales, les animaux domestiques, les olives et les raisins — c'est leur première apparition connue — mais non la céramique : seulement des récipients en pierre ou en bois. La base naturelle du tissage était la laine — on élevait les ovins — mais aussi le lin, que l'on avait d'abord utilisé seulement comme plante oléagineuse.

Les débuts de la navigation nous intéressent particulièrement : ils ont permis la propagation de la civilisation néolithique. On a supposé l'invention de la voile au IVe millénaire av. J.-C. La preuve que la navigation à grandes distances doit être plus ancienne est faite par la présence de l'homme et de ses produits sur les îles méditerranéennes, comme Chypre, la Crète et la Corse, dès le VIIe millénaire.

Il y avait donc plusieurs possibilités de contacts, directs et indirects, entre l'Orient néolithique et l'Occident mésolithique : par la migration des hommes, par l'imitation des procédés et des « modes » de région à région, et par le commerce dans sa forme la plus rudimentaire. Et il y avait pour tout cela deux cheminements : l'un à travers le continent, depuis la mer Noire par la vallée du Danube, l'autre le long des côtes méditerranéennes.

Le Néolithique dans l'Hexagone

Vers 6000 av. J.-C., l'agriculture, l'élevage et la poterie sont connus de part et d'autre de l'Adriatique, à la hauteur du canal d'Otrante. A partir de cette première position en Occident, le Néolithique s'étend vers l'ouest à travers les îles, jusqu'en Corse et en Provence. Des manifestations isolées en témoignent d'abord, comme les traces d'un élevage du mouton dans le Castelnovien, faciès mésolithique du Midi.

Vers la fin du VIe millénaire, toute la côte septentrionale de la Méditerranée occidentale est dominée par le « Néolithique ancien méditerranéen », appelé « Cardial » d'après le *cardium*, petit mollusque dont les valves denticulées étaient utilisées pour imprimer un décor fin à la poterie. La culture « cardiale » connaît le polissage de la pierre — il y a de remarquables haches polies — les céréales et l'élevage du mouton et du bœuf. L'élevage semble offrir l'essentiel de l'alimentation. Au cours du Ve millénaire, le Cardial et ses formes « épicardiales » se répandent vers le nord : ils atteignent vers – 4000 le Massif central. Le « plus ancien village d'agriculteurs connu à ce jour en France » (Jean-Robert Pitte) a été trouvé à Courthézon, dans la vallée du Rhône, entre Orange et Avignon : c'est un groupement de cabanes d'environ 15 m^2 chacune, avec des preuves de culture céréalière, le tout datable d'environ 4650 av. J.-C.

Au milieu de ce V^e millénaire, le Néolithique atteint également l'Hexagone par la voie continentale : il s'agit du courant danubien ou « rubané », ainsi appelé à cause du décor des vases en méandres, chevrons ou spirales imprimés en ruban. Cette civilisation dynamique, qui compte parmi les mieux étudiées, est d'une importance capitale pour l'histoire agraire, et pour la démographie de l'Hexagone et de la Gaule future. On s'accorde à voir, à travers l'expansion des caractéristiques très prononcées de cette civilisation, une vague de peuplement venue de l'est à partir de bases que l'on suppose en Bohême et en Moravie.

La céramique rubanée de ces régions est accompagnée de parures, où l'on note des bracelets taillés dans des fragments de mollusques à coquille épaisse, les spondyles, qui vivent en Méditerranée orientale : cela semble prouver les relations de ces hommes avec les terres d'origine du Néolithique, sans doute à travers les civilisations néolithiques des Balkans et celles de la côte nord de la mer Noire. Dans ces deux dernières civilisations, on trouve des maisons rectangulaires en bois, également caractéristiques des « rubanés », lesquels présentent des maisons d'une longueur exceptionnelle, de 25 à 40 mètres et plus, avec une largeur de 6 à 8 mètres. Ces maisons sont groupées en villages, protégés parfois par des fossés et des palissades.

Ces « Danubiens » pratiquent l'élevage du bœuf et du porc. A la différence du Cardial, l'accent est ici mis sur l'agriculture : on cultive le blé amidonnier et l'engrain, ce qui fait chercher systématiquement les plaines couvertes de lœss. Or, en Europe occidentale, ces terres étaient souvent occupées par une forêt vierge, « forêt mixte » de chênes, d'ormes et de tilleuls. Les hommes du rubané ont donc le mérite de créer un peu partout des clairières : ce sont les premiers espaces agricoles, qui seront élargis dans la suite.

Cette civilisation rubanée s'étendait vers l'ouest en Alsace, en Lorraine du Nord (à Thionville), mais surtout en Hesbaye, près de la Meuse, avec une expansion vers le Bassin parisien. Des sites ont été découverts le long de la Seine et de ses affluents.

Au IVe millénaire, le rubané est remplacé par des cultures régionales, comme celle de Cerny dans le Bassin parisien, et surtout celle de Rœssen qui apparaît en Alsace et en Lorraine avant de s'étendre jusqu'à la Loire au milieu du IVe millénaire. La céramique du type Rœssen se caractérise par un décor poinçonné qui couvre les vases de chevrons, d'arêtes de poisson et de losanges. Quant aux parures, les spondyles — inaccessibles depuis longtemps — sont remplacés par des coquillages plus petits, ainsi que par des perles de calcaire et des défenses de sangliers. Toujours rectangulaires, les maisons sont plus petites ; ce ne sont souvent que de simples cabanes (10 mètres sur 8 environ).

Le Midi a développé sa propre forme de Néolithique au cours du IVe millénaire : le Chasséen, touché par les influences méditerranéennes, et appelé d'après le camp de Chassey près de Chagny (Saône-et-Loire), à la limite septentrionale de l'extension originaire du faciès. Le Chasséen a fini par couvrir, vers 3000, la presque totalité de l'Hexagone, se mêlant aux autres cultures en les influençant profondément. Ce faciès type du Néolithique moyen aura ainsi achevé la néolithisation de l'Hexagone. Il se distingue par une céramique fine, très soignée et variée, avec des « vases-supports » dont on n'a pas encore expliqué l'usage.

Parmi les cultures auxquelles le Chasséen reste en partie — en quelques régions — associé, se trouve la plus énigmatique : le mégalithisme (*megas*, grand ; *lithos*, pierre). Dans un sens large, il s'agit de l'utilisation de pierres de vastes dimensions, plus ou moins travaillées pour construire ces ensembles dont le sens nous échappe en partie. Le plus fréquent est l'emploi funéraire : il s'agit surtout de chambres sépulcrales, appelées plus tard en Bretagne *dol-men* (table-pierre ou large pierre) à cause des grandes dalles de couverture. On trouve aussi des allées couvertes, rectilignes ou coudées, où plusieurs dalles de toit se rejoignent.

Mais plusieurs ensembles mégalithiques ne sont manifestement pas des sépultures : ainsi les « temples » de l'île de Malte, dont les murs, formés de blocs pouvant aller jusqu'à 20 tonnes, atteignent une hauteur de 9 mètres ; les morts étaient placés sur cette île dans des grottes naturelles ou artificielles. Le grand ensemble de Stonehenge en Angleterre n'est pas non plus une sépulture.

Les pierres très hautes, érigées en groupes ou de façon isolée, que les Bretons appellent *men-hir* (pierre longue) se trouvent parfois proches des dolmens. On les rencontre aussi sans aucun lien topographique avec ceux-ci : cela est surtout vrai pour les alignements de menhirs ou de pierres plus petites, vastes ensembles dont le plus impressionnant est celui de Carnac (Morbihan). Les menhirs ont normalement une hauteur inférieure à 10 mètres, mais le plus connu, aujourd'hui brisé, mesurait 20,50 mètres et pesait plus de 300 tonnes. Pour mouvoir ces lourdes pierres — surtout grâce à des entassements de terre enlevés après coup — les archéologues ont trouvé des solutions, plausibles pour l'époque. Ce n'est pas le cas pour les générations qui ont suivi le mégalithisme et n'en ont pas connu les auteurs : partout en Europe, les hommes ont inventé une race de géants, jugés seuls capables de déplacer ces blocs de pierre.

En dehors du problème purement technologique, le phénomène reste énigmatique pour les chercheurs modernes. Nous n'énumérerons pas toutes les théories formulées au sujet des origines et de la destination d'un mégalithisme qui frappe par sa monumentalité et son extension : Palestine, côte orientale de la mer Noire, péninsule Ibérique, Hexagone, îles Britanniques, Germanie septentrionale, Danemark et Suède méridionale. Un contexte fait d'un culte des divinités et d'un culte des morts semble évident ; l'observation d'incidences astronomiques dans l'ordonnance des pierres (à Stonehenge, par exemple) plaide d'autant plus pour cette hypothèse que l'évolution des sensibilités religieuses semble avoir glissé d'une orientation vers l'animal — vision de l'homme prédateur — vers un intérêt périastral : vision de l'homme producteur, dépendant des bienfaits du soleil.

Les théories au sujet du ou des lieux d'origine du phénomène sont partiellement obsolètes depuis les datations récentes au carbone 14. Les plus anciennes traces du mégalithisme se trouvent au Portugal actuel (- 3800 ans) et un peu plus tard (- 3500 à 3000 ans) sur la façade atlantique de l'Hexagone : plus de mille ans avant les tombes minoennes de la Méditerranée orientale, mais beaucoup moins en ce qui concerne l'architecture mégalithique de Malte, datable de la seconde moitié du IVe millénaire. Le mégalithisme en Languedoc et en Provence est un peu plus jeune ; son rayonnement par le Rhône, la Saône et le Rhin en direction du Danemark l'est encore davantage. En négligeant d'éventuelles influences africaines, on peut donc parler d'une origine « ibérique » et observer — ce ne sera pas la dernière fois — une grande unité de temps et de civilisation de la façade atlantique, du Portugal à l'Irlande et l'Écosse. Grâce au cabotage, les côtes constituent des voies de communication privilégiées. Or le mégalithisme se trouve presque partout — surtout en ce qui concerne ses manifestations les plus anciennes — à moins de 150 kilomètres des côtes. On a donc émis l'hypothèse que les chambres sépulcrales faites de grandes pierres — qui étaient toujours couvertes de terre : c'est l'érosion qui a dénudé la pierre — auraient été des simulacres de grottes utilisées, à l'instar de celles qu'habitaient les vivants, pour recevoir les morts.

Quoi qu'il en soit, l'unité de l'« idée mégalithique » est difficilement niable. Il suffit de mentionner un fait impressionnant : la dalle de pierre barrant l'accès à la chambre funéraire est très souvent munie d'un trou dont l'arrondi a été soigneusement travaillé dans la pierre épaisse. Or, ce « trou pour l'âme » se trouve en Palestine comme dans le Caucase occidental, dans l'Hexagone comme en Suède. Il ne s'agit ni d'un peuple ni d'une civilisation qui aurait eu partout les mêmes caractères, mais bien d'une idée assez forte pour inciter les hommes d'il y a cinq mille ans, à des milliers de kilomètres de distance, à honorer leurs morts et certains aussi leurs dieux d'une façon très semblable sinon identique. Cela nous laisse rêveurs en ce qui concerne les communications qui s'étaient établies, même si leur expansion demeurait lente.

Il est des enseignements à tirer de ce remarquable phénomène pour l'histoire de l'organisation sociale. Certes, excepté celles dont l'accès fut définitivement condamné dès le début, ces tombes ont été utilisées et réutilisées par des lignages entiers, et même par des hommes d'époques postérieures, ce qui a donné lieu à de fausses datations de leur construction. Mais cette forme d'inhumation n'était pas à la portée de tous. La construction de ces immenses demeures — parfois destinées à un seul mort — n'était possible que grâce aux travaux organisés d'un groupe humain assez important. La conclusion s'impose : le Néolithique, en Orient comme en Occident, manifeste une concentration des richesses et des pouvoirs qui prouve une première stratification sociale, avec des couches inférieures dont nous perdons de plus en plus la trace jusqu'à leur inhumation, et une couche supérieure, celle des chefs en tout genre, des « rois », des « prêtres », de l'« aristocratie guerrière », ces dénominations n'étant vérifiables que pour l'Orient.

Ces strates ne disparaissent pas avec le mégalithisme : on trouvera ensuite les restes des chefs dans les « tombes princières », des tumulus dont le riche contenu distingue le mort du commun des mortels. Et le cas extrême du mégalithisme sera atteint avec les pyramides égyptiennes : à partir du IIIe millénaire, et avec une « renaissance » tardive au Ier millénaire, on fait travailler des milliers d'Égyptiens pour la tombe d'un seul. Intégrant jusqu'à 2,3 millions de blocs de pierre (pyramide de Chéops), les pyramides ne représentent pas l'origine, mais l'apogée et la fin du mégalithisme. La coïncidence de cette forme exubérante de l'utilisation de la pierre et de la période finale de l'âge de la pierre, dans le Néolithique et le Chalcolithique, ne saurait surprendre : l'âge des grottes, celui de la vie de l'homme dans la roche et à l'abri de la pierre a trouvé une sorte de dernière apothéose et une sublimation au moment même où l'habitat de l'homme devenait différent. L'homme avait acquis la maîtrise complète de cette matière première ; il l'utilisait maintenant pour exprimer son approche de l'Au-delà.

Le mégalithisme est accompagné et suivi chronologiquement dans l'Hexagone par le Chasséen, mais aussi par d'autres groupes ou cultures régionales du Néolithique. On en retiendra le « Michelsberg » (la M.K., pour *« Michelsberger Kultur »*), la civilisation « de Seine-Oise-Marne » (S.O.M.), ainsi que la civilisation « palafittique » (maisons sur pilotis) dans les régions des lacs alpins.

La M.K. semble être un prolongement de la culture de Rœssen. Elle connaît des villages situés sur les hauteurs, comme à Michelsberg, près d'Untergrombach, en Bade ; c'est un fait à retenir car il inaugure des temps moins sûrs quant aux relations des groupes d'hommes entre eux. D'autres villages, en plaine, sont entourés de fossés. La céramique de la M.K. se trouve en Suisse, en Alsace et dans le nord-est de ce qui sera la Gaule surtout en Belgique actuelle, mais aussi dans le Pas-de-Calais. Cette céramique du IIIe millénaire comprend de grands vases à provisions et des disques en terre cuite appelés « plats à pain » parce qu'ils devaient servir à la cuisson d'une sorte de galette sans levain.

A partir de – 2500 et jusqu'en – 1800 donc, à la charnière du Néolithique et du Chalcolithique et jusqu'au début de l'âge du bronze, le Bassin parisien, et notamment la Champagne, connaît une civilisation originale appelée « de Seine-Oise-Marne ». Caractérisée, à côté d'une céramique assez banale, par une grande variété de parures, elle se distingue aussi par des habitats dans les vallées — par exemple celle du Petit-Morin — et surtout par la grande variété de ses sépultures. On rencontre en effet des fosses communes (pour les moins privilégiés ?), des allées couvertes, des dolmens et enfin des hypogées : grottes sépulcrales creusées dans la craie. Fouillés surtout dans le département actuel de la Marne, les hypogées se trouvent parfois groupés en de vastes nécropoles. Chacun de ces hypogées pouvait contenir jusqu'à 60 corps. La sépulture mégalithique de la Chaussée-Tirancourt (Somme) en contenait 350. Remarquables sont les déesses représentées dans les hypogées, avec des poitrines aux seins bien galbés et parées de colliers.

L'examen des squelettes permet une amorce de statistique. L'âge de décès se situe pour les femmes entre 15 et 25 ans dans la plupart des cas, ce qui rappelle les risques des maternités. Pour les hommes, il est entre 25 et 45 ans. Les traces de flèches, de couteaux de pierre ou de lames de silex sur des squelettes d'hommes révèlent des morts souvent violentes. La guerre fait dorénavant partie de la vie de l'homme néolithique. La civilisation S.O.M. le prouve : des guerriers sont enterrés avec leur arc et avec un carquois de sept à douze flèches, fixé à la ceinture ou porté en bandoulière. Ainsi commence une longue série de sépultures, conservant l'armement respectif des différentes époques jusqu'à la fin de la Gaule mérovingienne. Pendant le Chalcolithique, ces hommes du S.O.M. semblent n'avoir pas seulement résisté, comme nous le verrons, aux hommes du style « campaniforme » également distingués par la maîtrise de l'arc et des flèches, mais encore les avoir chassés de l'Armorique, dans le nord-ouest de l'Hexagone. Ils ont d'ailleurs profité des excellents silex provenant des riches gisements du Grand-Pressigny, qui sont un exemple précoce d'exploitation minière et de diffusion à grande distance de matières premières.

La civilisation « palafittique » que l'on rencontre à l'époque néolithique finale, au Chalcolithique et pendant l'âge du bronze le long des Alpes, évoque dans les esprits ces fameuses « cités lacustres » que le siècle dernier a imaginées après les premières découvertes à sensation. On imaginait des maisons construites sur des plates-formes supportées par des pieux, permettant d'« habiter le lac » à l'abri des bêtes et des hommes. A côté de cette théorie d'un habitat installé dans l'eau d'une façon intentionnelle et durable, théorie que l'on peut considérer comme abandonnée, deux autres font toujours l'objet de controverses ou d'essais de conciliation. L'une évoque la possibilité de crues répétées, beaucoup plus importantes qu'au cours des temps historiques, qui auraient obligé les hommes à se prémunir contre les changements brusques du niveau de l'eau par des maisons érigées sur pilotis sur les rives des lacs. Cette théorie imagine donc un habitat dans l'eau très temporaire. Une autre théorie assure que les bâtisseurs de ces habitats sur pieux n'auraient jamais eu l'intention de vivre « dans le lac », ni en temps normal, ni en temps de crue : leurs maisons auraient été construites sur les bords des lacs — parfois, il est vrai, dans un sol marécageux — et les pieux n'auraient eu pour fonction que de renforcer la stabilité des constructions. Ce dernier cas de figure a été formellement prouvé pour un des sites les plus anciens de l'Hexagone : Charavines, sur la rive méridionale du lac de Paladru dans le Bas-Dauphiné, entre Lyon et Grenoble. Grâce à la méthode dendrochronologique appliquée aux pieux, on a trouvé la date de 2700 av. J.-C.

Les maisons sur pieux ne comportent pas de plates-formes. Leurs foyers se trouvent au ras du sol. En revanche, l'état de conservation des pieux et divers autres indices montrent qu'à la Saunerie, à

Auvernier, en Suisse occidentale, il n'y avait pas la moindre construction à même le sol : presque dans chaque couche, l'effet continu de l'eau et des traces de fines bandes de sable peuvent être observés. Ceci pourrait prouver l'installation d'un habitat de cabanes construites sur pieux au-dessus du sol sur la rive du lac, de façon que la montée du niveau de l'eau — observable plusieurs fois — n'entraîne pas l'abandon du village (J.-M. Millotte, Ch. Strahm). Des travaux comparables sur le lac de Constance ont donné les mêmes résultats pour le site de « Hörnle I » (H. Schlichtherle). Ces sites sont datés d'environ - 2000, avec cette précision, importante dans le premier cas, que le site a été réoccupé vers la fin de l'âge du bronze, vers - 800 à - 700. Ceux qui soutiennent qu'il n'y a pas eu uniformité des procédés employés près des lacs alpestres voient donc leur thèse confirmée.

L'importance de ces habitats ne tient pas avec ce débat technique : c'est toute une civilisation, à laquelle on a donné le nom de « Horgen » (d'après un site sur le lac de Zurich) pour le niveau chronologique autour de - 2000. En fait partie, entre autres, le site du lac de Chalain, dans le Jura. Celui de Charavines, plus ancien, appartient, lui, à la culture néolithique de « Saône-Rhône », variante régionale du Chasséen. Nous lui devons, comme à celui de Horgen et à d'autres habitats sur pilotis, bien des précisions sur la civilisation à la fin du Néolithique. Les conditions idéales de conservation en milieu lacustre nous ont en effet procuré des objets en bois et en textile, qui nous échappent en général complètement à cause de leur destruction précoce, ne laissant que des objets en pierre et parfois en os. Des scaphandriers ont ainsi récupéré au fond du lac de Zurich, près de Horgen, des objets en bois de toute nature, qui permettent d'apprécier la capacité des hommes d'il y a 4 000 ans à utiliser les aptitudes spécifiques des différents bois. Le sapin était utilisé pour couvrir le sol. Pour faire du feu, on préférait le peuplier, le saule et l'aulne. Pour les planches, on recourait au chêne et au hêtre, très faciles à fendre. Les manches des poignards étaient en bois d'if, les peignes toujours en buis. Pour les manches des haches, instruments fondamentaux pour le travail agricole et pour celui du bois, on se servait presque exclusivement du frêne ; on choisissait toujours les parties les plus dures de cet arbre, situées au passage des racines au tronc. Le savoir-faire des hommes du Moyen Age — et encore en milieu rural au début de notre siècle — en matière d'utilisation du bois résultait d'un choix judicieux déjà maîtrisé à la fin du Néolithique. Notre héritage culturel des éléments de base de notre vie remonte donc très loin, et l'on aurait tort de sous-estimer les hommes qui, les premiers, ont acquis ces aptitudes et ceux qui les ont conservées et élargies, tandis que nous les avons pour une bonne part perdues ou oubliées.

La moisson d'informations offerte par le milieu lacustre est également riche en ce qui concerne les textiles. Près de Horgen, on cultivait le lin. Mais c'est le site de Charavines qui nous fait découvrir toute la panoplie du tissage : les fuseaux de bois lestés par un fusaïole de pierre ou de terre cuite, les peignes de buis — faits avec des outils en silex — qui servaient à serrer les fils de trame au tissage, enfin les poids en forme de petits galets destinés à tendre les fils dans le métier à tisser. Tout cela, qui était utilisé il y a 4700 ans, restait inconnu avant la « révolution néolithique » ! On a également récupéré sur ce site les morceaux de tissus les plus anciens que l'on ait jusqu'ici trouvés sur le sol de France, de même que les cordes et ficelles que savaient faire les hommes de Charavines pour bien attacher les poutres. Les tissus à base de fibres textiles d'origine végétale ou animale ne servaient pas qu'à l'habillement. Grâce aux découvertes faites en Suisse, on a reconstitué des fragments de tentures murales offrant un décor de grands triangles sur fond uni, des rayures latérales et un motif central composé de « cases » à la façon d'un damier. Les intérieurs de ces « primitifs » ne manquaient donc ni de confort ni d'élégance, ce que montrent aussi des murs intérieurs en bois fort bien travaillé. Le lac de Paladru a d'autre part livré le fragment d'ambre le plus ancien de l'Hexagone, et l'on sait que cette matière sera plus tard l'objet d'un commerce intensif. Tout est donc en place, et jusqu'à la parure, pour que commence le spectacle des temps historiques. La grande innovation que sera l'utilisation des métaux ne changera guère, au début, que les armes ! Presque tous les autres outils resteront en pierre, en bois et en os. Ils prolongeront jusqu'aux époques romaine, médiévale et même moderne ce que nous devons à la civilisation néolithique. Celle-ci, en l'espace de quelques millénaires, a jeté les bases de la vie des agriculteurs et des éleveurs : en un mot, des hommes dans l'Hexagone.

Le Chalcolithique et l'âge du bronze

Le passage du Néolithique au Chalcolithique (*khalkos*, cuivre, bronze), c'est-à-dire à une période qui combine des produits de cuivre à ceux qui restent de pierre, est précoce dans certaines régions de l'Orient. Le cuivre « natif » est ouvré en Anatolie méridionale dès le VIIe millénaire ; des techniques de fonte et de coulée ouvrent véritablement, aux IVe-IIIe millénaires av. J.-C. au plus tard, l'âge du cuivre, dans cette région, en Luristan (au sud-ouest de l'Iran), et en Égypte. Pendant ces millénaires la production de métaux précieux, entre autres de l'or, prend son premier essor en profitant des gisements de Nubie et de Colchide, qui font naître le mythe de la « Toison d'Or » sur la côte orientale de la mer Noire. Couronnée de succès au mont Sinaï, en Arménie, à Chypre (*kypros*, cuivre) et au sud de la péninsule Ibérique, la recherche du minerai de cuivre suppose une prospection et une organisation des transports et du commerce : la puissance publique s'en préoccupe très tôt, elle l'organise et elle en tire profit. C'est vrai, aussi, pour l'exploitation du minerai de cuivre dans des puits obliques allant jusqu'à une profondeur d'environ 100 mètres ; elle exigeait des procédés compliqués, et notamment un puits de ventilation pour échauffer le minerai que l'on trempait ensuite à l'eau froide pour le ramollir et le travailler plus facilement — procédé utilisé encore au XIXe siècle. De même la forge suppose-t-elle l'usage cohérent des percussions (marteau), du feu (foyer), de l'eau (trempe), de l'air (soufflet) et la mise en œuvre des principes du levier (A. Leroi-Gourhan).

On s'aperçut que le cuivre pur a l'inconvénient d'un point de fusion supérieur à 1 000° et une dureté relativement faible, mais qu'il s'améliore par alliage à l'étain, le point de fusion de ce métal étant beaucoup plus bas. Dans le rapport de neuf volumes de cuivre pour un volume d'étain, le métal devient dur comme de l'acier mais facile à couler : c'est le bronze, ce mot italien d'usage moderne ayant remplacé « airain », du latin *aes.* A partir de cette découverte, exploitée dès le IIIe millénaire en Asie Mineure et en Égypte, la demande d'étain va renforcer les relations entre l'Orient et l'Occident, car ce métal est plus rare que le cuivre : il se trouve surtout en Arménie et en Cornouaille.

Déjà les villages fortifiés des producteurs de cuivre de l'Espagne méridionale (Sierra Morena) et du Portugal, où l'on fabriquait haches, poignards, hallebardes, pointes de flèches et alênes en cuivre, semblent avoir été fondés par des mineurs et des marchands venus de l'est. Ces marchands exportaient d'Espagne des produits fabriqués et du métal brut, et cela vers le monde égéen, autrement dit la zone de contact balkanique avec l'Asie Mineure.

En ce qui concerne l'Hexagone, comme dans le cas des civilisations néolithiques, techniques et produits se propageaient par la Méditerranée, mais aussi par la voie continentale le long du Danube que jalonnaient des gisements importants de cuivre : ils favorisaient cette propagation tout en profitant d'elle. Les principaux étaient en Transylvanie, dans les Carpates et en Autriche : le nombre des mineurs ayant travaillé dans un système de mines de cuivre fouillé près de Salzbourg a été estimé à plus de mille.

Les deux influences venues du sud-ouest et de l'est en apportant le Chalcolithique dans l'Hexagone produisent de 2200 à 2000 av. J.-C., la « civilisation du vase campaniforme » et celle « à la céramique cordée ». La première se distingue par des vases de terre cuite en forme de cloche *(campana).* Les armes — notamment les poignards — et les instruments sont en partie en cuivre. Les parures sont d'or. Cette civilisation semble trouver son origine au sud de la péninsule Ibérique (« culture d'Almeria »), d'où elle gagne les Pyrénées, la Garonne et même la Loire. Elle s'étend aussi en Languedoc, en Provence, en Italie du Nord. En suivant les chemins de l'expansion antérieure du mégalithisme, le Rhône, la Saône et le Rhin, elle atteint la Germanie du Nord d'une part, les îles Britanniques de l'autre, qui ont pu être également atteintes par la façade atlantique. A la différence du mégalithisme qui constituait une « idée » et un procédé architectural, les hommes du « Campaniforme » semblent avoir formé, selon les uns, un peuple conquérant, selon les autres, des groupes de colporteurs, de potiers-forgerons ambulants. Pour la première hypothèse plaide leur maîtrise de l'arc et des flèches, qui ne leur a cependant pas permis de s'imposer dans l'aire du style S.O.M., comme nous l'avons vu ; pour la seconde, le fait d'une répartition très large, mais tout à fait inégale et intermittente, dans l'Hexagone et jusqu'en Europe centrale.

C'est là qu'ils devaient rencontrer, vers 2000 av. J.-C., les porteurs de la « céramique cordée », l'autre civilisation du Chalcolithique : d'où un mélange et peut-être un large mouvement de retour, vers 1800 av. J.-C., en direction du sud de la France, de l'Espagne centrale, de l'Italie du Nord, de la Sardaigne et de la Sicile (J.M. Millotte).

Nos incertitudes sur leur organisation sociale et sur leur puissance nous rappellent cruellement ce qui sépare — malgré tous les progrès de la datation et toutes les découvertes récentes — la préhistoire de l'histoire : nous observons le résultat matériel de mouvements d'hommes ou d'objets, mais nous ne disposons ni du nom des peuples, ni de la trame des événements qui ont conduit à ce résultat archéologique.

Les hommes « à la céramique cordée », c'est-à-dire décorée à la cordelette dans la pâte encore fraîche, sont aussi appelés les « hommes des haches de bataille ». Cette arme en pierre polie, parfois déjà en cuivre, semble avoir été l'une des causes de leur supériorité militaire, comme l'était leur capacité de domestiquer, les premiers, le cheval et de l'utiliser pour leurs déplacements.

On cherche leur origine dans la Russie actuelle. Ils semblent s'en être allés le long de la côte occidentale de la mer Noire d'une part, vers la Pologne, le Danemark et la Suède méridionale, la Bohême, l'Allemagne, les régions du Rhin et au-delà, de l'autre. Cette migration passe pour la manifestation d'un vaste déplacement de peuples qui bouleverse l'Eurasie vers 2000 av. J.-C. On sait que le royaume d'Akkad en basse Mésopotamie est détruit vers 2160 par les Kassites, venus du Zagros, en Luristan : des hommes qui ont des haches en bronze et utilisent le cheval. Vers 2000, les Hittites conquièrent l'Anatolie et y fondent un puissant empire qui ne succombera qu'à de nombreux bouleversements vers 1200 av. J.-C.

L'importance capitale pour l'histoire de l'Hexagone d'événements se déroulant aussi loin tient à ce que la langue hittite, partiellement connue, peut être associée aux langues dites « indo-européennes » dont le celtique fait également partie, comme d'ailleurs le latin, le germain et le slave à l'ouest et dans le nord, l'iranien et le sanskrit à l'est et dans le sud. Il est impossible d'aborder ici le problème indo-européen dans toute son étendue et avec toutes ses incertitudes. L'affectation du caractère indo-européen à des civilisations dont nous ne connaissons que les aspects archéologiques a été trop contestée et reste trop contestable — on a proposé aussi bien que nié l'appartenance aux Indo-Européens des « rubanés » et des « cordés » — pour qu'on en tire des conclusions valables. Il faut bien voir, en revanche, que les « Proto-Celtes » — vivant dans une région où, quelques siècles plus tard, les Celtes sont signalés par les sources historiques — sont en place vers 1000 av. J.-C. ou peu après, de même que les « Proto-Latins » et les « Proto-Germains ». Tous ont un fond linguistique commun très large, fait non seulement de vocables, mais aussi de structures grammaticales. Les civilisations décelables en Europe dans le courant du IIe millénaire doivent nécessairement correspondre aux « ancêtres » de ces peuples, ou plutôt de ces populations à langue commune. Le puzzle des attributions possibles n'a encore trouvé aucune solution satisfaisante, et il est impossible de faire de l'histoire avec de simples hypothèses. Reste que l'indo-européisation linguistique de l'Europe a assurément eu lieu, au plus tard, pendant le Chalcolithique et l'âge du bronze.

Il est plus aisé d'énumérer les cultures que l'on distingue, géographiquement et chronologiquement, à l'âge du bronze grâce aux objets trouvés dans le sol de France. Dans l'Hexagone, cet âge du bronze peut être divisé en bronze ancien (de 1800 à 1400 av. J.-C.), moyen (de 14 000 à 1 100) et récent ou final (de 1 100 à 750). Une civilisation métallurgique assez remarquable se rencontre de part et d'autre de la Manche en Bretagne et en Angleterre méridionale : la « culture armoricaine-Wessex ». Elle a certainement profité des contacts avec un âge du bronze particulièrement brillant en Irlande. La richesse de ses chefs se manifeste par des tombes en tumulus contenant des armes finement décorées, tels ces poignards à manche de bois décoré par des milliers de minuscules clous d'or. Cette civilisation est fondée sur le contrôle des mines d'étain en Cornouaille, mais aussi sur quelques gisements de ce métal en Bretagne. Ceci explique le nombre élevé de trouvailles de bronze sur les côtes atlantiques, du Cotentin à la Gironde. Le commerce de l'Atlantique vers la Méditerranée par l'« isthme » de la Garonne est un fait bien assuré au IIe millénaire.

Plus à l'est, les centres continentaux de production du cuivre déjà mentionnés semblent avoir profité vers 1800 av. J.-C. de procédés venus de l'Orient pour lancer la production du bronze. C'est en premier lieu le cas de la civilisation d'Unetice (Aunjetitz) en Bohême. L'influence de cette civilisation s'étend de l'Allemagne du Sud à la Pologne. Le sub-faciès de Straubing, en Bavière, apparaît aussi en Alsace, surtout dans la forêt de Haguenau. Une autre civilisation de l'âge du bronze ancien, profitant des gisements de cuivre des Alpes, apparaît dans la région rhodanienne, dans le Jura et en Suisse méridionale. Elle se distingue par le remarquable « poignard rhodanien » en bronze qui, plus tard, en Provence, devient une véritable rapière.

Pour les métaux si recherchés comme pour les produits fabriqués, tous de haute valeur, les distances ne jouaient plus de rôle dissuasif. L'existence d'une extraordinaire industrie du bronze en Scandinavie le prouve bien pour l'âge du bronze moyen : correspondant au territoire où nous trouvons plus tard les Germains ces régions étaient complètement dépourvues de minerais ; c'est donc le commerce qui a permis l'importation du minerai et le développement d'une métallurgie active au « bel âge du bronze germanique » (H. Hubert). Car les grands axes est-ouest (Danube, Méditerranée) sont maintenant coupés par trois axes principaux sud-nord, qui ont ouvert le Nord à la civilisation d'abord néolithique, à celle du bronze ensuite : Rhône-Saône-Rhin, Italie du Nord-Brenner-Elbe, et Adriatique-Moravie-Silésie-Prusse orientale (la route de l'ambre). Richesse principale du Nord, l'ambre trouvé sur les côtes de la mer du Nord et surtout au Samland baltique gagne par ces routes le Sud et s'échange contre le métal qui va vers le Nord. La région dont les chefs profitent alors de ces échanges est la future Thuringe entre les Alpes et la Baltique, mais aussi la région du Danube et des cols alpins.

C'est de là que, par deux fois, autour de 1500 et de 1200, partent vers l'ouest les hommes qui appartiennent à des civilisations dont l'empreinte sera profonde sur l'Hexagone : la civilisation des « Tumulus de bronze » à l'âge du bronze moyen, et celle des « Champs d'urnes » à l'âge du bronze final. La première couvre de ses tumulus une grande partie de l'est de l'Hexagone, jusqu'au-delà du cours supérieur de la Seine. Tirant peut-être ses origines de la civilisation d'Unetice, elle est caractérisée par des tombes individuelles recouvertes par un tumulus et ostensiblement réservées aux strates supérieures de la population. Ornés de parures, les corps sont souvent disposés en position fœtale. La civilisation qui la remplace vers 1200 av. J.-C. pratique un rite d'incinération des morts : les cendres sont déposées dans des urnes, souvent regroupées en de vastes nécropoles souterraines, les « Champs d'urnes ». Elle maîtrise, à côté de la fonte, le bosselage du bronze, ce qui permet de produire des casques, des cuirasses et des jambières. Elle invente l'épée à languette qui est une arme de taille. Ces hommes ont dominé l'est de l'Hexagone, ils ont pénétré jusqu'en Aquitaine septentrionale et, à travers le sillon rhodanien, jusqu'en Septimanie et en Catalogne. Cette migration, l'événement capital du bronze final, s'est stabilisée entre 1 100 et 800 av. J.-C. Elle semble appartenir chronologiquement — et du point de vue de l'enchaînement des événements — à l'ensemble des bouleversements qui, partis des Balkans ou du bassin danubien, ont détruit vers 1200 l'Empire achéen de la civilisation mycénienne et l'Empire hittite, et ont poussé les « peuples de la mer » vers l'Égypte.

Les « hommes des Champs d'urnes » occupent dans une large mesure des territoires autour du haut et du moyen Danube, qui seront ultérieurement ceux des Celtes. La moindre preuve faisant défaut, on ne peut conclure à une « identité » des uns et des autres. Il est toutefois certain que la civilisation des « Champs d'urnes » a précédé et préparé au moins en partie les conditions dans lesquelles on trouvera celle des Celtes.

De l'âge du bronze se dégage une impression générale de prospérité. Comme l'Orient, l'Europe connaît maintenant la combinaison entre l'agriculture et l'élevage d'une part, l'industrie et le commerce de l'autre. Bien que les villes soient absentes et que les métiers, non concentrés, s'exercent souvent d'une manière « ambulante », le commerce et les centres miniers sont assez importants pour procurer aux chefs qui règnent sur les lieux de production ou sur les carrefours de distribution une richesse et une puissance auparavant insoupçonnées. C'est le cas en Cornouaille, en Bretagne, en Europe centrale. D'autres régions, moins avantagées, sont sans doute restées un peu en retrait, et cela aussi dans l'Hexagone.

Mais, nous en avons une preuve éclatante, les changements dont nous venons de parler ont influencé d'une façon générale le niveau de vie des hommes : le val Camonica, route alpestre au nord-est de Bergame, ainsi dénommée d'après la tribu des Camuniens, nous a laissé les vestiges d'un art rupestre sous la forme de milliers de gravures qui ont pu être datées et analysées statistiquement. C'est un livre d'images, une bande dessinée qui permet de découvrir des hommes, des cervidés, des armes et d'autres objets, et cela du Mésolithique aux périodes romaine et médiévale. On constate que la fréquentation de ce passage des Alpes ne commence pratiquement qu'au Néolithique.

Grande surprise, nous avons là une preuve datable de l'existence d'un attelage à deux bêtes, antérieure au IIIe millénaire, ce qui confirme que les hommes connaissaient déjà l'araire en bois, dont le soc pouvait être en bois de cerf : bien avant l'âge du bronze, les hommes les plus avancés n'étaient plus limités à la seule culture à la houe pour ameublir la terre. Une autre nouveauté de première importance apparaît dans les dessins datables du Chalcolithique : le char à quatre roues. Avant 2000 av. J.-C., il apparaît tiré par des bêtes à cornes : après 2000, il s'agit visiblement de chevaux, ce qui correspond bien à ce que nous savons de la domestication du cheval et de son emploi, en combinaison avec le char, chez les peuples qui accomplirent les grands bouleversements des années – 2000. Cette documentation du val Camonica prouve la vigueur du commerce et de la circulation dans les Alpes, et cela longtemps avant l'apparition des Romains dans ces régions. Avec la roue, le char, le cheval et les bêtes de somme, le Chalcolithique et l'âge du bronze sont en Occident des époques d'essor d'un « commerce » à grande distance, même si les formes de ce commerce ne correspondent pas encore à ce qu'elles seront plus tard. Les objets principaux semblent en avoir été les barres de métaux, les objets de métal travaillé — dont la fibule, invention du Bronze moyen — et l'ambre, mais aussi le sel. Le colporteur comme le marin, le mineur comme le forgeron représentent des métiers fondamentaux, à côté des éleveurs et des agriculteurs apparus au Néolithique : une certaine spécialisation des métiers n'est donc plus le privilège du seul Orient, même si l'Occident est loin d'avoir des centres urbains de l'envergure de l'Égypte et de la Mésopotamie.

Le nombre des hommes, de toute façon, doit avoir connu une augmentation sensible à l'âge du bronze, même dans l'Europe septentrionale, et à plus forte raison dans l'Hexagone. Les contacts multipliés entre ces hommes plus nombreux — et même avec des régions lointaines — signalent que les temps préhistoriques proprement dits avec leurs petits groupes d'hommes perdus dans les vastes solitudes appartiennent au passé.

Fin de la préhistoire : un bilan

Le lecteur qui s'étonnerait de voir tirer un bilan de la préhistoire de l'Hexagone avant de parler de l'âge du fer aurait oublié un instant que nous sommes toujours, au XXe siècle de notre ère, dans cet âge. Au mieux, nous en sortons depuis peu.

L'historien n'est d'ailleurs pas obligé de suivre aveuglément la classification de la préhistoire en âges de la pierre, du bronze et du fer, inventée dès 1836 par le Danois Christian Thomsen, au moment où il constate qu'il a d'autres ressources que de qualifier les temps d'après le matériau des outils humains. Ces siècles, enfin, lui offrent une pâture plus riche dans sa recherche sur l'évolution de l'homme et des sociétés. L'Orient ancien n'a attendu ni l'âge du bronze ni celui du fer pour entrer dans l'histoire avec l'écriture — que la recherche moderne a su déchiffrer — et donc avec des événements datables, vécus par des peuples et des hommes dont nous connaissons les noms. Quant à l'Occident, il approche, au moment où finit l'âge du bronze (vers 800-700 av. J.-C. selon les régions), d'une façon décisive de ce monde historique dans lequel il entrera, avec quelques régions privilégiées, dans les siècles suivants.

L'Hexagone est parmi les premières régions de l'Occident à entrer en contact direct avec les grandes civilisations du bassin oriental de la Méditerranée : l'événement « historique », dans un double sens, est ici la fondation de Marseille par les Grecs de Phocée, un peu avant – 600. Cet événement est à la base de presque toutes les mentions de l' « Occident extrême » dans les sources grecques. Mais, grâce à l'intérêt que manifeste de plus en plus l'Orient pour l'Occident, les premières informations écrites et les premiers noms de peuples transforment profondément notre approche de l'évolution dans l'Hexagone : nous ne sommes plus dans la préhistoire.

On parle de « protohistoire » pour caractériser cette phase de transition : la documentation écrite nous vient de l'extérieur et — lorsqu'elle appartient déjà aux régions concernées — elle est tellement lacunaire et intermittente que la majeure part de notre information provient toujours des sources archéologiques et anthropologiques. Cette phase de transition dans l'histoire de l'Hexagone est celle de l'apparition des Celtes. Après des centaines de milliers d'années de présence humaine dans l'Hexagone, il s'agit donc bel et bien de la fin des temps préhistoriques : c'est l'occasion de dresser un bref bilan.

L'un des meilleurs spécialistes de la navigation dans l'Hexagone au Néolithique et à l'âge du bronze, Gabriel Camps, a bien exprimé le respect que nous devons aux hommes de ces époques, comme à ceux qui ont créé l'art pendant le Paléolithique supérieur : « L'homme préhistorique avait des capacités techniques et un courage bien supérieurs à ceux que nous lui accordons généralement au vu des misérables restes qui nous ont été conservés. » Ce qui frappe surtout : la domination d'espaces étonnants quant à la mobilité des hommes et des objets à une époque aussi reculée. L'homme préhistorique bougeait, et faisait bouger les choses. Homme actif, il a répondu efficacement aux défis multiples de la nature et du climat aussi bien que des animaux dangereux. Il a non seulement inventé des outils mais aussi des procédés dont beaucoup sont encore valables de nos jours. Il a structuré une organisation sociale qui marque son entrée dans l'histoire proprement dite du « *zôon politicon* », de l'« être social » comme l'a défini Aristote. Il n'y a donc pas lieu de le mépriser, non plus que de lui prêter de normes — ou une absence de normes — appartenant soit à une époque plus moderne, soit à notre monde chrétien.

Ces hommes préhistoriques ont vraiment, dans l'Hexagone, créé des « paysages ». Surtout depuis la « révolution néolithique », l'homme a façonné l'entourage de ses sites d'habitation, ouvert des clairières d'abord sur des sols légers, puis sur des sols particulièrement fertiles, et enfin établi des « routes » régulières pour relier entre eux les habitats. Le premier, il a profité du climat, dans l'ensemble très favorable, de l'Hexagone : après avoir été à la pointe de l'évolution humaine aux périodes glaciaires et interglaciaires et surtout pendant le Paléolithique supérieur, cet Hexagone a vu se développer les régions les plus riches d'Occident en ce qui concerne la production de céréales.

Cela nous conduit à poser la question du nombre des hommes qui ont pu vivre dans l'Hexagone aux différentes périodes préhistoriques. Tous les chiffres proposés étant nécessairement conjecturaux, les progrès de la science démographique permettent quand même de disposer d'un ordre de grandeur. Les chiffres ne peuvent être que très faibles pour le Paléolithique, malgré le fait que l'on ait fouillé dans le monde, d'une façon sérieuse, plus de 60 000 sites appartenant à des centaines de millénaires. Même l'Hexagone, qui a livré le plus grand nombre de témoins archéologiques pour cette période, n'a peut-être jamais dépassé une population de vingt mille à cinquante mille habitants.

Les progrès du Mésolithique concernant peu l'Occident, c'est seulement le Néolithique qui y apporte un changement profond.

On ne saurait avancer de chiffres précis pour chaque région. Mais un ordre de grandeur d'environ cinq cent mille hommes pour tout l'Hexagone semble raisonnable : une multiplication par dix en quelques millénaires. Ces changements considérables vont apporter à la démographie d'abord l'installation définitive des Celtes, puis la Paix romaine. Pour la Gaule romaine — en dehors de la Narbonnaise, province romaine à la population aussi dense que l'Italie de l'époque, laquelle apparaît comme le pays le plus peuplé du temps —, on a en effet avancé un chiffre de population de 8 millions — contre un million environ pour la Germanie — et cela sans s'arrêter longuement aux estimations faramineuses du XIXe siècle : 15, 20, voire 40 millions ! Au second âge du fer, avec la stabilisation des différents « peuples » ou « tribus » autour d'une centaine de centres plus ou moins urbains, la population de l'Hexagone doit approcher plutôt celle de la Paix romaine que celle des périodes préhistoriques : elle atteindrait donc plusieurs millions d'hommes.

Qui étaient ces hommes ? N'entrons pas dans les problèmes des dénominations des peuples, mais posons la question générale : qui sont les « autochtones » (de chaque époque), et qui sont les nouveaux venus dans l'Hexagone ? Directement lié à cette question est le problème des caractéristiques raciales de la population de l'Hexagone.

Nous ne connaîtrons jamais de façon certaine les autochtones les plus anciens, les « ancêtres » des hommes de la Gaule et de la France. C'est dire combien est aléatoire le rattachement biologique des populations ultérieures à celles qui les ont précédées. Il n'empêche que, pour les périodes les plus récentes de la préhistoire, plusieurs civilisations ont été reconnues comme nées dans l'Hexagone même, d'autres comme arrivées de l'extérieur, soit par adaptation culturelle, soit par immigration, soit enfin par invasion. Tout ce que l'on a pu dire des conditions géographiques — le climat, la situation dans l'ensemble de l'Occident — a trouvé une confirmation on ne peut plus large dans la préhistoire : le climat favorable de l'Hexagone et ses conséquences sur le niveau de la vie des hommes attirent les hommes.

Ceux-ci pouvaient arriver de toutes parts, par mer et par voie terrestre, du sud-est (comme peut-être les Ligures), ou du sud-ouest (comme les hommes du « Campaniforme » à l'âge du bronze, et plus tard les Ibères), mais surtout de l'est. Le phénomène semble normal quand on regarde la configuration du continent, mais il s'explique mieux encore à la vue de cartes donnant la répartition de phénomènes aussi essentiels que la forêt et le lœss, cette terre, légère et fertile à la fois, qui se trouve concentrée dans les pays « pontiques », c'est-à-dire au nord-est et au nord de la mer Noire, le Pont-Euxin des Anciens. De ces régions privilégiées que nous avons rencontrées chaque fois qu'il s'agissait des progrès réalisés dans l'Orient ancien et de leur diffusion vers l'ouest, une large bande de terre s'étend à travers le continent jusqu'à l'Atlantique, caractérisée par les terres lœssiennes : au nord des Alpes et du cours inférieur de la Loire, au sud d'une ligne allant des Carpates à la Picardie, elle englobe les terres fertiles qui s'étendent au nord des montagnes moyennes comprises entre l'Elbe et le Rhin. Quand on se rappelle que cette large zone possède un « couloir » ouest-est par le Danube, on comprend mieux que presque tous les grands mouvements — de civilisation et de population — de l'Orient vers l'Occident soient passés par là : l'Aurignacien pendant le Paléolithique supérieur, les « Danubiens » à travers les groupes successifs du « Rubané », de « Rœssen » et de « Michelsberg » pendant le Néolithique, et enfin, pendant l'âge du bronze, les hommes « de la céramique cordée » ou « des haches de bataille » aussi bien que les hommes à tombes en tumulus et les hommes des « Champs d'urnes ». Nous l'avons vu, ces deux dernières civilisations ont été mises en relation avec les « Proto-Celtes ».

Ce qui est plus certain, et effectivement plus important, c'est l'observation de géographie humaine qui s'en dégage : à peu de chose près, les aires d'extension des dernières civilisations de la préhistoire qui atteignent l'Hexagone sans pour autant se limiter à ce dernier, correspondent à celle des civilisations du fer que nous allons définir au chapitre suivant : les hommes du premier âge du fer (de « Hallstatt ») et du second (de « La Tène ») parlaient — c'est au moins sûr pour les seconds — une langue celtique. Cette aire, c'est toujours le cours supérieur du Danube, la Suisse, le Rhin supérieur et moyen, la Franche-Comté, la Bourgogne, avec, plus au nord, la Lorraine et la Champagne, et plus au sud, la vallée du Rhône moyen. On a ainsi pu écrire qu'à partir de l'âge du bronze, « les influences de l'est sont prépondérantes, et pour longtemps », et qu'à partir de la fin de l'âge du bronze « ce ne sont plus seulement les modes étrangères, mais les hommes eux-mêmes qui pénètrent sur notre territoire » (J. Larroque-Roussot).

Cela ne veut pas dire que les autres régions soient moins importantes pour les origines de la France. Mais les grands changements qui ont conduit à la celtisation plus ou moins marquée de l'Hexagone sont passés par un stade antérieur pendant lequel ces régions de l'Est étaient particulièrement en avance et restaient en relations étroites avec les régions situées plus à l'est encore. Ce sera le cas même au-delà de la conquête romaine. Voilà donc un rattachement direct de l'Hexagone à l'histoire du continent européen. Rappelons-nous le caractère géographique et géologique de la zone « hercynienne » habitée et longtemps dominée par les Celtes : ces observations sur les racines profondes des populations futures de la Gaule et de la France ne se trouvent pas démenties par celles que suggèrent les études anthropologiques.

Suivons ici la synthèse qu'a proposée Paul-Marie Duval sur le fondement ethnique de la population de l'Hexagone avant l'installation des Grecs et des Celtes. « C'est du Mésolithique et du Néolithique [...] que date l'apparition des hommes au crâne court (brachycéphales) et au poil brun qui forment encore aujourd'hui la masse de la population française [...]. Ces hommes de taille moyenne et parfois petits [...] qu'on appelle traditionnellement de "race alpine" parce qu'ils occupent notamment les Alpes françaises et italiennes [...] dominent dans le centre de la France et largement autour, surtout vers le Sud-Est. C'est à la périphérie qu'appartiennent les hommes de type « méditerranéen », au crâne moins court, à la taille moins petite, de la côte méridionale et du littoral atlantique. Essentiellement, le peuplement de la France appartient à cette race alpine qui en occupe le Centre-Est depuis le dernier âge de la pierre. »

Les Celtes ne bouleverseront pas notablement cette situation. Les peuples celtiques, tout en parlant la même langue, ne constituent absolument pas une « race ». Ils sont une réunion d'hommes d'origines diverses, mais — selon ce qu'ont pu observer les archéologues et les anthropologues — à majorité également « alpine », avec une minorité du type « nordique ». Bien qu'on ne puisse identifier telle ou telle civilisation préhistorique avec telle « race », et malgré le fait que l'occupation celtique conduira à une augmentation sensible de la population, on peut affirmer comme l'un des résultats, et non des moindres, du bilan préhistorique que la base biologique des populations de l'Hexagone était en place avant l'établissement et les dominations successives des Celtes, des Romains et des Francs.

Cette affirmation a été récemment confirmée par les fouilles de tumulus néolithiques dirigées en Normandie par Michel de Boüard. On y a constaté l'extension de la céramique rubanée beaucoup plus loin vers l'ouest que ce qu'on croyait. Ces fouilles ont montré que ces Danubiens venus de l'est font partie d'une race dolichocéphale, du type des « Méditerranéens graciles ». A côté de ce groupe bien défini, qui habite cette région depuis environ 3500 av. J.-C., on constate la présence des hommes de la civilisation « Seine-Oise-Marne », dont nous avons souligné la vitalité — du Bassin parisien à l'Armorique — au IIIe millénaire et au début du IIe. Or, les squelettes qui accompagnent ce faciès en haute Normandie n'ont rien de commun avec les « Méditerranéens graciles » : ce sont des brachycéphales à ossature grossière, des immigrés qui pouvaient venir du Rhin supérieur.

Ce qui nous intéresse ici, ce sont les comparaisons faites pour la première fois, pour une région française, entre les traces anthropologiques de ces deux « races » arrivées pendant le Néolithique dans l'Hexagone et celles que l'on trouve, dans la même région, dans les nécropoles gallo-romaines et mérovingiennes. Malgré la présence de tribus « gauloises » confirmée par César (Unelles dans le Cotentin, Lexoviens de Lisieux, Ésuviens dans la région d'Argentan et de Sées), les nombreux hommes des tombes gallo-romaines et mérovingiennes présentent une étonnante similitude avec les populations des deux types que nous venons de caractériser pour les IVe et IIIe millénaires.

En revanche, il n'y a « pas de trace de Gaulois, pas trace non plus de Germains ». Sans permettre une généralisation excessive, ces faits plaident en faveur d'un « peuplement danubien continu » et, de toute façon, d'un apport anthropologique assez réduit des Francs et même des Celtes.

CHAPITRE V

Les Celtes

Migrations des Celtes et premier âge du fer

L'apparition dans l'Hexagone de populations parlant une langue celtique — et mentionnées chez des auteurs anciens depuis le milieu du Ier millénaire av. J.-C. sous le nom de « Celtes » — coïncide dans une certaine mesure avec l'apparition du fer dans cette partie de l'Europe. Le rapprochement a été fait de bonne heure. Si, selon le jugement unanime des spécialistes, la première grande civilisation européenne au nord du monde méditerranéen est, au IIIe siècle av. J.-C., une civilisation celtique, et si celle-ci est caractérisée par une domination parfaite du fer et de son emploi diversifié, nous avons à suivre attentivement l'essor de cet âge du fer comme un phénomène capital dans l'histoire des origines de la France.

La métallurgie du fer apparaît en Orient au milieu du IIe millénaire. Il faut la distinguer de la fabrication isolée d'objets de luxe en fer, réalisée dès le IIIe millénaire grâce au fer pur de météorites : sans valeur pratique, ce fer était loin d'avoir la dureté et les autres qualités du bronze. On a dû trouver un moyen pour durcir le fer à l'époque de la domination des Hittites en Asie Mineure, du XVe au XIIIe siècle. On pouvait le travailler par martelage répété à froid, le forger dans un feu de charbon de bois qui lui donnait la teneur en carbone nécessaire, ou bien le tremper après l'avoir réchauffé. Appliqué à l'un des deux couteaux d'environ 1200 av. J.-C. trouvés à Chypre et considérés comme les plus anciens objets en fer aciéré connus à ce jour, ce dernier procédé lui a conféré une dureté presque quatre fois supérieure à celle du bronze. Une lettre d'un roi hittite à un souverain étranger, écrite vers 1250 av. J.-C., mentionne la production de fer, refuse — en prétextant un manque provisoire — l'envoi de ce métal et annonce un cadeau en guise de consolation : un poignard à lame de fer. C'est ainsi qu'a pu naître l'idée d'un « secret de production » hittite qui aurait trouvé sa fin avec la destruction de l'empire des Hittites vers 1200. Il n'en est rien : on a trouvé au Liban des ateliers de production de fer près d'un palais royal du XIVe siècle.

En fait, la découverte de la sidérurgie pouvait avoir lieu partout où le minerai de fer était utilisé comme fondant dans les fours de fusion servant à la production du cuivre : quand le point de fusion du fer (à plus de 2 000°) était atteint, du fer pur devait nécessairement apparaître comme produit secondaire. On n'en a probablement pas saisi tout de suite l'importance. Quoi qu'il en soit, le fer était employé au XIe siècle en Grèce et en Crète, au IXe en Italie du Sud, au VIIIe dans les régions alpines particulièrement riches en minerai de cuivre et de fer, ainsi qu'en Italie du Nord. Selon les lieux de production les qualités des produits en fer étaient bien différentes : certains se cassaient facilement, alors que d'autres, bien que très durs, montraient une élasticité inconnue du bronze. Par des réchauffements savamment dosés et par l'utilisation d'un noyau en fer pur, donc souple, on arriva à produire des épées moins larges et plus longues (115 à 120 cm au lieu de 80 à 90 cm) que les épées de bronze.

Cet armement supérieur apparaît à partir du VIIIe siècle, dans les tombes « aristocratiques » des régions du nord de la mer Noire jusqu'à l'est de l'Hexagone, chez des peuples que l'on identifie avec plus ou moins de certitude comme Scythes, Illyriens et Celtes. Il s'agit là d'un événement historique qui bouleverse l'équilibre des forces politiques, rend possible les exploits des Celtes et influence profondément les structures sociales. Un peu partout, le clivage social apparu pendant le Néolithique, le Chalcolithique et l'âge du bronze se trouve accentué d'une façon dramatique. Les tombes des chefs — des chambres en bois couvertes par des tumulus — contiennent un armement supérieur, un char à quatre roues, souvent des mors de cheval et des pièces de harnachement. Dans le cas des chefs scythes, des chevaux ont même dû suivre leur maître dans la tombe. A côté de ces « princes » et de leurs guerriers d'élite qui, seuls, font la décision dans les guerres en utilisant le cheval, le char et les armes en fer, la masse des autres hommes semble devenue quantité négligeable. Seule, l'aristocratie entretient des relations entre gens du même milieu élevé et à longue distance. Seule, elle acquiert les trésors et les marchandises de pays lointains. Elle fait venir des artistes et des artisans étrangers qui apprennent leur art aux autochtones.

La production du fer s'amplifie : un second âge du fer apparaît. Indépendamment de toute question de style et de technique, c'est une généralisation de l'emploi du fer. Cette production « en masse », valable aussi pour les armes, implique une certaine « démocratisation » : c'est l'heure des premières armées qui réunissent un nombre élevé d'hommes parfaitement armés. Les « hoplites » athéniens du VIe siècle, vainqueurs des Perses, ont été, d'une façon ou d'une autre, imités un peu partout ailleurs.

Ces changements militaires, politiques, institutionnels et sociaux, que l'on constate même en dehors du monde de la « cité antique », sont souvent accompagnés par une sensible croissance démographique : s'il y a toujours des chefs puissants et une aristocratie très riche, le nombre des hommes aisés ne cesse de croître. C'est, à partir du Ve et du IVe siècle, l'âge de l'expansion des Celtes. Nous la suivons grâce à des mentions suffisamment sûres dans les œuvres des auteurs anciens, mais aussi grâce à un mobilier archéologique riche et homogène, auquel on a donné le nom de « La Tène » : du nom d'une agglomération assez importante à la pointe nord-est du lac de Neuchâtel (Suisse), sur une voie qui reliait les vallées du Rhin et du Rhône ; son aire d'extension correspond presque avec celle des Celtes. Ce second âge du fer, d'environ 450 à 50 av. J.-C., est celui d'une civilisation celtique à travers l'Europe : il sera à l'origine — au moment d'un certain recul, mais aussi d'une consolidation — d'une « Gaule » largement celtisée.

Pour la période précédente, nous ne disposons malheureusement pas d'informations comparables. Les auteurs anciens qui mentionnent les Celtes ne sont d'aucun secours ; les traces archéologiques et les données linguistiques — noms de lieux et de cours d'eau, par exemple — ne concordent pas comme ils le font pour le second âge du fer. En remontant le temps, nous pouvons seulement observer que le passage de cette première civilisation du fer à celle de La Tène se fait sans heurts dans sa région la plus occidentale, c'est-à-dire l'est de l'Hexagone et notamment la Champagne : nous sommes en droit de considérer comme Celtes les hommes qui vivaient dans cette région immédiatement avant le second âge du fer. C'est loin d'être le cas pour l'ensemble du premier âge, et particulièrement pour le lieu qui lui a donné son nom : Hallstatt (en Autriche, Salzkammergut). Ce centre alpin de sidérurgie était situé sur l'une des routes de l'ambre et profitait — son nom l'indique — de gisements de sel très riches. Toutes les conditions favorables à la production d'un fer de qualité étaient réunies à Hallstatt et dans les environs : excellence du minerai, abondance de l'eau, présence de forêts pour le charbon de bois. On y a fouillé plus d'un millier de tombes : on y a trouvé nombre d'épées longues en fer, avec des languettes sur le modèle des épées de bronze également représentées à Hallstatt. Mais ce site éponyme, qui a permis de distinguer pour l'ensemble du mobilier en fer le Hallstatt I ou ancien jusqu'à – 650), et le Hallstatt II ou récent (de – 650 à – 450 environ), semble appartenir alors non au monde celtique mais plutôt à une zone dominée par les Illyriens, peuple de langue indo-européenne dont subsistent des traces en Albanie. Le mot même qui désigne le fer en langue celtique, *isar* (songeons aux noms fluviaux « Isar » en Bavière, « Isère » en France), ce mot qui devait être emprunté plus tard aux Celtes par les Germains provient d'un mot illyrique, *isarno*. Quoi qu'il en soit, on n'attribue aux Celtes que l'expansion occidentale de la civilisation hallstattienne, à l'exclusion de son extension vers l'est, qui est cependant considérable.

Se fondant sur l'arrivée relativement tardive du « Hallstatt » récent et de « La Tène » dans l'Hexagone, certains érudits ont supposé une celtisation non seulement partielle, mais surtout très récente de la Gaule future : à partir du VIe siècle et dans les seules régions de l'Est. Mais il y a là incompatibilité avec les enseignements de la linguistique. La forme la plus archaïque de la langue celtique qui a survécu en Irlande et en Écosse — où on l'appelle le Goidels — apparaît très tôt dans les îles Britanniques et dans la péninsule Ibérique, tandis que les Celtes correspondant à la civilisation continentale de La Tène parlent le celtique plus évolué des Bretons. Cela suppose le passage de populations de langue celtique à travers l'Hexagone vers la péninsule Ibérique et les îles Britanniques avant l'arrivée des Celtes qui représentent la civilisation de Hallstatt et celle de La Tène. D'ailleurs, les textes grecs du milieu du millénaire parlent de l'existence des « Celtibères » dans la péninsule Ibérique comme d'un fait ancien : les Celtes ont immigré dans la péninsule, se sont établis à l'Ouest et même au Sud, se sont mélangés avec les Ibères. Or non seulement la civilisation hallstattienne est trop tardive, mais, à l'exception du nord-est de la Catalogne, elle n'a même pas atteint la péninsule.

Les premiers Celtes sont donc arrivés en Europe occidentale et surtout dans l'Hexagone avant l'éclosion de la civilisation hallstattienne : dès le IXe ou le VIIIe siècle. Mais l'aire d'extension du premier âge du fer ne correspond pas nécessairement aux limites de la celtisation de l'Hexagone. Si les premiers Celtes ou « Proto-Celtes » dont on a quelques traces linguistiques ne sont pas des « Hallstattiens », la thèse selon laquelle la langue celtique a été apportée soit par les hommes du tumulus de l'âge du bronze soit par les hommes des « Champs d'urnes » se trouve renforcée. La civilisation de Hallstatt semble donc avoir été *originairement*, dans une large mesure, une civilisation étrangère aux Celtes.

Ici se pose le problème de l'origine, non pas des populations de l'est de l'Hexagone à l'époque hallstattienne, mais des couches aristocratiques au début du premier âge du fer. Les premiers chefs de la zone hallstattienne du monde celtique — celle qu'Albert Grenier comparait à « une sorte de royaume d'Austrasie préhistorique » — furent peut-être des allogènes, au moins en partie. Des « Cimmériens », des hommes de langue indo-européenne venus du Caucase, pourraient avoir influencé profondément le site de Hallstatt lui-même, et peut-être aussi les régions plus à l'ouest. Des auteurs anciens ont rapporté que les Celtes étaient des hommes élancés, ce qui ne correspond pas aux habitants de l'Hexagone, et l'on a soutenu que ces auteurs confondaient Celtes et Germains. Mais l'archéologie confirme aujourd'hui les textes anciens : on a mesuré des squelettes de chefs ensevelis dans les tumulus hallstattiens, et qui dépassent 1,80 m. Aussi Venceslas Kruta constate-t-il prudemment qu'il n'existe pour le moment « aucune preuve indiscutable de l'appartenance ethnique de ceux que l'on a appelés les "princes" du premier âge du fer ».

Il semble donc bien qu'après plusieurs générations le « substrat » préceltique et celtique de la population de l'Hexagone a formé un ensemble de plus en plus homogène, en celtisant peut-être une aristocratie forte d'éléments allogènes plus ou moins importants. Ce peuple celtique qui apparaît à la lumière de l'histoire au second âge du fer n'a jamais été une race. Il est devenu toutefois le peuple d'une seule langue et d'une seule civilisation.

Quelle est l'aire d'occupation de cette partie des « Hallstattiens » que l'on considère comme les prédécesseurs immédiats des Celtes de La Tène ? Les épées de fer du Hallstatt, à la différence des épées de bronze de la même période, ne se trouvent ni dans les îles Britanniques, ni dans le Bassin aquitain, ni entre la Seine inférieure et une ligne qui va de la Meuse aux cours supérieurs de l'Aisne et de la Marne. Pas plus que les épées de bronze, elles n'apparaissent en Armorique, où même la civilisation de La Tène ne s'imposera guère. En revanche, ces épées en fer sont fréquentes au nord et au sud du Danube supérieur, dans les vallées du Neckar et surtout du Main, en Alsace, en Champagne et, massivement, en Franche-Comté et en Bourgogne, avec une pointe vers l'ouest à travers le Berry et jusqu'en Poitou. Elles restent relativement rares dans le sillon Saône-Rhône — à la différence des épées en bronze que nous sommes en droit de considérer comme les témoins d'une expansion plus ancienne —, mais il y en a quelques-unes en Auvergne et jusqu'en Roussillon.

La période Hallstatt II est caractérisée par la production de poignards en fer, sortes d'épées courtes peut-être adaptées, déjà, à une formation serrée de soldats plus nombreux. Or le constat archéologique est particulièrement net. On trouve ces poignards au sud du Danube, dépassant de justesse le cours du Lech. Ils se rencontrent massivement dans la région des sources du Danube, au nord du lac de Constance, et sur le cours supérieur du Neckar, dans le Wurtemberg actuel. D'autres régions privilégiées sont la Suisse septentrionale, la Franche-Comté, la Bourgogne et — avec une densité dépassée dans le seul Wurtemberg — en Champagne, autour du cours moyen et supérieur de la Marne. On note aussi des cas groupés en Alsace du Nord et quelques pointes significatives dans les cols alpins et en Italie du Nord.

Aucun doute n'est permis : cette aire correspond exactement à celle des Celtes à la période de La Tène. Nous sommes bien en présence d'un élément celtique authentique. Il est d'autant plus intéressant de trouver pour cette période — autour de – 500 et peut-être un peu plus tôt — les poignards du Hallstatt II largement représentés en Languedoc, avec une pointe en Catalogne et dans les Baléares, ainsi que dans le Bassin aquitain. Ces données correspondent à une expansion celtique en Gascogne, jusqu'aux Pyrénées, pour laquelle nous disposons d'autres preuves.

Hérodote note vers 450 av. J.-C. : « L'*Istros* (le Danube) prend sa source aux pays des Celtes. » Et il ajoute : « Les Celtes sont voisins des Kynésiens qui sont à l'Occident le dernier peuple d'Europe. » C'est la première mention certaine des Celtes, car la remarque souvent citée d'Hécatée (vers 500 av. J.-C.) concernant la « Celtique » au nord des Ligures paraît bien n'être qu'une addition tardive due à Étienne de Byzance qui nous a transmis ce texte. Hérodote confirme donc ce que les découvertes archéologiques nous ont fait connaître, et l'on devrait faire plus attention au nom des « Kynésiens » qui est peut-être celui d'un peuple établi dans l'Hexagone à l'ouest des Celtes ; il aurait, plus tard, disparu dans une Gaule celtisée.

Les grands centres découverts et fouillés pour la période de Hallstatt II se trouvent dans le Wurtemberg actuel, en Suisse septentrionale, dans le Jura (comme le Camp-de-Château, près de Salins), en Bourgogne (comme le mont Lassois à Vix, près de Châtillon-sur-Seine), sur le plateau de Langres et en Champagne. C'est à Hochdorf, près de Stuttgart, qu'on a découvert récemment la tombe d'un « prince ». L'homme mesurait 1,89 m et avait atteint une quarantaine d'années vers 550 av. J.-C. Parmi les très riches objets que contenait la chambre mortuaire se trouvaient des fragments d'une étoffe de soie damassée ou brodée ; pour des privilégiés, des relations commerciales procuraient les objets de luxe venus, soit par la voie du Danube, soit par la Méditerranée occidentale, d'un Orient qui, lui, était en relation, par la route de la soie, avec l'Extrême-Orient.

On connaît ces trésors étonnants que nous ont livrés les fouilles faites autour de Vix et autour de la *Heuneburg,* près de Sigmaringen. Le caractère de cette première grande civilisation celtique ne peut être compris sans un regard sur ces relations avec le monde méditerranéen et oriental qui, plus tard, exercera une si grande attraction sur les Celtes. Retenons, pour l'instant, que le centre du monde celtique ne correspond ni à l'Hexagone ni à la Gaule future : il se trouve à cheval sur les deux rives du Rhin supérieur et moyen, dans la France de l'est et dans l'Allemagne méridionale ainsi qu'en Suisse. Ce fait, Gustave Dupont-Ferrier l'a bien exprimé en deux formules frappantes : « Tous les Gaulois n'étaient pas en Gaule » et « En Gaule, à la même époque, il n'y avait pas que des Gaulois. »

L'apport méditerranéen. Marseille et les Celtes

Le moteur des contacts maritimes de l'Orient avec l'« Extrême-Occident » n'avait pas changé au début du Ier millénaire av. J.-C. : c'était l'étain des îles Britanniques, l'or et le minerai de cuivre de la péninsule Ibérique. L'Orient avait un besoin croissant de ces matières premières qui, payées au prix fort, assuraient un gain considérable à ceux qui osaient le long voyage vers les « Colonnes d'Héraclès ».

Les partenaires principaux de ce commerce sont relativement bien connus. A l'ouest, c'est le « royaume » de *Tarshish*, comme l'appellent les textes bibliques, ou de *Tartessos* en grec. La signification du mot a été interprétée à l'aide de l'assyro-babylonien comme « pays des fonderies ». Né vers l'an 1 000 av. J.-C., dans la vallée inférieure du Guadalquivir (le *Baetis* des Romains), il contrôlait non seulement la vente de ses propres trésors métalliques aux marchands venus de l'est, mais aussi le transbordement des marchandises venues des pays de l'Atlantique Nord (étain britannique) et Sud (ivoire, singes, paons de l'Afrique). A l'est, quelques villes sur la côte orientale de la

Méditerranée — Tyr, Byblos et Sidon — dominaient les voyages lointains : les textes bibliques et grecs célèbrent leur abondance en métaux précieux.

Si Tartessos a le monopole de la vente, au-delà des Colonnes d'Héraclès, des trésors des pays mythiques de l'« Atlantis », ces navigateurs-marchands du littoral syro-palestinien ont le quasi-monopole de l'achat — et de la revente en Orient. Les Grecs appellent ces hommes « Phéniciens » à cause de la pourpre (*phoinix*, en grec) qu'ils produisaient et qui était une spécialité recherchée. On a pu reconstituer le sens giratoire de la navigation phénicienne vers l'ouest : on passait par Chypre, la Crète, la Sicile, la Sardaigne et les Baléares, on atteignait la côte espagnole qu'on longeait jusqu'à Tartessos, où l'on avait fini par installer un comptoir sur une île près de la côte : Gadès (*gadir*, l'enceinte, en sémitique), le Cadix actuel. Pour le retour, vents et courants de mer firent suivre la côte africaine. Les Phéniciens ont donc tout naturellement créé des stations intermédiaires pour ce long périple ; quelques-unes sont devenues des comptoirs ou des villes importantes, comme cette « Ville neuve » (*Qart hadasht*, Carthage ; comme *Néa-Polis* en grec, Naples) fondée en 814 av. J.-C. — date traditionnelle — sur la côte africaine près du Tunis actuel : cette colonie devait prendre en main la domination phénicienne en Méditerranée occidentale quand la cité mère, Tyr, se trouva en difficulté.

Les Phéniciens semblent avoir porté peu d'intérêt aux pays intermédiaires et notamment à ceux de la côte septentrionale de la Méditerranée. Aux siècles où étaient puissantes les cités mères, seul comptait le profit sur le marché oriental. C'est l'époque où le roi Salomon (971-932) s'arrangeait avec le roi de Tyr pour qu'un de ses navires accompagne tous les trois ans la flotte que Tyr envoyait vers l'ouest. Carthage, en revanche, devait d'autant plus s'occuper des autres riverains que de redoutables rivaux se manifestaient à partir du VIIIe siècle av. J.-C. : les Étrusques et les Grecs. C'est la rivalité de ces trois thalassocraties qui a provoqué les premiers contacts durables des grandes civilisations avec les habitants de l'Hexagone. Le fait est d'importance, sur le plan politique, pour le destin des Celtes. Rappelons aussi le rôle qu'ont joué ces rivalités dans le domaine culturel : les Phéniciens ont créé la première écriture mettant en œuvre un alphabet, les Grecs l'ont adaptée, les Étrusques en ont créé une autre, sur la base de l'alphabet grec ; à quelques détails près, c'est l'écriture des Romains que nous utilisons aujourd'hui. Le mérite de ces marins-négociants — pirates aussi — ne tient donc pas seulement au colportage et à la communication : ce sont aussi des créateurs, et l'on a pu dire que les œuvres d'un Hésiode et les poèmes homériques ne devaient naître que dans le milieu constitué par un peuple de navigateurs et de marchands.

Les Étrusques sont arrivés en Italie au VIIIe siècle au plus tard, venant sans doute de l'Asie Mineure. Appelés *Thyrsenoi* ou *Thyrrhenoi* par les Grecs, *Tursui* par les Italiques d'Ombrie, *Tusci* ou *Etrusci* par les Romains, ils ont laissé leur nom à la Toscane, qui fut le centre de leur puissance, et à la mer Tyrrhénienne qu'ils dominèrent longtemps. Sans doute ces immigrés, déjà spécialisés dans la sidérurgie en Asie Mineure, avaient-ils choisi très consciemment de s'établir dans une région riche en métaux. Dominant l'île d'Elbe (dont le minerai de fer était travaillé à Populonia, ville étrusque de la côte italienne), la Sardaigne et la Corse, et poussant des pointes jusqu'à la péninsule Ibérique, les Étrusques sont apparus sur la côte de l'Hexagone avant les Grecs : dès le VIIe siècle. Mais la rivalité avec les Grecs amena des conflits ardus, ce qui peut avoir conduit les Étrusques à conclure des alliances avec les Phéniciens, et notamment avec ceux de Carthage.

C'est dans ce contexte qu'il faut placer un événement capital dans l'histoire de l'Occident, la fondation de *Massalia*, ou *Massilia*, la future Marseille, par des colonisateurs venus de la ville ionienne de

Phocée en Asie Mineure. La date de 620 av. J.-C. est confirmée par l'archéologie : les fouilles effectuées dans le quartier du Vieux-Port excluent une date plus tardive — vers 545 av. J.-C. — avancée également par les auteurs anciens et qui, donnée pour celle d'un départ de Phocéens fuyant la domination perse en Asie Mineure, doit être celle d'une deuxième vague de colonisation.

Entre cité mère et colonie, les relations sont d'ailleurs restées étroites à travers les siècles : en 130 av. J.-C., encore, les Massiliotes interviennent auprès des Romains en faveur de Phocée. La période autour de 600 av. J.-C. a dû être prospère pour la colonie phocéenne, qui commença de fonder toute une série de comptoirs sur le golfe du Lion et dans le delta du Rhône : Nice (dédiée à *Nikê*, déesse de la victoire), Antibes (*Antipolis*, la ville « en face » de Nice), Agde (*Agathé*, la « bonne » cité), Arles *(Théliné)* et plus tard une base commerciale près de Saint-Blaise.

Une autre ville phocéenne importante, en Catalogne, semble avoir été une fondation directe de la cité mère : Ampurias (*Emporion* le « comptoir »). Quand on pense que les Phocéens n'étaient pas seuls et qu'ils ont même été précédés par des Grecs de Rhodes, comme le veut une ancienne tradition confirmée par l'archéologie, on comprend que les Étrusques aient été évincés. Le golfe du Lion est alors devenu un « lac phocéen » (H. Gallet de Santerre).

Cela ne veut pas dire qu'il n'y ait pas eu de conflits. Nous en voulons pour preuve les pertes graves subies par les Grecs dans la bataille navale d'*Alalia* (Aléria, en Corse) en 540 ou 539 av. J.-C., devant une coalition d'Étrusques et de Carthaginois. La colonie grecque d'Alalia n'en survécut pas moins, malgré des luttes fréquentes avec les habitants de l'île, qui semblent avoir été de langue ibérique. Les fouilles ont montré que les colons phocéens étaient là riches, voire opulents.

A terme, les Grecs ont obtenu la maîtrise de la mer dans la partie septentrionale de la Méditerranée et ont laissé celle de la partie méridionale aux Carthaginois, s'arrangeant avec eux en Sicile où les Phéniciens avaient des bases essentielles pour leur navigation.

Face à la pression maritime des Grecs, les Étrusques effectuèrent un virage politique important : ils se tournèrent, à partir du VIe siècle, vers l'expansion terrestre. Ils conquirent l'autre versant de l'Apennin, y fondèrent des confédérations de villes comme ils en avaient une en Toscane. L'une d'elles, comptant toujours douze villes, avait pour centre *Felsina*, conquise en 535 av. J.-C. : c'est la future Bologne. Les Étrusques finirent ainsi par contrôler une large partie de l'Italie du Nord, jusqu'aux cols alpins par lesquels ils entrèrent en contacts fructueux avec le monde celtique.

Il y a désormais trois zones de contact entre les Celtes et le monde méditerranéen : le sillon rhodanien dominé dans le delta du Rhône par Marseille, les cols alpins contrôlés par les Étrusques, et enfin les Alpes orientales, où émergent deux villes commerciales à la pointe de l'Adriatique, *Adria* et *Spina.*

Dans ces villes de fondation grecque, l'influence étrusque est grande. Des vases et des amphores ont pu être transportés de Grèce par le commerce étrusque, de la céramique étrusque peut l'avoir été par le commerce grec. Il n'est donc pas aisé de déterminer par quelle voie commerciale les objets méditerranéens sont arrivés dans l'Hexagone et au nord des Alpes. Ainsi a pu se développer une problématique de l'impact de Marseille sur l'Hexagone, et un doute en ce qui concerne la profondeur de l'action civilisatrice de la cité phocéenne. Exprimé en 1913 par Joseph Déchelette, ce doute a été de nouveau formulé par Albert Grenier : l'hostilité jalouse des Ligures, voisins immédiats de Marseille, lui aurait souvent barré la route vers l'intérieur du pays. Plus au nord, et au moment même où ils s'installaient sur la côte, en Provence et dans le Languedoc, les Gaulois devaient défendre âprement leur monopole des transports. Se fondant sur une note d'Hérodote qui se rapporte non à l'action de Marseille, mais à la façon par laquelle les dons des « Hyperboréens » — les Celtes du Nord — parvenaient à Délos, Grenier n'a pas cru qu'un commerce fût exercé à travers la « Gaule » par des marchands étrangers. Ainsi a-t-on mis en doute ce que l'historien grec Diodore (mort vers 20 av. J.-C.) précisait quant à l'acheminement vers la Méditerranée de l'étain britannique : « En Bretagne, près du cap qu'on appelle Bélérion *(Land's End)*, les indigènes sont particulièrement amis des étrangers et civilisés par leur fréquentation des commerçants du dehors. Ils produisent de l'étain qu'ils extraient des roches dans lesquelles ils pratiquent des galeries ; ils le fondent et en font des lingots qu'ils portent dans une île, en avant de la Bretagne, et qu'on nomme *Ictis* (Wight). La marée découvre l'espace situé entre la Bretagne et cette île, de sorte que c'est par chariot qu'on y apporte de grandes quantités d'étain. Là, des marchands viennent l'acheter et le transportent en Gaule. Ils mettent trente jours pour l'apporter à dos de cheval jusqu'à l'embouchure du Rhône. » Diodore précise encore qu'« à travers les terres de la Celtique, des marchands apportent l'étain à dos de cheval jusqu'à Marseille et Narbonne ». Si importante pour l'histoire économique de la Gaule, cette information se rapporte d'abord à une situation de la fin du Iᵉʳ et du IIᵉ siècle, époque à laquelle les Romains ont déjà fondé une province dans le midi de la Gaule, dont Narbonne était la capitale. Dans quelle mesure le commerce mentionné par Diodore s'observait-il pendant les siècles antérieurs ? Ne donne-t-il pas une explication à la découverte étonnante, faite en 1952, d'un cratère grec haut de 1,65 m et pesant 209 kg, dans la tombe d'une « princesse » morte à l'âge de 33 à 35 ans, à Vix, près de Châtillon-sur-Seine ? Cette tombe, ce cratère livré en pièces détachées — on a trouvé les indications par des lettres grecques qui permirent l'assemblage — et la « résidence princière » fortifiée sur le mont Lassois livrent une preuve éclatante de l'intensité des relations des

« Hallstattiens » avec le monde grec vers 525 av. J.-C. Le site domine justement une des routes commerciales qui permirent de passer du bassin de la Seine — au point où ce fleuve cesse d'être navigable — vers le sillon rhodanien.

La recherche des dernières décennies a permis de trancher la question. Dès le VIe siècle av. J.-C., cette civilisation hallstattienne, des deux côtés du Rhin, de la Bourgogne aux régions du Danube, est inondée par des objets précieux, d'origine grecque notamment. Il n'y a pratiquement pas de tombe riche, autour de 500, où l'on ne trouve des amphores pour transporter ou conserver le vin et des récipients précieux pour le boire : on a décelé la trace du vin qu'on y avait mis à l'usage du mort. L'archéologie confirme donc pleinement les auteurs anciens quand ils soulignent l'inclination des Celtes pour le vin grec et leur reprochent de ne pas le mélanger d'eau, comme devaient le faire, selon eux, des hommes civilisés. Cette boisson étrangère n'était évidemment pas à la portée de n'importe qui ; au moins au début, elle était réservée aux aristocrates qui ne se contentaient pas de leur boisson à base d'orge, ancêtre de la bière. L'importance accordée, dans les tombes, au vin est une preuve certaine de la mentalité et des idées religieuses d'une société aristocratique dans le style homérien. N'oublions pas que les poèmes homériques datent du VIIIe siècle et que le monde qu'ils évoquent correspond aux Xe et IXe siècles : c'est le modèle culturel immédiat pour la société du premier âge du fer (VIIIe-VIe siècle). L'idée prédominante est ici celle du festin, récompense suprême, dans l'Au-delà, du vaillant guerrier. La vie après la mort des guerriers germains au *Walhall*, avec une éternelle alternance des plaisirs du combat et du festin, n'est que l'écho lointain et tardif d'une civilisation païenne et aristocratique qui est parvenue aux hommes du Nord sensiblement plus tard qu'aux Celtes : ceux-ci formaient écran entre l'Europe septentrionale et la Méditerranée.

Des vases grecs de valeur ont été trouvés dans un site celtique fortifié du Ve siècle qui précède la ville actuelle de Würzburg en Franconie, mais aussi en Suisse, près de Berne, et dans le Wurtemberg actuel aussi bien qu'en Bourgogne. L'ensemble le plus étonnant a été découvert près de Sigmaringen dans une fortification utilisée vers 500 av. J.-C., la *Heuneburg*, et dans les tombes aristocratiques qui l'entouraient. L'ambre, la céramique attique noire, la céramique grecque rouge blanche parfois imitée par les autochtones, des coquilles méditerranéennes, des amphores à vin gréco-provençales et un cratère attique sont autant de preuves des relations commerciales développées avant 500, en un siècle qui suit la fondation de Marseille. Une carte des trouvailles d'amphores gréco-provençales montre bien la voie d'accès de cette marchandise et du vin qu'elle contenait : le sillon Rhône-Saône et la zone des lacs du nord-ouest de la Suisse, zone hallstattienne privilégiée où, d'ailleurs, se trouve La Tène, lieu éponyme de la période suivante. C'est une zone où les chemins se croisent. Le commerce venant de l'Italie du Nord contrôlée par les Étrusques à travers les cols alpins et descendant la vallée du Rhin jusqu'à la Moselle, la haute Seine et la haute Marne est démontré par d'autres trouvailles : il n'y a pas d'itinéraire exclusif, dans un commerce déjà fort développé, mais tout prouve l'importance de Marseille ; ce que les Grecs cherchaient, ce n'étaient pas les métaux mais bien un marché — surtout pour le vin — et cette recherche appelait des contacts. De même en Languedoc, une hellénisation largement réussie par la vitalité de Marseille est aujourd'hui un fait acquis.

Une période de troubles, notamment au IVe siècle av. J.-C., constitue le seul instant de crise quant à l'action commerciale et civilisatrice de Marseille sur le continent. Après cela, la cité phocéenne jouera de nouveau un rôle déterminant, même sur le plan politique, dans l'implication de la Gaule naissante dans un monde méditerranéen en train de devenir le monde romain. Les monnaies massiliotes, de plus en plus nombreuses à côté de monnaies grecques d'autres provenances, se trouvent alors sur les mêmes voies commerciales, à travers la Suisse, que celles dont nous venons de parler, mais on les trouve jusque dans les îles Britanniques. Le Pègue, petit village de Haute-Provence à l'est de Montélimar, a livré l'exemple d'une agglomération qui, dès la fin du VIe siècle et de nouveau au IVe siècle, subit l'influence grecque dans un milieu appartenant à une civilisation alpine de « Champs d'urnes » nettement apparentée à celles de la Savoie, de la Suisse méridionale et de l'Italie septentrionale. Les importations y commencent vers 525, date qui correspond à celle de Vix. Il y a eu au Pègue un ensemble fortifié, détruit vers 400 : cette date correspond à l'entrée fulgurante des Celtes de La Tène dans ces régions, précédant leur entrée en Italie. Ce sera un autre âge des relations entre les Celtes et la Méditerranée.

Avant d'en parler, soulignons quelques enseignements tirés des recherches récentes sur la période hallstattienne. Tout en n'étant pas exclusivement celtique, surtout dans les contrées orientales, cette période l'est d'une façon certaine dans l'aire de ces fortifications impressionnantes trouvées des deux côtés du Rhin supérieur. Nous en voulons pour preuve un détail amusant. On a trouvé sur la *Heuneburg* les traces de volaille les plus anciennes en Occident. L'utilité de cette espèce doit avoir impressionné les contemporains, qui ont donné les premières représentations artistiques du coq. Or cet animal a été considéré comme caractéristique des Celtes établis à partir du IVe siècle av. J.-C. en Italie du Nord. Les Romains les ont appelés *Galli*. Or le coq, c'est le *gallus*, l'animal « gaulois ».

Un autre enseignement concerne la nature et l'origine des contacts de ce premier monde celtique avec la civilisation antique. Que ces contacts aient été aussi importants à une date aussi précoce ne distingue pas seulement les Celtes des Germains qui, eux, attendront dans beaucoup de domaines un demi-millénaire de plus. Cela les distingue aussi des Romains. L'acculturation des Celtes a commencé par les Grecs. Les fortifications de la *Heuneburg* montrent le développement des procédés celtiques pour mélanger le bois, la terre et les pierres et en faire des murs épais, précédant le fameux *murus gallicus* décrit par César. Mais on y a aussi, sur une large partie, construit à la manière grecque, en tuiles d'argile sur socle en calcaire taillé, comme les Grecs à Saint-Pierre-les-Martigues, sur l'étang de Berre à l'ouest de Marseille. Avec ses bastions carrés inconnus ailleurs au nord des Alpes, ce mur prouve la présence d'ingénieurs et d'architectes grecs ou de leurs élèves barbares, tous au service du même prince. Le modèle des acropoles grecques a provoqué là la première forme de ces agglomérations fortifiées et relativement développées qu'on nommera plus tard *oppidum*, caractéristiques du monde celtique aux IIe et Ier siècles av. J.-C.

Que ce soit — malgré un aspect « barbare » souligné dans les jugements hautains des auteurs grecs et romains — la première forme par laquelle la ville, ou sa préfiguration, atteint l'Europe au nord des Alpes, la *Heuneburg* et d'autres lieux le prouvent dès le VIe siècle par la présence de « quartiers de métiers » où l'on travaillait surtout les métaux. Le nombre élevé des habitants y suppose le partage du travail ainsi qu'un approvisionnement en bétail et en céréales par les populations environnantes.

Si les objets, mais aussi les techniques militaires et même les idées concernant l'Au-delà, ont été si profondément façonnés par les influences helléniques, nous sommes en droit de supposer des influences comparables dans l'organisation des affaires, dans les formes du commerce qui ont été certainement moins « tribales » qu'on ne l'a cru longtemps. Les droits de passage exigés aux frontières des *civitates* gauloises dès avant la conquête romaine nous font penser que la participation des régions situées sur les grandes voies du commerce pouvait déjà s'organiser ainsi, au lieu de nécessiter à chaque frontière de tribu le déchargement des marchandises et le changement des colporteurs.

Au milieu du dernier millénaire av. J.-C., le monde celtique était moins primitif qu'on ne l'a pensé. Sa familiarité avec le monde grec s'exprimera à travers les siècles suivants par les belles monnaies celtiques frappées à partir du IIIe siècle sur des modèles hellénistiques de Macédoine, et par l'usage de l'alphabet grec. Cet usage, César le confirme à l'occasion de son récit du départ vers l'ouest des Helvètes, un départ que le général romain se fera un devoir de contrecarrer. Mais nous le connaissons également par Strabon : Marseille « était une grande école pour les Barbares. Elle faisait des Gaulois des philhellènes, et ces derniers même ne rédigeaient plus leurs contrats d'affaires qu'en grec ». La gloire de cette acculturation ne revient évidemment pas à la seule cité phocéenne. Il y avait d'autres chemins. Mais cette ville, dans laquelle avant la conquête romaine on pratique tout naturellement le grec, le latin et le gaulois, a été une plaque tournante entre la civilisation antique et les populations établies plus au nord, comme le sera plus tard toute la Gaule romaine. Justin, dont nous avons un résumé par Trogue Pompée, dit des Celtes qu'ils ont appris des Massiliotes les usages d'une vie plus raffinée : jamais ils ne seront exclusivement tributaires des Romains sur le plan culturel, parce qu'ils ont été hellénisés, au moins partiellement et à travers leurs élites, avant d'être romanisés. On s'est étonné souvent de leur romanisation rapide. On a oublié, peut-être, le fait que les Romains eux-mêmes venaient seulement d'être hellénisés, qu'ils commençaient seulement de produire du vin à la manière des Grecs et qu'après tout, la Gaule romaine, c'est la fusion des Romains hellénisés et des Celtes partiellement hellénisés. C'est particulièrement vrai pour ces régions proches de la Méditerranée, où le climat, la colonisation plus avancée et l'influence séculaire des cités grecques facilitaient la symbiose gallo-romaine.

L'Hexagone est entré dans l'histoire du monde civilisé bien avant la conquête romaine.

L'expansion des Celtes

Le passage du premier au second âge du fer, qui se prépare depuis le début du Ve siècle, est marqué par quelques changements significatifs autour de 450 av. J.-C. Les grandes sépultures « princières » se font rares. Des nécropoles non tumulaires, uniformes et relativement pauvres apparaissent dès le Hallstatt récent aux Jogasses, près d'Épernay ; elles resteront l'exemple type des cimetières du second âge du fer, La Tène, subdivisée en La Tène I, II et III (450-250 ; 250-120 ; 120-50 av. J.-C.). Dans la même région champenoise qui s'affirme de plus en plus — avec celles du Rhin et de la Sarre — comme le centre du monde celtique, nous trouvons l'armement stéréotypé de ces hommes qui, beaucoup plus nombreux, partagent maintenant la dignité guerrière (environ 200 tombes dans le seul département de la Marne) : une épée de fer qui n'est plus réservée à l'aristocratie, une ou deux lances, un couteau et un bouclier de bois dont, seul, le manipule subsiste.

A partir de 400 av. J.-C. se manifeste un nouveau type d'inhumation pour une classe dirigeante, peut-être renouvelée : ce sont les « sépultures des chefs guerriers » ou « tombes à chars de combat ». On en a découvert 140 dans la seule Champagne. Il ne s'agit plus des chars à quatre roues qui accompagnaient parfois des sépultures masculines, mais aussi féminines, de rang élevé à l'époque hallstattienne, mais bien d'un char de combat à deux roues, auquel on ajoutait souvent un attelage. Jamais on n'y trouve les chevaux eux-mêmes comme dans les tombes des Scythes. On a aussi trouvé les casques de ces chefs. C'est donc une « civilisation de guerre » dont on sait qu'elle a poussé tant de combattants redoutables vers des horizons lointains : les îles Britanniques — où l'usage du char de combat, abandonné sur le continent pendant La Tène II, se maintiendra jusqu'à l'époque de César —, l'Europe centrale et orientale jusqu'en Silésie et jusqu'aux plaines hongroises, et enfin, surtout, l'Italie. Comment cette civilisation « marnienne » de La Tène I a-t-elle pu naître ? Comment expliquer ce séisme politique et militaire des Vᵉ et IVᵉ siècles ?

L'armement de fer demeure important en qualité comme en quantité. Une sépulture datée vers 460 av. J.-C., découverte au Luxembourg, a livré le premier exemple connu d'une longue épée en fer, à double tranchant : l'arme de taille caractéristique des armées celtiques du second âge du fer. Au Vᵉ siècle, elle est encore réservée à une petite élite « hallstattienne » et sa généralisation sera l'expression même d'un changement « industriel », social et démographique. Ces Celtes, valeureux et supérieurement armés, étaient des guerriers recherchés par les puissances méditerranéennes. Des mercenaires celtiques figurent dans les textes dès le début du IVᵉ siècle ; ce mercenariat prend, surtout à partir de la mort d'Alexandre, une ampleur telle qu'on a pu parler à son propos d'une « hémorragie continue du monde celtique » (V. Kruta). Les Celtes exercent leur art guerrier en Grèce, en Afrique, comme aussi en Italie au service des Étrusques et de leurs factions.

A la différence du siècle précédent, prédominent au Vᵉ siècle les exportations étrusques à travers les cols alpins à l'est comme à l'ouest : notons ces relations privilégiées entre Celtes et Étrusques. Or, quand les premières armées d'une véritable invasion celtique apparaissent en Italie du Nord et en Italie centrale, on constate une rapidité des mouvements et une connaissance des conditions locales qui ne s'expliquent guère que par la présence parmi eux d'anciens mercenaires, et par des connivences sur place. En un mot, le Barbare supérieur sur le plan militaire a le choix, comme plus tard les Germains, de défendre contre rémunération le monde riche et civilisé ou de s'en emparer.

A côté de ces forces qui ont attiré les Celtes vers une Méditerranée dont ils avaient goûté les délices à distance dans les forteresses hallstattiennes, il y a peut-être, aussi, des forces qui les y ont poussés. Le changement climatique en est. Un refroidissement brutal de 2° de la température moyenne s'est produit entre – 600 et – 400. Les glaciers scandinaves sont descendus d'environ 200 mètres, cependant que reculaient vers le sud les chênes et les noisetiers. La zone agricole se contracta, descendant aussi de 68° à 60° de latitude nord. Le souvenir de ce grand froid s'est conservé dans l'*Edda* nordique. Les détails que donne le Marseillais Pythéas (deuxième moitié du IIIe siècle av. J.-C.) sur les glaces de la mer du Nord correspondent à cette nouvelle situation climatique. Et c'est alors que les Germains, qui n'ont pas bougé depuis des temps immémoriaux, amorcent leur migration. S'ils ne touchent pas encore à la zone occupée par les Celtes — ceux-ci leur sont à cette époque militairement supérieurs —, ils s'intègrent dans le cadre de réactions à une détérioration générale des conditions de vie dans l'Europe septentrionale qui rendait d'autant plus appréciables les avantages du climat méditerranéen.

Il est un dernier problème difficile à trancher dans l'état actuel de nos connaissances : l'éventuelle arrivée de forces venues de l'Est européen — le départ de peuples celtiques s'intégrerait dans une réaction en chaîne — ou tout simplement l'arrivée de nouvelles élites tendant à une vie guerrière et plutôt nomade, entraînant avec elles le surplus d'une population en croissance démographique. Mais ce ne sont là que des hypothèses.

On a parlé des Scythes. Leurs mouvements sont discernables pour le VIe siècle jusque dans le Brandebourg actuel d'un côté, la région de Hallstatt de l'autre. On a même trouvé en Belgique actuelle une tombe rappelant leurs usages, et notamment celui de faire suivre l'épouse ou la maîtresse du chef dans sa tombe : il se rencontre aussi, à partir de cette époque, dans le monde celtique. Il est une autre preuve que des éléments de la civilisation des Scythes ont été transmis à l'Occident par les Celtes : le pantalon. Inconnu des peuples méditerranéens, ce vêtement sera le vêtement du cavalier celtique avant d'être celui de l'Européen médiéval et moderne. Des pointes de flèches scythiques ont été trouvées, enfin, sur le Danube supérieur, en Bourgogne, au cours supérieur de la Seine et jusqu'à la jonction de la Loire et de l'Allier. Imitation des Scythes ? Présence des Scythes ? On ne saurait trancher pour l'instant. Le cumul d'indices donne pourtant à réfléchir, surtout quand on pense à l'art « déroutant et fascinant » des Celtes, précisément à la période de La Tène. Les racines orientales de cet art n'ont jamais été niées, non plus que son caractère opposé en tout à l'art grec et romain.

Pour quelques centres fortifiés de la fin du Hallstatt, nous savons qu'ils ont été détruits vers 500 av. J.-C. S'agit-il de bouleversements survenus à la suite de luttes intérieures ou de conquêtes venues du dehors ? En Champagne, plusieurs changements semblent abrupts, mais rien n'indique dans les fouilles quelque destruction importante. A la même époque commence le mouvement de conquête vers le sud, lancé après la seconde vague de conquête celtique en Gaule. A partir de 480 et au cours du Ve siècle, les Celtes de La Tène I soumettent le sud-est de l'Hexagone, entre Rhône et Alpes, largement occupé par des Ligures.

Le commerce continental de Marseille subit alors de sérieuses entraves. Selon la tradition, des chefs celtiques se présentèrent même, menaçants, devant la cité phocéenne. Dans la suite, une civilisation celto-ligure se forma dans la région, dont l'*oppidum* fortifié d'Entremont, près d'Aix-en-Provence, est un témoin de valeur pour les IIe et Ier siècles.

L'irruption celtique en Italie date du début du IVe siècle av. J.-C. au plus tard. Une tradition ancienne veut qu'une première invasion ait eu lieu dès le début de ce siècle et ait abouti à la fondation de Milan. Tout ce que l'on peut affirmer, c'est que la puissance étrusque s'écroula sous les coups terribles de ces gens que les Romains appelaient *Galli*, « Gaulois ». Comme la conquête de *Felsina* en 535 av. J.-C. fut le symbole de la mainmise étrusque, la destruction de cette ville en 350, et la fondation de la « cité des Boïens », Bologne, est le symbole de la conquête gauloise. La fameuse spoliation de Rome à la suite de la victoire gauloise de 385 (390 av. J.-C. selon la chronologie traditionnelle) n'est donc qu'un épisode, comparée à l'installation massive des Celtes dans tout le nord de la péninsule.

Mentionnée dans les manuels d'un côté comme une prouesse des Gaulois, de l'autre comme une simple péripétie de l'expansion romaine, cette première rencontre entre Romains et Gaulois prend tout de suite une signification double. Dans l'immédiat, les Celtes ne représentent pas un danger passager : il est durable et terrible. A terme, Rome profite de l'anéantissement de la puissance étrusque : au moment où les Gaulois se manifestèrent en Italie, les Romains venaient tout juste d'enlever un premier bastion par la conquête de Véies. Les Gaulois ont ainsi préparé le terrain pour l'expansion romaine.

Il faut s'imaginer la terreur répandue par ces conquérants gaulois. On a trouvé au sud de Bologne, à Marzabotto, les maisons brûlées et les temples détruits en 350 av. J.-C., avec nombre de squelettes et avec des armes étrusques et celtiques. Les Celtes ont bouleversé l'Italie jusque dans les Pouilles. Quand on lit chez des auteurs anciens que les Gaulois portaient parfois à leur ceinture les têtes coupées de leurs adversaires ou qu'ils les conservaient chez eux, il ne s'agit pas de simples racontars d'un monde civilisé sur des ethnies presque inconnues, loin dans la barbarie : on les avait vus de près, en Italie au IVe, en Asie Mineure au IIIe siècle, bien avant leur adaptation aux mœurs des pays d'accueil. Il ne faut évidemment pas juger ces usages terribles selon les normes d'un autre monde : il faut les considérer comme appartenant au rituel religieux, initiatique et magique. C'est encore pour des raisons religieuses que, forts de leur armement supérieur, dont feront partie les premières cottes de mailles en fer connues en Occident, les Celtes n'hésitaient pas à combattre nus. La conservation des « têtes coupées » est pleinement confirmée par l'archéologie.

D'où venaient ces hommes ? On a longtemps cru à des conquêtes des seuls « Gaulois de Gaule ». Cette illusion a pour excuse qu'elle reflète celle des Anciens, qui, après le Ier siècle, tinrent la Gaule pour le berceau des Celtes... L'archéologie et la linguistique modernes ont, de longue date, ruiné cette thèse. Le peuple des *Boii* s'est trouvé parmi les conquérants de l'Italie : son nom se trouve aussi bien dans celui de *Bononia* en Italie (Bologne) qu'en France (Boulogne), mais il est également dans celui de la Bohême *(Boiohaemum).* Cette ubiquité des noms des peuples gaulois dans le vaste ensemble du monde celtique européen rend difficile toute détermination de leur « origine » géographique. Les *Lingones*, autre peuple mentionné en Italie, ont donné leur nom à Langres, mais étaient établis assez tôt en Espagne sous le nom de *Lungones.* Quant aux *Senones*, particulièrement puissants sur les rives de l'Adriatique, une tradition romaine les fait venir de la région de Sens à laquelle ils ont donné leur nom. Il ne faut de toute façon pas tomber dans l'autre extrême et sous-estimer la part des peuples qui s'étaient déjà installés dans l'Hexagone avant de repartir, au moins en partie, vers d'autres contrées.

Nous n'insisterons pas sur les autres conquêtes et exploits des peuples celtiques, sur leur rencontre avec Alexandre le Grand et leur réponse légendaire au monarque — ils ne craignaient rien, sauf que le ciel leur tombe sur la tête —, sur leur apparition en Macédoine en 280 av. J.-C, à Delphes en 279, et sur leur établissement dans l'Asie Mineure en Galatie — pays nommé d'après leur nom — en 275. Presque toujours, il s'agit de groupes importants qui participent activement — soit comme mercenaires, soit pour leur propre compte — aux conflits des puissances méditerranéennes, en l'occurrence à l'affrontement des États successeurs de l'empire d'Alexandre.

On ne comprend cet éparpillement des forces, ce gaspillage énorme aux yeux de l'homme moderne, qu'en se rappelant l'absence totale de cohésion, pour ne pas parler d'unité politique. Ce n'était d'ailleurs pas une caractéristique des seuls Celtes : on la retrouve plus tard chez les Germains, plus tôt chez les Grecs. La seule « unité » consiste dans la communauté de langue, en des rites religieux qui peuvent aller jusqu'à l'existence d'un centre culturel (chez les *Carnutes* pour les Celtes), et en des techniques et usages dont l'application simultanée à plus d'un millier de kilomètres de distance trahit une étonnante intensité des contacts. Mais, dans la vie politique comme à la guerre, seule compte l'appartenance à la *civitas*, qu'elle soit cité dans le sens méditerranéen ou communauté tribale. Rome, qui allait engloutir tous ces microcosmes dans le macrocosme d'un véritable État, n'était au début qu'une ville ; elle le resta en principe fort longtemps, les *cives* étant citoyens non de l'Empire mais de la ville. Même d'origine arabe ou gauloise, les sénateurs étaient membres du Sénat de l'*Urbs*.

Aux IVe et IIIe siècles, la puissance des *Galli* en Italie, leur domination menaçante dans le premier pays nommé *Gallia*, des deux côtés du Pô, constitua un défi extraordinaire au monde italique et notamment pour les Romains. Mais ces derniers, souvent battus, améliorèrent leur façon de combattre, alors que les Celtes gardèrent la leur. Ce sera le grand tournant. La revanche sera impitoyable.

Recul et effondrement celtiques

Après les conquêtes italiennes des Celtes, dans la première moitié du IVe siècle av. J.-C., il y eut un âge d'or gaulois dans la péninsule. L'Hexagone en profita d'ailleurs largement, vivant à ce moment une nouvelle phase d'influence des civilisations méditerranéennes. « Un intense va-et-vient s'instaure ainsi entre la Celtique transalpine et la Gaule cisalpine, portant vers l'Italie des guerriers en quête de richesses et de combats et ramenant, en retour, les raffinements d'une nouvelle culture qui se développe au contact des civilisations grecque et étrusque » (V. Kruta). Les nécropoles sénones de l'Adriatique surclassent en richesse — vases, parures, armes de provenance grecque, étrusque et celtique — tout ce qu'a connu la tombe princière hallstattienne. Revenant en partie d'Italie, une nouvelle aristocratie militaire rapportera des produits celto-italiques propres à susciter des imitations locales. D'après une trouvaille faite en Rhénanie, on a donné à ce nouveau style de La Tène I finale le nom de *Waldalgesheim.* Une partie au moins des changements intervenus dans l'Hexagone dans la façon d'inhumer les chefs et la « noblesse » celtiques peut s'expliquer par les succès italiens et l'enrichissement matériel et culturel, qui en fut la conséquence des deux côtés des Alpes.

Le tournant dans l'équilibre des forces entre Celtes italiens et Romains se place en 283, quand, quelques années après leur première grande victoire à *Sentinum* (295) et leur dernière grande défaite près d'Arezzo (285), les Romains soumettent les Sénons et fondent sur leur territoire la colonie de *Sena Gallica* (Sinigaglia). Le choc est cette fois pour les Celtes : les espérances limitées qu'offrait dorénavant l'Italie amenèrent une diminution de l'afflux des Celtes transalpins vers la péninsule, et causèrent le départ de ceux qui allaient accomplir d'autres exploits dans les Balkans.

Rome était résolue à régler la question gauloise : une victoire sur les Gaulois cisalpins et transalpins en – 225 inaugure la dernière phase de la conquête romaine de la « Gaule cisalpine ». Elle sera menée à bonne fin dès – 222 avec la prise de Milan et la fondation des colonies romaines de Plaisance et Crémone.

L'*ager gallicus* — la terre enlevée aux Gaulois en Italie — ne suffira pas pour assurer la sécurité de Rome. C'est ce qu'elle devait apprendre à ses frais au moment d'un danger mortel, l'attaque d'Hannibal à partir de 218 av. J.-C. lors de la Deuxième Guerre punique. Des Gaulois transalpins et cisalpins ont joué un rôle non négligeable dans le passage des Alpes par l'armée d'Hannibal. Le Carthaginois sut exploiter le conflit profond et durable entre Romains et Gaulois. Il mit même ces derniers au centre de sa fameuse formation de bataille à *Cannae*, en 216 : ce centre condamné d'avance à être écrasé par les Romains avant que n'attaquent les troupes d'élite carthaginoises des deux flancs. La réaction romaine fut de porter la guerre dans les bases ibériques de l'adversaire carthaginois. Des événements en dehors de l'Hexagone et la lutte de puissances étrangères allaient décider de son avenir politique : après la fondation des deux provinces romaines *Hispania Citerior* et *Hispania Ulterior* qui suivait de peu la victoire sur Carthage en 202, l'intégration des régions côtières entre Italie et Espagne n'était plus qu'une question de temps. Elle devait permettre de mieux contrôler et d'isoler les Gaulois d'Italie. Le rôle de Marseille est alors capital. Alliée fidèle des Romains, la cité phocéenne les aide à surveiller la région et leur fournit d'excellents prétextes pour intervenir au moindre incident provoqué par les Celto-Ligures. Dès 181, la plainte des Marseillais au sujet des pirates ligures provoque la réaction énergique de Rome. En 154, Marseille soulignant la menace que représentent les Oxybiens et les Déciates pour Antibes et pour Nice, le consul Quintus Opimius écrase ces Celto-Ligures et attribue leurs territoires aux Marseillais : Rome agit en maître dans la région, bien avant la fondation d'une province romaine. En 125 enfin, l'appel à l'aide contre les Salyens *(Salluvii)* d'Entremont — l'important *oppidum* des adversaires les plus dangereux de Marseille — déclenche des réactions romaines aux conséquences durables. Entremont est pris et détruit en 124 et une ville fortifiée romaine est fondée tout à côté : Aix-en-Provence *(Aquae Sextiae)*. Les Romains s'installent.

Le conflit avec le peuple gaulois qui domine dans le Sud-Est, les *Arvernes* qui donneront leur nom à l'Auvergne, devient inévitable. Leur roi, Bituit, est vaincu près d'Orange et mené au triomphe à Rome en 121.

L'année suivante, les Romains fondent une nouvelle province : la *Gallia Transalpina* ; pour eux, c'est l'autre Gaule, au-delà des Alpes, à la différence de la Gaule d'Italie qu'ils ont déjà conquise et qui, désormais, sera la *Gallia Cisalpina*. Et Narbonne devient en 118 la capitale de cette nouvelle province. Par la trouvaille d'une borne milliaire datable de 118, on sait depuis peu que la construction de la route romaine reliant l'Espagne à l'Italie, la *via Domitia*, a commencé au moment même de la fondation de la province, ce qui montre le besoin impératif qu'avaient les Romains d'utiliser et de bien contrôler cette région de passage.

Événement considérable que cette fondation d'une province qui sera plus tard la Narbonnaise. Après avoir éliminé leurs rivaux carthaginois, les Romains occupent maintenant les côtes de la Méditerranée occidentale, faisant vraiment d'elle un *Mare Internum*, une mer intérieure. Surtout, ils excluent totalement les Celtes de la Méditerranée par un « cordon de sécurité ». C'est la fin d'une époque qui a vu les Celtes turbulents, il est vrai, mais ouverts aux influences méditerranéennes. Ces dernières seront maintenant monopolisées par les Romains, y compris le commerce du vin : les Grecs, ceux de Marseille et les autres, le remarqueront à leurs dépens. Faut-il le rappeler ? C'est seulement au IIIe siècle que les habitants de l'Italie, hors des cités grecques, avaient commencé de produire, d'abord pour leur propre consommation, un vin qui devait mettre fin au monopole grec. Le même processus se répète dans la nouvelle « province » : à son tour, elle se met à produire du vin pour moins dépendre des importations. L'histoire de la Gaule romaine a déjà commencé.

Mais il faut parler de l'ensemble du monde celtique, ce *Celticum* qui vit en ce IIe siècle av. J.-C. des transformations profondes et une crise grave. Partout refluent des peuples vaincus ou privés de possibilités d'expansion. Ils retournent dans les régions danubiennes, ou en « Gaule », comme ces Boïens qui quittent l'Italie après la « pacification » romaine de leur région (en 192 av. J.-C.) que symbolise l'érection d'une colonne romaine à Bologne. D'autres Celtes s'arrangent, comme ceux de Norique, une région alpine dont l'importance tient à sa situation sur les cols et à sa richesse en fer et en sel. A partir de 171, les habitants de cette région — que les Romains appellent un « royaume » — deviennent officiellement « amis du peuple romain ». Mais le plus grand changement, et de loin, tient à ce que la pression des Germains, qui se déplacent lentement vers le sud (surtout depuis 300), oblige les Celtes à abandonner pendant la période La Tène II (250-120 av. J.-C.) tous leurs territoires situés au nord d'une ligne qui va du delta du Rhin à la forêt de Thuringe. Ce n'est seulement qu'à l'ouest de la Weser qu'ils se maintiennent plus longtemps.

Ce processus apparemment étranger à l'Hexagone va provoquer la dernière vague d'occupation celtique par laquelle le tableau habituel des peuples de la Gaule — celui que nous connaissons par César — se constitue d'une façon durable. Il s'agit du franchissement du Rhin par les *Belgae,* qui se produit en deux phases, l'une au IIIe siècle, l'autre au siècle suivant. Font partie de la première vague les *Atrebates* qui donneront leur nom à Arras et à l'Artois, les *Ambiani* (autour d'Amiens), les *Bellovaci* (autour de Beauvais et Breteuil) et les *Remi* qui viennent occuper de larges zones de la Champagne autour de Reims. Bon nombre de Celtes, surpris par cette invasion des Belges, ont préféré s'en aller vers l'Angleterre actuelle, où nous trouvons leurs traces dans le Sussex, le Wessex et le Kent. Inquiets de la poussée des *Belgae*, les *Parisii* ont également quitté, pour une part importante, les rives de la Seine pour aller s'installer dans le Yorkshire actuel où l'on retrouve leur nom. On place le départ des *Sequanes* de la Seine vers la Franche-Comté à la même époque. Et, fait significatif, on voit disparaître à cette époque en Champagne les tombes à char de combat. On les voit apparaître au même moment en Angleterre.

Ces nouveaux venus, d'où venaient-ils ? Des trouvailles faites à Cernon-sur-Colle (Marne) et dans les nécropoles de *Belgae* à Villeseneux (Marne) et à Poigny (Seine-et-Marne) ont permis de constater des formes d'objet et des usages qui ne se trouvent dans le monde celtique que dans les régions danubiennes et en Bohême occidentale. Il s'agit entre autres du port des anneaux de cheville par les femmes, habitude qui ne se maintient d'ailleurs que pendant une génération, preuve d'une rapide assimilation des nouveaux venus dans leur nouvelle patrie. Les Volques Tectosages, dont on connaît l'origine en Franconie actuelle, près de la Bohême occidentale, font également partie de cette première vague de Belges qui touche non seulement l'est et le nord-est de l'Hexagone, mais également le Midi. Un témoignage confirme les résultats archéologiques : au IVe siècle, le poète Ausone, originaire de Bordeaux et vivant sur les rives de la Moselle, rapporte que les Volques Tectosages se disaient Belges...

La deuxième vague de Belges arrive au IIe siècle av. J.-C. et s'installe plus au nord. Partis plus tardivement, ces peuples-là ont subi depuis longtemps la poussée et l'infiltration des Germains. Après une cohabitation plus ou moins longue avec ceux-ci ils comptent parmi eux, quand ils partent, de nombreux descendants de ces Germains, mais ils gardent leur langue celtique. On comprendra alors les allusions fréquentes des auteurs anciens qui ne savaient rien de ces antécédents historiques, mais affirmaient qu'on distinguait mal ces Belges-là des Germains. Il s'agit notamment des Nerviens et des Éburons, des peuples qui résisteront farouchement d'abord aux attaques des Cimbres et des Teutons, puis aux armées de César, et qui subiront une répression sauvage. Ces Belges passeront à leur tour partiellement en Angleterre : un de leurs peuples, celui des *Catuvellauni*, autour de Colchester, exercera une sorte d'hégémonie et combattra vigoureusement à partir de 43 après J.-C. les troupes de l'empereur Claude avant de succomber à son tour à la domination romaine.

D'où vient cet acharnement des Romains à soumettre à leur empire l'ensemble des peuples celtiques ? Car ils n'ont laissé échapper que les seuls habitants de l'Irlande et de l'Écosse. Cette question s'impose pour en finir avec les Celtes en général et avant d'entrer dans l'histoire de la Gaule proprement dite, qui s'est formée vers la fin de la grande période celtique. Un élément d'explication nous est livré par la dernière grande menace connue par les Romains après Hannibal : l'invasion des Cimbres et des Teutons, des Germains dont on a trouvé les origines dans le Jutland.

Cette fois encore, des Celtes sont alliés aux envahisseurs. Les deux peuples germains étaient partis en 120 av. J.-C. et s'étaient associés en Bohême, après les avoir combattus, avec une partie des Boïens, qui étaient des Celtes orientaux. Après une victoire éclatante remportée sur les Romains dans le *Noricum* en 113, ils se renforcèrent de deux peuplades helvètes, des Celtes occidentaux, les *Tigurini* et les *Tougeni*. Or, à côté d'autres victoires et de campagnes plus ou moins manquées des Cimbres et des Teutons, notamment contre les Belges et en Espagne, nous voyons les Tigurins helvétiques — donc des Celtes — écraser en 107 av. J.-C. près d'Agen l'armée du consul L. Cassius Longinus, et emmener en captivité une partie des Romains vaincus.

Après de nouvelles défaites devant les Cimbres, les Romains confièrent la défense de l'Italie et de la

« province » de Gaule méridionale au meilleur de leurs généraux, Marius. Successivement, celui-ci écrasa les Teutons près d'Aix-en-Provence en 102 et les Cimbres et les Tigurins à Verceil, en Italie du Nord, en 101. L'impression laissée par la force et la violence de ces peuples, et la menace qu'ils ont pu représenter pour la meilleure des armées, a marqué à jamais les Romains. Malgré le fait que la plupart des Celtes de la Gaule, retranchés dans leurs *oppida*, étaient, eux aussi, victimes de cette invasion, l'idée prévalut chez les Romains qu'une répétition de l'alliance germano-celte était à éviter à tout prix. C'est pourquoi César ne permettra pas l'établissement durable en Gaule d'un condottiere germanique, Arioviste, et de ses troupes. C'est pourquoi tout vide politico-militaire dans lequel auraient pu se glisser les Germains a été rempli par la force militaire romaine. Les Celtes ont été victimes, d'abord de la tenaille formée par les Germains au nord et les Romains au sud, puis de la menace des Germains, qui « obligeaient » les Romains, pour cause de sécurité, à en finir avec la liberté des Celtes.

La conquête romaine de la Gaule ne peut être comprise que dans le contexte général de l'histoire des peuples celtiques. A la « pacification » de la Gaule succède celle des régions alpines aussi bien que la conquête, entre 16 et 10 av. J.-C., de tout le glacis alpin, de la Pannonie et du Norique jusqu'à la Rhétie des Celtes Vindéliciens sur le Danube. Un des plus importants *oppida* des Celtes orientaux, Manching (en Bavière), où les vestiges archéologiques montrent bien l'unité profonde de ce monde celtique à sa fin, s'est terminé comme les *oppida* de la Gaule : par la conquête des Romains. Enfin le danger réel que Celtes et Belges des îles Britanniques constituaient pour le contrôle de la Gaule a conduit les Romains à conquérir aussi cette ultime partie du monde celtique.

Il faut regarder une carte des *oppida* du IIe et du Ier siècle av. J.-C., pour comprendre ce qu'a pu être ce monde des Celtes, même à une période de grave crise, entre des Germains en expansion et des Romains qui avaient fermé l'accès de la Méditerranée. Partout, des îles Britanniques aux plaines de Pannonie, on trouve des centaines de ces « villes », petites ou, parfois, grandes, normalement situées sur des collines ou des promontoires. Assez régulièrement, on y trouve des quartiers de métiers, d'artisans, qui maintiennent et développent les compétences extraordinaires des Celtes dans le domaine du métal et du bois. Pour le charronnage en particulier, ces élèves de l'Est européen et des ingénieurs grecs sont bien supérieurs aux Romains. Malgré un certain dédain des Grecs et des Romains pour ces *oppida* qui leur paraissaient primitifs, cette zone semi-urbaine — qui tranche nettement avec la zone plus au nord et à l'est où l'on ne connaissait absolument pas la ville — a été d'une importance capitale dans l'histoire de la civilisation européenne. Elle a d'ailleurs permis aux Romains d'établir là, vite et facilement, une civilisation vraiment urbaine.

On a souvent parlé de cette frontière de civilisation qui passe à travers l'Europe depuis les siècles de l'Empire romain et qui sépare la Germanie proprement dite des provinces romaines en suivant le cours du Rhin, puis le *limes* romain, et enfin le cours du Danube. On l'a trop oublié, cette frontière de civilisation est beaucoup plus ancienne : elle correspond à l'extension de la civilisation celtique tardive, celle des *oppida*, au moment où les Romains se sont décidés à faire coïncider la frontière de leur empire avec celle des pays celtes et celtisés. Il leur fallait enrayer l'avance des Germains et, ici, le terrain était prêt à l'intégration. Dans une Europe romanisée et germanisée, on a pu oublier la langue celtique et l'héritage celtique, à ce point que l'historien Ranke a vu dans les « peuples romano-germaniques » la base historique de l'Europe. Nous pouvons aujourd'hui reconnaître mieux les traces du monde celtique disparu et rappeler ainsi son importance pour la formation du patrimoine européen.

CHAPITRE VI

La Gaule

La « Gaule » : une définition romaine

Au seuil de ses mémoires *Sur la Guerre des Gaules*, César écrit : « La troisième partie de la Gaule est habitée par ceux qui dans leur propre langue s'appellent *Celtae*, mais qui dans notre langue sont appelés *Galli.* » L'auteur ne pouvait commencer une œuvre largement destinée à sa propagande par une contre-vérité évidente ; ces mots nous apprennent donc qu'en plein milieu du Ier siècle av. J.-C., au moment de la conquête romaine, *Galli* et son dérivatif *Gallia* ne sont point des termes « gaulois », mais des mots latins ; ceux que l'on désigne ainsi les prendront tout naturellement à leur compte quand ils apprendront le latin, sous la domination romaine.

Le lecteur comprend pourquoi nous avons évité de parler de Gaule avant que n'existe le terme : pour éviter un anachronisme et ne pas écrire l'histoire à l'envers. Ce qui est advenu à un moment donné ne peut avoir existé auparavant, ni dans les faits, ni surtout dans la conscience politique des hommes. C'est par un souci tout à fait parallèle que Venceslas Kruta a émis en 1976 ces vœux : « Ne pas attribuer, à la différence des auteurs anciens, le nom de Gaulois aux Celtes résidant sur le territoire de la Gaule avant que l'existence de ce concept géographique ne soit attesté. Cela permettrait d'éviter les équivoques et de ne pas créer prématurément l'impression d'une unité territoriale bien définie par rapport aux autres régions du monde celtique. » Ce simple emploi de mots familiers avait, en effet, abusivement fait de non-Celtes — à l'intérieur d'une « Gaule » supposée — des « Gaulois » et de Celtes authentiques — en dehors d'elle — des non-Gaulois.

La première Gaule était donc tout naturellement dans les textes latins, et jusqu'à une époque assez avancée, cette *Gallia* située en Italie qui avait menacé les Romains depuis le IVe siècle av. J.-C. et provoqué les premiers signes d'une conscience commune des peuples italiques. Après la conquête romaine de cette Gaule sur les deux rives du Pô et sa transformation en un *ager gallicus*, et après la fondation d'une province romaine « au-delà » des Alpes, on distingua cette dernière, *Gallia Transalpina*, de la *Gallia Citerior* ou *Cisalpina*, située en Italie, c'est-à-dire « en deçà » des Alpes. Lors de la conquête des pays celtiques au nord de la « province » — qui sera la « Narbonnaise » — jusqu'à l'océan et à la Manche, on étendit logiquement à cet ensemble la notion de *Gallia Transalpina.*

A côté des désignations officielles et administratives, dont nous verrons les vicissitudes sous l'administration de l'Empire romain, il y avait des locutions plus familières, voire poétiques comme celle de *Gallia comata*, la « Gaule chevelue », que l'on trouve la première fois chez le poète Catulle, mais aussi *Gallia braccata*, la « Gaule aux braies ». La première concernait la Gaule soumise par César, la seconde la « province » du Sud quand on la distinguait de la Gaule italienne : celle-ci, *Gallia togata*, portait, comme les Romains, la toge des Étrusques, tandis que les Celtes au-delà des Alpes portaient des braies ou pantalons.

Le commun de toutes ces désignations : elles représentent le point de vue romain. En « Gaule » comme ailleurs, les intéressés se disaient *Celtae*, en grec *Keltoi*, ce qui signifie peut-être « les hommes supérieurs, sublimes », comme dans le latin *celsus*, qui a la même racine indo-européenne. A la désignation comme *Galli* par les étrangers latins semble correspondre celle de *Galates* par les Grecs. Flavius Josèphe, en 79 apr. J.-C., qualifie l'ensemble des Celtes « ceux que les Grecs appellent "Galates" ». L'existence de deux noms, dans les deux langues qui dominaient la civilisation antique par un véritable bilinguisme des hommes cultivés, ne pouvait conduire qu'à une application arbitraire de ces désignations, et cela malgré de vains essais pour mettre un certain ordre en l'affaire.

Les Celtes ne sont pas les seuls à avoir reçu des Romains la dénomination générale et même la limitation géographique de leur pays. C'est également le cas des Germains. Quand César — le premier Romain qui atteignit le Rhin et empêcha les Germains de franchir le fleuve en masse — décréta et écrivit que le Rhin était la frontière entre *Gallia* et *Germania*, il créa de toutes pièces deux pays qui n'avaient jamais existé. Il utilisait le nom que les Belges donnaient à une petite peuplade de Germains cisrhénans et qui avait été repris par des auteurs latins pour qualifier les voisins des *Belgae* : *Germani.* Comme des bandes armées de ces « Germains » — qui s'appelaient eux-mêmes *Suevi* — avaient pénétré jusqu'aux frontières des Helvètes peu avant son entrée en scène, César en déduisait que, dorénavant, le monde des adversaires à soumettre à la volonté romaine, celui des Celtes, était terminé par le Rhin et ce qu'il appelait la *Germania* ; peu lui importaient alors les Celtes qui peuplaient toujours l'Allemagne méridionale et les pays alpins dont la conquête allait suivre un demi-siècle plus tard. C'est bien la frontière rhénane des Romains qui a abandonné aux Germains la rive droite.

César a donc créé la « nation gauloise ». Il a imposé la notion de « Gaule », qui remonte à l'extrême fin de l'époque préromaine, avec sa limitation par le Rhin. Il a provoqué une première résistance — presque générale — des tribus celtiques visées par sa conquête.

C'est en effet un choix délibéré des Romains — s'assurer des régions celtiques jusqu'au Rhin pour prévenir une infiltration ou une invasion par les Germains — qui allait isoler les Celtes de ce territoire limité, non seulement des Celtes entre Alpes et

Danube, mais aussi des Celtes déjà intégrés dans le monde romain des deux côtés des Alpes ! A de rares exceptions près, ces derniers ne se sont pas sentis concernés par cette guerre ; et au lieu de menacer les bases nécessaires de toutes les opérations de César, ils lui facilitèrent la tâche.

Que le sentiment d'une communauté effectivement gauloise, c'est-à-dire liée au sol de cette Gaule fondée par les Romains, se soit développé surtout sous l'Empire, une étude de la « patrie gauloise » des soldats de l'armée romaine (G. Sabbah) l'a bien montré. Dans l'ensemble de l'Empire, et indépendamment de leur stationnement momentané, ces soldats considéraient la Gaule comme leur terre, comme leur « petite patrie » dans la grande : un sentiment psychologique et moral plus qu'ethnique. Mais cette vue générale est celle de soldats vivant souvent au large. Pour les autres, la patrie, c'est la tribu, devenue cité. D'une « grande patrie » de tous les Celtes, nul ne parle alors, pas même pendant les combats contre César.

Structures intérieures politico-géographiques

Cette stabilisation de la Gaule avec des frontières fixées par la politique et la conquête romaines se confirme sur le plan régional. « Photographié » dans la description de la Gaule par César, et prolongé à travers les siècles par la stabilité des diverses populations (modèle : *Andegaves*, ville d'Angers, comté, puis région d'Anjou), l'instant a provoqué l'illusion compréhensible que « la Gaule » se présentait ainsi, dans ses peuples, depuis des millénaires. Nous le savons aujourd'hui, le pays entre les Pyrénées et le Rhin a été celtisé par vagues successives, et avec des bouleversements considérables, les peuples en question n'ayant jamais abandonné complètement l'habitude ou au moins la possibilité de se déplacer encore, soit par l'effet de leur volonté, soit par celui de la nécessité.

Autour de 100 av. J.-C., les pays du Rhin et jusqu'aux vallées de la Moselle et de la Meuse, voire jusqu'à la Marne et la Seine, sont encore sous le choc du séisme qu'a été l'invasion des Belges. Une part des *Parisii* est allée en Angleterre. Les *Sequanes* semblent avoir quitté les rives du fleuve dont ils portent le nom — la Seine — pour s'installer autour de Besançon. On pense même que les peuples dont le nom se termine par « casses » étaient installés dans le Nord-Est avant l'arrivée des Belges, et qu'ainsi les *Tricasses* (autour de Troyes), les *Durocasses* (Dreux), les *Veliocasses* (Vexin) et les *Baiocasses* (Bayeux) seraient, avec leurs nouvelles implantations, autant de témoins d'une ligne de repli suivant en gros la frontière indiquée par César entre les Belges et les Celtes proprement dits : le cours de la Marne, puis de la Seine. Dans le Sud, nous avons vu les mouvements relativement récents des Volques, qui ont bouleversé la distribution des forces au sud des Cévennes jusque vers Toulouse. Les Romains ont donc bien imposé la stabilité « définitive » de l'habitat des peuples. La preuve : la migration des Helvètes qui décidèrent de quitter leurs terres, vers 60 av. J.-C., devant la menace des Germains, et préparèrent jusque dans les moindres détails le déplacement du peuple entier vers la région des *Santones* (qui ont laissé leur nom à la Saintonge et à la ville de Saintes).

De ce qui nous paraît étrange — quitter complètement sa terre — les Helvètes avaient l'habitude. Il n'y avait pas très longtemps qu'ils avaient rejoint la région au nord des Alpes, venant du pays au sud du Main. Or les listes des partants établies à l'époque nous permettent de mesurer, par les indications qu'en donne César, l'importance de l'opération : plus de trois cent mille hommes, femmes et enfants. Il fallut la volonté de César et son génie militaire pour ramener dans leur région les Helvètes déjà partis. Et c'est ainsi que la Suisse est aujourd'hui encore une Confédération « helvétique », que la Saintonge a pu rester le pays des *Santones*, et nous ne tenons même pas compte des bouleversements qu'aurait provoqués l'arrivée des Helvètes au nord de la Gironde.

Avec ces Romains qui ne voulaient plus de grands changements pour cause de sécurité du monde méditerranéen romanisé, l'Hexagone quitte les sables mouvants de la préhistoire et de la protohistoire. On atteint la terre ferme de l'histoire, et l'un des fondements essentiels de cette histoire de France est en place : à savoir la structure géographique et démographique des régions moyennes — autour de centres régionaux — et petites, les *pagi* ou subdivisions des peuplades. Les noms de ces régions et de leurs villes principales conservent aujourd'hui encore le souvenir des tribus celtiques ou celtisées qui n'ont plus bougé depuis le temps de César.

Ces divisions, subdivisions et noms se sont répétés dans les unités administratives de la Gaule romaine, dans les noms et les limites des diocèses et archidiaconés de l'Église, enfin dans les noms et limites des *pagi* mérovingiens et carolingiens. Nous les rencontrerons partout. C'est pourquoi nous ne donnons pas une liste « complète » des peuples et peuplades, nous bornant à mentionner les principaux dans la distribution des forces avant la conquête romaine.

En dehors de la Narbonnaise, cette « Province » romaine qui forme déjà un monde à part, on distingue d'abord les deux régions que César sépare de ceux « qui s'appellent eux-mêmes Celtes » : les Aquitains au sud-ouest, et les Belges au nord-est. Dans ce qui reste, les peuples « près de la mer », c'est-à-dire armoricains, forment un monde un peu à part, de la Normandie actuelle jusqu'à la Loire et même jusqu'à la Gironde. On notera la situation un moment dangereuse, mais intéressante, des *Parisii* : entre les Belges, les Armoricains et le bloc central des Celtes auquel ils appartiennent eux-mêmes. On peut enfin distinguer dans ce bloc ceux qui habitent cette bande territoriale au nord de la Loire moyenne et au sud des Belges et ceux qui, depuis la Bourgogne et la Franche-Comté actuelles, forment, jusqu'aux abords de la

Province romaine, la partie politiquement la plus importante de la Gaule.

Quand on pense que l'hégémonie exercée dans ces régions par les Arvernes avait été fortement ébranlée par la défaite de ceux-ci devant les Romains en 120 av. J.-C., on mesure la précarité de la situation politique générale dans les années 100. La menace d'une poussée plus profonde des Belges n'était guère enrayée, les Germains se manifestaient outre-Rhin dans les terres jadis celtiques, et les Romains coupaient les Celtes de la Méditerranée. Le jeu politique entre ces forces — qui pouvaient être hostiles aussi bien qu'alliées pour la circonstance — était surtout intéressant pour les deux peuples les plus forts, dans la région centrale entre Belges, Germains et Romains, les Séquanes à l'est, autour de Besançon, les Éduens à l'ouest, autour de Bibracte, cet *oppidum* qui, sous les Romains, sera remplacé par Autun. A l'est de ces deux rivaux, il y avait les Helvètes jusqu'au lac de Constance. On trouvait au nord-est les *Treveri* (Trèves), les *Mediomatrici* (Metz) et les *Leuci* (Toul), au nord-ouest les *Lingones* (Langres), les *Senones* (Sens) et les *Mandubii* qui seront célèbres grâce à Alésia, à l'ouest les *Bituriges* et leur cité d'*Avaricum* (Bourges), au sud-est enfin les toujours puissants *Arverni* autour de Gergovie, près de l'actuel Clermont-Ferrand.

Ayant déjà mentionné à propos de leur expansion les plus importants des Belges — ajoutons au nord les *Morini*, sur la Manche, et les *Menapii* jusqu'à la Meuse et au Rhin —, nous n'avons plus qu'à nommer les tribus armoricaines: *Eburovices* (Évreux), *Lexovii* (Lisieux) et *Venelli* (Cotentin) sur la Manche, *Curiosolites*, *Osismii* et plus en retrait *Redones* (Rennes) du côté nord de la future Bretagne, *Veneti* (Vannes) et *Namnetes* (Nantes) du côté sud. Au centre de cette région, les *Aulerci* formaient deux peuples, ayant les surnoms *Diablintes* et *Cenomani* — « ceux qui habitent loin », nom qui rappelle les migrations — dont les derniers donneront son nom au Maine et à sa capitale Le Mans. Sur la Loire et au sud du fleuve, les *Andes* ou *Andecavi* (Angers), les *Turoni* (Tours), les *Pictones* (Poitiers ; on les nomme plus tard de préférence *Pictavii*), les *Lemovices* (Limoges) et les *Santones* déjà mentionnés. Tout près de la Garonne et de la Gironde, contrôlant ainsi le commerce de l'« isthme gaulois », on trouve les *Bituriges Vivisci* autour de *Burdigala* (Bordeaux), les *Petrocorii* (Périgueux), les *Nitiobroges*, les *Cadurci* (Cahors) et les *Ruteni* (Rodez), enfin les Volques autour de Toulouse, déjà intégrés dans la Province romaine. Dans celle-ci, les *Helvii* joueront un rôle important au sud des Cévennes, restant fidèles aux Romains face aux attaques des *Gabali* (Gévaudan) et des *Vellavi* (Velay), et les *Allobroges*, autour de Vienne et jusqu'au lac Léman, avec *Genava* (Genève).

En rattachant le pays des Allobroges, cette région septentrionale d'une importance stratégique évidente, les Romains ont marqué, dès 120 av. J.-C., que leur « province » n'était pas seulement une terre de passage entre l'Italie et l'Espagne : elle formait en même temps un coin, enfoncé dans le pays celtique et facilitait de la sorte la surveillance des Celtes et celle des mouvements d'outre-Rhin. *Lugdunum*, le centre politique donné plus tard à une Gaule soumise, sera le symbole de cette base romaine qu'était en Gaule la Province : Lyon sera fondé exactement sur le point nord-ouest de la frontière de la Narbonnaise au confluent de la Saône et du Rhône, au milieu de ce sillon Rhône-Saône, capital pour l'économie et la vie politique.

On n'oubliera donc jamais que les principaux protagonistes de cette dernière phase du monde La Tène, Séquanes, Éduens et Arvernes, sont à ce moment les voisins immédiats des Romains. Le centre de gravité du monde celtique s'était fortement déplacé vers le sud, de la Champagne, de la Moselle, de la Sarre et des deux rives du Rhin, voire du haut Danube, vers une région qu'on définira par les noms d'*Avaricum* (Bourges), de *Bibracte* (Autun), de *Vesontio* (Besançon) et de *Gergovia* (Clermont-Ferrand) : bref, le centre et le centre-est de l'Hexagone. Cette brève présentation du monde celtique dans l'Hexagone — on a laissé délibérément de côté les *Aquitani* non celtiques, au sud de la Garonne, qui tiendront un rôle historique plus tard, mais s'étaient déjà distingués au sud des Pyrénées par une résistance efficace aux Romains — permet déjà de comprendre que la question « Pourquoi "la Gaule" n'a-t-elle pas mieux résisté à César ? » est peut-être une fausse question.

Une civilisation : les forces religieuses

Le fait dominant dans la société celtique est la force du facteur religieux. Observateur perspicace malgré des remarques parfois tendancieuses, César l'a bien vu. Il parle du rôle considérable de ces druides qui seront parmi ses adversaires les plus dangereux. Mais nous ne connaissons ni l'âge ni l'extension dans le monde celtique de cette institution étonnante qu'est le druidisme.

S'il y a des traits communs dans la vie religieuse de tous les Celtes, le druidisme n'est pas mentionné pour les *Galli* en Italie, non plus que dans les Alpes. La thèse selon laquelle il serait venu des îles Britanniques n'a pas été réfutée jusqu'ici et d'autant moins que, pour le centre continental de la région des Carnutes — correspondant aux cités ultérieures de Chartres et d'Orléans —, des contacts avec des « experts » druidiques d'outre-Manche sont mentionnés. Partout dans le monde celtique, on semble avoir fêté les saisons le premier jour de février, de mai, d'août et de novembre. Pour le 1er août, fête des récoltes, le nom de *Lugnasad* est connu : il rappelle le dieu *Lug*, célébré surtout par les Celtes des îles Britanniques. Si vraiment la syllabe *Lug* — dans les noms de lieu du type *Lugdunum* — se rapportait à ce dieu, l'universalité de son culte serait confirmée : ce nom se rencontre à Lyon, Laon et Lons-le-Saulnier aussi bien qu'à Leyde, en Hollande, et à León, en Espagne. Également commune à tous les Celtes était la vénération des divinités dans les chênaies sacrées : leur désignation celtique, *Drunemeton*, se rencontre même en Asie Mineure chez les Tectosages de la Galatie. Une des étymologies proposées pour « druides » est d'ailleurs *drys-doi*, « hommes aux chênes ». Moins universel semble être le fait le plus étonnant des cultes gaulois, l'immolation de victimes humaines. Certaine pour la Gaule, cette pratique l'est moins pour les *Galli* d'Italie : les Romains, qui les ont connus le mieux et le plus longtemps, n'en parlent pas, ce qui suggère une relation de cause à effet entre la présence des druides et le sacrifice humain.

Une certaine « régionalisation » — sur fond uni — des cultes celtiques n'est pas seulement évidente par le fait que le nombre de toutes les divinités connues dépasse quatre mille, mais aussi par le fait que même les dieux ou déesses les plus connus sont loin d'être vénérés dans la Gaule entière ou dans la seule Gaule. Les traces du culte de *Sucellos*, le « dieu au maillet » (symbole solaire selon les uns, de l'éclair selon les autres), se trouvent également dans le Nord-Est et dans le sillon Rhône-Saône. *Taranis*, le « dieu à la roue », dieu des cieux apparenté à Jupiter par les Romains, est largement représenté un peu partout, sauf en Aquitaine. En revanche, *Epona*, la « déesse au cheval » très caractéristique du monde celtique et connue des îles Britanniques aux pays danubiens en passant par l'est de la Gaule, mais aussi en Italie et en Espagne, est peu connue au sud de la Seine. D'une façon générale, les traces des divinités celtiques sont faibles dans l'Ouest et le Nord-Ouest, ce dernier étant resté longtemps hors de la civilisation de La Tène ; mais on y trouve *Cernunnos*, le « dieu au bois de cerf », comme dans le Centre, le Bassin parisien, le Nord, l'Espagne ou les pays alpins. Plus limité géographiquement est le culte d'*Esus* qui, dieu de la guerre particulièrement sanguinaire, s'assagit sous la domination romaine et devient le « bon seigneur » des *nautae* de la navigation fluviale parisienne : on le vénérait dans le Bassin parisien et chez les Trévires. Beaucoup plus général était d'une part le culte des divinités féminines de la fertilité, d'une autre celui d'un dieu de la guerre et des peuples, *Teutates*.

C'est ainsi que les statuettes en argile des *matronae* — comparez avec le nom de fleuve *Matrona*, Marne, région centrale des Celtes —, déesses-mères tenant sur les genoux un ou deux enfants étroitement emmaillotés, avec une corne d'abondance ou une corbeille de fruits, ont été fabriquées en masse dans des ateliers spécialisés, notamment en Auvergne (Toulon-sur-Allier) et à *Bibracte*. On les trouve jusqu'en Provence et dans les Alpes, souvent réunies en groupe de trois, ou bien en une seule configuration, les *tres matres*.

En ce qui concerne *Teutates*, on a observé que *teuta* était le mot celtique désignant le « peuple », et que *Teutates* a été pour ainsi dire multiplié en autant de divinités qu'il y avait de peuples ; nous le trouvons donc avec les surnoms qui lui sont donnés par chaque peuple : *Albiorix*, « roi du monde », ou *Caturix*, « roi de la guerre ». Des peuples qui se distinguaient particulièrement par le commerce vénéraient surtout en lui le dieu et le protecteur du commerce, d'autres plutôt celui qui donnait la victoire dans la guerre : ceci explique que les Romains aient hésité pour le désigner entre Mercure et Mars.

Selon Lucain, les victimes vouées à *Teutates* étaient étouffées dans un tonneau rempli d'eau, celles que l'on consacrait à *Esus* étaient pendues dans les arbres du sanctuaire, celles enfin que l'on dédiait à *Taranis* étaient brûlées, enfermées dans un vêtement de bois dont César donne une description. Selon ce dernier, l'idée dirigeante était la « nécessité » de donner aux dieux une vie — celle de la victime — si l'on voulait la vie sauve pour un malade ou pour soi-même.

Il faut certainement distinguer les sacrifices rituels liés aux grandes fêtes des saisons et les sacrifices en relation directe avec la guerre. Une société qui avait fait de la guerre une affaire sacrée ne pouvait admettre qu'on touchât au butin. Qu'il fût constitué d'armes ou d'hommes, le butin était voué d'avance au dieu auquel on devait la victoire. Cacher quelque chose ou toucher seulement au butin sacré était puni de mort. Ce détail donne la dimension rituelle de la vie sociale dans les moments décisifs, et correspond à ce que nous avons dit des « têtes coupées », qui appartiennent et au rituel individuel d'initiation — premier ennemi tué — et au rituel d'exposition durable des ennemis tués.

On en sait beaucoup plus depuis la découverte d'un sanctuaire à Gournay-sur-Aronde (Oise), daté d'environ 100 av. J.-C. et appartenant à un *oppidum* du peuple belge des Bellovaques. On y a pu reconstituer le calendrier des sacrifices à l'occasion des fêtes et déterminer les catégories des sacrifices : des objets, notamment des armes toujours détruites et déformées, des animaux — bovidés, ovins, porcins, chiens et quelques chevaux — et des hommes, au moins onze, tués rituellement comme le montrent les vertèbres coupées. On a enfin discerné les modes d'exposition : après la pourriture naturelle des victimes, les restes étaient déplacés plusieurs fois avant d'être exposés d'une façon strictement ordonnée, tous les ossements de bovidés étant par exemple réunis en un seul tas. On voit donc les druides occupés, longuement et à plusieurs reprises par ce genre d'affaire qui était visiblement de la plus haute importance pour gagner la faveur des dieux. Des trouvailles faites à Ribemont-sur-Ancre, près d'Albert (Somme), ont permis de confirmer que l'on jetait souvent les victimes dans un trou au centre duquel se trouvait un poteau. On a trouvé à Ribemont des corps dont les crânes manquaient parfois, des esquilles brûlées, des lances et des épées, ce qui fait penser à des sacrifices après un combat.

Il faut placer ces détails horribles dans le contexte d'une période pendant laquelle religion et culte équivalaient à une prestation de sacrifices, pour laquelle nous évoquerons seulement le sacrifice d'Abraham, le « Moloch » des Carthaginois et enfin le sacrifice, au Capitole, de cent soixante mille bovidés pour célébrer l'avènement de l'empereur Caligula. Cela dit, même si les druides choisissaient de préférence des criminels comme victimes, les sacrifices ritualisés d'êtres humains horrifiaient les Romains. Auguste les interdit aux Gaulois citoyens romains. Tibère, puis Claude les défendirent définitivement. Ce n'est donc pas seulement pour des causes politiques que le pouvoir des druides et le pouvoir romain s'exclurent réciproquement. Les druides avaient compris tout de suite le danger des influences romaines pour l'emprise qu'ils avaient sur l'âme de populations celtiques. Leur succès limité dans l'appel à la lutte contre César indique aussi les limites de cette emprise avant même la victoire des Romains.

Au centre de leur zone d'influence, leur pouvoir et leurs privilèges étaient considérables. Exempts de la guerre et des impôts, ils pouvaient lancer l'anathème et influencer la justice, comme la politique, aussi bien quant au choix des chefs que quant aux décisions à prendre, et cela par leur force divinatoire. Ils étaient en effet organisés en trois classes : celle du *vates* qui prédisait l'avenir, celle du *bardos* qui chantait la gloire, se moquait des faiblesses et contait les mythes populaires, enfin celle du druide proprement dit, qui enseignait d'une façon exclusivement orale — donc secrète — le savoir à quelques initiés destinés à leur succéder dans leur office. Mais les druides enseignaient également aux jeunes gens de l'aristocratie, ce qui leur offrait une occasion d'affermir l'impact de leurs idées aussi bien que leur rôle social dans la société celtique. De cet enseignement on sait peu de chose : l'immortalité de l'âme, peut-être une sorte de migration d'âmes ; la bravoure dans le combat sans peur de la mort. La disposition psychique et physique pour le combat était, certes, un but déclaré : les jeunes gens trop gros pouvaient être condamnés à des amendes.

Un effet remarquable de l'éducation de l'élite — assurée par des druides, comme dans le nord-ouest du monde celtique, ou non, comme en Italie —

semble avoir été l'éveil du désir et de l'art de l'expression. Déjà, Caton l'Ancien (234-149 av. J.-C.) confirme les qualités particulières des *Galli* de l'Italie dans la guerre et dans leur façon de parler: *argute loqui*. Ils étaient spirituels. C'est là un compliment considérable du grand Romain, et un élément de civilisation de première grandeur dans l'héritage celtique. N'est-il pas émouvant de trouver beaucoup plus tard, dans une chanson nuptiale celtique des Hébrides, parmi les dons souhaités « la grâce de l'éloquence » ? Communication et sociabilité ont été les signes distinctifs de la société celtique et de ses héritiers, même si ces derniers ne s'exprimaient plus dans une langue celtique dont on a d'autre part souligné la richesse pour désigner les nuances des couleurs. Ce sens du concret et de la vie n'exclut pas la faculté de glisser du réel au surnaturel. Nous l'observons également dans l'art celtique.

Une civilisation : l'art

Le meilleur reflet d'une civilisation est son art. L'art celtique a la force et l'originalité de cette civilisation aussi bien que son côté barbare, qui pousse à l'étalage des richesses et à l'ostentation. On y observe la dureté qui, dans l'Hermès bicéphale du IIIe siècle trouvé à Roquepertuse (Bouches-du-Rhône), donne à un motif grec bien connu une dimension tout à fait nouvelle. Cet art reflète également les grandes étapes de l'histoire celtique et l'unité étonnante de l'aire celtique, des îles Britanniques aux plaines danubiennes, avec ses grands centres régionaux.

On distingue généralement trois périodes : celle de la formation aux Ve et IVe siècles, pour laquelle on parle aussi du « premier style » ; celle de l'épanouissement, du IVe au IIe siècle, avec son « style végétal continu » ; enfin l'art des *oppida*, où l'on dénote une certaine baisse de qualité, mais qui livre de très belles monnaies.

La première période voit le monde celtique, dans le sens plein du mot, se détacher du monde hallstattien. Elle se caractérise par l'emploi du compas pour graver et mettre en place les décors, mais également par des thèmes dont l'origine orientale est aussi évidente que leur signification magique : arbre de vie, fleur « de lotus ». La persistance de ces motifs permet de les mettre en relation avec les idées religieuses des Celtes. Cette première période manifeste également l'importance, à ce moment, d'une Champagne qui, de loin, est la région la plus riche en témoins de cet art.

Pendant la seconde période, les influences étrusques, grecques et, d'une façon générale, italiques correspondent au fait que les Celtes établis en Italie exercent une prédominance naturelle, assurée par leurs succès et leurs richesses. Mais l'axe des ateliers travaillant pour l'ensemble du monde celtique ne se trouve ni en Italie, ni à Waldalgesheim, lieu d'une trouvaille célèbre qui donne son nom à un style, mais dans la vallée danubienne avec un prolongement vers la Suisse du Nord-Ouest et la vallée de la Saône. L'existence de ces ateliers souligne le développement quasi industriel des métiers du métal et le rôle du commerce dans le monde celtique : une garniture en bronze, plaqué d'une feuille d'or ornée au repoussé, trouvée dans un tumulus en Bohème, sort des mêmes ateliers que des objets analogues trouvés en Sarre et près de Stuttgart. Cette seconde période use d'un décor en enchaînements continus de lignes ondulées, souvent combinées avec des motifs végétaux. Ce style, qui domine du IVe au IIe siècle, est plus propre à la Gaule.

Pour la dernière période, on est frappé par la précocité de la « romanisation ». Celle-ci précède la conquête, ce qui confirme l'influence romaine tout à fait dominante depuis la fondation de la « Province » dans le midi de la Gaule.

Il faut enfin souligner le reflet de la société dans l'art et la prédominance de la guerre dans l'expression de la beauté. On admire le raffinement des armes et le caractère aristocratique des torques en or, en bronze ou en fer, rarement en argent, ces « colliers » constitués normalement par une tige de section circulaire, aux extrémités ornées. Destinés d'abord aux femmes, on trouve de plus en plus ces torques dans les tombes des guerriers ; encore à l'époque romaine, ils seront un signe de rang social et une décoration pour les guerriers barbares. Grâce au jeu d'un segment amovible, le torque peut donner l'illusion d'être un anneau fermé. Les Celtes aimaient le décor de corail.

Très original et très « moderne » dans son opposition à l'art classique des Grecs et des Romains, l'art celte reste limité aux petits objets. Il n'y a pas d'art monumental. On ignore l'architecture et la pierre de taille. La Gaule en sera couverte au temps de la Paix romaine.

Une civilisation : société et économie

Le phénomène religieux, sa manifestation dans le druidisme et son expression dans l'art celtique, compte parmi les bases de la société en Gaule, mais les autres facteurs ne peuvent en être dissociés. On était accoutumé au rôle privilégié des « prêtres » et à la domination politique d'une strate aristocratique étroitement liée aux druides. La hiérarchie des valeurs était dominée par celles d'une société guerrière : on faisait peu de cas du travail paisible, à l'exception, peut-être, du commerce. Les Romains ont défini les Barbares, parlant évidemment de la classe dirigeante, comme la seule avec laquelle ils communiquaient : oisifs et remuants en même temps, ils dédaignent, par leur éducation, et le travail et la paix. Ce qui exprimait la richesse et le prestige, c'étaient le nombre et l'éclat de la suite armée des *ambactes* qu'un aristocrate pouvait rassembler autour de lui. La signification du mot, « serviteur » ou « valet », qui se retrouve chez les Germains, lesquels empruntèrent aux Celtes le mot avec la chose, fait douter qu'il s'agît d'hommes libres, voire nobles, comme ce fut le cas plus tard chez les Germains.

Devant la puissance et la rivalité des aristocrates, peuple et royauté — encore liés à l'époque des conquêtes — ont dû céder. Au déclin ou à la disparition de la royauté correspond la décadence de l'infanterie celtique, formée jadis de paysans libres, nombreux et bien armés. Après un seul essai César ne prendra plus jamais d'auxiliaires gaulois de cette catégorie, marquant là une différence avec la cavalerie formée des aristocrates et de leurs compagnons combattant à cheval. Dans ces circonstances, et devant la carence de l'État, chacun se trouva obligé d'entrer tôt ou tard dans la clientèle d'un des chefs de l'aristocratie, obtenant ainsi une certaine protection contre une fidélité qui devait être sans faille.

Les assemblées devaient en principe orienter dans les grandes lignes les choix politiques et la gestion des affaires, y compris la nomination des chefs politiques, ou celle d'un *Vergobretos*, « celui qui exécute les décisions » : une sorte de chef de l'exécutif. Elles n'étaient donc le plus souvent que le champ clos des rivalités d'une aristocratie dont certains membres ne désespéraient pas de réintroduire pour leur propre compte la royauté. Ces assemblées sont en soi un phénomène assez remarquable : le principe de la représentation, évidemment exercée par les puissants, était bien connu. Les Romains n'auront aucune peine à réunir des assemblées régionales et même générales, les peuples étant représentés par autant de délégués qu'ils ont de *pagi* (« pays »), c'est-à-dire de districts imposables.

Une autre cause du monopole de la richesse et de la puissance par l'aristocratie semble le rôle de celle-ci dans le commerce et l'industrie. Ceci est bien dans la tradition hallstattienne, avec des « princes » capables de profiter des mines de fer ou de sel et des carrefours commerciaux. C'est pourquoi les Romains n'ont aucune difficulté à définir les aristocrates comme des *equites*, le service armé à cheval et le commerce étant propres à la classe qui portait ce titre dans la société romaine. Ce n'est pas par hasard que « Mercure », le dieu du commerce, est signalé par les Romains comme le dieu principal des Gaulois.

Ce n'est pas un hasard, non plus, si des peuples celtiques ont mis la main, aux dépens des Aquitains ibériques, sur la route de l'« isthme » gaulois de Bordeaux à Narbonne. Il est d'autant plus curieux qu'on ne voit guère l'ascension de marchands enrichis dans la société gauloise. Nous avons tout lieu de croire que le métier de marchand est resté sur un plan inférieur, exercé par des gens dépendant étroitement de l'aristocratie qui en tirait tout le profit. Cela correspond tout à fait au phénomène souligné par les Romains : à la différence de la « cité » méditerranéenne, l'*oppidum* gaulois, malgré ses murs, ne donne aucune distinction juridique à ses habitants, comme cela devait être le cas pour de véritables villes. Malgré leur importance économique, les Romains traitent donc les *oppida* avec dédain, comme des villages : leurs habitants sont aussi soumis à des chefs que les paysans dans les campagnes. « La masse du peuple, chez eux, vit à la manière des esclaves » ; le mot de César est certainement exagéré, mais il exprime bien le caractère archaïque d'une société qui, comme dans le domaine religieux, exerce une pression sur les non-privilégiés et les empêche de s'épanouir librement.

Sur un plan purement économique, les choses se présentent mieux. Il faut abandonner l'idée romantique d'une Gaule couverte de forêts avec seulement quelques « clairières ». Les clairières ont été aménagées dès le Néolithique, à l'âge du bronze au plus tard. La Gaule celtique connaît, même et surtout dans le Nord (à l'exception de l'extrême Nord-Est), de vastes ensembles où l'on produit du blé — déjà exporté — aussi bien que le sel, le cuir, la viande salée, et notamment les fameux jambons de porc, fort prisés des Grecs de Marseille qui, en échange, livrent le poisson apprêté au sel, au vinaigre et au cumin, et, bien sûr, le vin. L'élevage a dû être important, et les forêts, moins sauvages qu'on ne pense, ont tenu un rôle considérable pour la pâture des porcs, spécialité celtique qui survivra dans la France médiévale. Ni les produits laitiers — comme déjà le fromage — ni la viande des bovins, un peu moins celle des ovins, n'ont manqué aux habitants des *oppida* qui constituaient autant de marchés locaux pour les paysans des environs. L'importance de la production du blé, de l'avoine et de l'orge (pour la bière), même dans les régions les moins favorisées, les campagnes de César sont là pour la démontrer. Ni le fourrage ni l'approvisionnement n'ont posé de problème majeur.

La même remarque est valable pour les communications. Le réseau routier était assez dense et d'un usage assez aisé pour permettre partout en Gaule la marche rapide des troupes romaines. C'est dire que le pays, avec un excellent réseau fluvial, disposait des structures nécessaires pour un commerce à moyenne et longue distance. Même après la coupure par les Germains de l'ancien axe celtique est-ouest des pays danubiens vers la Champagne et la Bourgogne — ces routes ne seront rétablies que sous Domitien et Trajan —, ce commerce offrait les débouchés nécessaires aux industries des *oppida* celtiques. Indépendamment de l'écoulement des produits vers la « Province », Marseille et l'Italie ainsi que vers les îles Britanniques, la Gaule elle-même, avec dix à douze millions d'habitants, dont plus de sept dans la Gaule non romaine, constituait un marché énorme pour l'époque, surtout si l'on compare avec une Europe centrale et septentrionale beaucoup moins peuplée.

On connaît aujourd'hui fort bien l'*oppidum* celtique dans sa forme la plus épanouie, par exemple à Bibracte, près d'Autun, où l'on distingue les quartiers dans lesquels vivaient et travaillaient les potiers, les menuisiers, les charpentiers, les forgerons, les émailleurs.

L'émail est, en effet, une innovation celtique, du moins en ce qui concerne l'Occident. Selon Pline l'Ancien, les Celtes ont inventé l'étamage du cuivre, et on leur attribuait aussi le plaqué d'argent. Les auteurs anciens sont unanimes à vanter leur habileté et leur savoir-faire dans le domaine technique, ce qui les rapproche, ne l'oublions pas, des Grecs qui, en Méditerranée et à travers toute l'histoire romaine, resteront les ingénieurs, les techniciens, par excellence.

La grande spécialité des Celtes était évidemment la production et la transformation du fer. A côté de l'épée longue à deux tranchants, mentionnons en particulier la lance : son nom, transcrit *langkiai* par les auteurs grecs, révèle bien que le mot comme la chose sont celtiques. La variété et la qualité des autres produits de la métallurgie ont certainement contribué à la production relativement élevée de l'agriculture. C'est surtout le cas de la charrue à deux roues, avec un soc en fer aciéré, qui permettait de retourner en profondeur même des terres lourdes et humides, inaccessibles aux simples araires du monde méditerranéen. Mais on produisait aussi en masse des faux et des faucilles. On livrait des clous à la construction navale. On fabriquait des bandes en fer aciéré pour les roues. Nous touchons là à la grande spécialité industrielle des Gaulois, la charronnerie, qui profitait d'une longue tradition du travail du bois. Déjà, la construction des chars de combat à deux roues, abandonnée à cette époque, avait confirmé la maîtrise des Celtes dans ce métier. Depuis, ils avaient inventé aussi bien le *carpentum* à deux roues pour le transport — en usage surtout chez les Belges — que la *carruca* et la *reda* à quatre roues. Chacun de ces mots est passé, avec la chose, dans la langue et la vie latines, alors que les Grecs restaient incapables de rendre en leur langue cette variété de voitures.

L'aspect extérieur de ces *oppida*, qui pouvaient avoir deux mille habitants et plus, n'était pas brillant aux yeux d'un Grec ou d'un Romain : les Celtes ne construisaient pas des maisons en pierre de taille ; ils avaient, même encore dans les villes de la Gaule romaine, des maisons « à colombage ». L'impression restait celle d'un grand village, animé et fortifié. Il y avait quand même une grande diversité des maisons, depuis les petites cabanes jusqu'à cette grosse maison trouvée à Verberie (Oise) dont les 45 trous de poteaux trahissent une forme ovale aux dimensions de 22 m sur 12,50 m.

L'impression générale est celle d'un pays dont la richesse naturelle est très bien mise à profit par une population intelligente et laborieuse, qui crée un équipement souvent supérieur à celui des Romains. On observe même des structures développées dans le domaine des finances et du commerce : ainsi l'installation de longue date, à ce qu'il semble, de douanes, évidemment exploitées par l'aristocratie, mais aussi de la banque ; on voit les Lingons prêter régulièrement de l'argent à César, et engendrer ainsi des intérêts réciproques non négligeables. Cela présuppose évidemment que les moyens aient été en place longtemps avant les guerres de César. C'est donc dans leur organisation politique, militaire et surtout sociale que réside la faiblesse des Gaulois : ils ne sont pas préparés à relever les défis d'un monde hostile, dominé depuis quelque temps par les Romains au sud-est et les Germains au nord-est. Leur lutte d'influence sonnera le glas d'une société qui, malgré de remarquables réalisations dans le domaine de l'économie et de l'art, paraît bien à bout de souffle.

César

L'influence de Rome, à partir de sa « province » du Midi, était établie parmi les peuples gaulois longtemps avant la conquête. Cette dernière était donc historiquement bien préparée. Elle n'allait pas de soi pour autant. Il y fallait une évolution en Gaule même, sans laquelle une politique de cette envergure ne pouvait être menée à bonne fin. C'est donc l'ambition démesurée d'un grand homme politique doublé d'un grand chef militaire qui est à l'origine d'une conquête de portée historique et mondiale.

Encore fallait-il que le hasard s'en mêlât. Un premier proconsulat avait permis au jeune Caius Julius César, neveu du grand Marius et gendre de Cinna, de pouvoir choisir en 60 av. J.-C. entre le « triomphe » officiel à Rome, pour quelques succès remportés en Espagne, et la candidature au consulat. En obtenant le consulat, César apparut sur la scène politique alors que les deux hommes les plus puissants du moment, Pompée — le brillant vainqueur des pirates de la Méditerranée et des potentats de l'Orient hellénistique — et le richissime Crassus, changeaient leur rivalité en une alliance profitable. Ils intégrèrent à l'affaire le nouveau consul : César fut le troisième homme d'un « triumvirat » d'abord secret, puis étalé au grand jour.

Si l'on néglige cette conjoncture politique, on ne peut comprendre les pouvoirs dont allait jouir César, pouvoirs exceptionnels et toujours prolongés malgré la méfiance d'une partie du Sénat. Or ces pouvoirs à long terme étaient la condition même de la conquête de la Gaule. Alors que, sur proposition d'un tribun qui lui était dévoué, César venait de recevoir l'administration de la Gaule cisalpine et de la Dalmatie, le hasard voulut que la Gaule transalpine, c'est-à-dire la Narbonnaise, devînt vacante. Le Sénat choisit alors de réunir les deux provinces sous le même commandement militaire. César eut pour seule directive de protéger les amis de Rome, c'est-à-dire les Éduens.

César était d'avance résolu à profiter de sa nouvelle position pour réussir le coup d'éclat qui lui assurerait la carrière politique à laquelle il se croyait destiné. C'est donc en regardant toujours vers Rome, et en passant ses hivers en Gaule cisalpine à écouter ses émissaires et ses amis romains — la constitution lui défendait d'entrer dans Rome — que César mena à bien ce grand coup politico-militaire que fut la conquête de la Gaule.

Il faut voir ce qu'il fit de la situation qu'il trouva en arrivant en 58 en Gaule. Le condottiere Arioviste, un Germain venu d'outre-Rhin avec ses troupes, jouait les arbitres entre Éduens et Séquanes, avec l'accord de Rome qui l'avait, sous le consulat même de César, paré du titre envié d'« ami du peuple romain ». Proconsul, César ne l'admit plus et donna son appui à ceux qui, jusqu'ici vainement, appelaient le secours de Rome contre l'arrogance d'un Arioviste qui, de soudard, puis allié, était devenu maître dans le centre-est de la Gaule.

Second problème, toujours lié à la pression des Germains : les Helvètes voulaient quitter leur patrie pour se rendre dans l'ouest de la Gaule. Dans l'intérêt évident de la politique romaine, César décida d'empêcher cette entreprise qu'il jugeait dangereuse pour la paix en Gaule. Il bloqua le passage de la « Province » romaine près de Genève, puis poursuivit et anéantit en partie les Helvètes qui cherchaient un chemin plus au nord. César était engagé en Gaule centrale. Il n'allait pas quitter de sitôt le lieu de ses exploits, et il en profita pour régler d'abord le cas Arioviste dans la foulée. Le Germain, trop sûr du nombre supérieur et de la valeur de ses troupes, avait même offert d'aider César à s'imposer à Rome, à condition qu'on lui laissât l'hégémonie dans la Gaule septentrionale. César, se tirant de la situation difficile dans laquelle une manœuvre habile d'Arioviste l'avait mis en Haute-Alsace, battit et anéantit le Germain, tout en se ménageant le concours, pour l'avenir, des autres Germains déjà établis en deçà du Rhin.

Ce geste décidait de tout l'avenir de la Gaule : c'était la défense faite aux Germains de franchir le Rhin désormais pris pour frontière entre Germains et Gaulois, une frontière que les Germains ne passeraient plus sans la permission de Rome. Tout en protégeant les amis de Rome mieux que n'avait jamais fait un proconsul romain, César venait ainsi, par deux succès éclatants, d'établir une nouvelle donne politique dans l'Occident. De ce fait, il allait se mêler des affaires dans une région jusque-là exempte de l'influence romaine : le Nord-Est, où les Belges et ceux des Germains qui leur étaient alliés comptaient bien faire ce qu'ils voulaient. Tout ce qui suit s'explique par cela. Ce n'est pas une résistance « gauloise » à ce qui n'était pas encore une conquête romaine de la Gaule. Mais le partage de la Gaule entre les Romains dans le Sud, l'armée d'Arioviste dans le Centre-Est et le monde belgo-germanique dans le Nord avait été évité au prix de l'effort extraordinaire obtenu par César de ses troupes, d'abord portées à craindre que les Germains fussent invincibles.

Le grand chef romain, dont la force tenait toujours à la vitesse d'exécution et à l'effet de surprise, ne laissa même pas aux Belges et aux Germains le temps de s'habituer à la nouvelle situation politique et militaire : en dictant la « loi romaine de la frontière rhénane entre Gaulois et Germains », il les obligeait à s'opposer à lui. Il savait que la défaite des Belges, réputés les plus valeureux en Gaule, lui livrait d'un coup le reste de la Gaule. Personne n'oserait plus lui résister. César jouait donc le va-tout. Il gagna. Devant l'armée considérable des Belges, assemblée en 57 av. J.-C. sur les rives de l'Aisne, il ne fit qu'attendre son armée dans ces retranchements que les légionnaires savaient si bien construire et qui furent un des secrets des victoires romaines. César était certain qu'une telle masse d'hommes ne pouvait être nourrie longtemps, et il comptait aussi, justement, sur les dissensions internes et les rivalités des chefs et des tribus belges, notamment des Nerviens et des Bellovaques. Quand la masse se dispersa, César fonça sur le noyau dur de ses adversaires, les Nerviens, et les battit facilement. Entre-temps, il avait obtenu la soumission et l'alliance durable des Rèmes (autour de Reims), le peuple le plus important des Belges méridionaux.

En deux ans, et par trois victoires, César était devenu le maître incontesté de la Gaule : il avait établi la frontière rhénane et l'avait déjà fait respecter. Le reste ne semblait plus qu'une affaire d'occupation et d'administration, le chef romain n'ayant pas grande opinion des autres Gaulois, jusqu'ici bien effacés, et devant les Belges, et devant les Germains. Certains faisaient d'ailleurs leur soumission sans attendre : ainsi les peuples de l'Armorique. César informa le Sénat romain de la conquête d'une nouvelle province et de la solution du problème des Germains. Même le parti qui lui était hostile fut impressionné. Le Sénat ordonna des fêtes solennelles de dix jours.

La conquête de la Gaule était achevée, et on ne devrait pas la confondre avec les années qui suivent pour la seule raison qu'il en est traité par César dans le même livre et sous le même titre : *Bellum Gallicum.* Car ce qui suit, ce n'est plus la conquête de la Gaule, ce sont des résistances à une domination romaine déjà établie. La campagne, assez difficile, de 56 av. J.-C. n'est nécessaire que parce que les peuples armoricains se rebellent contre les garnisons romaines à cause de l'impôt qu'on leur demande. Ce sont donc les « bienfaits » inattendus d'un régime romain déjà établi qui provoquent une réaction régionale. Il n'y a pas lutte de la Gaule pour sa liberté, mais contre l'impôt.

L'aide que reçoivent les insurgés de la part de leurs amis celtiques d'outre-Manche montre bien — comme dans le cas des Belges et des Germains réunis jusqu'au-delà du Rhin — que l'intervention romaine et la conception territoriale de la « Gaule » des Romains tranchent le tissu des réalités du monde celtique anté-romain, qui était régional et dépassait en même temps la « Gaule ». Cela explique en même temps pourquoi les autres « Gaulois » ne bougent pas. Seule, cette interprétation qui distingue la situation au moment de la conquête — César pouvait être indulgent envers des vaincus qu'il voulait gagner à la cause romaine — de la rébellion contre un pouvoir romain déjà reconnu rend compréhensible le changement d'attitude du chef romain. Quand les Vénètes (autour de Vannes), âme de cette rébellion et connus pour la puissance de leur flotte, seront vaincus, leurs « sénateurs » seront mis à mort, et le peuple vendu en esclavage. Cette punition terrible montre que, pour les Romains, ce n'est plus la même « guerre » : il s'agit d'une « défection ».

Le cas des Vénètes permet aussi de saisir la supériorité intrinsèque des Romains. Placé devant la nécessité de combattre des *oppida* situés sur la côte et imprenables à cause de la supériorité maritime des Vénètes, César fait construire des navires par ses troupes dans la région de la Loire. Voyant la supériorité des hauts-bords des Vénètes face à leurs navires assez plats, les Romains mettent des couteaux à la pointe de longues perches, coupent les cordages et, faisant ainsi tomber les mâts, immobilisent les bateaux ennemis avant de les prendre à l'abordage. Cet épisode explique l'étrange supériorité d'une armée qui n'a jamais dépassé cinquante mille hommes, qui se déplaçait par contingents de mille à vingt-cinq mille hommes et qui réussit à vaincre puis à contrôler des centaines de milliers d'hommes armés. Quand César aura convaincu les Gaulois de l'invincibilité romaine, la seule garnison dans les Gaules pacifiées — excepté évidemment les troupes sur la frontière rhénane — sera une simple cohorte stationnée à Lyon.

Les seules alertes sérieuses se présentèrent donc à des moments où l'invincibilité de ses troupes, dans un premier cas, et celle de César lui-même, dans un second, pouvaient être mises en doute. Le premier survint dans l'hiver de 54-53, quand le peuple « semi-germanique » des Éburons (sur la Meuse moyenne), poussé à la révolte par un ennemi trévirien des Romains, Indutiomarus, attaqua un camp d'hiver romain, feignit de concéder une libre retraite et massacra par surprise plus d'une légion. César avait entre-temps impressionné, et ses compatriotes à Rome, et les Gaulois, et les peuples dont il comptait maintenir l'exclusion durable de « sa » Gaule, c'est-à-dire les Celtes en Angleterre et les Germains transrhénans, par quelques expéditions au-delà du Rhin et au-delà de la Manche. Il renforça alors son armée jusqu'à dix légions et, après avoir dégagé un autre corps romain assiégé par l'ennemi, infligea une punition exemplaire aux coupables. Ce fut, aidé d'ailleurs par les peuples environnants, un véritable génocide des Éburons.

César connut un second échec, plus grave pour son prestige, quand il crut pouvoir prendre par surprise la position ennemie de Gergovie (52 av. J.-C.) et se fit battre personnellement en subissant des pertes sensibles. L'adversaire, à ce moment-là, s'appelait Vercingétorix : il tira de l'affaire un prestige immense. Nous nous trouvons là, déjà, dans la phase finale de la « pacification » césarienne, au moment de la seule crise vraiment sérieuse qu'aient connue les armées de César, au seul moment, aussi, où l'idée d'une résistance — non générale, mais généralisée au-delà d'un plan régional — avait quelque chance de se concrétiser.

Avec Vercingétorix, les Arvernes occupaient le devant de la scène pour la première fois depuis la fin de l'hégémonie qu'ils avaient exercée en Gaule centrale et méridionale jusqu'à leur défaite en 121 devant les Romains. Depuis, cette hégémonie avait été l'enjeu d'une lutte entre les Éduens « amis du peuple romain » et les Séquanes. Les Arvernes, cependant, avaient restauré chez eux la royauté, événement qui devait donner espoir en des temps meilleurs aux gens du peuple, et ils avaient confié la dignité à un jeune homme de naissance royale, Vercingétorix. Lorsqu'il revendiqua pour lui et son peuple la direction du combat contre César, il trouva l'appui des druides des Carnutes qui avaient lancé de leur côté des appels à la lutte dès que l'on avait entrevu les premières difficultés sérieuses des Romains. Vercingétorix réussit ensuite à imposer à ce mouvement de résistance généralisé une nouvelle tactique : on évita la bataille rangée à pied, qui amenait immanquablement la défaite, mais on harcela les Romains avec les meilleures troupes gauloises, c'est-à-dire la cavalerie, tout en dévastant les régions où les légions romaines devaient se ravitailler.

Une première campagne autour de la très importante cité des Bituriges, *Avaricum*, se termina, après un siège souvent difficile pour les Romains, par la prise de la ville. Cet événement n'entama pas la confiance des fédérés en Vercingétorix : le succès romain sembla dû au hasard plutôt qu'à la supériorité réelle des Romains qui, précisément, s'étaient vus harcelés sur leurs arrières par Vercingétorix.

L'échec que subit César devant Gergovie donna en revanche une ampleur nouvelle à l'insurrection. Même les Éduens, les plus anciens alliés des Romains, avaient fini par joindre leurs adversaires, dans l'espoir, il est vrai, de prendre la direction du mouvement. Il n'en fut rien. Toujours appuyé par les druides, Vercingétorix fut confirmé, dans sa position de premier chef « national » qu'aient connu les Celtes de la Gaule. Encore faut-il ne pas perdre de vue quelques détails significatifs. Plusieurs peuples qui se trouvaient trop loin des événements dans le centre de la Gaule ne participèrent pas à la lutte. Les Rèmes de Reims et les Lingons de Langres restèrent fidèles à leurs alliés romains. La ferveur d'autres peuples était limitée, ce que prouve bien le fait que les otages qu'avaient les Romains, et que les insurgés purent prendre lors d'un coup de main, ne furent pas rendus à leurs peuples respectifs : Vercingétorix espérait ainsi exercer une pression sur les peuples et garder en main des sécurités. L'envergure du mouvement a cependant été une mauvaise surprise pour César. La confiance que manifestèrent ses adversaires s'exprima par des attaques, même contre la Narbonnaise, en vue d'une reconquête ultérieure. Mais cette province romaine ne bougea pas. Même les Allobroges, durement vaincus, jadis, par les Romains, leur restèrent fidèles.

Ce premier échec des coalisés fut suivi d'un autre. César fit croire qu'il cherchait à quitter la Gaule pour sauver la Province romaine. En vérité, il avait renforcé sa cavalerie par des Germains combattant à cheval et accompagnés de coureurs armés à pied. Il parvint alors à surprendre la cavalerie des Gaulois près de Dijon et à la battre au moment où celle-ci se croyait certaine de sa supériorité. Face à une armée romaine forte de dix légions, Vercingétorix se retira dans l'*oppidum* d'Alésia. Notons qu'il s'agit bien, malgré des discussions remontant au XIXe siècle et ranimées ces derniers temps, du site d'Alise-Sainte-Reine.

On doit admirer le fait que dans cette adversité, le chef étant mis en danger par un siège en règle organisé par la puissante armée romaine, nombre de Gaulois se soient unis pour tenter de dégager Vercingétorix. Les Romains qui assiégeaient Alésia furent assiégés à leur tour. Ils réussirent à se maintenir, puis à mettre en fuite l'armée gauloise. Alésia capitula, livrant Vercingétorix au vainqueur. On a souligné récemment que les embellissements de la capitulation de Vercingétorix appartiennent tous à des sources postérieures et méritent peu de crédit, même si les gestes supposés du vaincu et du vainqueur ont inspiré une incroyable imagerie moderne. Tout ce que nous savons, c'est que, très habilement, César se montra d'une grande indulgence envers les Arvernes et même envers les Éduens : maintenant que la révolte était terminée, il fallait préparer la paix, c'est-à-dire la domination romaine. En revanche, le triomphe officiel à Rome, suprême récompense d'un général romain, et récompense appréciée d'un chef qui comptait bien arriver à des honneurs plus grands, était inimaginable sans la présentation du vaincu en personne, à savoir Vercingétorix. Son exécution était également dans les traditions romaines.

En cas d'échec de César, les Gaulois eussent-ils maintenu l'unité relative formée pour la circonstance, et gardé leur indépendance face aux Germains aussi bien que face à la puissance romaine ? Il est permis d'en douter. Après une conquête éclair sur l'axe qui intéressait les Romains — du Rhône au Rhin —, César avait rencontré des résistances plus grandes que prévues, mais au fond régionales. C'est même le cas pour le dernier sursaut : jamais les Arvernes et les Éduens n'ont combattu pour la « liberté » des Belgo-Germains, ni ces derniers pour celle des Arvernes. Quant aux « Ibères », au nord et au sud des Pyrénées — les Basques d'origine non indo-européenne —, ils ont résisté aux Romains, en Espagne comme en Gaule du Sud-Est, mais sans la moindre relation avec le combat de Vercingétorix. Les populations plus ou moins celtisées de cette Gaule, qui, pensée par les Romains, sera romaine pour quelques siècles, sont donc effectivement la base démographique d'une nation qui naîtra ultérieurement dans cette Gaule. Mais le comportement politique des chefs gaulois avant l'acceptation de la domination romaine par cette aristocratie n'est pas la préfiguration de la nation française. Quant au changement décisif du destin de la Gaule par les événements que nous venons d'évoquer, il n'y aura jamais un jugement unanime : celui-ci dépend trop de la position prise par l'observateur, et l'avenir supposé des peuples celtiques s'ils étaient restés exempts de la domination romaine reste insondable.

En revanche, si l'histoire mondiale a foulé le sol de l'Hexagone, c'est bien à ce moment-là. Il n'y a pas seulement l'acte de naissance de la plus grande nation latine, mais aussi la naissance, dans ces combats, d'une armée césarienne qui sera à l'origine du pouvoir de César et de l'Empire que réalisera Octave Auguste : la forme même de l'État auquel appartiendra la Gaule pendant des siècles s'est décidée à ce même moment. L'histoire de l'Occident venait de commencer.

CHAPITRE VII

La Paix romaine

La pacification

La victoire de l'Empire et l'éclat des armes romaines pendant plus de deux siècles firent des riverains de la Méditerranée — « mer intérieure » de l'Empire — les partenaires de la plus grande communauté économique que le monde ait vue jusque-là. Des communications navales faciles et un système routier admirable rapprochèrent des pays qui, peu de temps auparavant, ne se connaissaient même pas. La Gaule entrait de plain-pied dans ce monde et avec un succès économique étonnamment rapide. Elle se transformait, s'internationalisait, s'enrichissait, se civilisait et se romanisait en attendant de se christianiser.

Avant que les bienfaits, mais aussi les maux — et les impôts — de l'ordre romain fussent connus, Rome exigea la soumission : « ménager les soumis, combattre les audacieux » restait la règle d'or. On ne doit pas sous-estimer les humiliations des vaincus et la dureté de la répression. De rares groupes continuèrent la résistance après Alésia. Ils furent terrassés avec une cruauté implacable : en 51 av. J.-C., les défenseurs d'*Uxellodunum* eurent les mains coupées avant d'être renvoyés dans leur patrie respective par un César excédé d'avoir inutilement perdu son temps au lieu de préparer sa lutte pour le pouvoir à Rome. Mais ce sont là les oubliés de l'histoire. Dans sa majorité, l'aristocratie gauloise répondit favorablement à l'appel de César et se battit sous sa conduite contre les adversaires de Rome. Quelle chance, même pour ceux qui avaient combattu César, de passer du côté des vaincus à celui des vainqueurs, et cela en servant un homme visiblement protégé par les dieux et par son « génie » ! La notion avait un sens divin précis. Beaucoup vénéreront sincèrement le conquérant comme un dieu.

Non seulement César garantit leur puissance politique locale et leurs privilèges sociaux — rien ne devait changer sous cet angle après la victoire romaine —, mais il leur accorde les honneurs les plus divers, honneurs militaires et civils, à commencer par la citoyenneté romaine ; et ceux qui ne la reçoivent pas comme distinction l'auront à la fin de leur service militaire quand ils rentreront, vétérans enrichis par les campagnes faites sous les aigles de César, puis d'Antoine et enfin d'Octave Auguste. Les inscriptions nous révèlent le nombre élevé de ceux qui reçurent ainsi de César le statut de citoyen romain avec son « gentilice » *Julius* et son prénom *Caius* : tel à Saintes ce *C. Julius Gedomo*, fils du noble celtique *Epotsorovidos*. Son fils, *C. Julius Otuaneunos*, appartient également à cette « noblesse des *Julii* (G. Picard). Et c'est son petit-fils, *C. Julius Rufus* au nom complètement romanisé, qui dédie l'arc de Saintes et fait construire à ses frais l'amphithéâtre de Lyon, la ville où il est prêtre du culte de Rome et d'Auguste à l'autel confédéral des Trois Gaules, c'est-à-dire de l'organisation politico-religieuse instituée par Auguste. La romanisation, dont on a souvent souligné la rapidité, ne pouvait se faire que si les Gaulois s'en chargeaient. La guerre civile, dont la relation avec la conquête de la Gaule tient à la personne de César, a cependant facilité et accéléré cette évolution : elle a procuré une activité lucrative à des hommes qui gardaient toutes leurs prérogatives chez eux, sauf celle de faire la guerre aux autres Gaulois comme ils en avaient l'habitude avant la conquête.

Un autre phénomène d'un intérêt égal est le corollaire du premier : il vient d'être découvert grâce à l'archéologie. Bon nombre de ceux qui ne voulaient pas vivre sous la botte romaine ont quitté le pays, en direction de la Bretagne — l'Angleterre actuelle — comme déjà pendant la guerre, mais surtout en direction des pays danubiens du berceau des Celtes. Or ces régions étaient largement dominées depuis quelques décennies par des Germains, surtout des Marcomans. Après la conquête du pays jusqu'au Danube par les Romains (entre 17 et 15 av. J.-C.) et après la victoire de Drusus (en 9 av. J.-C.) sur les Marcomans, ceux-ci se retirèrent en Bohême sous la conduite de leur roi, Marbod. La capitale de ce royaume, qui causa beaucoup de souci aux Romains, a été retrouvée à Hradiste, près de Strakonice ; elle offre le spectacle le plus étonnant d'une civilisation mixte germano-celtique. Non seulement les Celtes du haut Danube y trouvèrent refuge, mais aussi ceux qui venaient de Gaulc, soit indirectement après un séjour dans les pays danubiens, soit directement. Toute cette civilisation est pleine d'éléments du plus pur La Tène III gaulois, comme le prouve entre autres la fibule du type « *Nauheim* ». Très répandue en Gaule comme en Germanie, on la croyait d'origine « nordique » avant de découvrir ses origines dans le midi de la Gaule et à Vienne, d'où elle s'est répandue en Gaule — avant la conquête — puis en Germanie.

Certes, les relations sont anciennes et souvent amicales entre Celtes et Germains, mais la période dont nous parlons paraît la plus importante quant à cette influence celtique dans le monde germain qui touchera jusqu'aux Goths établis sur la Vistule. Chez eux, le compagnon et fidèle d'un chef militaire s'appelle *siponeis*, dérivé d'un *sepanios* celtique. Les mots qui signifient serviteur (*ambaktos* en gaulois, *andbaht* en gotique, *ambaht* en ancien allemand, *vassos* en celtique, *vassus*, *vassallus* chez les Francs), otage (*gisal*), puissance et gouvernement (*rig* en celtique, *reiks* en gotique, *rihhi*, *Reich* en ancien allemand) et même les caractères écrits des Germains (*rune*, celtique, « secret ») viennent des Gaulois. Plus significatifs encore sont les noms de personnes tels que *Caturix* (« maître de la guerre ») et *Teutorix* (« chef du peuple ») qui donneront chez les Germains *Hadurich*, Hadéric et *Theuderich* (Théodoric, « Thierry », en allemand *Dietrich*). Ce dernier nom sera celui de rois francs.

Comment ne pas parler de cette dernière vague d'influence et de fécondation laissée par un monde celtique dont la langue meurt lentement sur le continent, si ce phénomène explique en même temps le manque de résistance ultérieure en Gaule et les progrès rapides de la romanisation. Ceux qui préféraient l'Europe semi-barbare nordique, avec sa civilisation du fer et du bois, seront désormais séparés de ceux qui choisissent l'Europe romaine, avec sa civilisation de la pierre de taille et de la cité.

Ce serait pourtant une erreur que de s'imaginer des changements rapides de structure et de style de vie dans la Gaule d'après la conquête. Une erreur qui tient parfois à ce que l'on confond en une seule « Gaule » deux espaces qui, pendant cette première période, doivent être bien distingués, ce qui permettra de saisir plus tard l'importance de leur union : la Gaule déjà romaine depuis 120 av. J.-C., et la Gaule « chevelue » récemment conquise.

Pour la « Narbonnaise », trois facteurs favorisent un essor vertigineux sur la base solide des structures romaines déjà en place. Le premier, c'est la récompense de César, de ses successeurs et de l'État romain à ceux qui ont été fidèles pendant la guerre des Gaules et dans les moments critiques qui ont suivi. Le deuxième est l'établissement de vétérans des légions — donc de citoyens romains — dans de nouvelles colonies fondées à leur intention : une sorte de récompense, également ; le troisième est la sûreté du profit promis aux habitants de la Province et surtout aux commerçants qui s'y installent ou s'y trouvent déjà, et cela grâce au marché que constitue pour cette région intermédiaire l'ensemble de la Gaule nouvellement soumise aux Romains.

Encore fallait-il, pour jouir pleinement de ces avantages, avoir été du bon côté pendant la guerre civile. Or Marseille, puissance grecque de la région plutôt que simple ville, avait eu une attitude et même un engagement favorables à Pompée. En 49 av. J.-C., César lui fit la guerre. Après un siège difficile, il lui enleva tous ses privilèges politiques et économiques. Les négociants romains qui venaient d'Italie ne se plaignirent évidemment pas du coup porté à la concurrence grecque, mais la ville phocéenne — sans récupérer jamais son rôle politique — devait quand même se relever économiquement : il y avait assez à gagner pour tout le monde dans le delta du Rhône.

Pour donner une idée du développement de la Narbonnaise, il suffit d'évoquer quelques noms. Les vétérans de la VIe légion sont installés en 48 à Arles, ceux de la VIIe à Béziers (la région en sera plus tard appelée la « Septimanie »), ceux de la Xe en 46 à Narbonne. Dans les années qui suivirent, d'autres vétérans s'établissent dans la nouvelle colonie romaine *Valentia* qui, de l'*oppidum* des *Segovellauni*, fait la cité de Valence, mais aussi à Vienne et à Orange où sont placés en 35 des vétérans de la IIe légion. Tous les chefs-lieux des peuples restés fidèles entrent alors dans le cercle des villes à droit latin : Avignon, Cavaillon, Carpentras, Apt, Antibes, Toulouse, Carcassonne, Castel-Roussillon. Auguste fonde une colonie à Fréjus pour des vétérans de la VIIIe légion et des marins de la flotte d'Antoine vaincue à Actium ; mais à côté de cette ville ayant le droit romain, il fonde d'autres colonies selon le droit latin : Nîmes, Vienne, Alba, Riez. Déjà cité latine, Aix-en-Provence est transformée en cité romaine. Quant à Nîmes et à Vienne, où il y a des vétérans des *auxiliae*, des troupes non romaines, elles sont honorées par la construction de magnifiques murailles.

L'essor démographique qui stimula l'économie mit d'un coup cette province florissante sur le même plan de densité de population que l'Italie, loin devant une Gaule chevelue elle-même beaucoup plus peuplée que les autres régions d'Europe. Partout, des quartiers de commerçants — *canabenses*, « lieux des entrepôts » puis « des marchands » — enrichirent ces villes. On construisit des maisons de plus en plus cossues pour des riches de plus en plus nombreux. Les installations publiques et les temples sont à la mesure du reste : nous avons là le premier réseau urbain pleinement développé dans l'histoire de l'Hexagone : Vaison-la-Romaine, *Glanum* (près de Saint-Rémy-de-Provence) et autres Nîmes en sont encore les témoins prestigieux. Même dans les Alpes maritimes, cottiennes et grées qu'Auguste ne soumit définitivement qu'en 14-7 av. J.-C. — cette victoire fut commémorée par le Trophée des Alpes à La Turbie —, les chefs-lieux furent immédiatement transformés en cités romaines : ainsi *Cemenelum*, Cimiez, capitale des Alpes maritimes, et plus tard Suse, capitale de ces Alpes cottiennes qui devaient leur nom au roi Cottius qui se soumit aux Romains.

Fait remarquable, les centres de peuples celtiques — ibéro-celtiques, liguro-celtiques — élevés au rang de colonies de droit latin dépassèrent rapidement les colonies, souvent plus anciennes, qui avaient le droit municipal romain. Narbonne, Aix, Orange et Arles s'étendaient sur 70 à 80 ha, avec des murs de 3 à 4 km, Toulouse arrivait à 90 ha, avec plus de 4 km d'enceinte, mais Vienne et Nîmes avaient des murailles de 6 à 7 km et une superficie d'environ 200 ha. Les spécialistes — italiens et autochtones — de l'urbanisme romain et de la construction en pierre de taille, marbre ou autre, eurent à faire pour des décennies dans cette province florissante qui sera plus tard la « Provence » et le Languedoc, bien avant de se déplacer massivement vers une Gaule chevelue où, longtemps, il n'y eut rien de semblable.

Pour le premier demi-siècle de la domination romaine, il n'y a guère de traces d'une activité urbaine notable dans ces régions de la Gaule chevelue. La vie de tous les jours continua avec les habitudes celtiques anciennes. La différence entre ces « deux Gaules » dans l'Hexagone, déjà grande au début de l'action de César, est donc paradoxalement accentuée au début de la période romaine. César et ses successeurs ont d'abord cherché la pacification, en évitant de bousculer les habitudes. Ils ont aussi voulu préserver le recrutement de leurs armées. Ils ne se sont pas pressés pour apporter vite et à grands frais les avantages et le confort de la civilisation méditerranéenne et romaine. Il revint aux aristocrates et autres Celtes ayant servi dans l'armée ou dans l'administration romaines — même comme esclaves, puis affranchis — de poser les premiers jalons d'une lente romanisation.

Cette Gaule-là était une province conquise et soumise à un régime d'occupation. Dans sa presque totalité, la représentation administrative romaine, c'était l'armée : en – 44, cinq légions y stationnaient encore. Pourvue par César du statut de province romaine, cette nouvelle Gaule se vit imposer en – 49 un tribut — assez modéré — de quarante millions de sesterces. Les peuples de la Gaule furent « classés » en trois catégories selon l'attitude qu'ils avaient eue envers les Romains après la première conquête de 58-57 av. J.-C. ; seule la dernière catégorie, celle des ennemis vaincus, eut à payer le tribut.

La même année, César confia la Gaule romaine et la Gaule conquise au vainqueur de la flotte massiliote, Decimus Brutus. En 45-44, la Narbonnaise fut donnée, avec l'*Hispania Citerior* (Catalogne), à Aemilius Lepidus ; la *Belgica* alla à Hirtius — le continuateur des mémoires de César — et la *Celtica* à C. Munatius Plancus qui, sur la frontière même de la Narbonnaise, y fonda en 43 av. J.-C. *Lugdunum*, Lyon. Ces détails révèlent les tâtonnements du début, mais montrent aussi l'apparition des grandes divisions intérieures de la Gaule conquise ; elles seront importantes dans l'avenir. Unie à la Gaule chevelue, puis à l'Italie par Auguste, la Narbonnaise resta finalement séparée de la Gaule chevelue.

Celle-ci fut l'objet d'une grande réorganisation administrative par Auguste, entre 27 et 16 av. J.-C. : elle trouva alors ses assises « définitives » quant aux limites des territoires et à la distribution des charges fiscales. La Narbonnaise fut soumise à l'autorité du Sénat. Les *Tres Galliae* (*Aquitania, Celtica, Belgica*) — elles trouvaient ainsi leur dénomination classique, les « Trois Gaules » ou seulement « les Gaules » — reçurent à ce moment des frontières différentes de celles de la Gaule césarienne : à l'exception de la Touraine, pays des *Turoni*, tout le pays au sud de la Loire fut donné à l'Aquitaine, et ce aux dépens de la Gaule celtique. Cette Aquitaine romaine, avec son centre *Burdigala* (Bordeaux), fut ainsi une région mixte — celto-ibérique à majorité celtique —, très ouverte aux influences de la Narbonnaise à laquelle elle était liée par sa situation géographique et climatique. Ces faits sont d'une grande importance pour le développement du Midi, au sens le plus large, un développement qui séparera de plus en plus ce Midi de la Gaule septentrionale. La *Belgica* fut également élargie aux dépens de la *Celtica*. Tous les peuples de l'Est avec leurs centres à Trèves, Metz, Toul, Langres et Besançon — donc les Séquanes et également les Helvètes — furent rattachés à une *Belgica* hypertrophiée : de toute évidence, elle devait servir comme « Hinterland » de la frontière rhénane contre les Germains.

Le tracé des frontières ne laisse pour la Celtique qu'un couloir qui va de Lyon à la pointe de la presqu'île bretonne, en passant par le pays des Éduens (*Bibracte*) et des Sénons (Sens) et les pays entre la Manche et la Loire. Ceci trahit une autre intention : toutes ces provinces se rejoignent près de Lyon, la ville destinée à devenir la capitale commune des Trois Gaules. C'est là que s'installe Agrippa, le gendre d'Auguste, afin d'organiser l'Occident pour son maître. Il dispose même d'une carte assez précise qui mentionne soixante-quatre peuples ou « cités » de la Gaule : on les retrouvera chez l'historien Tacite et sur la carte la plus tardive de Ptolémée qui, tous deux, ont connu la carte d'Agrippa.

Celui-ci avait surtout à mettre sur pied un système routier non pour la seule Gaule, mais pour l'Empire, et afin de servir ses desseins politiques et militaires. Ce système routier sera de la plus haute importance pour l'évolution et la romanisation des Trois Gaules, mais il est fâcheusement dépourvu d'un axe est-ouest qui desservirait la côte atlantique par une route Lyon-Saintes. L'axe principal pour les Romains restera celui du sud avec son système routier méditerranéen, orienté vers le nord en partant d'Arles et allant, par Valence, Vienne et Lyon, vers Chalon-sur-Saône, Langres, Toul et Trèves, pour atteindre Cologne, où Agrippa lui-même fondera la *Colonia Ubiorum*. Une autre branche se sépare à Chalon et va vers le nord-ouest, par Autun, Sens et Reims, jusqu'au *Portus Itius* (Boulogne-sur-Mer), d'où l'on embarque pour la Bretagne. Mais Lyon n'est pas seulement le carrefour de la Gaule, il devient le quartier général des commandants en chef qui, sous Auguste et après lui, dirigent les opérations en vue d'une conquête de la *Germania* : Drusus, Tibère et Germanicus. Le fils de Tibère, Claude, est né à Lyon : ce détail aura son importance pour la Gaule.

C'est en 12 av. J.-C. que Drusus, en présence des représentants de soixante cités gauloises, inaugure à *Condate* — « confluent » en celtique : le confluent du Rhône et de la Saône — , tout près de Lyon, le sanctuaire fédéral des Trois Gaules où se réuniront dorénavant tous les ans, le premier jour du mois d'août, les délégués de ces peuples venus célébrer ensemble le culte de Rome et de l'empereur. Notons la force et l'envergure de cette idée impériale : elle fait de ce culte le lien politique et spirituel des peuples gaulois entre eux et avec l'Empire. Ce sera un plein succès. Un peu partout s'organisent des cultes locaux dédiés à Rome et à l'empereur. L'individualité et l'existence politique de chaque peuple s'expriment ainsi, principalement par ce culte que les individus observent aussi pour manifester leur loyalisme politique.

A partir de ce moment, des monuments grandioses — théâtre, amphithéâtre, odéon, cirque et temples — vont donner à la nouvelle capitale des Gaules un éclat digne de la gloire de l'Empire et de la fierté, retrouvée en son sein, des Gaulois. Lyon sera un modèle pour les chefs-lieux des peuples des Trois Gaules. Ici commence vraiment l'urbanisme romain dans les cités, un urbanisme à caractère évidemment officiel et quelque peu artificiel. Autour du *forum*, selon le modèle de Rome, s'organise une vie sociale bientôt agrémentée par des jeux dans les amphithéâtres et aussi par ces thermes que desservent des aqueducs d'une construction souvent remarquable. Lyon en comptera finalement quatre, qui conduisent depuis le Massif central quelque 80 000 m^3 d'eau par jour. L'un de ces aqueducs n'a pas moins de 75 km de long. Une cohorte urbaine est stationnée à Lyon. C'est la seule troupe romaine qui subsiste dans les Trois Gaules, considérées désormais comme pacifiées. Les légions, elles, sont concentrées sur le Rhin et destinées à la future province de *Germania.*

L'idée de cette conquête jusqu'à l'Elbe était déjà dans l'esprit d'Auguste, d'Agrippa et de Drusus quand ils donnèrent leurs assises aux Trois Gaules. La future Cologne — l'*oppidum Ubiorum* deviendra en 50 après J.-C. la *Colonia Agrippinensis* — semble avoir été destinée à jouer pour cette « Germanie » le rôle que Lyon tenait pour les Gaules : on y établit un sanctuaire dédié au culte de Rome et de l'empereur. La défaite humiliante d'une légion devant les Sicambres venus de la rive droite du Rhin (17 ou 16 av. J.-C.) déclencha ou accéléra les opérations au cours desquelles Drusus occupa le pays, en plusieurs campagnes, d'abord jusqu'à l'Ems, puis jusqu'à la Weser, enfin jusqu'à l'Elbe. Les deux bases principales étaient installées face aux embouchures du Main et de la Lippe : *Mogontium* (Mayence) et *Castra Vetera* (Xanten). Installée officiellement en 5 av. J.-C. quand Tibère succéda au commandement de Drusus, la nouvelle « province en état d'occupation », comme l'avait été la Gaule, semblait pacifiée.

Ces événements concernent directement l'histoire de la Gaule. Ils ont joué un rôle dans la conception de son organisation sous Auguste. Les structures de l'est des Gaules ne seront que le résidu de l'organisation de la Germanie après l'écroulement des plans romains. En effet, en l'an 9 après J.-C., une révolte des Germains conduits par un ancien officier de la garde impériale, Arminius, anéantit les trois légions de Varus dans le *Saltus Teutoburgiensis*, une forêt qui reste toujours à identifier. Les meilleures troupes et les meilleurs chefs romains étaient alors occupés par d'autres rébellions, dans les provinces illyriques. De longues campagnes, menées surtout par Germanicus, suivirent jusqu'à ce qu'en 16 l'empereur Tibère décidât de ne plus poursuivre la soumission de la Germanie. Le rappel de Germanicus, prince impérial très populaire, et sa mort — tenue pour suspecte — en Orient (en 19) atteignirent gravement le climat politique dans les légions rhénanes et plus généralement en Gaule.

Dans cette situation de déception des espoirs militaires et, ne l'oublions pas, économiques liés à la pacification de la Germanie, une mesure fiscale de Tibère déclencha en Gaule la première révolte sérieuse. D'un trait, l'empereur abolit le privilège des peuples « fédérés » et « libres et exempts du tribut ». Non seulement ils devaient payer le tribut, mais on en augmenta le montant. Des mouvements chez les Turons, les Trévires, les Séquanes et surtout chez les Éduens, très affectés par ce changement, furent facilement réprimés par les légions du Rhin. La cause précise d'une révolte longtemps mal identifiée par les historiens, le cercle limité des participants et l'écho mitigé que trouva le mouvement, même dans les cités directement concernées, excluent toute interprétation de cette alerte sérieuse — les bruits les plus aberrants circulèrent à Rome — comme un soulèvement « national » des Celtes des Gaules. En revanche, la détérioration du climat général est indéniable, et n'a rien à voir avec une hostilité contre « les Romains » et l'Empire ; mais elle affecta la situation et le rôle des Gaules. Le temps était loin où César, après avoir pris les trésors des sanctuaires celtiques, se contentait d'un tribut modéré avant d'offrir à ses troupes gauloises un appréciable butin pendant la guerre civile !

Toutes les *civitates* des peuples gaulois étaient ainsi devenues *stipendiariae*, soumises au tribut. Seules les colonies romaines jouissaient d'une situation privilégiée. Or, elles étaient et restaient rares dans les Trois Gaules, à la différence de la Narbonnaise et surtout de l'Espagne et de l'Afrique. Les Gaules n'ont pas été une province privilégiée, ni même importante, pendant le Haut-Empire. Le rang que la Gaule finira par occuper comme une des régions les plus riches et les plus « solides » de l'Occident romain est le résultat de l'évolution que le pays va connaître sous la Paix romaine, et ce grâce à sa propre vitalité : il n'était nullement acquis d'avance. Cette analyse se confirme par l'intérêt purement militaire qu'accorde Rome aux régions du Nord, ce que souligne l'axe direct menant de l'Italie vers le Rhin. Le sillon Rhône-Saône et les routes des cols des Alpes — on développa le Grand-Saint-Bernard avec au nord Martigny et au sud Aoste — constituèrent un moyen plutôt qu'une fin en soi.

La concentration durable de quatre légions sur le Rhin inférieur et autant sur le Rhin supérieur, institutionnalisée par la fondation (vers 86) des deux Germanies, liait en pratique ces régions fortement romanisées à Rome et à l'Italie, sans que l'ensemble des Gaules jouât un grand rôle en l'affaire. La Germanie inférieure, avec Cologne comme capitale, n'était au vrai qu'une bande de terre assez mince devant la Belgique. La Germanie supérieure, avec sa capitale Mayence et l'importante forteresse d'*Argentorate* (Strasbourg) reçut en revanche une extension considérable : on lui adjoignit aux dépens de la Belgique tout le pays des Séquanes et des Helvètes, et même celui des Lingons avec le plateau de Langres. Dans ce domaine également, ce n'est que plus tard que la Gaule entière sera considérée comme rempart de l'Occident, la défense étant alors organisée en profondeur.

L'entrée de la Gaule parmi les régions vitales de l'Empire s'est donc faite par étapes. Après la Narbonnaise et les deux Germanies viendra le tour de la Belgique, au moment de la conquête de la Bretagne sous l'empereur Claude (à partir de l'an 44). Cette conquête, qui ne concernait au début que les Belges installés en Bretagne, avait été envisagée à diverses reprises par Auguste et Caligula. Sa réalisation partielle, la continuation des combats — surtout dans le Nord — jusqu'en 119 et le développement de la nouvelle province *Britannia* donnèrent au nord de la Gaule une importance accrue. Boulogne en fut le port principal, et pour la marine romaine, et pour le commerce. Mais d'autres ports en profitèrent, comme *Juliobona* (Lillebonne) et, un peu plus tard, *Rotomagus* (Rouen). La route la plus importante pour relier l'Italie à la nouvelle province était celle qui, du Rhin et à travers les régions agricoles les plus riches, gagnait Boulogne. Les autres routes qui traversaient la Gaule vers la Manche en profitèrent : l'essor des *nautae* sur la Seine, et notamment à Paris, date de cette époque, alors que le fleuve le plus important, avec le Rhin et la Meuse, pouvait profiter de l'inclusion des îles Britanniques dans ce grand marché qu'était l'Empire. Les fouilles archéologiques confirment aussi que l'essor économique de la Belgique date essentiellement de ce temps.

Le règne de Claude (41-54) marque une étape importante dans l'intégration et la romanisation des Gaules. Le prince était né à Lyon (en 10 av. J.-C.). Il reçut avec une attention d'autant plus grande les doléances des cités gauloises et notamment celles des citoyens romains des Trois Gaules. Ceux-ci se trouvaient dans une situation curieuse, en un pays qui comptait peu de villes romaines, même si Claude devait en élever quelques-unes au rang de colonie : Spire, Avenches, Besançon, Langres, Thérouanne. Personnages souvent importants, qu'ils fussent d'origine romaine ou gauloise, ces citoyens romains étaient évidemment exclus d'un véritable rôle politique dans les villes gauloises dans lesquelles ils vivaient. Claude s'engagea à obtenir pour eux le droit d'être élus au Sénat romain. Mais il se heurta à une opposition conservatrice assez forte au sein du Sénat. Sénèque se moqua d'un empereur qui voulait remplir le Sénat d'Espagnols, d'Africains et de Gaulois. Le nouveau règlement fut pourtant adopté, qui allait permettre une évolution aussi décisive sur le plan politique que sur le plan social : les sénateurs gaulois allaient être, à Rome, de plus en plus nombreux et influents, et former en Gaule, non sans des changements quant à leur recrutement pendant le Bas-Empire, la grande aristocratie qui devait survivre en partie à la période romaine.

Par la « Table claudienne », inscription solennelle sur métal, nous connaissons un discours de l'empereur en faveur des Gaules et des Gaulois : « Grâce aux Gaulois, mon père Drusus, quand il soumettait la Germanie, eut derrière lui, garantie par leur calme, la sécurité de la paix. » Les guerres — offensives, puis défensives — contre les Germains n'auraient pu se faire sans la loyauté de l'immense majorité des Gaulois ; la conquête des Gaules, déjà, eût été impossible sans la loyauté de la Narbonnaise.

Cela permet de mieux juger la dernière grande révolte : celle de 70, inséparablement liée à la personne de Civilis, mais aussi à celle de Julius Classicus, un prince appartenant au peuple des Trévires. Batave de sang princier, Civilis était préfet d'une cohorte en Germanie inférieure. Plein de haine contre Rome après de mauvais traitements subis par ses supérieurs comme par ses soldats, il réussit en 69 à gagner à une révolte contre Rome huit cohortes de Bataves, auxiliaires romains, et à rallier aussi une masse de gens appartenant à d'autres peuples des deux côtés du Rhin inférieur. C'est donc, surtout, une affaire de Germains, et l'on ne voit pas son importance pour une prétendue lutte des Gaulois pour leur liberté. Ces mutineries dans l'armée sur le Rhin ne montrent que le malaise dans la troupe, et le revirement de Classicus, qui, chef d'une aile de la cavalerie des auxiliaires, combattit d'abord Civilis avant de le rejoindre, ne suffit pas à en faire une cause commune des Gaulois. Au contraire, les traités conclus par Civilis et Classicus avec des peuples germains de la Germanie libre montrent bien que l'Empire gaulois dont on parlait aurait plutôt constitué un danger pour la Gaule qu'une « libération ». L'affaire échoua complètement malgré quelques succès militaires.

La Gaule eut, à un moment donné, un choix à faire entre l'Empire romain, dont elle devenait une partie essentielle, et une entreprise hasardeuse germano-gauloise. Elle le fit en une assemblée de délégués des *civitates*, réunie à Reims : elle choisit Rome. Les peuples gaulois avaient déjà un mauvais souvenir d'une autre révolte, menée sous l'empereur Néron, en 68, par C. Julius Vindex parmi les Aquitains. Ajoutons que les relations des Gaulois et des armées romaines de Rhénanie étaient tout sauf amicales. Il n'y eut donc aucune entente des forces qui, pour une cause ou une autre, se sont momentanément opposées à un régime plutôt qu'à Rome même.

La longue période de paix que va connaître la Gaule jusque vers la fin du IIe siècle après J.-C. complétera le processus de romanisation du pays et le rendra irréversible. Elle apportera le bien-être aux classes supérieures et moyennes. Elle favorisera l'augmentation de la population. La Gaule lui devra la généralisation de l'écriture. Mais la langue écrite est évidemment le latin, langue d'ailleurs imposée, dès les premières heures de l'occupation romaine, pour tout contact avec les autorités.

Malgré une intransigeance générale, l'administration romaine était capable d'accepter les adaptations à des usages gaulois. Ce fut le cas pour les dénominations des régions et des villes : les noms romains donnés aux débuts de la domination romaine cédèrent devant les noms des peuples : *Augustodurum* sera remplacé par le Bayeux des *Baiocassi*, *Juliomagus* par l'Angers des *Andecavi*. *Augustobona* par le Troyes des *Tricasses*. Nous pouvons suivre cette adaptation progressive grâce aux inscriptions de ces noms sur les milliaires romains. Remarquable aussi le fait que les milles romains sont définitivement remplacés par les « lieues » gauloises : introduite au temps de Trajan en Aquitaine et en Lyonnaise, la lieue d'environ 2,2 km l'emportera vers 200 dans les Trois Gaules et les Germanies, et on la retrouvera sur les cartes de l'Empire.

Les divisions administratives romaines seront riches de conséquences pour l'avenir du pays et de ses régions. L'exemple de l'Aquitaine est ici significatif. Désignant d'abord le pays entre Pyrénées et Garonne, le terme *Aquitania* servait depuis la réforme d'Auguste pour le pays entre les Pyrénées et la Loire. Au IIe ou au IIIe siècle, neuf tribus établies entre la Garonne et les Pyrénées se séparèrent de l'Aquitaine et formèrent une nouvelle province qui, officiellement reconnue, porta le nom de Novempopulanie — « pays des neuf peuples » — et le garda même lorsqu'elle comprit un plus grand nombre de peuples. Le résultat fut que la région des *Aquitani*, qui avaient donné leur nom à la province, s'appela dorénavant Novempopulanie, avant de s'appeler — du nom des Basques — *Vasconia*, tandis que la région habitée par des peuples celtiques porta le nom d'Aquitaine. Un sentiment régional assez fort allait y naître. Il doit son origine et sa cohésion à une région créée par l'administration romaine. D'ailleurs l'appartenance au monde romain et à sa culture sera l'une des raisons de la fierté régionale et même « nationale » des « Aquitains ».

Lentement, un autre processus préparait la division de la Gaule en une partie méridionale et une partie septentrionale, et cela bien avant la création des royaumes francs et visigothiques du Ve siècle. Sous l'empereur Tibère, avant l'an 20, l'Aquitaine et la Narbonnaise furent réunies pour la première fois sous un seul procurateur, tandis que la Celtique — on parlait désormais de la « Lyonnaise » — et la Belgique, avec la frontière militaire contre la Germanie, étaient réunies sous un autre procurateur siégeant à Trèves.

Dans la suite, la Belgique et les deux Germanies resteront unies sous le même chapeau administratif, mais la situation de la Lyonnaise resta moins claire. De toute façon, la réforme administrative de Dioclétien, confirmée par Constantin le Grand, devait pérenniser la division nord-sud de la Gaule : le Sud eut Vienne pour capitale, le Nord Trèves.

La région la plus méridionale de l'ancienne Gaule chevelue, celle dans laquelle le vignoble se répandait, avec d'autres signes d'une vie sociale et climatique plus adaptée à la vie méditerranéenne, était donc exposée à l'influence massive et directe d'une Narbonnaise qui, en fait, était déjà depuis longtemps un pays plus romain que gaulois. De ce fait, la langue latine parlée dans ces régions, en contact étroit avec la langue parlée en Italie du Nord et en Espagne septentrionale, devait connaître une évolution différente de celle que l'on parlait plus au nord. Dès cette haute époque, la base de la future langue romane s'y distinguait de celle qui se formait au nord, et ce bien avant que l'implantation de Barbares vienne accentuer ces nuances.

Une civilisation gallo-romaine : religion, société, économie

Connue par une masse de témoignages archéologiques qui s'accroît chaque année, la vie des Trois Gaules pendant la Paix romaine est d'une richesse telle que nous ne pouvons en donner qu'une esquisse rapide. Les cultes, surtout, nous livrent une clef pour comprendre cette société à la fin du Ier et au IIe siècle. Or cette vie religieuse en Gaule romaine n'est ni simplement gauloise ni simplement romaine : elle est la preuve d'une symbiose authentique, d'une société et d'une civilisation vraiment gallo-romaines. On commettrait une erreur en parlant de la « résistance » des cultes gaulois devant la religion romaine : les dieux des Celtes n'ont jamais été attaqués et leur culte n'a jamais été entravé par les Romains. A côté du culte de leurs propres dieux, qu'ils exerçaient en Gaule comme ailleurs, les Romains ont ajouté le culte de Rome et des empereurs aux autres cultes que connaissaient les populations gauloises. Et ils ont, dans l'ensemble, trouvé un écho favorable.

La reconnaissance réciproque et même l'amalgame des divinités respectives a même permis le développement de cultes locaux très riches, partagés par les deux communautés qui tendaient d'ailleurs vers cette symbiose régionale réalisée au début du IIIe siècle par la citoyenneté romaine généralisée. N'oublions pas ici le rôle capital joué par les peuples celtiques qui, d'abord en Narbonnaise, puis dans la Gaule encore libre, ont conclu des traités d'alliance avec les Romains. Ces traités posaient en principe la reconnaissance mutuelle des dieux des parties contractantes, garants du traité en question. Or des gens comme les Lingons et autres Rèmes n'ont jamais été vaincus par les Romains pour la simple raison qu'ils ne les ont jamais combattus; les Romains n'ont donc jamais cessé de reconnaître leurs divinités gauloises. C'est seulement une vue anachronique d'une lutte nationale — ni Rome ni les Celtes ne formaient une nation selon les critères modernes —, employant des termes aussi inadéquats que ceux de « résistants » et de « collaborateurs », qui empêche de comprendre ce qui s'est passé. S'il y avait jamais eu une hostilité générale et une condamnation de la mémoire des vaincus, on aurait aussi effacé toute trace des dieux ennemis. Mais en Gaule, c'est le contraire qui est arrivé. Les Gaulois ont fait un effort pour assimiler les divinités celtiques aux divinités romaines, et les Romains installés en Gaule ont cherché à identifier leurs dieux à ceux des Gaulois.

Les Gallo-Romains créent une foule de représentations, sculptées à la façon romaine, mais avec un caractère gaulois bien reconnaissable. Ils construisent des sanctuaires en pierre: des petits *fana* dans les campagnes, mais aussi des temples plus importants, qui montrent les traits originaux d'une architecture sacrée différente des monuments proprement romains : la tour de Vésone à Périgueux et le temple de Janus près d'Autun en sont des exemples, en face de la facture romaine de la Maison carrée de Nîmes. La survie la plus naturelle fut celle des divinités que l'on vénérait aux sources, et plus particulièrement aux sources thermales dont on appréciait la vertu curative. On connaît la grande force d'expression des statues de bois trouvées aux sources de la Seine en 1963 ; elles ne sont que les ex-voto des pèlerins du Ier siècle. Elles témoignent aussi d'une continuité des lieux de culte que l'on retrouve dans le cas de la capitale des Éduens : on a déplacé le site de l'*oppidum* de Bibracte (le mont Beuvray) dans la plaine, mais les habitants du nouvel *Augustodunum* (Autun) continueront de célébrer leur grande fête religieuse — combinée avec une foire — le même jour et au même lieu, c'est-à-dire sur le mont Beuvray ; aux temps chrétiens, en vénérant saint Martin, on ne changera ni le lieu ni le jour : le premier mercredi de mai.

La force avec laquelle les nouvelles formes de vie offertes par le monde romain — et aussi les nouveaux plaisirs — ont pénétré les Trois Gaules se manifeste le mieux près des sanctuaires et des lieux de pèlerinage aménagés pour les spectacles qui plaisent aux masses : théâtres, cirques pour les courses de chevaux, amphithéâtres et, surtout, cette forme mixte, typique de la Gaule, qu'est le théâtre-amphithéâtre, également présente à Paris. La répartition géographique de ces monuments est révélatrice : ils sont caractéristiques des Trois Gaules, car la Narbonnaise, cependant riche en lieux de spectacle, ne les combine pas avec les lieux de culte. On trouve ces monuments en pleine campagne aussi bien que dans les villes, mais on note trois zones particulièrement favorisées : Limousin-Saintonge-Poitou ; le Val de Loire, depuis le Gâtinais, et tout le long du fleuve jusqu'à l'embouchure ; la région de la Marne inférieure, de l'Oise et de la Seine inférieure, c'est-à-dire de Meaux à Lillebonne et jusqu'à Évreux et Lisieux.

Les jeux romains — les combats de gladiateurs et les courses de chevaux, mais aussi les pantomimes, les jongleurs et les danseurs — amusaient et divertissaient les masses non seulement dans les villes, mais en tous les lieux où une tribu, profitant généralement des cultes et du commerce, créait un rendez-vous. Mais c'est évidemment dans les grands centres que les édifices de spectacle étaient le plus impressionnants. Il faut compter là à part les installations de la Narbonnaise — elles pouvaient contenir 26 000 spectateurs à Arles et 24 000 à Nîmes — comme aussi celles de Lyon, la seule ville, avec Vienne, qui disposât d'un odéon, c'est-à-dire d'un théâtre couvert pour le chant et la déclamation. Dans les Trois Gaules, Autun pouvait accueillir 33 000 spectateurs dans son théâtre et Paris avait un équipement très complet dans le domaine des spectacles. Mais il y avait aussi de la place pour 10 000 spectateurs dans le théâtre du *vicus* gallo-romain du Vieux-Poitiers et dans beaucoup d'autres. Insistons sur ce fait : ville et campagne ne sont pas deux mondes étrangers. La Paix romaine permet l'ouverture et la communication entre les deux, avec des relations économiques intenses.

Entre les deux, il y a des intermédiaires, les sanctuaires ruraux, mais aussi les *vici*, ces centres locaux qui dominent souvent un *pagus*, un petit pays, comme le chef-lieu de la *civitas* le fait pour un peuple entier. Gabriel Fournier a suivi le destin des *vici* de l'Auvergne jusqu'à l'époque franque et au-delà : là comme ailleurs, tout le tissu de la géographie humaine, notamment le réseau des cités et des *vici*, avec les routes et les chemins qui les relient, est dorénavant en place pour les siècles à venir. On transformera tel *vicus* en *castrum* — petite ville fortifiée — sous le Bas-Empire ou au temps des Francs. On fondera ici ou là un nouveau *castrum*. A part cela, le paysage urbain qui sera celui de la France est complètement dessiné avec sa répartition harmonieuse, et avec des distances entre cités de 60 km en moyenne. On ne saurait exagérer l'importance de cette mise en valeur de toute la Gaule par des centres régionaux et locaux qui datent de la Paix romaine et qui n'ont pas du tout disparu ensuite, comme le laisseraient croire les ruines qui accaparent la vue de l'observateur et qui n'eurent pas toujours besoin d'une invasion pour tomber en ruines ou disparaître.

A cet équipement de centres régionaux et subrégionaux correspond un essor de l'architecture, de cette construction en pierre qui change l'aspect extérieur des Trois Gaules. Là aussi, il ne faut pas trop séparer la ville des campagnes : les propriétaires des *villae*, exploitations rurales et résidences campagnardes en même temps, ont aussi leur maison en ville. Le même confort romain, la même beauté architecturale, mais aussi les mêmes procédés assez uniformes, se trouvent, avec la pierre de taille, en ville comme à la campagne. L'impression générale que procure le monde gallo-romain est donc celle d'une grande uniformité. On en dirait autant du monde romain tout entier : on ne verra plus un style de vie aussi « international », et en même temps normalisé, avant le XXe siècle.

Tout ne se ramène pas au dualisme ou à la symbiose des seules civilisations gauloise et romaine. Déjà des manifestations parmi les plus significatives de cette dernière sont en vérité des imitations ou des adaptations de la civilisation grecque. Le vignoble italien vient de naître selon le modèle grec tout en le concurrençant ; il en ira de même pour le vignoble de la Gaule, face aux Romains. On peut en dire autant de la « civilisation des eaux » : quelque cent mille personnes s'occupaient tous les jours des sources, aqueducs, siphons en plomb, réservoirs, fontaines publiques et privées, réseaux de distribution en ville, thermes et services attachés aux thermes. Or les Romains ont appris des Grecs l'art de se baigner avec ce raffinement. Frontin, vantant les installations romaines, a tort de se moquer des œuvres d'art, belles mais inutiles, des Grecs : le monde hellénistique, à Pergame par exemple, a été le modèle des Romains.

Les merveilles techniques, le commerce des Grecs et celui des Orientaux, les esclaves originaires de toutes les régions aussi bien que les soldats, tout cela reflète un monde multinational qui va changer. L'Empire romain sera de moins en moins « romain », et avec lui les religions et les façons de penser. La Gaule n'y échappera pas : une des conséquences essentielles de son appartenance à l'Empire est bien, à côté de la romanisation, le succès des cultes orientaux et parmi eux du christianisme. Comme à Rome, quelques-uns de ces cultes — tel celui de la « grande déesse » Cybèle — se sont épanouis à Lyon et à Vienne où dès le Ier siècle s'élèvent un temple et un théâtre des mystères. D'autres religions initiatiques vont suivre : celle d'Isis qui vient d'Égypte, celle de Mithra qui devient le dieu par excellence de l'armée romaine.

Le noyau des fidèles est formé d'Orientaux, de gens qui vivent dans les *canabae* (entrepôts), comme par exemple sur l'île des *Canabae*, à Lyon, où ils ont souvent de luxueuses résidences. C'est, en revanche, plutôt parmi les pauvres, parmi des Orientaux venus d'un Orient hellénisé et portant souvent des noms grecs, que l'on trouve les premiers chrétiens. Les premiers martyrs des Gaules meurent en 177 dans l'amphithéâtre de Lyon. Attale et Blandine en sont, dont nous parle l'historien Eusèbe de Césarée. Le « tort » des chrétiens, c'est l'absolu de leur foi, son exclusivisme qui condamne tous les autres cultes, y compris celui de Rome et de l'empereur. On n'avait jamais vu cela dans une société internationale, religieusement « permissive » ou « libérale ». Sans ces imbrications de l'internationalisme du commerce, des hommes qui le faisaient et des idées qu'ils colportaient, fût-ce par leurs esclaves, on ne comprendrait pas les changements qui viennent, et l'on séparerait artificiellement des époques qui sortent l'une de l'autre. Car, lorsque la belle ordonnance de la Paix romaine s'écroulera, que les temples tomberont et que les sanctuaires brûleront pendant les invasions du IIIe siècle, les dieux gallo-romains qui n'auront rien empêché ne se relèveront pas du choc. On restaurera les villes, non les temples. Refuges des âmes, les cultes orientaux et surtout le christianisme l'emporteront alors.

Certes, on est loin des nobles cavaliers celtiques, mais leurs descendants sont toujours là. Pourvu qu'ils soient adaptés à une société nouvelle, leur rôle dans les cités reste considérable, et des carrières individuelles s'ouvrent à l'échelle de l'Empire. Ce qu'ils n'ont plus, c'est le monopole de la richesse et la puissance qui en découle, qu'elle soit politique ou terrienne. L'élément le plus marquant du changement social est l'essor d'une classe — nouvelle pour la Gaule, bien connue pour les Romains — de riches industriels et de commerçants, où l'on compte les origines les plus diverses : tel armateur des transports maritimes entre Lyon et Rome est un Romain, tel fabricant de poteries à Lyon est un Syrien d'Antioche, tel fabricant de verrerie est un Carthaginois. A Lyon, 22 % des noms connus par les inscriptions du IIe siècle sont grecs.

Les institutions romaines favorisaient ceux qui s'enrichissaient par l'industrie et le commerce : leur ascension sociale n'a connu aucune entrave, et les donations qu'ils pouvaient faire aux cultes, aux cités et aux associations assuraient leur prestige. Leurs fils avaient de bons professeurs de rhétorique : ils pouvaient faire carrière comme avocats, ou entrer dans la vie politique.

A côté de quelques fortunes exceptionnelles, il y avait la masse des marchands et, surtout, des hommes de métier. Ils s'organisaient en de multiples associations et corporations, qui pouvaient atteindre une position importante, non seulement dans un métier qu'ils parvenaient à diriger dans le cadre de la cité ou de la région, mais aussi dans la vie communale. Les thermes de Paris — appelés « de Cluny » à cause du futur hôtel des abbés de Cluny — sont parmi les plus grands et les plus fastueux : ils ont été sans doute financés par la communauté des armateurs de la Seine, les *nautae* de Paris.

Nous avons donc là, de nouveau, l'origine d'un de ces phénomènes qui ne disparaîtront plus de la vie en Gaule et en France. Les *collegia* de tout genre qui réunissaient leurs membres pour des repas et des sacrifices religieux, voire pour des activités politiques — on les appelait alors *sodalitates, factiones, conjurationes*, et l'on persécutait ces « conjurations » à Rome comme ailleurs — se sont révélés comme l'origine directe des « collèges » du VIe et du IXe siècle qu'un autre âge désignera d'un mot germanique : « ghilde ».

On imagine donc la vitalité économique d'un pays qui disposa, aussi longtemps que dura la paix, d'un immense marché. Commerçants venus du dehors et Gaulois eux-mêmes réussirent très tôt à vendre les produits de la Gaule au monde barbare et à l'Italie. Un des cas les plus connus est celui de la céramique de la plaine de la Graufesenque, sur la rive gauche du Tarn, où l'on fabriqua pendant plus de deux siècles les assiettes, les bols et les vases de cette fameuse *terra sigillata*, une céramique rouge brique décorée à l'aide de poinçon ou de sceaux *(sigillum)*. Ce genre de poterie « sigillée » avait été implantée à Lyon dès l'époque d'Auguste par des artisans venus de la ville où l'on avait mis au point ce procédé, Arezzo. Des centres de production se développèrent à la Graufesenque, à Montans et Banassac en Rouergue, à Lezoux en Auvergne, à Gueugnon dans le pays des Éduens, à Rheinzabern *(Tabernae)* en Palatinat. Une caisse de bols et de lampes fabriqués à la Graufesenque a été trouvée, encore fermée, sous la lave de Pompéi.

Non moins florissante était la verrerie. Ce fut surtout le verre bleu verdâtre, couleur naturelle donnée par les oxydes métalliques contenus dans le sable ; mais on obtint d'autres couleurs vives, surtout le vert, en mélangeant d'autres oxydes, avant de produire à partir du IIIe siècle un verre incolore, purifié à l'aide du bioxyde de manganèse. Cette industrie, dont les origines — et la canne à souffler — semblent égyptiennes, est remarquable en Gaule par sa persistance sous le Bas-Empire et même au-delà, quand la production de Mayen et de Cologne essaimera jusqu'en Scandinavie. C'est en effet dans les régions du Rhin et de la Moselle (Strasbourg, Trèves, Cologne), favorisées par la présence des légions, que la verrerie gallo-romaine trouve sa terre d'élection, après avoir été d'abord expérimentée en Narbonnaise et dans la vallée du Rhône, puis en Normandie, en Picardie, en Argonne, et dans la Thiérache.

L'existence de véritables industries est un fait marquant de l'histoire économique de la Gaule romaine. On pourrait en citer d'autres, comme l'activité des carrières, indispensables pour le bâtiment, l'industrie textile, que la production du lin et l'élevage du mouton favorisaient dans le Nord, et l'industrie des armes, avec des fabriques qui appartenaient à l'armée et s'assuraient un monopole tout en garantissant l'uniformité adaptée aux exigences de la troupe. On ne saurait surestimer, d'ailleurs, le rôle économique de l'armée romaine. Loin de représenter seulement un marché — des milliers de consommateurs —, elle a contribué massivement à la transformation et à l'essor économique des Gaules. Ses ingénieurs et ses architectes ont, pour une grande partie, dirigé à Lyon et ailleurs la construction des monuments publics : en temps de paix ou de repos, la troupe avait à se rendre utile. Quand un empereur du IIIe siècle remit en usage de si bons procédés, on l'assassina...

D'autres exportations venaient de l'agriculture. Des spécialités déjà connues, comme le jambon, assurèrent leur succès d'une façon plus « industrialisée ». La production de blé, surtout, atteignit un niveau jamais vu : les terres propices étaient maintenant exploitées sur une échelle infiniment plus large, et l'on travaillait délibérément pour le marché et l'exportation. On introduisit même un système agraire nouveau non seulement pour la Gaule, mais pour le monde romain.

Depuis vingt ans, l'archéologie aérienne a découvert dans les plaines de la Gaule septentrionale des centaines, voire des milliers, de *villae rusticae*, grandes ou moyennes exploitations agricoles. Ordonnant les installations agricoles sur deux axes parallèles jusqu'à une longueur de plusieurs centaines de mètres, ces ensembles étaient ouverts d'un côté, et fermés de l'autre par la *villa urbana* du maître. Du côté non agricole, celle-ci présentait une façade d'environ 60 m flanquée de deux pièces carrées. Ce centre d'exploitation type atteint à lui seul 10 hectares et plus, et il domine des terres de 200 à 1 000 hectares. Ces découvertes ont renouvelé nos connaissances : la Gaule septentrionale, « couverte de forêts » et peu exposée à la romanisation a fait long feu. Cette « fièvre de bâtir à la façon romaine » en pleine campagne prouve bien une « romanisation consentie et concertée qui implique une collaboration étroite, enthousiaste et fructueuse des autochtones avec les conquérants » (Roger Agache).

Nous avons vu comment la Belgique profitait, depuis l'empereur Claude, du fait qu'elle était un « Hinterland » à la fois pour les armées du Rhin et pour la Bretagne romaine au-delà de la Manche : les producteurs de céréales, comme d'ailleurs ceux de laine, avaient l'écoulement certain de leurs produits. Ils développèrent des implantations relativement uniformes, voire rationnelles : c'est chez les Rèmes et les Trévires que trois monuments, confirmés par deux textes, révèlent l'existence du *vallus*, véritable moissonneuse-batteuse qui séparait les grains et les jetait dans une caisse. Les propriétaires étaient souvent représentés sur place par un *conductor*, sorte de fermier qui garantissait un revenu fixé d'avance, ou un *actor*, sorte de régisseur livrant le produit effectif des récoltes, moins sa part.

Parmi ces propriétaires, nous trouvons l'empereur avec ses *res privatae* (domaines), des Romains ou d'autres étrangers, enfin les aristocrates celtiques, que César désigne comme « chevaliers ». Non seulement ceux-ci adoptent le style de vie romain, mais ils ont aussi des noms romains. Nous le savons grâce à l'usage romain — né des besoins du fisc — de nommer une terre d'après son premier propriétaire. Généralement suivi en Italie d'un *-anus*, ce nom l'est dans les pays celtiques d'un *-acus* qui donne selon le type *Florus-Floriacus* — et selon l'évolution linguistique des différentes régions — des noms de lieu comme Fleury (Centre et Nord-Est), Fleuré (Ouest), Fleurac ou Floriac (Midi), cependant que *Paulus* donne Pouilly, Pouillé, Pauliac...

Archéologie et toponymie prouvent coinjointement l'étendue du système agraire romain : on le trouve en Armorique jusqu'à la pointe de la Bretagne aussi bien qu'en Poitou, et, bien sûr, dans le Midi. Mais ce dernier reflète une évolution de la *villa* commencée plus tôt, et plus diversifiée parce que moins planifiée.

Ce système romain ne négligeait bien sûr aucun des procédés gaulois éprouvés, comme le chaulage des Éduens et des Pictons, ou le marnage des Belges, voire une invention des Trévires : faire suivre la jachère d'une récolte de céréales d'hiver et d'une autre de céréales de printemps, ce qui annonçait la rotation triennale des cultures au lieu de la biennale, seule connue du Midi. Mais ce système romain devait transformer — d'une façon durable — le paysage rural de la Gaule et les conditions de la vie agricole, et cela de manière souvent contraignante. Partout où des sanctions pouvaient être infligées aux vaincus — ce fut en premier le cas pour les propriétés de Marseille après sa défaite de 49 —, des opérations cadastrales redistribuèrent la terre. Priorité fut donnée à des propriétaires romains et aux colonies de vétérans. L'Italie seule connaissant la propriété pleine, sans charges, le sol des provinces conquises fut considéré comme « domaine public » et cédé à des exploitants sous condition de taxes à payer.

L'instrument principal de cette fiscalité savante fut le cadastre. Nous en trouvons les traces, souvent visibles pour l'archéologie aérienne, dans presque toute la Gaule du Sud, mais aussi en Belgique, en Alsace, en Bretagne et en Normandie. On découpait la terre en lots carrés, les « centuries ». L'unité type de ce quadrillage, ou « centuriation », était de 200 jugères, soit environ 50 hectares, dans un carré de 2400 pieds, soit 710 mètres. L'arpenteur *(agrimensor)* suivait le même procédé qu'au moment d'une fondation de ville : pour la ville, il commençait par tracer un axe d'est en ouest, le *decumanus*, et un autre du nord au sud, le *cardo*. Le *forum* se trouvait au croisement des axes, les portes à leurs extrémités. Comme les *insulae* — les blocs de bâtiments — se formaient par le tracé régulier des rues parallèles aux axes principaux des villes, de même le quadrillage des terres suivait-il deux axes. Une à trois *villae* pouvaient correspondre à une centurie. L'obligation de déclarer la valeur de toutes les propriétés était également imposée dans les régions sans centuriation ; C'est dire l'omniprésence, toujours sur le plan fiscal, du pouvoir romain ; elle explique des mouvements de mécontentement chez les indigènes, et cela malgré l'enrichissement général pendant la Paix romaine.

Il est un autre héritage que le système romain aura laissé à la Gaule et à la France : le fondement de la seigneurie rurale. Il sort des structures même de la mise en valeur des *villae rusticae*. Dès le IIe siècle av. J.-C., la petite exploitation avait, dans de larges parties d'Italie, et de la Sicile, cédé la place aux *latifundia*, énormes propriétés de la classe dirigeante romaine qui imitait en cela les pays helléniques récemment conquis. Très tôt, devant la raréfaction et le prix des esclaves qui travaillaient dans ces *villae*, les propriétaires réduisirent la partie qu'ils exploitaient directement — appelée plus tard « la réserve » — et distribuèrent des lopins de terre à des colons contre paiement d'un cens et moyennant des prestations de services dans la partie directement exploitée par le maître. De petits groupements de logements de ces « colons » près des grandes villas prouvent qu'on appliqua ce système en Gaule où le nombre des esclaves employés dans l'agriculture semble d'ailleurs n'avoir jamais été très important.

En anticipant chronologiquement, disons que la situation économique, sociale et juridique des colons ne cessera de se détériorer. L'État romain les a livrés, presque sans intervenir, à l'exploitation du propriétaire. Du moment qu'il recevait de ce dernier les impôts exigés, ni les moyens par lesquels ceux-ci étaient obtenus, ni la juridiction de fait du maître n'intéressaient l'administration. Et lorsque Constantin, en 332, interdira aux colons de quitter leur terre, ce sera toujours pour préserver et le propriétaire et sa capacité fiscale. La dépendance du tenancier envers son maître, son incapacité de quitter sa terre, phénomènes que l'on croit caractéristiques de la France médiévale, datent en vérité de l'Empire romain, comme d'ailleurs l'obligation — imposée par la fiscalité — faite aux fils des hommes de métier dans les villes : reprendre le métier de leur père. La dépendance héréditaire est un legs de la période romaine. Rien ne saurait mieux souligner le caractère aristocratique de l'État et de la société romaine, donc de la société gallo-romaine. Les *villae rusticae* ont pu être détruites, pour une large partie, dès le IIIe siècle ; le système des dépendances ne subira pas le moindre changement.

A côté du système domanial, des exploitations moyennes et petites ont continué d'exister aux mains de paysans celtiques restés libres, avec cet habitat caractéristique qu'est le village. Ce dualisme restera significatif de la vie rurale en Gaule et en France. Mais c'est une autre époque qui donnera au village droit de cité dans les institutions.

Est-il possible de parler de la Gaule romaine sans évoquer l'art et la culture ? On les a souvent sousestimés, reprochant au premier son provincialisme, à la seconde ses vanités rhétoriques. De tels jugements relèvent d'un « classicisme » par trop unilatéral, généralement abandonné. Dans le domaine de l'art, l'héritage celtique constitue une base sérieuse et valable. Quant à l'apport romain, il faut, malgré une certaine uniformité, admettre la beauté des objets, des temples, des maisons, des aqueducs. Le pont du Gard est une œuvre admirable, non pas seulement un exploit technique : il rappelle une des grandes originalités romaines dans l'histoire de l'architecture, la voûte. Inconnue des Grecs, ces maîtres si souvent imités par les Romains, la voûte semble avoir des origines étrusques, mais c'est Rome qui l'a développée avec d'infinies variantes. Sans elle, les admirables ponts romains — quelques-uns, comme à Trèves, restent en usage après deux mille ans — n'auraient pas été construits.

D'autres formes remarquables de l'art romain doivent être mentionnées : la mosaïque, le décor de stuc, les monuments funéraires avec une imagerie sculptée très réaliste, et enfin le portrait sculpté. L'art de la mosaïque atteint un sommet pendant la période romaine, mais on ne saurait oublier la peinture proprement dite, qui se révèle d'une grande originalité, surtout dans le cas de la peinture murale. En sculpture, l'ivoire a permis des chefs-d'œuvre, mais l'apport original est le portrait, surtout le buste. Particulièrement développé pour la représentation des empereurs et des sénateurs, l'art du portrait sculpté correspond parfaitement au caractère aristocratique de la société gallo-romaine.

Tous ces arts s'intègrent dans un style de vie. Dans les villas, les jardins et les parcs on a su créer une ambiance et une harmonie qui, surtout dans le Midi, ont le cachet impérissable que confère une culture de niveau élevé.

Les jeunes hommes de l'aristocratie étaient instruits chez eux par des maîtres grecs, souvent des esclaves au niveau de vie élevé. Rome avait adopté l'enseignement grec dans sa totalité : les jeunes apprirent le grec, et ils l'écrivaient souvent avant le latin. Mais il y eut également des écoles publiques et municipales. On connaît surtout celles d'Autun et de

Bordeaux, Autun ayant sans doute été un centre d'enseignement réputé, avec un grand nombre d'élèves.

On enseignait surtout la rhétorique, ce qui veut dire la littérature, avec la faculté de convaincre en dominant les sujets les plus divers et surtout les questions de droit. Il s'agissait d'être avocat, ou d'accéder aux carrières de la politique et de l'administration. Même la plus brève évocation de cette culture surtout littéraire doit rappeler qu'elle était devenue le signe distinctif d'une classe. L'aristocratie, en Gaule plus encore qu'ailleurs, se fit un honneur d'employer son *otium* — la libre disposition de leur temps par les riches — de la façon la plus digne. Et quoi de plus digne que de vouer son temps au culte du beau ? Cela n'a pas manqué d'être souvent artificiel. Mieux encore que dans les poèmes de circonstance, cette culture s'exprime dans les correspondances échangées par des hommes à la carrière brillante, qui manifestent là un niveau intellectuel qui reste à l'honneur de la Gaule romaine. Quant à la littérature, superficielle et même vénale dans le panégyrique des empereurs, elle n'a pas manqué de qualité. Elle prouvera la solidité de ses bases quand viendra le grand sujet, original, qui demandera plus qu'une imitation des modèles grecs : la religion chrétienne. La Gaule donnera au monde quelques-uns de ses grands auteurs chrétiens.

CHAPITRE VIII

Les Barbares et l'Empire chrétien

Fissures dans la Paix romaine

Les clichés colportés pour « expliquer » ce qu'on appelle le déclin de l'Empire romain sont ou moralisateurs ou chargés de ressentiments envers le christianisme. Ils sont malheureusement sans valeur historique.

Les uns soulignent la dépravation des mœurs, la « folie des Césars », la perte des vertus républicaines. Mais les récits édifiants sur les vertus d'un Caton labourant lui-même sa terre sont des historiettes romantiques déjà sous une République finalement détruite par un siècle d'une « révolution » horrible et meurtrière : on en est venu à désirer la paix garantie par un dictateur éclairé. Enfin, et surtout, les grandes réalisations qu'on admire comme le patrimoine que nous devons aux Romains — y compris le droit romain — datent de l'Empire et non de la République. Quant à la folie des Césars, le cas d'un Néron ou d'un Caligula correspond à la période de paix, de sécurité et de richesse du monde romain, alors que les intrigues de cour et les crimes n'ont entamé ni la santé ni la vitalité de la société et de l'État.

Les autres voient disparaître les anciennes vertus romaines anéanties un peu plus tard par un christianisme démoralisateur parce que défaitiste, qui abandonne aux Barbares, en refusant de les combattre, la civilisation de Rome, et qui combat ensemble les dieux romains et la force de l'Empire. Cette vue du christianisme comme obscurantisme chez Gibbon, comme religion des faibles chez Nietzsche — dominée dans les deux cas par une vision esthétisante de l'histoire — procède d'une ignorance profonde du véritable caractère d'une Église qui, après avoir résisté aux persécutions et conquis et l'État et la société, a un moral de vainqueur. Abandonnons donc les clichés et regardons de près les réalités, fort différentes selon les siècles.

Revers de la médaille de la prospérité — réelle et apparente en même temps — de la Paix romaine, on découvre alors des maux anciens, qui tiennent aux structures, et des maux qui apparaissent dans la seconde moitié du IIe siècle, en partie par l'effet des premiers. Un mal de toujours, dans le système romain, était l'exploitation éhontée des provinces par Rome : elle démoralisait, au sens étroit, les riches de la capitale dominatrice aussi bien qu'un « prolétariat » gâté par « le pain et les jeux ». Les gouverneurs et autres représentants de l'État s'enrichissaient dans les provinces et permettaient en même temps aux richissimes « chevaliers » de s'enrichir encore plus. N'oublions pas les esclaves, souvent insuffisamment nourris.

L'effondrement de l'ancienne paysannerie, minée par le système des *latifundia*, avait d'autre part condamné l'ancien système de recrutement de l'armée. Force était de payer de plus en plus cher des soldats de moins en moins bons : les charges fiscales devenaient donc de plus en plus lourdes.

Ceux qui avaient la puissance politique et économique étaient encouragés à déplacer ces charges sur les épaules des plus faibles. Ainsi naissait un malaise sournois, avant même toute révolte ouverte. Dès avant l'an 200, on parle partout du manque d'hommes : il n'y a plus assez de soldats, de marins, de paysans, d'ouvriers. Tout simplement les hommes quittent leur village pour échapper au fisc : la mauvaise récolte ou la mortalité du bétail les place dans l'impossibilité de payer aussi bien le cens du maître que les impôts. Des peines graves punissent ceux qui fuient : on promet monts et merveilles à ceux qui voudraient travailler les champs. Les villes sont trop pleines, et les campagnes vides.

A ces maux s'ajoutent ceux qui viennent de l'extérieur, les catastrophes. La première est la peste : à partir du règne de Marc Aurèle, elle commence de dépeupler encore plus les campagnes. La seconde, ce sont les invasions, et l'on se tromperait en ne pensant qu'aux Germains. La même année 162 voit une incursion des Chattes — peuple vivant sur le Main inférieur et au-delà du Rhin moyen — et l'invasion des Parthes en Arménie : ils seront l'adversaire redoutable de l'Empire, qui n'en viendra jamais à bout. En 166 et 167, ce sont des Quades, des Sarmates et surtout des Marcomans qui attaquent la frontière du Danube et percent les lignes de défense en Pannonie, en Norique et en Rhétie. En 168, pour la première fois depuis les Cimbres et les Teutons, l'Italie est atteinte à Aquilée. En 172, des Barbares non germaniques pillent Éleusis et les côtes de la mer Noire, cependant que les Maures attaquent les provinces africaines et l'Espagne. La même année une révolte de paysans éclate en Égypte ; la Gaule n'aura la sienne qu'en 186. A ce moment, des pirates frisons ont déjà ravagé le Rhin inférieur et les côtes de la mer du Nord.

A la mort de l'empereur Commode, successeur de Marc Aurèle, en 192, l'ordre dynastique de l'Empire s'évanouit. L'année suivante voit trois empereurs en lutte, avec leurs armées respectives : Septime Sévère, Pertinax, Niger. Le deuxième se tue en 193, le dernier est tué en 194 : mais Clodius Albinus, encouragé par le Sénat, se proclame Auguste en 196 et se fait reconnaître comme empereur par la Bretagne, la Gaule et l'Espagne. La Paix romaine est finie. Les dates et les événements que l'on vient de citer montrent bien que cela n'est plus le simple effet du hasard.

Les mauvais temps s'annoncent en Gaule romaine d'une façon spectaculaire et symbolique. Les adversaires restés en lice, Septime Sévère, l'empereur des troupes d'Illyrie, du Danube et du Rhin, et Clodius Albinus, l'empereur des parties occidentales de l'Empire qu'on verra souvent réunies dans les années à venir, s'affrontent tout près de Lyon. La capitale des Trois Gaules est, avec la Gaule, du côté d'Albinus. Or c'est Septime Sévère qui l'emporte et qui punit Lyon par un pillage qui a laissé des traces durables.

On a discuté la portée du désastre. Toujours est-il que Lyon et ses grands quartiers, symboles de la prospérité de l'Empire en Gaule, ne se sont jamais relevés de ce choc.

Les Germains n'ont pas encore attaqué sérieusement la Gaule, mais l'insécurité s'est déjà installée. Un peu partout, il y a des bandits, dont les rangs se garnissent par la désertion qui sévit dans l'armée. En 186, un soldat valeureux jusque-là, Maternus, rejoint les rangs des déserteurs et commence d'organiser le banditisme : il rencontre ainsi un succès extraordinaire auprès des masses. Grâce au renfort des gens du plat pays, il occupe même des villes, où il libère les prisonniers. Bientôt, la Gaule et l'Espagne sont submergées par ses bandes, contre lesquelles il faudra envoyer une armée dans la Gaule centrale et méridionale. Certes, Maternus qui s'aliène les masses par son ambition politique — il aspire à devenir empereur — est pris et décapité, mais le mouvement n'est pas étouffé pour autant. Après 200 encore, il faudra déployer quatre légions en Gaule pour pacifier le pays contre les « rebelles et dissidents ». On n'a pas eu besoin des Barbares pour détruire Lyon et ravager le pays : mais, au siècle suivant, les Barbares seront en Gaule.

Les Germains

Au prix d'un effort considérable, et après de longues années de lutte défensive, Marc Aurèle avait battu les Marcomans : l'installation en 179 d'un puissant camp fortifié à *Castra Regina* (Ratisbonne) fut comme le couronnement de cette action. On ne savait pas, à ce moment, dans l'Empire, ce qui se passait loin des frontières : on ignorait les mouvements de peuples qui provoquaient celui des Marcomans. Depuis le temps des Cimbres et des Teutons, et celui des victoires défensives d'un Arminius, les Germains avaient été apparemment contenus par cette longue frontière militaire du Rhin, du *limes* avancé dans la terre d'outre-Rhin et du Danube : une frontière pourvue d'un glacis en forme de terres dégagées et contrôlées. Certes, il y avait, de temps en temps, des bandes armées dont l'idéal était de faire du butin ; ces attaques n'étaient ni nombreuses, ni profondes, ni vraiment dangereuses : le prestige militaire de l'Empire était trop grand. Il ne faut donc pas s'imaginer les Germains — surtout ceux qui, près de la frontière, subissaient l'influence profonde de la civilisation romaine — piaffant d'impatience à l'idée d'entrer dans l'Empire. Plusieurs de leurs peuples, reçus comme amis de Rome, profitaient du commerce intermédiaire qu'eux-mêmes et des marchands venus de l'Empire établissaient entre le Rhin et le Danube d'un côté et la Baltique de l'autre. L'archéologie nous révèle une étonnante richesse de produits de tout genre venus de la Gaule et d'Italie chez les peuples des Germains et jusqu'en Scandinavie.

C'est vers 100 après J.-C. qu'apparaissent des peuples scandinaves sur les rives méridionales de la Baltique. Ils portent des noms qui auront leur place dans les annales de la Gaule : Vandales, Goths, Burgondes. Le nom de ces derniers survit dans celui de l'île de Bornholm, *Burgundarholm*. Pendant les IIe et IIIe siècles, ils n'influencent qu'indirectement, mais d'une façon importante, les destins de l'Hexagone. Les Vandales occupent la Silésie, celtique jusqu'alors. Les Goths, soumis à l'hégémonie des Vandales, semblent fusionner, en Silésie, avec les Luges *(Lugi)* celtiques, avant de partir vers le nord de la mer Noire. Leurs premières attaques sur le Danube inférieur, à partir de 238 et surtout 250, conduiront les Romains à dégarnir les frontières de la Gaule. Quant aux Burgondes, ils exercent une pression sur les peuples suèves qui, du Brandebourg actuel à la Bohème, sont alors installés sur l'Elbe moyenne et la Saale.

Des peuples suèves forment vers 200 une ligue : celle de « tous les hommes » *(Alemani)* : ce sont les Alamans que nous trouverons jusqu'au VIe siècle, animés d'une inimitié profonde contre les Burgondes qui ont été, plusieurs fois, leurs rivaux et leurs voisins immédiats. L'archéologie a retrouvé les vestiges des « tombes princières » des Alamans : elles disparaissent de l'Elbe et de la Saale dans la mesure où elles apparaissent après 200 au sud de la Thuringe, sur le Main, puis sur le Neckar inférieur. Les Alamans qui gardaient leurs chefs aux différents peuples réunis, sans créer une royauté commune, sont mentionnés la première fois quand ils bousculent en 212 les Germains près de la frontière romaine et attaquent le *limes* au sud de Nuremberg : c'est alors qu'ils détruisent le *castellum* romain de Gunzenhausen. En 213, l'empereur Caracalla redresse la situation. En 233, 234 et 235, les Alamans attaquent de nouveau, non seulement au même endroit qu'en 212, mais aussi dans la Wetterau — région occupée par les Romains au nord du Main et du Rhin moyen — et dans les *Agri Decumani*, le pays entre le Rhin supérieur et le *limes.* Enfin, en 235, ils détruisent le camp de Strasbourg : c'est leur première action en Gaule. Ayant hésité à les combattre, Sévère Alexandre, le dernier de la dynastie de Septime Sévère, est destitué et assassiné. Maximin le Thrace, un officier énergique, devient empereur (235-238). Il réussira à battre les Alamans et rendra pour un temps la paix aux régions limitrophes.

On ne saurait trop le souligner, ces adversaires ne passent pas encore pour vraiment dangereux. On sent bien qu'ils viennent faire du butin, non arracher des provinces à l'Empire. Tout ce qui ne menace pas directement Rome et l'Italie, ainsi que cette frontière orientale défendue contre le redoutable empire des Parthes, est pour l'instant considéré comme assez peu grave.

Depuis que la dynastie des Sassanides a pris le pouvoir (entre 224 et 227) et exigé des Romains la cession des provinces qui appartenaient jadis à l'Empire perse de Darius, les Parthes sont l'adversaire principal de l'Empire romain. Celui-ci n'hésite pas à employer contre lui, dès 242, des auxiliaires goths qui viennent tout juste d'attaquer l'Empire pour la première fois. On a ainsi observé que, chaque fois que les guerres civiles ou le rassemblement de grandes armées contre les Perses ou les Goths provoquaient le départ des légions rhénanes, le *limes* des Germanies était attaqué : en 253-254, en 258, en 269 et surtout en 274-275, quand Aurélien « négligea le Rhin et rassembla une grande armée pour aller vaincre les Perses » (Émilienne Demougeot). Or ces dates marquent des années sinistres pour la Gaule, et l'on peut s'étonner du peu de sollicitude des empereurs pour ce pays. Là se trouve d'ailleurs l'explication de l'« Empire gaulois » qui n'est en effet que la réaction des provinces occidentales à cette négligence. Depuis l'empereur Postumus en 260 jusqu'à la déposition de l'empereur Tetricus en 275, ces empereurs « sécessionnistes » ne sont pas le symbole d'une Gaule qui ne veut plus être romaine mais, tout au contraire, d'une Gaule qui s'est donné des empereurs pour rester romaine. Les Gallo-Romains veulent garder à leur pays, et aux provinces voisines de Bretagne et d'Espagne, leur rang dans l'ensemble d'un empire que leurs chefs tentent, vainement, de conquérir.

C'est donc pour une large part la négligence, mais aussi l'incapacité de mener à bien les guerres sur tous les fronts de l'Empire en même temps, qui conduisent aux catastrophes de la seconde moitié du IIIe siècle. Une fois passées les frontières, découvertes de troupes valables, les bandes des Alamans au sud et d'autres peuples au nord constatent que la Gaule est à leur merci. Elle n'est pas mise à sac au IIIe siècle parce que les pillards sont irrésistibles, mais parce qu'elle n'est pas défendue. On verra que, Rome menacée, tout changera : des mesures énergiques rétabliront la situation en Italie, mais aussi en Gaule. Qui sont ces Germains qui, au nord des attaques alémaniques contre la Germanie supérieure, inquiètent depuis le milieu du IIIe siècle la Germanie inférieure ? Contrairement aux Alamans qu'ils n'aiment d'ailleurs pas, ces peuples de la rive droite du Rhin inférieur ne viennent pas des profondeurs de la

Germanie. Ils habitent depuis longtemps les régions frontalières. Mais, à l'instar des Alamans, ils se sont, eux aussi, unis en une ligue : c'est avec cette ligue qu'apparaît le nom de *Franci.*

Au début, on désigne ainsi les peuples de la rive droite du Rhin inférieur : ils sont restés libres de la domination romaine, *frank* en langue germanique signifiant « libre ». Les autres explications du nom — on en trouve très tôt, en raison de l'importance prise par ces « Francs » — doivent être considérées comme des spéculations ultérieures et sans valeur. Le témoignage de saint Jérôme (vers 348-420), qui situe cette *Francia* primitive sur la rive droite du Rhin, exclut toute idée d'une naissance du nom ailleurs. Il en va de même pour les monnaies romaines qui célèbrent les victoires remportées sur cette même *Francia.*

On connaît plusieurs des petits peuples qui faisaient partie de cette ligue, les auteurs anciens ayant continué de les appeler à l'occasion par leur propre nom. Ceci, d'ailleurs, montre une organisation assez lâche, du moins au début, de cette alliance de circonstance qui deviendra l'un des grands peuples de l'Occident. Il y a donc les Chamaves, les Chattuariens, les Ampsivariens, les Bructères et, enfin, mentionnés un peu plus tard, les Saliens. Au début, ces peuples ne considèrent pas comme des leurs les Sugambres établis au sud de la Lippe. C'est donc à partir de cet affluent oriental du Rhin que commencent les pays de Francs — avec la patrie des Bructères — pour s'étendre vers le nord jusqu'aux embouchures du Rhin : là, les Bataves non plus n'appartiennent pas aux Francs, et ils seront parmi leurs premières victimes.

Dès le début, ces Francs se font remarquer par le fait qu'ils connaissent remarquablement leur adversaire romain. Nombre de « Francs », individuellement puis en groupes, ont naguère choisi de servir Rome en défendant les frontières de l'Empire, sur le Rhin et ailleurs, plutôt que d'attaquer les provinces romaines et de vivre du pillage. Comme il y a parmi eux des hommes aussi efficaces que fidèles à la cause romaine, il devient très tôt fallacieux de parler, en généralisant, du « facteur Francs ». On devra toujours préciser de quel groupe on parle, ou bien noter simplement que tel soldat ou tel chef romain est d'origine franque.

Toujours est-il que les attaques lancées contre la Gaule au IIIe siècle sont presque exclusivement le fait des Alamans au sud, des Francs au nord, et sans qu'on puisse démontrer la moindre concertation entre les deux. Au contraire, une rivalité, sinon une inimitié, semble régner entre eux comme d'ailleurs avec les peuples les plus importants qui les séparent, les Sugambres et les Chattes, situés sur la rive droite du Rhin, du Main jusqu'à la Lippe. En revanche, au début, des actions en Gaule sont assez souvent décrites dans les sources romaines comme communes aux Francs et aux Saxons : c'est surtout le cas quand elles sont l'œuvre de « pirates » venus par mer.

Se pose là le problème des Chauques, ce peuple important que les troupes de Drusus avaient trouvé au nord-est des Frisons, de part et d'autre de la basse Weser. Les uns voient en eux une souche essentielle des Saxons ultérieurs ; les autres les revendiquent pour la ligue des Francs, arguant du fait que le nom franc d'« Hugues » ne signifie pas autre chose que *Chaucus* et que la littérature germanique ancienne, pour distinguer un héros franc (le roi Thierry *alias* Dietrich) d'un héros non franc homonyme (Théodoric *alias* Dietrich), a donné au premier le nom de *Hug-Dietrich* : Hug signifierait donc « Franc » ce qui démontrerait l'analogie entre Chauques et Francs. Or, dans le poème anglo-saxon du VIIe siècle « Beowulf », les Francs sont appelés *Hugas*, tandis qu'au Xe siècle Widukind donne à Clovis le nom de *Huga*. Ce problème passionne de surcroît les historiens allemands parce que les uns voient dans les Chauques des marins, les autres niant catégoriquement la chose. Pour nous, leur situation géographique et leur importance font tenir pour vraisemblable qu'une partie des Chauques ait contribué, en jouant un rôle dominant parmi les peuples bloqués sur la frontière romaine, à la naissance de la ligue des Francs, sans que ceci ait empêché qu'une autre partie de ce même peuple, restée dans le Hanovre actuel, fasse partie des anciens peuples réunis plus tard sous le nom de Saxons. C'est cette évolution qu'il faut avoir dans l'esprit pour la Germanie du IIIe et du IVe siècle : les petites tribus mentionnées par Tacite disparaissent, se fondant en de plus grandes communautés qui seront les grands acteurs des siècles suivants : Alamans, Francs, Saxons, et, plus tard, Bavarois.

Il n'est ni possible ni nécessaire de pousser plus loin ici l'ethnogenèse des Germains. Mais le problème des Chauques méritait attention, vu son importance pour les Francs et les Saxons qui, au IIIe siècle, semblent alliés, et deviendront plus tard des ennemis acharnés. Le rôle initial des Chauques dans la ligue franque expliquerait que leur nom n'apparaisse plus dans le contexte franc parce qu'ils le représentent tout simplement ; il expliquerait également les actions navales spectaculaires des premiers Francs, alors que ce peuple, si puissant sur le continent, se montrera ensuite peu à l'aise sur les mers. Il expliquerait enfin l'étroite coopération du début avec les Saxons : les auteurs romains ont difficilement distingué « Francs » et « Saxons » quand les ligues étaient encore en train de naître.

Des fouilles entreprises depuis 1955 ont révélé des détails nouveaux sur la civilisation et surtout les habitats des IIe et IIIe siècles dans la région située à l'est de l'embouchure de la Weser, surtout à Feddersen Wierde. On y trouve, bien conservé par les conditions naturelles sur la côte, un village d'une trentaine de maisons assez grandes et bien structurées, dominées par la résidence d'un chef — avec une salle plus grande — et entourées de petites cabanes d'artisans occupés de métallurgie. La « cour » du seigneur contient des produits importés de l'Empire : on y trouve des verres de Mayen (près de la Moselle) ainsi que de la céramique sigillée provenant de la Gaule du Nord-Est.

Dans cette civilisation, on connaît déjà la roue, la voiture et, à côté de l'araire toujours utile sur les terres légères, la charrue propre aux terres lourdes. On produit de l'avoine, de l'orge, du millet, des fèves et enfin du lin, précieux pour sa matière grasse comme pour la production textile. La qualité de l'ensemble pour une si haute époque — surtout celle des habitations, pratiquement inconnues jusqu'ici — a été une des grandes surprises archéologiques de ces derniers temps. Elle nous donne une idée des structures et de la civilisation des peuples qui, ayant fait leur profit de contacts avec le monde romain et celtique, « entrent dans l'histoire » par une expansion vers l'ouest qui aura des conséquences essentielles, à long terme, pour l'histoire de la Gaule et de la France.

Les malheurs du IIIe *siècle et le redressement*

Un quart de siècle — entre 250 et 275 — a changé le visage du monde romain et celui de la Gaule. Du cataclysme final, en 275-276, Camille Jullian écrivait dans sa monumentale *Histoire de la Gaule* : « Ni dans le passé de la Gaule, ni dans celui de la France, nous ne trouverions un malheur pareil. La migration des Cimbres, la conquête de César, l'invasion d'Attila, les pirateries des Normands, les guerres des Anglais, rien n'approche de la catastrophe de cette année. » Cette crise dramatique, il ne faut jamais l'oublier, ce n'est pas celle de la prétendue fin de l'Empire romain au Ve siècle dont on parle plus volontiers : c'est le siècle vraiment sinistre pour le monde romain, ce IIIe siècle avec sa succession d'empereurs acclamés et assassinés par l'armée, avec l'incapacité d'un monde romain pourtant « militarisé » à organiser sa défense, avec la destruction par les Barbares, et de la Paix romaine, et de ses villes, de ses monuments, de ses hauts lieux d'une vie artistique et intellectuelle.

Rome avait célébré en 248 le millième anniversaire de sa fondation avec le faste approprié. L'empereur était alors un cheikh arabe, Philippe, un préfet de la garde impériale, excellent soldat, qui avait fait assassiner son prédécesseur Gordien III en 244. Philippe l'Arabe tué à son tour en 249 par les légions stationnées sur le Danube inférieur, son successeur Dèce, un Illyrien conservateur — il restaura le culte des anciens dieux romains et fit persécuter les chrétiens —, se trouva confronté à la première grande invasion des Goths. Il succomba, avec son armée, en 251.

A partir de ce moment, l'Orient est submergé par les Goths d'un côté, par les Perses sassanides qui envahissent la Syrie de l'autre. Une nouvelle « peste », une grande épidémie venue de l'Éthiopie, contribue à partir de 252 à une ambiance de fin du monde. Le pouvoir impérial est disputé, depuis la mort de Dèce, entre les deux armées du Danube et de l'Orient : toute l'attention des empereurs étant consacrée à l'est de l'Empire, l'Occident compte pour quantité négligeable. Et c'est dans ces circonstances que la Gaule est menacée sur ses deux flancs.

Le pays entre le Rhin et le *limes* ne peut plus être tenu par les forces romaines : il est pratiquement abandonné aux Alamans. La dernière borne milliaire romaine y date de 253. Ce coin enfoncé dans le système défensif romain jusque vers le lac de Constance, coupant des relations importantes entre Rhin et Danube, est la première occupation durable de territoire romain par les Germains. Au nord, les peuples de la mer du Nord et du Rhin changent d'attitude vers 250. Jusqu'alors, ils ont fait le commerce avec l'Empire : maintenant, ils exerceront assez systématiquement la piraterie. Et, élèves habiles des Romains, ils profitent de la voile latine empruntée aux Romains. Depuis 254-256, les régions littorales de la Gaule recèlent des trésors monétaires enfouis dans le sol, cependant que les auteurs anciens mentionnent les attaques par la mer des Frisons et surtout celles des Francs et des Saxons. Les relations entre la Gaule et la Bretagne romaine sont perturbées. Les Romains sont stupéfaits devant la hardiesse de ces marins : des prisonniers francs installés aux bouches du Danube se construisent des navires, infestent vers 280 les côtes de la Méditerranée et rentrent chez eux. L'empereur Probus, que nous retrouvons à partir de 277 comme un des principaux artisans du redressement romain, installe un *litus saxonicum*, une défense en profondeur des côtes de la Gaule contre les Saxons, qui deviendra vers 300 un secteur militaire permanent de la défense de l'Empire.

Plus graves allaient être les invasions par terre. En 258 une bande franque traverse la Gaule vers l'Espagne, détruit la ville de Tarragone (alors plus importante que Barcelone) et fonde vers 260 un centre de piraterie en Afrique du Nord qui ne sera éliminé qu'en 272. L'empereur Valérien est fait prisonnier avec son armée en 260 par les Sassanides, lesquels font construire leurs villes par les prisonniers romains. Son fils, Gallien, commandant en chef en Gaule où il est célébré comme le *Restitutor Galliarum*, se hâte, après ce désastre militaire, de gagner l'Orient, laissant à Cologne son fils Salonius qui sera assassiné par les légions du Rhin. Celles-ci ne veulent plus jouer les seconds rôles. Elles font empereur le préfet des troupes romaines à Mayence, Postumus. Tandis que la frontière du Rhin est pour un temps mieux protégée, les Alamans, conscients de la faille qu'il y a dans le système défensif romain entre l'Est et l'Ouest, se jettent en cette même année 260 sur la Rhétie, percent la défense et dévastent l'Italie du Nord. Revenu en hâte, Gallien les défait près de Milan. Mais un autre groupe d'Alamans dévaste la région d'Avenches : cette belle et grande cité romaine, entièrement détruite, ne se relèvera plus, alors que la forteresse de Strasbourg, également détruite, sera restaurée.

L'empereur Claude II défait les Alamans en 268 sur le lac de Garde ; l'empereur Aurélien les bat en 270 sur le Danube, puis à Plaisance et, en 271, près de Pavie. Maintenant, la menace est telle pour Rome que l'on construit autour de la Ville éternelle le mur gigantesque qui portera le nom d'Aurélien. Moment historique pour la Gaule : après avoir vécu à l'écart sous Postumus et ses successeurs, « empereurs gaulois » qui ne reconnaissent plus leurs collègues d'Italie et d'Orient, elle doit procéder à de semblables constructions autour de ses propres villes. C'est avouer qu'on ne peut plus contenir les Barbares : une fois dans l'Empire, ils peuvent tout dévaster parce qu'une population sans armes, n'accomplissant plus de service militaire, se trouve impuissante devant eux.

C'est en même temps le début d'une nouvelle stratégie. Elle ne sera mise en place qu'après la grande débâcle des années 275, alors que non seulement la Gaule septentrionale, mais aussi, pour la première fois, le pays entre Seine et Loire, ainsi que les vallées de la Saône et du Rhône supérieur, et enfin le Poitou et les régions voisines de l'Atlantique et jusqu'aux Pyrénées, seront victimes des pillards.

Francs et Alamans se rencontrent alors en parcourant le pays. Les sources parlent de soixante villes détruites, mais les textes historiques cachent honteusement les détails du désastre, peu propres à être récités dans les panégyriques destinés aux empereurs. La carte des trésors monétaires enfouis, elle, ne laisse pas de doute sur l'extension du désastre : 238 enfouissements datables pour la seule période de 270 à 280 en Gaule. Quand, après la disparition de l'empire gaulois, l'empereur Probus amorce à partir de 277 la pacification et le redressement de la Gaule, il ne voit pas la moindre possibilité de nettoyer d'un coup le pays où il y a des Barbares partout : « Les Gaules étaient comme tombées au pouvoir des Germains », dit son biographe. C'est pourquoi on peut dire que la construction de murailles protégeant les villes de la Gaule est essentiellement due à l'initiative de Probus et a été poursuivie sous ses successeurs.

On s'est longtemps imaginé l'apparition soudaine de fortifications urbaines en Gaule comme une réaction de panique. Les habitants auraient construit ces murs à la hâte, en utilisant les ruines laissées par les Barbares après leur passage pour le remblai de murailles propres à mieux protéger la ville une autre fois. Les débris de maisons, les morceaux de colonnes, tout ce qu'on a trouvé dans ces murs semblait confirmer cette hypothèse. En même temps, et c'est là un point capital pour l'histoire urbaine de la France, on a cru reconnaître dans le tracé de ces murs la nouvelle silhouette de la cité en Gaule : ceci permettait apparemment, du même coup, de mesurer la différence entre l'extension de ces villes d'un nouveau type et celle des cités de la Paix romaine, étendues sur un large espace. C'en était fini, croyait-on, et d'un seul coup, des villas situées maintenant hors des nouveaux murs : on les abandonnait à la ruine. L'examen récent des données archéologiques a permis de modifier sensiblement ces conclusions.

D'abord, on s'est rendu compte que, là où les murs du IIIe siècle sont encore partiellement debout, ce qui est le cas au Mans ou à Senlis, ils sont d'une exécution parfaite et pratiquement uniforme. Construits rapidement, c'est-à-dire en quelques années seulement, ils n'ont absolument pas été érigés à la hâte : on a même pris le temps d'ordonner le petit œuvre en briques, typiquement romain, à l'extérieur de ces murs, en sorte qu'il montre des dessins colorés. Le sens romain de la beauté architecturale a survécu, mais il s'exprime maintenant en murailles défensives plutôt qu'en colonnes de temples. En ce qui concerne le remblai, on l'a étudié au Mans, ville qui n'a pas été détruite par les Barbares, où l'on constate le même phénomène. Pour des raisons d'efficacité militaire évidentes, on avait rasé les quartiers se trouvant immédiatement hors des murailles, et l'on avait utilisé ces ruines-là pour le remblai. En revanche, les autres quartiers de la ville, étendus largement dans les environs de la partie fortifiée, restèrent occupés sans interruption du IIe au VIe siècle.

Se trouve ainsi mis en question le schéma selon lequel il n'y avait plus dès le IIIe siècle que la toute petite ville « médiévale ». Chaque cas demande un examen spécial. Ces murs constituaient plutôt des *castra,* assez petits pour être défendables même avec des garnisons réduites, assez grands pour offrir un refuge à des habitants qui, pour une large partie au moins, pouvaient continuer à vivre le reste du temps hors de l'enceinte.

Au lieu d'être un symbole de déclin ou d'abandon politique, ces murs montrent au contraire un redressement, une volonté de survivre et une pérennité de la discipline et de l'ordre romains. Cela correspond absolument à ce que nous savons de la figure des empereurs du dernier tiers du IIIe siècle. Souvent d'origine illyrique, ils préparent déjà la puissance qu'aura de nouveau l'Empire au IVe siècle.

Ce qui a changé sur le plan militaire, c'est la tactique employée. Devant l'impossibilité d'empêcher à toute heure et en tout lieu d'une frontière de milliers de kilomètres l'entrée brusquée des Barbares, on se décide à faire protéger partout les villes d'une certaine importance par des murailles imprenables (elles ont eu 9 m de hauteur au Mans) et à concentrer assez loin des frontières les meilleures troupes, prêtes à intervenir pour anéantir avec des forces supérieures chaque groupe barbare.

Le redressement commence au moment même du plus profond désarroi. A l'est, le tournant est la consolidation de la frontière par l'abandon de la Dacie et la victoire décisive remportée sur les Goths en 270 par l'empereur Claude II près de Niš (Serbie actuelle). A l'ouest, Tetricus, le dernier des « empereurs gaulois », capitule en 274 devant l'empereur Aurélien. Reconnaissant la valeur stratégique de la ville de *Cenabum,* Aurélien y fait construire un *castrum* d'un périmètre de plus de 2 100 m, ce qui fait de cette ville fortifiée, avec environ 27 hectares, une des plus importantes de la Gaule. Il la sépare enfin de la *civitas* des *Carnutes*, donc de Chartres : appelée, d'après le nom de son fondateur, la *civitas Aurelianensis*, Orléans jouera un rôle important dans l'histoire de la France. Autre tournant symbolique que le destin d'Autun, cette ville parmi les plus belles et les plus célèbres, qui a fait défection à l'empire gaulois en appelant à l'aide les empereurs de Rome. Victorinus, un des successeurs de Postumus, prend la ville après un siège de six mois et la détruit. Comme à Lyon, ce ne sont pas les seuls Barbares qui ont causé tant de maux. Mais avant la fin du siècle, Autun est reconstruite, et le rhéteur qui nous parle du nouvel éclat de ses écoles mentionne la participation d'artisans barbares, prisonniers de guerre, dans cette reconstruction.

Les victoires remportées par l'empereur Probus, d'abord en Gaule, puis en 280 sur les Alamans chez eux et sur les Francs, ont procuré un butin considérable d'hommes et de bétail. « Les campagnes gauloises sont labourées par des bœufs de chez les Barbares », « les Barbares désormais labourent pour vous, sèment pour vous et servent militairement contre les nations les plus lointaines », dit l'empereur au Sénat. Une monnaie d'or de Probus montre même deux Germains ligotés au pied d'un trophée ; l'Empire fera désormais de nécessité vertu et emploiera systématiquement les prisonniers germains pour repeupler les campagnes et renforcer ses armées. D'autres, enfin, sont installés comme « colons » mais avec le droit spécifique des *laeti*, hommes semi-libres obligés à servir dans l'armée : ainsi a-t-on une paysannerie qui assure un recrutement durable.

Après Postumus qui avait utilisé des troupes franques contre les Barbares, presque tous les empereurs — mais surtout les usurpateurs — se servent de troupes franques. Maximien, le collègue de Dioclétien, bat les Francs en 287 et conclut avec un de leurs rois, Gennobaude, le premier *fœdus,* traité spécifique qui sera suivi par beaucoup d'autres : les Barbares doivent rendre tous les prisonniers romains et reconnaître la souveraineté de l'Empire. A partir de 288, ce même empereur installe des Francs dans la région des Trévires et autour de Bavay, ainsi que des prisonniers d'origine germanique en colonies de *laeti* autour de Beauvais, Amiens, Troyes et Langres. Un groupe important de Chamaves reçoit alors le droit de s'établir dans un *pagus Chamavorum* subordonné à la *civitas* de Besançon : c'est le pays d'Amous qui, au IXe siècle encore, est nommé *comitatus Amaus.* Un groupe important du peuple des *Chattuaires* s'installe de même dans le *pagus Chattuariorum,* dépendant de la *civitas* de Langres : c'est le pays d'Atuyer.

La toponymie française s'enrichit ainsi du nom de petites régions ou de villages qui rappellent des peuples barbares : presque tous datent, non de ce qu'on appelle « les grandes invasions » du Ve siècle, mais de la colonisation systématique des IIIe et IVe siècles organisée par l'autorité romaine : Sarmaise rappelle les Sarmates, comme tant d'« Allemagne » rappellent des colonies d'Alamans.

Un empire qui apprend à dompter les Barbares en s'arrangeant pour vivre avec eux est un empire changé qui organise ses structures afin de maîtriser ce problème. L'empereur Postumus avait, le premier, installé sa résidence à Cologne. Ses successeurs parmi les empereurs gaulois choisissent Trèves, bien placée derrière les petits forts construits dans la vallée de la Moselle. Quand Dioclétien réorganise l'Empire, Trèves devient le siège de la grande préfecture du « diocèse » de l'Ouest qui englobe l'Espagne, les Gaules et l'Angleterre : les pays ayant appartenu un moment à l'Empire gaulois restent unis, l'Occident ayant effectivement ses problèmes spécifiques. Le système de la « tétrarchie » — ce gouvernement simultané de l'Empire par quatre chefs, un *Auguste* à l'Est, un autre à l'Ouest, chacun avec un *César* pour l'épauler — n'est rien d'autre que l'aveu de l'impossibilité d'un gouvernement et d'une défense de l'Empire par un seul, résidant en un seul lieu. Ce qui s'était établi auparavant d'une façon anarchique se légalise et s'ordonne maintenant d'une façon systématique.

Vers la victoire du christianisme

Il y a des changements plus profonds derrière ces réformes administratives. Le plus évident apparaît à la simple énumération des capitales prévues pour les empereurs respectifs : on parle de Nicomédie, de Milan, de Trèves, on parlera plus tard de Constantinople, d'Arles, de Ravenne, mais on ne parlera plus jamais de Rome, qui ne reste plus, malgré son Sénat, qu'une « capitale » théorique. Ce qui a commencé avec des sénateurs appartenant à des peuples non romains et non italiques trouve sa conclusion avec la *Constitutio Antoniana* de l'empereur Caracalla qui, en 212, reconnaît à tous les sujets libres de l'Empire la citoyenneté romaine. Seuls sont exceptés les *dediticii,* les Barbares vaincus auxquels on a accordé la liberté personnelle sans citoyenneté. L'empire de Rome est devenu l'empire de tous les peuples habitant l'Empire ; le millénaire de Rome, fêté sous un empereur d'origine arabe, en est le symbole.

Cet Empire ne peut plus être celui des seuls dieux romains. Nous avons déjà mentionné l'importance des cultes orientaux chez les Romains des premiers siècles de l'Empire. Les catastrophes du IIIe siècle, aussi bien que les changements de structures, ont accéléré l'évolution des idées religieuses qui, à cette époque, ne sauraient être séparées de la vie publique et politique.

On a mis en relation l'écroulement des villes et des temples dans la Gaule du IIIe siècle et le sort des dieux romains. Le paysage urbain reflète la foi en Rome. En ces temps de malédiction, les dieux ne sont plus romains et il ne subsistera pas pierre sur pierre de la plupart de leurs séjours. La reconstruction des villes et l'érection de leurs enceintes ne s'accompagne pas d'une reconstruction des temples. Les soldats et leurs empereurs, à commencer par Caracalla (211-217) qui se voyait empereur des soldats, adorent plutôt les dieux de l'Orient comme Sérapis et Mithra. Caracalla érige même à Sérapis un temple sur le Quirinal. Les sanctuaires de Mithra se trouvent en Gaule orientale, là où étaient stationnées les légions. Son culte étant en même temps un culte solaire, cet élément est développé par l'empereur

M. Aurelius Antoninus (218-222), qui a été prêtre du dieu solaire syrien Élagabal d'Émèse : prenant le nom de son dieu, l'empereur tente même en vain de l'imposer à Rome comme dieu suprême. Ce qui avait échoué à cause des excès et des excentricités d'Élagabal, l'empereur Aurélien (270-275) le reprend sous une autre forme et avec un plein succès : *Sol invictus*, le Soleil invaincu, est déclaré le premier dans la hiérarchie des dieux. Il est protecteur de l'Empire et de l'empereur. Ses prêtres, qui servent dans un temple magnifique, deviennent les égaux des pontifes romains.

Il est visible que des éléments du culte de Mithra ont été intégrés, ce qui rend populaire parmi les soldats ce nouveau culte qui trahit une tendance puissante vers le monothéisme. Ayant vainement tenté de restituer leur ancienne gloire aux dieux romains, les empereurs se fient en définitive au *Sol invictus* comme régent du monde et garant de l'éternité de l'Empire. Il est celui qui, seul, décide quand doit mourir l'empereur : un fatalisme que l'on saura opposer à des soldats tentés, une fois de plus, de tuer l'empereur ! Michel Cristol a montré comment ce dieu est devenu, avec l'avènement de Dioclétien, le dieu associé à la création d'un nouvel *imperator*, donc un facteur essentiel de légitimité : « La source du pouvoir n'est pas en réalité dans les mains des hommes. C'est la Providence divine qui règle le sort du monde terrestre. » C'est sous le signe de ce dieu-là que Constantin commence son règne, en prenant le titre d'Auguste, le 25 décembre 307, le jour même du « Noël de l'Invaincu », *Natalis invicti*, le jour de la fête du solstice. Et toute la famille impériale de Constantin vit sous le signe des thèmes solaires qui, à côté du thème herculéen, est le seul digne des empereurs.

Ce changement dans la religion, dans le comportement et dans la foi des empereurs en l'avenir de l'Empire, qui a accompagné le redressement de la fin du IIIe siècle, a singulièrement préparé l'acceptation éventuelle d'un autre dieu suprême qui s'avérerait plus fort que *Sol invictus*, donc le vrai et seul dieu dans le monde : le dieu des chrétiens. Deux signes ne trompent guère : c'est le culte du dieu solaire qui fait donner aux empereurs l'*aura*, le nimbe ; d'après ce modèle, les images du Christ seront auréolées, ainsi que celles des saints. Enfin, l'Église de Rome fera, en 335 ou 354, mais de toute façon après que l'empereur aura abandonné le culte du Soleil, du *Dies natalis invicti Solis* la fête de la naissance du Christ. Noël remplacera une fête centrale des païens par une fête triomphale des chrétiens. Cette fête, célébrée d'abord en Occident, remplacera la date du 6 janvier choisie auparavant par l'Orient, celle de l'Épiphanie qui remplaçait le culte païen de la naissance du dieu Aion, né de la déesse vierge Kore.

Certes le message du Christ n'avait rien à faire avec ces questions liturgiques. Mais la victoire du christianisme dans l'Empire romain ne pouvait se réaliser qu'en forme de victoire concrète sur les dieux les plus puissants à ce moment-là. Ce n'étaient plus les dieux ni des Grecs ni des Romains ni des Celtes ; tous continuaient pourtant à compter des fidèles. Ce n'étaient plus les dieux d'un seul peuple, ni ceux d'une symbiose de peuples, comme nous l'avons observé dans le cas « gallo-romain ». Des moments les plus sombres de l'Empire et de la Gaule, au IIIe siècle, était née une foi profonde dans l'éternité de Rome garantie par le maître de l'univers, dieu universel pour un empire universel. Par un paradoxe de l'histoire, les empereurs qui ont eu le plus fortement cette foi ont le plus persécuté les chrétiens en qui ils voyaient des hommes qui refusaient la divinité de Rome, de l'Empire, de l'empereur. Mais en négligeant les autres divinités, ils ont préparé le chemin pour que ne restât à la fin qu'un pas à faire. C'est le pas que fit Constantin le Grand — après sa victoire de 312 — lorsque, restant *pontifex maximus*, il préparait comme catéchumène son entrée dans une Église qu'il protégeait déjà. En fait, il la dirigeait pratiquement depuis qu'il lui avait accordé, par le décret de 313, la liberté privilégiée de son culte.

Ce sont là des dates de toute première importance, malgré l'excentricité géographique de ces événements pour la Gaule, un pays qui avait appartenu, il est vrai, à la partie de l'Empire gouvernée depuis 293 par Constance Chlore, le père de Constantin. Mais ce pays n'avait connu ni un grand nombre de chrétiens, ni un grand nombre de martyrs avant que le triomphe du christianisme y fût réalité. Cela, aussi, semble un paradoxe quand on pense que les martyrs lyonnais de 177 comptent, avec ceux de Smyrne et longtemps après saint Étienne, parmi les premiers martyrs authentiques de l'Église. Mais les fervents de la nouvelle foi continuaient de se recruter, comme ceux de Lyon en 177, dans les quartiers des quelques villes de Gaule qui avaient d'assez importantes colonies d'Orientaux, de Syriens et des Hébreux portant souvent, comme les Grecs de ces quartiers, des noms grecs. Il était assez rare de trouver parmi eux des Romains authentiques — il en est un cas parmi les martyrs de 177 — et plus rare encore d'y compter des hommes d'origine celtique.

C'est donc à Marseille, à Narbonne, à Arles, à Vienne et à Lyon, puis dans les villes rhénanes, que l'on trouve les premiers groupes de chrétiens, dont parle déjà l'évêque de Lyon Irénée. Celui-ci, qui jouera un rôle considérable dans la littérature chrétienne contre les païens et les hérésies, venait lui aussi, comme les martyrs de 177, de l'Orient ; il avait encore vu, enfant, Polycarpe de Smyrne, et celui-ci avait connu l'apôtre saint Jean.

Le nombre des chrétiens avait un peu augmenté au milieu du IIIe siècle quand le problème des *lapsi* se posa, à savoir ces chrétiens qui, menacés par les autorités romaines, avaient sacrifié aux divinités impériales pendant la persécution de l'empereur Dèce. Tandis que l'Église d'Afrique, pour ne parler que de l'Occident, était bouleversée par les conséquences de cette affaire, on ne compta que quelques cas dans les villes de la Narbonnaise. Trois évêques gaulois eurent à arbitrer la controverse, en relation avec l'évêque de Rome et quelques collègues italiens.

L'attitude éclairée de Constance Chlore, le père de Constantin, qui refusa d'appliquer les consignes de persécution données par Dioclétien, évita aux chrétiens de Gaule des moments difficiles à la fin du IIIe siècle. Ainsi y eut-il peu de martyrs, en comparaison avec l'Italie, par exemple. Dans ces conditions favorables, le christianisme s'est sans doute propagé rapidement en Gaule autour de 300. Quand Constantin ordonna de réunir un concile en 314 à Arles, pour délibérer de la question des « donatistes » — la secte africaine qui refusait de prendre les *lapsi* dans le sein de l'Église —, nous y voyons seize cités gauloises représentées, dont douze par leur évêque. D'autres églises épiscopales devaient déjà exister en d'autres villes. Notons parmi les plus importantes, avec les cités déjà nommées, Autun, Bordeaux, Trèves et Cologne. D'autres encore allaient suivre pendant le IVe siècle, jusqu'à ce que chaque cité ait son évêque.

L'une des grandes figures de ce siècle sera saint Martin (317-397). Cet ancien soldat pannonien devenu l'élève de saint Hilaire de Poitiers sera d'abord, en 361, le fondateur, à Ligugé, près de Poitiers, du premier monastère établi en Gaule. Élu en 371 évêque de Tours, il fondera là un autre monastère, Marmoutier. Introducteur en Gaule d'un monachisme demeuré jusque-là un phénomène oriental, saint Martin contribuera aussi de manière décisive à la christianisation des campagnes. Rien d'étonnant à ce que la tradition française ait fait de lui le saint national des Francs et de la Gaule franque.

Mais nous sommes là, déjà, dans l'Empire chrétien où le christianisme est la religion officielle et, depuis l'empereur Théodose, la seule religion admise. Cette Église, dont la force était, dans la clandestinité d'une petite minorité, sa stricte organisation, va alors calquer son organisation géographique et hiérarchique sur l'organisation administrative de l'Empire. Une province de ce dernier devient automatiquement une province ecclésiastique. Nous y reviendrons après avoir parlé des réformes administratives de l'Empire sous Dioclétien et Constantin. Pour le moment, constatons que tous ces changements ont transformé au IIIe siècle le monde romain, au point qu'il n'est plus le monde de la Paix romaine, ni le monde de la cité de Rome, ni le monde des dieux de Rome. Sous l'égide de Dieu et l'autorité de l'empereur, l'Empire est devenu le royaume terrestre d'une religion universelle. A ce moment, la Gaule est encore loin d'être déjà un pays chrétien. Mais elle va jouer un rôle de premier plan dans l'Empire chrétien et devenir l'un des piliers du monde catholique.

CHAPITRE IX

La Gaule dans l'Empire chrétien

Constantin le Grand

En 305, l'empereur Dioclétien quittait librement le pouvoir, en même temps que l'autre Auguste, Maximien. Deux nouveaux Augustes — Constance Chlore à l'Ouest, Galère à l'Est — allaient gouverner l'Empire, secondés par leurs Césars respectifs. Pour éviter que l'idée dynastique ne pourrisse le système pur de la « tétrarchie », Dioclétien n'avait fait nommer César ni le fils de Maximien, Maxence, ni le fils de Constance Chlore, Constantin, mais deux autres personnages, Sévère et Maximin Daia. Pourtant, Maxence avait épousé une fille de Galère, et Constantin était fiancé à Fausta, la fille de Maximien. Les deux « princes » avaient de l'ambition, et leurs entourages les poussaient à manifester des prétentions qui allaient faire éclater le savant système conçu par Dioclétien.

Au début de 306, Constantin laissa l'armée du Danube à laquelle il était affecté par Galère et se rendit auprès de son père, Constance Chlore, qui combattait les Pictes et les Scots au nord de la Bretagne romaine. Constance tomba malade. Il mourut le 25 juillet 306. Les troupes de Bretagne et de Gaule proclamèrent Auguste son fils Constantin. A Rome, cependant, les mécontents proclamaient *princeps* Maxence : violant alors les règles de la tétrarchie, son père Maximien reprit sa charge d'Auguste et s'allia avec son fils. Commençaient des luttes où allaient s'affronter au total six Augustes et Césars, tous vaincus ou éliminés à leur tour par Constantin, y compris un septième, Licinius, nommé en 308 par Galère au moment de la disparition de Sévère, et un huitième, Lucius Domitius Alexander, proclamé empereur par les troupes d'Afrique.

De ces luttes qui occupèrent quinze années, entre 310 et 324, naquit un nouvel ordre rendu possible par la forte personnalité de Constantin et par sa popularité auprès de ses troupes. Sans lui, l'œuvre de Dioclétien aurait sans doute sombré dans une nouvelle anarchie, pire que les précédentes. Les réformes de Dioclétien en furent pour une part maintenues et consolidées, mais aussi changées sur plusieurs points essentiels. On ne saurait donc distinguer arbitrairement la part de chacun de ces deux grands empereurs, et cela malgré une différence fondamentale quant à leur attitude envers le christianisme. Car Constantin, sauveur de l'Empire, devint sauveur du christianisme. Celui-ci avait été durement persécuté par Dioclétien, mais aussi par Galère, Maximin Daia et Licinius, donc surtout dans les provinces orientales où, d'ailleurs, il était de loin le plus important. Constance Chlore, lui, s'était déjà abstenu de toute persécution. Son fils semble avoir eu très tôt des contacts avec des évêques de Gaule. Lorsque son adversaire principal, Maxence, s'appuya ostensiblement, en 312, sur les éléments romains les plus conservateurs quant au paganisme, Constantin n'hésita pas ; il laissa percer ses sympathies pour le dieu des chrétiens. Il se garda bien de contredire les rumeurs qui liaient sa victoire décisive — remportée le 28 octobre 312 devant Rome, près du pont Milvius — à un rêve prémonitoire et à sa décision de faire porter par ses troupes le monogramme du Christ.

Dès 313, il promulga l'édit de Milan qui, dans les régions de l'Empire qu'il contrôlait, garantissait aux chrétiens la liberté de culte et leur restituait les biens confisqués sur eux et leurs églises. Puis, tout en gardant ses fonctions de *pontifex maximus*, et en attendant un baptême qu'il n'acceptera qu'aux approches de la mort, il commença à doter les chrétiens de basiliques magnifiques, à Rome comme à Jérusalem, à Trèves comme à Constantinople. Conseillé par Hosius, évêque de Cordoue, il se préoccupa aussi de l'unité de l'Église, résolu qu'il était à lier le sort de l'Empire et le sien au dieu du Christ comme ses prédécesseurs — et lui-même auparavant — l'avaient lié au *Sol invictus.*

Cette décision allait changer le caractère de l'Empire. A terme, malgré des renaissances du paganisme, surtout à l'époque de Julien, et malgré les graves difficultés internes de la nouvelle religion — hérésies et querelles dogmatiques —, elle conduisait à la conversion au christianisme de l'immense majorité du monde romain. Le monde romain sera un monde chrétien, et l'on peut légitimement parler d'Empire chrétien, plutôt que de « Bas-Empire » ou d'« Antiquité tardive », notions qui tiennent à des interprétations ultérieures supposant que l'Empire finit au Ve siècle.

Avec une brève interruption sous Julien, la Gaule vivra dans un empire chrétien. Elle sera gouvernée religieusement par les décisions de conciles réunis sur l'ordre des empereurs. Elle sera administrée dans le cadre du nouveau système créé pour l'administration civile et militaire par Dioclétien et Constantin. Elle sera dominée, enfin, sur le plan social et politique par les hommes que ces réformes font passer au premier plan : des sénateurs d'un genre nouveau et les « maîtres de la milice », c'est-à-dire les commandants en chef des armées romaines, des armées qui vont vivre, à partir de Constantin, une barbarisation nouvelle et dont la répartition changera l'aspect du monde romain. Un nouvel âge commence qui apportera, après de grands succès, de bien graves soucis.

Les réformes : l'empereur et les nouveaux sénateurs en Gaule

Continuées par Constantin (306-337) et complétées tout au long du IVe siècle, les réformes du gouvernement de l'Empire inaugurées par Dioclétien (284-305) avaient la portée d'un changement de constitution et de régime. Ce qui s'était préparé dans les faits au IIIe siècle — le déclin de Rome et de l'Italie, et celui des dieux de Rome — était maintenant mis au grand jour et institutionnalisé. Mais tout le pouvoir monarchique que connaîtra l'Europe dans son histoire ultérieure reposera sur les fondements imaginés pendant cette période décisive.

Ces réformes sont centrées autour de trois éléments : l'empereur et sa cour, l'administration, l'armée. Chaque habitant de l'Empire est censé servir ces trois émanations de l'Empire de la façon la plus stricte et avec tout ce qu'il possède, au point qu'on a parlé, pour définir cet état du « Bas-Empire » ou de l' « Antiquité tardive », d'un régime de contrainte (« *Zwangsstaat* »).

L'élément le plus spectaculaire des réformes de Dioclétien, la « tétrarchie » — gouvernement collégial de deux Augustes et deux Césars destiné à mettre fin aux usurpations et aux pressions de l'armée dans la succession impériale — n'a pas survécu à Constantin. C'est un pouvoir absolu qu'il exerce, seul, à partir de 324. Ce système, compliqué et trop théorique, cède la place à l'idée simple qu'est l'idée dynastique représentée par la maison impériale de Constantin. Mais il laisse des traces sur deux points : la nomination toujours possible d'un César, empereur-adjoint et candidat à l'Empire, c'est-à-dire à la dignité d'Auguste, et surtout la division sans cesse possible du gouvernement de l'Empire — toujours considéré comme un seul ensemble, la *Res publica*, l'*Orbis romanus* — entre plusieurs empereurs-collègues. Ainsi, dès 337, trois fils de Constantin, nommés Césars du vivant de leur père, furent-ils proclamés Augustes par le Sénat ; ils se partagèrent l'Empire.

La tendance générale, qui reflète le vrai visage de ce « monde romain », allait pourtant effacer les aléas dynastiques et politiques par une évolution vers un partage entre l'*Orbis graecus*, les pays de civilisation hellénistique en Orient, et l'*Orbis latinus*, les pays de civilisation latine en Occident. Ce partage sera accompli en 395, au moment de la mort de l'empereur Théodose Ier, mais Constantin lui-même avait jeté les bases de ce dualisme ouvertement affiché en fondant une « nouvelle Rome », inaugurée en 330 sous le nom de Constantinople : c'était bien une nouvelle capitale, à laquelle il n'oublia pas de donner son propre Sénat.

Les conséquences politiques d'un tel acte furent aussi considérables que sa valeur symbolique. L'Italie avait déjà perdu son prestige et tous ses privilèges quand la réforme de Dioclétien en avait fait, comme d'ailleurs de l'Égypte qui avait également connu un régime privilégié, une province comme les autres. Mais Rome avait maintenu, sinon son rôle de dominatrice des peuples, au moins celui d'un centre sacral des dieux des Romains. Sous un empereur qui se tournait vers le christianisme, il devenait possible d'oser l'impensable et de détrôner ouvertement Rome tout en lui laissant quelques honneurs inconsistants. Des Juifs, ennemis de l'Empire depuis la destruction de Jérusalem par Titus, avaient prédit la déchéance de Rome par la vengeance divine, en espérant qu'elle soit accompagnée par la venue du Messie qui devait apporter l'hégémonie au peuple de Dieu. La réalité fut autre : triomphait des dieux une religion qui vénérait certes le Dieu de l'Ancien Testament, mais incarné dans un Messie que les Juifs refusaient.

Rome allait réagir, après les dernières illusions et les dernières défaites, à la fin du IVe siècle, de quelques sénateurs romains qui croyaient à la restauration d'un empire païen et vraiment romain : la « nouvelle Rome », à Rome même, sera celle de l'évêque de Rome, la capitale du catholicisme latin. La domination à l'Est de l'empereur-sauveur de l'Église, envoyé par Dieu, à l'Ouest du successeur de saint Pierre, considéré comme le premier évêque de la communauté chrétienne dans la capitale de l'Empire, aura de longues répercussions dans l'histoire de la chrétienté.

Le pouvoir impérial avait en effet changé de caractère dans son apparence comme dans le fond. Le principat d'Auguste avait toujours reconnu, en principe, le dualisme entre le *princeps*, premier des Romains, et le Sénat, représentant le peuple romain. A partir du IIe siècle, des juristes avaient développé l'idée d'un transfert de la souveraineté du *populus romanus* à la personne de l'empereur. La sacralisation, non plus de personnes impériales mais de l'institution impériale comme émanation du *Sol invictus*, divinité suprême et protectrice de l'Empire, avait déjà créé les bases religieuses d'un pouvoir absolu et sacré qui, loin au-dessus des simples mortels, était seule source de toute légitimité et de toute autorité. Ce serait une erreur de croire que la victoire du christianisme devait affaiblir le caractère « divin » et sacré de l'empereur. Constantin apparut d'emblée comme le sauveur envoyé par Dieu. On reconnut en lui sans la moindre réticence le véritable chef de l'Église, l'« évêque de tous les chrétiens ». C'est lui qui ordonna à partir de 314 la réunion de conciles qui, dorénavant, se tiendront dans le monde chrétien sur ordre du *princeps* et dans l'une de ses résidences : ce sera encore vrai dans le royaume des Mérovingiens et des Carolingiens. La seule exception, en ce qui concerne les synodes d'une portée générale, sera précisément celle de l'évêque de Rome : plus tard, par ses conciles du Latran — ancienne résidence impériale ! — il consacrera la « liberté de l'Église ». Le culte païen de l'empereur a donc été sublimé. Il est vénération d'un chef d'empire qui est le chef, élu et protégé par Dieu, du monde chrétien.

Les évêques, auxquels il accorde des privilèges de hauts fonctionnaires, exercent effectivement des fonctions semi-officielles dans le cadre de ce nouvel État chrétien. Quand saint Basile veut expliquer le mystère de la diversité des personnes dans l'unité de la Trinité, il compare celle-ci au pouvoir impérial : « L'autorité qui règne sur nous est une ; de même la glorification que nous lui adressons est une, et non multiple. » Faut-il rappeler que l'image de l'empereur est exposée dans les églises ? Charlemagne, encore, reprochera au prince lombard de Bénévent d'avoir exposé sa propre image. Ce mélange inextricable de l'État devenu chrétien et de l'Église se manifeste depuis Constantin et il durera jusqu'à la fin de l'« alliance du trône et de l'autel ». Constantin et Théodose — celui qui ordonna la persécution de tout autre culte que le chrétien — seront les modèles des rois francs et notamment de Charlemagne.

Le droit divin lié à la personne de Constantin se répercute sur sa dynastie. Les princes de sa famille sont, d'après les formules protocolaires, « nés pour le bien de l'État ». Comme auparavant la dynastie de Vespasien, celle de Constantin porte le nom, le « gentilice », de *Flavius.* Le titre impérial ne commence plus par *Imperator Caesar*, mais par *Dominus noster Flavius.* Personnalisé et ouvertement lié à une dynastie, le pouvoir met tous les hommes en état d'infériorité face au *dominus,* mot qui désigne le chef de la maison et des esclaves. On entendit des protestations à l'époque païenne contre les premières utilisations de ce terme pour désigner l'empereur. Il n'y en eut pas dans le monde chrétien, tant était grand le prestige d'un empereur qui avait assuré la victoire de la vraie foi et qui, en acceptant l'épithète de « nouveau David », se présentait comme héritier de la royauté biblique.

L'empereur continue d'être un soldat, en portant le *cingulum* — une ceinture de cuir pourpre — et le *paludamentum,* le grand manteau pourpre qui recouvre la tunique. Il appelle ses soldats « compagnons d'armes », *commilitones.* Il continue de se dire le collègue des sénateurs, mais en fait, depuis Dioclétien, il est enlevé du milieu des hommes. Il vit caché dans son immense palais où, seuls, les hauts fonctionnaires et les favoris ont le privilège de le voir. Encore baissent-ils le regard, après avoir fait la « proscinèse », en baisant le pied du souverain. On a voulu voir dans ce rituel monarchique l'influence des monarchies orientales, surtout celle des Sassanides, mais il faut aussi rappeler la nécessité d'éviter pour l'empereur, protégé par une garde étrangère entièrement dévouée à sa personne, les assassinats qui, jusqu'à Dioclétien, ont souvent raccourci les carrières impériales. Il semble pourtant que l'identification de l'empereur avec le sacré, le caractère quasi religieux de sa charge, ait joué, avant comme après la christianisation, le rôle principal.

Avec un nouveau pouvoir monarchique, qui sera celui des siècles à venir, naît une nouvelle classe dominante, qui sera à l'origine de la noblesse en Occident. Dans le déclin politique du Sénat, les sénateurs ont sauvé, personnellement, non seulement l'éclat de leur *nobilitas*, non seulement le privilège d'accéder aux hauts postes de l'Empire, mais aussi leur immense richesse foncière. Ils ont même renforcé cette dernière, profitant de leurs prérogatives et du fait que les petits propriétaires, écrasés par les impôts, sont souvent contraints de vendre aux sénateurs. A leur côté, la part des « chevaliers » dans les carrières de l'administration civile et militaire va en augmentant, et cela surtout depuis qu'un édit de Gallien, en 260, a exclu les sénateurs des commandements militaires. En même temps s'amorce une « bureaucratisation » de l'Empire, toujours au service des impôts et de l'armée. Elle trouve son apogée sous Dioclétien et Constantin.

L'administration est désormais calquée sur le modèle de l'armée. Comme celle-ci elle porte le nom de *militia*, parce qu'elle est dominée par la même *disciplina militaris* : une stricte hiérarchie de titres, de rangs et de rémunérations. Comme le soldat, le fonctionnaire porte un *cingulum*, un ceinturon plus ou moins précieux selon son rang, symbole réservé au service actif. Or les fonctionnaires d'un rang élevé deviennent tous des *clarissimi* : ils entrent ainsi dans l'ordre des sénateurs qui, par l'intégration d'une partie de l'ordre équestre et par son renouvellement perpétuel, change de composition mais point de privilèges. Il est donc facile pour l'empereur de réserver de nouveau les hautes charges aux sénateurs qui, ne l'oublions pas, transfèrent leur *nobilitas* à leur descendance.

Cette augmentation considérable du nombre des sénateurs fera entrer au Sénat « la fleur de la bourgeoisie municipale d'Occident » (André Chastagnol). Aussi un panégyriste de la Gaule, pays qui en a particulièrement profité, Nazarius de Bordeaux, écrit-il en 321 : « Tu as senti, ô Rome, que tu étais à la tête de toutes les nations et la reine du monde, quand tu as attaché à ta Curie les plus nobles citoyens de toutes les provinces, afin que le Sénat dût le rehaussement de son prestige moins à son nom qu'à la réalité, dès lors qu'il comprenait l'élite du monde entier. » Constantin, qui confère même à des Barbares le rang de consul honoraire, lequel leur donne un siège au Sénat, porte le nombre des sénateurs à Rome de six cents à environ deux mille. On atteint le même chiffre à Constantinople peu avant 360.

A la seule exception de l'armée, il n'y a plus d'ascension sociale importante en dehors de cette administration toute-puissante qui porte ceux qui réussissent à la dignité d'un *vir clarissimus* (*v.c.*), ou même, depuis une différenciation des honneurs établie au cours du IVe siècle, vers celle d'un *v.c. et spectabilis* ou celle, suprême, d'un *v.c. et illustris*. Très tôt, cette nouvelle classe héréditaire se ferme vers le bas. Tandis que le *vir illustris* exerce les pouvoirs politiques les plus élevés, les autres sénateurs sont, au Ve siècle, dans toutes les provinces, mais particulièrement en Gaule, la seule classe qui compte et qui joue un rôle dans la vie régionale et locale.

La concentration de richesse et de pouvoirs locaux atteint alors des dimensions jamais vues : pensons aux vestiges des grandes *villae* des IVe et Ve siècles, surtout dans le midi de la Gaule : ainsi celles de Chiragan et de Montmaurin, « véritables palais ruraux », dont les dimensions dépassent parfois celles de Versailles. Il faut lire la description que donne Sidoine Apollinaire — membre de la catégorie la plus élevée et futur évêque — de sa villa d'*Avica-*

tum, avec ses eaux chaudes et ses pièces chauffées, avec une « salle froide qui pourrait sans impudence rivaliser avec les piscines construites pour les édifices publics », avec ses marbres et ses colonnes, mais aussi son atelier de tissage. Dominant les habitants de plusieurs villages, disposant parfois de centres fortifiés qui anticipent sur les châteaux médiévaux, ces domaines tendent vers une certaine autarcie économique, au moment où les routes du commerce deviennent moins sûres. Leurs maîtres disposent de véritables armées privées, arrivant ainsi à une situation qu'ont déjà connue les chefs de l'aristocratie celtique. Quant à la justice qu'ils exercent sur les colons qui labourent leurs terres mais aussi sur la nombreuse clientèle qui préfère leur protection à une liberté bien dangereuse, l'État ne s'en occupe guère.

Loin au-dessus de tous les autres propriétaires, cette aristocratie survivra facilement à la disparition du gouvernement impérial en Occident. A la fin du VIe siècle, l'évêque Grégoire de Tours réserve toujours le terme de *nobilis* à cet « ordre » sénatorial auquel il appartient lui-même. On a même observé qu'en Orient, où le pouvoir impérial restait fort, des charges importantes étaient exercées par des non-sénateurs, tandis que l'Occident tombait, sur le plan politique comme sur le plan social, aux mains d'une aristocratie toute-puissante, seul interlocuteur valable des chefs militaires, fussent-ils d'origine romaine ou barbare, « maîtres de la milice » ou rois germaniques.

Les privilèges de la noblesse, dont les origines ont été cherchées par les uns sous les rois francs, par les autres sous les rois français, datent en vérité de l'Empire romain tardif, et cela jusque dans les détails : tout ce qui arrive plus tard n'est qu'une continuation et une adaptation au seul système nobiliaire de prestige authentique qui existât, celui des sénateurs. La royauté française avec sa prétention, énoncée depuis Philippe le Bel et ses légistes, selon laquelle toute prérogative de la noblesse serait une concession royale ou une usurpation — de toute façon, quelque chose de révocable par une royauté de laquelle tout émanait — a trompé jusqu'aux juristes de nos jours. Cette prétention était historiquement fausse, puisque les rois francs devaient reconnaître la situation sociale et juridique de ces *potentes* d'origine sénatoriale ; ils avaient besoin d'eux pour administrer le pays. Cette classe, née aux IVe et Ve siècles des réformes de Dioclétien et de Constantin, ne devant par conséquent ni ses droits ni ses terres à la royauté franque, a d'autant mieux survécu qu'elle avait mis la main sur l'Église avant que les rois barbares ne prissent le pouvoir. L'Empire était devenu chrétien, la dignité épiscopale était des plus acceptables pour la classe sociale la plus élevée. Elle en fit pratiquement sa chasse gardée, deux ou trois familles sénatoriales se réservant souvent la succession sur un siège épiscopal. Cela ne veut absolument pas dire que les évêques ne furent pas de bons pasteurs de leurs églises — au contraire. Non seulement les « sénateurs » devenus évêques étaient plus aptes que quiconque à protéger efficacement leurs églises, mais ils pouvaient aussi les doter convenablement par des biens pris sur leurs propres domaines. Mais ils ont fini par développer toute une idéologie leur assurant une place privilégiée au Ciel, « à la table du Seigneur », comme ils en occupaient une sur terre. En somme, le sénateur et sa famille furent sur le plan local ce que l'empereur était sur le plan de l'Empire.

Le seul pouvoir qui pouvait être dangereux pour celui de la nouvelle aristocratie sénatoriale était celui de l'armée. Le dialogue entre ces forces rivales constitue pratiquement l'histoire de la Gaule du IVe au VIe siècle. Avant de décrire l'organisation et le développement de l'armée, et l'influence croissante de ses chefs, il nous faut esquisser l'organisation de l'administration civile que les réformes de Dioclétien et de Constantin avaient séparée de façon très stricte de l'organisation militaire. Les nouvelles limites administratives changeront la géographie politique — et ecclésiastique — de la Gaule, et cela pour longtemps.

Réformes de l'administration

En laissant de côté de petits changements souvent provisoires et en ne considérant que les éléments durables de l'organisation de l'Empire au IVe siècle, retenons que l'Empire est désormais divisé en quatre (parfois seulement trois) immenses « préfectures du prétoire », celles de l'Orient et de l'Illyrie pour l'Est, celle d'Italie-Afrique — parfois réunie avec l'ensemble ou une partie de l'Illyrie — et celle de Gaule-Espagne-Bretagne pour l'Ouest. La capitale pour l'Italie et l'Afrique était Milan, celle du *praefectus praetorii Galliarum* — cette dénomination était commune pour les Gaules, l'Espagne et la Bretagne — fut Trèves, après Arles. D'une certaine façon, ce partage de l'Empire correspondait aux parties qu'avaient eu à gouverner les empereurs, Augustes et Césars, de la « tétrarchie » : la division fut maintenue sur le plan administratif, même sous un unique empereur.

En dessous du préfet du prétoire, il y avait, en ce qui concerne la partie la plus occidentale, quatre « diocèses » : un pour l'Espagne, un pour la Bretagne — nos îles Britanniques — et deux pour les Gaules. Celui « des Gaules » — au sens étroit — comprenait dix provinces et avait pour capitale Trèves, celui des « Sept Provinces » avait pour capitale Vienne. Le nombre de provinces de ce dernier diocèse ayant changé de sept à cinq pour revenir à sept, il est préférable de parler du diocèse de Vienne ou de la « Viennoise ».

Les historiens sont d'accord pour souligner l'importance de cette division de la Gaule en deux parties, septentrionale et méridionale, séparées par une ligne qui suivait à peu près le cours de la Loire de l'embouchure jusqu'en Auvergne, puis remontait vers le nord-est jusqu'au lac Léman, pour tourner vers le sud-est jusqu'à la crête des Alpes. Cette limite reflète des réalités climatiques et des traditions administratives plus anciennes, mais elle marquera surtout l'avenir. Au IXe siècle encore, des évêques parleront de leurs « confrères des Sept Provinces gauloises », et la différenciation linguistique restera visiblement influencée par cette frontière. L'union durable des provinces romanisées depuis longtemps dans le Sud-Est avec l'Aquitaine a renforcé le caractère romain de cette dernière. Les effets, beaucoup plus importants, de l'installation des Barbares dans le diocèse de Trèves, longtemps avant la prise de pouvoir par les Francs, ont encore plus différencié la Lyonnaise, l'ancienne Celtique et la « Belgique » du sud de la Gaule. Certes, il y avait des bases ethniques différentes dans les diocèses de l'Occident. Elles dataient de la période préromaine. Mais il est frappant de constater que le diocèse de *Britannia* et celui d'*Hispania* correspondent à des futures nations, et que les deux parties de la Gaule ont dû attendre le XIIIe siècle pour arriver à une véritable union politique, et beaucoup plus longtemps pour assurer leur union linguistique et culturelle.

Une certaine cohérence des provinces appartenant au même diocèse était facilitée par des assemblées où se réunissaient des délégués ; mais, pour les « Sept Provinces », les projets ont été plus fréquents que les réalisations. Le « vicaire » qui dirigeait le diocèse était surtout responsable de la collecte et du transfert des revenus de l'État au gouvernement central. Comme le préfet du prétoire, il était un rouage de transmission pour les lettres, édits et ordonnances qui venaient de la cour impériale.

Quant aux provinces, les véritables cellules de l'organisation provinciale de la Gaule, leur survie très concrète, et dans l'Église, et dans l'État carolingien fondé sur l'Église, nous incite à en donner ici une liste réduite à l'essentiel :

Diocèse des Gaules (Trèves)

Lyonnaise première : *Lyon*, Autun, Langres.

Lyonnaise seconde : *Rouen*, Bayeux, Avranches, Évreux, Sées, Lisieux, Coutances.

Lyonnaise troisième : *Tours*, Le Mans, Rennes, Angers, Nantes, Corseul *(Civitas Coriosolitum)*, Vannes, Carhaix *(Civitas Ossismorum)*, Jublains.

Lyonnaise quatrième : (Sénonaise, *Senonia*) : *Sens*, Chartres, Auxerre, Troyes, Orléans, Paris, Meaux.

Belgique première : *Trèves*, Metz, Toul, Verdun.

Belgique seconde : *Reims*, Soissons, Châlons-sur-Marne, Vermand *(Civitas Veromanduorum*, plus tard centre à Noyon), Arras, Cambrai, Tournai, Senlis, Beauvais, Amiens, Thérouanne, Boulogne-sur-Mer.

Germanie première : *Mayence*, Strasbourg, Spire, Worms.

Germanie seconde : *Cologne*, Tongres *(Civitas Tungrorum* ; centre plus tard : *Traiectum*, Maastricht).

Séquanie (*Maxima Sequanorum*, grande province des Séquanes) : *Besançon*, Nyon, Avenches, Bâle.

Alpes Grées et Pennines (Tarentaise) : *Civitas Centronum* (Moutiers-en-Tarentaise), *Civitas Vallensium* (Martigny-en-Valais).

Diocèse des Sept Provinces (Vienne)

Viennoise : *Vienne*, Genève, Grenoble, Alba, Die, Valence, *Civitas Tricastinorum* (Saint-Paul-Trois-Châteaux), Vaison, Carpentras, Avignon, Arles, Marseille.

Aquitaine première : *Bourges*, Clermont, Rodez, Albi, Cahors, Limoges, Javols, *Civitas Vellavorum* (Saint-Paulien-en-Velay).

Aquitaine seconde : *Bordeaux*, Agen, Angoulême, Saintes, Poitiers, Périgueux.

Novempopulanie : *Eauze*, Dax, Lectoure, *Civitas Convenarum* (Saint-Bertrand-de-Comminges), *Civitas Consorannorum* Saint-Lizier-de-Couserans (Ariège), *Civitas Boatium* (La Teste-de-Buch), *Civitas Benarnensium* (Lescar-en-Béarn), *Civitas Aturensium* (Aire-sur-Adour), Bazas, Tarbes, Oloron, Auch.

Narbonnaise première : *Narbonne*, Toulouse, Béziers, Nîmes, Lodève.

Narbonnaise seconde : *Aix*, Apt, Riez, Fréjus, Gap, Sisteron, Antibes.

Alpes maritimes : *Embrun*, Digne, Chorges, Castellane, Senez, Glandèves, Cimiez, Vence.

On a formé une nouvelle province avec une ancienne partie de la Germanie supérieure, la Séquanie — elle englobe les Séquanes et les Helvètes — et on lui a donné pour métropole Besançon. On commence à numéroter non seulement la Germanie supérieure et l'inférieure — Germanies I et II —, mais aussi les anciennes grandes provinces que l'on divise pour les rendre facilement gouvernables : la Belgique donne les Belgiques I et II ; l'Aquitaine les Aquitaines I et II ; la Lyonnaise donne d'abord les Lyonnaises I et II, avec Lyon et Rouen comme métropoles, puis — probablement sous l'usurpateur Maxime (383-388) — quatre Lyonnaises I, II, III et IV. L'ancienne Narbonnaise est divisée en Viennoise au nord et Narbonnaise — au sens restreint — au sud, puis on partage cette dernière en une Narbonnaise I — la future Septimanie, c'est-à-dire le Languedoc et le Toulousain — et une Narbonnaise II qui garde la désignation de *Provincia* : c'est la Provence.

Cet exemple montre combien restera profond l'impact de cette grande réforme administrative dans le groupement en provinces de cités désormais fixées autour de leurs métropoles. Se fixent alors le dessin et les noms de provinces françaises qui existent toujours ou se reflètent dans la création des grandes « régions ».

Plus important que des fluctuations passagères ont été les rares créations de nouvelles cités : ainsi au Ve siècle autour du *castrum Ucetiense* (Uzès) avec un territoire pris sur celui de Nîmes. Un autre *castrum* important, *Lugdunum Clavatum* (Laon), est élevé au rang de cité avec un territoire pris sur celui de la cité de Reims par l'administration mérovingienne du VIe siècle qui garde le réseau des cités, ces « petites patries » des habitants de la Gaule. Les provinces, en revanche, seront abandonnées en tant que système et échelon d'administration. C'est l'Église qui se chargera d'en assurer la survie, chaque cité continuant d'avoir son évêque, et l'évêque de la métropole provinciale exerçant les fonctions de « métropolitain ». Il y aura donc dans les cités un palais épiscopal, mais aussi une résidence du comte. Dans les villes ayant eu un « prétoire » romain, c'est sur son emplacement, sinon dans le bâtiment même, que s'élèvera la résidence du comte ou du roi et, plus tard, le palais de justice. Plusieurs villes françaises, Paris entre autres, montrent un tel exemple de continuité de la « chose publique ».

Des réformes non moins importantes dans le domaine de la monnaie et des finances montrent que l'Empire romain a connu à partir du IVe siècle l'uniformité d'un État centralisé. En balayant les particularismes de certaines cités, surtout dans le domaine de la monnaie de cuivre, on soumit tout le monde à un seul système monétaire et fiscal. On a trouvé dans le Palatinat actuel des « as » frappés dans le domaine d'un riche propriétaire du IIIe siècle. C'est Constantin qui, en 326, ordonna des poursuites sévères contre les infractions au monopole impérial de la monnaie qui, jusqu'alors, se limitait à la monnaie d'or et d'argent. Pour celle-ci on avait vu Dioclétien tenter de lui donner une seule unité, immuable, l'*aureus* : la pièce d'or. Constantin imposa en 309, et pour l'ensemble de l'Empire en 324, l'*aureus solidus*, le sou d'or, pesant 1/72 au lieu de 1/60 de la livre romaine pour l'*aureus*. Cette monnaie, d'un poids unitaire de 4,55 g, sera frappée jusqu'à la fin de l'Empire romain, c'est-à-dire jusqu'en 1453 ! Cette longévité et cette stabilité plus que millénaires ont valu au sou impérial d'être qualifié de « dollar du Moyen Age » (R. S. Lopez). On émit aussi des fractions de sou, à savoir le demi-sou *(semis* ou *semissis)* et le tiers *(triens* ou *tremissis)*. Ce dernier allait être la monnaie préférée des Mérovingiens, dont les monnaies d'or continuèrent un temps à porter l'effigie de l'empereur romain.

Lorsqu'on passa, avant 700, de l'étalon-or à une monnaie d'argent, on donna à celle-ci le nom romain de la pièce en argent, *denarius* — « dizaine », un denier romain valant, au début, dix *as*, et plus tard seize —, mais on garda le nom de sou : d'une pièce d'or, il devint alors une unité de compte à laquelle correspondait un certain nombre de deniers, finalement douze. Les créations constantiniennes auront donc une répercussion considérable en Occident, même hors de l'Empire romain.

Centralisation, unification et simplification furent aussi les mots d'ordre dans la réforme des impôts. Rome et l'Italie étant d'abord libres d'impôts fonciers et personnels, seules les provinces devaient payer — pour « prix de leur défaite » au moment de la conquête, selon Cicéron — un *tributum soli,* impôt foncier, et un *tributum capitis*, impôt personnel « par tête ». Le privilège de l'Italie, au moins en ce qui concerne l'impôt foncier, fut aboli par Dioclétien. Désormais, il n'y avait plus de tribut à l'intérieur de l'Empire. Quant à l'impôt personnel, pour lequel apparaît le nom *capitatio*, il était payé non seulement par les paysans et les colons, mais aussi par les soldats et les habitants de certaines villes (A. Chastagnol). Vers la fin du IVe siècle, la capitation personnelle semble de nouveau avoir été, pour l'essentiel, payée par la seule plèbe rurale, à savoir les colons des grands domaines et les petits propriétaires libres de 14 à 65 ans, un homme comptant pour le double d'une femme.

L'unité de base pour l'impôt foncier était le *jugum* — « jugère », environ 2 500 m^2 —, d'où son nom de *jugatio*. En Gaule et dans certaines autres régions, on parla aussi de *caput* pour l'impôt foncier. Il fallait alors distinguer de la *capitatio* concernant l'impôt foncier la *capitatio humana* ou *plebeia*. Quoi qu'il en soit, l'idée directrice de la réforme était de répartir les dépenses nécessaires — le « budget » de l'année — en des sommes imposées aux différentes provinces selon leurs nombres respectifs d'unités fiscales. Il devait ensuite suffire de calculer la somme à payer par chaque unité pour obtenir le total nécessaire. Cette « annonce » *(indictio)* de l'empereur devait, depuis Constantin, être révisée tous les quinze ans sur la base d'une nouvelle estimation de la valeur des terres, consignée dans les livres du *census.* On notait dans les mêmes livres le nom des personnes ayant atteint l'âge imposable, et on y rayait celles qui dépassaient cet âge : c'est cet enregistrement pour la capitation personnelle dans les mêmes « rôles » qui semble avoir provoqué la désignation commune des deux impôts comme *capitatio.*

Ce cycle de quinze ans est ainsi devenu une base de la chronologie en général : Justinien rendra obligatoire la mention de l'année de l'Indiction — c'est-à-dire le rang de l'année dans le cycle — pour la validité d'un acte juridique. Charlemagne introduira cette règle dans ses États après son élévation à l'empire en 800.

Le montant exigé en Gaule par unité imposable pour l'impôt foncier était au milieu du IVe siècle de 25 sous d'or. Il pouvait être réglé en nature, l'armée ayant besoin de céréales. Sans pouvoir donner une véritable estimation du produit total de cet impôt, A. H. M. Jones pense que la charge fiscale frappant les populations rurales était vingt fois supérieure à celle exigée des citadins, malgré la variété des impôts touchant ces derniers. L'un pesait sur toute activité commerciale et artisanale : le *chrysargyron* (« or-argent »), ainsi appelé parce qu'il ne devait être réglé qu'en monnaie d'or ou d'argent. Il était payable tous les cinq ans : le *lustrum,* cinq ans, était, en effet, la périodicité nécessaire pour mettre à jour l'assiette de cet impôt dans les différentes villes. Il y avait enfin le *follis* (« la bourse »), créé par Constantin pour faire contribuer les *clarissimi*, et l'*aurum coronarium*, payable par les villes, étant seuls exceptés les décurions.

Ces décurions étaient des hommes d'un *census* — d'une fortune et de revenus — d'un certain niveau qui, de bonne vie et bonnes mœurs et ayant dépassé l'âge de trente ans, avaient été élus ou nommés dans le conseil municipal. C'est sur cette « classe moyenne » que l'Empire a voulu asseoir son système fiscal. On les utilisa pour la perception des impôts au niveau inférieur, le contrôle plus élevé étant confié à des préposés au trésor, qui siégeaient à Lyon, Arles, Reims et Trèves, ainsi qu'aux chefs de l'administration fiscale dans les « diocèses » établis à Trèves et à Vienne. D'abord enviable, avec ses distinctions vestimentaires et ses places d'honneur dans les théâtres, la situation du décurion devint intenable quand l'État lui imposa des contraintes au moment des crises financières : l'hérédité de leur fonction en fit une « charge » dans le double sens du mot ; on introduisit la responsabilité personnelle pour la levée des impôts et on leur imposa la présence oppressante d'un *curator rei publicae* qui, de simple surveillant de la gestion financière des villes, devint un représentant permanent de l'empereur. On vit des décurions quitter famille et fortune pour fuir leur responsabilité.

Certes, Valentinien Ier créa en 364 l'office du *defensor civitatis*, chargé de protéger la population des villes face aux agents du fisc. Mais ces « défenseurs » furent à leur tour absorbés par le système. Il est difficile de bien se représenter tout ce qu'exigeait l'État pour le fisc et l'armée : prestation de recrues ou paiement d'une somme en rachat, prestation de chevaux pour l'armée ou pour les postes, prestation de services personnels et corporels comme les travaux de fortification, les transports lourds ou les services de messagers. Le mot technique pour certaines de ces « obligations sordides » était *angaria,* mot passé dans les langues romanes et même dans l'allemand à travers l'État franc qui continua d'exiger ces services publics. Son origine est grecque, et désignait une institution de l'Empire perse qui, par l'Égypte, s'était introduite dans l'Empire romain : *angaros*, le messager à cheval. Là est l'origine des « corvées » médiévales, exigées ici par l'État, et des hommes libres. Seuls en furent dispensés ceux qui avaient reçu un privilège impérial, comme les évêques et, en 346, tout le clergé. Mais les besoins étaient tels qu'une loi ultérieure précisa que les travaux de fortification n'étaient pas *munera sordida* !

Loin d'être un épisode concernant le « Bas-Empire », cette organisation étatique et fiscale aura des répercussions durables sur les institutions et la société de la Gaule. Loin d'être la simple désignation d'une exploitation familiale et de ses terres, le « manse » carolingien sera une unité fiscale semblable à celle des réformes de Dioclétien et de Constantin, le *jugum* ou le *caput*. Non seulement l'organisation politique et économique du haut Moyen Age est liée à celle du Bas-Empire, mais elle reste incompréhensible sans ces précédents. L'idée que l'on s'est faite de l'une et de l'autre de ces périodes sera changée par cette découverte comme par d'autres observations, parmi lesquelles il faut mentionner ici l'emploi systématique de l'écriture dans l'administration.

L'ancienne Grèce, la Rome républicaine, ces sociétés d'une « Antiquité classique » qui nous a laissé des œuvres inestimables et tant de découvertes dans le domaine des sciences naturelles, étaient des sociétés archaïques où une petite élite vivait avec aisance au-dessus des esclaves et des masses analphabètes : l'acte juridique pouvait y être valable sans acte écrit. Organisé d'une façon aussi centralisée qu'opprimante avec sa « modernité » administrative, faisant accompagner la moindre affaire par le gratte-papier — le papyrus livré par une industrie égyptienne florissante —, l'État omniprésent naît au IIIe et surtout au IVe siècle, par nécessité et pour sauver un Empire en crise : il faut tirer le plus possible des « sujets » de l'empereur, et l'on doit installer pour cela une surveillance de plus en plus perfectionnée. Mais au moment même où l'on établit tous ces bureaux de scribes, on doit déjà transformer telle charge payée en une fonction rémunérée en nature. Quand enfin l'administration de l'Empire devient plus « moderne », les troupes qui protègent cet Empire, et même leurs chefs, sont déjà pour une large partie des Barbares. Or c'est seulement à ce moment-là qu'on mène à bien l'une des plus grandes réalisations de l'« Antiquité », la codification du droit romain. En 438, Théodose II fait publier le code « théodosien » qui contient les décrets impériaux depuis 312, donc depuis Constantin, ordonnés maintenant par matières. Et c'est au VIe siècle seulement que l'œuvre extraordinaire qu'est le *Codex juris civilis* — cette désignation médiévale sera reprise au XVIe siècle — est élaborée à Constantinople par les collaborateurs de Justinien. Enfin, la plus grande collection de correspondances officielles en langue latine est alors constituée par le chef des bureaux du roi ostrogothique Théodoric, le sénateur Cassiodore. C'est dire que l'on continue sous les chefs barbares à utiliser les structures créées au IVe siècle. Ces observations aident à comprendre ce qui s'est passé en Gaule, du IVe au VIIe siècle : la clé en est l'évolution de l'armée et de ses chefs depuis les réformes de Constantin.

Réformes militaires et leurs conséquences

La séparation de principe des pouvoirs militaires et civils, jusque-là unis dans la personne du préfet du prétoire, et le déplacement de ce dernier, limité aux pouvoirs civils, de la cour impériale itinérante à la tête des administrations des grandes régions devaient renforcer la position de l'empereur, clé de voûte du système, mais aussi celle des grands offices de la cour, véritable ministère des affaires civiles et militaires. Nommons brièvement le grand chambellan *(praepositus sacri cubiculi)*, fort influent auprès de l'empereur et de sa famille, le *castrensis sacri palatii*, sorte de sénéchal placé à la tête des services techniques et de l'approvisionnement, et le « maître des offices », chef des bureaux mais aussi de la police et de la garde barbare qui protégeait le prince : c'est lui qui contrôle l'accès à la personne sacrée du monarque, pour les sujets comme pour les ambassades étrangères. A côté de cet entourage permanent de l'empereur, il y avait un conseil, le *consistorium* — « ceux qui se tenaient debout autour du prince » — dont les membres étaient appelés *comes*, « compagnon ».

Dès qu'ils reçurent une attribution précise, *comes* devint l'un des titres les plus prestigieux de la hiérarchie civile et militaire : ainsi le *comes sacrarum largitionum*, « comte des largesses impériales », chef de toute l'administration financière, ou le *comes rerum privatarum*, administrateur de l'immense fortune privée de l'empereur, responsable des confiscations si fructueuses pour cette fortune. Or, le *comitatus* le plus important d'un *imperator*, dès l'origine chef suprême de l'armée romaine, était celui des soldats et de leurs chefs. C'est ainsi que le titre de *comes* fut donné au *comes domesticorum*, chef d'un corps spécial à la disposition directe de l'empereur, et surtout à l'ensemble des *comites rei militaris*, comtes affectés à l'armée. C'est de leur milieu que sortent les généralissimes qui, en accompagnant l'empereur, dirigent la cavalerie et l'infanterie de l'Empire ; le *magister equitum praesentalis* (chef, présent à la cour, de la cavalerie), et le *magister peditum praesentalis* (chef de l'infanterie). Plus tard, il y aura aussi des généraux en chef pour certaines régions, les *magistri militum* pour l'Orient, pour la Thrace et l'Illyrie, enfin, à partir du milieu du IVe siècle, le *magister equitum per Gallias.* D'autres chefs militaires continuent à porter le titre de *comes* : le *comes Italiae*, le *comes Africae* et, en Gaule, le *comes tractus Argentoratensis* qui commande, avec son siège dans l'importante forteresse de Strasbourg, des troupes « de manœuvre » et d'élite, permettant de combattre l'envahisseur sans disperser les forces le long d'interminables frontières.

Nous touchons ici au cœur des réformes militaires de Constantin. Sur la base des expériences faites pendant les années de la lutte pour le pouvoir dans l'ensemble de l'Empire, l'empereur sépara les troupes « immobiles », stationnées sur la frontière, des troupes « mobiles » dans le *comitatus* militaire de l'empereur, les *comitatenses*. Les *limitatenses*, considérées comme simple couverture de la frontière, furent commandées par des chefs nommés *dux* : le duc. Il y eut en Gaule au IVe siècle le *dux provinciae Sequanici* pour la Séquanie (Besançon), le *dux tractus Armoricani* qui dirigeait la défense des côtes de la Gaule septentrionale contre les incursions des Barbares par mer, le *dux Belgicae Secundae*, le *dux Germaniae Primae* (à Cologne) et le *dux Mogontiacensis* à Mayence, ces trois derniers surveillant la frontière contre les Germains. Les meilleurs soldats, en revanche, restaient à la disposition directe des deux *magistri militum praesentales* et des autres *magistri* et *comites* que nous avons nommés.

Ces troupes sont organisées d'une façon nouvelle : l'énorme légion de la grande époque — jusqu'à six mille hommes — disparaît, remplacée par une petite légion de mille hommes, placée sous le commandement non plus d'un légat mais d'un « tribun ». Dans la mesure du possible et comme le veut la tradition, elle est encore formée de citoyens romains venant de la paysannerie. Les *auxiliae,* troupes de valeur de plus en plus estimées, formées surtout de Gaulois et de Germains de l'intérieur des frontières de l'Empire, prennent une importance qui l'emporte sur celle des légions. Mais, de plus en plus, on se tourne vers d'autres recrues, souvent des Barbares auxquels on permet parfois de garder une dénomination nationale de leur unité. Nombreuses sont en Gaule les fabriques d'armement, manufactures d'État, comme celles d'Argenton, de Mâcon, d'Autun, de Soissons, de Reims, de Trèves et d'Amiens. Il est enfin des fabriques pour les autres besoins de la troupe, comme les vêtements, à Arles, Lyon, Reims, Tournai, Trèves, Autun, Vienne, Narbonne et Toulon.

La sage division collégiale du commandement suprême ne tiendra pas. Le *magister peditum praesentalis* s'imposera comme seul généralissime, *magis-*

ter utriusque militiae, « des deux armées ». Il accédera au Ve siècle à la dignité la plus élevée, celle de patrice : « ami paternel et intime de l'empereur ». Une autre particularité essentielle de la réforme ne se maintiendra pas non plus ; la distinction entre pouvoir civil et pouvoir militaire. Les généraux en chef domineront, dans les différentes parties de l'Empire, l'administration civile qui entrera finalement à leur service. A ce moment, le pouvoir du *magister utriusque militiae* ne sera plus loin de celui de l'empereur. Avec l'armée derrière lui, le « patrice » fera les empereurs.

Pour les sénateurs, donc pour les grandes familles qui dirigent effectivement les régions de l'Empire, les principaux interlocuteurs seront les *magistri militum*, ceux du pouvoir central de l'Empire qui sont successivement à Trèves, à Milan, ou à Ravenne, et ceux qui commandent en Gaule. La lutte pour le pouvoir en Gaule au Ve siècle sera ainsi une lutte pour le magistériat militaire dans les Gaules.

Il est une autre conséquence, plus immédiate, des réformes militaires. Elle se résume en deux phénomènes conjugués : la dislocation de l'armée à l'intérieur de l'Empire, et sa barbarisation. La première est inhérente au nouveau système préconisé par Constantin : pour parer efficacement au danger, les troupes d'élite se trouvent à une certaine distance des frontières, dans une situation stratégique avantageuse pour bondir, si possible par des mouvements concentriques, sur l'envahisseur. Voilà donc les grandes cités de l'Empire envahies par des garnisons considérables, par une soldatesque qui n'est pas toujours tendre pour le civil et devient une protection bien lourde et pas seulement sur le plan financier. On entend des plaintes émouvantes et des jugements fort perspicaces de la part des contemporains. Vers 500 l'historien Zosime, peut-être sur la base de sources plus contemporaines, a parfaitement analysé et critiqué les mesures de Constantin et leurs conséquences : « Cette sécurité assurée aux frontières à l'époque de Dioclétien, Constantin la ruina en retirant de la frontière la plus grande partie des soldats, pour les installer dans des villes qui n'avaient nul besoin d'être protégées. Ceux qui étaient exposés aux incursions des Barbares, il les laissa sans protection, mais il infligea à des villes paisibles le fléau d'une occupation militaire. La plupart en sont devenues désertes, tandis que les soldats, fréquentant les théâtres et s'adonnant aux plaisirs, perdirent par sa faute leur vigueur. »

Si Constantin a vraiment été favorable à l'emploi des Barbares dans ces troupes d'élite qu'étaient les *comitatenses* installées dans les villes de l'Empire, cela montrerait que l'Empire n'avait plus besoin d'être conquis pour que les troupes barbares, en tant que « troupes romaines », devinssent l'occupant des villes romaines. Or il n'y a pas le moindre doute : ce fut de plus en plus le cas durant les IVe et Ve siècles, et cela a bien commencé d'une façon systématique sous Constantin. C'est donc lui qui, en s'adaptant aux grands courants de son temps, a transformé le monde romain : l'Empire s'est christianisé, son centre s'est déplacé vers la partie orientale, plus riche, l'État s'est centralisé et l'armée, barbarisée, « est dans la cité ». Après les horreurs du IIIe siècle, cela signifie effectivement la fin de tout ce qu'a pu être la « cité antique », dont l'âme était le citoyen, libre et responsable du sort de sa cité-patrie. Le monde politique est maintenant dominé par l'armée d'un État militaire, et le citoyen devient un sujet, dont la tâche principale est de nourrir l'armée. Les phrases sur la *libertas* du *civis romanus* — elles ne manquent pas dans les écrits panégyriques qui constituent la propagande impériale — sonnent creux.

Constantin n'est évidemment pas le premier à utiliser des soldats d'origine barbare. Individuellement, on les a acceptés, avec beaucoup de mesure, il est vrai, depuis le Ier siècle. Un des premiers recrutements de groupes plus importants a eu lieu sous Marc Aurèle, au moment du danger marcoman. Depuis, les empereurs qui ont voulu combattre efficacement le Barbare ont eu besoin du Barbare. Mais ils y ont recouru avec une certaine honte : tout en acceptant et même en distinguant des auxiliaires barbares, ils n'en faisaient pas grand cas. Ainsi l'empereur Probus cacha-t-il l'engagement de seize mille recrues germaniques, en les répartissant entre un grand nombre d'unités déjà constituées. Constantin, au contraire, se prononce ouvertement sur la valeur de ces troupes, cette attitude tenant sans doute au rôle considérable que semble avoir joué dans la bataille décisive sur le pont Milvius, en 312, une troupe germanique à laquelle l'empereur distribua comme décoration officielle son propre emblème, des cornes. Depuis ce moment, les *cornuti* sont des troupes barbares distinguées : au IVe siècle, elles sont intégrées aux régiments d'infanterie d'élite, les *auxilia palatina*. Ces soldats germaniques ont, depuis Constantin, le droit de porter leur emblème sur leurs boucliers, de garder leur casque et leur vêtement. Ils ont la permission de « chanter » leur cri de guerre, le terrible *barditus*, qu'ils introduisent en définitive dans l'armée romaine.

La barbarisation de l'armée est bien commencée. Au milieu du IVe siècle, Julien sera proclamé Auguste par ses troupes à Paris par l'élévation sur le pavois : ainsi les Germains désignaient-ils leurs chefs. Notons que cet usage entrera plus tard dans les rites officiels de l'avènement impérial à Constantinople. Mais c'est seulement à l'époque de Théodose que s'amplifie la barbarisation « sauvage », c'est-à-dire un recrutement qui n'est plus surveillé de près. Lui aussi, Théodose dut sa victoire décisive sur le dernier empereur païen à ses troupes barbares. De graves conséquences se font jour : conflit armé entre troupes barbares et indigènes, déclin de la discipline et des exercices militaires — donc de la faculté de manœuvrer rapidement en petites unités — et, enfin, oubli de cette règle d'or qui était de faire chaque soir le campement fortifié...

Entrevue par les historiens, la portée de ces changements a été confirmée au-delà de toute attente par l'archéologie. Elle est particulièrement sensible dans la Gaule des IVe et Ve siècles : une très large partie des groupements de populations barbares en Gaule n'appartient ni aux « grandes invasions » ni au royaume mérovingien, mais bel et bien à la colonisation de *laeti* et *dediticii* germaniques organisée par l'administration romaine. De même, les grands cimetières si caractéristiques, avec leurs rangées bien ordonnées qui correspondent peu aux mœurs barbares mais fort bien à la discipline et à l'ordre romains, ces *Reihengräberfriedhöfe* appartiennent à la Gaule romaine ou, d'une façon plus générale, aux colonies militaires romaines de Barbares : c'est sur ce modèle que l'État franc — un État fondé par des troupes romaines d'origine franque — a contribué, par sa propre expansion, à la propagation hors de Gaule de cette manière d'inhumer les hommes avec leurs armes dans des rangées de tombes.

Il y a plus : ces traces certaines de la présence massive d'hommes d'origine germanique sur le sol gaulois ont été comparées avec des traces contemporaines en Germanie. Le résultat est stupéfiant : à la « germanisation » partielle de la population, mais aussi des modes de vie, en Gaule correspond une « romanisation » partielle en Germanie. Si toute la Gaule au nord de la Loire est parsemée de séries de tombes du IVe et des débuts du Ve siècle, avec une concentration dans les vallées de la Seine, de la Marne, de la Somme et de la Meuse, la Germanie connaît des zones d'influence romaine du Rhin inférieur jusqu'au-delà de l'Elbe inférieure, avec une concentration massive entre la Weser et l'Elbe. Les relations n'étaient donc pas coupées entre les Germains vivant en Gaule et ceux qui vivaient en Germanie du Nord. Beaucoup de fibules et de garnitures de ceinture marquées en Gaule et sur le Danube par l'influence romaine, ou d'origine franchement romaine, se retrouvent en masse, à la même époque, entre Weser et Elbe. C'est dire combien longtemps les hommes de cette période ont été, en dehors de tout combat, habitués, en Gaule du Nord, à vivre côte à côte avec des hommes d'origine barbare. L'évolution ultérieure confirme ces influences réciproques : on aura finalement des cimetières entiers « à la mode franque » ne contenant pratiquement pas de squelettes « germaniques ».

Quant aux conséquences démographiques, il ne faut naturellement pas les exagérer. La population de la Germanie était largement inférieure à celle de la Gaule, l'apport numérique restait limité et nombre de ces hommes, obligés de servir dans l'armée, sont morts en service, souvent en combattant leurs anciens compatriotes. En revanche, on ne saurait sous-estimer l'impact de la présence barbare sur la civilisation de la Gaule septentrionale.

La présence d'hommes et de femmes d'origine barbare était devenue un fait banal. N'oublions pas que sainte Geneviève est d'origine barbare noble, comme le montrent son nom germanique et ses bonnes relations avec les Barbares, qu'elle utilise à l'avantage des Parisiens. Ces origines sont aussi la cause des attaques et des soupçons dont elle est victime de la part de ses concitoyens ; elle ne sera sauvée que par l'intercession d'un homme capable de confirmer la haute estime qu'a pour elle saint Germain, évêque d'Auxerre.

Ce phénomène-là est absolument courant et n'exprime que la situation ambiguë des Barbares au sein de l'Empire. A des périodes de barbarisation galopante, avec intégration des Barbares jusqu'aux plus hautes fonctions, ont succédé des réactions souvent violentes comme celles qui, en 408, causeront la perte du puissant Stilicon et le massacre des familles des troupes d'origine germanique par les autres Romains. En Orient, elles amèneront la « dé-germanisation » durable de l'Empire.

C'est devant ce fond que nous allons suivre l'évolution de la Gaule, de la « Paix constantinienne » — l'empereur vainc les Francs et fait jeter aux lions deux de leurs rois dans l'arène de Trèves — jusqu'à la prise du pouvoir dans la plus grande partie de la

Gaule par le Franc Clovis. Ce fond permet d'exclure la vision d'un monde romain civilisé, chrétien et homogène, subitement exposé à des Barbares qui viennent seulement de quitter leurs forêts pour se ruer sur leurs victimes. Le rôle joué par les chefs militaires romains d'origine barbare dans la défense de l'Empire ne se révélera complètement que dans la suite des événements. Il permettra une révision profonde des idées reçues concernant les « grandes invasions ». Finalement, ce ne sont pas les envahisseurs avec leurs victoires éphémères, mais les défenseurs du monde romain, d'origine barbare, qui auront une influence durable sur ce monde qu'ils aident à survivre et à rester chrétien : à rester non plus « romain », mais « roman ».

CHAPITRE X

De Constantin à Ætius

La Gaule et sa défense au IVe siècle

La réorganisation de l'Empire par Dioclétien et Constantin a favorisé la Gaule : son rôle va croissant dans le monde romain. Elle était un passage entre l'Italie et la frontière du Rhin ; elle devient la pièce maîtresse de l'Occident et de sa défense. Dès son arrivée en Gaule en 286, Maximin, le César nommé par Dioclétien, a fait de Trèves sa capitale, et cette ville, déjà choisie par les « empereurs gaulois » à cause de sa situation stratégique, restera pour plus d'un siècle la capitale de l'Occident. Au moment où d'autres villes de la Gaule se rétrécissent, les murs de Trèves s'élargissent à un périmètre de 6,4 km, donnant à la ville une superficie de 285 ha ; rappelons pour comparaison la superficie *intra muros* d'autres villes de la Gaule : Bordeaux et Rouen ont 32 ha, Saintes 18, Amiens 10 et la majorité des cités de Belgique, de Lyonnaise et d'Aquitaine compte, selon E. Demougeot, entre 12 et 15 ha. Trèves possède le luxe et les installations d'une vraie capitale, surtout à partir des séjours qu'y fera Constantin : un cirque, des thermes parmi les plus importants hors de Rome, l'aqueduc du Ruwer et la grande basilique civile toujours debout — 69 m sur 28 — haute de 30 m et pourvue d'un chauffage souterrain. Ce nouveau centre, si près des frontières mais en même temps en pleine Gaule, est un carrefour international — le pont sur la Moselle est toujours debout — et sa cour devient un « centre d'assimilation pour les Francs et les Alamans » (Eugen Ewig). Dans la rencontre des mondes romano-celtique et germanique, la Gaule va jouer un rôle capital.

L'Empire réorganisé procure à la Gaule la paix à l'intérieur et la sécurité contre les ennemis de l'extérieur, et cela pour un temps assez long : c'est ce qui a permis une période brillante pour les arts, pour les écoles, pour la littérature. Le poète Ausone — Decimus Magnus Ausonius —, qui chanta si bien Trèves et sa région, est à lui seul un symbole de cette civilisation. Ce Bordelais né vers 310 était un professeur de rhétorique. Il était aussi le beau-fils d'un sénateur. Il se trouva chargé, sous Valentinien, de l'éducation de l'héritier impérial, Gratien. Il fut *comes*. Il acheva sa carrière comme préfet du prétoire des Gaules, avant de prendre en poète une paisible retraite à Bordeaux. Quant aux périls qui montaient, il les entrevit. Il préféra, dans son œuvre poétique, ne pas s'y attarder.

« Je chéris Bordeaux, je vénère Rome », écrivit-il. Mais sa vraie fierté était le rôle de la Gaule dans un Empire « rénové » , d'après la propre conviction de l'époque, dont la littérature et l'art ouvrent l'« âge de spiritualité » dans le monde méditerranéen.

Car les décennies d'insécurité, à partir du milieu du IIIe siècle, ont provoqué des révoltes dans le plat pays. Un auteur de la fin du IIIe siècle parle de manière saisissante : « Exacerbés par un siècle d'injustices dont les provinces ont été les victimes, les paysans ignares prennent des habitudes militaires ; le laboureur devient un fantassin, le berger un cavalier. Ainsi, les campagnards imitent l'ennemi barbare, le dévastateur de leurs cultures. » Et de parler du mouvement d'agriculteurs et d'esclaves qui, en 283-284, sous la conduite de leurs chefs Ælianus et Amandus, confisquèrent en Armorique les propriétés des riches dont ils firent à leur tour des esclaves. C'est alors que, pour la première fois, apparaît le mot *Bacaudes*. Ces « Bagaudes » accompagneront de nouveau les crises de l'Empire au Ve siècle.

Les révoltés s'étaient constitués en « état indépendant » libéré des contraintes et des impôts de l'État romain, avec sa propre justice siégeant dans les forêts. Dès 286, Maximien rétablit l'ordre, mais un calme durable ne pouvait résulter que d'une défense de la Gaule mieux assurée. Constantin écrasa les Francs en 306, rebâtit le *castrum* important de *Divitio* (Deutz, face à Cologne) et le relia par un nouveau pont à Cologne. De nouveau, de 313 à 315, de 318 à 321 et jusqu'en 324, des combats acharnés furent nécessaires pour contenir les Francs et les Alamans. Ces derniers apparaissent organisés en de véritables ligues, dominées, dans le cas des Alamans méridionaux, par le peuple des *Lentienses* dont le nom survit au nord du lac de Constance : *Linzgau*. L'essentiel est pourtant que ces luttes furent enfin victorieuses ; Constantin célébra à Trèves des *ludi lancionici* et des *ludi Francici* : des jeux de cirque fêtent la défaite des *Lentienses* et celle des Francs. Les monnaies de Constantin comme celles de ses fils qui combattirent en Gaule mentionnent à plusieurs reprises les noms de *Francia* et d'*Alamania* comme ceux de pays vaincus.

La frontière du Rhin était de nouveau consolidée, avec cette seule restriction que la région des Bataves près de l'embouchure était désormais un simple glacis militaire : son centre, *Ulpia Noviomagus*, Nimègue, ne se releva plus de ses ruines.

L'autre résultat de ces combats victorieux fut un nombre élevé de prisonniers de guerre, de transfuges, d'hommes qui cherchèrent librement, ou après un traité de l'empereur avec les chefs barbares, à servir dans l'armée romaine. On trouve désormais en Gaule des *praefecti laetorum*, chefs militaires des « lètes », ces Barbares établis comme colons sur des terres gauloises avec obligation de service militaire : ainsi près de Tongres et à Ivois (Belgique I), à Famars, Arras, Noyon, Reims et Senlis (Belgique II), Bayeux et Coutances (Lyonnaise II), au Mans et à Rennes (Lyonnaise III), à Chartres (Lyonnaise IV), à Clermont-Ferrand (Aquitaine I). Or c'est des rangs de ces simples lètes que sort une « première génération » de chefs militaires romains d'origine franque, ou plus généralement barbare. Bonitus, le père de Silvanus, général d'origine franque, s'était distingué sous

Constantin. Magnence, l'usurpateur franc (350-353), était également d'origine létique.

Sous Constance II (337-361) apparaît une « seconde génération » de généraux romains d'origine barbare : ils sont alors issus de familles princières, signe du nouveau prestige de Rome et de son armée chez les Barbares, mais aussi d'une politique consciente de Rome qui cherche l'assimilation à long terme. Ainsi les militaires de haute naissance côtoient-ils des Romains qui n'acceptent pas encore le christianisme. Silvanus, le Franc, était chrétien. Mederich, prince — ou roitelet — des Alamans qui servit longtemps dans l'armée romaine, était gagné au culte oriental de Sérapis : il changea le nom de son fils Agenaric en Sérapion. Ce paganisme « romain » se renforcera dans l'armée au temps de Julien « l'Apostat ».

Ce n'est qu'à partir de 352 que de nouvelles incursions menacent l'Italie et la Gaule. Les Alamans franchissent le Rhin, détruisent les forts romains d'Alzey et de Sarrebruck, pillent la région entre Strasbourg et la Moselle. Ces nouveaux malheurs sont provoqués, sans le moindre doute, par les luttes civiles qui déchirent Rome et affaiblissent non seulement le prestige romain mais surtout la force des armées romaines. Or celles-ci étaient en grande partie barbares, et leurs crises étaient rapidement connues dans leurs pays d'origine ! Sans chercher à suivre les rivalités des fils de Constantin qui se combattent et s'entre-tuent — Constantin II tombe en 340, à Aquilée, dans un guet-apens préparé par son frère Constant — après la mort de leur père en 337, nous devons souligner leurs conséquences. Déjà, les premières luttes encouragent des attaques de Saxons et de Francs en Batavie où les Francs, sous la pression des Saxons, se fixeront pour un temps. Constant semble en avoir accepté un certain nombre comme nouveaux colons en 341-342.

Plus grave fut un complot de hauts fonctionnaires civils qui éclata contre Constant alors que celui-ci se trouvait à Autun. L'empereur s'échappa mais fut tué à Elne. Ralliée à la cause des fonctionnaires romains, l'armée gauloise proclama empereur en 350 un de ses chefs, Magnence, né probablement à Amiens d'un père breton et d'une mère franque létique. Malgré son origine barbare, Magnence fut reconnu par le Sénat romain. Il y eut donc une lutte acharnée entre Constance II, fils survivant de Constance, et Magnence. Elle atteignit son paroxysme à la terrible bataille des *comitatenses* de l'Orient et de l'Occident à Mursa (sur la Drave), le 28 septembre 351. On parla de plus de cinquante mille morts, surtout des Barbares qui s'entre-tuèrent pour celui des empereurs auquel ils devaient tout et auquel ils voyaient lié leur destin. Julien, le futur empereur, souligna la valeur des soldats gaulois à ce moment et, parmi eux, celle des Francs qui servaient dans l'infanterie de Magnence : celle-ci se fit tailler en pièces par les cavaliers lourdement armés de Constance, cette cavalerie à laquelle appartiendra l'avenir.

Les adversaires étaient bien conscients des conséquences d'une telle saignée pour la défense de l'Empire. Mais la rivalité pour le pouvoir suprême prima tout. Cela devait continuer : on ne peut, vraiment pas, parler d'une conquête de l'Empire romain par un État voisin plus puissant, parce que cet État — hors l'Empire perse — n'exista pas. Mais les luttes pour le pouvoir se succédèrent dans l'Empire et dans ses différentes provinces, et c'est dans cette suite de luttes que s'immiscèrent, avec des chances de succès toujours accrues, les chefs barbares.

Après sa défaite, Magnence fut éliminé définitivement dans un second combat en juillet 353, près de Gap. C'est donc sur une défense rhénane dépourvue de ses *comitatenses* et contre une armée d'Occident exsangue que s'élancèrent les nouveaux assauts des Alamans à partir de 352, des Francs à partir de 355. Là aussi, le signal fut donné par une nouvelle dissension romaine. Premier Franc à avoir atteint le grade de généralissime *(mag. peditum praesentalis)*, Silvanus avait dégagé des Alamans la région de Trèves — les murs avaient protégé les habitants de la ville elle-même — et s'était installé à Cologne. Il y apprit que ses rivaux alémaniques à la cour de Constance II, à Milan, le faisaient soupçonner de prétendre à la pourpre impériale. Silvanus était dans l'incapacité matérielle d'aller se justifier à Milan ; il accepta de se laisser acclamer comme Auguste mais, peu de temps après, il fut assassiné par des soldats qu'avaient achetés ses ennemis (août 355). Ce n'est certes pas un hasard si, immédiatement après, Cologne fut prise et dévastée par les Francs.

Julien en Gaule

Nommé César par Constance II, Julien était en route vers la Gaule lorsqu'il apprit en novembre 355 le désastre de Cologne. D'autre part, Autun avait subi l'assaut des Alamans. Une autre bande d'Alamans faillit même surprendre le nouveau César non loin de Troyes.

Comme Probus au siècle précédent, Julien allait sauver les Gaules en rétablissant avec une admirable énergie la situation inutilement compromise par ses prédécesseurs. Ses campagnes de 356 à 361 connurent leur principal succès quand il remporta en 357, près de Strasbourg, avec une armée de seulement douze mille hommes, une éclatante victoire sur une coalition alémanique forte de sept rois et dix princes. Six mille ennemis restèrent sur le champ de bataille. Les rois qui survécurent au désastre furent contraints par plusieurs campagnes de rendre les quelques vingt mille prisonniers qu'ils avaient faits en Gaule et même de payer un tribut. Tel était le prestige de leur vainqueur qu'ils allaient payer ce tribut jusqu'à ce qu'ils apprennent, en 363, la mort de Julien en Orient.

Plus aisée fut la pacification du Nord-Est. Des peuples de la ligue franque avaient profité de l'usurpation de Magnence (350-353) — auquel ils avaient procuré ses meilleures troupes — pour occuper massivement la Batavie et pour étendre, sous la pression des tribus situées en arrière et elles-mêmes soumises aux assauts des Saxons, leur emprise dans la « Toxandrie » au sud de la Meuse et à l'est de l'embouchure de l'Escaut. Après avoir battu à plusieurs reprises les Francs en deçà du Rhin, Julien permit aux seuls Francs saliens de s'établir tandis qu'une autre tribu franque, les Chamaves, était contrainte de retourner sur la rive droite du Rhin. Ce règlement de 358 est, dans nos sources, la première mention de ces Saliens qui allaient jouer un rôle éminent dans l'histoire de la Gaule franque. Ils étaient reçus dans l'Empire en qualité de *dediticii*, ce qui restait le statut des Barbares vaincus auxquels l'État romain assignait des terres dans l'Empire contre une obligation de service militaire. Recevoir individuellement dans l'armée romaine des recrues franques venues des deux côtés du Rhin était chose courante : parmi les six nouvelles unités d'élite, les *auxilia*, fondées par Julien, deux portent le nom des Saliens et des Chamaves. Mais l'installation en terre d'Empire du peuple des Saliens en entier représente autre chose : ceux-ci deviennent une communauté de Germains dans l'Empire. Ils se considéreront comme des provinciaux en Gaule longtemps avant les autres Francs. Ils se tiendront d'ailleurs tranquilles jusqu'au second tiers du Ve siècle.

Julien a rétabli le système de défense romain sur le Rhin, avec les camps fortifiés de Bonn, Neuss et Birten près de Xanten. Cette œuvre sera achevée par Valentinien Ier qui battra les Alamans entre 365 et 367, les attaquera de 368 à 374 dans leur propre pays et réorganisera l'organisation défensive sur le Rhin et la Meuse inférieure, en construisant un grand nombre de *castra* et *castella*. Ce système fonctionnera d'une façon satisfaisante jusqu'au Ve siècle. Les datations archéologiques des cimetières de lètes à l'intérieur de la Gaule à une période rarement antérieure au milieu du IVe siècle montrent bien le nombre de prisonniers barbares faits par Julien et Valentinien Ier.

Le séjour en Gaule de Julien est aussi mémorable pour d'autres causes qui touchent directement aux fondements historiques de la France. A un moment où Trèves se trouve trop exposée aux Barbares, Paris apparaît sous Julien, pour la première fois, comme un centre politique et militaire. Une situation stratégique au carrefour des grandes routes restées à l'abri des poussées barbares, la position inexpugnable de l'île de la Cité, qui est maintenant fortifiée et qui assure en même temps le passage du Nord vers le Midi et l'Italie, la richesse de sa région pour le ravitaillement des troupes, d'autant plus importante que les pays céréalisés de la Belgique ont subi des ravages, tout concourt à définir la fonction quasi naturelle de ce site. C'est dans la *civitas Parisiorum* que Julien passe ses hivers, comme fera de nouveau Valentinien Ier en 365-366. C'est à Paris que Julien réorganise la défense de la Gaule, et c'est là qu'il est proclamé empereur par ses troupes en mars 360. La même année, d'ailleurs, se tient à Paris un synode des évêques de Gaule. Notons que Julien cite encore le nom celtique, Lutèce, qui tombe alors en désuétude, car les villes qui succèdent au chef-lieu d'un ancien peuple celtique prennent depuis le III siècle, dans la majorité des cas, le nom de ce peuple : la cité des *Parisii* devient Paris.

Cité riche et belle sous le Haut-Empire, Paris est surtout au IVe siècle une ville militaire de première importance avec ses magasins militaires, avec un grand camp militaire qui devait se trouver sur la route de Lyon et d'Italie, près de l'actuel carrefour des Gobelins, et enfin avec — cas unique en Gaule — sa flotille de guerre sur la Seine. Ce serait pourtant une erreur de croire qu'à la suite des dévastations du IIIe siècle la ville en dehors de la Cité est complètement détruite et abandonnée. La preuve en est qu'une partie de la ville sur la rive gauche, autour du *forum*, a été également fortifiée.

Il faut reconnaître une valeur symbolique à un incident hautement significatif pour l'avenir de la

Gaule et au fait qu'il ait eu lieu à Paris. Constance II avait ordonné à son César Julien de lui envoyer en Orient une bonne partie de ses troupes d'élite. C'était une catastrophe pour le système romain de défense de la Gaule qui, souvent sacrifiée ou au moins négligée dans le passé au profit de l'Italie, l'était maintenant au profit de l'Orient, la partie la plus riche de l'Empire. L'ordre impérial provoqua une réaction et presque une mutinerie parmi les soldats gaulois et en particulier chez les Barbares d'outre-Rhin engagés dans l'armée moyennant la promesse de n'être jamais employés au-delà des Alpes. Ces Gaulois et ces Francs de l'Empire et d'outre-Rhin ne voulaient pas — et ils le disaient — abandonner la Gaule aux Alamans alors qu'on venait de les battre à grand-peine, sous la conduite de Julien, en leur arrachant des milliers de prisonniers. Surtout, ils refusaient de voir leurs femmes et leurs enfants « esclaves des Alamans » pendant qu'ils se battraient en Orient. C'est là le premier signe certain d'une communauté d'intérêt et de destin des Gaulois et des Francs, et aussi de leur haine commune contre les Alamans. Dès le milieu du IVe siècle, on voit donc se dessiner une constellation que nous retrouverons au Ve et au VIe siècle à l'origine même de la Gaule franque.

A la suite de ces incidents, Julien fut élevé sur le pavois. Ainsi fait empereur (*Augustus*), il n'était plus obligé d'obtempérer aux exigences de Constance II. Quand, un peu plus tard, Julien partit de lui-même pour l'Orient, il dut accepter que les troupes franques puissent emmener leurs familles avec elles. Il leur permit même d'utiliser les moyens de transport de l'Empire !

Quelques détachements francs restèrent en Orient comme *Galli*. Parmi leurs enseignes, reproduites vers 400 dans un manuel de l'armée romaine, la *Notitia dignitatum*, on leur donne comme symbole une *securis*, cette hache de guerre que des sources postérieures appellent la francisque. Leur armement spécial accompagne donc les Francs, longtemps avant Clovis, dans leur service militaire romain : il leur est finalement livré par les fabriques d'armes et les arsenaux romains ; la supériorité militaire, tactique et technique, de l'infanterie franque sur les autres Barbares date bien de l'époque romaine. Seulement, le soldat romain rend ses armes quand il quitte le service, alors que le soldat germain les garde, même après la mort. C'est à cette condition qu'il est prêt à mourir : il en aura besoin dans l'Au-delà. Et nous les trouvons dans sa tombe, ainsi « ethniquement » significative !

Puissance des généraux francs dans l'Empire

Parmi les officiers francs de Julien à Paris qui l'accompagnèrent en Orient se trouvaient Mérobaud et Teutomer. Chacun d'eux représente, à sa façon, le début de l'ascension des Francs nobles — ou même d'origine royale — dans l'armée et la société romaines. Mérobaud fut l'un des deux officiers qui transportèrent le corps de leur empereur mort en 363 à Tarsos. Valentinien Ier, empereur depuis 364 — il laissa l'Orient à son frère Valens et fit son fils aîné Gratien corégent à l'Ouest dès 367 — nomma en 372 Mérobaud général en chef à la cour : un des deux *praesentales*. A la mort de son maître en 375, Mérobaud fit élire corégent le très jeune frère de Gratien, Valentinien II et cela alors que l'armée se préparait à élever à l'empire un étranger à la dynastie. Il allait être le personnage le plus influent à la cour de Gratien. Ses origines franques et son souci pour la Gaule l'amenèrent à retenir en Gaule en 377 une partie des troupes que Gratien voulait envoyer à Valens, menacé en Orient par les Goths. Cela lui permit de faire battre les Alamans qui cherchaient à profiter de l'affaiblissement des armées occidentales : ils furent défaits en 378 près de Horbourg, en Alsace, par Nannienus et le Franc Mallobaud. Mérobaud fut consul en 377 en même temps que l'empereur Gratien. Honneur jamais vu en dehors de la famille impériale, il obtint en 383 un deuxième consulat. Il favorisa naturellement la carrière de ses compatriotes dans l'armée, et cela aux dépens de leurs ennemis de toujours, les Alamans, si influents sous Constance II.

Élevé à l'empire en Angleterre par des troupes romaines en partie d'origine saxonne, Magnus Maximus battit en 383, près de Paris, les troupes de Gratien. En fait, la plupart des soldats trahirent l'empereur. Celui-ci prit la fuite et fut tué près de Lyon. Mérobaud fut contraint au suicide. Maximus allait dominer l'Occident jusqu'en 388, date à laquelle il fut lui-même vaincu par l'empereur de l'Orient Théodose.

La relève franque à la tête de l'armée romaine était assurée. Un homme comme Teutomer est certes remarquable par le fait qu'il connut, comme son maître Julien l'Apostat, le célèbre rhéteur païen Libanius qui lui écrivit comme il devait écrire plus tard à un autre Franc, lui aussi haut militaire romain, Richomer. Or Eugen Ewig a montré que ce Richomer était vraisemblablement le propre fils de Teutomer.

Le fils de Richomer portera un jour le titre de *rex Francorum*. Nous saisissons là pour la première fois une de ces dynasties « royales » de petits « royaumes » francs établis sur la bordure de l'Empire. Leurs membres font carrière dans l'armée romaine. Ils réussissent même à s'installer dans l'Empire avec leurs parents. Gratien a nommé, au temps de l'influence prépondérante d'un Mérobaud, deux Francs, Bauto et notre Richomer, l'un *magister militum*, l'autre *comes domesticorum*.

Envoyé en Orient par Gratien pour aider Valens, Richomer montra son courage en s'offrant comme otage chez les Goths. Il survécut à la débâcle d'Andrinople, où Valens succomba en 378 avec une grande partie de son armée. Théodose — fils d'un *magister militum* homonyme d'origine espagnole — devint empereur, et Gratien lui envoya en 380, de Gaule, de nouveaux renforts ; ils étaient commandés par Bauto et son adjoint Arbogast. Avec Richomer, déjà sur place, ils rétablirent rapidement la situation et s'assurèrent ainsi l'estime de Théodose. Or Jean d'Antioche, dans une chronique universelle du début du VIIe siècle, rapporte qu'Arbogast était le fils de Bauto et le neveu de Richomer. Nous sommes donc en présence d'un groupe familial franc de très haut niveau, qui est parvenu aux plus hautes responsabilités grâce à son compatriote et peut-être parent Mérobaud, mais aussi par d'indéniables mérites militaires. Plusieurs faits confirment le prestige de cette « dynastie » auprès des Romains : Bauto semble avoir commencé sa carrière, favorisé par sa naissance princière, à un poste déjà élevé ; après sa mort, la cour de Constantinople garda et éduqua sa fille pour la marier au fils aîné et héritier en Orient de Théodose, Arcadius : elle allait être la mère de Théodose II ; quant à Arbogast, Franc d'outre-Rhin que saint Ambroise désignait comme *Transrhenanus*, il battit les Francs au-delà du Rhin en 389 et en 392, et surtout leurs chefs Sunno et Marcomer, qu'il vainquit « avec une haine païenne », attitude qui s'explique s'il doit son exil à ces rivaux. Son cousin Theudomer, fils de Richomer, était *rex Francorum* en 421 au moment de sa mort : nous ne savons pas s'il avait été rendu à sa patrie ou si les Romains l'avaient nommé ailleurs.

Ces détails prennent leur importance quand on sait le rôle historique que va jouer ce groupe à la fin du IVe siècle. Homme de confiance de Théodose, le « véritable » empereur après la mort de Gratien en 383, Bauto est pratiquement le régent de l'Occident à la cour du jeune Valentinien II, qu'il a d'ailleurs sauvé d'une irruption en Italie de l'usurpateur Maxime. Comme son parent Richomer qui, à l'Est, peut procurer à son ami païen Libanius un titre honoraire de préfet du prétoire, Bauto est en correspondance amicale avec ce rhéteur d'Antioche, aussi bien qu'avec le rhéteur Symmaque, chef du parti païen au Sénat et, en 384-385, préfet de Rome.

Symmaque venait d'envoyer à la cour de Milan avec une recommandation un jeune rhéteur africain,

Aurelius Augustinus. Quand Bauto reçut pour l'année 385 les honneurs du consulat pour l'Occident, le panégyrique en honneur du nouveau consul fut écrit — et lu le 1er janvier 385 — par ce jeune homme : c'était, un an avant sa conversion, saint Augustin.

A la mort de Bauto, vers 387, l'armée proclama comme chef Arbogast. Ce nouveau généralissime fut confirmé par Théodose, pour lequel il conquit en 388 la Gaule. Il fit prisonnier l'usurpateur Maxime et tua son fils Victor. Sachant que Maxime s'appuyait notamment sur des auxiliaires francs de la rive droite du Rhin, nous voyons bien le règlement de comptes entre Francs qui, du même coup, décident du destin de la Gaule et de l'Empire.

A la place de Bauto, Arbogast est maintenant l'interlocuteur de saint Ambroise, le dynamique évêque de Milan. Né à Trèves, ce fils du préfet du prétoire des Gaules fit échouer en 384 l'espoir de Symmaque de voir réintroduits par l'empereur des cultes païens dans le Sénat romain. Tout en étant comme Bauto païen — romain — convaincu, Arbogast comptait Ambroise parmi ses convives. Cet homme, le plus puissant en Occident, s'est fait construire à Cologne, face aux régions franques de ses origines, un magnifique palais à coupole dont on vient de découvrir les mosaïques.

Quand, en 392, le jeune Valentinien II, devenu majeur mais toujours condamné à l'impuissance, fit notifier à Arbogast au palais impérial de Vienne un codicille de destitution, le généralissime le déchira en présence de l'empereur, déclarant qu'une dignité qu'il n'avait pas reçue de Valentinien ne pouvait lui être retirée par celui-ci. L'empereur voulut tirer contre l'insolent l'épée d'un de ses gardes. On l'en empêcha : tous étaient dévoués à Arbogast. Peu après cet affront, Valentinien II fut trouvé pendu : suicide ou assassinat ? Saint Ambroise, menant sa propre enquête, ne conclut pas à la culpabilité d'Arbogast. Mais celui-ci envoya une délégation du clergé de Gaule auprès de Théodose pour se disculper. Puis, incertain des réactions de l'empereur et peut-être influencé par les mesures décisives prises par Théodose contre le paganisme, Arbogast fit empereur un rhéteur pseudo-chrétien, Eugenius, qui portait la barbe des « philosophes » et se montrait favorable aux païens. Eugenius lui avait été recommandé par son oncle Richomer, et Arbogast en avait fait un haut fonctionnaire.

C'est donc contre cet usurpateur, qui occupait l'Italie et menaçait — au moins indirectement par des mesures en faveur des païens — l'Empire chrétien que Théodose livra en 394 la bataille décisive de la Rivière froide, près des défilés qui contrôlaient la route de Ljubljana à Aquilée : la porte de l'Italie. Constituée pour une partie non négligeable par des Francs, l'armée d'Occident était menée par Arbogast le Franc ; celle de l'Orient était confiée, pour sa force principale, la cavalerie, à Richomer, oncle d'Arbogast. On voit l'importance prise par les chefs militaires francs.

Richomer mourut avant la bataille, laissant sa place à un autre Germain, le Vandale Stilicon. Quant à son neveu, il allait se donner la mort après la défaite de son armée, au terme de deux longues journées de combats aussi meurtriers pour les Francs que pour leurs adversaires. Parmi ces derniers, on remarquait surtout une armée importante — dix mille à vingt mille hommes — de Visigoths placés sous le commandement d'Alaric. Théodose les avait fait combattre en première ligne le premier jour afin de fatiguer les forces d'Arbogast. Après, il refusa à leur chef Alaric la récompense attendue : un haut poste militaire.

A sa mort, l'année suivante, Théodose laissait à ses fils Arcadius et Honorius un Empire chrétien. Mais il avait hypothéqué l'avenir de cet Empire par au moins deux problèmes graves. L'un était le traité, le *fœdus*, d'un nouveau genre accordé aux Visigoths en 382 : on permettait à ceux-ci de rester dans l'Empire sous leurs propres rois, sans obligation de travailler la terre. Les Visigoths recevaient de Rome, pour prix de leur seul service militaire, de larges provisions et diverses rémunérations. Théodose avait ainsi pallié le manque de troupes romaines en Orient après la débâcle d'Andrinople, mais il avait aussi ouvert la porte à une présence dans l'Empire qui n'était plus celle de soldats d'origine barbare dans des unités romaines, mais celle de « peuples » barbares entiers, à la composition fort complexe. Ce pouvait être, pour les régions concernées, l'équivalent d'une conquête barbare. L'autre hypothèque était ce mécontentement d'Alaric, mal récompensé de son service, contre la logique du *fœdus*. Cette erreur conduira Alaric à parcourir avec ses troupes les Balkans et la Grèce, puis l'Italie. Le résultat fut une profonde déstabilisation psychologique et politique du monde romain qui facilita l'entrée en Gaule — et dans tout l'Occident — des Vandales, Suèves et autres Alains en 406-407.

Pour les Francs, la route vers le magistériat militaire suprême est désormais barrée par des ressortissants d'autres peuples barbares, notamment par des Goths. Les Francs seront donc obligés de concentrer leurs efforts dans une zone d'influence plus limitée mais pleine d'avenir : cette Gaule du Nord dans laquelle ils ont déjà des assises solides. A partir de 413-414, ils trouveront sur leur chemin, même en Gaule, les Visigoths, leurs nouveaux rivaux et ennemis de la Rivière froide. Nous ne croyons pas nous tromper en supposant chez eux un ressentiment profond.

En combattant farouchement les Visigoths, les Francs iront tout naturellement dans le sens des intérêts des habitants de la Gaule septentrionale. A la place du rêve irréalisable que feront dans un temps les Visigoths — une symbiose romano-gothique pour tout l'Occident —, les Francs réussiront une symbiose effective — gallo-franque — qui sera finalement décisive pour l'Occident, et ce d'autant plus qu'elle sera fondée sur une base religieuse riche d'avenir. Malgré la coupure intervenue en 394 dans le destin politique des couches dirigeantes du monde franc, ce serait une erreur de supposer une discontinuité complète entre les splendeurs atteintes un moment par les chefs francs et leurs carrières plus modestes au Ve siècle. Nous ne manquerons pas de souligner les traces importantes de ce passé dans l'histoire d'un Childéric et d'un Clovis.

Dans son traditionalisme strict, la cour de Constantinople n'a point oublié le mariage de l'empereur Arcadius avec la fille du prince franc Bauto, son collègue dans le consulat. Au Xe siècle, l'érudit empereur Constantin X Porphyrogénète rappelle — au sujet des mariages impériaux — qu'un édit du « grand et sacré Constantin », gravé dans l'église de Sainte-Sophie à Constantinople, stipule qu'un empereur romain ne doit jamais s'unir en mariage avec une femme d'une nation étrangère à l'ordre romain, à la seule exception des Francs. Constantin aurait fait exception, suppose son successeur, parce qu'il tirait ses origines de leurs régions — allusion un peu anachronique à la résidence préférée de ses débuts, Trèves, que Constantin X voyait en *Francia* —, mais aussi à cause de la gloire reconnue des Francs et de la noblesse de leurs tribus. Cette règle fut sans doute attribuée après coup à Constantin, considéré comme le fondateur prestigieux de toutes les lois fondamentales de l'Empire chrétien, mais sa conservation sous la forme d'une inscription solennelle à Sainte-Sophie ne pouvait être inventée par Constantin X. Le souvenir de ces grandes carrières de chefs francs dans le monde romain et celui des services rendus par eux à l'Empire avaient survécu. Malgré une éclipse après 394, l'idée était donc précoce dans l'Orient chrétien qu'il fallait considérer les Francs — et la Gaule qui s'identifiait à eux — comme le premier peuple de l'Occident.

La Gaule jusqu'à la mort d'Ætius (454)

Les survivants de l'armée des Gaules battue à la Rivière froide ne sont jamais revenus. Théodose Ier les a intégrés dans son armée. Le nouveau maître des armées de l'Occident et du jeune empereur Honorius, après la mort en 395 de Théodose, c'est Stilicon, fils d'un officier d'origine vandale au service de Valens et d'une mère romaine. Mais il a d'autres préoccupations que la Gaule, même s'il en a en 396 inspecté les frontières qu'il a trouvées dans un calme complet.

En réorganisant l'administration centrale de l'armée, Stilicon créa un instrument dans les mains du généralissime qui fera de celui-ci — il portera normalement en Occident le titre suprême de « patrice » — le vrai détenteur du pouvoir en Occident, aux dépens d'un empereur au rôle de plus en plus décoratif. Stilicon a d'ailleurs réussi son entrée dans la famille impériale : il a épousé la nièce favorite de Théodose, Serena, et il mariera Honorius avec l'une de ses filles tout en arrangeant les fiançailles de son propre fils Eucherius avec Galla Placidia, sœur de l'empereur. Ce premier des généralissimes du Ve siècle entretient d'excellentes relations avec un Sénat romain tout heureux de cette aubaine. Longtemps tenu à l'écart des décisions politiques par les empereurs, le Sénat vit en effet une revanche tardive au Ve siècle, quand les « patrices » de l'armée lui soumettent habilement des mesures importantes pour confirmation : ils le firent même pour créer un nouvel empereur !

Occupé par d'incessantes querelles avec la cour de Constantinople et son tout-puissant ministre Rufinus, obligé de défendre l'Italie contre Alaric que Constantinople n'a pas hésité à nommer *magister militum per Illyricum* aux dépens des parties de l'Illyrie appartenant à l'empereur d'Occident, Stilicon ne peut ni ne veut réagir efficacement quand une invasion inattendue de Barbares frappe en 407 la Gaule comme un coup de foudre. Il le peut d'autant moins qu'en cette même année un usurpateur élevé à l'empire par les troupes de Bretagne, Constantin III, passe en Gaule et s'installe à Arles ! Peu après, en 408, Stilicon et sa garde personnelle, ainsi que les femmes et les enfants des soldats barbares en Italie seront massacrés, victimes d'une violente réaction antigermanique qui prolonge un mouvement comparable, mais plus durable, à Constantinople. Les Barbares survivants se rallièrent à Alaric. Ils participèrent au sac de Rome en 410.

C'est donc à un moment d'une extrême confusion, dans un Occident devenu « incontrôlable », que survient l'entrée en Gaule des Vandales venus de Silésie à travers la Germanie méridionale, accompagnés d'une partie des Suèves et d'un important groupe non germanique constitué d'Alains. Ces « peuples » ont déjà écrasé sur leur chemin les Alamans : ceux-ci ne se relèveront que péniblement du choc.

En traversant le Rhin près de Mayence le 31 décembre 406, les envahisseurs se heurtèrent à une résistance farouche des Francs rhénans. Mayence fut prise et ravagée. Worms résista plusieurs mois : les *limitatenses* francs furent alors les défenseurs fidèles de la Gaule. Une fois leur percée réussie, les Barbares, qui avaient emporté Spire et Strasbourg, et se dirigeaient pour une part vers Langres et la Saône, furent obligés pour une autre part de laisser sans y toucher les régions au nord d'une ligne Metz-Reims, par laquelle ils arrivèrent du côté d'Amiens, Arras et Tournai. Les Francs qui, selon l'historien romain Renatus Frigeridus, avaient, dans l'affrontement initial et décisif, dominé les Vandales avant de succomber à une attaque des Alains, réussirent donc, dans l'ensemble, à protéger la Germanie seconde et une partie de la Belgique seconde. Sur la frontière rhénane en Germanie première, les Burgondes, rivaux des Alamans, profitèrent de l'aubaine pour se faire installer dans des conditions favorables comme défenseurs de l'Empire autour de Worms, sur la rive gauche du Rhin.

Pendant que la Gaule intérieure subissait de terribles ravages, qui durèrent d'autant plus que les grands propriétaires d'Espagne barrèrent pendant trois ans avec leurs esclaves armés le passage des cols pyrénéens, la défense sur le Rhin pouvait être restaurée. On l'a souligné à juste titre, le bouleversement de 407 en Gaule a profité aux Burgondes aux dépens des Alamans et aux Francs saliens — installés dans une zone qui ne fut pas touchée — aux dépens des Francs établis sur le Rhin. Ces derniers étaient durement éprouvés par leur combat défensif de 407. Ils furent de surcroît affaiblis par le fait qu'ils avaient formé une large partie de l'armée de l'usurpateur Constantin III, puis de l'armée d'un autre usurpateur, Jovin. Or les deux furent battus et tués, l'un en 411, l'autre en 413 : le premier défait par l'excellent *magister militum* d'Honorius, Constance, l'autre par l'armée des Visigoths amenée d'Italie par le second successeur d'Alaric, le roi Athaulf. Ces deux usurpations laissent entrevoir des forces appliquées à faire quelque chose pour la Gaule tandis que l'empereur légitime, Honorius, restait enfermé dans son inaccessible résidence de Ravenne, ne réagissant qu'à un danger immédiat, soit pour l'Italie, soit pour la Provence. Il est significatif qu'après la mort de Constantin III, Jovin ait été poussé à prendre la pourpre par deux rois barbares : Goar, roi de cette partie des Alains qui avait choisi de servir l'Empire, et Gonthier, roi des Burgondes installés à Worms. Après avoir éliminé les usurpateurs, Constance réorganisa l'essentiel de l'organisation militaire de la Gaule, de la nouvelle capitale administrative — installée à Arles — jusqu'à la frontière du Rhin où le *fœdus* avec les Burgondes fut renouvelé à des conditions probablement moins favorables pour eux. Mais il avait fort à faire avec les Visigoths d'Athaulf.

Après son succès sur Jovin, et après ses noces solennelles avec Galla Placidia dûment célébrées par plusieurs épithalames, Athaulf se tint pour le sauveur de Rome. C'est ainsi qu'il entra dans Narbonne vêtu en général romain, et fut reçu par les magistrats. Saint Jérôme, selon Orose, avait appris d'un notable de Narbonne que ce roi visigoth déclarait qu'il désirait « comme jadis César Auguste, restituer toute sa grandeur au nom romain avec le concours des forces des Goths ». Le poste de généralissime étant occupé — et fort bien — par Constance, et ce dernier refusant un *fœdus* conforme aux exigences d'Athaulf, réclamant même de lui qu'il libérât Galla Placidia considérée comme captive et non comme épouse du Goth, ce dernier recourut à l'astuce de son prédécesseur Alaric : il refit empereur un Romain pris dans sa suite, Attalus, déjà élevé à cette dignité par Alaric. Attalus le nomma aussitôt *magister militum*, comme il l'avait fait pour Alaric. Soit avec un *fœdus* profitable qui leur laissait l'autorité sur leurs compatriotes, tout en leur donnant des droits face à la population et à l'administration romaines, obligées de les ravitailler ; soit en commandant à la fois aux Barbares et aux Romains, le service de Rome était donc l'obsession des princes, barbares installés dans un empire qui, depuis longtemps, ne savait plus sauvegarder une armée valable vraiment romaine. Mais ces hommes ne voulaient ni détruire l'Empire, ni combattre ses habitants, puisqu'ils en vivaient. Ce mariage qu'Athaulf avait cru être un geste de réconciliation romano-gothique, avec ses déclarations fracassantes, était en vérité une provocation pour le gouvernement de Ravenne qui n'entendait pas admettre l'entrée dans la famille impériale d'un Goth hérétique, et cela d'autant plus que Constance pensait bien obtenir pour lui-même et Galla Placidia la pourpre.

Notons ici l'obstacle principal à toute intégration effective des Barbares installés dans l'Empire : l'arianisme. Les Goths avaient adopté cette forme du christianisme qui niait l'unité totale de la Trinité et faisait une différence entre Dieu le Père et le Fils, à un moment où la cour impériale, avec Valens, était également arienne. Théodose Ier, après avoir longtemps hésité devant un débat théologique et dogmatique, récusa l'hérésie. D'origine mi-gothique, mi-celtique — il était des Galates d'Asie Mineure —, l'évêque Ulfilas avait réalisé cette œuvre mémorable qu'est la traduction de l'Évangile en langue gotique. Il avait participé aux synodes qui précédèrent la décision de Théodose en faveur du catholicisme. Tous les Goths convertis au christianisme, et dans la foulée tous les Barbares convertis en une langue ecclésiastique ainsi créée par Ulfila et par l'intermédiaire de chrétiens gothiques, allaient être des hérétiques. Ce qui était au début un « hasard » historique devenait une barrière entre Barbares et Romains. Les Francs allaient en profiter.

Après un séjour peu réussi en Espagne où ils perdirent le roi Athaulf, remplacé par Segeric et, quelques jours après, par Vallia, les Goths rentrèrent en Gaule. Ils acceptèrent enfin de délivrer Galla Placidia, moyennant la conclusion d'un *fœdus* qui, en 416, leur garantit leur approvisionnement. Après avoir combattu efficacement en Espagne les Vandales et les Alains pour le compte de l'Empire, les Visigoths et leur roi Théodoric Ier — successeur de Vallia — conclurent en 418 un nouveau *fœdus* avec Constance. Entre-temps, celui-ci avait épousé Galla Placidia. Les Visigoths s'installèrent donc de façon durable en Aquitaine seconde. On leur donna un territoire assez étendu — qu'ils allaient élargir en faisant de Toulouse leur capitale — dans lequel ils recevaient un tiers des domaines romains comme base économique de leur subsistance au service de l'Empire. Cet arrangement avec les « fédérés » romains, cette « hospitalité », était imposé aux provinces par un État qui ne voyait plus d'autres moyens d'assurer sa défense. En vérité, malgré la reconnaissance de la souveraineté romaine, quelquefois contestée mais toujours renouvelée, ce « royaume » de Toulouse fut une forme de royaume barbare sur le sol romain. Il devait jouer un rôle considérable, et comme modèle en d'autres cas et comme facteur politique dans l'histoire de la Gaule.

La puissance visigothique ne se limita pas à la Gaule méridionale et les « rois » de Toulouse réussirent ensuite, tout « en servant » l'Empire, à s'emparer d'une partie de la péninsule Ibérique. Ils rencontrèrent de fortes résistances, surtout de la part des Suèves qui avaient établi au nord-ouest de l'Espagne leur propre royaume où ils furent les premiers rois barbares à battre leur propre monnaie.

L'avenir de la Gaule dépendait des troupes barbares, mais aussi de ce qui restait d'armée « romaine » sous le commandement de *magistri militum* « romains ». L'un d'eux, le fils d'un *mag. mil. per Gallias* d'origine scythe noble et d'une mère romaine noble, Ætius, allait être — sous le gouvernement effectif de Galla Placidia après la mort d'Honorius (en 423), puis sous celui du fils qu'elle avait eu de Constance (mort en 421), Valentinien III — le dernier grand espoir d'une véritable défense de la Gaule romaine. Signe du temps, elle devait l'être grâce à une troupe particulièrement dévouée à Ætius : c'étaient des Huns...

Éduqué à la cour impériale de Ravenne, Ætius avait été remis en otage d'abord aux Visigoths d'Alaric (405-408), puis aux Huns au-delà du Danube. Il avait appris leur langue et noué des relations amicales avec Attila et Bleda, neveux et futurs successeurs (en 434) du roi hunnique Rua. Quand l'usurpateur Jean (423-425), qui avait pris le pouvoir en Italie à la mort d'Honorius, fut menacé par le gouvernement de Constantinople qui envoya une armée rétablir le pouvoir légitime de Valentinien III et de sa mère Galla Placidia, Ætius, gendre de Capilio, *comes domesticorum* de Jean, alla chercher secours chez les Huns. Il revint avec une armée considérable, mais trop tard : Jean avait déjà succombé à ses adversaires. Comme condition du renvoi des Huns, Ætius exigea alors de Galla Placidia — et obtint — d'être nommé *magister militum*. Ayant fait tuer son collègue Félix sous prétexte que celui-ci le menaçait, il occupa un temps son poste de généralissime puis le perdit par de malheureuses intrigues. Il lui fallut même s'exiler chez les Huns. Il en revint à la tête de troupes hunniques et s'imposa alors définitivement comme premier *mag. mil. praesentalis*. En 435, il fut nommé patrice, titre qui désignait en Occident le chef suprême des armées. Il s'entoura, comme avant lui Stilicon, d'une garde personnelle à propos de laquelle on trouve pour la première fois le nom de *buccellarii* qui deviendra l'appellation usuelle des armées « privées » des militaires et des sénateurs romains du Ve siècle.

Sa carrière peut paraître suspecte. Mais, à la différence de la plupart de ses prédécesseurs et successeurs qui, jouissant de leur pouvoir à la cour, laissaient combattre les autres dans les provinces, Ætius n'a jamais cessé de payer de sa personne. Cela le distingue, tout autant qu'une autre qualité rare : il était incorruptible. Pour la Gaule, Ætius est, après Probus et Julien, le troisième « sauveur ». En 425, puis en 430, il oblige à la retraite devant Arles les Visigoths qui cherchaient par des attaques périodiques à « améliorer » les conditions de leur *fœdus*. En 428, il repousse les Francs des territoires proches du Rhin. En 430 encore, il bat en Rhétie les *Juthungi*, alliés des Alamans. Il l'emporte enfin en 432 sur les Francs saliens.

En 435, les Burgondes du roi Gundichar attaquent la « Belgique ». Ætius les arrête. Comme par hasard, lorsque le royaume autour de Worms est anéanti l'année suivante, c'est par l'arme absolue d'Ætius, les Huns. Les sources ne se contredisent qu'en apparence, les unes signalant une attaque des Huns de l'extérieur, les autres une attaque des Huns au service d'Ætius : c'étaient sans doute les mêmes. Cela lui permit d'installer en 443 ce qui restait des Burgondes en *Sapaudia*. Cette région au nom celtique correspondait aux abords du lac Léman, vers Genève, avec le pays qui s'étendait vers le sud. Ætius assurait ainsi, d'une façon efficace et durable, la défense de la ligne du Rhin supérieur, de Bâle au lac de Constance, contre les éternels ennemis des Burgondes, les Alamans.

La plus dense occupation burgonde est attestée — par l'archéologie — dans une bande d'une centaine de kilomètres de large, le long du Jura, du Rhône à Soleure.

En 440, Ætius avait établi les Alains à Valence, et en 442 d'autres Alains, avec leur roi Goar, en Armorique — avec Orléans comme base, au sud-ouest de leur « secteur » — pour combattre les « Bagaudes », ce mouvement paysan qui aliénait des régions entières au gouvernement impérial.

Ces dernières implantations provoquèrent des protestations vives de la part des Gallo-Romains, qui s'adressèrent à saint Germain, évêque d'Auxerre. Ætius dut recourir à la force pour imposer sa volonté. Car il comptait bien organiser et structurer la protection militaire de la Gaule, à l'intérieur comme vers l'extérieur, en intégrant les forces barbares. Il y parvint non seulement pour les Burgondes — qui avaient reçu leur région « à partager avec les habitants » à de nouvelles conditions : deux tiers au lieu d'un seul — mais aussi pour les Saliens. Vaincus par Ætius en 448 en Artois, ceux-ci allaient, sous leur roi Chlodio et son successeur Childéric, servir la cause romaine dans le nord de la Gaule, tout en étant reconnus comme « fédérés » dans un territoire au nord de la Somme.

La plus grande victoire d'Ætius avant 451 semble avoir été celle qu'il remporta en 438 sur les Visigoths. Flavius Merobaudes, fils du général franc, homonyme, qui vivait à la cour de Gratien, célébra cette victoire en un panégyrique. Notons que ce Mérobaud II fut à son tour *magister militum* et hérita de l'armée de son beau-père en Espagne. Entièrement romanisé, il chercha, par ses études et son activité littéraire, à prouver son appartenance à la civilisation romaine.

Avec justice, le Sénat romain fit ériger une statue en l'honneur d'Ætius, « vainqueur des Burgondes et des Goths ». Mais celui-ci ne pouvait répondre à d'autres appels à l'aide venus des îles Britanniques, où les Saxons et quelques autres peuples, comme les Angles, qui habitaient auparavant sur les côtes de la mer du Nord en Allemagne et au Danemark, prenaient le pouvoir entre 440 et 460 : il s'agissait pour une part d'auxiliaires « romains » déjà sur place, pour une autre des troupes barbares engagées pour combattre des envahisseurs, d'Irlande et d'Écosse. Ætius se concentra donc sur la défense de la Gaule : il en avait reconnu l'importance stratégique.

Il entre vraiment dans l'histoire en 451, au moment où Attila s'en prend à la Gaule. Roi des Huns, Attila s'était débarrassé en 434 par un meurtre de son frère Bleda et se trouvait ainsi le seul maître d'un immense empire. La plupart des Huns avaient en effet été réunis sous la domination d'une même dynastie au cours de la première moitié du Ve siècle.

Mais beaucoup d'entre eux avaient commencé, bien avant cette concentration politique, de servir les empereurs à Constantinople contre une bonne rémunération. D'autres, quittant le royaume des Huns en transfuges, continuaient ce mouvement. C'était là un point de discorde, car le roi des Huns exigea à plusieurs reprises la restitution de tous les soudoyés hunniques. En combattant la partie orientale de l'Empire et en gardant le monopole de la prestation de troupes qu'il comptait vendre au prix fort à la partie occidentale, l'attitude d'Attila se mariait parfaitement aux intérêts d'un Ætius qui ne se sentait guère plus de solidarité avec Constantinople. Il n'avait rien contre l'extension de la souveraineté hunnique sur les Germains étrangers à l'Empire ; entre 435 et 440, même les plus occidentaux d'entre eux devaient reconnaître la supériorité des Huns auxquels se mêlaient des contingents d'élite ostrogothiques. Pour la première fois dans l'histoire des Germains, ils se trouvaient ainsi réunis, de l'Ukraine au Rhin, sous un seul pouvoir politique.

Cette expansion vers l'ouest avait une autre conséquence importante : le déplacement du centre de gravité politique des Huns des plaines au nord de la mer Noire vers les plaines de la future Hongrie. Là se trouvait la cour d'Attila. Là il avait à son service le Germain Edico, père du futur maître de l'Italie, Odoacre, et Oreste, qui allait être le père du dernier empereur en Occident. C'est dire l'impact du monde hunnique, même après la dissolution de l'Empire qui survint après la mort d'Attila. Depuis la Hongrie les Huns attaquèrent également l'Empire oriental en 441, 443 et 447, ce qui eut comme résultat pour Constantinople non seulement la perte de la partie orientale de la Pannonie, mais aussi l'alourdissement du tribut annuel à payer par l'empereur : de 350, puis 700 livres d'or pur, il devait monter à 2 000, 6 000 et même plus. Vers 450, l'Empire oriental commença de faire la sourde oreille au chantage d'Attila ; c'est peut-être l'une des causes pour lesquelles celui-ci se tourna alors contre l'Empire occidental, dont il était jusque-là une sorte d'« allié » auquel on avait même accordé le titre de *magister militum* et auquel on avait cédé les provinces pannoniennes appartenant à l'empereur de Ravenne.

L'« empire » des Huns était un conglomérat mal structuré des peuples soumis et de leurs chefs, sous le commandement du roi Attila qui, d'une main ferme et grâce à un système savamment développé d'otages et de terreur, gardait le contrôle de l'ensemble. Déjà les Huns établis plus à l'est se plaignaient de participer assez peu aux profits réalisés par les Huns occidentaux. D'autres peuples exerçaient une pression comparable à celle par laquelle les Huns avaient mis en route aussi bien la première ruée des Goths contre l'Empire après 375 que celle des Vandales en 406. Habitués à la vie nomade, les Huns, à la différence des Germains, n'avaient aucune envie de s'installer dans l'Empire d'une façon durable, mais ils n'en étaient plus aux simples pillages sur les frontières : ils faisaient maintenant du chantage à l'échelle continentale. Ce que leur roi semble avoir désiré le plus, c'était une participation « légitime » à l'exploitation du monde romain entier. Il voulait entrer dans la famille impériale et s'immiscer dans les conflits intérieurs du monde romain, tels que celui entre Visigoths et Vandales, tout en établissant une spoliation permanente en forme de tribut. L'appel à l'aide que semble lui avoir adressé Honoria, la sœur de Valentinien III, permit à Attila d'exiger en mariage cette *Augusta* quand il menaça en 451 d'attaquer l'Occident. Devant le refus, il entreprit de réaliser son projet par une première avancée profonde en Gaule, son but déclaré étant de s'attaquer aux Visigoths pour le compte de la cause romaine! C'était là imiter ces *magistri militum* — d'origine barbare ou non — qui ne cessaient d'accroître leur puissance en profitant de la mise aux enchères des pouvoirs délégués par la dynastie impériale: celle-ci n'avait plus d'autre fonction que de légitimer le pouvoir effectif des chefs des forces armées.

La prolongation du monde romain affaibli dans un *barbaricum* «engagé au service» de l'Empire a fini par provoquer des évolutions et des réactions souvent curieuses. Tout cela n'enlève rien aux terreurs vécues par les habitants de Metz, de Reims et d'autres villes qui se trouvaient sur le chemin de l'envahisseur. Après avoir atteint la Loire près d'Orléans, celui-ci comptait se tourner vers l'Aquitaine et les Visigoths. Mais l'affaire nous montre sous un éclairage intéressant des relations romano-hunniques faites de décennies de compromissions et d'humiliations. De toute évidence, Ætius n'avait jamais pensé à trahir la cause romaine: il avait toujours cherché à se servir des Huns pour se débarrasser d'autres ennemis, mais cette fois, il était bien obligé de combattre ses «amis». Il le fit d'une façon énergique et magistrale. L'alliance de circonstance entre ce qui restait d'une armée romaine et l'armée visigothique de Théodoric Ier fut vite conclue; et Orléans, protégée temporairement par ses murs défendus sous la direction de son évêque saint Aignan, fut dégagée par les alliés.

Attila battit en retraite sur la même route romaine par laquelle il était arrivé, puis fit face pour accepter la bataille décisive dans une plaine qui convenait bien aux cavaliers hunniques. Dans son immense armée, on comptait un grand nombre de rois germaniques : ainsi des Ostrogoths — parmi eux, le père de Théodoric le Grand — ou des Francs rhénans qui avaient choisi le camp des Huns. Ætius pouvait lui opposer une armée également considérable où se trouvaient des Francs, des Burgondes, des Alains et même des Armoricains venus des régions mal contrôlées de la Gaule : le danger commun les réunissait. La bataille eut lieu le 20 juin 451 en une plaine nommée *Campi Catalaunici* par les uns, *Campi Mauriaci* par les autres, ce qui n'est pas contradictoire, le lieu, Moirey, se trouvant, non loin de Troyes, sur le territoire des *Catalauni* dont la capitale était Châlons-sur-Marne. Les pertes furent particulièrement élevées d'un côté chez les Gépides qui combattaient pour Attila, de l'autre chez les Francs et les Visigoths. Ces derniers perdirent leur roi Théodoric, qui avait joué dès l'abord un rôle de premier plan dans la victoire.

Ætius conseilla au prince visigoth Thorismond de regagner le plus vite possible sa capitale, Toulouse, pour ne pas laisser la succession royale à l'un de ses frères. Si le départ — effectivement avancé — des Visigoths laissa certainement aux troupes « romaines » un butin plus riche, la principale raison de ce conseil était qu'Ætius n'avait pas intérêt à voir les Huns anéantis au profit des Visigoths : sa politique et le recrutement de son armée dépendaient d'un équilibre entre les deux puissances. Pour lui, les Huns ne représentaient pas la fin du monde, mais un facteur important sur l'échiquier politico-militaire. A court terme, l'erreur d'Ætius était de sous-estimer la vitalité d'Attila : ayant quitté la Gaule sans être autrement inquiété, il s'attaqua dès l'année suivante à l'Italie même. On reprocha alors ouvertement au généralissime de n'avoir pas fait mieux garder les cols des Alpes. Ætius perdit beaucoup de prestige pour s'être retiré pratiquement sans combattre devant

Attila, en lui laissant le pays au nord du Pô. Cette tactique n'était certainement pas mauvaise : son adversaire, dans les rangs duquel sévissaient des maladies, ne pouvait pas allonger outre mesure la campagne. C'est pour cela surtout qu'Attila reçut de bonne grâce la demande du pape Léon le Grand et d'autres émissaires impériaux qui souhaitaient voir épargnée, pour cette fois, l'Italie. Le meurtre d'Ætius, que tua Valentinien III de sa propre main en 453, reflète le refus d'une emprise du généralissime sur la famille impériale qui se préparait à la renforcer par un mariage. Mais il procède aussi de la dégradation du prestige d'un sauveur qui n'avait pas assez bien protégé, selon l'avis de beaucoup de Romains, la terre sacrée de l'Italie. L'empereur sous-estimait la fidélité des hommes d'Ætius : ils ne tardèrent pas à l'abattre à son tour en 454.

Ce double assassinat constitue une césure dans l'histoire de l'Empire et de la Gaule romaine. Ce que représentait un chef de la trempe d'Ætius fut évident au moment de sa disparition : des chefs barbares locaux, mis à leur place par sa volonté et son habileté, se soulevèrent en prétextant — pas toujours de mauvaise foi — qu'ils voulaient venger Ætius. Mais ce qui disparut avec lui, c'est surtout le dernier contrôle effectif de l'ensemble de la Gaule. A partir de ce moment, une cassure se produisit entre le Nord et le Sud, trahissant bien sûr des antécédents cachés par l'action d'un Ætius. Cette cassure était aussi entre ceux qui seraient prêts à confier le salut de la Gaule et même celui de Rome à la force militaire des Visigoths, et ceux qui refuseraient cette soumission au pouvoir des Goths et de leurs alliés.

Après Ætius, d'autres utiliseront encore les Barbares afin de maintenir en Gaule un pouvoir « romain ». Ainsi feront Majorien et Egidius, tous deux anciens subordonnés d'Ætius. Mais ce sera alors l'heure des Francs.

CHAPITRE XI

Clovis

Childéric

Le règne bref de Petronius Maximus (en 455) ne mérite une mention que pour la nomination par cet empereur d'un généralissime, Eparchius Avitus, représentant d'une des grandes familles sénatoriales de l'Auvergne. Avitus avait été préfet du prétoire des Gaules et avait conclu à ce titre, en 439, une paix importante avec les Visigoths. Il avait aussi préparé le combat commun de Théodoric et d'Ætius contre Attila, et cela grâce aux excellentes relations qu'il avait à la cour de Toulouse. Son gendre Sidoine Apollinaire était issu d'une famille sénatoriale du Lyonnais.

D'une attitude dédaigneuse envers les simples guerriers barbares — ils soulignent l'odeur de beurre rance de leur pommade pour les cheveux — ces homme cultivés passent à un tout autre comportement quand ils admirent le roi des Visigoths qu'ils n'hésitent pas à nommer « colonne de l'Empire romain » tout en s'occupant de l'éducation de son fils ou en décrivant dans le détail son emploi du temps et sa cour. Ils « misent » sur cette force pour sauver ce qui reste de Rome et, en même temps, de leur propre situation sociale. L'une des raisons — et non la moindre — de l'installation des Visigoths comme fédérés et du choix de leurs *optimates* comme partenaires des *optimates* romains dans le régime de l'« hospitalité » tient certainement aux révoltes de la paysannerie et des esclaves en Espagne et en Gaule : la communauté d'intérêts ainsi établie garantissait une répression efficace ; elle évitait en même temps une alliance dangereuse entre Bagaudes et Barbares.

Théodoric II, en succédant en 453 à son frère Thorismond, avait rétabli le *fœdus* et envoyé son frère Frédéric combattre les Bagaudes en Espagne. Apprenant la mort de l'empereur Petronius Maximus, il poussa son ami Avitus à prendre la pourpre. Ce fut fait en juillet 455 à Arles. Puis, Avitus prit le chemin de l'Italie avec une troupe visigothique.

A cette époque le problème est toujours de savoir qui s'est le mieux servi de l'autre. Or on est en droit de supposer que le roi ne fut pas étranger à la nomination que fit Avitus de Ricimer comme second général à la cour. Ricimer était fils d'un « prince » suève et, surtout, petit-fils par sa mère du roi des Visigoths, Vallia. Est-ce un hasard si Théodoric conclut alors une alliance avec Gondioc, roi des Burgondes, et s'en alla guerroyer avec le gros de son armée en Espagne, juste au moment où l'« empereur gaulois » fut victime à l'automne 456 d'un coup d'État fomenté par le même Ricimer ? Déposé à Plaisance, Avitus fut fait sur-le-champ évêque de cette ville par Ricimer et un officier romain, Majorien. Quand l'empereur déchu tenta de regagner sa Gaule natale, il fut tué.

A Constantinople l'homme tout-puissant était, pendant une dernière période de domination germanique à la cour, un Alain germanisé, Aspar, un Arien très lié aux Visigoths demeurés dans l'Empire d'Orient. Or le gouvernement oriental n'avait jamais reconnu Avitus. Mais une des premières décisions du nouvel empereur Léon Ier — qui devait à Aspar d'être empereur — fut de nommer (février 457) Ricimer « patrice » et généralissime de l'Occident, et Majorien son second.

Solidement installé à Rome, s'appuyant sur les Visigoths et les Burgondes avec lesquels il nouera des alliances matrimoniales, Ricimer mena une politique favorable aux Barbares. Des observateurs modernes ont été trompés par le fait qu'il avait éliminé Avitus, l'« empereur des Visigoths ». D'autres, fascinés par l'intelligence et la culture des Goths, font de ces « amis de la romanité » les champions d'une symbiose romano-germanique qui aurait échoué à cause de la victoire en Gaule de ces rudes Barbares du Nord qu'étaient les Francs incultes. C'est ignorer que les rois visigothiques, tout en utilisant le concours des Romains à des postes élevés, prônaient la stricte séparation des Goths et des Romains qu'imposait d'ailleurs leur arianisme fier et exclusif. En s'arrangeant avec Constantinople, ils cherchaient à s'assurer une position dominante en Occident, avec la connivence de Ricimer. Ainsi pouvaient-ils étendre toujours plus leur territoire en Espagne et en Gaule, faire monter les prix de leur service militaire et, le cas échéant, rompre avec Rome : ce que fera Euric, qui éliminera en 466 son frère Théodoric II.

C'est devant cet arrière-plan qu'il faut voir l'histoire des décennies suivantes, avec la résistance de ceux qui refusaient un pouvoir « germanisé » en Italie et une prépondérance — voire une domination directe — des Visigoths ariens en Gaule. Ils chercheront l'alliance avec Constantinople dès que l'influence des Goths y sera moins forte. Mais chaque fois qu'un empereur appuyé ou envoyé directement par le gouvernement oriental tentera de rétablir un pouvoir « à dominante romaine », ses efforts seront insidieusement et efficacement ruinés par le « parti de Ricimer ».

Le premier champion d'une résistance contre l'hégémonie larvée des Visigoths en Occident n'était autre que Majorien. A la différence de Ricimer il avait combattu en Avitus celui qui représentait l'influence de ces Visigoths qu'il avait déjà affrontés vers 446, à Tours, sous les ordres d'Ætius. Lorsque Ricimer fut nommé patrice, ce qui faisait de lui le supérieur de Majorien, l'armée de ce dernier répliqua en proclamant son chef Auguste le 1er avril 457 à Ravenne. On arriva enfin à un arrangement, à une reconnaissance réciproque de Majorien comme empereur et de Ricimer comme généralissime. Le Sénat approuva cet accord. Le nouvel Auguste fut proclamé de nouveau, cette fois par la totalité des troupes d'Italie.

Il faut dorénavant distinguer les empereurs sans armée propre, simples pantins dans les mains des « patrices », et ceux qui, comme Majorien, petit-fils d'un général de Théodose Ier et « dernière figure ayant une réelle grandeur dans l'histoire de l'Occident romain » (Ernest Stein), osent faire leur propre politique avec la partie de l'armée qui leur est dévouée. En Gaule, une partie des notables choqués par la mort de « leur » empereur — ils avaient mis en lui de grands espoirs d'avantages et de dignités — refusa de reconnaître « les assassins d'Avitus », dont Majorien n'était pas, et trempèrent dans une conjuration mal connue dont le candidat fut Marcellin, un *comes* encore païen qui s'était créé une position indépendante, avec sa propre armée, en Dalmatie. D'autres, comme Sidoine Apollinaire, comprirent le jeu qui avait été joué : l'admirateur du roi de Toulouse fut un serviteur fervent de la cause de Majorien. Quand à Théodoric II, il ne s'était guère inquiété au moment de la chute de « son » empereur, mais en apprenant que Ricimer rencontrait des difficultés en Italie, il avait quitté l'Espagne et envahi la Narbonnaise pour bloquer l'accès de la Gaule aux troupes de Majorien, qui avait envoyé Ricimer combattre les Vandales.

Egidius appartenait au clan sénatorial des *Syagrii*, bien possessionné dans le Lyonnais. Il avait pris immédiatement fait et cause pour Majorien, qui avait été son frère d'armes sous Ætius. Il s'assura le concours des Francs saliens, ce qui lui permit en 458 de déloger de Lyon les Burgondes. Ceux-ci avaient profité de leur alliance visigothique et de la complicité des pouvoirs romains représentés par le général Agrippinus, mais aussi de quelques sénateurs du Lyonnais, pour occuper toute la région qui s'étend entre Genève, d'où ils partaient, et Lyon. On observe là les règles de l'« hospitalité », mais au tarif fort des deux tiers pour les nouveaux venus. Nommé *magister militum per Gallias* par Majorien, aux dépens d'Agrippinus, Egidius tenta de s'imposer plus au sud ; il fut repoussé par les Visigoths qui l'assiégèrent dans Arles. Arrivant en personne d'Italie avec une armée, Majorien le dégagea au printemps de 459. Puis il fit une entrée triomphale à Lyon, dégagée des Francs comme des Burgondes, et autorisa officiellement l'établissement des Burgondes, les tirant en même temps de leur seule obligation envers leur alliés visigothiques : ainsi naquit le « royaume des Burgondes ». En revanche, on fit un procès à Agrippinus, renvoyé à Rome pour avoir livré Narbonne aux Visigoths.

Après une réorganisation de l'administration, qui souligna les irrégularités et les privièges exorbitants des « puissants », Majorien partit pour l'Espagne. Il y avait fait préparer une flotte en vue d'une attaque décisive contre les Vandales d'Afrique, voulant ainsi rendre à Rome son grenier à blé et libérer les côtes et le commerce de la piraterie vandale. Trahi par les siens, l'empereur vit sa flotte complètement détruite par les Vandales, avec lesquels il entra en pourparlers pour leur céder les Baléares. Rentré en Italie, Majorien fut pris et exécuté par Ricimer qui attendait l'occasion.

Cet événement de 461 provoqua une rupture dans l'histoire de la Gaule : devant la nomination comme *magister militum per Gallias* du traître Agrippinus qui, dès 462, céda aux Visigoths, pour services rendus, la Septimanie avec sa capitale Narbonne, Egidius refusa de reconnaître le gouvernement romain d'Italie qui venait de le destituer et se considéra toujours comme investi du pouvoir militaire suprême en Gaule au service des Romains. Suivi dans cette décision grave par la Gaule septentrionale, aidé par le roi fédéré des Francs de Tournai, Childéric, auquel il confia le gouvernement militaire et civil d'une partie de la « Belgique seconde », Egidius fut désormais le maître d'une Gaule en sécession mais à ses propres yeux vraiment fidèle, tandis que la Gaule méridionale restait sous la coupe des Visigoths et de Ricimer. Quand Frédéric, frère du roi des Visigoths et *magister militum*, attaqua en 463 cette *Romania* du nord des Gaules, il fut battu près d'Orléans par les forces réunies d'Egidius et de Childéric. Il trouva la mort dans ce combat.

Cette date marque le moment où les populations de ce noyau essentiellement formé par les provinces de la Lyonnaise, leur aristocratie gallo-romaine et leurs évêques purent entrevoir la possibilité de se maintenir indépendants des Visigoths — jusque-là si souvent victorieux — et de rester catholiques sans être inquiétés, comme l'étaient les populations vivant sous les Vandales et, dans une moindre mesure, sous les Visigoths. L'attitude rassurante de Childéric apparaît plus claire encore après la mort d'Egidius en 464. La résistance gallo-franque ne se désagrégea pas comme ses adversaires pouvaient l'espérer. Au contraire, à côté d'un *comes* romain, Paul, puis après sa mort, nous voyons de nouveau Childéric vainqueur.

Childéric n'est pas un souverain prêt à tourner sa veste selon la situation : c'est un chef franc, nommé à son tour général romain — il en portera les insignes dans sa tombe — et adversaire résolu des Visigoths, qui fait siens les problèmes de sécurité et d'indépendance des populations au nord de la Loire. C'est donc grâce à ses services que Syagrius, fils d'Egidius, peut être le second successeur de son père à la tête de cette *Romania*. Des sources postérieures lui donnent le titre de *rex Romanorum*. Cela exprime une situation de fait : l'autonomie d'une région de l'Empire, abandonnée par un pouvoir « romain » d'Italie allié au pire ennemi, le Visigoth.

Mort en 481 ou 482, Childéric a occupé une place éminente dans cette Gaule septentrionale. Il n'a pas porté le titre de « roi des Francs », comme nous le savons par l'anneau sigillaire trouvé au XVIIe siècle dans sa tombe, près de sa résidence de Tournai. L'inscription était CHILDIRICI REGIS. C'est donc un des chefs reconnus par les Romains comme *rex* fédéré. Le premier document authentique que nous possédons de son fils et successeur Clovis use de l'expression romaine officielle, *exercitus Francorum*, pour appeler une armée fédérée et reconnue, comme c'était le cas pour l'*exercitus Gothorum* des Visigoths. Dans le même document adressé aux évêques en Gaule, Clovis prend le titre de *Chlodoveus rex*, comme son père, alors que ses successeurs s'intituleront *rex Francorum.*

Au cours de sa carrière, Clovis réunira sous une seule royauté tous les Francs. Pour Childéric et les débuts de Clovis, il n'en est pas question : la situation spéciale et privilégiée de ces rois est absolument limitée aux Francs de Tournai et à cette dynastie. C'est elle qui est à l'origine de la Gaule franque, non pas les « Francs » qui, pour une large partie, ont mené au Ve siècle une politique fort différente. Ce rôle de Childéric dans l'administration romaine est précisé par la lettre que saint Remi, évêque de Reims, adressa au jeune Clovis : « Au Seigneur insigne et par ses mérites magnifiques Clovis roi, Remi évêque. Une grande rumeur parvient à l'instant à nous. Vous venez de prendre en main l'administration de la Belgique seconde. Ce n'est pas une nouveauté que vous commenciez à être ce que vos parents ont toujours été. » On s'est étonné d'une lettre qui est, certes, « de routine », mais qui donne des conseils paternels en ce qui concerne l'entourage que Clovis devrait choisir, si possible des hommes âgés et bons chrétiens. Comment imaginer cette correspondance entre le saint évêque et un roi barbare et païen ? Il ne faut pas oublier que Clovis, comme son père, n'était pas un envahisseur, mais un protecteur du pays dont les chrétiens étaient confiés au métropolitain de Reims, chef-lieu précisément de la Belgique seconde. On ne peut, surtout, ignorer les responsabilités qu'exerçaient tout à fait normalement les détenteurs du pouvoir militaire et civil au Ve siècle : ce pouvoir s'étendait officiellement aux affaires ecclésiastiques, que le « général » en question soit catholique, hérétique ou païen.

Il y avait à cela une bonne raison : les évêques étaient censés appartenir à la chose publique et apparentés aux hauts fonctionnaires, dont ils partageaient privilèges et tâches dans l'Empire romain chrétien. Les *magistri militum* s'occupaient des questions ecclésiastiques au moins depuis 342. En 412, Constance organisait l'élection épiscopale, particulièrement importante, de la nouvelle capitale des Gaules, Arles. Un peu plus tard, le *magister militum per Gallias* Cassius y faisait élever à l'épiscopat saint Hilaire, sans que personne ne le conteste. Successeur des généraux romains, le roi des Francs qui fera de même n'innovera donc pas, et cela n'aura rien à voir avec une prétendue « germanisation » de l'Église.

En 445, Ætius fait publier par Valentinien III un édit soulignant la suprématie du pontife romain dans la surveillance des élections épiscopales, mesure dirigée contre les velléités d'indépendance chez Hilaire d'Arles. Les généralissimes ont donc bien, en fait, des intérêts concordants avec l'Église de Rome qui apparaît comme un allié important comme l'était le Sénat. Nous voyons les papes adresser des lettres à « leurs fils » le *magister militum* Frédéric (Wisigoth) en 462 et le *magister militum* Gondioc (Burgonde) en 463, pour les entretenir des cas d'élections épiscopales litigieuses. Or tous les deux sont ariens, mais aussi des princes au regard des royaumes barbares. Le Ve siècle a donc achevé une évolution que l'on peut définir comme une barbarisation des généraux romains — ceux-ci s'entourant maintenant d'une suite fondée sur la fidélité à la personne du maître, non plus à la chose publique — et une romanisation des généraux, princes et rois barbares désormais entourés de bureaux, de scribes et de conseillers romains et capables d'exercer normalement toutes les tâches, même civiles et ecclésiastiques, de leur office. Le passage sans heurts de l'Église du « Bas-Empire » à celle du royaume franc en Gaule trouve ici son explication : il n'y a eu ni conquête ni persécution, le gouvernement militaire en place ayant « seulement » pris également en charge le gouvernement civil. Or le petit-fils de Childéric, Clotaire Ier parle des immunités concédées aux églises par son grand-père et son père.

Ce qui facilite encore les choses, c'est que Childéric, défenseur victorieux contre les Visigoths, paraît avoir eu des idées fort ouvertes dans les questions religieuses. La lettre de saint Remi décrit une cour franque où les conseillers catholiques ont déjà leur place : la conversion ultérieure de l'arianisme au catholicisme de la sœur de Clovis, Lanthilde, montre que le christianisme a déjà atteint la famille d'un Childéric qui, pour des causes politiques, comme encore son fils au début de son règne, reste toujours fidèle au paganisme de son peuple : ce paganisme assure d'ailleurs à sa dynastie un prestige qui vient d'une origine quasi divine.

Il faut revenir sur l'échiquier politique que constitue la Gaule du Ve siècle si l'on veut comprendre le rôle qu'a pu jouer ce petit roi de Tournai avec son armée au service des Romains de la Gaule du Nord, au moment où la situation se dégrade à Rome pour rendre finalement inutile le maintien d'un empereur en Occident, celui de l'Orient étant considéré suffisant pour l'ensemble de l'Empire.

Abandonnés par l'Empire

Vers 460-470, l'Occident était dominé par des hommes qui — général « romain », roi barbare ou les deux à la fois — disposaient d'une armée dévouée, reconnue par l'administration provinciale. Il y avait l'armée d'Italie dominée par Ricimer, celle de Dalmatie aux mains de Marcellin, puis de son neveu Jules Nepos. Plusieurs dépendaient en principe du *magister militum Galliarum* : les forces « romaines » et celles des rois des Visigoths, Burgondes, Francs saliens, Francs rhénans et Bretons, ces derniers constituant un élément nouveau après leur immigration en Armorique. Un affaiblissement supplémentaire du magistériat des Gaules résulta en 461 de la scission de cet office. On comprend alors l'appui que celui du Nord, non reconnu par Rome, alla chercher auprès des Francs saliens, mais on comprend aussi la décision prise par Ricimer en 463 : nommer *magister militum Galliarum* son beau-frère Gondioc, le roi des Burgondes. Celui-ci, au moins, avait une véritable armée.

Quand Anthemius, beau-fils de l'ancien empereur d'Orient Marcien, fut envoyé par Léon Ier en Occident pour y mettre de l'ordre et combattre les Vandales, il nomma Marcellin second *magister militum praesentalis* : il entendait avoir une armée en dehors de celle de l'inamovible Ricimer. Anthemius fut le dernier espoir des Gaules. Le Nord le reconnut. Il réussit à mettre sur pied une coalition des Romains, Burgondes, Francs et Bretons contre les Visigoths, ce qui permit de limiter un temps l'expansion d'Euric, pourtant vainqueur, en 469, à Déols, du roi des Bretons, Riothime. Euric était alors surtout préoccupé d'étendre son pouvoir en Espagne. Il revint pourtant en Gaule et s'attaqua à la Provence. Mal soutenu par Ricimer, Anthemius essaya de réagir, mais son fils Anthemiolus fut battu en 471 par Euric : ce fut la dernière campagne impériale en Gaule. L'année suivante, Ricimer se débarrassa d'Anthemius et de Marcellin.

Il mourut lui aussi en 472. Il avait préparé sa succession en faisant nommer second *praesentalis* son neveu Gondebaud, fils du roi Gondioc auquel avait succédé vers 470, comme roi des Burgondes et peu après comme *magister militum Galliarum*, son frère Chilpéric Ier. L'empereur Olybrius nomma donc Gondebaud généralissime. Quand Olybrius mourut à son tour, en 473, le nouveau maître de l'armée d'Italie fit un empereur de Glycerius, un fantoche que Constantinople ne reconnut pas. L'empereur envoya Jules Nepos qui, « héritier » de son oncle Marcellin, disposait de l'armée de Dalmatie. Il prit la pourpre, exila en Dalmatie Glycerius et renvoya Gondebaud en Burgondie (474). Chilpéric Ier se sépara alors de Rome et s'allia à Euric qui, lui, ne reconnaissait plus l'Empire depuis longtemps.

Mal aimé de l'armée d'Italie pour laquelle il était un étranger, Jules Nepos était incapable de soutenir efficacement son généralissime Ecdicius, fils de l'empereur Avitus, qui combattait héroïquement Euric en Auvergne. Devant la supériorité d'Euric et de Chilpéric réunis, Jules Nepos dut conclure en 475 une paix par laquelle il abandonna l'Auvergne aux Visigoths, et la Viennoise aux Burgondes, reconnaissant en outre la fin du *fœdus* : cela fit de ses adversaires deux rois indépendants de l'Empire. Renversé la même année par l'armée d'Italie, Jules Nepos allait mourir en 480 en Dalmatie. Il était le dernier empereur d'Occident que reconnût Constantinople.

Le généralissime Oreste fit empereur son fils Romulus. On le surnomma « Petit Empereur » à cause de son âge tendre : Augustule. Mais l'armée exigeait un partage des terres en Italie, selon le modèle appliqué aux fédérés barbares en Gaule. Oreste refusa. Il fut tué. Un haut officier romain d'origine germanique, Odoacre, avait fait des promesses correspondant aux vœux de la troupe. Il fut élu « roi ». L'armée d'Italie, ayant obtenu la promesse du partage des propriétés, voulait vivre aux mêmes conditions avantageuses que les Barbares, et avoir ainsi son propre roi. Il n'est pas impossible qu'il existe un lien entre cet événement de 467 et la tradition plus tardive selon laquelle Syagrius, à la même époque, aurait porté le titre de *rex Romanorum* : dans les deux cas, l'armée était censée être « romaine ».

A part cela, rien ne changea en Italie. Romulus reçut une pension à vie. L'administration romaine continua de gouverner le pays sous les ordres du préfet du prétoire. Le Sénat se lia avec Odoacre et, en accord avec lui, envoya une ambassade qui porta à Zénon, empereur en Orient, les insignes impériaux dont, reconnaissant l'empereur de Constantinople, l'Occident disait n'avoir plus besoin. Zénon accepta d'autant plus volontiers cette reconnaissance de son autorité impériale par le Sénat romain qu'il venait lui-même d'usurper le pouvoir.

C'est là ce que l'on appelle toujours dans les écoles « la fin de l'Empire romain ». Les contemporains n'ont pas parlé de ce non-événement comme d'une césure historique : un empereur unique — comme cela était déjà arrivé plusieurs fois — remplaçait le dualisme Orient-Occident qui n'avait même pas duré un siècle. A la place de Ricimer, un autre Barbare devenu, par sa carrière militaire, une excellence romaine dominait en Italie, où il prenait d'ailleurs grand soin de bien faire les choses : il défendait les glacis de l'Italie en Sicile et en Rhétie, et il en restaurait même les palais impériaux du Palatin longtemps négligés. Comme ses prédécesseurs, Odoacre se désintéressa de la Gaule. Il cédait la Provence à Euric, et avec elle les dernières villes — Arles et Marseille — qui résistaient. L'empereur Zénon confirma la cession en 477, malgré une ambassade désespérée des Gallo-Romains de l'ancienne préfecture d'Arles. Chacun étant occupé à assurer son propre pouvoir grâce à son propre parti, la Gaule n'était plus défendue. Moins déchiré, l'Empire aurait-il été capable de résister ? Justinien en fera la preuve au siècle suivant, avec la reconquête de l'Italie, de l'Afrique et même d'une partie de l'Espagne visigothique.

Burgondes, Francs rhénans et Francs saliens

La Gaule, certes, semblait devoir succomber tôt ou tard aux Visigoths, pour l'instant limités au nord par la Loire, et à l'est par le Rhône et la Durance. Les forces capables de leur résister doivent d'autant plus exciter notre intérêt qu'elles joueront un rôle durable, pendant un demi-millénaire, dans l'histoire de la Gaule et de la France : ce sont les Burgondes, les Francs rhénans et les Francs saliens. Par leur situation à cheval sur les Alpes les Burgondes étaient appelés à jouer un rôle en Italie, en Gaule et en Germanie. A la différence des Visigoths, ils rentrèrent dans l'orbite romaine immédiatement après la chute de leur adversaire Jules Nepos. Dès 477 Zénon nomma à nouveau *magister militum Galliarum* le roi Chilpéric Ier faisant ainsi de lui le seul représentant de l'Empire en Gaule. C'était l'opposer habilement aux Visigoths et faire sentir à Odoacre que, maître de l'Italie, il ne pouvait cependant se considérer comme le seul chef de l'Occident « romain ».

On a parfois commis l'erreur de considérer le « magistériat » comme un titre dorénavant sans contenu et prêt à disparaître. C'est ignorer l'impact de la loyauté romaine des rois burgondes sur l'histoire de leur royaume et de la Gaule. Successeur vers 480 de son oncle Chilpéric, Gondebaud fut promu, lui qui avait déjà été généralissime, au plus haut degré de la hiérarchie romaine du VIe siècle, le « gloriosissimat ». Et c'est le même Gondebaud qui écrit à l'empereur : « Nous admirons les titres conférés par les empereurs plus que les nôtres. » Il ne manque d'ailleurs pas de se considérer comme le *miles*, le soldat fidèle, de l'empereur.

Les Burgondes ont repoussé les Alamans, reconquis la *Sequania* et la région de Langres et surtout tenu, avec ses fortifications romaines, la ligne du haut Rhin, de la région de Bâle au lac de Constance. Ils ont ainsi constitué en même temps un bouclier pour l'Italie et pour la Gaule. La correspondance des évêques comme saint Avit de Vienne (vers 494-518) nous montre la vie des sénateurs romains pratiquement inchangée, seulement plus calme, plus assurée sous un gouvernement plus stable. Mais ils donnent parfois à un fils un nom burgonde, ce qui fait plaisir au roi et honore leur propre famille : c'est ainsi que le nom burgonde de Gondoin (*Gundwin*) est entré dans la parenté sénatoriale de Grégoire de Tours. Audessus de l'aristocratie barbare, ces hommes illustres reconnaissent évidemment la supériorité d'un roi lui-même reconnu par Constantinople. La hiérarchie romaine, dont l'empereur à Constantinople reste la tête et la seule source légitime, sera scrupuleusement respectée dans les chancelleries — y compris celle du pape — jusqu'à l'époque de Charlemagne.

Abandonnée pour sa défense par l'Empire, la Gaule n'est pas pour autant sortie du monde romain en Burgondie : le roi réalise le rêve des familles royales barbares qui ont combattu, non « contre les Romains », mais dans l'Empire et pour y parvenir aux plus hautes dignités. Pas un instant, il ne songe à quitter ce monde romain. Installé dans des palais impériaux, comme à Vienne, aménageant des bâtiments publics et construisant de nouveaux palais, le roi légifère pour les Burgondes. Suivant en cela le précédent créé par Euric et son « édit », il promulgue une « loi des Burgondes ». Mais il innove en légiférant, le premier de tous les rois, pour ses sujets romains : c'est la « loi romaine des Burgondes » (avant 506) qui, élaborée avec l'aide de ses conseillers romains, permet de construire une administration et une justice strictement bipartites. A côté du « comte » romain, nommé par le roi pour gouverner les Romains — ceux qui vivent selon les lois romaines — , est nommé un comte burgonde pour gouverner ses compatriotes et les autres Barbares. Des règlements spéciaux sont prévus pour les cas mixtes, et notamment les litiges entre hommes appartenant aux deux communautés.

L'impact du « modèle burgonde » sur le reste de la Gaule sera considérable, tant en ce qui concerne le respect des droits des « Romains » que pour le mode d'administration du pays par des « comtes ». Les Francs y trouveront, après leur conquête du royaume burgonde en 532-534, les *majores domus* pour la cour, les *domestici* pour l'administration des domaines et des *pueri*, jeunes « fidèles » attachés à la personne du roi et en même temps ses *missi* dans les *pagi* du pays. Ils développeront ce « modèle », mais avec un *seul* comte, romain ou franc, pour toute la population. Et c'est dans une loi promulguée par le roi burgonde lors d'une assemblée des Burgondes, près de son palais d'Ambérieu, que se trouve l'origine des fameux « capitulaires » des rois francs. Même les *cancellarii*, modèles des futurs « chanceliers» sont déjà mentionnés. Notons une particularité burgonde : étant donné le rang élevé du roi dans la hiérarchie romaine légitime, il put se permettre de décerner le titre de «patrice» — terme technique pour généralissime — au chef de ses troupes. Les Francs laisseront subsister ce titre quand ils se rendront maîtres du royaume.

Comment les choses se présentaient-elles plus au nord ? Nous le savons pour un cas précis, celui de Trèves. Certes, l'ancienne capitale impériale avait été plusieurs fois ravagée. On discute toujours les dates d'au moins cinq occupations par les Francs ou les Alamans au cours du ve siècle. Il s'agissait parfois de luttes intérieures de la Gaule romaine : ainsi lors de la chute de l'usurpateur Jovin. Vers 470, Trèves et sa région étaient pourtant gouvernées par un comte authentiquement romain, portant le titre officiel de *vir spectabilis* : Arbogast, le petit-fils du généralissime faiseur d'empereur mort en 394. Le père d'Arbogast, Arigius, avait épousé une dame d'une grande famille sénatoriale, Florentine, et Arbogast le Jeune reçut une éducation telle que Sidoine Apollinaire put souligner que les lettres latines ne risquaient pas de périr tant qu'il y aurait des hommes aussi cultivés que lui. Un autre évêque, Auspice de Toul, écrivit un poème plein de louanges pour les vertus militaires et chrétiennes d'Arbogast et révèle ainsi que celui-ci eût aimé — comme tant d'autres aristocrates romains — terminer sa carrière comme évêque.

Or, à une époque où il n'y a pratiquement pas encore d'évêques au nom germanique, nous trouvons un évêque du nom d'Arbogast, pouvant avoir vécu vers 490, sur la liste des évêques de Chartres. Mais il y a une relation plus étroite entre cette grande maison, franque et romanisée, et la personne de Clovis, sous le règne duquel est mort l'évêque de Chartres : un autre *Aredius* ou *Arigius*, en qui l'on peut voir le fils d'Arbogast le Jeune, est *vir illustrissimus* à la cour de Gondebaud : il correspond avec

Avit de Vienne et l'on note vers 515 son influence dans les questions ecclésiastiques. Sans doute est-ce le *vir inluster Aredius* qui, chez Grégoire de Tours, sauve Gondebaud en 500 par de judicieux conseils donnés à Clovis après un prétendu changement de camp. Cette famille est donc caractéristique des réalités romano-germaniques dans les couches dirigeantes des nouvelles entités politiques de la Gaule, ces « royaumes » relativement stabilisés qui ne pouvaient exister qu'avec la coopération des « Romains » et des autres nationalités. Il y fallait conserver des règles du jeu essentielles dans le domaine social où, ni dans l'Église, ni dans ce nouveau phénomène qu'est la société laïque, les clivages entre les classes ne pouvaient disparaître et où tout restait hiérarchisé.

Séparé du royaume burgonde par la Belgique première (Trèves) — dans la mesure où celle-ci est encore sous contrôle « romain » —, et par les Alamans, un nouveau « royaume » de la plus grande importance pour l'avenir est né en Rhénanie. Son nom apparaît dans une description géographique de date malheureusement incertaine (VI-VIIIe siècle), connue sous le nom de « Géographie de Ravenne » : c'est la Francie rhénane. C'est l'« autre Francie », qui n'est pas à l'origine de l'État que va fonder Clovis, mais jouera un rôle capital dans l'histoire de cet État et de la Gaule franque. Elle est remarquable par son extension, son unité apparente sous le gouvernement d'un seul roi établi à Cologne, son indépendance relative de l'Empire qui n'exclut pas une appartenance au monde romain et à sa politique. Elle est surtout importante comme État tampon entre le monde barbare et la Gaule : dorénavant, elle supporte la pression saxonne au nord et à l'est, la pression alémanique au sud-est ; le calme relatif qui règne en Gaule trouve ici une explication.

C'est déjà de ces Francs rhénans, encore installés sur la rive droite, qu'étaient issus les Mérobaud, Theotomer et autres Richomer propulsés de la cour de Trèves vers les plus hautes charges militaires de l'Empire depuis la fin du IVe siècle. Le choc de « leur » défaite en 394 avec l'empereur Eugenius et Arbogast Ier les avait ébranlés. Par une simple démonstration sur le Rhin, Stilicon pouvait se faire livrer leur roi, Marcomer, exilé ensuite en Étrurie, tandis qu'un autre, Sunno, était tué par ses compatriotes. Ces Francs avaient tenté de nouveau leur chance, militaire et politique, en Gaule et dans l'Empire sous les usurpateurs Constantin III — celui-ci avait en 410 un *magister militum* franc, Edobich — et Jovin, qui causa la perte du roi Theudomer, lequel combattait pour lui en 413. C'est alors qu'ils attaquèrent et dévastèrent pour la première fois Trèves. Ils l'attaquèrent encore quand cette ville reconnut l'empereur Attale, fantoche du roi visigoth Athaulf. « Pacifiés » par Constance et de nouveau en 420 par Castinus après une nouvelle attaque sur Trèves dont Salvien de Marseille — ce moraliste chrétien qui explique les malheurs par les fautes des mauvais chrétiens romains — a été le témoin, ils s'assurèrent une première installation sur la rive gauche du Rhin : elle leur fut reconnue par Ætius, qui les avait vaincus en 428 et peut-être encore en 432. En 435-436, un *fœdus* important semble avoir été conclu entre eux et Ætius ; ils le considèrent comme rompu après l'assassinat du grand général qu'ils respectaient. A partir de 445, donc, on dut renoncer à les retenir.

Ils occupèrent la région de Cologne, s'emparèrent de cette grande ville romaine et obligèrent Avitus, général et futur empereur, à conclure une paix sur la base du statu quo. Ils battirent Egidius, autre général romain, probablement après 461, date de la sécession de la Gaule septentrionale du gouvernement « romain » dominé par Ricimer : ils auraient alors été les adversaires directs des Francs saliens de Childéric, ce que confirme l'alliance conclue entre le nouveau *magister militum Galliarum* nommé en 463 par Ricimer, le Burgonde Gondioc, et les Francs rhénans.

Alliance importante que celle-ci. Dirigée, certes, contre l'ennemi commun, les Alamans, elle rattache aussi les Francs rhénans à l'axe Ricimer-Gondebaud. A ce moment au plus tard, les Francs plus ou moins intégrés dans le monde « romano-germanique » de l'Empire en Occident et habitant un pays dont l'axe est le Rhin sont donc soumis à une seule royauté que nous trouvons établie un peu plus tard, avec Sigebert, à Cologne. Le premier roi d'envergure politique et installé dans une métropole romaine est donc dans le monde franc, dès avant Clovis, un Franc rhénan. Rappelons ici qu'on a longtemps parlé de « Francs ripuaires ». Mais cette expression qui n'apparaît qu'au VIIe siècle ne concerne que la région immédiate voisine de Cologne : « ripuaire » signifie en effet « de la rive ».

L'archéologie confirme l'existence de ce nouvel organisme politique et son installation relativement pacifique sur les bords du Rhin. Une nécropole de plusieurs milliers de tombes — sans interruption du IIIe au VIIIe siècle — a été fouillée à Gellep, près de Krefeld, sur le site de l'ancien *castellum* romain de *Gelduba*. Jusqu'au début du Ve siècle, les tombes trahissent une population « romane » dense, qui ne diffère guère de ce qu'on observe à l'intérieur de la Gaule. Vers 410-420, la céramique trouvée dans les tombes commence à changer de caractère ; à partir d'environ 450 apparaissent des armes et de nouveaux types de vêtement, qui correspondent à une immigration de la rive droite, juxtaposée à la population indigène, sans la moindre trace de bouleversements. Une seconde nécropole, un peu à part, ne commence que vers l'époque mérovingienne tardive.

Autre phénomène archéologique : l'équipement typiquement « franc » de la haute époque (milieu Ve-milieu VIe siècle) se trouve sur deux axes bien distincts, celui qui mène de Tournai à Paris et celui qui relie le Rhin inférieur au Rhin supérieur mais aussi à la Moselle et, à partir d'un certain moment, au territoire des Alamans. Il en va de même pour les glaives et leur fixation typiquement franque, et pour les fibules « mérovingiennes » de différents types.

Il y a donc une « civilisation franque », qu'on retrouve d'ailleurs dans les tombes princières — comme celle de Childéric — des deux « Francies ». Mais les destins politiques sont nettement séparés, géographiquement, par cette zone des Ardennes que les sources contemporaines appellent la « Forêt charbonnière ». Or, quand Clovis dotera son État en Gaule d'une « loi salique » pour les hommes d'origine franque, il définira cet État par deux limites : la Loire et la Forêt charbonnière.

Les relations ultérieures de ce royaume, apparemment étendu et puissant, des Francs rhénans avec ceux qui sont établis plus à l'ouest, avec Childéric et son fils Clovis, seront de la plus haute importance pour le destin des Mérovingiens.

Clovis : la prise du pouvoir

Né vers 466, Clovis succède à son père en 481-482. Il a alors quinze ans. Cinq ans plus tard, il frappe aux portes de l'histoire en déclarant la guerre à Syagrius, qu'il somme de choisir le champ de bataille. Ce dernier relève le défi, comme le souligne notre source principale, Grégoire de Tours. Il ne s'agit pas d'une invasion, mais de savoir qui gouvernera le *regnum.* La victoire — Syagrius s'enfuit au moment du fléchissement de son armée — permet à Clovis de prendre en main le *regnum*, mais aussi, comme nous le savons par l'historien grec Procope, l'armée « romaine ». Clovis occupe d'abord le pays jusqu'à la Seine. Dans une seconde phase, il étendra son contrôle jusqu'à la Loire.

C'est une prise de pouvoir plutôt qu'une conquête. Une des deux forces armées qui ont coexisté depuis un quart de siècle et ont défendu la Gaule septentrionale s'impose aux dépens de l'autre : l'*exercitus Francorum* a vaincu et largement intégré l'*exercitus Gallicanus.*

On entrevoit les conditions politiques qui ont conduit de la coopération à la rivalité, puis au conflit. S'agit-il uniquement d'une soif de puissance chez Clovis et ses conseillers ? Rappelons que ni Clovis ni son père n'ont été simples « roitelets de Tournai » comme on aime à les surnommer. Reconnus par l'administration et l'Église, ils étaient maîtres légitimes en Belgique seconde ; leur pouvoir était donc supérieur à celui de bien d'autres « roitelets » francs, comme Ragnachar, qui résidait à Cambrai et accepta de suivre Clovis contre Syagrius, ou Chararic — sa résidence est inconnue — qui refusa. Ils étaient, surtout, chefs d'une armée d'intervention qui n'a jamais été une simple force locale : on la voit opérer vers Lyon, Orléans, Angers, Chinon.

Il est une autre action militaire du père de Clovis, à laquelle on n'a pas assez fait attention. Grégoire de Tours, copiant là des annales contemporaines, écrit : « Odoacre et Childéric conclurent un *fœdus* ; ils soumirent les Alamans qui avaient dévasté une partie de l'Italie. » Entre 476 (avènement d'Odoacre) et 481 (mort de Childéric), il y a donc une alliance grâce à laquelle Odoacre, prenant les Alamans à revers, contrôla de nouveau le glacis de l'Italie en Rhétie et au-delà, comme le fera encore son successeur Théodoric le Grand. Cette histoire donne un sens à une autre anecdote, selon laquelle, vers la même époque, l'évêque de Langres, accusé par le roi des Burgondes de connivence avec les Francs, dut s'enfuir auprès de Sidoine Apollinaire — dont il allait être le successeur — à Clermont. Langres se trouve dans une région qui venait d'être arrachée aux Alamans par les Burgondes, mais près de laquelle devaient passer les forces franques pour aller combattre les Alamans. Les Francs, visiblement, ne reconnaissaient pas la zone d'influence burgonde.

En concluant un *fœdus* avec Odoacre, Childéric a pris du champ devant un Syagrius dont il dépendait auparavant : il peut, dès lors, évoquer une nouvelle « source de légitimité romaine » de son pouvoir. Or en ce moment même, peu après la prise de pouvoir par Odoacre, les Romains de Gaule fidèles à l'Empire adressaient une ambassade à Zénon pour lui faire savoir qu'ils refusaient de reconnaître Odoacre ; ils demandaient l'appui d'un représentant légitime du pouvoir impérial. La démarche resta sans effet. Mais elle montre bien que Syagrius et les Saliens avaient des politiques discordantes dès avant l'avènement de Clovis.

C'est peut-être pendant cette période troublée que Syagrius installe sa résidence dans la cité fortifiée de Soissons : elle constituait un barrage contre une avance éventuelle des Francs vers le sud, alors que son père Egidius avait fait front, avec Childéric, non vers le nord, mais vers le sud : contre les Visigoths, ces Visigoths qui semblent avoir attiré Syagrius, réfugié, après sa défaite, à la cour de Toulouse qui le livra d'ailleurs à Clovis. Ce rapprochement était la faute politique à ne pas commettre : on voit mal un évêque comme saint Remi s'émouvoir de la perte d'un homme qui cherchait la protection de l'hérétique Euric, terreur de la Gaule du Nord. Au contraire, les évêques et les sénateurs de cette région devaient regretter qu'un Syagrius ne pensât même pas à profiter de l'affaiblissement évident des Visigoths après la mort d'Euric (484) alors que les Francs ne manquaient pas d'en tirer parti.

Des allusions à une situation conflictuelle du vivant même de Childéric se trouvent dans la biographie de sainte Geneviève : elles peuvent parfaitement concerner ses dernières années comme le suggère le dernier interprète de ce texte, Martin Heinzelmann, qui souligne d'autre part que Childéric n'apparaît pas là comme roi des Francs résidant à Paris — ce serait un anachronisme —, mais comme un homme puissant et actif en différents endroits de la Gaule restée romaine, ce qui correspond parfaitement à sa situation de chef militaire. Mais il faut se rappeler qu'il n'y a pas eu rupture complète : saint Remi constate l'avènement de Clovis à la tête de l'administration de la Belgique seconde comme un fait normal.

Dans cette période de tension, la circonspection d'un Clovis préparant son coup de maître apparaît dans une alliance politique et matrimoniale avec les rois francs de Cologne. Le premier mariage de Clovis date d'avant 486 : le fils issu de cette union, Thierry, dirigea seul l'armée franque qui soumettra en 507 l'Auvergne, et son propre fils sera en 511 déjà sorti de l'enfance. On a négligé l'origine de la mère de ce prince parce que Grégoire de Tours parle de « concubinat », ne voulant pas mettre sur le même plan cette première union païenne et le second mariage de Clovis avec la princesse catholique Clotilde. Mais les noms de *Theudericus*, Thierry, et de ses successeurs Théodebert et Théodebaud correspondent aux traditions onomastiques des dynasties royales de la Francie du Rhin. On aurait donc donné en 511, lors du partage du royaume de Clovis, la totalité de ce pays à celui de ses fils qui, par une mère rhénane, pouvait être considéré comme le plus proche parent de Sigebert de Cologne. Mais il y avait aussi une alliance politique avec les Francs rhénans. La preuve en est que Clovis leur laissa à ce moment carte blanche dans la région de la Moselle. Ils occupèrent Trèves dans les années 480.

En 486, Clovis est donc tranquille sur ses arrières au moment de son combat avec un Syagrius qui, lui, est menacé sur son flanc oriental par les Francs rhénans. On comprend mieux alors les bonnes relations de saint Remi, évêque de Reims, et de Clovis : seuls les Francs saliens peuvent garantir que l'avance des Francs rhénans, parvenus à Trèves, métropole de la Belgique première, s'en tiendra là et ne touchera pas Reims, métropole de la Belgique seconde.

L'expansion rapide de Clovis après sa prise de pouvoir s'explique aisément : non seulement il ne rencontre guère de résistance, mais il dispose pleinement des moyens institutionnels romains, encore en vigueur. Les impôts sont payés comme auparavant, sauf, comme auparavant, par l'armée. Les ateliers monétaires continuent de battre monnaie à l'effigie impériale. Plus important encore est le témoignage de « minuscules monnaies d'argent » que nous devons à

Jean Lafaurie : « Un fait monétaire est certain, le monnayage d'argent... n'est pas interrompu par l'exécution de Syagrius... » Après 491, la monnaie d'argent trouvée dans la région dominée par les Francs porte la titulature de l'empereur Anastase, l'allié de Clovis contre les Visigoths, celui qui reconnaîtra sa royauté au nom de l'Empire.

Les ateliers et dépôts d'armes continuent d'équiper l'armée qui, à côté des Francs, englobe tous les soldats « romains » indépendamment de leur origine. Au VIe siècle encore, on les voit en Italie porter leurs étendards et « uniformes » en combattant les troupes de Constantinople. Promulguée sous Clovis dans sa forme la plus ancienne, la loi salique finira par reconnaître à ces soldats « romains » les prérogatives du droit franc : cet État ne cache pas qu'il a ses origines dans l'armée romaine, dirigée par un chef héritier de son prédécesseur, donc par une dynastie qui est la colonne vertébrale de son entité politique. Exemple : les *Taifalgi*, une troupe formée par une peuplade qui a jadis suivi les Visigoths, mais qui était installée au IVe siècle dans le Poitou, continuent de vivre selon leurs habitudes sous les rois francs dans un *pagus* où, aujourd'hui encore, une commune et son « pays » portent leur nom : Tiffauges. Les « Armoricains » de la région ligérienne, selon le témoignage de Procope, entrent également dans cette armée du roi.

Cette armée reste fidèle aux usages et à la discipline de l'armée du Bas-Empire où les Francs saliens constituaient une troupe d'élite. Les fameuses fibules cruciformes de bronze à extrémités en bulbe d'oignon trouvées dans les tombes germaniques étaient, comme on le sait aujourd'hui, réservées aux militaires romains et aux vétérans. On continue de passer cette armée en revue le 1er mars au « Champ de Mars », *in campo Marcio*, comme précise Grégoire de Tours quand il raconte cette historiette du « vase de Soissons » qui continue à être un des malentendus les plus flagrants de la tradition historique française. Nous ne nous trouvons pas devant une preuve d'« anarchie barbare » dans l'État franc, jugulée par la férocité du roi. La loi militaire romaine — comme d'ailleurs chez d'autres peuples de l'Antiquité — prescrit bien que le butin appartient à la troupe qui l'a emporté et doit être rassemblé pour un partage équitable. Désireux de rendre à un évêque un vase sacré destiné à des fins liturgiques, le roi était donc obligé de demander à la troupe une exception au règlement strict et à son droit, ce à quoi tous consentirent sauf un ! Celui-ci tenait à user de son droit. Le chef n'y pouvait rien. Mais il prit sa revanche sur un autre plan, car une armée disciplinée subit une inspection sévère de l'état des armes. A l'exagération du récalcitrant d'avoir frappé le vase litigieux, le roi répondit au Champ de Mars par une exagération de la réprimande : comme ce même soldat présentait un armement mal en point, Clovis lui cassa la tête. Cette analogie curieuse des deux actes plaide pour une histoire inventée, mais le cadre de l'action est bien celui de l'armée telle que Grégoire de Tours la connaissait.

La revue des troupes au Champ de Mars romain et mérovingien devait être déplacée par le Carolingien Pépin le Bref : on la fit en mai parce que l'armée comptait de plus en plus de cavaliers, qui dépendaient de la pâture pour leurs chevaux. Là encore, on appela la revue Champ de Mai, en allemand *Maifeld* : l'origine romaine reste reconnaissable. La discipline romaine, avec un armement amélioré par l'emploi de la « francisque » et de l'*ango*, était d'ailleurs cause de la supériorité de l'armée franque. Nous devons à Ferdinand Lot la découverte la plus émouvante et la plus significative de la continuité militaire du Bas-Empire au royaume franc comme à l'Empire byzantin. Dans ce dernier, les soldats, tous de langue grecque, continuèrent à crier, au moment d'entamer le combat, les paroles de l'armée de l'Empire chrétien : *adiuta Deus*. Or le cri de guerre des Francs, au XIe siècle encore, était identique : « aide Deús ». Avant leur conversion, les soldats francs, dans l'Empire, l'ont crié en latin.

La déférence du roi — pourtant païen — pour l'évêque reflète exactement la politique de Clovis : s'allier à l'aristocratie riche et puissante des sénateurs romains — elle occupera des postes importants à la cour mérovingienne —, mais surtout aux hommes les plus influents de cette caste, les évêques, choisis presque toujours dans ce milieu. L'ordre social n'était pas dérangé ; il était même stabilisé. Le roi disposait maintenant des domaines du fisc impérial, particulièrement riche en Gaule septentrionale. Il avait donc largement de quoi installer ses soldats, dont on trouve les tombes, les *Reihengräber* significatifs, jusqu'à la Seine, mais rarement au-delà. Les biens distribués à l'aristocratie franque se trouvent également dans une zone connue pour ses forêts domaniales où seront construits de petits « palais » ruraux pour la dynastie royale. L'aristocratie d'origine franque que glorifiera au VIe siècle, à côté de l'aristocratie romaine, le poète italien Venance Fortunat ne tardera pas à s'unir par des alliances matrimoniales à une aristocratie sénatoriale qui, elle, adoptera des noms francs : c'est ainsi qu'elle semble « disparaître » alors qu'elle conserve sa puissance. Celui qui parle des « invasions » à propos de la fondation de l'État franc par Clovis se trompe d'époque.

La cohérence intérieure du nouvel État franc fera sa force, surtout au moment où Clovis changera sa position envers le catholicisme et passera d'une tolérance bienveillante — qui le distingue immédiatement de ses adversaires visigoths — à une ferveur religieuse qui, contrairement à bien des affirmations, caractérisera sa dynastie. La Gaule compte quelques monastères à l'arrivée de Clovis. Il y en aura de cinq cents à sept cents à la fin de la dynastie. Quant aux évêques, ils seront plus riches et plus puissants que jamais. Cela donne un premier aperçu des « ténèbres » vécues par la Gaule à l'époque mérovingienne.

Cet État gallo-franc dominé par un groupe franc qui, depuis au moins un demi-siècle, ne représentait pas des envahisseurs mais des défenseurs du territoire avait donc des assises assez solides pour que ce petit « peuple » — son roi n'aura aucun problème de recrutement, compte tenu de ses succès et des richesses qu'il peut distribuer — l'emporte sur des adversaires apparemment plus forts. La clé de la « réussite » franque se trouve dans ses origines : un parallélisme d'intérêts des Gallo-Romains septentrionaux et des Francs.

En 486 Clovis ne fonde pas un nouvel État, il prend en main un « royaume de Soissons » qui existait déjà. Ce second royaume, il l'élargira et obtiendra pour lui la reconnaissance officielle de Constantinople. En revanche, vers la fin de son règne, Clovis réunira la puissance de tous les Francs et de toutes leurs conquêtes en un seul *regnum Francorum*. Il assurera aussi à ses seuls descendants le monopole de la royauté. Ce troisième royaume de Clovis, le « grand royaume » des Mérovingiens, sera en effet quelque chose de nouveau : le premier grand État en Occident, annonciateur de l'empire de Charlemagne.

Clovis : un grand règne

Quand les Francs saliens, avant 475, avaient attaqué trois petits peuples germaniques établis près de l'embouchure du Rhin — dont les Thuringes rhénans —, la flotte d'Euric était apparue dans les parages. Les Francs avaient été battus et le puissant roi des Visigoths avait conclu un *fœdus* avec les ennemis des Saliens pour maintenir dans leur dos une menace permanente. En 491 Clovis attaqua les Thuringes rhénans et les soumit. Les temps avaient changé. L'hégémonie en Gaule ne tarderait pas à être l'enjeu d'un conflit franco-visigothique.

Alaric II n'était pas Euric, mais sa puissance n'avait rien de négligeable. On semble la sous-estimer sur la foi de Grégoire de Tours, qui mentionne l'extradition de Syagrius obtenue par une simple menace de guerre de Clovis. Herwig Wolfram a bien montré comment cet événement s'intègre mal dans le contexte de 486, alors que les Francs n'occupent encore que le pays jusqu'à la Seine et ne sont même pas voisins des Visigoths. En 491, et jusqu'en 493, Alaric II est assez puissant pour tirer l'Ostrogoth Théodoric d'une situation difficile face à Odoacre en lui envoyant une aide militaire importante ; mais on voit combien est habile Clovis, qui profite de ce que les Visigoths sont occupés pour « nettoyer » ses arrières, en 491 précisément.

Théodoric s'étant débarrassé d'Odoacre en 493, il chercha à consolider sa position : il demanda et obtint en mariage la sœur de Clovis. Ainsi espérait-il menacer dans le dos les Burgondes de Gondebaud. Mais Clovis ne travaillait pas pour autrui. Il utilisait la pression que représentait son alliance provisoire avec Théodoric pour obtenir de Gondebaud la main de sa nièce Clotilde. Cette seconde union rehaussait le prestige de Clovis compte tenu du rang élevé de l'oncle dans la hiérarchie romaine. Elle assura également la neutralité du Burgonde dans la guerre que le Franc allait ouvrir contre Alaric II.

Ce mariage appartient à l'histoire. A la différence de son oncle, Clotilde était catholique. Elle l'était parce que sa mère l'était. Grégoire de Tours, qui aimait les anecdotes, n'a omis aucun des racontars qui couraient à son époque, vers la fin du VIe siècle, au sujet du temps déjà mythique du grand Clovis. Aussi rapporte-t-il que cette mère, Caretene, aurait été assassinée par le terrible arien qu'était Gondebaud : on lui aurait passé une meule autour du cou avant de la noyer. Malheureusement pour Grégoire, on a trouvé la pierre tombale de Caretene, et l'inscription nous apprend qu'elle mourut en 506. Quant à son mari, Chilpéric II, assassiné lui aussi par Gondebaud selon la légende, une lettre d'Avit, évêque de Vienne, mentionne la tristesse profonde de Gondebaud au moment de la mort de Chilpéric.

Dans le récit de Grégoire, l'alliance franco-burgonde de non-agression, puis de coopération militaire contre les Visigoths, est tout simplement déformée quant à son premier temps, cachée quant au second : le héros Clovis ne pouvait être l'allié d'un hérétique. Cet exemple montre qu'il y a deux histoires des Mérovingiens, l'une « poétique », l'autre difficile à dégager des sources. La première a été brillamment racontée d'après Grégoire par Augustin Thierry. Elle sert depuis comme histoire des débuts de la France.

Revenons aux faits. C'est avant 496 que se déclenche la guerre de Clovis contre l'ennemi héréditaire, les Visigoths. Surpris par la première attaque du Franc, les Visigoths réussissent à lui reprendre Saintes. Ils y parviennent parce que Clovis doit, en cette même année, secourir les Francs rhénans attaqués par les Alamans. Près de Zülpich (Tolbiac) — un *castrum* romain — le roi de Cologne Sigebert avait été blessé ; il resta boiteux. On pense aujourd'hui que la grande bataille remportée par l'armée de Clovis, venue à la hâte, n'a rien à voir avec cette lutte défensive de Zülpich mais qu'elle fut décisive : la mort du roi alaman et l'étendue de la victoire franque permirent aux Francs rhénans d'occuper une part importante des régions que, sur les deux rives du Rhin supérieur, dominaient jusque-là les Alamans.

On s'étonnera de voir les Francs orientaux profiter d'une victoire des Saliens, Clovis ne paraissant guère enclin à travailler pour les autres et à faire des cadeaux en politique. Mais il semble bien qu'un partage du travail, et aussi des zones d'intérêt, ait prévalu dans les relations entre les deux royaumes francs, la progression vers le sud étant confiée à l'est au royaume de Cologne, à l'ouest au royaume de Soissons où Clovis avait son siège. L'un s'occupait des Alamans, l'autre des Visigoths. Ainsi trouverons-nous, au moment de la « grande guerre » contre les Visigoths en 507, une importante armée de Francs rhénans sous les ordres de Clodéric, fils de Sigebert l'Ancien, venu rendre à Clovis le service jadis prêté par ce dernier contre les Alamans. Cette coopération aura permis à deux royaumes fort différents et nettement séparés de dominer les plus dangereux adversaires des Francs dans le monde germanique.

Après la victoire, Clovis se retourna vers l'Aquitaine. En 498, il était maître de Bordeaux, l'une des capitales de son adversaire Alaric. Il n'obtint pourtant pas un succès définitif, impuissant qu'il était sans doute devant les fortifications de certaines villes. On le trouve ensuite, en 500, en guerre avec les Burgondes, cherchant à profiter d'une querelle dans la maison royale de Gondebaud. Mais les Burgondes eux-mêmes commençaient de le trouver trop puissant en Gaule. Là aussi, allié à un frère de Gondebaud, Clovis dut se contenter d'une promesse fort incertaine de tribut payable par Gondebaud, après avoir vainement mis le siège devant Avignon, et abandonner ainsi son allié à la vengeance de Gondebaud. Cette première période de guerres se termina par une paix : Alaric II et Clovis se rencontrèrent en 502 sur une île de la Loire près d'Amboise, marquant ainsi l'égalité de leur rang et reconnaissant la Loire comme frontière de leurs royaumes.

C'est à ce moment peut-être que, comme une des clauses de la paix, Syagrius fut livré à Clovis : il ne pouvait donc plus être utilisé par les Visigoths comme prétendant contre Clovis. Qu'il fût mis à mort dans sa prison « secrètement », comme le prétend Grégoire, est moins sûr quand on voit plus tard les membres du puissant clan des *Syagrii* et *Egidii* occuper tant de sièges épiscopaux, après avoir parfois exercé les plus hautes fonctions à la cour mérovingienne ou en province. L'un d'eux fut même à Reims le quatrième successeur de saint Remi.

A cette époque, Clovis était devenu le premier roi catholique ; mieux encore, le seul souverain catholique à côté de l'empereur romain. Événement considérable par ses conséquences, il fut long à se préparer car il n'était guère facile pour un roi païen de quitter officiellement la foi à laquelle était attaché son peuple et les dieux dont sa dynastie se prétendait la descendance. Pour éviter des difficultés avec ses

Burgondes, qui n'étaient pas païens mais ariens, Gondebaud avait vainement demandé à être reçu en secret par l'Église catholique. La tradition veut que, en 496, lors de la bataille contre les Alamans et au moment où ces derniers semblaient l'emporter, Clovis ait promis de préparer sa conversion en cas de victoire. L'imitation — le lien entre l'issue d'une bataille décisive et la conversion — avec le cas de Constantin n'est pas à exclure chez Grégoire dont on sait qu'il veut montrer en Clovis un nouveau Constantin. Les témoignages contemporains ne parlent ni de la bataille contre les Alamans ni du baptême par saint Remi, mais citent en revanche un vœu du roi — se faire baptiser après les délais prévus de catéchuménat —, exprimé lors d'une visite à l'église de Saint-Martin à Tours, visite qui l'avait fortement impressionné. Que l'évêque de Tours, qui écrit en même temps l'histoire de son église, se taise à ce sujet ne laisse pas d'étonner.

Un fait est certain : Clovis avait permis que Clotilde fît baptiser leur premier fils, Ingomer et, après la mort précoce de celui-ci, le second, Clodomir. Comme il s'agissait là de l'héritier potentiel du roi, on peut penser que ce n'était plus un païen convaincu qui avait pris comme épouse une princesse catholique ! Qu'il ait demandé d'en savoir plus avant de se décider, qu'il ait été impressionné par le faste mais aussi par le sérieux du service divin, montre un homme bien différent de ce Barbare qui change de foi comme on ose un coup de dés.

Quand la décision fut prise — le mérite de l'évêque de Reims commémoré par Grégoire, évêque de Tours qui profitait des souvenirs de Clotilde, semble hors de doute —, le roi invita les évêques du royaume et des pays voisins à assister à l'événement, prévu pour Noël. C'est là, en s'excusant de ne pouvoir y assister, que l'évêque de Vienne, Avit, écrit une lettre qui reste le document essentiel. Il montre que le roi, par cette invitation, était très conscient — tout comme l'évêque Remi — de la portée de ce baptême, que l'on date généralement de Noël 498 car le séjour à Tours trouve place dans l'itinéraire du roi allant combattre les Visigoths, et que, sur la foi de Grégoire de Tours, la tradition place à Reims. Le baptême de Clovis par saint Remi est d'ailleurs confirmé dans le testament de l'évêque.

Grégoire dit que trois mille Francs suivirent le geste de Clovis ; un chroniqueur plus tardif double le chiffre. Ce qui est certain, c'est qu'il y eut après le baptême du roi, guide de son peuple, un baptême collectif pour un très grand nombre de grands et de petits. Ce baptême devait montrer que le roi ne se plaçait pas hors de son peuple et de ses fidèles. En grand nombre, ceux-ci suivirent sa décision. Nous possédons le récit du baptême de Vladimir, en 989, à Kiev : le roi donne à tous l'ordre de se faire baptiser au bord du Dniepr pour qu'il ne reste « un seul païen dans la ville pour offenser Dieu par sa présence ». Et de déclarer : « Celui qui ne viendra pas, qu'il se considère comme mon ennemi personnel. » L'analogie, aussi bien que le contraste, aide à comprendre l'impact du passage d'un peuple, sous la conduite de son roi, dans un autre monde religieux. Malgré toutes les imperfections humaines, ce sont de grands moments de l'histoire.

Le « système » franc semble avoir été relativement « libéral », ce qui provoqua l'ire des évêques. Ils reprochèrent par exemple à Clotaire Ier, fils de Clovis, d'admettre à sa table des grands restés païens. Ce qui est certain, c'est que les rois francs ont moins longtemps admis de hauts fonctionnaires païens que les empereurs de l'Empire chrétien. Leur orthodoxie restera leur force principale et la base de la grandeur du royaume des Francs. Saint Avit, dans sa lettre, en est convaincu d'une façon quasi prophétique : tout sujet qu'il est du roi des Burgondes, il se félicite que les Grecs ne soient plus les seuls à avoir parmi eux un prince catholique. Il jubile donc pour l'Occident, et affirme que le choix du roi franc entraînera les autres peuples barbares sur le bon chemin. Le « leadership » du roi franc est évident d'un seul coup, même si l'évangélisation va encore demander des générations en Gaule, et pas seulement chez les Francs et dans le Nord-Est.

Clovis est maintenant l'allié prédestiné de Constantinople. Dès le début du VIe siècle, il doit avoir pris des contacts, ou plutôt avoir été approché de la part de l'empereur. Coup sur coup, il réussit deux victoires décisives, sur les Alamans en 506, sur les Visigoths en 507. Contre les Alamans, il s'agit maintenant d'une guerre offensive et d'une soumission, destinées à éviter toute surprise à l'est au moment de la lutte finale contre Alaric II. Cette deuxième victoire, qui soumet tout le nord du pays des Alamans qui résistait encore aux Francs, est connue par deux témoignages du plus haut intérêt. Une lettre de Théodoric à Clovis, écrite en 506-507 pour le « féliciter », mentionne la terrible défaite des Alamans et note que le roi ostrogoth vient de prendre les restes du peuple alaman sous sa protection. Par là, Théodoric indique clairement à Clovis les limites à ne pas dépasser : le glacis d'Italie — la partie du pays alémanique au sud du Danube — lui est interdit. A la même époque, Théodoric installe les Bavarois sur le Danube autour de Ratisbonne : ils y défendront les frontières romaines. Les deux peuples de l'Allemagne méridionale, Alamans et Bavarois, conserveront le souvenir de celui que les chansons épiques appelleront « Dietrich von Bern » : Théodoric de Vérone.

L'autre document est de caractère archéologique : une des résidences principales du chef des Alamans — ou d'un des principaux chefs — a été fouillée sur le « Runder Berg », près d'Urach, en Wurtemberg. Toutes les trouvailles concordent avec 506 comme date de la destruction. Cette forteresse et son contenu très riche, avec des ateliers de production, rappellent irrésistiblement les *oppida* celtiques et témoignent des relations étroites des Alamans, et de leur commerce, avec les autres pays, surtout avec l'Italie.

Tranquille de ce côté, et goûtant sa complète victoire sur des adversaires longtemps redoutés, Clovis prépare alors la guerre contre Alaric II et met d'abord tous les atouts de son côté : une alliance avec l'empereur pour occuper Théodoric, une avec Sigebert de Cologne qui enverra une armée sous la conduite de son fils, une troisième avec Gondebaud de Burgondie qui se promet d'y gagner la Provence comme Clovis compte bien se tailler une part du littoral, la Septimanie, et atteindre enfin la Méditerranée.

L'allié le plus important, peut-être, est cependant saint Martin : Clovis commence sa campagne du printemps 507 en visitant Tours pour y prier. Saint Martin est dorénavant le saint protecteur des Mérovingiens et des Francs. Il sera le vainqueur des Goths hérétiques. Ce saint des Gaules aidera à mieux s'unir Gallo-Romains et Francs. Et le roi de déclarer qu'il veut libérer la Gaule de la souillure des hérétiques. A coup sûr, il compte sur le concours des catholiques, portés à voir en lui un libérateur. Certes, la persécution arienne perdait de sa force. Alaric II tentait même de gagner les Romains en faisant préparer par ses sénateurs une excellente « loi romaine des Visigoths ». Mais cet engagement dans la voie de la réconciliation était un peu tardif. Ironie du sort, cette loi de 507 ne pourra être appliquée en Gaule à cause de la victoire de Clovis ; elle n'en aura pas moins une importance considérable pour la population qui vit en Gaule franque selon le droit romain.

Tandis qu'une partie des sénateurs aquitains renforçait avec ses contingents l'armée d'Alaric II, Clovis quitta Tours, profita d'un miracle au passage d'une rivière — c'était de bon augure — et trouva l'ennemi à une dizaine de kilomètres à l'ouest de Poitiers, à Vouillé. Les Visigoths furent écrasés. Alaric II tomba. Une campagne rapide mena le roi franc jusqu'à la Garonne, tandis que son fils Thierry allait conquérir l'Auvergne : elle fera partie du royaume qu'il héritera à la mort de son père. Toulouse fut prise. Le « Royaume de Toulouse » disparaissait.

C'est alors que Théodoric jugea bon d'intervenir. Une armée ostrogothique, sous le commandement du général Ibba — diminutif de Hildebrand, autre figure mythique des chansons germaniques — montra en 508 et 509 qu'il y avait encore des adversaires à la hauteur des Francs : ceux-ci furent battus, comme d'ailleurs les Burgondes ; la Provence et la Septimanie, les parties méditerranéennes et « romaines » de la Gaule, ne seront pour cette fois ni aux Burgondes ni aux Francs. La Septimanie fut restituée aux Visigoths. La population de la Provence, en revanche, reçut un message de Théodoric — il était de la plume de Cassiodore — lui annonçant qu'elle entrait de nouveau dans la « liberté » de la *Res publica* : ils étaient de nouveau des Romains. L'office du préfet du prétoire des Gaules fut restauré.

Malgré ces revers de la fin, dont Grégoire de Tours ne souffle mot, le triomphe de Clovis est immense. Quand il rentre à Tours, il est attendu par l'ambassade impériale qui lui apporte les vêtements d'un « roi » officiellement reconnu par Constantinople, ainsi que le codicille de sa nomination au consulat d'honneur. Conscient de l'importance de cette légitimation, le roi fait alors jeter à la manière romaine des pièces d'or à la population. Puis, ayant regagné les bords de la Seine, il installe à Paris la *cathedra regni*, une capitale à la romaine à laquelle il a maintenant droit. Il est devenu le *dominus* légitime, même pour ses sujets romains. Il peut maintenant convoquer un synode des évêques de son royaume, ce qu'il fait à Orléans en 511, l'année même de sa mort. On l'y salue comme le roi donné par Dieu à la Gaule catholique. Il y avait vingt-cinq ans seulement qu'il commençait sa carrière.

CHAPITRE XII

Les Mérovingiens

Le « regnum Francorum »

Les fils de Clovis qui se partagent le royaume paternel ne dominent pas des terres encombrées des ruines des « grandes invasions », mais des royaumes pleins de vitalité sur le plan politique et ecclésiastique. Cinquante pour cent des trésors cachés entre Rouen et Chartres pendant la domination impériale en Gaule datent d'un seul demi-siècle : de 235 à 284. Moins de dix pour cent datent de la période constantinienne, un seul du règne de Théodose. Pour le Ve siècle, il n'y a plus rien. La prise de pouvoir des Francs de Clovis sur le sol de la Gaule n'a pratiquement pas laissé de trace dans la numismatique. On va finir par croire enfin que les « incursions » du IIIe siècle ont « assassiné » la Paix romaine, tandis que les « grandes invasions » du Ve, qui ont, certes, touché certaines régions de 407 à 409 et en 451 et quelques grandes villes — comme Trèves — plusieurs fois, n'ont provoqué aucun changement profond de la manière de vivre dans une Gaule déjà « barbarisée ». En revanche, les décisions politiques de la seconde moitié du Ve siècle ont fondé, entre les puissances établies en Gaule, un nouvel ordre politique dans le pays, un ordre qui, grâce à la position des Francs de Childéric et de Clovis face aux populations gallo-romaines et à l'épiscopat, est surtout caractérisé par la continuité.

Malgré cela et en dépit de la conversion de Clovis unanimement considérée comme un événement de portée historique, les Mérovingiens ont mauvaise presse. On ne les croit pas vraiment bons chrétiens, et l'on en arrive ainsi à nier leur mérite dans la propagation du catholicisme. Les Allemands leur reprochent d'avoir subi l'influence d'une Gaule « étrangère »

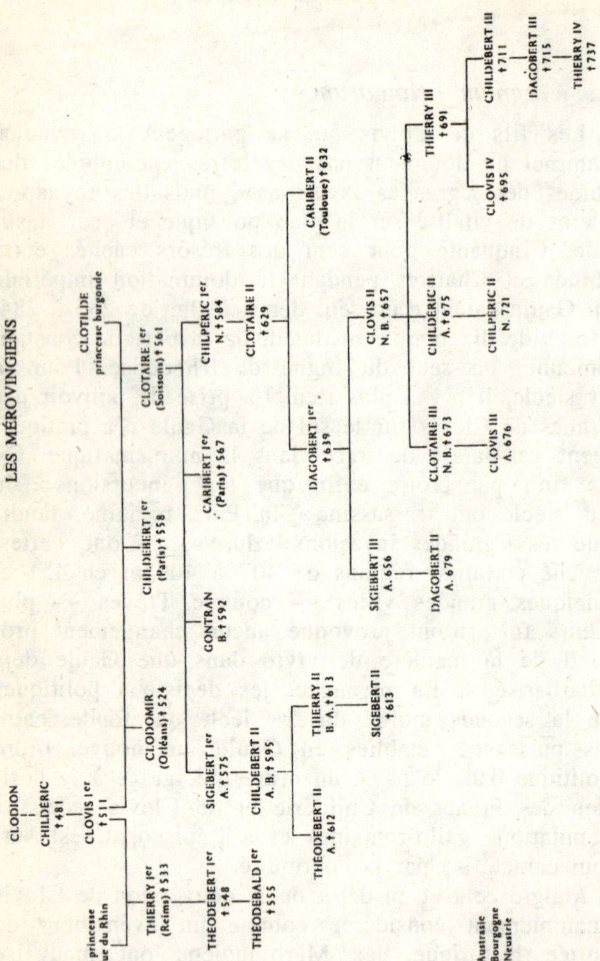
LES MÉROVINGIENS
CLODION
CHILDÉRIC † 481
CLOVIS Ier † 511
Une princesse franque du Rhin
CLOTILDE princesse burgonde
THIERRY Ier (Reims) † 533
CLODOMIR (Orléans) † 524
CHILDEBERT Ier (Paris) † 558
CLOTAIRE Ier (Soissons) † 561
THÉODEBERT Ier † 548
THÉODEBALD Ier † 555
SIGEBERT Ier A. † 575
GONTRAN B. † 592
CARIBERT Ier (Paris) † 567
CHILPÉRIC Ier N. † 584
CHILDEBERT II A. B. † 595
CLOTAIRE II † 629
THÉODEBERT II A. † 612
THIERRY II B. A. † 613
SIGEBERT II † 613
DAGOBERT Ier † 639
CARIBERT II (Toulouse) † 632
SIGEBERT III A. 656
CLOVIS II N. B. † 657
DAGOBERT II A. 679
CLOTAIRE III N. B. † 673
CHILDÉRIC II A. † 675
THIERRY III † 691
CLOVIS III A. 676
CHILPÉRIC II N. 721
CLOVIS IV † 695
CHILDEBERT III † 711
DAGOBERT III † 715
THIERRY IV † 737
A. : Austrasie
B. : Bourgogne
N. : Neustrie

au point d'y laisser leur « germanité ». On ne les aime pas plus pour autant en France, où ils sont considérés comme féroces, bêtes et décadents. On reproche aux Mérovingiens que les synodes provinciaux soient tombés en désuétude. On oublie que cela se passait alors que le pouvoir appartenait aux maires du palais, et que ces synodes avaient été d'ailleurs introduits en Gaule précisément sous la dynastie mérovingienne. Ces Mérovingiens, on les a surtout ridiculisés sous les premiers Carolingiens. Les vérités vertement énoncées par Grégoire de Tours et les racontars et légendes colportés par lui ont fait le reste : le phénomène de rejet par un pays qui leur doit tant n'est pas près de s'estomper.

On a critiqué les partages successoraux comme particulièrement nuisibles : ils trahiraient un manque barbare de sens de l'État. On n'a guère fait attention à un fait : ils n'ont pas empêché l'expansion d'un *regnum Francorum* toujours considéré comme « un et divisible ». Or ce royaume est devenu la première puissance en Occident, et la chose a été remarquée à Constantinople. Les contemporains « romains » — ils écrivaient généralement en grec dans l'Empire et regardaient normalement les Barbares d'un œil mi-dédaigneux, mi-amusé — manifestent cependant un respect étonnant pour les Francs, même s'ils signalent leurs imperfections, réelles ou considérées telles sur la base de leur propre goût. Dans les chapitres consacrés par Agathias (536-582) aux guerres de l'empereur Justinien en Italie, il y a des passages du plus haut intérêt sur le peuple franc et ses rois. Ce contemporain était bien informé par des compatriotes grecs de Marseille, ville au pouvoir des Mérovingiens depuis 536. « Ces Francs ne sont pas des nomades, écrit Agathias, comme le sont souvent les Barbares. Ils usent de l'administration et des lois romaines. Ils ont en commun avec les Romains le droit de commerce et du mariage, ainsi que le culte de Dieu. Ils ont des fonctionnaires et des prêtres. Il semble qu'ils soient assez civilisés et cultivés pour un peuple barbare : ils ne se distinguent vraiment des Romains que par leur langue et leurs vêtements. Ce que j'admire le plus chez eux, c'est leur droiture et leur union. Déjà dans le passé, et encore récemment, leur royaume a été divisé entre trois rois et même plus. Mais ce n'est point pour eux une occasion suffisante de guerre civile. Certes, leurs rois se menacent et leurs armées entrent en campagne. Mais une fois face à face, les Francs préfèrent s'arranger, et exercent une pression en ce sens sur leurs rois : ce n'est chez eux ni droit ni usage que l'État soit en difficulté à cause d'une querelle de rois. C'est pourquoi les Francs ont une puissance solide et des lois stables. Ils n'ont rien perdu de leurs terres. Ils en ont conquis beaucoup d'autres. » Ils avaient en effet, entre 532 et 534, grâce à l'alliance des fils de Clovis, conquis le royaume des Burgondes, après l'échec de leur frère Clodomir, battu et tué par les Burgondes en 524.

Les Francs pouvaient être les alliés rêvés de Justinien pour sa guerre d'Italie contre les successeurs de Théodoric. Mais les Ostrogoths abandonnèrent aux Francs, en 536-537, tout le glacis de l'Italie. Ils n'attendaient pas une aide efficace de cette alliance. Ils voulaient surtout éviter la tenaille mortelle d'une alliance entre Constantinople et les Francs. Sans coup férir, les Francs occupèrent alors la Provence, l'Alémanie du Sud et la Bavière jusqu'aux Alpes orientales. La Gaule du Nord, à laquelle au siècle précédent l'alliance de Ricimer et des Visigoths avait barré la route vers le Midi et la Méditerranée, atteignait ainsi la mer. A l'exception de la « Gothie », en Languedoc, et des parties insoumises des pays gascons et bretons, la Gaule était unifiée.

Un peu plus tôt, en 531, Thierry, fils aîné de Clovis — d'abord seul, ensuite allié à son frère Clotaire et aux Saxons — , était venu à bout des Thuringiens et de leur roi Herminafrid. Ce grand royaume, qui avait longtemps dominé le commerce entre l'Empire et la Baltique et s'était étendu de l'Elbe jusqu'au

Main et au Danube, fut divisé entre les vainqueurs, Saxons et Francs. L'Est tomba rapidement sous la coupe des Avares et des Slaves. Il semble qu'une partie des Saxons entra alors dans la dépendance du royaume franc. A l'exception de la « Saxe libre » et des territoires des Frisons, également païens, les Francs dominèrent ainsi, à partir de 537, toute la Germanie.

Un épisode en relation avec la fin du royaume de Thuringe nous fait appréhender un autre côté du monde franc. Dans le butin de Clotaire se trouva Radegonde, fille du roi Berthachar, frère d'Herminafrid. Née en 518, la jeune fille fut éduquée en Picardie dans une *villa* royale de Clotaire, Athies. Après la mort de la reine Ingonde, Clotaire épousa Radegonde (538). En 555 elle se retira de la cour et se fit ordonner *diacona* par Médard, évêque de Noyon. Elle vécut d'abord dans son domaine de Saix, entre Tours et Poitiers, puis fonda avant 560 un monastère à Poitiers, où elle institua comme abbesse sainte Agnès et réussit à recevoir de l'empereur Justin une relique de la Sainte Croix qui allait donner son nom au monastère. L'événement fut célébré par l'ami des deux femmes, Venance Fortunat, dans deux poèmes, dont l'un restera célèbre : le *Vexilla regis*. Poète italien, arrivé vers 565 en Gaule où il vécut longtemps à la cour, Fortunat accompagna à Poitiers sainte Radegonde. Il mourra, en 609, évêque de cette ville.

On a refusé à la cour mérovingienne le mérite de l'éducation catholique de Radegonde. Il a semblé inadmissible qu'une sainte fût, même indirectement, le produit du monde mérovingien. C'était oublier que le nombre des saints mérovingiens, liés à l'origine de tant d'églises, fût tel que plus tard, sous les Carolingiens, on en viendra à se plaindre qu'il n'y ait plus de saints ! Cet exemple d'une dame affligée par le sort subi par sa famille et par le style de vie de son royal mari en dit long sur la civilisation profondément catholique de la couche supérieure du royaume. L'influence des évêques joue là pleinement, et ces évêques savent estimer à sa valeur l'importance des princesses pour l'évolution des mœurs et pour la propagation de la foi.

C'est dans ce domaine que le royaume franc, comme l'avait prévu saint Avit, a joué un rôle considérable. Saint Nizier, l'excellent évêque de Trèves nommé en 526-527 par le roi Thierry et encore en vie dans les années 560, écrivit à la femme du roi des Lombards Alboin, Chlodosvinde, qui était une princesse franque, pour qu'elle imite l'exemple de Clotilde et ramène son mari à la foi catholique. La princesse qui y parvint chez les Lombards d'Italie était d'origine franco-burgonde : Théodelinde était fille de ce Garibald — de la famille des Agilolfing — que les Mérovingiens avaient nommé duc de Bavière.

Le succès de l'évangélisation des Anglo-Saxons est également lié à l'influence de la dynastie mérovingienne. A la base, il y eut le mariage de Berthe, fille de Charibert Ier, avec le roi de Kent Ethelbert. La reine à laquelle s'adressera saint Grégoire le Grand, lors de sa grande action envers l'Angleterre, avait pour y prier sa propre chapelle de saint Martin. Retombé un temps dans le paganisme, le petit royaume revint à la foi catholique, une fois encore, sous l'influence franque : le fils d'Ethelbert, Edbald, avait épousé une autre princesse mérovingienne, Emma. La fille de Berthe, Aedilberga, provoqua en épousant le roi de Northumbrie Edwin, l'évangélisation de ce grand royaume du nord de l'Angleterre.

Les envoyés de Grégoire le Grand furent toujours aidés dans leur tâche par les évêques de Gaule. Les lettres du pape aux rois francs en portent témoignage. Tout le monde parle des mérites de Boniface et des Anglo-Saxons dans les régions orientales du royaume franc au VIIIe siècle, mais pourquoi ne pas souligner le rôle des Mérovingiens et de la Gaule dans la christianisation des Anglo-Saxons aux VIe et VIIe ?

Une partie de la correspondance échangée par les rois francs avec les empereurs et avec Grégoire le Grand a été conservée. Ces sources montrent le rôle joué par la dynastie dans le monde catholique, mais aussi dans l'histoire de l'Église des Gaules : ainsi lorsque les Églises d'Arles et de Vienne rivalisèrent pour la « primatie » en Gaule. Des documents comme les actes et les codicilles de nomination pour les hauts fonctionnaires continuent bien les usages de l'administration romaine : ils donnent une vue différente des récits hauts en couleur d'un Grégoire de Tours. On retiendra notamment l'intégration stricte des *reges Francorum* dans le monde hiérarchique de l'Empire romain : ils reçurent le rang d'*excellentissimi, praecellentissimi, gloriosissimi*. Le roi, auquel l'empereur s'adresse en le qualifiant de *vir gloriosus, rex Francorum* et en parlant de son *eminentia*, s'adresse à l'empereur en lui donnant le *clementissimus* qui lui était réservé — comme le *serenissimus* — et en le nommant le premier, avant son propre nom. Il l'appelle même parfois « Notre Père ». La plus haute distinction possible était un mot ajouté à la lettre de la propre main de l'empereur. « Parent très chrétien et très aimé », le roi mérovingien peut donc être fier : on le reçoit dans la « famille des rois » fondée par l'empereur romain. Charlemagne, lui, au moment où l'Empire d'Orient reconnaît sa dignité impériale, sera appelé « mon frère » ; les mots mêmes qu'emploieront encore au début du XIXe siècle les empereurs des Français, de Russie et d'Autriche.

Les Mérovingiens entretenaient un service diplomatique qui s'exprimait par des lettres et des ambassades organisées. On trouve parmi les partenaires les rois ostrogoths puis lombards de l'Italie, les rois visigoths d'Espagne, les rois anglo-saxons, mais aussi le khagan des Avars et les rois des Bretons, reconnus comme « comtes » par la cour mérovingienne et qualifiés aujourd'hui de « ducs » par une analogie erronée avec le duché fondé plus tard par Louis le Pieux. La composition des ambassades est très significative, car seuls des personnages haut placés pouvaient être acceptés par les partenaires : évêques bien en cour, aristocrates d'origine romaine, franque ou burgonde. Ces ambassadeurs emportaient avec eux des lettres de créance, mais aussi une *tractoria*, document qui prouve la survie des institutions romaines. Une *tractoria legatariorum* — ordre royal adressé aux fonctionnaires locaux pour l'entretien des *legati* sur le territoire royal — de la première moitié du VIIe siècle a été conservée. On devait livrer aux ambassadeurs *eveccio simul et humanitas*, à savoir les moyens de transport, par exemple des chevaux frais, et les vivres et autres nécessités. Ces règles furent également appliquées pour l'entretien des ambassadeurs étrangers en pays franc.

L'État mérovingien était donc moins barbare et moins anarchique que ne le font croire des auteurs qui exagèrent à plaisir ce qui, dans certaines sources, constitue déjà une exagération des problèmes posés dans la vie politique et sociale par les intrigues, haines et crimes qui ne constituent nullement une particularité de l'époque mérovingienne. Ces observations permettent également de mesurer l'importance des évêques des Gaules pendant la période mérovingienne. Au VIe et encore au VIIe siècle, c'étaient souvent des lettrés, et des administrateurs capables. Alors que la Gaule constituait sous ses rois francs un centre politique autonome et puissant en Occident, ils ont permis que leur pays jouât un rôle dans l'évolution du christianisme et de la civilisation.

La dynastie et les partages

Le lecteur averti nous reprochera de ne pas avoir encore parlé de l'élimination par Clovis de tous ses rivaux dans le monde franc, voire d'une brutalité sanguinaire décrite avec pittoresque par Grégoire de Tours — qui aujourd'hui encore fait écrire à un journaliste d'un grand quotidien : « Nous avons eu nos Mérovingiens qui, en fait de délires et de cruautés, ne le cédaient en rien aux dictateurs africains. »

Ne retenons même pas le caractère légendaire d'un bon nombre des historiettes de l'« histoire poétique » : Clovis trompe sa victime en lui faisant regarder un coffre, puis la tue en rabattant le couvercle. Mieux vaut rappeler quelques faits historiques. Et d'abord l'inexistence d'une persécution de leurs sujets par ces rois dont le royaume connaît alors plus de paix qu'il n'en a eu sous le Bas-Empire et qu'il n'en aura sous les Carolingiens : cette paix explique l'essor économique et démographique du VIIe siècle. Ce qui choque en revanche l'homme du XXe siècle, c'est surtout l'élimination physique de l'adversaire politique. Or, celle-ci a été « institutionnalisée » en Occident par les Romains depuis Sylla, et encouragée par les possibilités qu'offre toujours la confiscation des biens du vaincu au profit du vainqueur. Quant à la lutte pour le pouvoir suprême, elle est dans l'Empire romain un jeu mortel. Le nombre de prétendants et de souverains exterminés — souvent avec leur famille — atteint des chiffres jamais égalés sous les Mérovingiens. Tout cela passe donc pour « normal », même sous l'Empire chrétien : un pontife romain meurt dans les prisons de l'empereur, un empereur jure à un rival assiégé qu'il ne mourra pas par le glaive mais l'étouffe ensuite dans un bain ! Il serait donc anachronique et fort exagéré d'attendre de rois barbares des mœurs différentes de celles qu'ils ont trouvées en une société romaine au sein de laquelle ils ont fini par s'imposer.

L'extension du pouvoir de Clovis sur tous les Francs date, pour l'essentiel, de la fin de son règne. Chararic est alors supprimé, bien qu'il ait suivi Clovis dans son acceptation du christianisme. Surtout, c'est après la guerre contre les Visigoths en 507-508 que les grands du royaume de Cologne élèvent Clovis sur le pavois.

On n'a pas assez prêté attention à l'extrême importance de cet événement et de son contenu juridique pour les partages ultérieurs de l'héritage de Clovis. Celui-ci n'a jamais conquis la *Francia Rhinensis*, la « Francie rhénane » qui, indépendamment des pressions qui ont pu jouer, s'est donnée à lui en l'élisant pour roi vers 509.

Lorsqu'après environ deux ans de règne en cette région, Clovis meurt, son successeur dans l'ancien royaume de Cologne est son fils aîné Thierry, dont le nom *Theodericus* comporte les éléments de noms de la famille royale rhénane qui avait joué un rôle de premier plan dans l'Empire au IVe siècle : Théodebad et Ricimer. Jamais dans l'avenir, l'intégrité de ce royaume de Cologne ne sera touchée. Le fils de Thierry, « héritier » légitime aux yeux des habitants de ce royaume, portera un nom comparable : Théodebert. Le petit-fils sera nommé Théodebaud. La première dynastie « austrasienne », comme on l'appelle selon l'expression qui s'impose seulement vers la fin du VIe siècle, n'était pas étrangère à la région. Après la mort du fils de Théodebaud en 555, le roi mérovingien qui s'assure la succession prend bien soin que le fils qui lui succédera en Austrasie porte le nom de l'ancien roi de Cologne : Sigebert. Quand Dagobert Ier désigne ses successeurs à l'Est et à l'Ouest, l'un s'appelle Sigebert, l'autre Clovis II, ce qui correspond exactement aux origines diverses des deux parties principales du royaume. Les historiens allemands qui affirmaient que « les Francs » avaient conquis la Gaule ont fait erreur : le royaume acquis par Clovis jusqu'en 508 n'a jamais été conquis par les Francs du Rhin. Quant aux historiens français qui imaginent l'est de la Gaule et les territoires au-delà du Rhin conquis par les Francs ayant leur centre politique dans le Bassin parisien, ils ont également tort : la « Francie rhénane » n'a été conquise ni par Clovis ni par ses successeurs. Le royaume des Francs est fondé sur un dualisme originel. Ce que nous constatons, ce n'est pas l'absence d'une idée de l'État, c'est au contraire un sentiment très fort de l'unité du *regnum Francorum* : le seul garant de cette unité, c'est la dynastie dont les membres, seuls, ont le droit d'être roi à l'Est comme à l'Ouest.

Vue ainsi, l'histoire des Mérovingiens et des partages successoraux apparaît moins anarchique. Les droits des habitants du royaume de Cologne furent donc respectés lors du partage de 511. Thierry accepta l'ancienne Francie rhénane dans sa totalité, mais accrue de l'Auvergne, que ce même Thierry avait conquise lors de la campagne de 507, et de la future Champagne, avec Reims, Châlons et Troyes. On a ajouté un territoire à la pointe orientale du territoire des Francs rhénans, et cela pour permettre à leur roi d'avoir sa capitale, Reims, tout près des capitales de ses demi-frères issus du mariage de Clovis avec Clotilde : Childebert Ier à Paris, comme son père Clovis, Clodomir à Orléans, Clotaire Ier à Soissons. C'est le contraire d'une absence de l'idée d'État : on respecte l'intégrité de la Francie rhénane, on manifeste le monopole du pouvoir exercé dans le monde franc par les fils de Clovis, donc celui de la dynastie « mérovingienne », et l'on exprime une volonté d'unité et de coopération par le voisinage des capitales. Si la division était nécessaire pour administrer efficacement un royaume si étendu, et si elle était imposée par le respect de l'autonomie de la Francie rhénane, l'unité de l'ensemble était dans l'intérêt évident de la dynastie et s'exprima dans le nom de l'État, *regnum Francorum*, qui resta inchangé à l'époque mérovingienne. A la différence des Carolingiens, les membres de cette première dynastie royale franque ne se sentaient pas le droit de prendre dans leur titre le nom d'autres peuples. Chacun était *rex Francorum*.

Puissance austrasienne

A la mort précoce de Clodomir d'Orléans en 524, les fils survivants de Clovis se partagèrent sa part : Thierry enleva le Berry, l'Auxerrois et le Sénonais, obtenant ainsi un couloir entre l'Auvergne et les régions rhénanes, tandis que ses autres frères devaient accepter que leurs parts, surtout celles situées en Aquitaine, restassent divisées. Ce fut plus sensible encore sous Théodebert Ier (533-548) : après avoir conquis — en commun avec Childebert Ier de

Paris (511-558) — le royaume des Burgondes (534) et assuré de la sorte aux Francs la presque totalité de la Gaule, il s'appropria tout le nord de ce royaume — de l'Allier et de la Loire jusqu'au lac de Constance avec Autun, Dijon, Chalon, Langres et Besançon — tandis que Childebert recevait la région au sud du Léman et du Mâconnais avec le Lyonnais et le Viennois, tout ceci étant fort loin de son royaume de Paris.

Tout en laissant un rôle considérable à des conseillers et dirigeants d'origine sénatoriale dans le gouvernement et le développement des pays rhénans, les « Austrasiens » dominaient ainsi une grande partie de la Gaule, ne laissant aux fils de Clotilde qu'une large bande au sud de la Meuse inférieure et à l'ouest d'une ligne passant par Laon, Soissons, Meaux, Orléans, Tours, Poitiers, Angoulême et Toulouse. Leur part allait en principe jusqu'à la mer, mais la Bretagne n'était soumise qu'en théorie. De sa puissance, Théodebert eut une conscience très vive. Le premier, il osa faire battre des monnaies d'or à son effigie, ce qui fut mal vu à Constantinople. Cette puissance augmenta encore lorsqu'en 537 les territoires cédés par les Ostrogoths de Théodoric le Grand profitèrent aux Francs de Théodebert, qui occupa alors la Germanie méridionale jusqu'à la Bavière et la Rhétie. Seul maître des Alpes orientales à la mer du Nord, Théodebert eut aussi sa part, en 537, de la Provence. Laissant à Childebert Marseille et la côte, il s'assura d'Arles et d'un couloir vers l'Auvergne, donnant ainsi à son État une cohérence géographique.

A ce moment, le véritable héritier de Clovis face à l'étranger, c'était Théodebert. Les autres rois étaient réduits à un rôle secondaire, tant sur le plan de la politique italienne que pour les relations avec Constantinople et avec les autres peuples germaniques, avec lesquels Théodebert pouvait conclure traités et alliances matrimoniales, comme avec le roi des Lombards, ces futurs conquérants de l'Italie qui occupaient alors tout le pays de la Bohème à la Hongrie.

La capitale officielle de ce vaste État est toujours Reims, mais les fouilles effectuées sous la cathédrale de Cologne — avec les tombeaux d'une reine et d'un prince royal — montrent l'importance de l'ancienne capitale de la Francie rhénane.

Cette position de force s'écroule sous le fils de Théodebert, Théodebaud (548-555), un roi faible qui mourra sans héritier et dont les troupes franco-alamaniques subissent — lorsqu'il veut s'assurer d'une partie de l'Italie après l'écroulement du royaume ostrogothique — de lourdes défaites devant un stratège de la classe de Narses.

Émergence de la Burgondie

C'est donc un moment d'une grande importance historique que celui où le fils de Clotilde dont on a le moins parlé et qui a le territoire le moins étendu, à savoir Clotaire de Soissons, parvient habilement après une préparation judicieuse à s'emparer en 555 de l'héritage de Théodebaud. Trois ans plus tard, il hérite aussi de la part de Childebert Ier. Il est alors le maître unique du monde franc.

Le partage effectué à sa mort, en 561, parmi ses quatre fils est plein d'enseignements sur le rôle des anciens royaumes de Francie rhénane et de Burgondie. Le fils de Clotaire qui a reçu le nom de Sigebert, donc celui du roi de Cologne, reçoit effectivement l'Austrasie avec Reims et Laon, forteresse qu'on avait séparée de la cité rémoise en 511 pour la laisser au royaume de Paris, en en faisant un nouvel évêché. Ce royaume de l'Est garde son intégrité et le nom de son ancien souverain : il garde aussi l'Auvergne et sa partie de la Provence, les deux réunies par un couloir. En revanche, la Burgondie, divisée au moment de la conquête, retrouve maintenant son intégrité : elle est rattachée par Orléans au centre du *regnum Francorum*. Elle est même renforcée d'une partie de l'Aquitaine, autour de Bourges. Le fils de Clotaire qui reçoit ce royaume relativement cohérent porte un nom qui est un programme : Gontran est un nom burgonde. Le fait étonne surtout quand on pense que le père ne pouvait savoir, au moment de la naissance de ses fils, qu'il serait un jour en mesure de leur laisser l'Austrasie et la Burgondie. Toutefois, il a exprimé ses aspirations à la Burgondie — dont il était par sa mère Clotilde un prétendant possible — en donnant à son premier fils le nom du plus ancien des rois des Burgondes connus, Gonthier. Mort en bas âge, celui-ci laissa les prétentions burgondes à son frère Gontran.

Dans ce partage de 561, l'ouest du royaume des Francs fut donné à Charibert. Pour Chilpéric ne restait que le royaume de Soissons, de loin le plus petit ; mais il incluait la presque totalité de la « terre des Francs saliens ».

Les grands royaumes du début du VIe siècle gardent ainsi leur intégrité et jusqu'aux noms de leurs anciens rois. Mais ils renforcent leur individualité en déplaçant très tôt leurs capitales respectives vers leur centre de gravité politique : de Reims et Orléans vers Metz et Chalon-sur-Saône. On ne pense même plus à les diviser : ils sont considérés comme des unités vivantes. On ne cherchera donc plus de nouveaux « royaumes » pour les princes, mais des princes pour ces différents « royaumes » qui prennent, pour leurs habitants, l'importance d'une patrie.

Vers trois « patries »

Patria, ce mot réservé aux différentes cités dans le monde romain, avait été déjà utilisé pour qualifier les grandes régions habitées par les peuples germaniques. On parlait dès le début du VIe siècle de la *patria Gothorum* au sujet du royaume des Visigoths. Or, la Burgondie et l'Austrasie deviennent autour de 600 des « patries » à leur tour, tandis qu'une troisième entité s'en distingue nécessairement, qui est la plus importante pour les origines de la France. Pour ceux qui l'habitent, c'est tout simplement la patrie appelée *Francia*, « France ». Il semble que les autres l'aient d'abord appelée Neustrie. Avant d'en parler plus particulièrement, précisons qu'à partir du VIIe siècle le *regnum Francorum*, l'ensemble du « grand royaume » si fréquemment divisé mais jamais sacrifié, est formé par les *tria regna*, les trois royaumes particuliers que sont la Neustrie, l'Austrasie et une « Bourgogne » qui, désignant ce petit royaume franc, reste à distinguer de l'ancien royaume burgonde.

L'un des quatre héritiers de 561, Charibert Ier, était mort en 567. Sa part avait été divisée entre les trois autres, mais la ville de Paris fut considérée comme capitale commune, autre preuve que la conscience du principe d'un État commun n'avait pas disparu du tout. Tours et Poiriers, qui formaient un « duché », passèrent avec quelques autres cités d'Aquitaine à l'Austrasie, tandis que le « duché » du Mans et ce qui sera plus tard la Normandie allait à Chilpéric. Pendant les années suivantes, ce dernier fut menacé d'écrasement par les forces supérieures de Sigebert Ier d'Austrasie. On imagine les conséquences qu'aurait eues la victoire d'un roi qui était essentiellement porté par les héritiers des Francs rhénans : l'œuvre de Clovis eût été déformée. L'assassinat de Sigebert — dû à l'astuce de Frédégonde, femme de Chilpéric — fut en 575 un tournant. C'est alors, quand Chilpéric prit le dessus, qu'apparut la cohérence de l'aristocratie austrasienne. Malgré la captivité de Brunehaut — cette princesse visigothique avait épousé Sigebert —, elle sauva le petit Childebert II, fils de Sigebert, et avec lui l'Austrasie.

Le noyau dur de l'Austrasie et de l'Auvergne demeura donc inchangé : la force et le droit des héritiers de la Francie rhénane étaient irréductibles. Plus tard, Brunehaut trouva sa revanche, par l'alliance de son fils Childebert II (575-595) avec le roi de Bourgogne Gontran (561-592), qui fit héritier de son royaume Childebert et ses fils Théodebert II et Thierry II. On notera les noms « austrasiens » de ces deux princes. Après 592 Childebert II se trouva donc seul maître de la quasi-totalité du royaume.

Sous la pression d'ennemis supérieurs en nombre, Clotaire II — le fils de Chilpéric — était réduit à une étroite bande côtière le long de la Manche. Rouen en était le centre. Lorsque les fils de Childebert II l'eurent battu en 600 à Dormelles, il ne lui resta plus que les cités de Rouen, Amiens et Beauvais. Mais, compte tenu du caractère particulier de la Bourgogne et surtout de l'Austrasie qui représentaient l'autre Francie, nous ne croyons pas exagérer de voir en Clotaire II (584-629) le représentant de l'héritage de Clovis. Et, contre toute attente et toute probabilité, c'est lui qui gagnera, par son habileté mais aussi grâce aux luttes intérieures de ses adversaires.

A la mort de Childebert II, en 595, et après le partage fait entre ses fils Théodebert II, qui eut l'Austrasie, et Thierry II, qui eut la Bourgogne, Brunehaut tenta de gouverner à la place de ses petits-fils mineurs. L'aristocratie austrasienne la contraignit à quitter l'Austrasie et à se retirer en Bourgogne. Mais, là aussi, le gouvernement « centraliste » de la reine, que secondait un maire du palais d'origine romaine, Protadius, fut contesté par l'aristocratie. Protadius, abattu, fut remplacé par un autre « Romain », Claudius. Les meurtriers furent punis. A ces dissensions s'ajoutèrent des guerres entre les deux frères pour la possession de l'Alsace, qui était entre les deux royaumes. L'Austrasien n'hésita pas à se servir des Alamans qui, par leurs incursions, firent alors reculer les limites des Burgondes et occupèrent une partie de l'actuelle Suisse. En 612, il fut battu et tué. Clotaire II profita de ces guerres, surtout après la mort des deux frères ennemis en 612 et 613. La contestation dont fut l'objet Brunehaut, qui tentait de régner à la place de ses arrière-petits-fils, le servit également. Clotaire put s'allier avec les maires du palais d'Austrasie et de Bourgogne, et vaincre sans peine une Brunehaut trahie par les siens. Il fit tuer les petits princes et exécuter, après un jugement par les Francs, la vieille reine d'une façon cruelle.

De grandes réunions de l'Église du royaume et des grands tenues à Paris en 614 jettent alors les bases constitutionnelles du monde franc. Clotaire dispose de la *monarchia trium regnorum*: il est le seul roi des royaumes d'Austrasie, Neustrie et Bourgogne. Mais on voit bien qu'il ne peut plus rien contre la personnalité de ces entités politiques et qu'il doit payer le prix de l'aide fournie par les aristocraties de Bourgogne et d'Austrasie: ces deux royaumes garderont leur propre *major domus*, « maire du palais », sans avoir pour autant leur propre roi. Une loi édictée alors stipule que les « juges » établis dans les différentes parties du royaume des Francs ne doivent plus être pris dans une région étrangère : c'est la victoire des « patries », mais c'est aussi la victoire de leur noblesse respective. Le *major domus*, qui reste en Neustrie le représentant du pouvoir royal et du gouvernement central, devient ailleurs le représentant de l'aristocratie régionale et le symbole d'un régionalisme qui, en vérité, continue les anciennes formations politiques, Francie rhénane et Burgondie. Malgré la réussite de Clotaire II qui, allié à une partie des Burgondes, empêche l'implantation d'une dynastie de maires du palais en Bourgogne en supprimant le fils du maire Warnachaire et crée ainsi un « royaume neustro-bourguignon », la personnalité régionale de la Bourgogne ne disparaît nullement.

Dagobert

De cette période confuse se dégage l'impression que le centre du royaume créé par Clovis, avec sa capitale à Paris, n'a pu s'imposer dans le cadre du « grand royaume » que l'adjonction de la Francie rhénane avait fait naître en 509. Certes, Childebert Ier, premier roi « parisien », était un roi remarquable, grand ami de l'Église, donc aimé des évêques. Nombre d'églises parmi les plus anciennes de Paris sont dues à ses fondations, et parmi elles une basilique érigée en l'honneur des reliques de saint Vincent —

lors d'une campagne contre les Visigoths en Espagne — et qui sera plus tard Saint-Germain-des-Prés. Après la mort en 561 de Clotaire Ier — roi de Soissons, puis, après 555, d'Austrasie, et après 558 seul roi des Francs —, la suprématie de Sigebert Ier, de sa veuve Brunehaut, de son fils Childebert II, enfin d'une alliance entre Gontran de Bourgogne et Childebert et ses fils amena un certain effacement du noyau du *regnum Francorum* voulu par Clovis, et cela au profit de ces nouvelles puissances qu'étaient l'Austrasie et la Bourgogne, et surtout leurs aristocraties.

Le succès final de Clotaire II, en 613, était largement dû au concours de ces dernières. Mais il ne changea pas grand-chose, renforçant même la quasi-autonomie de l'Austrasie. Résidant surtout à Paris et aux alentours, Clotaire dut en 623 livrer son héritier, le jeune Dagobert — il avait environ 15 ans, juste l'âge pour « régner » — aux Austrasiens qui voulaient leur « propre roi ». Les Austrasiens, c'étaient à ce moment-là Arnoul et Pépin : le jeune Dagobert leur fut confié, dans sa nouvelle capitale, Metz, dont Arnoul était évêque depuis 614 : on avait peut-être, alors, voulu l'écarter du pouvoir. En 623, Pépin exerçait l'office de maire du palais et, avec son allié Arnoul, il était le maître du pays : les deux hommes ayant un ennemi dangereux, le puissant Chrodoald, de la dynastie des Agilolfing, Dagobert le fit assassiner. Il n'avait rien à leur refuser.

Pendant cette période d'apprentissage politique, le jeune roi sut donc survivre en donnant l'impression qu'il était un instrument docile dans la main de ses éducateurs. Que son père n'ait pas consenti de bon cœur à cette situation, nous en avons la preuve dans le fait qu'il ne l'accepta qu'en réduisant considérablement l'Austrasie : celle-ci perdit en 623 ses dépendances en Gaule méridionale (Auvergne, Provence) et en Champagne (avec Reims). C'est donc bien l'ancienne Francie rhénane qui, avec son propre roi, se détachait ainsi du reste du royaume contrôlé par

Clotaire. Dagobert n'hésita même pas à se servir du groupe de pression austrasien contre son père quand il épousa, à Clichy en 625, la propre sœur de la troisième femme (Sichilde) de son père : il exigea, au nom de ses grands, la restitution de la « grande Austrasie » et, après arbitrage des grands, obtint au moins la Champagne.

Cette attitude de Dagobert n'était pas de bon augure pour le moment où mourrait Clotaire II. Les Neustriens exigèrent qu'un second fils du roi, Charibert, soit déclaré héritier de la Neustrie.

Clotaire II mourut en 629. Dagobert réussit alors un coup de maître, montrant ses capacités politiques, mais aussi l'astuce que devait avoir un Mérovingien pour être un véritable roi. S'appuyant d'abord sur les Austrasiens et leur chef Pépin, il occupa la Neustrie et la Bourgogne. Il y obtint le ralliement d'une partie de l'aristocratie. Puis, au moment où Pépin pouvait croire qu'il allait dominer l'ensemble du *regnum Francorum* à travers la personne de Dagobert comme il l'avait fait jusqu'ici en Austrasie, le jeune roi nomma en Neustrie un maire du palais, Aega, qui lui était tout dévoué. Il conquit enfin la faveur des grands de Bourgogne en leur garantissant le commandement et l'emploi séparé de l'armée, l'*exercitus Burgundionum*, qui allait être l'un des principaux instruments de son pouvoir.

Charibert était un demi-frère encombrant. Dagobert le contenta en lui cédant les régions menacées par les incursions des Basques de la Novempopulanie, avec Toulouse comme capitale. Dans ce petit « royaume », Charibert II fit des merveilles pendant son court règne (629-632) ; il stabilisa ainsi la situation sur la frontière méridionale du monde franc.

Les indices ne manquent pas du mécontentement de ceux qu'avait « joués » un Dagobert aussi habile que rapide. Charibert et Pépin se rencontrèrent à Orléans.

Mais Pépin allait ensuite rester à la cour de Dagobert, comme prisonnier, sous surveillance et sans pouvoir. Charibert étant mort peu après, son fils Chilpéric le suivit presque immédiatement dans la tombe. « On dit qu'il fut tué à l'instigation de Dagobert », rapporte notre source principale. Maître de ses mouvements, Dagobert pouvait alors envoyer une grande armée, celle du royaume de Bourgogne, contre les Basques et obtenir là un succès qui fit grosse impression. Le roi des Bretons n'hésita pas à rendre visite à Dagobert à son palais de Clichy pour conclure une paix. Il y avait de nouveau un roi en Gaule, que ses adversaires avaient à craindre.

On vit alors le danger que présentait pour un royaume à prééminence neustrienne l'opposition d'Austrasiens qui devaient se sentir trahis par leur ancien roi. Ils étaient dirigés depuis 629 par les adversaires de Pépin et d'Arnoul, ce dernier s'étant d'ailleurs retiré dans un monastère des Vosges, Remiremont. Or, des menaces extérieures surgissaient à l'est. Après les Avars qui avaient inquiété les rois francs de la seconde moitié du VIe siècle, un puissant État slave apparaissait. Un marchand franc du nom de Samo avait montré ses capacités politiques et militaires en aidant les Slaves contre leurs oppresseurs avars. Les tribus ainsi libérées le firent roi, et il étendit sa domination sur la Bohème, la Moravie et jusqu'aux frontières de l'Italie.

Les émissaires austrasiens que Dagobert dépêcha à Samo après que des marchands francs eurent été assassinés dans sa zone d'influence provoquèrent intentionnellement le roi slave quand il exigea d'eux l'*amicitia*, autrement dit sa reconnaissance comme souverain par les Francs. Ils objectèrent que des Francs et chrétiens ne pouvaient être les amis de chiens. Samo répliqua qu'ils devaient s'attendre à être mordus.

Toujours est-il que Dagobert organisa en 631 une guerre pour laquelle il s'allia aux Lombards d'Italie, qui remportèrent un succès contre les Slaves. Mais Dagobert fut mis en déroute près de *Wogastisburg* — localité non identifiée au nord-ouest de la Bohème —

parce qu'une partie de l'armée austrasienne refusa de combattre sérieusement.

Devant ce revers, et surtout devant cette opposition irréductible, le roi réagit avec une fermeté qui donne une idée de son envergure. En 632, il concède de nouveau un roi aux Austrasiens : son fils Sigebert III. Mais cette fois, il prive l'Austrasie, non seulement de ses régions en Gaule, mais tout simplement de l'outre-Rhin ! Avec habileté, il joue la Germanie — et ses régions naturellement opposées à la domination austrasienne — contre l'Austrasie qui apparaît ici comme une première « Lotharingie » attaquée des deux côtés, comme plus tard Lothaire par Charles le Chauve et Louis le Germanique. A la différence des Austrasiens, le duc établi en Alémanie par les Mérovingiens avait bien combattu contre les Slaves. Sa position fut renforcée, comme celle des ducs en Bavière.

Dans les deux pays, nous voyons agir en maître Dagobert, et non point les hommes de Sigebert : en Alémanie il fixe les frontières du diocèse de Constance et de celui de Coire. En Bavière, il légifère, et fait exécuter des milliers de réfugiés bulgares, ennemis de l'empereur Héraclius dont Dagobert se flattait d'être l'ami. Les coups d'éclat par lesquels Dagobert s'imposa à l'ensemble du royaume, laissant à Sigebert le seul rôle d'un roi-adjoint, furent accomplis en Thuringe et en Saxe. Dagobert réunit une armée formée par des élites de Neustrie et de Bourgogne, passa le Rhin et parcourut en maître les régions jusqu'à la Saxe, puis conclut avec les Saxons une alliance contre les Slaves, tout en leur remettant le tribut qu'ils devaient... aux Austrasiens ! Plus importante encore fut l'installation en Thuringe d'un duc franc, choisi par le roi dans une famille qui lui était dévouée et plutôt hostile aux Austrasiens. Or la Thuringe n'avait plus de chef propre depuis sa soumission par les Francs, elle était directement soumise au gouvernement de Metz. Il faut bien le dire, Dagobert hypothèque ici l'avenir en favorisant l'essor de ces principautés d'outre-Rhin dont les ducs aiment évidemment mieux un roi « neustrien » lointain qu'un roi austrasien tout proche.

Dans le même temps, il faisait œuvre durable au profit de Paris et de la Neustrie quand il organisait en 633 sa succession. Il eut alors de Nanthilde — qu'il avait épousée après avoir répudié pour stérilité sa première femme — un fils auquel il donna le nom de Clovis : c'était tout un programme. A la demande des Neustriens, heureux de pouvoir espérer un roi à eux, Dagobert rencontra alors les grands d'Austrasie, laïcs et ecclésiastiques, et leur fit jurer que le jeune Clovis aurait, à sa mort, la Neustrie et la Bourgogne, cependant que Sigebert aurait l'Austrasie à l'exception du duché qu'avait eu le duc Dentelin ; ce duché, injustement enlevé aux Neustriens par les Austrasiens, comprenait Boulogne, Thérouanne, Arras, Cambrai, Tournai et le Vermandois. Les Austrasiens virent qu'ils récupéraient l'outre-Rhin. Ils acceptèrent le compromis. Ces stipulations furent donc effectivement exécutées quand Dagobert mourut en janvier 639. Des cités aquitaines revinrent à l'Austrasie. La première campagne des Austrasiens, en 640, fut dirigée contre le duc de Thuringe, Radulphe, qui continuait de ne pas reconnaître la suzeraineté de Sigebert : l'armée du jeune roi fut sévèrement battue par le duc de Thuringe.

L'Austrasie aura beaucoup à faire pour contrôler la Germanie, jusqu'à ce que les Carolingiens, au VIIIe siècle, la soumettent à nouveau. En revanche, le royaume « neustro-burgonde » dont Dagobert est le vrai fondateur sera l'élément stable de la royauté mérovingienne en Gaule, et ne succombera qu'en 687 avec la victoire de Pépin II. Ce demi-siècle — la décennie de Dagobert y apparaît comme l'âge d'or de la Neustrie — allait suffire pour que se renforçât le sentiment « national » des habitants de la Neustrie. On connaît l'histoire de la popularité de Dagobert. Et l'on voit bien les causes politiques de cette popularité limitée, on le comprend, à la seule Neustrie et à la France. Celle-ci voit alors comme une première ébauche de ce qui sera le royaume de France. La *Vie de saint Didier* procure, à propos de la succession des deux fils de Dagobert en 639, une mention précoce de « royaume des Francs » ainsi limité à la partie occidentale du monde franc : Sigebert III eut le *regnum Austrasiorum* et Clovis II le *regnum Francorum*, mot qui, jusque-là, qualifiait l'ensemble des royaumes francs.

Bien des témoignages nous prouvent que dorénavant les habitants du nord de la Loire se considèrent comme « Francs ». En combattant dans l'armée des Francs, l'*exercitus Francorum*, et en obtenant les droits qui en découlent, ils éprouvent une nouvelle fierté sociale et une identité « nationale », qui ne peut être que celle de cette armée et de son roi : « franque ». Ils s'imaginent donc tout naturellement que leurs ancêtres, servant sous Clovis comme eux sous Dagobert, ont exterminé ou chassé des régions qu'ils habitent les « Romains » qui maintenant, selon eux, ne vivaient plus qu'au sud de la Loire. Le gros avantage des rois francs catholiques, solidaires de la population pour la défense de la Gaule, est qu'ils ont pu enrôler dans leur armée les non-Francs, alors que d'autres royaumes barbares devaient maintenir le monopole militaire de leurs compatriotes.

Le réservoir d'hommes des rois francs était d'autant plus grand qu'ils étaient proches des régions où étaient établies des populations « saliennes ». Le fait que ces régions n'aient point joué un rôle prépondérant prouve bien le caractère étatique et dynastique du royaume franc, lequel avantageait précisément la symbiose avec une population indigène qui ne se considérait pas comme un « peuple » soumis. Après deux siècles de cohabitation et de symbiose culturelle des Gallo-Romains et des Francs, le résultat était une romanisation linguistique de la partie originaire franque de la population au nord de la Loire, et une francisation — non une germanisation — psychologique et politique de la partie originairement gallo-romaine. Tous se distinguent des Austrasiens qui, pour eux, ne sont pas les vrais Francs. Les vrais, ce sont ceux de Clovis et de Dagobert. L'idée d'une origine « tiers », ni romaine ni germanique, de ce nouveau peuple pouvait donc rencontrer un certain succès : ce fut l'origine troyenne. C'est dans le sens de cette nouvelle « francité » que la Neustrie apparaîtra comme la région « proprement franque » et le noyau politique de la future France.

On ne saurait parler de ces premières lueurs sans évoquer la religion, la culture et la civilisation. La popularité de Dagobert est aussi celle du bienfaiteur de la basilique de Saint-Denis, qui allait faire beaucoup pour la renommée du roi en assurant sa propre propagande. Plus important encore est le fait que Dagobert, ce jeune roi, a su très tôt s'entourer d'une élite, comme le fera Charlemagne. Mais de même que pour ce dernier le mérite de son père Pépin est indéniable, de même le rôle de Clotaire II ne saurait-il être négligé.

L'idée que se faisaient les rois mérovingiens de leur tâche était influencée par de véritables traités que leur adressaient quelques grands évêques, tel Aurélien d'Arles prêchant à Theudebert Ier la piété et l'humilité, en lui montrant ses responsabilités de « prince chrétien ». Cette tradition, qui est celle d'un saint Remi s'adressant à Clovis, est ainsi continuée par bien d'autres, comme une « admonition » adressée à Clotaire II.

La « christianisation » des idées concernant la royauté a atteint sous le père de Dagobert un premier point culminant. L'élite du royaume était donc près de Clotaire II, et ainsi disponible pour le choix de Dagobert. Cette élite devait beaucoup aux idéaux authentiquement romains de l'aristocratie sénatoriale et épiscopale. Les inscriptions tombales offrent de véritables *laudationes* romaines, inchangées de Cicéron à l'évêque Didier de Cahors († 655) : « justice », « clémence », « mansuétude », « éloquence », « piété » sont là, malgré quelques changements de sens évidents. Une autre source d'idées tient au monachisme d'un saint Colomban qui crée un centre très important de vie religieuse à Luxeuil. Il exerce une profonde influence sur la famille de saint Ouen, une famille de la région de Meaux qui donne à la cour de Dagobert comme à l'Église des hommes de premier plan. Tous ces hommes de l'entourage de Dagobert, saint Ouen, saint Éloi, saint Didier, fonderont de véritables monastères, dont les moines observent une discipline rigoureuse : ainsi à Rebais, dont la charte d'immunité obtenue de Dagobert restera un modèle.

Ne voyons pas en ces hommes le seul côté ecclésiastique. Avant d'être des évêques de Rouen, de Noyon et de Cahors, et avant de combler leurs églises et d'autres églises de donations considérables, tous étaient des administrateurs efficaces à la cour de Dagobert. Ouen était l'un des chefs de la chancellerie du roi, Éloi une sorte de ministre des Finances, mais aussi un monnayeur et un très grand orfèvre, qui créa des chefs-d'œuvre. Didier était le trésorier du roi. Son frère Rusticus fut « abbé » de l'oratoire du Palais, puis évêque de Cahors où il précéda Didier. Un autre frère, Siagrius, fut comte d'Albi, puis duc et patrice à Marseille. Son père était un Romain, Salvius ; sa mère s'appelait Haerchenfreda ou Archamfride. Parmi ses connaissances, nous trouvons une sénatrice romaine, veuve du sénateur Severus, mais de nom germanique : Bobila, fille d'un nommé Agilenus, ou Agilhelm. Dans ce monde mérovingien, la différence de l'origine « nationale » s'estompe vite à certains niveaux de la société.

La correspondance de Didier nous montre les amis qu'il avait à la cour et les autres hauts fonctionnaires. Parmi eux Grimoald, le fils de Pépin Ier, représentant de cette grande puisssance des maires du palais qui commence après la mort de Dagobert. A ce moment, saint Éloi et son ami saint Ouen quittent la cour, deviennent prêtres et, en 641, évêques, l'un à Rouen, l'autre à Noyon. Ils exerceront encore une influence politique, mais s'occuperont aussi de l'évangélisation. Ils vivront le déclin inéluctable de la royauté mérovingienne. Déjà, on propage des prophéties, mises dans la bouche de la femme de Clovis, l'aïeule de tous les Mérovingiens : à une génération de lions succédera une génération de bêtes encore féroces mais moins nobles, et finalement une génération de chiens. Le pessimisme est partout. Dagobert Ier a permis un bref relèvement, mais il a surtout assuré l'avenir par cet État « franco-bourguignon » et sa capitale, Paris.

Le nouvel âge ne sera pas seulement celui des maires du palais, mais aussi celui d'un régionalisme, ou plutôt de « nationalités régionales » dont on aurait tort de sous-estimer la force. Quelques chiffres le montrent à l'évidence. La dynastie mérovingienne a régné pendant 263 années, sur lesquelles 72 seulement ont vu un seul roi à la tête du *regnum Francorum*. Si on ne compte pas les cinquante-deux ans de rois sans puissance aucune, à la fin de la dynastie, il ne reste guère que vingt années. En revanche, l'Austrasie a eu son roi à elle pendant 138 années, la Neustrie pendant 119, la Bourgogne pendant 49, tout en formant une union avec la Neustrie pendant 69 années. Cette durée nous explique la force de l'implantation des unités que nous retrouverons plus tard : la Bourgogne, la Lotharingie, la France du Nord. En isolant trop les moments où se développent ces grandes unités régionales, on serait tenté de les tenir pour l'exceptionnel. En les voyant dans la longue durée, on constate qu'elles sont ancrées plus fortement dans le sol que les grands empires.

CHAPITRE XIII

Le temps des maires du palais

Le pouvoir échappe aux rois

Sous le très jeune successeur de Dagobert, Clovis II (639-657), le gouvernement de la Neustrie et de la Bourgogne revint à la mère du roi, la reine Nanthilde, et au maire du palais Aega, puis, après sa mort, à son successeur Erchinoald. Celui-ci gouverna, seul, depuis la mort de Nanthilde, pendant plus de quinze ans, dans une situation quasi royale. Parent de la mère de Dagobert, il marie sa fille au roi de Kent ; leur fils portera son nom. Il donne à Clovis II une esclave anglo-saxonne aussi belle qu'intelligente, Balthilde : le roi l'épouse, ce qui renforce la position d'Erchinoald. Au reste, celui-ci s'appuie également sur l'aristocratie des évêques et des grands laïques de Bourgogne ; il continue en cela la politique de Dagobert. Lorsqu'elle sera régente pour son fils Clotaire III, Balthilde, femme remarquable et énergique, profitera de la mort d'Erchinoald pour inaugurer une nouvelle politique centralisatrice dont l'instrument sera Ebroïn, nommé par elle maire du palais en 658.

A ce moment, Balthilde a déjà fait exécuter plusieurs évêques qui étaient en train de se créer de véritables « États » autonomes en Bourgogne, et parmi eux l'évêque de Lyon et son frère, le « préfet » de Lyon. Vers 665, alors que la majorité du roi va sonner le glas de la régence, Ebroïn surprend une conspiration dirigée contre lui et menée par Sigebrand que Balthilde vient de faire évêque de Paris. Sigebrand est tué, et la reine doit se retirer dans le monastère qu'elle a fondé à Chelles. Cette abbaye, qui sera la plus prestigieuse pour les dames de l'aristocratie carolingienne, assurera la renommée et le culte de sainte Balthilde.

On retiendra de son gouvernement une politique « monastique » qui précède celle des Carolingiens. Des « basiliques » comme Saint-Denis et Saint-Maurice d'Agaune reçoivent des privilèges qui font d'elles des « églises royales », comme les nouveaux monastères fondés par la royauté. Parmi ceux-ci Corbie se distingue par l'ampleur des domaines qui lui sont donnés et par son rayonnement économique et culturel. Ce que Balthilde a voulu qu'elles soient, ces églises le seront sous les Carolingiens : des points d'appui régionaux pour le pouvoir royal.

L'Austrasie avait sa vie à part, sous la domination effective de Grimoald, fils de Pépin. Ayant écarté tous ses rivaux à la cour de Sigebert III, Grimoald sut persuader le roi, sans enfant, d'adopter son propre fils Grimoald, rebaptisé du nom mérovingien de Childebert. En Austrasie aussi, on fonda de grands monastères (Sigebert et Grimoald fondèrent en commun Stablo et Malmédy pour les hommes, et la « Pippinide » sainte Gertrude fonda Nivelles pour les femmes). Tout cela n'était pas l'anarchie, mais un pouvoir qu'exerçaient tranquillement à l'ouest Ebroïn et à l'est Grimoald « pour le compte » des rois.

Sigebert eut alors un enfant, Dagobert II. A la mort du roi en 656, Grimoald n'hésita pas. Avec la complicité de l'évêque de Poiriers Didon, il exila en Irlande le petit Dagobert et fit roi son fils « Childebert l'Adopté », qui régna de 656 à 662. Mais Grimoald tomba dans un guet-apens des Neustriens, pour qui, après la mort de Sigebert III, les fils de Clovis II étaient seuls héritiers légitimes du royaume. Ils tuèrent Grimoald, éliminèrent son fils et donnèrent aux Austrasiens comme roi Childéric II, le frère cadet de Clotaire III. Ainsi avortait la première tentative faite par les Pippinides pour accéder au pouvoir royal par le biais astucieux d'une adoption. L'allié des Neustriens semble avoir été en Austrasie Wulfoald. Possessionné dans la région de Saint-Mihiel, adversaire résolu des Pippinides, il devint maire du palais d'Austrasie. Avec « son » roi austrasien Childéric II, il s'empare même du pouvoir en Neustrie à la suite d'une conjuration de l'aristocratie contre Ebroïn. Celui-ci voulait exclure l'aristocratie de la cour, et il en avait interdit l'accès aux grands de Bourgogne. A la mort de Clotaire III en 673, il avait même fait roi le dernier frère du roi, Thierry III, sans demander aux grands leurs avis. L'opposition s'organisa alors autour de deux neveux de Didon de Poitiers, l'ami des Austrasiens : saint Léger, évêque d'Autun, et son frère Warin, comte de Paris. Elle fit appel aux Austrasiens et accepta comme roi Childéric II, qui lui donna des garanties analogues à celles qu'avait données en 614 Clotaire II aux hommes d'Austrasie et de Bourgogne ; dans les trois royaumes (les *tria regna*), les lois et coutumes de chacune de ces « patries » seraient observées et le roi ne nommerait pas pour gouverner une région des « recteurs » pris dans une autre région. C'était la victoire de l'aristocratie et la « régionalisation » du pouvoir.

Ebroïn et son roi Thierry reçurent la tonsure cléricale et furent enfermés l'un à Luxeuil, l'autre à Saint-Denis. Mais Wulfoald ne respecta pas la promesse du roi. Mécontents les grands neustriens firent assassiner Childéric et sa jeune femme dans la forêt de Brotonne près de Rouen (675). Puis ils firent Leudesius maire du palais, tandis que Wulfoald s'enfuyait en Austrasie. Ebroïn choisit ce moment pour sortir de l'exil. Aidé entre autres par l'évêque de Rouen saint Ouen, il reprit le pouvoir. Les amis de saint Ouen reçurent les églises ôtées aux ennemis du maire du palais. Beaucoup de prélats, surtout en Bourgogne, furent exilés, Leudesius et Warin assassinés. Quant à saint Léger, exilé à Fécamp, il finit par être accusé d'avoir trempé dans le meurtre de Childéric II. Il nia vainement. Il fut exécuté.

En Austrasie, Wulfoald avait restauré Dagobert II, l'exilé. Vers 677, près de Langres, les Austrasiens rencontrèrent l'armée neustrienne d'Ebroïn en une bataille indécise ; on conclut une paix qui fixa de nouveau les frontières des deux parties du monde franc. A la fin de 679 cependant, Dagobert II était assassiné. Wulfoald tomba. On a voulu voir en Martin et Pépin II les instigateurs du crime : ces ducs austrasiens prirent en effet le pouvoir. Mais il est manifeste que le meurtrier, Jean, s'enfuit auprès d'Ebroïn, et c'est ce dernier qui tenta de nouveau d'unir le *regnum Francorum*, comme trois ans plus tôt. Il exigea la soumission des Austrasiens au seul roi survivant, Thierry III, puis triompha d'eux près de Laon. Martin fut tué, Pépin s'échappa. Vainqueur, Ebroïn allait être assassiné peu après, en 680, dans son palais par un ennemi personnel, Ermenfroi. Cette fois, le meurtrier se rendit à la cour de Pépin. La machination des Pippinides et de quelques Neustriens était manifeste. Warathon, le nouveau maire du palais, fit immédiatement sa paix avec Pépin, mais fut destitué par son fils Gislemar qui, lui, reprit la lutte et battit les Austrasiens près de Namur. Gislemar mourut très opportunément ; son père reprend le pouvoir ainsi que sa politique pacifique. Warathon mourut de son côté, et sa femme, l'énergique Ansfledis, organisa la succession en faveur de son beau-fils Berchaire : le caractère quasi dynastique de la mairie du palais saute aux yeux.

Berchaire n'écouta guère les « conseils » de l'aristocratie neustrienne. Plusieurs grands — et parmi eux Réole, évêque de Reims et ancien comte de Champagne — firent appel à Pépin, qui battit Berchaire en 687 près de Saint-Quentin, à *Textricio*, sans doute Tertry. Berchaire mourut peu après. Sa belle-mère y était, dit-on, pour quelque chose.

Cette victoire allait se révéler plus importante que tant de défaites de Pépin et des Austrasiens, et cela en raison des arrangements qui furent négociés avec l'aristocratie neustrienne. Car la Neustrie ne fut ni conquise ni occupée par les Austrasiens. On exagère donc beaucoup si l'on dit que commence en 687 le pouvoir unique et exclusif des Pippinides — futurs « Carolingiens » — dans l'ensemble du *regnum Francorum*.

La solution trouvée pour couvrir d'une voûte commune les deux grandes entités politiques du monde franc était assez astucieuse : on gardait le roi neustrien Thierry III, et après lui ses fils, petits-fils et arrière-petits-fils. Ce roi unique gardait ses résidences autour de Paris. Il restait donc « neustrien », entouré d'une cour « neustrienne » qui permettait une vie politique à l'aristocratie régionale. Mais il avait à ses côtés un représentant de Pépin : d'abord Nordebert, puis, avec le titre de maire du palais (neustrien), le fils de Pépin II : Grimoald II. Cette royauté unique n'était nullement de comédie, et les institutions étaient respectées ; le maire du palais Grimoald perdit devant le tribunal du roi un procès contre l'abbaye de Saint-Denis. Quant à Pépin II, il continua de résider en Austrasie avec sa femme Plectrude, surtout à Cologne, la vieille résidence de Sigebert l'Ancien. Un autre fils, Drogon, fut nommé duc de Champagne, et servit d'appui à la position parisienne de son frère Grimoald.

Il y avait donc un roi — neustrien — pour tout le royaume, mais deux maires du palais pour les deux parties du monde franc. Seulement voilà : depuis 700 environ, tous deux appartenaient à la même dynastie !

Ce que d'autres avaient tenté, Pépin le réalisait : l'hérédité reconnue de la charge du maire du palais. Il y avait maintenant, et jusqu'en 751, deux dynasties, une qui régnait, une qui gouvernait tout en respectant le dualisme du monde franc.

Les nouveaux « princes »

Ce gouvernement héréditaire installé au début du VIIIe siècle au profit d'une dynastie non royale, on l'appelait *principatus*. Le titre correspondant était *princeps*. Quand Pépin le Bref sera roi en 751, les contemporains diront : il dépose le titre de *princeps* et prend celui de *rex*. Cette signification du mot « prince » était nouvelle.

Depuis le Bas-Empire, seul l'empereur était *princeps et dominus*, source unique de tout pouvoir public. Les fonctionnaires n'exerçaient leur autorité que par délégation du « prince ». Dans le royaume mérovingien, seul le roi, qui gouverne les « Romains », les « Francs », les « Burgondes » et tous les peuples de son royaume à la place de l'empereur, est considéré comme *princeps*. On parle dans les actes royaux de la « clémence du prince », cette « clémence » étant une imitation du modèle impérial. En fait, on peut échanger dans les documents les mots « pouvoir du roi » et « pouvoir du prince ». Que ce soit une même chose montre bien que le roi mérovingien en Gaule n'est pas comparable à un roi germanique en Germanie — ni à un « roi d'armée » imaginé par certains historiens allemands. Il est celui qui occupe la place de l'empereur, et il est le seul maître du pays et de ses habitants.

Mais voilà qu'à la fin du VIIe et au début du VIIIe siècle, ce pouvoir suprême, celui du prince, change de propriétaire. Si l'*auctoritas principalis*, la force qui donne la légitimité, est toujours auprès de la personne sacrée du roi, la *potestas*, le pouvoir, est exercée par le *major domus*, le « maire du palais », qui gouverne à sa place. Mais pourquoi le duc d'une grande région ayant assuré l'hérédité *de facto* de l'exercice — régional — de cette *potestas*, se priverait-il du titre de *princeps* ?

Apparaissaient donc des titres honorifiques qui montrent clairement que le maire du palais, mais aussi le chef régional autonome comme Eudes d'Aquitaine, est considéré comme « prince ». Le pouvoir exercé par Pépin II est appelé « le gouvernement princier du maire du palais » et se matérialise dans la livraison à Pépin du trésor royal de Neustrie, considéré comme essence et symbole du pouvoir royal.

Un manuscrit anglo-saxon du VIIIe siècle parle du prince Drogon pour le duc de Champagne, fils de Pépin II. Des textes de la même époque donnent après coup le titre de « prince » au maire du palais Erchinoald.

Le royaume des Francs connaissait, dans la première moitié du VIIIe siècle, deux dynasties coexistantes. Les voilà toutes les deux « princières ». Mais les voilà aussi en face d'autres dynasties — en Aquitaine, Thuringe, Bavière, Alémanie — qui se considèrent comme aussi nobles que les Arnulfiens et ne cherchent absolument pas à se séparer du royaume des Francs. Elles veulent au contraire jouer le rôle qui leur est dû, se considérant comme égales du maire du palais et laissant au roi un prestige purement nominal.

Telle est la réalité politique du *regnum Francorum*, devenu un conglomérat de principautés. Négligeant, dans une histoire de France, le cas des « principautés » en Germanie, nous nous devons de mieux connaître les origines du duché d'Aquitaine ; son chef finira par devenir sous les Mérovingiens, non pas roi — comme on l'a affirmé récemment — mais bien *princeps* !

L'Aquitaine

L'Aquitaine avait fait partie du royaume de Toulouse, celui des Visigoths. Elle a été considérée comme pays conquis et constamment divisée entre les différents « royaumes partiels » issus des partages, avec une seule constante l'Auvergne reste toujours « austrasienne », tandis que, par exemple, le « duché » de Tours et Poitiers est objet de combats entre les frères mérovingiens. Alors que les sénateurs romains d'Aquitaine jouent un rôle de premier plan dans tous les royaumes mérovingiens, notamment en Austrasie, les deux provinces d'Aquitaine Première, avec Bourges, et de Seconde, avec Bordeaux, ne trouvent aucune forme d'unité sauf quant à l'organisation ecclésiastique, la Novempopulanie qui seule, à la haute époque romaine, a porté le nom d'Aquitaine étant occupée par les Basques. Malgré sa précarité, l'installation d'un Mérovingien à Toulouse (Caribert II, de 629 à 632) amorce une évolution vers l'existence d'une entité politique dans le Sud-Ouest. Une fois fondé, ce « royaume », qui n'a plus de roi mais reste utile pour combattre les Basques, continue d'exister sous le commandement d'un duc. On connaît les noms de Félix, ensuite de Loup. Le premier réussit à soumettre une partie considérable des Gascons, avec comme conséquence que bientôt des troupes gasconnes formeront l'élite des armées aquitaines. On les redoutera, et on les appellera *Wascones* ! Le second peut réunir vers 675 un synode près de Bordeaux. Pour la forme, on mentionne encore le roi, seul « prince » apte à convoquer des évêques de plusieurs provinces, mais on précise que le synode est « à l'initiative du duc Loup, *vir illuster* ». Les évêques de la Novempopulanie et une partie importante de l'Aquitaine Seconde participeront à ce synode, tandis que, seul, l'évêque de Bourges, métropolitain, y représentera l'Aquitaine Première.

Loup profite ensuite des luttes auxquelles est occupé Ebroïn pour étendre sa propre domination. Une source contemporaine rapporte ainsi la conquête de Limoges : « Loup arriva et ordonna la réunion de l'évêque et de tous les citoyens — les hommes importants — de cette ville. Il leur extorqua un serment de fidélité et les assujettit à son gouvernement. » Nous voilà loin d'un élan commun des Aquitains, prompts à se libérer du joug des Francs comme le voudrait une interprétation « nationale » de ces événements. Au contraire, il s'agit d'une lutte menée personnellement par le duc franc, sa dynastie et ses fidèles, pour rendre vie, malgré de vives résistances, à une Aquitaine dont le nom même est tombé en oubli. Le sentiment national aquitain n'est pas la cause, mais bien la conséquence de cette fondation de principauté.

Le successeur de Loup, Eudes, fut un chef remarquable, qui défendit vaillamment et une fois victorieusement devant les murs de Toulouse en 721 son pays contre les Arabes : le *Liber pontificalis*, l'histoire des évêques de Rome, mentionne cette victoire en l'attribuant aux cadeaux — des fragments d'éponges consacrés — envoyés au duc et à ses « Francs ». Le fait est intéressant car il prouve que le duc aquitain, comme à la même époque le duc bavarois, a déjà ses propres relations diplomatiques avec la cour pontificale. Que l'Aquitaine fasse partie du royaume des Francs ne fait pas le moindre doute à l'époque. Les Arabes eux-mêmes appellent ainsi le pays au nord de l'Espagne devenue musulmane : *Ifrandja, Francia.* Mais le *Liber pontificalis* donne au duc un titre de la plus haute importance : *Aquitaniae princeps*, « prince d'Aquitaine ».

Les textes aquitains du VIIIe siècle donneront ce titre de *princeps* — reconnu même par la papauté — à Eudes et à ses successeurs Hunauld et Gaifier. Même les Carolingiens devront parfois le reconnaître. Mais leur but est alors de faire disparaître les « principautés » pour ne garder que celle du pouvoir central. Un texte dit de Charles Martel qu'il se mit à détruire la force des « tyrans » dans le royaume : ce sont ces « princes » quasi indépendants dont le dernier, Tassilon III de Bavière, ne tombera que sous Charlemagne, en 788 !

Charles Martel

Pépin II n'a pu quitter l'Austrasie : il doit faire front aux attaques des Frisons dans le nord, à celles des Saxons à l'est. Conquise par les Francs vers 625, sous Dagobert et Pépin Ier, Utrecht est ainsi reprise par les Frisons vers 650 ; Pépin II l'arrache en 695-696 à ses adversaires, qui la reprennent aussitôt après sa mort. La *Frisia Citerior* avec Duurstede est en revanche maintenue après la conquête de 695-696 ; elle bénéficie d'une évangélisation intensive, dirigée par saint Willibrord. Elle constituera, avec Duurstede et Tiel sur le Waal, la porte économique de l'Austrasie vers l'Angleterre. Non moins grands sont à la même époque les soucis de Pépin II face aux Saxons, qui enlèvent alors aux Francs l'une des régions de leurs origines, celle des Bructères autour de la ville actuelle de Dortmund.

La puissance de Pépin II en Austrasie reposait sur les possessions et clientèles des Arnulfiens autour de Metz et Verdun, héritées de son père Ansegisel, fils de saint Arnoul, et sur celles des Pippinides dans la région mosane autour de Liège, Malmédy, Nivelles et Andennes que lui avait apportées sa mère Begga, fille de Pépin Ier. Par son mariage avec Plectrude, fille du sénéchal Hugobert, il s'est approprié les domaines de la famille la plus importante de la région de Trèves, également forte d'une base politique au nord de Cologne. Là, dans une île du Rhin, Pépin II fondera l'abbaye de Kaiserswerth.

La famille de Plectrude porte des noms prestigieux pour des Francs rhénans : le duc Théotharius et son fils Théothardus rappellent ainsi cette Théotrade qui, en épousant un duc de Thuringe, apporta le nom de Plectrude dans la dynastie thuringeoise. Les Arnulfiens en étaient conscients, la lignée de Plectrude était plus prestigieuse que la leur. Aussi nommèrent-ils le fils de Grimoald II Théodoald. Après la mort de Drogon en 708, celle de Grimoald assassiné à Liège par un Frison païen en 714, enfin celle de Pépin II la même année, Theodoald était l'héritier bien fragile de toutes ces terres, mais aussi de la fonction du maire du palais en Neustrie. Cet héritage, Plectrude était prête à le défendre contre les Neustriens, mais aussi contre le fils qu'avait eu Pépin II d'une nommée Alphaïde : Charles. Elle le fit mettre en prison.

Les Neustriens ne pensaient pas à reconnaître la domination du jeune Theodoald : le 26 septembre 715, ils battirent les troupes de Plectrude à Saint-Jean-de-Cuise, près de Compiègne. Puis ils s'allièrent aux Saxons et aux Frisons. Avec leur nouveau maire du palais, Rainfroi, ils profitèrent de la mort de Dagobert III pour faire roi Chilpéric II, le fils de Childéric II. Ils obligèrent enfin Plectrude à leur livrer une partie du trésor, correspondant à la partie neustro-burgonde du royaume. C'est alors que Charles — le futur Charles « Martel » — s'échappa de sa prison, rassembla ses partisans et s'en alla combattre les Frisons. Il se fit battre, mais l'affaire avait suffi pour montrer aux Austrasiens qu'ils avaient enfin quelqu'un capable de les défendre.

En 716, près d'Amblève, dans les Ardennes, Charles réussit à surprendre et à battre les Neustriens. Un document émouvant montre Chilpéric II donnant à Saint-Denis le 28 février 717 la forêt de Rouvray, sur la rive droite de la Seine, afin qu'on y prie « pour la stabilité du royaume et le salut de la patrie ». Cela se passait avant la bataille remportée par Charles le 28 mars 717 près de Vincy, au sud de Cambrai. En rentrant, Charles obligea Plectrude à lui livrer Cologne et le trésor. Maître incontesté de l'Austrasie, le vainqueur donna la mesure de son courage et de ses capacités : il attaqua les Saxons chez eux, jusqu'à la Weser, en 718. Puis il profita de la mort de Radbod, prince des Frisons, pour reconquérir en 719 Utrecht : cela allait être le centre d'une évangélisation dirigée par Willibrord. Toujours entre Senlis et Soissons, au bord d'un grand domaine fiscal, près de Néry, Charles remporta enfin, le 14 octobre 719, la victoire décisive sur les Neustriens. Ces derniers s'étaient assuré l'alliance du duc Eudes d'Aquitaine qui, après la défaite, livra à Charles le roi Chilpéric II contre la reconnaissance de sa position de duc et « prince » en Aquitaine, c'est-à-dire chef héréditaire et autonome. Mais Charles voulait gagner la confiance des Neustriens : il reconnut Chilpéric. A sa mort en 721, celui-ci fut remplacé par le fils de Dagobert III, Thierry IV.

Ce serait une erreur de considérer Charles — ce nom nouveau est à rapprocher de *cearl* en anglo-saxon, et *Kerl* en allemand : « soldat brave », « gars solide » — comme le maître incontesté du *regnum Francorum* entier après sa victoire de 719. Il n'en a même pas fini avec Rainfroi et ses fidèles, auxquels il cède une sorte de principauté autour d'Angers, contre laquelle il doit se battre dès 724 ; il la récupérera seulement après la mort en 731 de l'ancien maire du palais neustrien.

Il n'est encore qu'au début de sa reconquête du royaume et il pose ses pions dans les positions acquises, sans lésiner sur les moyens. En 723, il fait incarcérer deux fils de son demi-frère Drogon : l'un d'eux meurt en prison. A Milon, « clerc seulement par la tonsure » comme dit un contemporain, mais fils d'un ancien évêque de Trèves, il donne après 719 les deux évêchés de Reims et de Trèves, métropoles de la Belgique. Au Mans, pour mieux surveiller Rainfroi et l'Anjou, il fait comte l'Austrasien Roger — auquel succédera son fils Hervé — et évêque Jousseaume, frère d'Hervé. Mais il doit admettre pour l'instant l'autonomie d'Eudes en Aquitaine, comme celle des « princes-évêques » en Bourgogne : le plus puissant, Savary, évêque d'Orléans et Auxerre, a profité des luttes austraso-neustriennes pour se tailler depuis 715 tout un État : ayant conquis les régions de Nevers, de Tonnerre, d'Avallon et de Troyes, il meurt frappé par la foudre au moment de s'attaquer au Lyonnais.

Le pouvoir séculier des évêques est une donnée politique dont se plaignait déjà un roi du VIe siècle. Tout en utilisant ce système au profit d'évêques choisis parmi ses propres fidèles, Charles entend y porter remède et, comme l'avait naguère tenté Ebroïn, rétablir les droits de l'État. Le « duc des Francs » est plus qu'un général victorieux : homme politique, il est organisateur et fondateur d'institutions.

Ce sont les bases du futur système « féodal » qu'il jette en généralisant un procédé qu'il voit appliqué autour de lui de façon sauvage : s'assurer de la fidélité et des services militaires d'un homme noble ou au moins libre en lui cédant en usufruit une « terre ». Cette récompense anticipée servira de base matérielle au « vassal » qui, par ce « bienfait » ou « bénéfice », fera vivre sa « famille » et financera l'acquisition et l'entretien d'un destrier et d'un armement lourd. La propriété de cette terre reste à celui qui la « prête ». Ce procédé n'est donc rien d'autre que le développement d'une forme de mise en valeur des terres des grands propriétaires, surtout ecclésiastiques : l'attribution d'un usufruit « précaire » — pour une, deux ou trois vies — contre le paiement d'un cens annuel. Mais on remplace le cens que payait l'exploitant par la prestation militaire d'un guerrier. Les évêques tels que Savary et Milon ont appliqué cette méthode sur les terres de leurs églises, créant ainsi des escortes militaires de plus en plus fortes. Charles fit de même. Il se servit, au nom de l'État, des mêmes richesses terriennes des églises. Dans des récits répandus après sa mort, les clercs lui feront expier en enfer ce péché.

L'État romain, qui dota richement les églises, n'avait jamais renoncé pour autant au service que devaient ces églises à la chose publique, comme l'ensemble de ses propriétaires. A la manière de leur époque, les Carolingiens rétablissent ce principe. Pépin III et Charlemagne, fils et petit-fils de Charles, mettront un peu d'ordre en reconnaissant le droit de l'église « spoliée » et celui de l'État : la *precaria verbo regis*, la « précaire » donnée par l'église sur ordre royal, laisse au vassal une terre pour laquelle le bénéficiaire doit un service militaire au roi, mais aussi un cens à l'église.

Plus nombreux, mieux armés et plus expérimentés, ces soldats de métier devinrent le noyau dur des armées carolingiennes. Ils remplacèrent la piétaille des guerriers d'occasion. Cette évolution aura des conséquences sociales multiples. Elle ne fait que commencer sous Charles Martel. Née dans le cadre même de la lutte pour le pouvoir dans l'État franc, cette innovation n'a rien à voir alors avec les exigences ultérieures de la guerre contre les Arabes, mais elle contribuera à renforcer les chances de victoire.

Organisateur et conquérant, Charles l'est aussi dans les régions orientales du royaume. Il fait ériger de nouvelles forteresses, avec des ouvrages en pierre et des portes protégées par des tours dont on a un exemple au Christenberg, en Hesse. Ces installations défensives supposent l'organisation de garnisons durables et d'un système de relève sur les frontières menacées par les Saxons. De nouvelles routes sont ouvertes outre-Rhin sur le modèle des routes romaines en Gaule, avec des « stations » à distances régulières pour le changement des chevaux. Ceux-ci sont procurés par des colons d'État installés, contre obligation de service militaire, sur des domaines royaux et des terres confisquées, surtout en Franconie. Cette région, colonisée précisément à l'époque de Charles, permet de renforcer les liens avec la Thuringe, dont la dynastie ducale fut intégrée dans le système pippinide avant de disparaître, de prendre par le sud les Saxons, si dangereux sur le Rhin, et de prendre aussi par le nord les Alamans et Bavarois s'ils étaient tentés de se révolter contre l'autorité centrale. Charles réussit à imposer dans ces deux duchés de nouvelles rédactions de leur « Loi » respective, tenant compte des intérêts du roi — donc de l'État représenté par Charles — et de l'Église. Mais il enlève à la Bavière le Nordgau, importante région située au nord de Ratisbonne. Quant à l'Alémanie, elle est soumise après la rébellion, en 730, de son duc, Lantfrid. Dans ces régions mieux contrôlées, l'action du missionnaire anglo-saxon Winfrid, — le pape lui donna, avec la dignité épiscopale, son nom de Boniface — est efficacement appuyée et par le duc des Francs et par le duc des Bavarois. Malgré la précarité de ces acquis, la consolidation de l'État à l'Est est indéniable. Elle précède celle que Charles, dans ses dernières années, réussira à l'Ouest et dans le Midi.

Eudes d'Aquitaine avait, en 721, résisté victorieusement aux Arabes devant Toulouse. Mais en 725 Autun était saccagée par les musulmans. En 732, l'Aquitaine semblait perdue. Eudes avait conclu des alliances utiles à la défense chrétienne avec des chefs arabes hostiles à leur gouvernement central. La punition fut une attaque menée par Abd al Rahman, chef militaire de l'Espagne musulmane, en personne. Eudes fit appel à l'aide de Charles, qui réunit une armée pour protéger la ville sainte du royaume, Tours. Là était visiblement le but des Arabes. Ils furent arrêtés le 25 octobre 732 à Moussais, entre Poitiers et Tours, en un combat acharné qui coûta la vie au chef arabe.

L'armée franque ne chercha pas à exploiter une victoire qui restait purement défensive. Charles se gardait bien de s'exposer par une avance téméraire aux cavaliers ennemis qui purent ainsi, tranquillement, piller l'Aquitaine pendant une longue retraite. Charles avait mieux à faire que de sauver une Aquitaine qui se prétendait autonome. Il profita de sa grande armée pour priver de son pouvoir l'évêque de Tours et se ruer sur les évêques Eucherius d'Orléans et Ainmar d'Auxerre, les successeurs de Savary. L'heure tant attendue était arrivée ! Les deux évêques furent arrêtés et exilés dans des églises du Nord-Est. Eucherius mourut en 738, à Saint-Trond, vénéré comme un saint. Les propriétés des deux évêchés furent utilisées : on y installa des comtes francs. Nous trouverons dans la suite à Auxerre une dynastie franque venue de Bavière, qui servira les Carolingiens et en Bavière occidentale, et en Souabe orientale, et en Bourgogne !

Qu'en est-il du mérite historique de Charles « Martel », sauveur de l'Occident près de Poitiers ? Il ne faut ni négliger ni exagérer la portée d'un événement dont un contemporain chrétien vivant à Cordoue sous domination islamique attribuait le succès aux *Europenses*, identifiant ainsi, le premier, le monde carolingien naissant et l'Europe. Certes, après 717, l'année de la résistance héroïque de Constantinople assiégée par les Arabes, 732 fut considéré partout — et certainement à Rome — comme un tournant, montrant les limites de l'expansion arabe. Mais ce n'étaient certainement ni les forêts de la Gaule du Nord ni celles du Massif central qui étaient menacées de conquête durable : les Arabes ne voulaient ni ne pouvaient s'y risquer. Les vrais faits d'armes, Charles et les siens les accomplirent dans la suite, intervenant inlassablement dans le midi de la Gaule, en 735, 736, 737 et 739. Il se porta en Aquitaine contre les Aquitains affaiblis par la mort (735) d'Eudes, en Provence contre un chef local allié aux Arabes, en Septimanie aussi, ce pays visigothique devenu à son tour arabe.

Les pillages francs sont aussi implacables que ceux des Arabes. Le Midi n'est libéré des Arabes qu'à condition de se soumettre à Charles, lequel n'est pas homme à faire des cadeaux ou à combattre pour autrui. Il arrache Avignon aux Arabes. Appelant à l'aide les Lombards, il fait en 739 la reconquête de la Provence. Plus longtemps romaine que toute autre région de la Gaule quant au début et à la fin, et ayant gardé intact son caractère « romain » sous les Mérovingiens, la Provence est bouleversée par la répression brutale de Charles « le marteau », pour donner à ce surnom, dont les premiers témoignages datent du siècle suivant, une interprétation qui n'est pas sans vraisemblance.

Il y a l'autre côté de la médaille : le courage qu'il fallait pour passer à travers une Bourgogne hostile vers les régions méditerranéennes, et pour attaquer les Arabes au cœur d'une Septimanie que les Francs n'avaient jamais conquise. L'acte le plus héroïque, cette bataille livrée en 737, « en Gothie dans un lieu appelé *Birra* », au sud-ouest de Narbonne, avec des pertes terribles des deux côtés, allait entrer dans les chansons de geste du cycle de « Guillaume d'Orange ». Ce Guillaume n'est autre, en effet, qu'un parent des Carolingiens connu plus tard comme saint Guillaume de Gellone dont les combats avec les Arabes autour de 800 ont été confondus avec ceux des Francs sous Charles Martel dans un seul souvenir. C'est en effet ici que commence un nouvel âge héroïque pour les Francs du Nord : il sera à la base d'un art épique qui fera beaucoup pour la naissance d'un sentiment national français. Ces combats contre les infidèles — pensons à Roland — permettent de mieux célébrer l'union de la foi chrétienne et du courage franc.

La dure loi du plus fort que Charles Martel appliquait aussi contre les Frisons païens — « détruits jusqu'à l'extinction » en 734, comme le signale un contemporain — n'était pas pour déplaire à une papauté qui cherchait alors un secours valable contre les Lombards, car ceux-ci, devenus catholiques, n'en étaient pas moins désireux de soumettre toute l'Italie, y compris ce qui appartenait jusque-là à l'empereur de Constantinople et à son représentant, l'exarque de Ravenne. La papauté a demandé à Charles sa protection en lui envoyant les clefs de la tombe de saint Pierre, offrant de se séparer de l'Empire de Constantinople. Charles, lui, tout en faisant le meilleur accueil à l'ambassade, ne souhaitait pas mener une politique anti-lombarde contre un roi, Liutprand, qui venait de lui prêter main-forte en Provence et qui avait fait « fils par les armes » — selon un usage germanique — son fils Pépin. L'importance « légitimante » de cet acte saute aux yeux : la dynastie pippinide, ne l'oublions pas, n'était toujours pas royale. En 737, à la mort du roi Thierry IV, Charles avait osé continuer à gouverner seul, sans roi, se considérant dorénavant comme « prince » des Francs, autrement dit comme le chef héréditaire des Francs. Lorsqu'il meurt en 741 à Paris, les Mérovingiens semblent oubliés. Sa dynastie avec ses deux fils, Carloman et Pépin, apparaît bien comme une puissance européenne.

Bilan des temps mérovingiens

Le monde mérovingien a-t-il été aussi sinistre et primitif qu'on veut parfois le faire croire ? Dans un pays qui est la continuation directe d'un royaume franc, on affirme volontiers que les Francs n'avaient pas le « sens de l'État ». Est-on plus proche de la réalité en reprochant aux Mérovingiens de n'avoir rien laissé sur le plan architectural ? Ne doit-on pas penser aux églises, romanes et gothiques, érigées à l'endroit même des bâtiments mérovingiens à jamais disparus ? Reims compte alors vingt-deux églises. Fortunat vante la splendeur de la cathédrale de Nantes, avec ses trois nefs et sa haute tour (terminée vers 567) et il célèbre le duc Launebode qui, en faisant construire vers 570 à Toulouse la basilique Saint-Sernin-du-Taur, aurait, lui, un homme de race barbare, réalisé ce que les « Romains » n'avaient pas imaginé.

Jean Hubert ajoute que cet éloge convenait aussi aux rois : « Ils ont beaucoup construit et somptueusement construit. » Avant de l'appeler tout simplement Saint-Germain-des-Prés, on appela Saint-Germain « le Doré » l'église construite par Childebert sur la rive gauche de la Seine, pour abriter les reliques de saint Vincent rapportées d'une campagne espagnole. La reine Clotilde avait déjà édifié à Auxerre une basilique sur le tombeau de l'évêque saint Germain d'Auxerre. Clovis avait érigé à Paris celle des Saints-Apôtres pour y être enterré ; on y ensevelit aussi sainte Geneviève en lui conférant des honneurs royaux, et c'est son nom qui resta à l'église. On vantait aussi les mosaïques et les colonnes de marbre de la basilique Saint-Martin, construite aux portes d'Autun à la fin du VIe siècle par la reine Brunehaut. On sait que l'église de Saint-Martin-de-Tours, longue de 50 mètres au moins, avait 120 colonnes, 8 portes et 52 fenêtres.

La liste des bâtiments cités par Grégoire de Tours, y compris des palais royaux, est fort longue. L'évêque de Trèves saint Nizier fit construire une magnifique maison de campagne fortifiée ; il fit aussi reconstruire sa cathédrale, détruite au Ve siècle ; ses murs, de technique purement romaine, sont encore debout par endroits, jusqu'à une hauteur de 24 mètres.

On s'acharne même contre cette civilisation. On conteste « en vain », comme le constate Jean Hubert, le VIIe siècle comme date de construction du magnifique baptistère Saint-Jean de Poitiers, tant sa technique paraît encore romaine, et tant on préfère les origines « antiques » à une période mal aimée. Pourquoi n'aurions-nous pas la liberté de jugement d'un Mabillon, pour qui le VIIe siècle fut le « véritable âge d'or » de la Gaule : le nombre de monastères et de cathédrales construits à ce moment correspond à un essor démographique et économique que la recherche a démontré pour la période qui précède les luttes terribles des maires du palais et le temps de Charles Martel. C'est seulement en ce temps-là que l'on constate un bouleversement complet de la vie religieuse, que soulignent les lacunes que présentent alors les listes épiscopales : c'est le moment de la sécularisation des biens ecclésiastiques par Charles Martel. Un bon exemple, donné par P. Gras, est celui de Saint-Cosme près de Chalon, cette résidence mérovingienne bien pourvue d'églises, tout comme Soissons, Metz ou Paris. On a là une basilique cimétériale des VIe-VIIe siècles, dotée entre autres du village de Gevrey ; Charles Martel la donna à un de ses fidèles et elle était encore, au IXe siècle, aux mains des comtes.

L'époque mérovingienne succède sans solution de continuité à celle du Bas-Empire. A Trèves, à Cologne (Saint-Géréon), à Lyon, à Metz (Saint-Pierre-aux-Nonnains), à Fréjus, à Marseille (Saint-Victor), les baptistères, cathédrales et monastères des IVe et Ve siècles, toujours utilisés et souvent élargis, sont des modèles pour un art qui prend des inspirations à Rome et en Provence, mais aussi en Orient. Car l'influence de l'Orient est profonde, qu'expliquent les origines chrétiennes en Syrie et en Asie Mineure aussi bien que les conditions économiques du commerce méditerranéen avant la rupture des VIIe et VIIIe siècles. Certes, il y a toujours des traces de « barbarisation », surtout à un niveau social moins élevé, comme par exemple dans le cas de l'« hypogée des Dunes », cette crypte modeste que se fit construire à Poitiers, au début du VIIIe siècle, l'abbé Mellebaude. Mais ne sous-estimons pas l'élégance et la qualité de la crypte et des sarcophages de Jouarre, qui datent de la seconde moitié du VIIe siècle : ils appartiennent à un milieu proche de la cour, qui fit venir de loin les meilleurs artistes, surtout d'Italie. Mais la qualité des bâtiments en Gaule est confirmée par les Anglo-Saxons du VIIe siècle qui font venir des *caementarii* de Gaule pour construire des églises « à la manière romaine » ! Les précieux sarcophages de marbre étaient produits d'abord en Provence, mais bientôt aussi dans les carrières pyrénéennes, d'où ils étaient transportés, grâce à un réseau routier encore intact, jusque dans la région parisienne : ainsi à Soissons pour Leutrude, la femme d'Ebroïn ! Là encore, ce sont les invasions arabes et les luttes de Charles Martel qui interrompent une tradition artistique : les grands de l'époque carolingienne seront ensevelis dans des sarcophages réemployés, sarcophages romains et provençaux du IVe siècle.

Aussi ne faut-il pas s'étonner devant la richesse des métiers dont témoigne l'époque mérovingienne avec ses « architectes » et maçons — *architecti, caementarii, structores* — que servent les *lapidarii*, ces tailleurs de pierre que l'on voit travailler dans une carrière près de Poitiers. Il y a, bien sûr, les charpentiers et les menuisiers qui continuent la tradition celtique et romaine de la Gaule et permettent un nouvel essor, avant les temps carolingiens. Certes, les colonnes sont souvent de remploi, mais tel était déjà l'usage de l'Empire chrétien, qui détruisit des centaines de temples païens, sans avoir besoin pour ce faire de Barbares. Quant aux chapiteaux, ils sont produits en des ateliers spécialisés, comme il y en a au même VIIe siècle pour le sarcophage de marbre, de pierre et de plâtre. C'est par milliers que l'on compte ces derniers. Citons encore Jean Hubert : « Les carrières et les ateliers de la région de Dijon fournissaient le Nord et la Champagne. La région nantaise s'approvisionnait en Poitou. La Seine servait au transport des sarcophages en plâtre moulé de la région parisienne vers la Normandie. » La Gaule a donc connu une industrie qui créait des éléments d'architecture « préfabriqués » ; pratique qui montre bien que l'on a fait revivre après les invasions l'antique organisation des officines spécialisées et des transports à longue distance.

Les régions les plus favorisées sont à cet égard les contrées situées entre Seine, Rhin et Loire d'une part, l'Aquitaine de l'autre. Notons que cette dernière est en plein essor à partir de la seconde moitié du VIe siècle : l'appartenance à des « royaumes » mérovingiens différents n'a nullement nui à son développement économique, bien au contraire. Le seul évêque saint Didier fait construire une enceinte, des aqueducs, des maisons, un monastère et plusieurs églises. Huit monastères et hôpitaux sont créés vers 600 hors de l'enceinte du Mans. Les cités sont des « groupes épiscopaux » avec, normalement, deux églises (cathédrale et église paroissiale) et baptistère. Un grand monastère comme Jumièges a deux églises, trois oratoires, un dortoir de 90 mètres et une enceinte avec des tourelles. On innove : les transepts et les clochers des églises datent en Gaule de la période mérovingienne. Cette Gaule mérovingienne, représentée bien piteuse avec ses huttes de bois, mérite d'être redécouverte, et il reste à fouiller des centaines de sites, de palais royaux, de monastères et de bourgs fortifiés même si nombre de ces sites archéologiques sont au centre même des agglomérations actuelles.

La richesse des objets en or et en métal précieux trouvés dans les tombes a déjà de quoi surprendre. On sait la qualité du travail dans la métallurgie et l'orfèvrerie, et les peuples barbares « se montrent là d'une habileté très supérieure à celle des Romains ». Ils ont développé depuis le milieu du Ve siècle la technique du « cloisonné » peut-être apportée par les artistes de la cour d'Attila : l'émail est incrusté dans de petits compartiments de métal précieux.

Sidoine Apollinaire, pourtant habitué au faste, était ébloui par l'éclat du costume et des bijoux d'or du prince franc Sigismer venu chercher épouse à la cour de Lyon. Les tombeaux princiers, celui de la reine Arégonde à Saint-Denis, ceux d'une princesse et d'un prince sous la cathédrale de Cologne, confirment ces observations. La fierté des princes à cet égard se reflète dans la carrière de saint Éloi, homme noble et orfèvre, mais aussi dans les mots d'un Chilpéric Ier qui fait exécuter une œuvre d'or enrichie de pierres précieuses : « Je l'ai fait pour donner de l'éclat à la nation des Francs. » Les trésors des églises, lorsque nous en avons encore les inventaires, dépassent de loin les tombes. C'est un luxe d'or et de pierres précieuses qui étonne en une époque souvent jugée économiquement faible. Le doute n'existe point : elle fut plus riche que la période carolingienne, et le passage de la monnaie d'or à la monnaie d'argent est là pour le confirmer.

Techniques et traditions romaines ne disparurent, sous le coup des apports « barbares », ni dans l'industrie du verre qui exporte jusqu'en Scandinavie, ni dans la céramique où se notent de nouvelles influences, ni dans le travail de l'ivoire où l'on garde la finesse des modèles du Ve siècle. Encore faut-il s'imaginer ces richesses réparties en de nombreuses cours royales et de résidences comtales, en une centaine de cités et en des centaines de monastères.

On est frappé par le raffinement de beaucoup d'objets, quelquefois venus de très loin, comme cette soie de Balthilde, qui provient de Constantinople. Mais on constate aussi les capacités techniques de ceux qui construisent des « thermes » dans le fisc royal d'Athies, dans le monastère poitevin de Sainte-Radegonde et les demeures de l'évêque de Bordeaux.

Ces observations suffisent à démontrer que les échanges ne peuvent avoir été nuls sous les Mérovingiens. Les centaines de localités où l'on frappait monnaie le laissent aussi à penser. Le Nord-Est et la Germanie connaissent certes, comme l'Angleterre, l'emploi de balances portables, qui trahissent des échanges effectués souvent en dehors des centres urbains et vus comme des « échanges » proprement dits d'une valeur en métal précieux, éventuellement à obtenir en fondant la monnaie. Les autres régions de la Gaule vivent dans une ambiance aussi romaine qu'urbaine, et l'on y considère la monnaie comme le moyen de paiement courant, selon la valeur indiquée, donc en moindre dépendance de la valeur métallique effective.

L'intensité du commerce et la diversité des marchandises apparaît aussi à travers le nombre et la variété des droits de douane, dont sont exemptés les navires, bêtes de somme et voitures des monastères qui font du trafic mais non du commerce — en transportant par exemple le sel de salines de l'église vers ses autres possessions. Une de ces exemptions du VIIe siècle énumère plusieurs « stations » de douane : Toulon, Marseille, Fos, Arles, Avignon, Soyons, Valence, Vienne, Lyon, Chalon-sur-Saône. A côté du *teloneum* en général, on connaît le *rotaticum* pour les transports par voitures à roues, le *portaticum* pour les transports à dos d'homme, le *saumaticum* pour les bêtes de somme, le *barganaticum* pour les barques, le *pontaticum* pour le passage des ponts, l'*exclusaticum* pour celui des écluses, le *pedagium* pour le passage à pied et le *pulveritacum* pour le passage « poussiéreux » des troupeaux. Ce dernier est mentionné déjà dans le Code théodosien, ce qui prouve qu'il ne s'agit pas d'inventions mérovingiennes un peu naïves, mais de la continuation pure et simple de l'administration fiscale du Bas-Empire. Celle-ci se trouve d'ailleurs également dans la continuité des impôts qui frappent les personnes et les terres. Les églises sont mêmes soumises, comme à l'époque romaine, à ces contributions exigées par l'état des hommes qui vivent sur ses terres.

Les textes parlent bien sûr des chevaux et des mulets, voire des ânes, capables de porter de 100 à 150 kg à raison de 20 à 25 km par jour. Mais on trouve aussi mentionnés plusieurs fois en Gaule mérovingienne des dromadaires, qui portent 250 à 300 kg. Le transport sur terre, de toute façon, se fait en caravanes, pour cause de sécurité.

Dans ce monde encore « romain », nous trouvons les *negotiatores* les plus divers. Juifs et Syriens, spécialistes des relations méditerranéennes, ont leurs quartiers à Marseille, à Lyon, à Paris. Ils portent l'épée. Lors de l'entrée solennelle à Orléans d'un roi mérovingien, ils forment leur propre cortège. A la fin du VIe siècle, alors qu'un riche Syrien de Bordeaux, Euphron, risque de perdre sa fortune au profit de l'évêque qui est un parent des Mérovingiens, un autre, Eusèbe, achète une charge épiscopale comme le font normalement les grands propriétaires d'origine romaine, et termine dignement, comme évêque de Paris, une vie réussie. Il cherche même à bien placer dans le clergé d'autres Syriens.

Autre indice de l'influence et de la richesse des marchands, cet acte royal par lequel Clotaire II confirme les donations considérables qu'un *negotiator* du nom de Jean fait à plusieurs églises parisiennes. Ces hommes possèdent des immeubles en ville, des domaines à la campagne. Comme à l'époque romaine, ils peuvent être spécialisés : un marchand lyonnais ne s'occupe que de vin ; un autre, à Trèves, ne vend que du sel.

Autre métier spécialisé, la traite aux esclaves prend un essor particulier au moment où les Arabes s'installent en Espagne. On leur vend des Anglo-Saxons, mais surtout des Slaves faits prisonniers au cours de véritables razzias sur les frontières orientales. Leur désignation nationale, *Sclavi, Sclavones*, devient ainsi synonyme — et origine — du mot « esclave ». La jonction des deux courants de commerce des esclaves se fait à Verdun où l'on trouve jusqu'au Xe siècle des spécialistes du commerce avec l'Espagne musulmane, surtout des Juifs polyglottes. Or, Verdun est mentionnée comme ville de commerce dès le VIe siècle quand, sur la demande de son évêque, le roi d'Austrasie Theudebert Ier concède aux habitants un prêt de 7 000 sous d'or — la somme est assez considérable —, pour aider à l'expansion de leur commerce : une sorte de politique économique.

Le problème des capitaux nécessaires pour le commerce à grande distance est résolu par des emprunts auprès de parents et même de clients. Que les négociants puissent se procurer des navires fluviaux en les louant est bien significatif, comme l'est le fait que beaucoup ne travaillent pas à leur propre compte, mais sont au service du roi, des grands et des églises, même des monastères. Les « marchands du palais » sont donc les successeurs de ceux qui servaient l'empereur aux IVe et Ve siècles. Moins indépendants, ils sont mieux protégés. Ils sont même privilégiés par le fait qu'ils ne paient pas de droits de douane au fisc auquel ils appartiennent. Ajoutons à cela la solvabilité de leurs clients de la cour, qu'intéressent surtout les produits de haut luxe : soie, étoffes précieuses, épices, joyaux, parfums. Les évêques, les familles sénatoriales et l'aristocratie de province sont également un marché important dans une Gaule qui n'a pas perdu le goût du luxe, dominée qu'elle est par les riches et les puissants. Ces *potentes* forment un monde à part, au-dessus des *pauperes* qui n'ont rien à voir avec notre notion de « pauvres » ; ce mot désigne les hommes libres qui vivent de leur travail et sont dépourvus de privilèges, de clientèle et d'influence, mais peuvent parfaitement avoir des serviteurs et des esclaves.

A côté des produits de luxe, les marchandises plus communes — et de plus grand volume — ne manquent pas, comme le sel, la cire, l'huile, le blé, la viande salée, le poisson, voire une sauce au poisson, le *liquamen*. Le monastère jurassien de Saint-Claude doit au Ve siècle se procurer le sel de la Méditerranée parce que l'accès au sel plus proche des salines en Lorraine — qui appartiendront au fisc sous les Mérovingiens — est alors trop risqué à cause des incursions des Alamans. On le voit, les conditions de vie en Gaule mérovingienne se sont améliorées. Le pays connaît aux VIe et VIIe siècles un essor qui ne sera interrompu qu'autour de 700 par les troubles intérieurs et les incursions arabes.

Parmi les produits qui jouent un rôle dans le commerce intérieur, n'oublions pas le vin dont on pousse la production autour des résidences des grands laïcs et ecclésiastiques. Saint Remi mentionne dans son testament une vigne qu'il a plantée « de propre labeur » ; saint Germain, évêque de Paris, en a également fait planter une. Le vignoble de Gaule s'est donc étendu vers le nord, on mentionne des fûts de vin dans le commerce et même la région parisienne pourra, par la suite, exporter du vin vers le Nord-Est. Vêtements et tissus méritent aussi une mention particulière : ils supposent l'existence d'une certaine industrie, pour laquelle les témoignages ne manquent pas. On a simplement continué le système romain des « gynécées » où les femmes travaillent ensemble. Une production massive de draps d'une qualité inférieure est attestée pour la Provence du VIe siècle. En 661 encore, Clotaire III permet au monastère de Corbie d'acheter des tissus en Provence sans payer de droits ; il s'agit de faire des capuces pour les moines. Mais la production de laine et du lin est assez généralement répartie, surtout dans les domaines royaux.

Seuls les riches et les puissants, les saints et leurs serviteurs apparaissent dans nos textes. Certes, il se peut qu'un miracle arrive à un misérable, mais le rôle de ce dernier est plus souvent de contribuer à la sanctification des riches qui peuvent faire l'aumône. En général, ni la stratification sociale, ni la base économique, rurale, de la grande masse de la population de la Gaule n'ont sensiblement changé sous les Mérovingiens en comparaison de ce qu'elles étaient sous le Bas-Empire. C'est ainsi que, par exemple, le droit des peuples germaniques en ce qui concerne les « esclaves » romains s'est largement adapté aux réalités romaines et au droit romain en la matière. Les statuts sociaux étaient réglés d'avance par la naissance libre ou servile : les catégories intermédiaires créées par concession d'une liberté personnelle sauvegardant pourtant une obligation envers le maître, celles des affranchis, sont importantes, surtout sur les domaines des églises. Chaque catégorie sociale des peuples barbares a fait très tôt sa jonction avec la catégorie correspondante de la population indigène, et c'est là l'une des bases de la cohésion des nouvelles entités politiques. Les affranchissements sont le fait du roi puis aussi des grands, et surtout de l'Église ; or celle-ci doit affranchir, selon la « loi » d'après laquelle elle vit : le droit romain. Ainsi, aux VIe et VIIe siècles on peut toujours devenir « citoyen romain », *civis romanus*, ce qui n'est plus une indication « nationale », mais sociale.

De l'importance relative des groupes « nationaux » et sociaux et du total de la population, nous ne savons rien de précis. On suppose toutefois, pour les régions jusqu'à la Seine, où le mode d'inhumation des Francs est largement adopté par la population indigène, que la part des hommes d'origine franque n'a guère dépassé dix pour cent, et qu'il est resté infime ailleurs. Mais on constate dans les fouilles de nombreux cimetières un « type gallo-belgo-franc » (P. Périn) significatif pour le nord et le nord-est de la Gaule, type cependant très marqué par son origine gallo-romaine. Le « phénomène franc » à l'intérieur de la Gaule — mais non dans ses marges orientales — est donc plus politique et social qu'ethnique, et les nécropoles sont plus une indication sur la manière de vivre et de mourir que sur le peuplement ou l'origine.

L'influence du droit franc, très tôt fixé par les premières rédactions de la « loi salique », est assez grande au nord de la Loire quant à la procédure : grâce aux « plaids » comtaux, celle-ci se francise rapidement, surtout dans le domaine du droit pénal et des « compositions » en argent taxées selon la « valeur » de l'homme tué ou blessé (*Wergeld*, en germanique). Cette influence reste faible dans le droit privé, pour les échanges de biens meubles et immeubles, où le droit romain, accepté par les hommes d'origine germanique, évoluera diversement pour aboutir aux « coutumes » ultérieures.

Du plus grand intérêt sont les formes de vie associative, seul moyen d'entraide, seule possibilité autre que l'échange d'une soumission contre une protection. On a longtemps pensé qu'il s'agissait là d'un apport purement germanique, aux effets considérables qui s'expriment dans la communauté des paysans, par exemple pour l'usage des biens communs — les « communaux » — du village. Mais on vient de découvrir (O. G. Oexle) que les formes si riches de vie associative et d'entraide des groupes professionnels, développées par la société romaine et gallo-romaine, surtout dans les villes, n'ont point disparu et constituent bien les racines directes des *conjurationes, geldoniae, confratriae*, ces confraternités et ghildes mentionnées à l'époque carolingienne par l'archevêque Hincmar de Reims. Toute une vie communautaire se développe précisément en Gaule mérovingienne par la multiplication des églises dans les villages les plus importants. On la rencontre dans les « fabriques » des églises, mais aussi dans le clergé où une idée de vie commune apparaît pour la première fois en 535 au concile de Clermont. Et l'on connaît aussi des associations de marchands et d'autres métiers. Tout cela prolonge donc des concepts déjà vivants dans la société gallo-romaine. Le brouillard épais entre « Antiquité » et « Moyen Age » disparaît : il était dû à notre ignorance du passé, non pas à l'insuffisance des hommes de cette époque.

Les paysans, les « colons », sont des hommes sans pouvoir. S'ils ne sont protégés par l'État ou l'Église, ils sont livrés aux *potentes* qui, avec leurs agents établis dans leurs vastes domaines, représentent pour eux, pratiquement, le pouvoir public, et cela depuis l'époque romaine. Or c'est là la masse des paysans qui vivent en Gaule mérovingienne. Leurs conditions de vie, sociales et économiques, n'ont guère changé. La grande propriété continue d'autant mieux que la même famille gallo-romaine est le plus souvent restée propriétaire, que le pouvoir public est le même : le roi à la place de l'empereur.

Avec des méthodes d'exploitation adaptées à de notables différences régionales, comme lorsque le Nord-Est profite d'un rétablissement après les dévastations des siècles précédents, c'est toujours le système dont nous avons esquissé le tableau pour le Bas-Empire, avec la réserve du maître et des hommes qui partagent leur travail entre celle-ci et leurs « propres » terres. Il est vrai que, surtout dans le Nord-Est mais aussi dans d'autres régions, le nombre de petites exploitations aux mains d'hommes libres reste assez élevé.

L'un n'exclut d'ailleurs pas l'autre. Les propriétés des riches sont souvent éparpillées, et se composent de parties hétérogènes, de grandeur inégale. Les partages successoraux ont joué : des échanges organisés pour arrondir les héritages en sont témoins. Les sources plus riches de l'époque carolingienne permettront de revenir sur cette économie agraire, et sur la vie des hommes, dont on a souvent souligné la précarité, l'indigence, la faiblesse devant la maladie ou le moindre manque. Mais il est prudent de distinguer les lieux et les périodes. La Gaule mérovingienne n'a pas connu que des malheurs et une certaine aisance n'a pas toujours manqué aux hommes, même de condition modeste. Le réservoir humain dans lequel va puiser un conquérant comme Charlemagne dévoilera la force relative d'une population rurale qui vivra ses moments les plus difficiles, non sous les Mérovingiens, mais sous les Carolingiens.

Il est difficile de préciser l'importance de la population dans cette Gaule mérovingienne, avec plus de cent centres urbains et des centaines de centres ruraux qui ont connu au VIIe siècle un accroissement de population. Et pourtant, la Gaule a connu le choc terrible des épidémies de peste venues de la Méditerranée au VIe siècle — elles ont touché la Provence et le couloir Rhône-Saône — et à la fin du VIIe.

Le monde mérovingien est riche et diversifié. Il y a cette ville de Paris, alors florissante avec son pont chargé de boutiques « à la romaine ». Le plus fort de la population vit sur la rive gauche, où l'on trouve huit des treize cimetières mérovingiens découverts jusqu'ici. Paris est entouré de plusieurs monastères et d'une douzaine de fiscs royaux. On y trouve l'atelier monétaire le plus actif après celui de Marseille. On y voit commencer l'enluminure des livres en parchemin, ce nouvel art qui est particulièrement développé dans les grandes abbayes, Luxeuil, Fleury, Chelles, Corbie, Saint-Denis, toutes fondations mérovingiennes et bases de l'essor carolingien. On connaît aussi cette puissante abbaye de Ligugé qui émet une monnaie d'or et dispose à la fin du VIIe siècle d'une église à grand chevet, avec des carrelages émaillés de tradition romaine. Il y a cette sépulture d'un guerrier inhumé vers 540 au cimetière mérovingien d'Hérouvillette (Calvados), accompagné de ses outils de forgeron-orfèvre. Des tombes de chefs francs se trouvent dans des petites églises fondées par eux, qui sont autant de centres d'évangélisation, tout comme ces lieux de culte pourvus d'absides que l'on trouve dans les villas de leurs contemporains gallo-romains du même rang. On a trop souvent « oublié » l'importance de ces monuments-là pour la continuité religieuse et artistique.

Cette richesse contraste curieusement avec la pauvreté, la misère, la dépression — aux sens économique et psychologique — dont nous parlent des auteurs qui répètent de très vieux clichés datant de quelques humanistes qui, vraiment, ne pouvaient savoir grand-chose, et confondaient l'écriture carolingienne avec celle des Romains. Ces humanistes ne pouvaient comprendre qu'ils devaient la connaissance de la littérature antique aux scribes carolingiens, et avant eux aux mérovingiens. Les recherches en cours et les découvertes archéologiques font de plus en plus découvrir aux Français une des périodes les plus vivantes de leur histoire. L'erreur de ceux qui se sont tant moqués de ce temps trouve son excuse dans la perte de la plupart des monuments et des documents. Sur des centaines de milliers d'actes écrits — il fallait six lettres au moins pour une nomination épiscopale, et le moindre changement de propriété passait par l'écrit, beaucoup plus commun qu'ensuite sous les Carolingiens — subsiste tout juste une centaine d'originaux. Un hasard heureux nous a conservé quelques documents comptables de Saint-Martin de Tours du VIIe siècle finissant : ils prouvent que les textes de ce genre, exigés des églises de son royaume par Charlemagne, ne sont qu'une réintroduction de modes d'administration romains et mérovingiens. Or ces documents de Tours nous donnent plus de neuf cents noms de personnes encore déchiffrables — et l'indication précise des prestations en froment, seigle, orge et avoine dues par ces tenanciers.

A une majorité écrasante, ces noms sont germaniques, ce qui prouve deux choses : même des Francs d'origine étaient de simples tenanciers ; surtout, tout le monde, vers 700, au nord de la Loire, pouvait porter ces nom francs qui sont devenus bien français, depuis : Arnoul, Albert, Oudri, Boson, Robert, Évrard, Gilbert, Lambert, Léonard, Guibert...

Les fondements de l'économie rurale, mieux reconnaissable aux siècles suivants, ceux de l'Église avec ses synodes diocésains et la « cléricalisation » de la vie religieuse, ceux de l'évangélisation effective de la Gaule et des pays voisins, ceux de la symbiose romano-celte-germanique, ceux d'une royauté forte qui finira par être française, tous appartiennent à cette période. Elle n'est ni « âge ingrat » ni « enfance » en un sens péjoratif, mais un âge plein de vie pendant lequel les traditions anciennes — et parmi elles la langue latino-romane — se sont maintenues et des formes nouvelles sont nées.

Vers la fin du VIIe siècle la Gaule a vécu des transformations décisives, et tout d'abord le déclin du Midi. Longtemps le commerce des marchands syriens et juifs avait continué d'animer une Méditerranée dominée par la flotte impériale, surtout depuis Justinien. Il est frappé en 656 par la perte définitive de l'Égypte : les Arabes occuperont finalement toute l'Afrique septentrionale et, en 711, l'Espagne visigothique. Ils étendront alors leurs attaques vers le sud de la Gaule. Ils auront la maîtrise de la mer en Occident. Un signe : le papyrus importé d'Égypte cesse vers 670 d'être utilisé par les Mérovingiens ; les actes seront dorénavant rédigés sur du parchemin. Tandis que les Juifs se maintiennent, les Syriens disparaissent, absorbés dans la population de la Gaule. Les Saxons d'Angleterre et les Frisons jouent maintenant les premiers rôles — on les trouve jusqu'à Marseille !

Au déclin de Marseille et d'Arles correspond donc l'essor du Nord et du Nord-Est. Le centre de gravité économique de la Gaule se déplace vers Paris, vers la Neustrie où une foire appelée plus tard « Lendit » enrichit l'abbaye de Saint-Denis grâce à des échanges avec les Anglo-Saxons et avec des Frisons, mais aussi vers Maastricht et Duurstede, dominant le commerce austrasien avec l'Angleterre. Les nombreuses fondations de monastères faites par la royauté neustrienne et les maires du palais austrasien constituèrent dans ces régions — où elles rénovèrent une vocation céréalière — autant de nouveaux centres économiques qui attirèrent une population plus nombreuse, qui constitua elle-même un marché croissant. L'adaptation nécessaire concerne aussi la monnaie, jusqu'alors en or (*solidus* ou *triens*). Elle sera remplacée par une monnaie d'argent, longtemps tenue pour une innovation carolingienne selon un modèle anglo-saxon.

CHAPITRE XIV

De Pépin à Charlemagne

Pépin le Bref, fondateur de la monarchie carolingienne

Agissant en conquérant, Charles Martel avait causé un choc dans l'aristocratie et l'Église de Neustrie. Il suffit de citer des cas comme celui d'Hugues, fils de son demi-frère Drogon : il le nomma abbé de Saint-Denis, « évêque » de Paris, Rouen, Bayeux, Lisieux et Avranches, abbé de Jumièges, et enfin — contre l'abandon de Saint-Denis — abbé de Saint-Wandrille. Agatheus, comte de Nantes et de Rennes, fit de même administrer par ses hommes les évêchés de ces villes tout en étant lui-même, un moment, « évêque » de Chartres.

L'équilibre respecté jusqu'ici en cas de suprématie neustrienne ou austrasienne était rompu, et cela ne pouvait durer. Charles avait préparé la solution en faisant éduquer ses fils Carloman et Pépin par l'élite du clergé : destiné au gouvernement de la Neustrie, Pépin l'avait été à Saint-Denis. En 768, étant tombé malade sur la Loire inférieure, Pépin se fit transporter à Saint-Denis pour y mourir et y être inhumé ; il donna ordre à ses fils Charles et Carloman II de construire à Saint-Denis une église, plus grande et belle que celle de Dagobert, avec plus de cent colonnes et avec des portes d'or, d'argent et d'ivoire. L'œuvre fut exécutée avant 775. Pépin et Saint-Denis sont ainsi le symbole d'une nouvelle symbiose, après cette seconde vague de « germanisation » qui sous Charles Martel a bouleversé les élites, comme un regard sur les listes épiscopales suffit pour s'en convaincre. Au moment de sa mort, Pépin aura réussi l'intégration dans un seul monde carolingien de l'Austrasie et de la Neustrie.

Son père avait laissé une autre hypothèque, dynastique. Malgré un règlement de succession approuvé par les grands — il prévoyait le partage du royaume entre Carloman et Pépin —, Charles avait fait, peu de temps avant sa mort, un partage en trois. La partie centrale devait échoir à Grifon, le fils cadet qu'il avait eu de sa seconde épouse, la Bavaroise Suanahild, dont il subissait en ce moment l'influence. Dès la mort de leur père, Carloman attaqua Grifon et le jeta en prison. Puis il rencontra Pépin au Vieux-Poitiers, pour partager la part de Grifon.

Les frontières qui sortirent de ce partage n'ont été élucidées que récemment. Elles laissaient à Carloman, avec la Germanie, tout le pays au nord d'une ligne Paris-Soissons jusqu'à la Seine, avec Rouen. Pépin avait Trèves et Metz, où il installa comme évêque en 742 l'un des « référendaires » de son père, saint Chrodegang, une des figures dominantes de l'époque. Dans les deux « royaumes », Neustriens et Austrasiens étaient donc mélangés : cela favorisera la naissance d'une seule « Francie » entre Seine et Rhin, les termes « Neustrie » et « Austrasie » désignant finalement les régions périphériques au-delà de la Seine et du Rhin. Pour effacer l'impression pénible des dissensions nées autour de Grifon et soulignées par le mariage contre leur volonté de leur sœur Hiltrude avec Odilon, duc de Bavière, Carloman et Pépin rétablirent en 743 un Mérovingien sur le trône vacant depuis 737 : ce fut Childéric III, fils de Chilpéric II. Ils pensaient renforcer ainsi leur légitimité face aux principautés qui, comme l'Aquitaine, la Bavière et l'Alémanie, n'avaient jamais été vraiment soumises par leur père.

Les réformes ecclésiastiques amorcées alors par les deux frères — ils prirent le titre de « prince » et « duc des Francs » — se comprennent mieux quand on analyse les frontières de leurs royaumes. On constate que la nouvelle dignité « archiépiscopale », introduite en accord avec l'Église de Rome, échoit à deux archevêques dans chacun des royaumes : Boniface en

Germanie et Grimo à Rouen (royaume de Carloman), Abel, un moine irlandais, à Reims et Ardobert à Sens (royaume de Pépin). Ce programme avait été inspiré par saint Boniface, cet Anglo-Saxon dont l'influence sur Carloman était d'autant plus déterminante que celui-ci dominait en 743 la situation politique.

Le cadet, Pépin, changea d'attitude à partir de 744. Il s'allia à l'aristocratie en épousant Berthe, ou Bertrade, fille du comte de Laon Caribert, qui était possessionnée à Meaux comme dans l'Eifel : les époux installeront dans leur abbaye de Prüm une communauté monastique venue de Meaux. Certes, les synodes réunis simultanément en 744 aux Estinnes — un palais de Carloman au sud de Nivelles, sur la route de Liège à Bavay — et à Soissons, chez Pépin, expriment une volonté presque identique de meilleure formation et de discipline du clergé ; mais le changement du personnel épiscopal n'est réalisé qu'en Austrasie, où Gewilib doit renoncer au siège de Mayence à cause d'une vengeance contre un Saxon au cours d'une campagne en Saxe. Milon garde en revanche son siège de Trèves, et même le contrôle de celui de Reims.

Plein d'amertume, saint Boniface déplore son impuissance devant « Milon et autres du même genre », protégés non seulement par Pépin, mais aussi par le clergé que conduit saint Chrodegang. Celui-ci est bien résolu à limiter l'influence des Anglo-Saxons et celle de l'Église de Rome dans une réforme qu'il veut mener au sein même de l'aristocratie gallo-franque, comme il le montrera par la remarquable règle qu'il introduira pour le clergé des cathédrales. L'action de saint Boniface en Thuringe sous Charles Martel, puis en Bavière sous les ducs — il y fonde des évêchés — et enfin dans le royaume de Carloman où il installe des Anglo-Saxons sur les nouveaux sièges épiscopaux n'aura donc jamais dépassé ce royaume de Carloman. Quand celui-ci abdique en 747, choisissant un exil significatif d'abord chez le pape puis dans un monastère en territoire lombard, le rôle de

Boniface se réduit encore. Tout ce qu'il obtient, c'est de transmettre à un Anglo-Saxon son propre siège de Mayence. Boniface retournera sur le théâtre de ses premiers exploits, chez les Frisons païens, pour y mourir martyr en 754.

Les origines anglo-saxonnes et romaines des Églises de Germanie laisseront des traditions différentes de celle de la Gaule. De même, le rejet par le clergé gallo-franc — appuyé sur Pépin — d'une forte influence romaine et anglo-saxonne sera la victoire commune d'un Carolingien et de l'aristocratie neustrienne et austrasienne réunis : cette nouvelle « solidarité franque » sera à la base de l'histoire ecclésiastique de la France. Dans l'immédiat elle conduit à l'élection royale de Pépin par cette aristocratie. Pépin, l'élève de Saint-Denis, a parfaitement compris que — même si la puissance est temporairement concentrée en Austrasie plus qu'en Neustrie — la légitimité d'un successeur de Clovis et de Dagobert sur le trône devenu depuis longtemps plus « neustro-burgondien » qu'austrasien ne saurait être acquise qu'en accord avec l'aristocratie de la « région parisienne », au sein de laquelle un mélange subtil, neustro-austrasien, a fini par satisfaire tout le monde. Sans la réussite de l'homme politique Pépin, il n'y aurait pas de Charlemagne.

Cette solidarité franque s'est également forgée dans une lutte commune contre la contestation de l'autorité carolingienne — insensiblement devenue contestation de la suprématie franque — par les principautés périphériques depuis la mort de Charles Martel et, de nouveau, depuis l'abdication de Carloman et les rebondissements spectaculaires de l'affaire Grifon qui en sont la conséquence.

Carloman et Pépin avaient combattu, ensemble ou séparément, les Saxons, les Alamans, les Bavarois et les Aquitains. Lors de leur victoire commune de 743 sur Odilon de Bavière, ils trouvèrent un légat du pape Zacharie plutôt favorable à la cause bavaroise : le pape s'arrangeait avec les Lombards, lesquels étaient alliés des Bavarois ! Quand Carloman voulut achever en 746 la soumission des Alamans, il proposa une réunion avec leur aristocratie, et fit là massacrer par trahison ses adversaires. L'acte était sans doute trop machiavélique pour la conscience d'un prince pieux, qui abdiqua l'année suivante. A ce moment, Pépin, plus scrupuleux, fit libérer Grifon, le captif de Carloman. Mais celui-ci se considérait comme héritier de son père au même titre que Pépin — il se rendit avec ses partisans en Saxe, puis en 748 en Bavière. Il était fils d'une princesse bavaroise. La Bavière le reconnut comme « prince ».

Pépin le délogea *manu militari* et installa comme duc Tassilon III, fils d'Odilon. Mais pour « calmer » les oppositions il donna en 749 à Grifon le duché du Mans avec douze comtés. Lorsqu'il apprit que Pépin préparait son élection royale — ou venait de la réussir —, Grifon se considéra comme lésé de nouveau. Il se rendit auprès de Gaifier, duc d'Aquitaine, pour attiser la révolte, laissant derrière lui des grands fidèles. C'est ainsi que Pépin trouva les portes du Mans fermées par le comte et l'évêque. Il se tourna alors contre les Bretons, alliés de Grifon, et enleva Vannes, qui formera avec Nantes et Rennes le *limes Britannicus*. Cette « marche » contre les Bretons, établie par Pépin, sera confiée à la même dynastie tréviroise à laquelle appartient Milon : un des « marquis » de cette marche s'appellera Roland. Mais en Maine, tout ce que peut faire Pépin, c'est enlever l'abbaye de Saint-Calais à l'évêque du Mans récalcitrant et la prendre sous sa protection. Quand, enfin, une action commune se prépare en Italie, en 753, entre Pépin et le pape contre le roi lombard, Grifon se précipite pour joindre ce nouvel adversaire de son frère, mais il tombe au passage des Alpes, intercepté par des comtes de Pépin.

Ces détails montrent la précarité d'un pouvoir. La moindre dissension au sein de la famille régnante est exploitée par les pouvoirs périphériques. C'est pourquoi Pépin et son fils Charles — le futur Charlemagne est né en 747 et reçoit à sa majorité le gouvernement du duché du Mans — considéreront comme leur tâche principale de soumettre l'Aquitaine, la Bavière et la Saxe. Ils y emploieront un demi-siècle.

Cela ne les a pas empêchés de mener à bien dans le même temps une politique « étrangère » d'envergure : ils ont su, par une politique habile et des actions rapides, dominer les difficultés intérieures et extérieures. On sait l'idée très haute qu'ils avaient de leur tâche, certains qu'ils étaient d'être l'instrument de Dieu dans le monde comme l'avaient été les rois de l'Ancien Testament. Combinant la déférence devant la dignité du prêtre, de l'évêque et du successeur de saint Pierre avec la grande fermeté d'hommes qui connaissaient leur rôle dans l'Église, inséparable du peuple de Dieu qui leur était confié, leur politique envers l'Église et la papauté ne s'explique pas sans une référence constante à leur vision du monde. Cette « idéologie royale », confirmée et encouragée par l'Église romaine qui trouvait en elle une alliée sensible, dans une certaine mesure, aux arguments de l'Église, sera la force de la nouvelle dynastie franque. Elle ne se contentera plus de nommer les évêques, mais, royauté à l'image de David régnant sur le peuple élu, elle prendra évêques et abbés dans son service. Service de Dieu, du roi, de l'État et de l'Église seront une seule et même chose. L'âge de la fusion du spirituel et du temporel en une unité indissociable, tel est l'âge carolingien. Il ne finira qu'avec la réforme grégorienne, qui rejeta le rôle du prince et de l'État au sein même de l'Église.

C'est dans cette perspective qu'il faut voir l'accès de Pépin à la dignité royale — en plein accord avec la papauté — et celui de son fils à la dignité impériale, qui consacre cet accord. Les rois qui réussissent cette ascension sont les ministres de Dieu sur terre. Leur armée, l'*exercitus Francorum*, est l'instrument de Dieu : on prie pour elle dans les églises. Elle combat, certes, les païens en Saxe comme en Gothie et en Espagne, mais un peu partout les

« ennemis de Dieu ». Voir en Charlemagne un simple « chef de bandes armées », c'est ignorer non seulement les deux cents évêchés, deux cents palais, plus de cinq cents comtés, sept cents abbayes, et un millier de domaines du fisc. C'est aussi oublier la force spirituelle de cette époque qui sublime la brutalité par une foi fervente, et qui donne à l'Europe occidentale sa première idée d'État. Née en Gaule, cette idée sera à la base du Saint-Empire comme de la royauté française.

Les Mérovingiens ont continué une Antiquité tardive. Pour ne citer que cet exemple, Chilpéric a rétabli les jeux du cirque à Paris et à Soissons. Les Carolingiens, certes, imitent la Rome des papes, la Constantinople des empereurs et la royauté hébraïque de la Bible, tout en intégrant traditions franques et suggestions anglo-saxonnes. Mais ils innovent et créent un monde différent que certains aiment nommer « le » Moyen Age en oubliant que ce Moyen Age-là n'a duré que trois siècles.

Nous connaissons l'homme qui inspire et exécute la politique romaine et italienne de Pépin, son conseiller préféré qui devient abbé de Saint-Denis, vers 750. C'est Fulrad. Issu d'une grande famille du Messin qui a acquis au service de l'État une fortune foncière en Alsace et en Alémanie — il la léguera à son abbaye —, il est un véritable ministre de Pépin. Avec le titre de « chapelain » — la « chape » de saint Martin est passée de la cour mérovingienne à celle des maires du palais — et d'« archiprêtre » de la Francie, il dirige le clergé de la cour. Accompagné de l'évêque Bouchard de Würzburg, représentant du clergé austrasien auprès d'un saint Boniface bien en cour à Rome, Fulrad se rend en ambassade officielle auprès du pape Zacharie, et c'est lui qui pose au pape la fameuse question : « Les rois n'exercent plus le pouvoir dans notre royaume. Est-ce un bien, est-ce un mal ? » La réponse sera : « Mieux vaut appeler roi celui qui exerce le pouvoir effectivement, afin que l'ordre ne soit pas troublé. »

Childéric III fut tonsuré et relégué dans le monastère de Saint-Bertin à Saint-Omer. En novembre 751, Pépin était élu roi et, premier parmi les rois des Francs, sacré avec le saint chrême.

Étienne II, successeur en 752 de Zacharie, vint, après des pourparlers avec Aistulf, roi des Lombards, trouver le nouveau roi à son palais de Ponthion. Il y parvint le 6 janvier 754 après un voyage des plus pénibles à travers les Alpes. Fulrad l'avait attendu dans la vallée du Rhône. Charles — le jeune prince avait six ans — alla à la rencontre du pape aux approches du palais. Enfin Pépin prit lui-même les brides du cheval du pontife et le guida pour la dernière partie du chemin, faisant en cela le service que des empereurs avaient déjà rendu à des pontifes romains. Ce cérémonial de l'arrivée précéda le moment émouvant où le pape se jeta aux pieds du roi pour lui demander son aide contre ses ennemis en Italie. Après les premiers pourparlers, on se rendit à Saint-Denis, où Étienne II logea chez Fulrad. Puis il procéda à une nouvelle onction royale, étendue cette fois à la famille de Pépin : la reine Bertrade et les deux fils, Charles et Carloman, furent sacrés. Les trois princes furent qualifiés de « rois des Francs et patrices des Romains ». Le pape lança enfin l'anathème contre ceux qui oseraient prendre le titre de « roi des Francs » sans être issus de la lignée de Pépin. Toutes les précautions ecclésiastiques possibles étaient donc prises pour assurer aux seuls Carolingiens, mais aussi à la seule « lignée de Pépin » l'exercice légitime du pouvoir suprême.

En invitant le Carolingien à intervenir en Italie, la papauté consomme sa rupture avec les empereurs de Constantinople. Grégoire III (731-741) a été le dernier pape à demander au gouvernement impérial la confirmation de son élection. Paul Ier (757-767) est le premier à annoncer la sienne à la cour franque. Malgré une opposition aristocratique à l'aventure italienne et à la rupture avec les Lombards, Pépin mène donc en 754 une action militaire vigoureuse contre le roi Aistulf. Il la répète même en 756, lorsque ce dernier revient sur sa soumission.

Fulrad est alors chargé de mettre en œuvre le règlement imposé par Pépin ; une partie de l'ancien « exarquat » de Ravenne, conquis en 751 par les Lombards et occupé par les Francs en 756, sera « remise » au pape, malgré les protestations de l'empereur byzantin. Devenu le protecteur reconnu de l'Église de Rome en tant que « patrice des Romains », le roi franc ose braver l'empereur. Et c'est ainsi que sont jetées les bases du « Patrimoine de saint Pierre », ce futur État de l'Église romaine dont l'autre partie, le duché de Rome, est gouvernée depuis Étienne II par le pape, reconnu comme duc par l'empereur. La double usurpation des droits des Mérovingiens en Gaule et des droits byzantins en Italie, commise en connivence par une dynastie pippinide qui se détache définitivement de l'aristocratie dont elle est issue et par une papauté qui s'érige en puissance territoriale, scelle l'alliance des deux partenaires, également convaincus de leur bon droit. Cette alliance donnera à l'Occident ses nouvelles assises politiques et ecclésiastiques.

Comment ces Francs-là, devant lesquels les Lombards d'Italie s'étaient inclinés par deux fois, ne seraient-ils pas venus à bout de leurs ennemis en Gaule ? Déjà en 752, Pépin avait tenté de s'emparer de la Septimanie que les Mérovingiens n'avaient jamais conquise. Il voulait ainsi prévenir l'occupation de ce pays sous domination musulmane par les Aquitains, qui avaient entrepris de l'attaquer dès 751. Des Visigoths gagnés à la cause de Pépin lui livrèrent plusieurs cités, dont Nîmes. En 759, Pépin revint à la charge. Aidé par les Goths auxquels il avait promis qu'ils pourraient vivre selon la loi visigothique sous la domination franque, il prit Narbonne. Des comtes d'origine visigothique gouvernèrent dorénavant le pays, de pair avec des comtes francs, et ils jouèrent un rôle essentiel dans l'expansion des Carolingiens au-delà des Pyrénées. Ainsi la Gaule entière était-elle unie pour la première fois sous la domination franque.

En état de rébellion plus ou moins ouverte, les Aquitains étaient coupés de la Méditerranée. C'est dans ces conditions stratégiques, très favorables, que Pépin se mit, à partir de 760, à régler le problème aquitain. Il somma le duc Gaifier, successeur d'Hunauld, de mieux respecter les possessions des églises franques en Aquitaine. Il lui rappela l'autorité royale. Les Francs furent surpris par la violente réaction de Gaifier, qui pénétra en terre franque. On le vit à Autun, à Chalon, puis à Narbonne, plus tard en Touraine. La guerre allait durer jusqu'en 768.

Pépin eut finalement raison de la résistance des Aquitains. Il occupa d'abord diverses forteresses au nord de l'Aquitaine et les détruisit ou les transforma en appuis francs. Il prit Bourges. Puis il étendit ses campagnes plus profondément en territoire ennemi. La dernière résistance semblait terminée quand, peu avant la mort de Pépin, Gaifier fut assassiné par les siens. Charlemagne, successeur de Pépin, allait faire campagne de nouveau en 769-770, entrer victorieusement en Gascogne et organiser le pays en y nommant des comtes francs dans les principales villes qu'occupèrent des garnisons franques.

Pour difficile qu'elle fût, cette victoire montra qu'on ne résistait aux armées franques ni en rase campagne, ni en guerre de siège, ni en « guérilla ». C'est exactement ce que Charles allait démontrer dans une lutte encore plus longue : la soumission de la Saxe était déjà prévue par Pépin, qui y avait mené plusieurs campagnes et avait préparé, avec son nouveau palais d'Aix-la-Chapelle, une résidence principale qui tenait compte de cette guerre de Saxe. Seule, la mort l'avait empêché de mener l'affaire : sur ce plan comme sur beaucoup d'autres, Charles n'est que le continuateur de son père.

On est frappé par cette volonté inébranlable des premiers Carolingiens, cet esprit combatif qui gagne aussi leur entourage, laïc et ecclésiastique, et qui sous-tend un demi-siècle de conquêtes et de luttes presque ininterrompues. C'est sous Pépin qu'on lit cette remarque dans les *Annales* : « Cette année, les Francs se reposaient. » La paix est dorénavant une exception. Il faut donc distinguer la charge écrasante que ces campagnes font peser sur le peuple, obligé de quitter ses terres pour faire la guerre, la rancune éprouvée par les populations des régions soumises, et enfin l'euphorie d'une aristocratie à laquelle les Carolingiens offrent en récompense les terres confisquées aux vaincus.

Les succès royaux font de plus en plus rares les opposants. Mieux vaut servir le roi que refuser. Les évêques et les abbés des grands monastères royaux doivent servir à la fois le roi et leur église, ce qui n'est pas toujours absolument compatible, mais ils se voient devenir de grands personnages dans un grand royaume. Bref, tous se sentent animés par un esprit de conquête intérieure et extérieure, au service d'un État lui-même intégré dans le service de Dieu. Manifestation de cette solidarité politico-spirituelle, une sorte de « confédération de prières » est organisée lors d'un synode tenu en 762 sous la présidence de Pépin dans son palais d'Attigny. Chacun de ces évêques et abbés, au service de cette grande cause, priera pour le salut de l'âme des autres, et tous prieront pour ceux qui viendraient à mourir avant les autres. Partout, les monastères royaux établissent ainsi des listes de ceux pour lesquels ils s'obligent à prier : des communautés de moines prient pour d'autres communautés entrées dans cette « confraternité », mais aussi pour les membres de la famille royale, voire pour les grands et leurs épouses qui ont fait des donations, par exemple à l'occasion de l'entrée d'un fils ou d'une fille dans le monastère.

Les rois carolingiens et leur suite visitent les églises, et surtout les monastères, pour y faire des dons et se laisser inscrire dans des « Livres de vie éternelle ». Le roi davidique — pensons aussi au sacre royal — renouvelle ainsi son alliance avec Dieu, la liturgie unissant dans les prières du peuple l'Église, le roi et son armée : une cité sainte en marche. La

Cité de Dieu dont parlait saint Augustin — c'était le livre préféré de Charlemagne — semblait réalisable sur terre.

Avec la *propagatio fidei*, l'extension de la foi parmi les hommes, la propagande tout court est également là : Pépin encourage son oncle Hildebrand à diriger, avec son fils Nivelon, une histoire évidemment destinée à célébrer les succès de la dynastie et à en donner une interprétation avantageuse. Après, on verra s'établir l'historiographie régulière et officieuse des *Annales* écrites à la cour. Et les monastères royaux commencent à noter dans leur calendrier, avec la date de Pâques et à côté des notices locales, les hauts faits des Carolingiens. Très tôt, ces *Annales* deviennent indépendantes des tables chronologiques. On les échange d'une abbaye à l'autre. Dans un royaume qui se dilate, on est ainsi, partout, au courant de ce qui se passe ailleurs, de l'activité des rois, des grands, des évêques. Comme leurs supports originaux, les *Annales* donnent l'année de l'Incarnation, calculée avec une erreur de quatre ans par Denys le Petit au VIe siècle et reprise par l'érudit anglo-saxon Bède : notre « ère chrétienne » naît ainsi, comme désignation de l'année courante, avec la propagande carolingienne. L'usage général, hors des monastères et des chancelleries, en sera plus tardif.

Charles le Conquérant

Charles sera plus tard — assez longtemps après sa mort — « Charlemagne ». *Karolus magnus*, ce n'est qu'une mutation de la formule initiale *Karolus magnus imperator*, titre imité d'un titre romano-byzantin. Mais les formes par lesquelles s'exprime l'admiration générale sont, au lendemain de sa mort, *« bonus, pius, excellentissimus »*.

S'il peut aller aussi loin, c'est qu'il va sur la lancée d'un règne qui a tout préparé, mais cela ne veut pas dire qu'il n'est qu'un continuateur. L'Empire et bien d'autres choses montreront son apport original.

Mais après avoir résolu les difficultés des premières années, il pouvait suivre pour commencer le chemin indiqué par son père Pépin, tant pour la politique extérieure et la guerre que pour la direction du pays et de l'Église. Mais il pouvait améliorer et développer les méthodes de Pépin. Parmi ces dernières, il en est une que l'on ne peut taire : la terreur. Aussi certain de son bon droit que de son devoir devant Dieu — réaliser l'« État de Dieu » contre les « ennemis de Dieu » —, Charles tint en échec ses adversaires par la crainte d'une répression implacable. Tous devaient jurer fidélité au roi, à l'oint du Seigneur, aussi bien les sujets francs — surtout l'aristocratie — que les peuples récemment soumis. Malheur à celui qui l'oubliait.

Un exemple est significatif, que raconte avec satisfaction l'une des *Annales* dont nous venons de parler. Des grands de Thuringe avaient trempé dans une conjuration. Ils furent surpris. On les mena à travers le royaume aux autels des saints les plus puissants pour qu'ils jurent fidélité au roi. Puis, à Worms, on jugea les survivants, exila les uns, creva les yeux aux autres. La peine du parjure était normalement qu'on lui coupait la main, peine d'ailleurs romaine. Quand les Saxons, après une soumission rapide en 775-778, se révoltèrent et anéantirent par surprise une armée franque, Charles, excédé contre ces félons, fit mettre à mort près de Verden quatre mille hommes libres. Quant aux lois édictées à l'intention des Saxons soumis, elles sont d'une dureté inégalée : elles prescrivent la peine capitale pour les délits les plus anodins. On les critiqua jusqu'à la cour, et notamment Alcuin, conseiller et ami du roi.

Ce Charlemagne-là n'est pas celui de la légende, et il n'est ni sauvage ni sanguinaire ; mais il croit qu'il lui faut être implacable pour réussir. Et en effet, la renommée du conquérant s'est répandue rapidement même chez des peuples lointains. Les différents peuples slaves désigneront leurs rois par son nom : *kral*, *krol*. Il y a donc au moins trois « renommées » de ce grand prince : chez ses adversaires, chez les fidèles qui l'admirent, et dans la postérité, sans parler de l'image que donnent du règne et du personnage les recherches récentes.

Il ne suffit pas d'être dur, voire cruel, pour être un conquérant. Charles n'est pas seulement le stratège génial et l'organisateur hors du commun, il est aussi l'homme cultivé qui s'entoure de savants, et qui fait copier les œuvres des spécialistes romains de l'art de guerre, tel Végèce. Il utilise consciemment des procédés et des précédents romains. Ainsi oblige-t-il les Frisons, excellents marins intégrés au royaume de fraîche date, à appareiller avec des flottilles qui longent les côtes de Saxe pour conduire des troupes dans le dos de ses adversaires : c'est ce qu'ont jadis fait Drusus et Germanicus contre les Germains. Ces flottilles permettent de soumettre les Slaves de l'embouchure de l'Oder, et de s'infiltrer dans les petites rivières des côtes de la Baltique. De même, la grande campagne contre les Avars dans les plaines de Hongrie est menée à partir de Ratisbonne, où le roi réside pendant l'hiver. L'été, les armées progressent le long du fleuve, une au nord, une au sud ; les flottilles frisonnes transportent là encore ce dont auront besoin les troupes.

L'organisation militaire est digne du modèle romain. Les fiscs royaux — un millier environ, y compris deux cents palais — et les abbayes royales doivent élever les chevaux, produire et entretenir les instruments de siège, les hauberts, les voitures. Des lettres du roi enjoignent aux abbés d'être présents au rassemblement de l'armée, avec tout ce dont celle-ci aura besoin, « s'ils veulent garder la grâce » du maître. Les lourdes voitures, avec un attelage puissant inconnu des Romains mais encore utilisé par les conquérants du Far West, sont couvertes de cuir en sorte que l'eau n'entre point lors du passage des rivières. La farine doit rester sèche.

Le génie personnel du roi se manifeste surtout dans la rapidité des opérations, laquelle suppose un système de communications bien organisé et une cavalerie déjà développée. Combattant en Saxe, il apprend une révolte en Italie du Nord. Il accourt, ordonnant à d'autres troupes de s'assembler ; en quelques jours, il surprend ses adversaires et s'empare de la personne du responsable, un ancien duc lombard. Rentrant d'Espagne, il apprend à Auxerre une nouvelle incursion des Saxons dans les régions rhénanes ; aussitôt il est sur place, et contre-attaque. On le voit donc guerroyer, payant de sa personne, pendant plus de trente ans : pour ne citer que les points extrêmes, il passe la Garonne en 769, il est à Rome en 773-774, en Frioul en 776, au-delà des Pyrénées en 778 ; il est encore à Rome en 781, à Capoue en 787. Il est au-delà de l'Elbe sur la Baltique en 789, en Hongrie en 791, sur la côte atlantique puis à Rome en 800, à Spolète en 801, à Salzbourg en 803. Une ou plusieurs fois par an, il est en Saxe. On ne reverra cela qu'avec Napoléon !

On comprend en quoi le rétablissement du réseau des métropolitains et des évêques, amorcé par Pépin, est essentiel non seulement pour la réforme de la discipline ecclésiastique, la formation des prêtres et l'évangélisation, mais aussi pour l'organisation de l'État et de l'armée. Dans un capitulaire de 775, le roi rappelle que tous les sièges épiscopaux doivent être occupés et que les évêques ont à obéir aux métropolitains. Or, par un document du début du règne de Louis le Pieux, nous savons comment une mobilisation rapide est mise en œuvre : l'archevêque de Trèves ayant reçu un « ordre terrible » de l'empereur, il le transmet immédiatement à ses suffragants — nous avons sa lettre à l'évêque de Toul — pour que ceux-ci informent à leur tour les abbés et les comtes de leur diocèse : ceux des *milites* qui forment avec leurs vassaux la cavalerie qui recevront le matin leur ordre de marche pour l'Italie partiront le soir même, ceux qui le recevront le soir partiront le lendemain matin. Notons que cet ordre suppose la connaissance préalable des lieux de rassemblement et de la route à prendre en cas d'action vers l'Italie. Cette mobilisation rapide allait surprendre en 817 la révolte du neveu de l'empereur, ainsi étouffée dans l'œuf grâce à un système hérité de Charlemagne.

Par son testament, Charlemagne légua l'essentiel de ses fonds personnels aux archevêchés qu'il avait lui-même restaurés : c'était un remerciement et un acte de piété, mais le prince entendait aussi rappeler par là sa position au sein de l'Église. Ces églises métropolitaines étaient un rouage essentiel du pouvoir. On y faisait notamment la copie des documents venus de la cour : ainsi les lois et ordonnances du prince arrivaient-elles chez les comtes qui réunissaient leurs hommes pour leur lire ou faire lire les textes dans les différentes langues parlées dans la région. Ainsi se fixait une organisation politique aux vastes dimensions. Sous Charlemagne, l'Hexagone, de nouveau, faisait partie d'un empire.

Quelle force devait émaner de Charles et de son entourage pour tenir ainsi en haleine un continent avec les moyens limités de l'époque ! Le « grand royaume » a été contrôlé efficacement pendant un demi-siècle — de 775 à 825 environ — et l'on ne saurait lui reprocher son caractère éphémère, si l'on pense à la décennie qu'a duré l'Empire napoléonien. Ne parlons même pas de la longévité des structures et innovations de cette période : l'administration généralisée des comtés, l'écriture caroline qui va durer avec ses variantes jusqu'à nos jours, la réforme monétaire qui laissera des traces jusqu'au XXe siècle — de la pièce de « vingt sous » à la livre anglaise de 12 shillings à 20 pence — et le système des tribunaux constitués de *scabini* — d'échevins, de *Schöffen* — qui restera vivant pendant des siècles.

Nous sommes loin de tout attribuer à l'activité d'un seul homme, et le jugement peut être réservé sur nombre de ses actes. Mais on reste rêveur devant une image toujours mythique qui ne correspond guère à nos connaissances actuelles. Celles-ci sont fondées sur quelques centaines d'actes émanés de Charlemagne et de Louis le Pieux, quelques douzaines de lois, plusieurs centaines de lettres, mais il y a aussi les poèmes contemporains et l'on a plusieurs milliers d'actes émanés d'autres que le roi, actes qui donnent les noms de dizaines de milliers de témoins.

On ne peut continuer à croire que l'armée de Charlemagne ne dépassait pas cinq mille hommes, pour plus d'un million de kilomètres carrés à conquérir et contrôler, alors qu'il y avait déjà des centaines d'évêques et d'abbés, et un demi-millier de comtes. Or chacun d'eux avait une suite d'au moins vingt à trente hommes, et les vassaux directs du roi, dont le chiffre dépasse de loin celui des comtes, conduisent chacun dix ou douze hommes. Un autre compte, fondé sur les sept cents circonscriptions de l'Empire, arrive à un chiffre comparable : près de cinquante mille cavaliers. Beaucoup plus nombreux étaient les guerriers à pied. Et nous n'y comptons pas l'obligation générale de défense de la patrie en cas d'une attaque de la région. Ces masses d'hommes n'étaient, bien sûr, jamais réunies ; il ne s'agit là que d'un potentiel global, réparti à travers les différents « royaumes » et, pour une partie restreinte, établi en garnisons dans les « marches » organisées contres les Arabes, les Bretons, les Saxons, puis les Danois, les Slaves et les Avars. La levée des troupes se faisait selon les besoins d'une campagne donnée. C'est ainsi que, pour soumettre la Bohême, on fit marcher les Francs du Rhin et de Franconie, les Saxons et les Bavarois. Pour la grande guerre en Espagne, Charles ordonna une guerre générale, comme l'avait fait Pépin contre l'Aquitaine, ce qui lui permit de faire entrer en Espagne par les Pyrénées orientales les contingents des Austrasiens, des Bavarois, des Alamans, des Provençaux et même des Lombards soumis de fraîche date, cependant que passaient par les Pyrénées occidentales les hommes des régions mosanes, les Neustriens, ceux de la marche contre les Bretons — Roland était leur chef — et les Aquitains.

Les corps d'armées correspondaient aux origines. Cela devait développer — et ménager — les solidarités régionales, mais provoquer aussi une heureuse émulation dans la vaillance.

Comme chaque Empire, cet État carolingien était militaire, contraignant et surveillé. Charles utilisa des Saxons pour mettre à raison les Thuringeois, ce qui causa leur soulèvement ; Lombards et Aquitains allèrent au besoin combattre les Saxons. Le roi envoya en exil des adversaires — ainsi des Romains —, mais il déplaça aussi des populations entières : les Saxons récalcitrants furent implantés un peu partout en des colonies qui imitaient l'installation des « lètes » barbares par les Romains. Il fit surveiller les comtes par les évêques, les évêques par les comtes, et tous par ses propres vassaux, les *vassi dominici*. Il bâtissait la fortune des uns sur les confiscations des autres, tout en se gardant d'attaquer trop durement des lignages puissants : en ce cas-là, les terres, confisquées par principe, étaient, sinon rendues directement à la famille, tout au moins, et comme par hasard, attribuées à une église qui lui appartenait.

Le prince pouvait anéantir des ennemis habilement isolés, mais il devait ménager ceux sans lesquels il ne pouvait rien : l'aristocratie des différents « royaumes ». Il écouta donc les « conseils » des grands. Il les fit participer aux assemblées générales où l'on se contentait d'« annoncer » — de promulguer — les nouvelles lois après une interrogation préalable des grands ecclésiastiques et laïcs d'abord réunis en comités séparés, puis en assemblée plénière.

Un cercle restreint formé des conseillers les plus proches, des chefs militaires des « royaumes » — par exemple le « préfet » de Bavière — et des chefs des marches se réunissait à l'automne pour préparer la campagne de la « saison » prochaine. On choisissait alors les frontières où il fallait garder la paix, même au prix de sacrifices, et celles où l'on allait chercher des alliés — par exemple des Slaves païens contre les Saxons mauvais chrétiens — pour l'attaque envisagée.

Ce « préfet » de Bavière était parent de la dynastie ducale déchue, mais aussi parent du roi. Le premier archevêque de la nouvelle métropole, Salzbourg, était un Bavarois, mais qui avait vécu et grandi dans les abbayes royales de Flandre.

Charlemagne n'était pas un maître absolu, mais un chef habile, à la personnalité forte et finalement respectée. L'héritage allait être difficile pour ceux qui n'avaient connu que l'éclat de la cour, sans voir le travail qui avait rendu possible et durable cette puissance. Surtout, l'« État conquérant » allait, par la force des choses, se heurter aux limites géographiques de l'extension possible des chemins à parcourir et des liaisons à assurer. Il allait aussi rencontrer les limites de l'esprit de sacrifice d'une aristocratie qui, après avoir combattu, voulait jouir de ses acquisitions, et aux limites de ce que pouvaient supporter les hommes les plus modestes, obligés de faire ou de subir des guerres incessantes : Charlemagne dut changer la législation et ordonner que la prestation d'un homme armé pour quatre hommes libres soit jugée suffisante et puisse même être rachetée en argent.

Si les conquêtes cessaient, les récompenses cessaient aussi. Elles ne pouvaient plus être prises sur les terres d'ennemis vaincus, mais bien sur les terres appartenant déjà à la royauté. La fin des conquêtes était donc « programmée », comme le déclin de la royauté carolingienne, et cela hors de toute question de personne. Et puis on avait connu quatre générations d'hommes de génie : Pépin II, Charles Martel, Pépin le Bref et Charlemagne. Cela ne pouvait durer toujours...

Naissance d'un empire

Le vrai règne de Charlemagne commença en 771 avec la mort de son cadet, Carloman, avec lequel il avait dû partager en 768 le royaume des Francs. Carloman avait laissé son frère seul contre les Aquitains et les Gascons, et avait mené une politique italienne dirigée en fait, comme sous Pépin, par Fulrad. Bertrade, qui exerçait une grande influence à la cour de Charles, bouleversa la situation en arrangeant, en 770, le mariage de Charles et d'une fille du roi lombard Didier. Sa politique parut tellement favorable aux Lombards et aux Bavarois que le parti franc à la cour pontificale fut victime d'un « putsch ». Mais à la mort de Carloman, Charles s'empara du royaume de son frère et balaya d'un geste tout ce qui avait été fait : la fille du roi lombard fut renvoyée, Bertrade se retira dans un palais et la veuve de Carloman chercha refuge avec ses fils chez le Lombard. Celui-ci répliqua en attaquant, en 772, le pape Hadrien Ier et exigea qu'on sacrât les fils de Carloman. La menace était claire ; Charles entendit l'appel à l'aide d'Hadrien.

Parties de Genève, ses armées forcèrent les passages — pourtant fortifiés — des Alpes et se réunirent en 773 devant Pavie. La capitale du royaume lombard capitula en 774. Mais Charles, à la différence de son père, ne fit pas la paix avec Didier. Il l'enferma dans un monastère, tout comme les fils de Carloman, et mit la main sur le royaume des Lombards.

En trois ans de gouvernement, il avait bouleversé les données du jeu politique. Il était pratiquement maître de l'Italie, même si des vestiges d'un pouvoir lombard autonome subsistaient dans les duchés méridionaux, à Spolète et à Bénévent. Arichis, duc de Bénévent, prit même le titre de *princeps gentis Langobardorum*. Mais la papauté avait maintenant un « patrice des Romains » moins théorique que ne l'avait été Pépin. Charles prit le titre de « roi des Francs et des Lombards, patrice des Romains ». Lorsqu'il vint à Rome pour les fêtes de Pâques 774, le pape et les Romains le reçurent avec les honneurs dus à un souverain. Il devait mettre de nouveau les choses au point en 781, à l'occasion d'un autre séjour.

Certes, en faisant sacrer par le pape ses fils Pépin et Louis, Charles renforçait les liens avec une papauté à laquelle il portait le plus grand respect.

Certes, il confirma le Patrimoine de saint Pierre, avec Rome, Pérouse, Bologne et Ravenne, et il y ajouta la Sabine. Mais il déçut l'espoir d'Hadrien Ier qui espérait une part plus importante de l'Italie en se fondant sur la prétendue « donation de Constantin », un faux apparu au bon moment. Surtout, il empêcha le pape de tenir en Italie un rôle d'arbitre, rôle que le pape crut un instant pouvoir jouer entre un empereur bien lointain à Constantinople et un roi non moins lointain en Gaule. La consécration de Pépin le Jeune comme roi d'Italie créait un « royaume d'Italie » qui remplaça à partir de 781 le royaume des Lombards, celui-ci ne survivant que dans le titre de Charles. Il y eut une cour franque autour du jeune roi. Des douzaines de comtes et autres fonctionnaires « francs » vinrent de toutes les régions au nord des Alpes. Même le duché de Spolète, si proche et donc si important pour Rome, dut se soumettre à la domination franque. Quant au prince lombard de Bénévent, il reconnut un temps la suzeraineté franque ; il se battit même victorieusement, en 788, contre les « Grecs » à côté des Francs. A terme, cependant, cette principauté maintint son indépendance, malgré les offensives menées de 701 à 801 par Pépin le Jeune. Elle pouvait, pour cela, s'appuyer sur Constantinople.

A cette exception près, l'Italie était carolingienne, et l'Occident dirigé par le roi des Francs. Et cet Occident se dressait face à l'empereur d'Orient, lui refusa la prérogative essentielle qu'il avait toujours gardée : réunir des conciles généraux pour y fixer le dogme de l'Église entière, comme il l'avait encore fait en 787 à Nicée en présence des représentants de la papauté. En effet, Charles réunit en 794 à Francfort, dans son palais, un synode général de l'Occident, avec deux représentants du pape. Il y vint des évêques d'Italie, d'Angleterre, de Galice et, bien sûr, de tout le royaume franc. On y condamna l'hérésie adoptianiste apparue en Espagne — elle faisait du Christ le fils « adopté » de Dieu — et surtout les canons du concile de Nicée de 787 concernant la vénération des « images ». Les excès iconoclastes de l'Empire l'avaient séparé de l'Occident au début du VIIIe siècle : la réaction de 787 en faveur, non d'un culte, mais d'une « vénération » des images fut jugée excessive par les théologiens de la cour de Charlemagne et en particulier par Théodulphe, un clerc d'origine hispano-visigothique. Sur l'ordre de Charlemagne, ils écrivirent les « Livres de Charles », *Libri Carolini*, où l'on contestait à l'empereur oriental le droit d'imposer à l'Occident les décisions de ses synodes. Les *Libri Carolini* n'admettaient que la vénération pour la Croix, et déclaraient l'Orient tombé sur ce point dans l'erreur.

La situation d'Hadrien Ier était d'autant plus délicate qu'il avait déjà reconnu le concile de 787. Certes, la papauté allait avoir sa revanche en n'admettant pas parmi les conciles généraux celui de Francfort et en gardant celui de 787 : on ne pouvait ébranler tout l'édifice dogmatique. Il n'empêche qu'à l'époque l'Occident suivit les conclusions de Francfort, reprises au synode de Paris en 829. Elles ne furent vraiment réfutées qu'au XIIIe siècle par saint Thomas d'Aquin.

Pour Rome, Francfort signifie la fin d'une histoire ancienne de l'Église dominée par les conciles orientaux, et ouvre la voie à des conciles de l'Occident qui, contrairement aux idées de Charlemagne, ne seront pas dirigés par l'empereur, mais par le pape. L'attitude théocratique de Charlemagne — qui se mêle, dans son zèle réformateur, de donner des ordres directs aux évêques dans des affaires purement ecclésiastiques — a été par la suite cachée d'un voile pudique par une Église qui lui était reconnaissante de ses bienfaits. Inadmissible à terme pour la papauté, le caractère excessif de cette théocratie ne fait pas le moindre doute. Après sa mort, l'Église romaine, dégagée grâce à Charles de toute contrainte venue de l'Orient, s'emparera tout naturellement du terrain occupé un instant par un roi franc qui, notons-le bien, se considère comme maître de l'Occident et de son Église six ans au moins avant le couronnement impérial.

Les victoires remportées en même temps contre les Saxons, les Arabes et les Avars étaient dignes du *Magnus rex* comme les papes appelaient le roi franc à l'instar du *Magnus imperator* de Constantinople. En 772, Charles avait détruit lors d'une première campagne l'*Irminsul*, un monument païen. En 775, il recevait déjà l'hommage de l'aristocratie des trois régions saxonnes : Westphalie, Engern et Ostphalie. L'année suivante les Saxons promettaient de se soumettre à la domination franque et de se convertir au christianisme. Lorsque l'assemblée générale des Francs réunis en 777 à Paderborn célébra la victoire, près d'une église et d'un palais francs, on prépara l'organisation des évêchés saxons.

Tout avait réussi au roi. Présumant de sa force, il accepta l'offre que lui porta à Paderborn une ambassade arabe : s'emparer de l'Espagne septentrionale avec, surtout, Saragosse. Quittant trop tôt la Saxe, Charles entreprit donc en 778 une guerre générale contre les Arabes. Il espérait régler en même temps le problème des résistances aquitaines et basques : il passa en personne à Pampelune et fit raser les murs. Mais il surestimait l'importance et la fidélité de ses premiers interlocuteurs arabes ; cela causa son échec devant Saragosse. Il avait en revanche sous-estimé la résistance des Basques et des Saxons. Pendant que son arrière-garde — avec plusieurs grands dont Roland — était anéantie dans le défilé de Roncevaux, dans les Pyrénées occidentales, ce qu'il avait fait en Saxe était détruit par la résistance que dirigeait un nouveau chef, Widukind.

C'est alors que, dans la crise, se révèle la stature de Charles. Revenu immédiatement en Saxe, il fait reconstruire Paderborn que les Saxons ont brûlé. Il faudra encore reconstruire Paderborn deux fois ! Dans ces années de guerre pénibles, où deux victoires en rase campagne comptent peu, mais où les échecs sont vivement ressentis, les Saxons refont leurs forces pendant les hivers alors que l'armée franque rentre chez elle selon l'usage de l'époque. Charlemagne révolutionne alors l'art de la guerre, fait construire des camps à la romaine et passe l'hiver en Saxe avec ses troupes, une fois, deux fois, décourageant ses adversaires à force de ténacité. En 785, les Saxons se lassent. Widukind se sent isolé. Les autres aristocrates saxons ont rejoint depuis longtemps le camp d'un roi franc qui leur offre tous les avantages d'une co-direction du pays. Widukind ne peut plus s'appuyer que sur le peuple, et sur l'aide des Danois, également païens. Il se présente donc au palais d'Attigny et offre de se faire baptiser. Charles sera son parrain.

Certes, le nord de l'Elbe ne sera soumis que plus tard, peu avant 811. Certes, les otages des grandes familles saxonnes resteront auprès des grands ecclésiastiques et laïcs des différentes régions du royaume jusqu'à ce qu'une paix soit conclue, au palais de Salz, en 803. Mais le triomphe de Charles est désormais certain. Les Saxons de la fin du IXe et du Xe siècle célébreront celui qui traita si durement leurs ancêtres comme l'homme qui leur apporta la vraie foi. Ils donneront même une forme émouvante à cette gratitude ; au jour du Jugement dernier, c'est Charlemagne qui conduira, dit-on, tous les peuples convertis par lui, et notamment les Saxons. Un siècle et demi après la mort de Charles, un Saxon sera empereur d'Occident. Ce constat suffit pour mesurer la portée de la conquête. La naissance de l'Allemagne lui est liée.

En ce qui concerne l'Aquitaine, la leçon de 778 fut retenue. Avec sagesse, Charles donna un roi aux Aquitains : ce fut, en 781, son fils Louis, alors âgé de trois ans. L'enfant fut habillé à la mode d'Aquitaine, et l'on souligna le fait qu'il était né en Aquitaine, la reine Hildegarde ayant accompagné Charlemagne, lors de sa campagne d'Espagne, jusqu'au palais de Chasseneuil près de Poitiers. L'aristocratie obtenait l'essentiel : le maintien de ses prérogatives et possessions. Et elle allait se fondre avec les familles franques qui accompagnaient le jeune roi, comme dans l'Italie de Pépin. La méthode était excellente, mais il faudrait en payer plus tard le prix : une régionalisation du royaume. La solidarité locale et l'attrait du pays l'emportèrent même chez les Francs, qui firent souche. L'Aquitaine du roi Louis, renforcée par le duché de Toulouse et de Septimanie, avec des armées franques placées sous le commandement nominal de Louis, fut même assez forte pour s'imposer à partir de 785 dans l'Espagne septentrionale. Ce fut la « marche d'Espagne », appelée plus tard « marquisat de Barcelone ». Au XIe siècle encore, on appellera *los Francos* les habitants d'un pays qui recevra au XIIe siècle son nom de Catalogne. Jusqu'au traité de Paris en 1259, ce pays sera « franc » et formera une étroite communauté politique et culturelle avec les comtés situés au nord des Pyrénées.

Les victoires remportées vers la fin du siècle sur les Avars par des campagnes que menèrent successivement Charles, puis son fils Pépin et les meilleurs généraux du père, augmentèrent encore le prestige du roi. L'État avar fut anéanti, un énorme butin fut distribué aux grands et aux églises du royaume franc. C'est alors qu'un « hasard » historique amena la consécration suprême.

Un scandale était survenu à Rome. Le pape Léon III avait été attaqué en personne. Il alla en Saxe, à Paderborn, implorer une intervention du roi franc. Charles prépara longuement son voyage, et alla d'abord prier sur la tombe de saint Martin. Précédé de ses *missi*, il arriva à Rome vers la fin de 800 et obligea Léon III, dont le comportement avant la révolte locale semble avoir été douteux, à affirmer publiquement par serment son innocence. Cela vouait ceux qui avaient attaqué le pontife à un jugement qui devait, en principe, être rendu par un tribunal impérial. Fort opportunément, le jour de Noël 800, et dans des formes très proches du sacre épiscopal, le pape couronna Charlemagne empereur. Celui-ci reçut des Romains l'acclamation et les *laudes* appropriées ; puis le lendemain même de son couronnement il condamna les coupables à l'exil.

La portée de l'acte de 800 dépendait de l'usage que Charlemagne allait faire de sa nouvelle dignité, de sa splendeur comme de ses obligations morales et politiques. A ceux qui soutiennent qu'un simple titre n'apportait au roi des Francs rien qu'il n'eût déjà auparavant, ce qui minimiserait l'importance historique de l'Empire, la recherche récente donne une réponse claire. Il y a d'abord l'impact profond du couronnement impérial sur la personne de Charlemagne. Il se sent empereur chrétien par la volonté de Dieu, exprimée par l'Église et le peuple romains. Sa vie en est transformée. Son but déclaré est de faire mieux encore que dans le passé et d'entreprendre des réformes dans ses royaumes : toutes choses qu'il fera en assumant pleinement son nouveau titre. Il montre bien, dans ses actes émis après 800, qu'il se considère comme le successeur de Constantin et des autres empereurs romains et chrétiens. En tant que tel, il se veut l'égal des empereurs d'Orient, qu'il ne conteste d'ailleurs pas. A Metz, on le salue comme le « nouveau Constantin, élu par Dieu pour gouverner les peuples ». A Milan, l'archevêque Odilbert le dit successeur de Constantin, de Théodose, de Martien, et de Justinien.

Le titre que Charlemagne choisit suit un modèle justinien — *Serenissimus augustus a Deo coronatus magnus pacificus imperator, Romanum imperium gubernans* — même s'il ajoute à la fin « et par la miséricorde de Dieu roi des Francs et des Lombards ». Le nouvel empereur se fait représenter sur ses monnaies avec une couronne de laurier et un *paludamentum*, le manteau des généraux romains, retenu à l'épaule par une fibule : il imite là jusque dans les détails une monnaie de Constantin. De même imite-t-il Constantin avec sa bulle impériale, ce sceau pendant et métallique que les rois francs n'ont jusque-là jamais utilisé. Cette bulle porte au revers, autour d'une porte avec la souscription ROMA, la légende RENOVATIO ROMANI IMPERII : conscient d'être le maître de Rome, berceau de l'Empire, à la différence des empereurs orientaux, il entend « rénover » l'Empire chrétien à l'Ouest.

Mais il ne conteste pas la situation privilégiée à Rome de l'Église romaine, et il le manifeste en émettant d'autres monnaies qui montrent un temple — l'église Saint-Pierre de Rome — avec la légende CHRISTIANA RELIGIO. Au reste, son culte particulier pour cette église Saint-Pierre est confirmé par son biographe Eginhard. L'Empire chrétien remplace définitivement à Rome l'ancien Empire romain et païen, et cela parce que Charlemagne reconnaît la donation par Constantin de la Rome païenne à l'Église romaine. Les contemporains ont cru cette donation authentique et n'ont considéré comme usurpation ni les droits de l'Église romaine sur la Ville éternelle, ni l'acte de Noël 800 conférant le pouvoir impérial en Occident à Charlemagne : Constantin, selon la donation, s'en était démis. Si l'Église romaine a aidé l'Occident à avoir son propre empereur chrétien, l'attitude de ce dernier a définitivement amorcé une évolution qui fera de l'Église en Occident une Église catholique romaine.

A cette occasion, quelques usages romano-byzantins sont entrés en vigueur en Occident. Éphémère, cette souscription à la byzantine en lettres rouges *Legimus* — lu et approuvé — qui, après Charlemagne, ne se retrouvera que chez son petit-fils Charles le Chauve au moment où il sera empereur à son tour. Durable, en revanche, cette ordonnance du nouvel empereur décrétant que les actes, pour être valables, devront porter, selon la prescription de Justinien, l'*indictio*, la place de l'année dans un cycle de quinze ans. On la retrouvera partout, comme partout les sujets de Charlemagne prêteront un nouveau serment de fidélité à Charles empereur, outre celui qu'ils ont déjà prêté au roi. Enfin, Charlemagne introduit dans sa chancellerie une « invocation » au début de ses diplômes, selon le modèle des empereurs d'Orient : *In nomine Patris et Filii et Spiritus sancti*. Avec de nombreuses variations, elle sera de règle pendant des siècles.

Charlemagne voulut obtenir la reconnaissance de sa dignité par l'Empire d'Orient. Il y parvint après de longues tractations, mais l'ambassade qui le lui annonça en venant faire devant lui la « proscinèse » due à son rang ne le trouva plus vivant : elle s'acquitta de sa mission devant Louis le Pieux, son fils et successeur. Encore cette reconnaissance ne concernait-elle que le titre impérial et le rang de « frère » de l'empereur d'Orient, non le titre d'empereur « romain » que Constantinople se réserva. Gardant personnellement son titre officiel, Charlemagne respecta dès 813 cette préoccupation byzantine : il ordonna à son fils, qu'il créa lui-même empereur, de s'appeler « empereur et Auguste », titre qui ne pouvait choquer à l'Est. Louis le Pieux porta toujours ce titre. Notons la souplesse politique de Charlemagne : au moment où son rang impérial est reconnu par l'Empire oriental, il n'a plus besoin de l'Église romaine et il confère lui-même cette dignité à son fils et successeur.

Au vrai, son attitude devant l'idée impériale a évolué. Quand il dicte en 794 sa souscription aux fameux *Libri Carolini*, avec une attaque ouverte contre Byzance, dans son rôle de quasi-empereur et chef de l'Église en Occident, s'intitulant « Charles par la volonté de Dieu roi des Francs, gouvernant grâce à l'aide du Seigneur les Gaules, la Germanie et les provinces avoisinantes », il souligne la possession des provinces essentielles de l'Empire d'Occident. Cet esprit l'anime encore au début de son empire : *Romanum imperium gubernans*. Mais les anciennes provinces romaines qu'il a conquises, par exemple sur le Danube, il ne les restitue pas en tant que telles ; elles feront partie du royaume des Francs, de même qu'il attache l'Istrie conquise sur l'Empire oriental au royaume d'Italie de son fils. Toute l'ambiguïté, toutes les difficultés d'une fusion du grand royaume des Francs — porté par la fierté des Francs, peuple élu — et de l'Empire, dont la tradition chrétienne en Occident était « occupée » par l'Église romaine, apparaissent dans ces tâtonnements et ces contradictions. Le sentiment des grands autour de Charlemagne s'exprime bien dans la datation d'un acte de Helgaud, comte de Meaux, qui compte en 811 les années de règne du roi *in Francia,* mais celles de l'empereur *in Romania* : là-bas, en Italie, pas en Gaule...

L'idée impériale se concrétise dans la capitale que Charles crée à Aix-la-Chapelle. Résidence quasi permanente du vieux Charlemagne, ornée des colonnes enlevées au palais de Ravenne, Aix constitue la cité impériale hors de Rome, en terre franque. D'une certaine façon c'est une autre Rome et une « anti-Constantinople ». Il y réunit les synodes chargés de réformer l'Église ; ils seront suivis, toujours à Aix, par ceux de Louis le Pieux, dont l'importance sera plus grande encore. C'est d'Aix que Charles fait promulguer les lois des différents peuples de son empire qui, jusqu'ici, n'avaient pas encore une rédaction satisfaisante et examinée par le gouvernement franc. C'est d'Aix que partent les *missi dominici* selon le système, réformé en 802, qui respecte, dans les limites désormais durables des *missatica*, l'organisation en provinces ecclésiastiques du royaume. C'est dans ce cadre que prendra son essor, préparé de longtemps, ce que l'on appelle aujourd'hui la « Renaissance carolingienne », une renaissance qui, dans l'ordonnance des textes sacrés, du chant, du décor des églises et des palais, dans les lettres comme dans les arts, prend modèle sur ce qu'il y avait de mieux et de plus authentique à Rome.

La « Renaissance carolingienne »

La « Cité de Dieu », où les hommes plaisent à Dieu en le servant : c'est là l'idéal d'un Pépin et d'un Charlemagne quand, face à l'imperfection qui les entoure, ils conçoivent la nécessité d'une réforme. Cette « Réforme » carolingienne, appelée *correctio* par les contemporains, touche aux domaines les plus divers ; elle finira par donner dans la vie de l'esprit ce que les modernes appellent une « renaissance ». C'en est une pour la simple raison que, déjà, l'idée d'une régularité, d'une ordonnance des choses de ce monde, porte en soi l'élément esthétique comparé à la survie désordonnée du monde gallo-romain sous les Mérovingiens. C'en est une surtout par l'unité que veulent imposer les Carolingiens, et par la forme que prend cette unité : l'Empire trouve ses modèles dans les manifestations littéraires, artistiques et politiques de l'Empire romain et de ses phases chrétienne et « byzantine », c'est-à-dire dans le passé romain aussi bien que dans la présence impériale de l'Orient chrétien. L'application de ces modèles est diverse. Nous l'avons vu dans l'art militaire ; elle s'observe également en architecture où les proportions enseignées par Vitruve — on en conserve de nombreux manuscrits — se retrouvent dans le plan de Saint-Gall et dans quelques constructions dues à Eginhard, longtemps architecte à la cour. Il est enfin certain que les méthodes des *agrimensores* romains furent imitées sous les Carolingiens. Les origines du mouvement ne sont cependant ni esthétiques ni « antiquisantes », mais religieuses et politiques.

Le mot clé des Carolingiens, c'est *norma rectitudinis* : la norme de ce qui plaît à Dieu. De ce noyau spirituel part toute la dynamique de cette « renaissance », du plus humble au plus sublime. L'homme doit croire en Dieu, suivre ses préceptes et le servir toute sa vie ; mais, par-dessus tout, il doit vivre sa foi en honorant Dieu dans l'office divin, lui adressant ses louanges, ses remerciements, ses prières. Dans son palais, avec ses reliques et son clergé palatin, le roi est le premier de ceux qui prient pour l'ensemble du royaume et de ses habitants. Charles le Chauve chevauchera à bride abattue pour être à l'heure voulue du jour de fête à Saint-Denis et ne pas manquer la prière qu'il doit comme le premier de ses devoirs royaux. Si l'on ignore cette base de toute la pensée carolingienne — la vie ici-bas appelle l'aide et la protection de Dieu —, on ne peut comprendre cette période dont les manifestations artistiques sont essentiellement un ornement du service divin, un sacrifice offert au Seigneur et une propagande pour la royauté catholique.

Encore faut-il célébrer Dieu au bon moment : d'où l'importance des calendriers de Bède, qui donnent la date de Pâques, dont dépendent les autres fêtes. Les hommes doivent recevoir des prêtres la Bonne Nouvelle, d'où le soin constant des rois, manifesté dans leurs capitulaires : assurer une formation minimale, pour commencer, aux prêtres des campagnes. Quant aux moines, ils doivent vivre selon la meilleure des règles. On va donc chercher en Italie le meilleur texte de la Règle de saint Benoît de Nurse : c'est à ce moment seulement qu'elle s'impose d'une façon générale. Ce souci du meilleur texte, c'est déjà de l'« humanisme » ! L'Église, enfin, doit vivre selon les prescriptions canoniques : on se procure donc auprès du pape Hadrien Ier une collection de textes juridiques que l'on fait diffuser, la *Dionysio-Hadriana*. Les nouvelles rédactions des « Lois » des différents peuples de l'Empire et les copies qu'on en fait partout répondent au même souci : donner aux juges des textes sûrs.

Pour s'adresser à Dieu, il ne suffit plus d'utiliser le latin que l'on apprend avec une grammaire élémentaire aux simples curés. Le roi et les évêques ont besoin d'une langue sacrée, pure et ornée, confortée par la grammaire, la rhétorique et l'art poétique : le *bene vivere, bene dicere* cicéronien en reçoit une force nouvelle. Mais la pureté doit aussi toucher la forme écrite des textes sacrés. Apparaît alors une écriture claire et régulière : la belle « caroline », que l'on voit à son plein développement dans l'*Évangéliaire* de Godescalc, aux débuts de l'école palatine de

Charlemagne. Cette écriture trompera les humanistes du XVIe siècle, qui la croiront « antique ». Les titres des manuscrits mais aussi les inscriptions sacrées apparaissent dorénavant dans de merveilleuses capitales ou onciales de la plus pure tradition romaine. Quand Hadrien Ier meurt, Charlemagne ordonne aux artistes de la région mosane — où l'on est très avancé dans le travail du métal et où l'on travaille pour le palais d'Aix-la-Chapelle — de réaliser une plaque tombale en métal, d'une grande beauté, avec une inscription en excellent latin gravée en superbes capitales.

Au Xe siècle, à la fin de l'époque carolingienne, le clergé de Gaule et de Germanie se dira plus instruit que le clergé décadent de Rome. Il le devra à la mutation carolingienne.

On assiste à une activité débordante dans les genres les plus divers. On écrit des *Vies de saints* en un latin plus correct — malheureusement, on détruit les textes mérovingiens, jugés mauvais — et on en donne des versions poétiques. On invente des inscriptions. On produit des vases, des objets sacrés. Le Lombard Paul Diacre, venu à la cour pour aider son frère, fait prisonnier pour avoir trempé dans la révolte du Frioul en 776, écrit à ses amis en Italie : « Comparée au calme qui règne chez vous, la vie ici est un vent impétueux, une tempête. » L'or, l'argent et les couleurs exubérantes rehaussent les manuscrits liturgiques : évangéliaires, sacramentaires, psautiers, bréviaires. Nous n'en possédons plus que des épaves, mais on peut nommer pour l'atelier palatin les évangéliaires de Godescalc, d'Ada, de Soissons, du « Trésor », et celui que l'on dit « impérial ».

En quelques décennies de « Renaissance carolingienne », c'est une éclosion de manuscrits riches d'initiales enluminées et souvent hardies, de tables de canons rédigées entre des colonnes de porphyre, de chapiteaux violets, rouges et verts, voire argentés, de « miniatures » en pleine page. C'est alors que rivalisent les ateliers d'écriture, les *scriptoria* de la cour, de Tours, Reims, Corbie, Chelles, Saint-Riquier, et tant d'autres. Il en va de même pour la production des objets d'or, d'argent et d'ivoire dans les ateliers de la cour, et dans ceux des églises et des monastères.

Dans les palais, les cathédrales et les monastères, l'architecture carolingienne prend son essor dès le temps de Pépin le Bref, grâce à un Chrodegang de Metz, dont le « groupe épiscopal » trahit les influences romaines, ou à un Fulrad de Saint-Denis, dont l'église déjà monumentale — construite sur ordre de Pépin mourant, de 768 à 775 — sera un modèle pour d'autres. Cette architecture atteint une monumentalité nouvelle avec Saint-Riquier, cité monastique qui compta jusqu'à six mille hommes, et avec Fulda, église abbatiale construite de 791 à 819 selon le modèle de Saint-Pierre de Rome. Fulda est alors la plus grande église au nord des Alpes et le restera jusqu'à la construction de Cluny III. Saint-Riquier, dont l'église s'élève de 790 à 799 sous l'abbatiat d'Angilbert, en étroite relation avec la cité palatine qui naît en même temps à Aix-la-Chapelle, dépasse le modèle romain en inventant une ordonnance nouvelle ; celle-ci place à chacune des extrémités d'une nef basilicale un massif architectural formé d'un transept, de deux tours-escaliers et d'une tour centrale au-dessus de la croisée, ces trois tours symbolisant la Trinité. A l'est, une abside clôt normalement l'abbatiale, mais l'originalité est constituée par l'« antéglise occidentale », avec une vaste crypte contenant le « reliquaire majeur » de l'abbaye. Au total, dans les différentes églises et chapelles de Saint-Riquier, trente autels sont desservis jour et nuit par trois cents moines et cent élèves de la *schola*.

L'église de l'abbaye saxonne de Corvey nous a conservé le massif occidental à jamais perdu à Saint-Riquier. Il est une expression monumentale de la puissance de l'Église et de l'Empire, victorieux grâce à Dieu. Il sera un modèle pour l'architecture ultérieure dans toute l'Europe.

Ce n'est pas par hasard que les monuments les plus importants se trouvent alors à l'est, en ces pays de conquête militaire et spirituelle. Mais il ne faut jamais oublier tout ce qui est perdu en France. Une des merveilles de l'art carolingien est la *Torhalle* de Lorsch, à l'est de Worms, partie encore debout d'une vaste abbaye comparable à Saint-Riquier : or elle a été construite par des moines venus de Metz et protégés par saint Chrodegang. On voit encore les cryptes de Saint-Germain d'Auxerre, avec leurs peintures murales, et celles de Saint-Médard de Soissons. On connaît les mosaïques de Germigny, cette chapelle construite — sous l'influence d'Aix-la-Chapelle — par Théodulfe, évêque d'Orléans et abbé de Fleury. Et les dessins de Saint-Riquier, le plan modèle de Saint-Gall et la description de Saint-Denis permettent de se faire une idée de quelques-unes des réalisations les plus remarquables, parmi tant d'autres qui nous échappent complètement.

La dynastie royale est au centre de toute cette activité. Demi-frère de Pépin, l'évêque métropolitain de Rouen obtient du pape l'envoi d'un chantre romain afin d'instruire les moines rouennais dans l'art de psalmodier suivant le rite romain. Sous l'action de Pépin le Bref et d'Étienne II, le chant romain ou « grégorien » supplante le très ancien chant « gallican » : fort actifs sont à cet égard les centres de Rouen, de Metz avec saint Chrodegang, et de Soissons. Charlemagne obtient même, pour celui-ci, des chantres d'Hadrien Ier.

Une innovation franque apparaît dans le domaine du chant grégorien. C'est la « séquence » : on dote d'une syllabe de texte latin chaque note des vocalises de l'« Alléluia ». Notker de Saint-Gall, maître en cet art, rapporte qu'il a connu ce procédé par un moine de Jumièges réfugié à Saint-Gall devant l'avance des Normands. Ornement du service divin, le chant n'est cependant qu'une partie de la réforme et de l'enseignement auxquels préside personnellement Charlemagne. Celui-ci incite à l'étude les élèves des écoles épiscopales et monastiques — on y forme aussi les futurs comtes et *missi* — et fait copier les Pères de l'Église pour éclairer les enseignements divins. Il reçoit d'ailleurs pour cela des poèmes de gratitude. C'est que Charles n'est pas un simple mécène qui aime et protège les arts et les lettres. Il est l'âme, le moteur d'un mouvement dont il sait le sens et la valeur. Toute une législation « culturelle » est alors conçue, dont les textes essentiels sont un capitulaire d'environ 770 et la fameuse *Admonitio generalis* de 789 : Charles veut suivre l'exemple du saint roi Josias de l'Ancien Testament, faire corriger les erreurs, couper l'inutile, rappeler le bon chemin, exiger l'effort de toute l'Église. Et ses prescriptions sont détaillées. Son but déclaré : le « salut du peuple », dont le roi est responsable devant Dieu.

Il y a plus : Charlemagne dépasse l'origine didactique et la base théologique de la réforme. C'est un plaisir personnel qu'il trouve visiblement à s'occuper des choses de la foi, de l'esprit et de l'art. C'est bien lui, et personne d'autre, qui réunit à sa cour les meilleurs esprits de toutes les nations de l'Occident et qui s'entretient avec eux, tantôt sérieux, tantôt plaisantant. Ses interlocuteurs sont nombreux. Pierre de Pise est un grammairien et poète italien. Paulin est un Lombard, théologien et rhétoricien : le roi le fera patriarche d'Aquilée. L'Anglo-Saxon Alcuin est un élève des écoles d'York : le roi l'a rencontré à Parme en 781. Devenu l'ami de Charles, il lui dit parfois des vérités, lui fait des remontrances. Il sera l'abbé de Saint-Martin-de-Tours, où il aura entre autres pour élève Raban Maur, le futur « précepteur de la Germanie ». Paul Diacre est encore un Lombard, d'origine noble. A Metz, avec l'histoire de cet évêché, il écrira l'histoire des Arnulfiens. Le Visigoth Théodulfe a quitté l'Espagne ; théologien, il collabore aux *Libri Carolini*, mais il est aussi poète. Il sera évêque d'Orléans. *Missus* dans le Midi, il y critique la dureté de l'application du droit pénal romain.

Mais il est aussi des Francs autour de « David » — Charlemagne se fait appeler ainsi — et tous prennent des noms littéraires ou bibliques pour effacer un instant les exigences du protocole. « Antoine » est son cousin et conseiller principal Adalard, abbé de Corbie et fondateur de Corvey, auteur d'un livre sur l'organisation de la cour et de « statuts » pour son abbaye. « Homère » est Angilbert, conseiller de Pépin d'Italie, abbé de Saint-Riquier sans avoir reçu les ordres, et père des deux enfants de Berthe, la fille de Charlemagne. Car le roi ne sait pas se séparer de ses filles. Il ne peut donc les marier — au risque d'indisposer sérieusement Constantinople, qui souhaite l'envoi d'une princesse — et doit par conséquent permettre qu'elles aient leurs amants à la cour.

La vie de cette cour, inséparable dans son esprit de la « Renaissance », est connue par une multitude de lettres et de poèmes qui décrivent les réunions et les fêtes, qui citent les membres de la famille impériale, les amis, les grands, les étrangers. La vitalité de Charlemagne — moins sultan qu'on ne l'a dit, même s'il eut des concubines avant et après ses épouses légitimes — s'exprime aussi dans les bains qu'il prend en commun avec toute la cour, à la romaine. Malgré la rigueur de la foi, la vigueur de la politique et la discipline de l'État, cette vitalité imprime à son époque une sorte de liberté en face des convenances.

A sa mort, son fils Louis fera « nettoyer » la cour — qui, vers la fin, n'était pas sans mériter des reproches — d'une façon dure et même haineuse.

Mais la « Renaissance », avec son activité de haut niveau dans les arts et la littérature, lui a survécu, mûrissant et se développant même à travers un Eginhard, architecte franconien pendant les dernières années de Charles, abbé laïque de multiples monastères sous Louis et auteur d'une célèbre biographie de son maître, un Fridugis, chancelier de Louis le Pieux et abbé de Saint-Martin de Tours, un Smaragde de Saint-Mihiel, un Jonas d'Orléans, un Florus de Lyon. On trouvera, enfin, sous Charles le Chauve, petit-fils du premier Charles, des hommes comme Loup, abbé de Ferrières, véritable humaniste avant la lettre qui cherchait les manuscrits de Cicéron pour en étudier les variantes, ou comme l'Irlandais Jean Scot qui dépassa ses prédécesseurs par sa connaissance du grec et la profondeur de sa pensée. Heiric d'Auxerre pouvait dire à Charles le Chauve : « Ce qui vous assure le plus une mémoire éternelle, c'est que vous égalez et dépassez même par votre ferveur incomparable le zèle de votre célèbre aïeul Charles pour les disciplines immortelles. »

L'atelier et l'école du palais de Charles le Chauve, que l'on peut situer à Compiègne, nous ont laissé, après l'activité intermédiaire de Reims (Évangéliaire d'Ebbon, Psautier d'Utrecht) et de Tours (Bible du comte Vivien) des chefs-d'œuvre incomparables : la Bible de Charles, le Sacramentaire de Metz ou du Couronnement et le *Codex aureus* de Ratisbonne. Tours, Reims, Auxerre, Fleury, Liège et Paris transmettront l'héritage, malgré les invasions normandes et les luttes fratricides.

Si « fin de l'Antiquité » veut dire, en termes esthétiques, fin de la forme hellénistique avec son beau naturalisme agréable à l'œil, comme l'a montré Bandinelli, la « Renaissance » serait le retour à l'imitation de cette forme. Nous croyons avoir montré que cela ne suffit pas pour comprendre un monde différent, dominé par l'intensité religieuse. Mais il est fascinant de voir que rationalisme et humanisme ne sont nullement absents de ce monde de Charlemagne. Le roi n'a jamais caché ses réserves devant un monachisme souvent excessif. Il préférait un clergé « séculier » bien instruit et plus ouvert au monde, et il fulminait contre ceux qui se faisaient moines pour fuir l'armée. Mais la « Cité de Dieu » sur terre devait rester un rêve et en ce sens l'œuvre de l'empereur était vouée à l'échec. Elle ne l'était cependant pas dans les modèles, culturels comme administratifs, qu'elle a laissés à l'Occident.

Survit aussi le souvenir de Charlemagne, vénéré en France comme champion de la foi, en Allemagne comme fondateur des institutions. Chacun des deux pays le compte parmi ses rois, ce qui fit naître une dispute. Historiquement, la question « Français » ou « Allemand » ne se pose même pas, tant elle est anachronique. Reste à savoir si Charlemagne était plutôt « Austrasien » ou « Neustrien ». Certes il appartenait à une dynastie austrasienne, bilingue, qui n'avait pas besoin de faire des stages à Prüm ou à Fulda comme les Neustriens. Il s'intéressait aux légendes, aux noms germaniques des vents et des mois. Mais il a vécu sa jeunesse en Neustrie où il est probablement né. La « Renaissance » qu'il a provoquée est tournée vers des valeurs et des formes complètement différentes de celles du monde germanique. C'est qu'il est l'expression vivante de la réussite définitive d'une fusion entre les éléments romains, gaulois et germaniques de ce qui allait devenir l'Europe.

CHAPITRE XV

Naissance d'un royaume occidental

(814-898)

Louis « le Pieux » : dernier rêve d'unité

Le successeur de Charlemagne est jugé sévèrement par les historiens, qui lui attribuent même des fautes qu'il n'a pas commises. L'Autrichien Mülbacher rapporte à son règne tout ce qui allait mal dans l'Empire, même quand les faits datent du règne de Charlemagne. Les Allemands lui reprochent d'avoir détruit les anciennes traditions germaniques, jugées trop païennes, ce qui est une légende. Ils attribuent à sa « trop grande piété » une faiblesse face à la papauté qui lui valut en France le surnom moderne de « Débonnaire ». Tout cela repose sur le surnom de *Pius* qu'on lui attribua, en vérité, assez tardivement, ce qualificatif — le plus noble pour les contemporains — ayant été décerné d'abord à Charlemagne, puis, à l'Est, à son petit-fils Louis le Germanique.

Louis le Pieux est au contraire l'homme qui a réconcilié les Saxons avec l'Empire en les traitant mieux, ce qui les rendit reconnaissants et fidèles. Son penchant pour l'aristocratie d'outre-Rhin lui valut d'ailleurs des critiques en Gaule. Grand et fort, il aimait les femmes — légitimes, il est vrai : il choisit la plus belle des filles nobles qu'il se fit présenter peu après le décès de sa première épouse —, mais surtout, et d'une façon excessive, la chasse, pour laquelle il négligea ses devoirs politiques. Ni trop bon ni trop pieux, Louis était un « sportif » un peu paresseux devant les tâches du gouvernement, un peu lent devant les décisions : un faible qui, frappant inconsidérément fort pour se manifester, se repentissait parfois ensuite. Ce n'est pas de ce bois que sont faits les hommes d'État.

Louis n'était toutefois pas un incapable. Plein de bonne volonté, il était même convaincu de faire mieux que son père en remédiant aux anomalies manifestes de la fin du règne de Charles : abus trop voyants des puissants, relâchements dans l'Église. Le nouvel empereur permit à son ami saint Benoît d'Aniane, réformateur sévère du monachisme et précurseur spirituel du mouvement clunisien, de mener à bien une réforme des monastères carolingiens qui devait se poursuivre au-delà même de sa mort en 821. On a montré les effets, à cet égard, des ordonnances impériales promulguées aux synodes d'Aix-la-Chapelle en 817 et 818. Une des méthodes de Pépin le Bref, de Charlemagne et de Louis le Pieux pour élargir les assises du pouvoir royal fut d'accorder la protection royale aux monastères fondés par la piété des grands, ce qui revenait pratiquement à les transformer en abbayes royales.

Récoltant souvent ce qu'avaient préparé ses prédécesseurs, Louis le Pieux a renforcé en tout l'emprise de l'État, ce qui trouve son expression en une liste des monastères au service du pouvoir impérial, les uns devant le service militaire et financier, les autres seulement de l'argent, les derniers enfin « seulement des prières ». L'administration financière, l'institution des *missi dominici*, la législation impériale, le bon fonctionnement des différents rouages de l'administration, tout cela marche à l'évidence fort bien au temps de Louis, cet empereur qui nous a laissé un demi-millier d'actes : plus qu'aucun autre Carolingien.

L'échec de Louis le Pieux ne se situe donc pas dans ce domaine. Il est politique et trouve son explication dans la dynamique des partages lancée par son père. En effet, en édictant en 806 la *Divisio regnorum* (« partage des royaumes »), Charlemagne ne mentionne pas le sort réservé au titre impérial, mais rétablit — ou maintient — le principe du partage entre ses trois fils. Charles, l'aîné, aura toutes les terres franques avec la quasi-totalité des domaines carolingiens ; Pépin gardera l'Italie et recevra la Bavière ; Louis gardera l'Aquitaine et recevra la Provence et une partie de la Bourgogne. Tout en faisant à l'aîné une part importante, Charlemagne n'ose pas exiger la subordination des cadets : la soumission d'un roi d'Italie ou d'Aquitaine à un roi ou empereur-père paraît normale, non à un roi-frère. Après la mort de Pépin en 810 et celle de Charles, en 811, Charlemagne a donné en 812-813 le royaume d'Italie au petit Bernard, fils de Pépin. Il créait ainsi un problème pour Louis, dorénavant seul héritier.

L'entourage de Louis, surtout sa partie cléricale, était décidé à profiter du hasard — ou du signe divin — de la survie d'un seul fils pour asseoir une fois pour toutes l'unité de l'Empire. Tous, fils, neveux ou frères, doivent obéir à l'empereur, seul maître de l'Empire et de l'Église « impériale ». Ils reçoivent à la rigueur un royaume vassal et périphérique. La lutte de cette tendance unitaire et « impérialiste » contre les droits coutumiers des cadets et, à travers eux, une certaine indépendance des « nationalités » dominera le IXe siècle. Voir toute la raison et toutes les vertus chez les seuls unitaristes serait nier l'évolution qui a conduit à la naissance de la France et négliger les contingences politiques et humaines de l'époque. Rappelons, par exemple, qu'avec un Louis le Pieux très dépendant de son entourage ont pris le pouvoir, aux dépens des conseillers du vieux Charlemagne qui ont « fait l'Empire », comme dira un contemporain, trois Visigoths : Hélisachar, chancelier d'Aquitaine puis chancelier de l'Empire, son ami Benoît d'Aniane, qui dirige les affaires monastiques, et Agobard, nommé archevêque de Lyon « non sans opposition » en 816.

Que ce dernier prêche l'égalité de tous les chrétiens dans un seul Empire, avec une seule loi, se comprend aisément. Que d'autres rappellent que les pères de ces hommes étaient des étrangers, des ennemis des Francs qui comptaient rester maîtres dans leur royaume, se comprend également. Mais la préférence donnée par Louis à des gens d'outre-Rhin qui, pour les « Francs de Gaule », Neustriens et Austrasiens réunis, étaient un peu dans le cas des Visigoths, ne provoqua pas plus d'enthousiasme que l'élévation en 816 au siège de Reims d'un homme n'appartenant pas à l'aristocratie, Ebbon. Si l'on se rappelle l'alliance de Pépin avec les grands et celle de Pépin et Charlemagne avec une Église franque et aristocratique — c'est ainsi qu'ils purent anéantir individuellement ceux qui rompaient cette alliance —, on comprend que Louis était en train de suivre le modèle qui avait déjà conduit à la faillite un Carloman trop confiant dans les Anglo-Saxons.

Cousins de Charlemagne et conseillers influents, les frères Adalard et Wala furent exilés : l'un, qui était abbé de Corbie, alla dans l'île de Noirmoutier ; l'autre, qui était comte, fut tonsuré et envoyé à Corbie, dans le monastère enlevé à son frère. Les propres demi-frères de Louis, Drogon et Hugues, fils illégitimes de Charlemagne, furent bannis de la cour. Un climat de suspicion s'installa, balancé par les convoitises des nouveaux venus. On entrait dans l'âge des factions aristocratiques. Cette réalité politique fait sonner creux les grands mots d'unité de l'Église et de l'Empire. Cela n'exclut pas la sincérité de certains protagonistes.

Louis le Pieux nomma son fils Pépin roi d'Aquitaine. Pour l'aîné, Lothaire, il créa un royaume de Bavière, avec de vastes marches : c'était le premier royaume carolingien en Germanie. Quant à Bernard d'Italie, il devait amener en 815 une armée à l'assemblée générale de Paderborn, pour manifester sa subordination à l'empereur.

Un événement qui faillit être fatal à Louis le Pieux précipita un règlement plus explicite de l'unité de l'Empire. Le Jeudi saint 9 avril 817, une partie du portique en bois qui reliait le palais et la chapelle palatine d'Aix-la-Chapelle s'effondra au moment où l'empereur et sa suite se préparaient à franchir la colonnade. Il y eut une vingtaine de blessés. Louis s'en tira avec des blessures légères. Que l'hypothèse d'un attentat soit ou non retenue, l'événement était un avertissement divin : il incita Louis à régler d'urgence sa succession. L'*Ordinatio Imperii* (juillet 817) institua la subordination des cadets au fils aîné, successeur du père dans la dignité impériale. Lothaire fut sur-le-champ fait coempereur et son royaume de Bavière alla au dernier des fils : celui-ci, le très jeune Louis, ne devait le gouverner qu'à partir de 826. Pépin, pendant ce temps, continuait de gouverner l'Aquitaine.

A l'âge de trente-neuf ans, trois ans seulement après le début de son règne, Louis le Pieux, en assurant le triomphe du « parti impérialiste », se plaçait sans nécessité dans la situation d'un prince dont on attend la disparition. Les mécontents de la cour impériale pouvaient, en attendant mieux, se grouper autour des fils à demi établis. Loin d'être seulement l'instrument d'une politique sereine et à long terme, l'*Ordinatio* était aussi une manœuvre contre Bernard d'Italie : sa royauté n'était même pas mentionnée. Une réaction à sa cour, en Italie, était inévitable : une conspiration en sortit, qui fut découverte. Surpris par le mouvement rapide des troupes de l'empereur à la fin de 817, Bernard se soumit. Condamné à mort, il fut « gracié » par Louis : on se contenta de lui crever les yeux. Il en mourut deux jours plus tard.

L'impératrice Ermengarde semble n'avoir pas été étrangère au traitement réservé à Bernard. Elle mourut cette même année 818, et Louis épousa au début de 819 la belle Judith, fille du comte Welf. Il entrait ainsi dans une autre zone d'influence. On profita de ses remords au sujet de Bernard pour faire rappeler à la cour Adalard et Wala, Drogon et Hugues. On poussa l'empereur à une pénitence publique, où il s'accusa de tout le mal qu'il avait fait endurer depuis 814.

Wala devint conseiller de Lothaire. Le succès du séjour en Italie du coempereur (822-825) trouve là son explication : il régla à Rome les relations entre l'Empire et la papauté avec une autorité qui rappela Charlemagne et trahissait la griffe de son conseiller. Le prestige de Lothaire allait croître dans le « parti impérialiste », alors que celui de son père était en baisse.

Charles — le futur Charles « le Chauve » — était né le 13 juin 823, à Francfort, de l'union de Louis avec Judith. Et, à la demande de celle-ci, Louis avait exercé une pression sur Lothaire pour qu'il jure deux choses : céder à son demi-frère le territoire que l'empereur demanderait pour lui, et être pour lui un défenseur sûr. Mais le comte Hugues de Tours, dont Lothaire avait épousé la fille en 821, intrigua de toutes ses forces auprès de Lothaire contre ce fils de la princesse « Welf », une famine qui rivalisait en Lorraine et en Alsace avec l'ancienne dynastie des ducs mérovingiens d'Alsace à laquelle appartenait Hugues. Les luttes des partis s'ouvraient. L'empereur avait été le premier à enfreindre l'*Ordinatio* qu'il avait lui-même promulguée.

C'est dans ces circonstances que Louis le Pieux chercha à gagner les évêques et les grands en introduisant une autre réforme, celle de la participation. « Quoique le faîte du ministère impérial consiste en notre propre personne, déclara-t-il en 825, celui-ci est divisé par l'autorité divine et l'ordre humain en sorte que chacun de ceux qui ont un « honneur » — une fonction publique : évêque, abbé, comte, vassal royal — a une part de notre ministère à sa place et selon son rang. » Loin d'être une déclaration anodine de bonnes intentions, cette formule et quelques autres sont à la base d'une nouvelle participation des évêques et des grands au gouvernement, non seulement en groupe lors des assemblées générales, ce qui était normal, mais sous la double forme d'une critique et même d'un jugement de l'action de l'empereur par des individus — évêques, comtes — ou de petits groupements, et d'une conscience commune à tous ces grands : ils exercent leurs fonctions non seulement par mandat du prince, mais comme partie prenante de l'autorité suprême.

La « féodalisation » qui suivra, et qu'on a interprétée d'une façon anachronique comme une « privatisation », part de cette réforme qui est un éparpillement légal du pouvoir suprême, préparé il est vrai par les traditions de la noblesse gallo-romaine et les idées aristocratiques germaniques. Celles-ci, comme la prétention des évêques à diriger non seulement les âmes mais aussi la politique de l'empereur, trouvent donc une reconnaissance officielle. L'épiscopat jouera de cette nouvelle position de force dans les crises de l'Empire, ouvertes depuis 827 : tout le monde se fera juge de celui qui, quinze ou vingt ans plus tôt, était un maître incontesté. Loin d'être neutralisée par un nouvel ordre, cette déchéance mènera à la crise de l'État.

Bernard, comte de Barcelone, étant en 827 assiégé par une armée musulmane, les comtes Hugues de Tours et Mafroi d'Orléans refusèrent d'obtempérer à l'ordre impérial, qui était de lui porter secours : ils furent déposés. Bernard qui en réchappa fut nommé « chambrier », ce qui était l'une des fonctions les plus élevées à la cour. Ces mesures déclenchèrent l'animosité de ses adversaires : ils accusèrent même Bernard et Judith d'adultère. C'est alors que l'empereur, après divers échecs aux frontières et à l'intérieur, demanda en 828 aux évêques de trouver les causes du courroux divin. Il réunit en 829 quatre synodes — à Mayence, Paris, Lyon et Toulouse — pour les différentes parties de l'Empire. Il s'agissait de préparer une réforme, d'inventorier ses fautes et celles des autres, et de proposer des mesures pour l'avenir. Tout cela mena à de belles déclarations, et à une nouvelle baisse de son autorité. Quand il se trompa en 830 et réunit ses troupes à l'est pour leur donner ensuite l'ordre d'aller combattre les Bretons à l'extrême ouest, la révolte éclata. Lothaire, qui avait longtemps hésité, se mit à sa tête.

Une première destitution de Louis fut annulée peu après par l'action de Pépin Ier d'Aquitaine et de Louis de Bavière, déçus par la superbe de Lothaire. Suivit une seconde destitution, beaucoup plus grave. L'armée de Louis le Pieux se trouva en juin 833, sur le *Rothfeld* près de Colmar, face à l'armée de ses fils, auprès desquels se trouvait le pape Grégoire IV qui cherchait vainement à réconcilier les adversaires. Ce fut une débandade générale des fidèles de Louis, qui fut abandonné par tous, sauf par Drogon, évêque de Metz, Aldric du Mans et quelques rares évêques et comtes fidèles. On appela plus tard ce lieu « Champ des mensonges ». L'empereur fut déposé ; l'exercice de toute fonction publique lui fut interdit. Lui et sa femme furent enfermés en des monastères, après une pénitence publique. A nouveau mécontents de Lothaire, mais aussi du mauvais traitement réservé à leur père, Pépin et Louis rétablirent une deuxième fois la situation : le 1er mars 834, Louis le Pieux était restauré à Saint-Denis. Lothaire fut consigné avec ses fidèles en Italie.

C'est alors qu'une armée de Louis, menée par Eudes, comte d'Orléans, est anéantie dans l'été de 834 sur la Loire par le « Widon » Lambert, partisan de Lothaire ; Eudes et plusieurs personnages de la cour de Louis le Pieux y trouvent la mort. Lambert finira par rejoindre Lothaire en Italie, où il sera fait duc de Spolète. Cette position permettra à son fils et son petit-fils, Gui et Lambert, d'être un jour empereurs.

Dans les dernières années de Louis, le parti dominant reste celui de l'impératrice Judith, laquelle ne pense qu'à un arrangement en faveur de Charles. Elle cherche donc un compromis avec Lothaire aux dépens de Pépin Ier, puis — après la mort de celui-ci en 838 — de son fils Pépin II et de Louis de Bavière. En 837, un nouveau projet de division de l'Empire prévoit pratiquement le partage entre Charles et Lothaire. Pépin II d'Aquitaine n'est plus reconnu, et l'Aquitaine est donnée à Charles. Mais l'empereur est incapable de conquérir cette Aquitaine alors que la population reste fidèle à Pépin II. Plusieurs révoltes de Louis de Bavière, qui réclame pour lui la Germanie entière, sont dans le même temps combattues par l'empereur. Quant à Charles, il est installé d'abord comme duc sur un « royaume » formé par les duchés mérovingiens d'Alsace, Alémanie et Rhétie, puis dans le royaume de la petite Neustrie, autour du Mans : la cour de l'empereur et les fidèles prêts à servir après sa mort son fils Charles, ce sont maintenant les mêmes hommes.

La rivalité autour de l'éventuelle division d'un empire discrédité sous le règne manqué de Louis le Pieux va donc tourner au moment de sa mort, survenue près de Francfort le 20 juin 840, à la lutte ouverte et fratricide.

Le traité de Verdun

Lothaire arriva d'Italie avec une armée. Il tenta de gagner de vitesse ses frères Louis et Charles, et de les écarter du pouvoir en oubliant ses promesses et les traités de partage corroborés par serment. Il trouva un allié en Pépin II d'Aquitaine, naturellement adversaire de Charles. Lothaire contrôlait l'axe Rome-Mayence-Aix-la-Chapelle ; ses armées firent des incursions en profondeur vers l'est contre Louis, vers l'ouest contre Charles, sans parvenir à un succès définitif. Il ne put séparer ses adversaires que liait un intérêt commun.

L'empereur jouait de l'*Ordinatio Imperii* ; ses frères évoquèrent les partages survenus entre-temps : depuis celui de 831, ils ne prévoyaient plus aucune subordination des rois vis-à-vis de Lothaire. Charles, malgré sa jeunesse, avait montré beaucoup de courage et de promptitude dans ces opérations militaires. En est témoin le comte Nithard, son compagnon de combat, dans les mémoires qu'il écrivit sur une guerre dans laquelle il allait trouver la mort. Charles réussit surtout à rallier des hommes importants de

Bourgogne, comme le comte Guérin de Mâcon. Malgré la défection d'une partie non négligeable des grands ecclésiastiques et laïcs de Neustrie, qui gagnèrent la cour de Lothaire, l'appui aristocratique resta acquis à Charles. Le noyau de ce parti était formé des hommes qui avaient joué un rôle à la cour de Louis tout en misant sur le futur règne de Charles. Parmi eux, on notait le tout-puissant sénéchal de Louis le Pieux, Alard, qui était issu d'une des plus grandes familles franques. Il renforça sa position de protecteur du jeune Charles en mariant celui-ci avec sa propre nièce.

Lothaire traversa la Bourgogne pour joindre l'armée de Pépin II. La bataille décisive s'engagea à Fontenoy-en-Puisaye, près d'Auxerre, le 25 juin 841. Elle fut particulièrement sanglante. Les évêques ordonnèrent plusieurs jours de jeûne et de prière pour le péché du sang chrétien versé. Cette hécatombe de la jeunesse franque sera lourde de conséquences dans la lutte contre les envahisseurs normands. Bien évidemment, ceux-ci profitèrent des dissensions franques pour augmenter encore leurs attaques. Le résultat immédiat de Fontenoy fut une défaite de Lothaire, limitée il est vrai, mais qui rendit impossible une victoire ultérieure de l'empereur. On la tint pour un jugement de Dieu.

Avant d'entreprendre une campagne commune, particulièrement brillante et rapide, le long du Rhin jusqu'à Aix-la-Chapelle, les armées de Louis et de Charles se réunirent à Strasbourg le 14 février 842 pour exclure tout arrangement à part avec Lothaire avant une paix victorieuse. La plume de Nithard nous a conservé le texte des engagements réciproques pris par les rois devant les armées : Charles s'exprima en langue germanique pour être compris par les soldats de Louis, celui-ci parla en langue romane pour être compris des hommes de Charles. Il s'agit là d'un texte inestimable pour les deux langues, le plus ancien texte connu en ce qui concerne le français. *Pro Deo amur et pro christian poblo et nostro commun salvament...* « Pour l'amour de Dieu, jure Louis en langue romane, et pour le peuple chrétien et notre salut commun, à partir d'aujourd'hui, en tant que Dieu me donnera savoir et pouvoir, je secourrai mon frère Charles que voici avec mes moyens et en toute chose, comme on doit secourir son frère, selon l'équité, à condition qu'il fasse de même pour moi, et je n'aurai jamais avec Lothaire aucune entrevue qui, de ma volonté, puisse être dommageable à mon frère Charles. »

Mais il y a plus qu'une alliance neustro-germanique contre les Austrasiens, et plus qu'un souvenir émouvant : « Si toutefois, ce qu'à Dieu ne plaise, je venais à violer le serment juré à mon frère, je délie chacun de vous de toute soumission envers moi, ainsi que du serment que vous m'avez prêté. » Ces mots, adressés par chaque roi à son propre peuple, furent complétés par un serment que chaque peuple prononça dans sa propre langue : on refuserait toute obéissance au roi s'il ne tenait pas ses engagements. Ce luxe de précautions fait ressortir l'ampleur de la méfiance entre les partis, mais aussi la réalité de la « participation » de tous à la chose publique, prônée en 825 par Louis le Pieux. La structure du pouvoir royal devenait de plus en plus une sorte de contrat avec des fidèles qui, déjà, par un lien féodal étendu — pour les renforcer — aux fonctions publiques, s'éloignaient de leur situation de « sujets » du *princeps et dominus* romain dont le roi franc était l'héritier.

Ce rôle nouveau se manifesta plus fortement encore lors de la conclusion de la paix qui reste, il faut bien l'admettre, une page de gloire dans l'histoire d'une aristocratie tant décriée. Dans le déchaînement des passions et face à une défaite imminente, Lothaire n'avait pas hésité à accepter le secours des Normands païens et à s'allier à une conjuration populaire qui, en Saxe, promettait la liberté aux semi-libres et agitait le spectre d'une alliance entre une ultime réaction païenne en Saxe et les Danois et Slaves païens. Le danger d'une guerre civile qui menaçait partout les bases de la société aristocratique a certainement accéléré le réflexe d'autodéfense de l'aristocratie franque : elle prit en main l'affaire et imposa aux rois la paix.

Les 15 et 16 juin 842, les trois frères se rencontrèrent pour la première fois depuis la mort de leur père à Mâcon et conclurent une paix préliminaire. Une commission de quarante grands pour chaque roi fut constituée pour préparer le partage. Le 19 octobre, à Coblence, on constata que l'on n'avançait pas. En novembre, à Thionville, les grands obligèrent les rois à une trêve. Les travaux pour la « description » du royaume, en vue de son partage, commencèrent vraiment. Entre-temps, Louis de Bavière avait maté dans le sang la révolte de Saxe, aidé en cela par les nobles saxons.

C'est pendant les dernières tractations que Lothaire obtient l'agrandissement de la partie septentrionale de son royaume. Il avait les terres entre Meuse et Rhin ; la frontière sera sur les Ardennes, enfin sur l'Escaut. Il avait 4 évêchés, 18 abbayes et environ 20 comtés ; la « Lotharingie » comptera finalement 7 évêchés, 43 abbayes et environ 35 comtés. L'argument décisif de Lothaire — le nombre de fidèles à pourvoir — prouve qu'il ne s'agit pas seulement d'un partage entre Carolingiens, mais d'un règlement de paix acceptable pour l'aristocratie.

La même aristocratie profitait de la « Renaissance carolingienne ». Elle en fit là la preuve, autant que l'administration carolingienne qui depuis Charlemagne avait déjà imposé aux grands domaines royaux et ecclésiastiques de rédiger des « brefs », des descriptions des propriétés, avec le nombre de ces « manses » qui étaient non seulement des unités d'exploitation rurale mais surtout des unités imposables pour l'administration financière. On commença donc à enregistrer les régions et l'ensemble de l'Empire, pour dénombrer les évêchés, abbayes, comtés, fiscs et palais royaux, les bénéfices des vassaux, les « manses ». Certes, nul ne pouvait alors prévoir qu'à l'exception d'une éclipse partielle, au Xe siècle, les frontières de 843 allaient durer plus d'un demi-millénaire. Mais le sérieux et la volonté commune avec lesquels fut conduite cette œuvre de paix n'y sont pas pour rien.

L'acte final se déroula en août 843 à Verdun. Le monde franc fut divisé pour de bon. En partant des royaumes de base des trois frères, l'Italie de Lothaire, la Bavière de Louis, l'Aquitaine de Charles, on ajouta à chacun une des trois grandes régions de résidences royales : autour de Liège pour Lothaire, de Francfort-Ingelheim-Worms pour Louis, de Laon-Soissons-Paris — avec, dans les vallées de l'Oise et de l'Aisne, Samoussy, Quierzy, Compiègne, Verberie, Ver, etc. — pour Charles.

La frontière entre Louis et Lothaire était le Rhin, mais la Frise allait à Lothaire et les comtés de Worms et Spire à Louis, à cause des palais, mais aussi de la métropole ecclésiastique de la Germanie, Mayence. La frontière entre Lothaire et Charles suivait l'Escaut et la Meuse, donnant le diocèse de Cambrai à Lothaire. Plus au sud, avec une frontière qui suivait essentiellement la Saône et le Rhône mais donnait à Lothaire le Forez et le Vivarais, le royaume franc de Bourgogne était divisé de façon radicale : Troyes, Langres, Sens, Auxerre, Nevers, Autun, Mâcon et Chalon revenaient à Charles. On continuait d'ailleurs d'appeler royaume de Bourgogne cette partie du royaume occidental qui sera, après avoir reçu son propre duc vers 900, mais toujours avec la désignation de *regnum*, le futur « duché de Bourgogne ».

Lothaire, empereur, disposait ainsi de l'axe Rome-Pavie-Aix-la-Chapelle, mais Charles était de Tournai à Paris le successeur de Clovis, et il avait la Neustrie de Dagobert, qui représentait la plus ancienne tradition du *regnum Francorum*. Lothaire et ses successeurs dans la partie centrale auront le titre impérial, mais le titre seul, avec ses droits et devoirs envers l'Église romaine et avec sa préséance protoco-

LES CAROLINGIENS

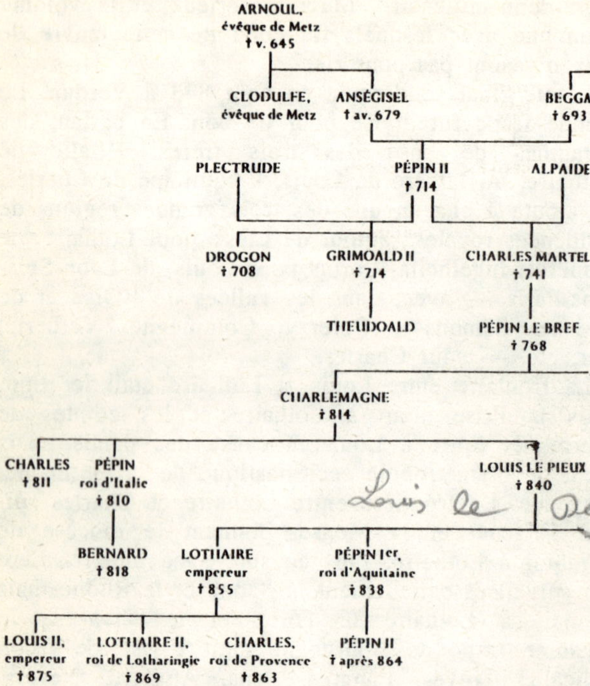

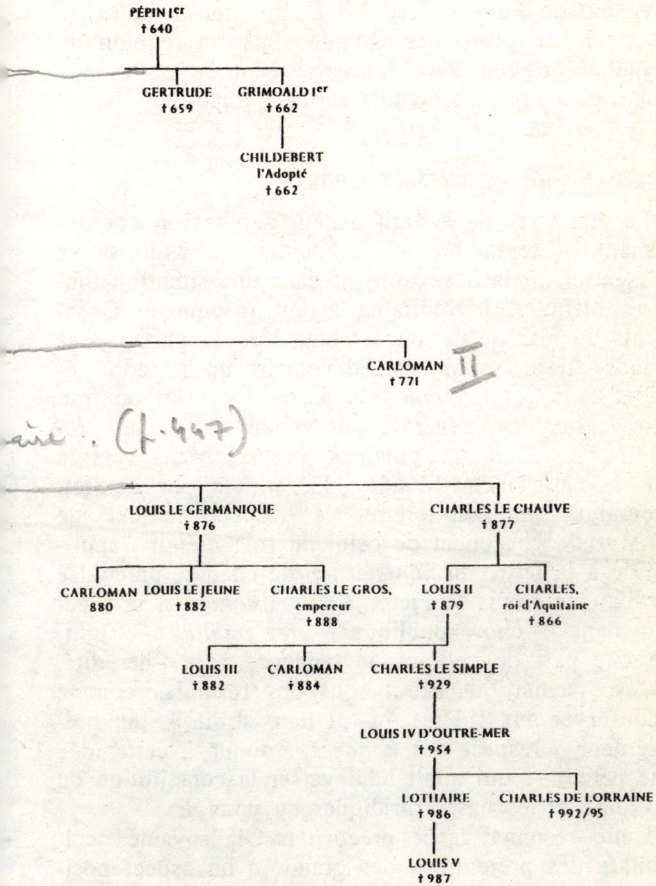
PÉPIN Ier
† 640
GERTRUDE
† 659
GRIMOALD Ier
† 662
CHILDEBERT
l'Adopté
† 662
CARLOMAN
† 771
LOUIS LE GERMANIQUE
† 876
CHARLES LE CHAUVE
† 877
CARLOMAN
880
LOUIS LE JEUNE
† 882
CHARLES LE GROS,
empereur
† 888
LOUIS II
† 879
CHARLES,
roi d'Aquitaine
† 866
LOUIS III
† 882
CARLOMAN
† 884
CHARLES LE SIMPLE
† 929
LOUIS IV D'OUTRE-MER
† 954
LOTHAIRE
† 986
CHARLES DE LORRAINE
† 992/95
LOUIS V
† 987

laire, mais sans aucun droit sur les deux autres « rois des Francs », à l'est comme à l'ouest.

Verdun signifie donc bien la fin de l'*Ordinatio Imperii* avec son empereur dominant le monde franc. Ce sera la base juridique de l'indépendance du royaume de France, face à l'Empire qui renaîtra au Xe siècle au profit des Ottoniens par la réunion du royaume oriental avec la partie centrale du monde franc, celle qui comprend l'héritage impérial.

Le règne de Charles le Chauve

Le jeune roi — il était majeur depuis son couronnement en septembre 838 à Quierzy — avait sauvé l'essentiel, mais il se trouvait dans une situation toujours difficile. L'Aquitaine restait insoumise. Conscients du rôle qu'ils avaient tenu lors du partage, les grands firent sentir immédiatement qu'ils considéraient la royauté comme le partenaire d'un contrat. Une assemblée générale du royaume — la première —, réunie à Coulaines près du Mans vers la fin de cette même année 843, stipula par contrat, promulgué en capitulaire, le respect mutuel de l'*honor* de chacun et de celui du roi : c'était l'application à la lettre du *ministerium* de chacun, préconisé en 825 par Louis le Pieux. Or, si l'*honor*, si la fonction dans la chose publique — *res publica* — signifie une part de celle-ci, la tendance vers l'hérédité, qui se cachait au début sous des formules comme « conserver aux fidèles du roi leurs droits », ou, précisément, « respect des *honores* », donna à cette idée une pérennité qui allait bouleverser la constitution du royaume et les bases juridiques du pouvoir.

Cette reconnaissance précoce par la royauté occidentale des prétentions des grands a un aspect positif : la conscience qu'ils ont d'appartenir à un pays dans lequel on a conquis des droits que d'autres pays du monde franc n'ont pas encore admis va renforcer la cohérence des différentes parties du royaume occidental à travers leurs aristocraties respectives. Il y a dans la conscience politique d'une communauté, en l'occurrence aristocratique, ressentie depuis Coulaines en dehors et à côté de l'unité royale et dynastique, une première figure, lointaine, de manifestation « nationale ». Elle sera réduite à rien par les victoires d'une royauté centralisatrice, fondée de nouveau sur la définition romaine du prince.

Charles avait reconstitué l'accord fondamental avec l'aristocratie. Il pouvait consolider sa position et cela malgré deux terribles défaites, l'une contre Pépin II le 14 juin 844, l'autre contre les Bretons du roi Nominoé à Ballon, près du Mans, le 22 novembre 845. Nominoé était le premier chef d'une Bretagne jamais vraiment soumise par les Francs. Il avait, sous Louis le Pieux, accepté d'être comte de Vannes puis duc « franc » de la Bretagne, comme vassal de l'empereur. Ainsi avait-il réussi, tout en y introduisant des éléments francs (comtés, échevins), à réunir sous son autorité toute la Bretagne. Il avait ensuite profité de la lutte des frères carolingiens pour se faire roi, et avait reconnu la suzeraineté lointaine de Lothaire Ier, empereur, en refusant celle de Charles, roi. Après sa victoire, il échangea, par une paix conclue en 846, la reconnaissance de la suzeraineté de Charles contre celle de sa nouvelle dignité et des conquêtes faites en territoire franc. C'est sous lui et son successeur Érispoé que la Bretagne s'étendra aux dépens de la marche franque contre les Bretons, conquérant successivement les comtés de Nantes et de Rennes.

C'est également par une paix, conclue à Fleury-sur-Loire en mai 845, que Charles reconnut Pépin II comme roi d'Aquitaine — celle-ci était privée du Poitou — contre la reconnaissance par ce roi de sa suzeraineté. Mais une partie non négligeable de l'aristocratie aquitaine, voyant Pépin II incapable de défendre le pays contre les Normands, se tourna vers Charles. Celui-ci se fit couronner roi d'Aquitaine à Orléans, en 848, après une élection par les grands ecclésiastiques et laïcs. Ganelon, archevêque de Sens, le sacra. L'élection et la légitimation par un sacre non papal devenaient des facteurs concurrents des droits purement dynastiques dans la pratique constitutionnelle du royaume.

Hincmar, archevêque de Reims, s'empara de cette idée. Il fit de l'église de Reims le lieu du sacre des rois des Francs : dans la *Vie de saint Remi* apparaît sous sa plume la transformation historique qui fit du *baptême* de Clovis à Reims un *sacre* royal, conféré avec le Saint Chrême apporté du ciel par une colombe. On sait aujourd'hui que le motif d'une colombe — le Saint-Esprit — se rencontre plusieurs fois avant Hincmar dans la littérature hagiographique. C'est le signe divin qui montre au peuple que l'évêque ainsi oint par le Saint Chrême est bien l'élu de Dieu. Hincmar a donc mêlé ce thème de l'onction épiscopale et celui du baptême de Clovis par l'évêque de Reims, pour créer une tradition. Celle-ci sera capitale pour l'église de Reims et pour son privilège : on y sacrera le roi de France. Elle le sera aussi pour les prérogatives des rois de France et pour l'évolution de la « religion royale ».

On conçoit aisément par ces exemples l'importance de ce premier roi d'un royaume qui sera la France. Effectivement, il se fit sacrer roi de Lorraine — en 869, par Hincmar à Metz — dès qu'il put se saisir d'un autre royaume de cet héritage franc auquel il ne cessa jamais de penser, lui qui, petit-fils de Charlemagne, portait le nom du grand empereur.

Au renforcement des droits de l'aristocratie laïque correspond donc un renforcement du facteur ecclésiastique et épiscopal qui concourt au renforcement du prestige royal. Face à toutes les difficultés, Charles joue de main de maître avec tous les instruments politiques et ecclésiastiques qui s'offrent à lui. Plus tôt que tous les autres rois il s'appuie, en leur accordant des privilèges, sur les églises épiscopales de son royaume. Il profite de leur force militaire naissante, car des vassaux épiscopaux sont installés sur les terres des églises et il fait usage de son « droit de gîte». Il dispose de la fortune des grands monastères en séparant la *mensa abbatis* — les biens soumis directement à l'abbé — de la *mensa conventualis*, réservée aux besoins de la communauté monastique.

Dans ces circonstances, l'abbé peut être, plus encore que sous Charlemagne, un abbé «laïc»: non un moine mais un évêque, un chapelain de la cour, voire, de plus en plus souvent, un comte. Non sans se réserver parfois à lui-même cet abbatiat — à Saint-Denis —, Charles le Chauve satisfait ainsi les exigences des grands dont il a besoin pour gouverner le royaume et le défendre contre les Bretons et les Normands.

Parmi les grands de la région rhénane qui n'acceptèrent pas, après le partage de Verdun, de vivre sous l'autorité de Louis qu'ils n'aimaient pas, mais qui ne voulurent pas davantage de Lothaire, se trouvaient deux hommes d'origine comtale, Raban et Robert. Le premier était un parent de Raban Maur, l'archevêque de Mayence. Le second n'était autre que Robert le Fort, l'ancêtre des Capétiens. Ils vinrent dans le royaume de Charles et furent pourvus de biens de l'église de Reims, laissée vacante dans ces premières années du règne de Charles pour que le roi en eût les revenus. Mais à peine Hincmar était-il élu archevêque de Reims qu'il commença de lutter pour la reconstitution de ces biens. Robert profita alors de sa parenté avec la reine Ermentrude et le puissant comte Alard. En 852, Charles le nomma comte d'Anjou et de Touraine, cette région devant former la nouvelle base de la marche contre les Bretons après la perte de Nantes et de Rennes. En même temps, il devenait abbé laïc de Marmoutier, près de Tours. Plus tard, il obtint les comtés de Blois et d'Orléans, et l'abbatiat laïc de Saint-Martin de Tours qui allait rester l'un des fondements du pouvoir des Robertiens, futurs Capétiens.

Ce «grand commandement» créé par Charles le Chauve contre les Bretons — et surtout contre les Normands qui attaquaient par la Loire — n'est qu'un exemple parmi d'autres : en Flandre, c'est la dynastie des Baudoin, en Poitou celle des Rannoux. Il en alla de même en Auvergne et à Toulouse après la prise de pouvoir définitive de Charles le Chauve dans ces régions lointaines. Une campagne victorieuse avait permis en 849, après un long siège, la prise de Toulouse. En 852, Pépin II fut livré à Charles, qui l'enferma dans un monastère de Soissons. L'année suivante, l'Aquitaine s'agita de nouveau et fit appel à Louis « le Germanique », frère de Charles, qui envoya son fils et le fit un temps roi des Aquitains ; il céda la place en 854 à un Pépin II échappé de prison, dont la résistance fut finalement vaine. Malgré les Normands appelés au secours, Pépin II échoua encore et se retrouva, en 864, derechef enfermé, à Senlis cette fois. En 855, Charles le Chauve avait fait couronner et sacrer roi d'Aquitaine, à Limoges, son fils Charles qui était encore un enfant.

Malgré ces péripéties, la pacification de l'Aquitaine s'achève alors. La nomination des comtes venus pour la plupart du nord de la Gaule constitue un succès considérable pour Charles le Chauve. Des études récentes l'ont montré, nombre de familles aristocratiques franques vivant selon le droit salique s'installent en même temps que ces comtes sur des terres du fisc (souvent confisquées) ou des églises. L'autorité de Charles est également reconnue en Septimanie et dans la marche d'Espagne, plusieurs fois réorganisées avec ou sans le duché de Toulouse et l'Aquitaine.

Une grave crise éclate dans le royaume en 858, qui doit être vue dans le contexte des relations des différents royaumes francs. Le partage de 843 ne faisait pas disparaître l'idée d'une communauté franque. On avait même développé tout un programme sous le concept de la *confraternitas* : cette confraternité devait régner entre les souverains frères, puis après la mort de Lothaire, en 855, entre frères, oncles, neveux et cousins. Il y avait des synodes où les évêques de plusieurs royaumes se réunissaient pour débattre des questions les intéressant en commun ; il y eut aussi des rencontres officielles, des « colloques » des trois rois : en octobre 844 à Thionville, en février 847 et en mars 81 à Meersen près de Maastricht. On y condamna des adversaires communs, comme Pépin II d'Aquitaine. On y régla aussi les problèmes nés pour les grands vassaux des partages royaux. Bientôt, des rencontres à deux laissèrent percevoir la formation d'alliances aux dépens du troisième, ce qui renversait la situation stable créée par le traité de Verdun. Louis le Germanique accepta en 853 un appel de l'opposition aquitaine. Ce mauvais exemple fit école. En 858, une opposition autrement dangereuse, parce qu'englobant une large partie de l'aristocratie franque du royaume de Charles, avec entre autres Robert le Fort et l'archevêque de Sens, Ganelon, offrit la couronne du royaume de Charles à Louis le Germanique ; celui-ci accepta, puis occupa facilement une grande partie du royaume, distribuant même des *honores* à ceux qui l'avaient appelé.

Hincmar de Reims donna alors la preuve de sa personnalité. Il empêcha la défaillance de l'épiscopat, répondit avec fermeté aux insistances de Louis et obtint que l'attitude de Ganelon restât isolée. Notons que le nom de l'archevêque Ganelon sera utilisé par l'auteur de la *Chanson de Roland* pour le personnage essentiel qu'est le traître.

Louis le Germanique avait renvoyé son armée, tant il se sentait sûr de ses partisans. Charles en profita. Par une opération rapide, il obligea son frère à déguerpir. Ce succès dans une situation qui semblait compromise fut le début de l'ascension de Charles en Occident. Certes, les condamnations lancées contre les conjurés de 858 par le synode de Gondreville qui réunit l'année suivante les évêques « lorrains » et « français » eurent peu d'effet : les adversaires de Charles s'étaient réfugiés en Bretagne, alors séjour préféré de l'opposition. Certes, Charles dut, en 861, restaurer ces grands, Robert le Fort à leur tête, dans leurs possessions et *honores*, voire augmenter ceux-ci.

Mais il restait capable de contrôler le royaume et de mener une politique extérieure de plus en plus active.

Lothaire Ier avait, avant de mourir en 855, divisé ses territoires entre ses trois fils. Louis II, l'aîné, recevait l'Italie et la succession impériale. Lothaire II devenait roi des territoires au nord de la Bourgogne — on les appellera Lotharingie et les habitants seront « Lorrains » — et le cadet, Charles, devenait roi de Provence, avec la Provence proprement dite, la Viennoise et tous les comtés de la Bourgogne qui n'appartenaient pas au royaume occidental. Charles le Chauve réussit à s'emparer successivement de cet héritage laissé par des rois qui moururent tous sans héritier mâle légitime. Pour ce qui est de Lothaire II, Charles et Hincmar de Reims s'en occupèrent en combattant fermement son remariage alors que vivait encore sa première femme, dont il s'était séparé avec l'appui de ses évêques. Lothaire II mourut en 869 au retour d'un voyage à Rome où il avait vainement tenté d'obtenir l'assentiment pontifical. Les enfants qu'il avait de sa seconde épouse restèrent illégitimes.

Charles avait déjà tenté en vain, en 861, de s'approprier au moins une partie du royaume de Provence. Cette fois, il agit avec force et rapidité, occupant le royaume de Lothaire et se faisant sacrer roi à Metz. L'année suivante Louis le Germanique obligea Charles à lui céder la moitié du butin : le royaume de Lothaire II fut en définitive divisé par le traité de Meersen (août 870). Aix-la-Chapelle, ville impériale dont rêvait Charles, échut à Louis.

Cinq ans plus tard, Charles eut plus de succès avec l'Italie, dont il s'empara à la mort de Louis II, prenant de surcroît la partie du royaume de Provence tombée en 863, à la mort de Charles de Provence, dans les mains de Louis II. Le jour de Noël 875, jour anniversaire du couronnement du premier Carolingien, il se fit couronner empereur par le pape Jean VIII.

En 876, à la mort de Louis le Germanique, il tenta aussi de cueillir l'héritage aux dépens des fils de son frère. Il fut sévèrement battu par Louis le Jeune près d'Andernach. Il n'était plus question de réunir l'empire de Charlemagne. Charles le Chauve se maintint malgré tout en Italie jusqu'au jour où Carloman, autre fils du Germanique, vint lui rendre la pareille en prétendant au royaume d'Italie et à l'Empire. Incapable de résister parce que les troupes qu'il attendait de Gaule n'arrivaient pas, Charles se retira. Il mourut le 6 octobre 877 à Avrieux, en Savoie.

Tandis que Boson, le comte « lorrain » dont Charles avait finalement épousé la sœur, dominait la politique italienne comme duc d'Italie, les grands du royaume occidental refusaient l'aventure italienne et préféraient défendre leur pays contre les Normands.

Charles avait d'ailleurs, au début, payé de sa personne dans cette lutte — devant Angers et dans la vallée inférieure de la Seine — et il avait fait construire des barrages et des fortifications, mais il avait fini par oublier les devoirs qu'il avait dans son propre royaume, pour suivre la chimère d'une politique « universelle » et impériale dont les moyens lui manquaient visiblement. La sagesse politique avait changé de camp. Les grands et les futurs princes régionaux étaient déjà plus près des populations, plus efficaces aussi sur le plan local, qu'un roi trop lointain. L'évolution ultérieure allait confirmer cette évolution. Il n'empêche que Charles, indépendamment des mérites qu'il eut sur le plan culturel, sut donner à la royauté un éclat très vif qui resurgira plus tard. Il créa des bases institutionnelles de grande importance pour l'avenir. Il aida, au moins jusqu'au milieu de son règne, à l'éclosion d'un premier sentiment d'unité dans un royaume dont il aura été, malgré toutes les réserves que l'on peut faire, le premier roi.

De Charles le Chauve à Eudes

Avant son dernier voyage en Italie, Charles le Chauve a présidé l'assemblée générale de Quierzy et y a promulgué, le 14 juin 877, un capitulaire réglant l'organisation du royaume pendant son absence.

Parmi les hommes désignés pour diriger le jeune Louis le Bègue, son seul fils survivant, apparaît l'archichancelier Gozlin, abbé de Jumièges, Saint-Amand et Saint-Germain-des-Prés. Gozlin est l'homme de confiance pendant les dernières années de Charles, comme Boson dans les affaires lotharingiennes, burgondes et italiennes. Fils du comte Rorgon du Mans — qui a eu d'une première liaison avec une fille de Charlemagne un fils, Louis, dont Charles le Chauve fit un archichancelier avant Gozlin —, l'abbé Gozlin est l'un des protagonistes de l'histoire du royaume après 877, l'autre étant Hugues l'Abbé, cousin de Charles le Chauve par sa tante Judith. Ces deux rivaux, qui représentent les clans des « Rorgonides » et des « Welfs », sont caractérisés au moment de leur mort presque simultanée, en 886, par un annaliste de Mayence : « Hugues et Gozlin, abbés, les deux principaux chefs de la Gaule, sur lesquels était fondé tout l'espoir des habitants de ce pays contre les Normands. » Ils font donc le pont entre le règne de Charles le Chauve et celui du premier roi non carolingien du royaume occidental, Eudes, alors que se succèdent les règnes éphémères de Louis II le Bègue (877-879), Louis III (879-882) et Carloman (879-884), enfin Charles le Gros (885-888), respectivement fils, petit-fils et neveux de Charles le Chauve.

Abbé laïque de Saint-Germain d'Auxerre, Hugues se signala comme un des meilleurs chefs militaires de l'époque. En 866, après la mort de Robert le Fort tombé à Brissarthe sous les coups des Normands, il reçut le commandement de la marche contre les Bretons, avec les comtés des régions de la Loire et Saint-Martin de Tours.

A la nouvelle de la mort de son père, Louis II le Bègue avait commencé à distribuer comtés, abbayes et domaines pour se faire des partisans. Hugues et Gozlin se mirent à la tête d'une opposition armée qui, approuvée par Hincmar, dicta ses conditions avant que Louis fût élu et couronné roi le 8 décembre 877. C'est alors que Gozlin reçut l'abbaye de Saint-Denis. L'alliance de circonstance des grands fit place à de multiples intrigues, surtout à l'occasion du synode réuni à Troyes en août-septembre 878, avec l'assentiment de Louis II, par le pape Jean VIII : le pape cherchait l'aide efficace des Carolingiens pour une Italie menacée par les Arabes. Gozlin, qui risquait de perdre Saint-Denis mais se voyait pour l'instant sauvé, put encore, le 1er novembre 878, conclure — pour un roi dont il était l'archichancelier comme il l'avait été sous Charles le Chauve — le traité de Fouron avec Louis le Jeune, roi de Francie orientale : la succession des héritiers réciproques était garantie, à savoir dans le royaume occidental celle des deux fils de Louis II : Louis III et Carloman.

Peu après, Gozlin perdit sa charge. Avec quelques comtes, dont Boson, Hugues l'Abbé domina un roi malade qui, avant sa mort le 10 avril 879, ordonna de faire roi le seul Louis III. Visiblement, Hugues espérait garder ainsi le contrôle du royaume entier. Gozlin et l'aristocratie de la « Francie » d'entre Seine et Meuse — avec le « Welf » Conrad, comte de Paris — réagirent aussitôt et offrirent la couronne à Louis le Jeune, non pour « trahir la patrie » comme on l'a cru au XIXe siècle, mais pour obliger Hugues et son parti à procéder à la succession telle que garantie à Fouron, donc au partage effectif qui devait donner à l'aristocratie de Francie son « propre roi ».

Hugues obtint le retrait de Louis le Jeune, moyennant la cession de la partie occidentale de la Lotharingie, acquise jadis par Charles le Chauve. Surtout il promit la succession des deux rois. Il fit en effet sacrer Louis III et Carloman, vers la fin de l'été 879, par Anségis, archevêque de Sens. Mais il continua d'exercer seul la régence d'un royaume indivis.

Il y eut à ce monopole deux réactions. Au Sud, Boson se fit élire roi de Provence et de Bourgogne par six archevêques et dix-sept évêques réunis à Mantaille près de Vienne le 15 octobre 879. C'était le premier roi non carolingien en Occident. Dans le

Nord, l'opposition, guidée par Gozlin, rappela Louis le Jeune. Le traité de Ribemont, près de Saint-Quentin, confirma en 880 la cession à Louis de la Lotharingie et la restitution de leurs droits aux opposants, et prévut un partage qui fut réalisé immédiatement après à Amiens. Louis III reçut la Francie et la Neustrie et fit de Gozlin son archichancelier. Carloman reçut l'Aquitaine et la Bourgogne, et eut comme protecteur et chef d'armée Hugues l'Abbé, lequel combattit fort efficacement l'usurpateur Boson et soumit finalement la Provence.

Pendant que Louis III participait à l'action commune des Carolingiens contre Boson, Gozlin avait vainement mené une partie de ses troupes contre les Normands. Revenant vers le nord, Louis III remporta en revanche une brillante victoire sur les Normands à Saucourt, près de l'embouchure de la Somme, le 3 août 881. Un poème en vieil allemand, le *Ludwigslied*, célèbre cette victoire ; il est connu par un manuscrit provenant de Saint-Amand, dont l'abbé était Gozlin.

Louis III mourut le 5 août 882, à la suite d'un accident. Carloman fut reconnu comme roi par la Francie. Mis à l'écart un instant sous l'influence d'Hugues, Gozlin retrouva vite sa place à la cour. C'est lui qui fit nommer comte de Paris le fils de Robert le Fort, Eudes. Quand Carloman mourut des suites d'un accident de chasse, le 6 décembre 884, Gozlin et son ami Thierry, comte de Vermandois, dominèrent la situation, et non plus Hugues l'Abbé. C'est une délégation menée par Thierry qui offrit en 885 la couronne du royaume occidental à l'empereur Charles le Gros qui, simple roi d'Alémanie au début, avait cueilli les héritages ; l'Italie en 879, le royaume oriental en 882.

Empereur depuis 881, Charles le Gros réunit ainsi pour la première fois depuis Louis le Pieux — et pour la dernière fois — l'ensemble du monde franc. Mais il s'agit d'une simple union personnelle, non d'une réunification de l'Empire. Son règne dans le royaume occidental a souvent été sous-estimé, la maladie l'ayant, vers la fin, rendu presque incapable de gouverner. Mais de 885 à 887 Charles le Gros — c'est de lui qu'on a le plus grand nombre d'actes pour le royaume occidental depuis Charles le Chauve — a nommé « marquis » pour l'Aquitaine Bernard, le père de Guillaume Ier, comme il a nommé pour le royaume d'Italie Bérenger de Frioul, futur roi et empereur. Il a « lancé » plusieurs grandes dynasties post-carolingiennes, et surtout celle des Robertiens-Capétiens. Comte et défenseur héroïque de Paris contre les Normands — avec Gozlin, évêque de Paris depuis 884 —, Eudes reçut en effet en 886, au moment de la mort d'Hugues l'Abbé, tous les comtés de la Loire qu'avait eus jadis Robert le Fort, et avec eux l'abbatiat laïc de Saint-Martin de Tours. Bref, Eudes semble avoir été l'homme de confiance de Charles le Gros pour le royaume occidental.

On comprend donc qu'il soit élu et couronné roi le 29 février 888, peu de temps seulement après la nouvelle de la mort de l'empereur (13 janvier 888), la destitution de Charles à l'Est ne concernant pas le royaume occidental. Eudes a d'ailleurs conservé avec reconnaissance le souvenir de son bienfaiteur. Tôt ou tard, Eudes récoltera tout l'héritage de Gozlin, mort en 886 pendant le siège de Paris : les abbayes de Saint-Germain-des-Prés, Saint-Denis et Saint-Amand. La réunion en ses mains de tant d'églises et de leurs nombreux vassaux, et le contrôle de la très nombreuse aristocratie guerrière des comtés de la Loire, d'Orléans à Angers, firent de lui l'homme le plus puissant dans le royaume, indépendamment de sa dignité royale. Vainqueur des Normands en Argonne, près de Montfaucon, le 24 juin 888, Eudes avait assez de prestige pour faire reconnaître sa royauté par Arnoul, le Carolingien oriental. Amoul lui envoya des insignes royaux. Eudes en profita pour se faire couronner une seconde fois.

Eudes reconnut alors la suzeraineté d'Arnoul et devint son vassal. On peut comparer son cas à celui de Louis de Provence, fils de Boson, qui obtint sa « légitimation » en se faisant vassal de l'empereur Charles le Gros. Tenu par un roi non carolingien, le royaume n'a donc pas abandonné la dynastie carolingienne. D'autres rois élus en d'autres endroits de l'ancien Empire — Bérenger d'Italie, Rodolphe Ier de Haute-Bourgogne — ont fait de même, ou ont été obligés de reconnaître l'hégémonie du Carolingien Arnoul. Cela n'a évidemment rien à voir avec une dépendance de la « France » à l'égard de l'« Allemagne » : ni l'une ni l'autre n'existent alors. Mais ces questions de légitimité dynastique expliqueront les prétentions de Charles III le Simple, fils cadet de Louis le Bègue, quand il sera à son tour le seul Carolingien en âge de gouverner, ce qu'il n'était précisément pas quand, en 888, enfant, il séjournait à la cour du comte de Poitou, Rannoux II. Les Francs qui ont élu Eudes avaient besoin d'un roi capable d'organiser la défense du royaume contre les Normands, mais la nécessité d'une légitimation pour Eudes saute aux yeux quand on voit l'instabilité de la situation après la mort de Charles le Gros : Rannoux II pensa un instant se faire élire roi — d'Aquitaine ou du royaume occidental, on ne le sait pas — et Gui de Spolète vint en Gaule où il se fit sacrer roi, à Langres, par l'évêque Geilon avant même l'élection d'Eudes. Apprenant celle-ci, il retourna en Italie pour y combattre Bérenger et y être roi. Quant à l'archevêque de Reims, Foulque, il offrit la couronne du royaume occidental à Arnoul, puis reconnut bon gré mal gré Eudes et enfin, en 893, consacra à Reims le jeune Charles III le Simple, qui rallia effectivement plusieurs grands contre Eudes.

Eudes était en partie responsable de cette crise. Même le moine Abbon de Saint-Germain, auteur d'un poème latin qui célèbre les hauts faits de Gozlin et d'Eudes pendant le siège de Paris par les Normands, avoue ensuite une certaine déception. D'une façon trop voyante, Eudes n'avait pensé qu'à la fortune de sa maison. Tous les comtés qu'il ne pouvait, selon les usages carolingiens, administrer directement parce qu'il était devenu roi, il les transmit à son frère Robert, avec toutes ses abbayes et notamment celle de Saint-Martin de Tours. Il nomma Robert « marquis » de la Neustrie, l'aida même à s'étendre en Aquitaine. Seules exceptions, Eudes ne put éviter la perte des comtés de Troyes et Sens : de sa zone d'influence, ils passèrent en 895 dans celle de Richard d'Autun. Mais Eudes montra finalement ses ressources, morales et vassaliques, quand il battit d'abord les Aquitains, puis Charles le Simple, d'une manière telle que ce dernier dut chercher refuge en Lotharingie. Malgré cela, un arrangement allait donner la succession, après Eudes, à Charles le Simple. Faisant du règne d'Eudes, admis par le Carolingien Arnoul, une véritable parenthèse entre des règnes carolingiens, ce compromis ne laissa pas penser que les jours des Carolingiens étaient comptés en Gaule.

Le déclin de la royauté a été, somme toute, rapide. D'une autorité capable de se servir des évêques, abbés et comtes en les contrôlant par ses *missi*, elle est devenue un « partenaire » durement critiqué par le clergé et les grands. Elle joue encore, sous Charles le Chauve, des rivalités de groupes ou de « partis » aristocratiques, ce qui l'oblige à remplacer aussitôt une équipe tombée en disgrâce par l'équipe ennemie. Mais elle tombe plus bas encore : pour être élu, le roi doit faire des promesses qu'on lui rappelle dès qu'il veut redresser la situation. Il est, enfin, considéré comme un « chef » qui doit défendre le royaume pour les autres sans attendre d'eux une aide efficace : chacun se concentre sur la défense de sa propre région. Les Normands n'ont pas seulement dévasté le pays, ils ont aussi ruiné l'esprit politique.

Les faux qui surgissent vers 850, probablement à Reims dans les cercles opposés à Hincmar, archevêque trop autoritaire pour ses suffragants, ces faux qui n'ont été jugés tels qu'en 1628 et qu'on appelle depuis les Pseudo-Isidoriens, montrent bien que la morale n'a pas moins souffert dans l'Église : les textes ainsi forgés devaient servir, et contre le pouvoir métropolitain, et contre le pouvoir royal. C'est ce qui fera, dans la querelle des Investitures, leur prix pour le pouvoir pontifical.

Comme à la fin des Mérovingiens, ce ne sont plus les rois qui divisent les pays à leur gré et y choisissent leur part. Ce sont les royaumes constitués ou divisés, déjà, selon les intérêts des couches dirigeantes qui se cherchent un roi. Le cas échéant, ils jouent l'un contre l'autre. Mais il y a, là aussi, une « justice historique » : ces évêques, ces comtes, et leur entourage, représentent mieux « leur » pays, leur région, dans ces temps difficiles, que des rois de plus en plus coupés des forces vives du pays.

Le monde carolingien

Longtemps l'histoire a été pensée à l'envers. Pour expliquer le « Moyen Age », on partait des « Temps modernes » et de ses notions, au lieu de partir de l'Antiquité et des siennes. La Gaule romaine n'a pas disparu parce que les empereurs romains ne la gouvernaient plus, elle a seulement commencé de changer, lentement. Les Allemands comme les Français se sont imaginé un Moyen Age plutôt germanique, les Romains ayant disparu avec leur Empire. C'est ainsi qu'on voyait les *servi* du haut Moyen Age un peu pareils aux « serfs » du XIIIe siècle parce qu'également « médiévaux ». Or ils étaient encore à l'époque carolingienne des esclaves « antiques », les mêmes mots (*servus, mancipium*) désignant encore à peu près la même chose.

Au vrai, on serait plus près de la réalité en voyant les Temps modernes comme un Moyen Age prolongé malgré les premiers changements, et le haut Moyen Age comme une très tardive Antiquité. La société franque a été une société celto-romaine, fondée sur le grand domaine et le commerce, exploités aussi bien par l'État que par les *potentes*, riches et puissants en même temps. Dans cette société se sont parfaitement intégrées et l'Église et l'aristocratie d'origine germanique, par la fusion des familles gallo-romaines et germaniques, et par la fusion de l'État et de l'Église, l'État dotant l'Église tout en l'exploitant, l'Église servant l'État tout en le dirigeant. Pour comprendre cela, les théories protestantes, « éclairées », nationalistes, marxistes ou libérales sont moins utiles que la philosophie gréco-romaine qui explique pourquoi l'esclave appartient à son maître, né pour commander comme le premier est né pour servir dans une belle ordonnance de la maison et de l'État. L'Ancien Testament est modèle de société et source de notions. Les Pères de l'Église mettent une explication divine derrière les mots. Les lois romaines sont toujours appliquées dans les contrats.

Le grand domaine n'est certes plus celui du Bas-Empire, surtout en ce qui concerne la distribution topographique ou les bâtiments. La forêt joue un rôle accru pour les habitants du domaine comme pour ceux du village dans le monde extra-domanial où l'on cueille les fruits et le bois, et où, dans certaines limites, on fait paître les porcs, la chasse étant réservée au seigneur. Mais subsiste le principe du partage entre les tenures et la réserve du maître (État, clerc, noble) desservie par des esclaves, des journaliers et — selon le système de la corvée — par les tenanciers « libres », et cela malgré les changements individuels intervenus depuis le temps du colonat romain. Le nombre des esclaves va en diminuant, mais on en recrutera aussi longtemps que la frontière des régions habitées par des païens restera aussi proche, l'usage de réduire en esclavage les chrétiens reculant sous l'influence de l'Église. Un seul « précaire » de l'abbaye de Montierender contient 163 esclaves, un autre 44. On les donne avec la terre. En revanche, la dépendance économique, voire « disciplinaire », des tenanciers théoriquement libres est de plus en plus forte, et la politique carolingienne, qui encourage et aide les grands à tout diriger dans leur zone de domination, renforce cette tendance. Un affranchi bien vu de son maître peut ainsi dépasser les conditions de vie de l'homme libre, mais de plus en plus dépendant : le « vilain » de la période suivante.

La grande énigme, sous les Mérovingiens, reste l'existence d'hommes libres et économiquement indépendants, vivant soit en habitats dispersés, soit organisés en villages. Dans la mesure où ils se sont maintenus, certains doivent avoir accédé, par le service armé, à ce qui sera la petite noblesse. Leur nombre, peut-être important dans certaines régions, n'a certainement pas augmenté sensiblement pendant les guerres, d'abord d'expansion, puis intérieures, qui ont occupé l'époque carolingienne : ce groupe social étant particulièrement exposé au service militaire, c'est lui que semble avoir épargné, mais bien peu et très tardivement, la législation de Charlemagne qui limite à un seul homme armé la prestation due par quatre petits propriétaires libres.

Protection du maître avec les obligations inhérentes, ou ascension dans le service du maître : il n'y avait pratiquement pas d'autre issue. Chaque « conjuration » était interdite sous des peines sévères. A la fin de notre période éclata une révolte de paysans bretons contre leurs maîtres ; les grands du pays, aidés par le comte Alain, surprirent les bandes paysannes et les massacrèrent ou les dispersèrent facilement « parce que ceux-ci n'avaient ni chef, ni plan de guerre ». La supériorité de l'armement, mais surtout de la formation du guerrier professionnel, agissant en groupe bien dirigé, était en effet écrasante dans le plein sens du mot si l'adversaire était un *rusticus*, peut-être mal nourri. Individuellement, on donnait aussi la chasse à ceux qui voulaient s'échapper pour chercher une vie plus libre ailleurs. Étaient donc d'autant plus prisées les offres de seigneurs laïcs ou ecclésiastiques, qui proposaient des terres à défricher, sous des conditions plus favorables comme on le vit au Xe siècle avec la reprise économique qui suivit les invasions normandes et arabes. Mais un autre cadre pour changer de vie et de condition pouvait être la ville.

On aime parler de la « naissance des villes » en la situant entre le Xe et le XIIe siècle. Or la Gaule n'est pas restée sans villes depuis le Bas-Empire. Mieux vaut distinguer trois phases essentielles de l'évolution urbaine en Europe occidentale : la « cité antique », sorte de république urbaine qui pouvait survivre longtemps dans le cadre de l'Empire romain et profiter de sa « Paix » ; la cité du Bas-Empire et du haut Moyen Age, caractérisée déjà par le rôle de l'évêque, essentiel bien avant la fin en Occident du gouvernement impérial ; la « ville du Moyen Age » dont on connaît les éléments constitutifs — le droit urbain, le mur, etc. — et dont les habitants, marchands, artisans ou simples propriétaires et rentiers, parviennent à une auto-administration et à une réglementation interne, et développent des initiatives économiques. Au regard de cette dernière notion de « ville », ce qui précède ne peut avoir qu'un caractère « pré-urbain ». Il y a enfin l'aspect géographique : en Germanie et même dans le nord-est de la Gaule, la « naissance de la ville » est plus tardive que dans le reste de la Gaule. En ne limitant pas le terme à son acception spécifiquement médiévale, on peut dire que les villes — ou les noyaux pré-urbains — en Germanie sont l'œuvre de la Gaule carolingienne.

Cette ville carolingienne est dominée et réglementée par l'autorité locale de l'évêque et par l'autorité générale de l'État. Elle continue en cela la ville du Bas-Empire. Après avoir anéanti sous Charles Martel le pouvoir excessif des évêques, les Carolingiens ont fait d'eux leurs fonctionnaires et leur ont donné des revenus convenables. Pépin le Bref ordonne dès 744 de tenir des marchés dans les cités épiscopales. Les revenus du tonlieu sont cédés pour moitié aux évêques, qui finiront par recevoir la propriété du marché et la monnaie, même si celle-ci est de nouveau, en principe, monopole royal sous les Carolingiens : la monnaie est normalement frappée là où il y a un marché de quelque importance.

D'autres « noyaux urbains » naissent un peu partout ou continuent d'exister. Il en est autour des palais royaux — Compiègne, Aix-la-Chapelle, Francfort deviennent de véritables villes — et des monastères. Certains sont des *castra*, normalement des *vici* gallo-romains fortifiés, mais d'autres sont des forteresses toutes neuves. Le phénomène nouveau à l'époque carolingienne est la formation de *suburbia*, ou « bourgs », autour des monastères suburbains dont le nombre augmente devant la menace normande — les moines cherchent une protection qui conduit à élargir la muraille autour de ce bourg, où sont également installés les marchands —, mais il est d'autres bourgs, hors des cités, qui reçoivent souvent le nom de *portus* quand ils concourent au commerce.

Tout cela n'est pas une évolution économique sauvage, qui serait déjà signe d'expansion commerciale ; c'est aussi le produit de la surveillance fiscale : l'autorité publique qui crée un *portus* défend tout commerce dans la région hors de cette place, et contrôle ainsi ce commerce pour en tirer un revenu.

Les foires de la Gaule romaine, ou au moins quelques-unes, semblent d'ailleurs n'avoir jamais disparu : la marge entre les derniers témoignages de leurs activités et les premiers signes d'une « renaissance » se réduit à mesure que progressent les recherches. On reconnaît en particulier cette continuité à la fidélité aux dates des foires, elles-mêmes liées à des fêtes païennes christianisées, comme ce solstice d'été qui est devenu la Saint-Jean. Au reste, quand de « nouvelles » foires sont mentionnées pour la première fois, on les voit déjà en pleine activité. Et l'on note déjà des foires (*nundinae*) dans la Bourgogne septentrionale du IXe siècle, à Chappes, non loin de la région où se développeront les foires de Champagne.

Longtemps, on a considéré ces activités commerciales comme sans importance : les marchands n'auraient vendu que des objets de luxe et des produits exotiques. Chaque domaine, disait-on sous l'influence de la théorie de l'« économie domaniale fermée », produisait tout ce dont il avait besoin. S'il y avait transport d'un domaine à l'autre, ce n'était pas du commerce parce qu'il n'y avait pas d'échanges. On soulignait également l'importance de la migration de biens hors du commerce, par les cadeaux que se faisaient les grands et les riches. L'échange des cadeaux diminuait encore la part d'un vrai commerce.

Or ce grand domaine absolument autarcique n'a jamais existé. Le grand domaine a souvent produit pour le commerce, par exemple pour celui du blé. Et il suffit de citer les Frisons, spécialistes du commerce des draps appelés à cause d'eux « draps frisons », pour témoigner d'une industrie textile et d'un commerce. Il y avait aussi un commerce pour le sel, pour le vin, pour le bois, ces deux derniers étant, avec celui du blé, expressément attestés pour l'Alsace carolingienne. Or c'est précisément pour Strasbourg que nous avons un privilège par lequel Louis le Pieux, sur l'intervention de l'évêque, accorde aux marchands strasbourgeois, bien établis sur la grande route ouest-est — l'ancienne *Argentorate* devient *Strataburg*, « ville sur la route » —, l'exemption du tonlieu dans tout l'Empire, sauf à Quentovic et Duurstede, ports importants du commerce avec l'Angleterre, et sauf aux cols des Alpes. Cela rappelle que l'apport de l'Italie, déjà développée économiquement sous les rois lombards, ne saurait être négligé, non plus que sa monnaie d'or à laquelle l'administration carolingienne, qui avait ailleurs généralisé le denier d'argent par deux réformes monétaires, sut parfaitement s'adapter.

Un commerce à grande distance contrôlé par la royauté apparaît dans le fameux capitulaire de Thionville de 805 qui énumère les marchés obligatoires près des frontières de l'Est, marchés surveillés par de hauts fonctionnaires du rang de comte : ainsi Bardowik près de Lünebourg, Erfurt, Hallstatt près de Bamberg, Fürth, Ratisbonne, Lorch sur le Danube. Charlemagne stipule dans ce texte des règles précises, comme l'interdiction d'exporter des hauberts, qui prouve combien les armes des Francs étaient recherchées.

Aux puissances économiques de l'Orient, à Byzance et aux Arabes, on avait peu de chose à offrir qu'ils n'eussent pas ; sinon les esclaves, dont le commerce fut particulièrement florissant sous les Carolingiens. Les régions slaves et scandinaves étaient mieux placées grâce aux fourrures qu'elles pouvaient échanger avec l'Orient : c'est là l'une des causes de la profusion des monnaies byzantines et surtout arabes dans le nord de l'Europe, et de l'intérêt porté par les auteurs arabes pour les régions slaves.

Si des abbayes, des marchés et des villes furent fondés en Germanie et particulièrement en Saxe par la Gaule carolingienne, comment ne pas croire à une certaine vitalité économique ? Cela allait tellement de soi qu'on n'en parle dans nos sources qu'incidemment. Ainsi apprenons-nous que le prédécesseur d'Alcuin comme abbé de Saint-Martin de Tours, Andegarius († 790), avait pour père Botton, un Anglais, « marchand dans la ville de Marseille ». L'histoire de l'abbaye de Fontenelle (Saint-Wandrille) note que l'abbé Gervold, qui était de haute naissance, fut chapelain de la reine Bertrade avant d'être nommé par Charlemagne « procurateur du commerce du royaume » avec l'Angleterre, donc chargé de surveiller la collecte des douanes dans différents marchés et villes, surtout à Quentovic. Quand Charlemagne, furieux que le roi de Mercie, Offa, le plus puissant en Angleterre, ait osé demander la main de Berthe, fille du roi franc, en échange d'une princesse anglo-saxonne pour Charles le Jeune, voulut interdire l'accès des côtes de la Gaule aux marchands anglais, Gervold, ami d'Offa chez qui il était souvent allé en mission en Angleterre et avec qui il correspondait, sut faire prévaloir la sagesse pour éviter une mesure aussi malencontreuse : la politique et l'humeur du roi ne devaient pas l'emporter sur l'intérêt économique et fiscal. Notons enfin que la cour carolingienne était, sous Louis le Pieux, assez proche des affaires commerciales pour que le noble Franc Évrard fût nommé « préfet des Juifs » ; il protégea le commerce, fort lucratif pour le fisc, des esclaves à travers la Gaule vers l'Espagne musulmane, au grand dam de l'archevêque de Lyon Agobard : celui-ci était originaire d'Espagne et accusait les Juifs d'empêcher l'évangélisation des esclaves qui, une fois baptisés, ne pouvaient plus être vendus à l'étranger.

Nous entrevoyons une réalité complexe, que la recherche essaie de mieux cerner en tenant compte de données statistiques et archéologiques. Ainsi la région parisienne est-elle mieux connue par le fameux « polyptyque » — liste des tenanciers et de leurs redevances — de Saint-Germain-des-Prés (vers 829) : les nombreux villages qui y apparaissent avaient alors une population aussi nombreuse qu'au XVIIIe siècle. A côté des monastères et palais royaux, il y avait au moins dans cette région six ateliers monétaires : Paris, Saint-Denis, Chelles, Senlis, Melun et Meaux. Cela signifiait autant de marchés. Mais il y avait aussi des marchés hebdomadaires à Pontoise et à Cormeilles-en-Vexin, peut-être aussi à Mours et à Plaisir. Les textes montrent un usage courant de la monnaie, même chez les hommes qui dépendaient des grandes églises.

Comment « juger » l'importance économique de la période carolingienne ? L'Autrichien von Inama-Sternegg avait, vers 1900, brossé l'image enthousiaste d'un essor stimulé par un Charlemagne « super-homme ». Le Belge Henri Pirenne constata vers 1930 la survie de tant d'éléments essentiels de l'économie antique et méditerranéenne dans la Gaule mérovingienne qu'il situa nécessairement le « déclin » dans la période suivante, au temps des Carolingiens. C'était pour lui celui de la vraie barbarisation d'une Gaule coupée alors du monde méditerranéen par l'expansion arabe. Mais il subsiste un commerce arabe non négligeable, même pour le sud de l'Occident (M. Lombard), et surtout, à travers la Russie, une activité commerciale des Byzantins et des Arabes vers l'Europe du Nord : en ont profité l'Angleterre et la Gaule du Nord.

Ce qui subsiste en Gaule de traditions gallo-romaines s'avère tellement important que les exploits du surhomme Charlemagne, partiellement confirmés, deviennent explicables : l'administration financière — avec un système d'impôts légèrement modifié — n'a jamais disparu, non plus que les poids et mesures, les villes ou certains métiers. La continuité du *caput* — cette base d'imposition survit dans le manse qui apparaît au VIIe siècle — montre les intendants francs marchant dans les pas des fonctionnaires de l'Empire (Jean Durliat). Mesure agraire, l'arpent est déjà mentionné par le Romain Columella comme mesure de surface agraire de l'ancienne Gaule ; il l'est encore dans un décret du roi Clotaire II vers 600, avec une seule différence : la surface n'a plus la forme d'un carré et les champs carolingiens, réglementés dans plusieurs régions où l'on fait de nouveaux essarts, ont une longueur égale à dix fois leur largeur. En dépit d'une dégradation de l'agriculture carolingienne que Raymond Delatouche note avec ironie ne pas trouver dans les faits mais « dans l'esprit des historiens », les recherches récentes donnent des analyses plus exactes des textes concernant le fisc d'Anappes, bon exemple d'une exploitation agricole royale (R. Delatouche, S. Calonne, H. Platelle). On avait voulu tirer argument d'une liste des outils un peu lacunaire pour montrer la « pauvreté » de l'équipement carolingien. La découverte récente d'une agglomération importante d'époque carolingienne, près du confluent de la Seine et de l'Yonne, a livré un grand nombre d'excellents outils de toutes sortes. Là encore, une légende s'écroule.

L'ampleur de l'administration rurale carolingienne, la volonté d'améliorer le rendement et la variété apparaissent bien dans le capitulaire *De Villis*, qui veut développer un modèle pour tous. Cela n'a certes pas abouti à des résultats parfaits et durables, mais ce qui fut fait était déjà remarquable et reparaîtra dans le monde post-carolingien. Les Normands seront les meilleurs élèves des Francs : le *Doomesday Book*, où l'on enregistrera sur l'ordre de Guillaume le Conquérant les possessions de l'Angleterre conquise, porte la trace des modèles carolingiens. Sans avoir été un très grand âge économique, le monde carolingien a été plus qu'une simple survie, plus qu'une « hibernisation » de la civilisation : un âge vivant, souvent en renouvellement, dans lequel se laissent entrevoir les prémices de l'avenir. Le nouveau collier d'attelage, qui permettra une meilleure utilisation de la force motrice du cheval et l'emploi d'une charrue plus lourde, est apparu avant 880. La « révolution agricole » est en train de germer.

CHAPITRE XVI

L'aube des principautés

(897-936)

« *Siècle de fer* » ?

A la mort d'Hincmar, archevêque de Reims, en fuite devant les Normands, en 882, les annales du royaume franc de l'Ouest qu'il rédigeait depuis 861 s'arrêtent brusquement. Seul un moine de Saint-Vaast d'Arras, abbaye bien fortifiée, tient encore des annales assez bien informées jusqu'à l'an 900. Après, c'est le silence. Même phénomène en Lotharingie et dans le royaume franc oriental. C'est Flodoard, chanoine de Reims, qui reprend heureusement le flambeau en rédigeant, à partir de 919, des annales d'une grande qualité. Cette carence des informations contemporaines — mises à part quelques notices locales — pendant les deux premières décennies du siècle contribue puissamment à donner l'impression qu'après l'essor culturel des VIIIe et IXe siècles, l'Occident est retombé, par le manque de témoignages écrits, dans l'obscurité.

Et l'on en vient, en 1602, à appeler le Xe siècle non seulement *saeculum obscurum*, mais aussi « siècle de fer et de plomb ». C'est le cardinal Cesare Baronio qui veut ainsi suggérer, dans ses *Annales ecclesiastici*, que les écarts éventuels de la papauté de ce siècle doivent être vus dans le contexte d'un moment particulièrement sinistre de l'humanité et du monde chrétien. Telle est sa réponse aux *Centuriatores* de Magdebourg, ces historiographes protestants qui, sous la houlette de Matthias Flacius, ont introduit la notion même de « siècle » dans l'historiographie et inséré, au chapitre du Xe siècle, des textes anciens fort propres à donner une image peu glorieuse de l'état intellectuel et moral de l'Église romaine à ce moment. Plus tard, à l'heure du romantisme, on a donné crédit à l'idée que les hommes de ce siècle étaient dominés par l'idée « millénariste » selon laquelle la fin du monde devait se produire mille ans après la venue (selon les uns) ou la mort (selon les autres) du Christ. On s'imaginait les hommes abandonnant alors toute forme normale de vie, se livrant à tous les excès, ou bien se vouant à la pénitence et aux prières. Enfin, des observateurs plus scientifiques sont venus souligner la dissolution de l'Empire carolingien et l'affaiblissement du pouvoir royal, et ont interprété cela comme les signes évidents d'une anarchie politique, d'une lutte de tous contre tous : seuls, la violence et le droit du plus fort devaient caractériser la vie sociale, avec les conséquences les plus funestes pour les couches inférieures de la population, pour les faibles, pour ceux que leurs contemporains désignaient d'un mot : les *pauperes*, les pauvres.

Un siècle méconnu

Depuis quelque temps déjà, les opinions se sont nuancées, et cela non seulement en Allemagne où le Xe siècle était considéré comme celui des origines nationales sous la dynastie des Ottoniens, devenus empereurs d'Occident en 962, mais aussi en France où l'on avait eu tendance à condamner l'émiettement politique et la faiblesse du pays avant l'œuvre unificatrice des Capétiens. On a fait justice des « terreurs de l'an mil », un mythe sans fondement dans nos sources. Il y a, bien sûr, des formules dans les actes de donations — comme « Étant donné que la fin du monde approche » —, mais on les trouvait longtemps avant le Xe siècle. Sans jamais montrer autre chose que l'attente des chrétiens, confiants dans le retour du Seigneur pour le Jugement dernier, le nombre de ces formules n'augmente ni vers l'an mil, ni vers l'an 1030. Face aux rares individus qui propageaient de prétendues certitudes sur la fin du monde, l'Église a vigoureusement réagi : Dieu seul sait l'heure ! Aucun changement significatif du comportement des hommes ne peut être observé, non plus en ce qui concerne la gestion de leurs biens ou leurs projets pour l'avenir.

La jolie phrase du moine clunisien Raoul Glaber sur le « blanc manteau des églises » qui aurait couvert l'Occident, mille ans après le Christ, est déjà d'une interprétation millénariste douteuse ; elle est de surcroît inexacte : ce mouvement d'activité architecturale, cette construction d'églises et même de grandes cathédrales, « démarrent » longtemps avant 1000 ou 1030. Cela est un premier argument pour juger d'une façon différente la situation politique, c'est-à-dire la paix intérieure, aussi bien que la situation économique et spirituelle de ce siècle.

La cathédrale préromane de Châlons-sur-Marne date de 963, celle de Sens est consacrée en 982. Celles de Beauvais, de Senlis, de Troyes dans le royaume franc occidental, de Verdun et de Metz (commencée avant 984) en terre d'Empire ont été construites vers la fin du Xe siècle, tandis que celle d'Orléans date de la fin du Xe et du début du XIe siècle, période qui sera aussi celle de la belle construction très remarquée de la nouvelle cathédrale de Chartres par l'évêque Fulbert. Cette période, particulièrement importante dans l'histoire de l'architecture ecclésiastique, est quelque peu occultée par le fait que ces cathédrales ont disparu : elles ont été remplacées aux XIIe et XIIIe siècles par les magnifiques cathédrales gothiques.

A cette liste déjà évocatrice il faut ajouter le nombre d'abbayes qui furent alors réformées, réorganisées et souvent reconstruites — on en compte dès les années 920 en Anjou et Poitou ; on trouve ensuite Cluny en 926-927, puis en 963-981 Fleury, Jumièges, Saint-Pierre-aux-Nonnains de Metz et Tournus — et cela sous l'impulsion du puissant mouvement de réforme issu de l'abbaye fondée en 910 à Cluny. Or, cette seule abbaye, très importante il est vrai, nous a laissé plus de deux mille chartes du Xe siècle, alors qu'on a prétendu qu'il ne restait « pratiquement plus de chartes » de ce siècle.

On n'a jamais cessé d'écrire, et pas même pendant les vingt premières années du siècle pour lesquelles ont été conservés soixante diplômes de la « chancellerie » du royaume occidental et plus de cent diplômes de celle du royaume oriental : la moyenne est honorable pour l'époque. Surtout, nombre de textes de l'Antiquité et du haut Moyen Age et notamment ceux des Pères de l'Église sont connus par des manuscrits datant du Xe siècle. L'inactivité ne régnait donc pas dans les *scriptoria* des monastères.

Le nombre considérable de copies de la loi salique et des autres textes législatifs de cette période nous enseignent beaucoup de choses sur l'actualité de l'utilisation de ces textes, comme d'ailleurs les *placita* nous renseignent sur les « plaids » — les séances des tribunaux sous la direction des comtes ou des évêques — et confirment la continuité de la vie publique et juridique. Sur le plan intellectuel proprement dit, un historien américain a pu fonder sur une centaine de manuscrits une étude de l'activité de l'école épiscopale et du *scriptorium* de Laon entre 850 et 930. Le rôle tenu au milieu et à la fin du siècle par les écoles de Reims, de Liège et aussi d'Utrecht est bien connu. Brunon, archevêque de Cologne et frère d'Otton Ier, a personnellement profité de l'enseignement d'Utrecht avant de fonder à Cologne une pépinière de futurs évêques, qui témoigne de la qualité des écoles de Lotharingie. A la fin du siècle, Abbon de Fleury est appelé pour enseigner en Angleterre.

Le représentant le plus célèbre de ce mouvement intellectuel de la fin du siècle est l'écolâtre de Reims, Gerbert d'Aurillac. Grâce à Gerbert et aux études qu'il a faites en Catalogne, favorisées par le comte de Barcelone, l'Occident entre en contact avec la science du monde arabe : aussi bien l'astronomie que l'art de compter à l'aide de l'abaque. Or, ce dernier sera indispensable au fameux « échiquier » qui facilitera les comptes dans l'administration financière du duché de Normandie et du royaume d'Angleterre au cours des siècles suivants et lui donnera son nom. Élève de Gerbert, Fulbert de Chartres est le fondateur des écoles qui seront la gloire de Chartres au XIIe siècle.

Un autre élève de Gerbert, l'historien Richer, célèbre pour son imitation de Salluste, fait le voyage de Chartres pour y perfectionner ses connaissances en médecine ; la démarche est d'autant plus remarquable que son père a été *miles* authentique, *vassus dominicus* (vassal direct) du roi carolingien Louis IV. Ce milieu aristocratique n'a jamais été tout à fait éloigné des choses de l'esprit et de la foi : les enfants, les frères, les sœurs, faisaient carrière ecclésiastique, étaient moines ou nonnes, chanoines ou chanoinesses. Il y avait des spoliateurs d'églises, mais il y avait également ceux qui enrichissaient les églises par leurs donations, ces deux attitudes n'étant qu'apparemment contradictoires : c'était affaire de personnalité. Ces deux attitudes se trouvaient souvent dans le même homme selon qu'il considérait l'église de son saint protecteur ou une église proche d'un prince rival.

Mais ce sont, surtout, les nouveaux princes du Xe qui ont assuré le succès de Cluny et de sa réforme. Ils ont doté ou fondé les prieurés clunisiens. Ils ont chassé des occupants indignes de leurs abbayes pour confier celles-ci aux moines clunisiens. Même le mouvement de paix et cette Trêve de Dieu qui limite les combats et protège le peuple des campagnes — cette originalité de la Gaule du Xe siècle, que l'on a considérée comme un mouvement populaire appuyé par les évêques — peuvent être définis comme une action commune des princes et de la haute aristocratie d'un côté, et de leurs frères et cousins ecclésiastiques de l'autre, pour supprimer les forces anarchiques représentées par de petits « chevaliers » et des bandes de brigands également difficiles à contenir sans de nouvelles formes d'entraide. Loin d'être une révolte des paysans contre la haute aristocratie, le mouvement fait partie d'une consolidation des principautés.

Sans nous mener trop loin en sens contraire vers une idéalisation, cette révision devrait permettre d'étudier et de juger avec moins d'idées préconçues une période pendant laquelle la Gaule franque a dû et su réagir face à de multiples défis. Aux invasions normandes et arabes du IXe siècle s'étaient ajoutées celles des terribles Hongrois qui, à travers la Germanie méridionale et la Lombardie, entrèrent plusieurs fois en Gaule pendant la première moitié du siècle, provoquant de graves dévastations jusqu'en Champagne rémoise et en Aquitaine septentrionale. Si les rois ottoniens réussissent en 933 et surtout en 955 à assurer la protection de l'Occident face aux Hongrois, c'est la Gaule qui trouvera la solution du problème normand.

A partir de là, la reprise économique est indéniable. Un peu partout, on remet en labour des terres laissées en friche pendant les invasions ; elles n'en sont devenues que plus fertiles. On procède même à des défrichements nouveaux, sous la conduite des établissements religieux et de grands laïques, qui offrent des avantages aux « hôtes », c'est-à-dire aux gens qui se disent prêts à revaloriser, en les labourant, les terres du seigneur. Essor économique donc, suivi et accompagné par un essor démographique qui ne s'arrêtera pas en France avant le XIIIe siècle et qui aura des conséquences stimulantes sur le commerce. Naissent alors de nouveaux centres, surtout dans des « bourgs » établis autour des cités épiscopales et des *castra*, centres fortifiés régionaux. Le Xe siècle n'apparaît plus ainsi comme l'« âge ingrat » pendant lequel la Gaule n'est plus l'empire brillant de Charlemagne mais pas encore la France ; il est un siècle préparatoire et précurseur. « Le Xe siècle n'est pas le sombre siècle de fer et de plomb que dépeignaient naguère quelques historiens » (Pierre Riché).

Reconnaissance officielle des principautés

En 900, le comte de Flandre, Baudouin II, chercha à gagner à tout prix les conseillers principaux du jeune roi Charles III — c'étaient toujours ceux qui l'avaient fait élire en 893, à savoir Foulque, archevêque de Reims et le comte Héribert — pour que le roi lui restituât l'abbatiat laïque de Saint-Vaast d'Arras. L'archevêque et le comte refusèrent ce qui était contraire à leurs intérêts dans cette région. A la suite d'une dernière tentative, également vaine, faite auprès de Foulque par l'émissaire de Baudouin, Winemar, le Flamand furieux fit assassiner Foulque (17 juin 900). Quant à Héribert qui avait d'ailleurs tué au combat en 896 le frère de Baudouin, Raoul, il allait être tué peu après par les hommes du comte de Flandre. De tels événements semblent tristement confirmer tout le mal qu'on dit sur les passions et les violences de cette époque, et même de ses personnalités les plus en vue. Il y eut cependant des hommes capables d'allier, en un comportement complètement différent, l'habileté politique et le sens du devoir.

C'est de cette trempe qu'était le chancelier de Charles, Hervé. Le roi n'hésita pas un instant à le faire élire et consacrer comme successeur de Foulque ; il allait être, « bien que la postérité ne l'ait pas encore reconnu, un des grands archevêques de Reims » (R.-H. Bautier). Descendant d'une des plus grandes familles de la Neustrie, il était du côté maternel le neveu d'un des grands du roi Eudes, le comte de Senlis Hucbald, lui-même beau-frère de Bérenger Ier, roi d'Italie depuis 888, et empereur en 915. On sait le rôle qu'Hervé devait jouer dans le règlement du problème normand, mais ce doit être également lui qui contribua en 896-897 à un arrangement entre le Robertien Eudes, le vainqueur, et le Carolingien Charles III, le vaincu. Cette politique allait procurer au royaume la paix et l'union entre les deux forces les plus puissantes : les tenants de la dynastie carolingienne et les Robertiens avec leurs nombreux vassaux. Cet accord prévoit qu'à la mort d'Eudes, Charles III lui succédera. Quant à Hervé, il était depuis 894 le chancelier et le conseiller le plus proche du roi Eudes, mais, immédiatement après la mort de son maître, il remplit la même fonction auprès de son successeur carolingien, pour devenir ensuite archevêque de Reims et, en 910, archichancelier. On peut donc bien considérer cet homme comme le symbole de cette entente et de cette exceptionnelle continuité, qui doit exactement correspondre à la volonté d'Eudes en 897.

On a depuis longtemps souligné l'importance de l'entente entre Eudes et Charles. « Elle a permis de réunir, dans la suite, toutes les forces du pays contre les envahisseurs du Nord... » (Charles Eckel). Mais on ne comprenait guère ce qui amena Eudes à semblable « générosité » envers Charles : faire de lui son successeur et lui accorder, en attendant, une partie du royaume. On est allé jusqu'à voir là un signe de « résignation ».

Pour mieux comprendre un moment décisif de l'histoire de la Gaule franque, quand la raison et l'union ont pour une fois vaincu les dissensions et les haines en trouvant le moyen de satisfaire des intérêts apparemment contradictoires, il faut restituer les clauses essentielles de l'arrangement, dans la mesure où nous pouvons les trouver dans les textes et les déceler dans les faits ultérieurs.

En premier lieu, les deux rois reconnaissent réciproquement leur légitimité, c'est-à-dire les élections de 888 et de 893. Cette clause assure que les grands qui apportent leur appui à l'un ne seront pas considérés par l'autre comme des félons et n'en subiront pas les conséquences. Cette double reconnaissance s'exprime par le fait que les deux rois continuent de régner, l'un dans une petite partie, l'autre dans tout le reste du royaume, mais surtout par la façon dont le chancelier Hervé calculera désormais le nombre des années de règne dans les actes de Charles III : il comptera les années depuis 893, mais il ajoutera à partir de 898 une mention des années écoulées depuis la mort d'Eudes, mention qui désignait Charles comme le « successeur d'Eudes ». Est-il besoin de le souligner, la capacité des grands à décerner, le cas échéant, le titre royal à un non-Carolingien était ainsi reconnue par le roi carolingien !

En deuxième lieu, Eudes renonce, pour les Robertiens, c'est-à-dire avant tout pour son frère Robert, à une carrière royale qui serait facile à obtenir compte tenu de la masse de ses vassaux qui viennent de remporter une victoire éclatante sur leurs adversaires. Il promet au contraire que les siens reconnaîtront, après sa mort, le Carolingien comme successeur légitime. Mais il ne renonce en revanche à presque rien de ce qu'il s'est approprié en devenant roi dans les régions dont il était auparavant comte, c'est-à-dire en Neustrie et dans la région parisienne, et cela alors que Charles renonce à de nombreux palais royaux, aux terres du domaine et surtout aux abbayes royales, avec toutes leurs terres et tous leurs vassaux. Plus jamais les Carolingiens ne disposeront de Saint-Denis où reposaient plusieurs de leurs ancêtres. Mais Eudes trouvera là sa tombe et, après lui, tant de Robertiens et Capétiens. Pour Saint-Germain-des-Prés (où l'oncle d'Hervé, Hucbald, était devenu abbé laïque, en 890, mais où suivra Robert) et pour Fleury (Saint-Benoît-sur-Loire, près d'Orléans), le Carolingien semble avoir obtenu une sorte de « condominium », mais ce n'est qu'une simple formule car les moines et les hommes de ces monastères appartiennent déjà à un « État des Robertiens » en train de naître.

A long terme, c'est donc le Carolingien qui a dû payer le prix le plus élevé, en appauvrissant considérablement, et d'un seul coup, un domaine déjà fort entamé. Les rois carolingiens buteront dorénavant contre un « mur robertien » séparant Paris et la « Neustrie » — au sens des IXe-Xe siècles : le pays entre la Seine et la Loire — du gouvernement direct de la royauté.

Ils le devront à une autre clause de la convention, qui aura la plus grande portée. Eudes reconnaît en effet la position qu'a obtenue depuis 894-895 Richard dans le « royaume de Bourgogne », cette partie de la Bourgogne franque échue en 843 au royaume occidental. Mais Charles reconnaît en échange le rang et les droits de « marquis » de la Neustrie que Robert, le frère d'Eudes, avait reçus des mains de « son » roi, en 892-893. Nous pouvons être certains de cette clause : nous trouvons Robert et Richard avec le titre de « marquis » dans les actes de Charles III après 898, et nous savons que Robert a demandé et obtenu en 914 que Charles III confirme déjà son fils Hugues dans la succession de tous les « honneurs » de son père : marquisat de Neustrie, comtés, abbayes.

L'innovation considérable causée par cet arrangement entre Robertiens et Carolingiens tient peu aux pouvoirs quasi vice-royaux du « marquis » d'un « petit royaume » en eux-mêmes ; nous les avons déjà remarqués dans plusieurs « royaumes » plus périphériques, et surtout dans la position acquise en Gaule méridionale par Bernard Plantevelue auquel l'empereur Charles III a donné le titre de marquis. Ce qui est nouveau, c'est la concession de cette position qui crée un écran entre les églises épiscopales, les comtés et même les domaines du fisc de tout un « royaume » et la royauté « centrale » dans une région franque faisant partie du noyau du *regnum Francorum*, c'est-à-dire le territoire global des anciens royaumes mérovingiens de Neustrie, Austrasie et Bourgogne, dans lesquels Charlemagne avait établi le système des *missi* dépendant directement de la cour impériale. Dorénavant, à côté d'un Guillaume le Pieux d'Aquitaine — fils de Bernard Plantevelue — et de son fils Guillaume II, qui apparaît dans un acte de Charles le Simple avec le titre de « grand marquis », et à côté d'un Bernard III Pons, comte de Toulouse, marquis de la Septimanie-Gothie depuis 924 au plus tard, et que Charles III désigne comme « notre royaume de Septimanie », on voit les « chefs » de la Neustrie et de la Bourgogne se poser en maîtres légitimes de leurs « royaumes » respectifs. Ils n'en sont pas le roi — c'est toujours le roi du « grand royaume » qui le reste — mais le « prince », titre sous lequel ils sont souvent mentionnés. Ces nouveaux « princes » ne tarderont pas à prendre, comme c'est déjà arrivé au centre et à l'est de l'Empire, le titre ducal : ainsi Guillaume Ier dès 898 — il se dira en 909 « duc et marquis des Aquitains » — et Richard vers 918-920. Les Robertiens attendront jusqu'en 936, mais ce sera alors un titre d'une autre envergure et d'une portée dangereuse pour la royauté, quand on se rappelle la fin des Mérovingiens : ils se diront « duc des Francs ».

On ne comprend pas l'histoire du règne de Charles le Simple ni celle du Xe siècle sans les observations que nous venons de faire. Il ne s'agit plus de l'hérédité des fiefs, dont on a tant parlé, ni de l'hérédité des comtes, il s'agit finalement d'une nouvelle constitution du royaume. L'essence s'en exprimera parfaitement dans des actes ultérieurs : on donnera les années de « règne » du « grand » roi, tout en indiquant le prince (duc, marquis) qui, lui, « gouverne » effectivement le pays.

Voilà qui explique pourquoi le roi, sur un total d'environ 75 évêchés que compte le royaume, ne dispose directement que d'une quinzaine. De même, dans les diplômes royaux, ne voit-on citer comme « fidèles » du roi — ceux qui ont effectivement fait leur hommage — que les princes et les vassaux royaux de la région entre Seine et Meuse : on désignera dorénavant cette région comme la *Francia* occidentale, distinguée de la *Francia* médiane — la Lotharingie — et de la *Francia* orientale ou Franconie. Comtes et vassaux des différents « petits royaumes », les autres grands entrent tôt ou tard dans la vassalité des nouveaux princes : là où l'on a voulu chercher tant d'usurpations, il n'y a qu'une dévolution des pouvoirs publics avec le consentement de la royauté.

A long terme, on peut juger funeste cet affaiblissement du gouvernement central. Dans les circonstances concrètes de l'époque, il faut en voir les avantages : il s'agissait d'une adaptation, réussie, à la situation réelle du pays. Devant les menaces des Normands, des Arabes et bientôt des Hongrois, mais aussi des brigands à l'intérieur, seules les forces régionales pouvaient efficacement réagir. Aucun roi, fût-il beaucoup plus fort que les rois de l'époque, ne pouvait avoir l'ubiquité nécessaire pour parer aux dangers, partout et toujours.

Contrairement à l'opinion qui longtemps a prévalu chez les historiens, ce n'est pas la fin du pouvoir public, de la *res publica* et de tout ordre légitime, donc l'anarchie, c'est le transfert légal d'une grande partie des droits royaux à des princes capables de les exercer dans les « royaumes » qui sont des parties de l'Empire franc déjà caractérisées. Malgré les luttes d'influence entre telle ou telle dynastie « candidate » à la nomination royale pour la région, tout cela se fait dans la légalité, c'est-à-dire avec la reconnaissance officielle du roi. La preuve en est que ce sont toujours, à l'est comme à l'ouest de l'Empire franc, les très hauts fonctionnaires issus de la plus haute aristocratie qui lèguent à leurs fils la nouvelle dignité de marquis, duc, prince.

Ainsi a-t-on longtemps pensé qu'en Septimanie et en Toulousain chaque *gens*, chaque petite patrie, s'était donné un chef pris dans son sein... « L'histoire est plus simple. La maison raimondine — celle des comtes de Toulouse, marquis de Gothie — n'est autre que le lignage d'un haut fonctionnaire franc, et elle a conservé l'autorité publique qu'il détenait au nom du roi. » (E. Magnou-Nortier). Le gouvernement de la région est assuré par les comtes et les vicomtes qui dépendent de lui. Le roi, au-dessus de tous, est toujours reconnu par tous.

Aussi longtemps que dure l'arrangement avec les princes, surtout avec le Robertien, la marge de manœuvre du roi se trouve même élargie. C'est bien ainsi qu'Hervé comprenait le sens de son action. A long terme, cependant, le champ d'action directe du roi se trouve considérablement amoindri. Sans doute les concessions que Charles III a dû faire pour être reconnu par Eudes comme successeur dans la dignité royale y sont-elles pour quelque chose : les chansons de geste lui donnent le nom de « roi de Laon ». Laon reste en effet, avec quelques évêchés voisins, la « dernière citadelle », le centre de pouvoir des derniers Carolingiens. Et c'est bien cette région que laisse à Charles, en attendant la succession d'Eudes, l'accord de 897. La suite de l'histoire carolingienne sera une lutte, souvent héroïque, des rois, pour sortir de l'étau trop étroit de cette région et de la *Francia*.

Le règlement de la question normande

L'efficacité du « nouveau système » des pouvoirs transférés aux princes sera mise à l'épreuve très tôt. Les princes y gagneront une durable légitimité : leur succès profitera au pays et aux habitants. Le 28 décembre 898, à Argenteuil-sur-Armançon, près de Tonnerre, Richard de Bourgogne surprend les Normands qui viennent de piller plusieurs monastères — Bèze, Saint-Florentin et Saint-Vivant — et leur inflige une sévère défaite. Il applique là une nouvelle tactique : suivre, avec des cavaliers d'élite, les mouvements des Normands et passer à l'attaque au moment où l'ennemi, chargé de butin, ne dispose plus de cette rapidité de mouvement qui a toujours été la force principale des envahisseurs. On a, enfin, appris comment vaincre un ennemi jusqu'ici insaisissable.

Ce succès annonçait le triomphe que les forces réunies des princes allaient obtenir en 911 devant Chartres. Les « Normands de la Seine » occupaient la région voisine de l'embouchure du fleuve depuis les années 900. Ils n'y rencontraient guère de résistance, celle-ci n'existant de façon organisée que le long de l'Eure et de l'Oise. En 900 nous y trouvons le roi

Charles ; entouré de ses grands, il assura pendant l'été la défense des régions en deçà de cette ligne. Mais à partir de 910, les Normands commencèrent, sous la conduite de Rollon, à sortir de « leur » région et attaquèrent à nouveau des cités épiscopales comme Bourges, Auxerre et Chartres.

Cette fois, l'échange des messages entre les principaux chefs francs — messages dont il nous reste même un spécimen — fonctionna parfaitement : l'alliance entre ces chefs est désormais bien établie. Et voilà que l'importante armée normande qui assiège Chartres — la ville est vaillamment défendue par son évêque, Jousseaume — se voit attaquée, le 20 juillet 911, par les forces réunies du marquis de Neustrie, Robert, du marquis de Bourgogne, Richard, accompagné de son grand vassal Mannassès, mais aussi du comte de Poitiers, Ebles. Six mille Normands seraient restés sur le champ de bataille. Ce qui est certain, c'est que cette bataille compte parmi les rares ayant une importance historique. Remportée par les princes, sans que le roi y participe ou en dirige les opérations, elle renforce durablement leur prestige. Leur gloire est à la mesure des craintes, voire de la terreur, qu'ont jusque-là provoquées les Normands. Celui qui, grâce à Dieu, a réussi à vaincre les ennemis de Dieu, pourra également porter son titre *Dei gratia*. Les principautés vont rester pour trois siècles des réalités incontestées de la vie publique en France.

Ce qui est aussi tout à fait remarquable, c'est que la coopération entre les forces du pays se prolonge après la victoire. A la différence d'autres chefs normands, Rollon ne quitte pas la Gaule pour s'attaquer à nouveau à l'Angleterre : il se résout à une installation durable, et cela en accord avec le roi chrétien, ce qui présuppose qu'il se fasse chrétien lui-même. Or les grands acceptent parfaitement que le roi cueille ici les fruits d'une victoire qu'il n'a pas remportée. Cette entente interne explique la rapidité étonnante avec laquelle fut conclu cet accord historique. Le roi accepte l'hommage et la fidélité de Rollon, devenu chrétien, en le nommant comte de Rouen et en lui attribuant quelques *pagi* autour du comté de Rouen, jusqu'à une frontière formée par l'Epte au nord de la Seine et par une ligne qui traverse le comté du Méresais entre Chartres et la Seine.

La partie restant aux Francs formera le petit comté d'Ivry — Ivry-la-Bataille — comme la partie franque du *pagus Velcassini* sera le « Vexin français », distinct du « Vexin normand ». Le titre de comte de Rouen signifie que Rollon est seul détenteur d'un pouvoir légitime parmi les Normands ; il est aussi leur seul représentant comme interlocuteur du roi. Mais il est également le comte « franc » légal, face à la population gallo-franque de son territoire.

Rollon obtient encore autre chose : en échange de l'obligation — déjà incluse dans sa nomination de comte — de défendre avec les siens cette terre, et par conséquent l'embouchure de la Seine, contre les attaques éventuelles des autres Normands encore païens, il est avec le roi le partenaire d'un *fœdus*, un traité qui le reconnaît comme étant le « prince des Normands », le seul chef des Normands établis sur ses terres. L'exclusivité obtenue quelques années plus tôt par les princes de Neustrie et de Bourgogne est appliquée au chef normand et cela d'une façon encore plus radicale, vu la différence des peuples en question. Le roi n'aura pas à traiter directement avec les autres Normands ; son seul partenaire est le nouveau comte de Rouen, qui pourra organiser à sa guise « son » pays.

Reste le plus important : la christianisation sérieuse et durable des Normands installés en Gaule. Dans cette tâche, nous retrouvons le personnage clé de cette période, Hervé, archevêque de Reims. L'événement était bien préparé par le fait que Gui, archevêque de Rouen, était un ami d'Hervé : il se trouvait à ses côtés à l'occasion de synodes provinciaux qui ne concernaient en principe que la province ecclésiastique de Reims et qui se tinrent en 900 et 909 sous la présidence d'Hervé. Nous avons en outre des pièces de la correspondance entre Gui et Hervé, comme entre Hervé et le pape.

Dans un intéressant mémoire, Hervé donne des conseils importants sur la manière de procéder pour la mission des Normands. Hervé, enfin, s'est personnellement déplacé jusqu'au cours inférieur de la Seine, où se trouvaient des possessions rémoises, afin d'étudier le problème d'une évangélisation qu'il traitait avec la plus grande circonspection : sans être trop souple et conciliante, celle-ci devait tenir compte des particularités des hommes et de traditions qu'ils ne pouvaient pas abandonner sincèrement d'un jour à l'autre. Grâce à l'action d'Hervé, de Gui, archevêque de Rouen, et de son successeur Francon, grâce surtout au soutien loyal de Rollon qui prit le nom chrétien de Robert — donc celui du marquis de Neustrie — et grâce à l'aide active de son fils Guillaume, dont le nom chrétien correspondait à celui du duc d'Aquitaine — on voit le niveau où se situe le « prince des Normands » —, la christianisation réussira donc assez rapidement au cours du Xe siècle, d'abord à Rouen, puis chez les Normands vivant loin de leur capitale.

Elle s'accompagne, sur le plan linguistique, d'une romanisation également rapide. On garde, bien sûr, des termes scandinaves. Quelques-uns passeront dans la langue française : écraser (*krasa* = briser), bâbord, tribord, quille, tide, crique. La terminologie de la marine restera toute « noroise ». Le Xe siècle a donc apporté, avec le règlement du problème normand, un changement d'une portée considérable qui dépasse l'histoire de la Gaule franque à laquelle reste pourtant le mérite d'avoir donné aux Normands sa religion, sa civilisation et sa langue. Dès le siècle suivant, ces Normands christianisés et romanisés changeront le destin de l'Angleterre, ainsi que la langue de ce pays, avec les conséquences que l'on sait pour l'histoire de l'humanité.

Il ne faut pourtant pas exagérer les effets immédiats de l'accord entre les Francs et « Rollon et les siens », ainsi qu'on peut le lire dans un acte de Charles III en 918. Tout danger normand n'a pas disparu d'un jour à l'autre. Certes, le *fœdus* a stabilisé la paix dans la Gaule septentrionale ; mais, dès 925, de nouveaux conflits opposent Rollon et l'aristocratie franque, et longtemps encore le prince des Normands n'hésitera pas à appeler au secours des Danois païens. Chez Flodoard, les « Normands opérant dans la vallée de la Seine » sont devenus des « Normands de Rouen », chrétiens, mais l'historien énumère toujours les méfaits des « Normands opérant dans la vallée de la Loire » : restés païens, ceux-ci continuent leurs attaques avec l'espoir d'obtenir, comme ceux de Rouen, une partie du royaume. Il n'en reste pas moins vrai que la pacification réussie des uns permet de se débarrasser plus facilement des autres.

Ces mêmes « Normands de la Loire » s'emparent, avant 919, de la Bretagne et obligent le marquis de Neustrie, Robert — dont le vassal Foulque, vicomte d'Angers, a même perdu dans l'affaire le comté de Nantes qu'il occupait depuis 907 — à défendre le pays contre un ennemi toujours dangereux. Si longtemps tracassés à la fois par les attaques des Bretons et des Normands, les Francs de Neustrie ont certainement préféré voir leurs adversaires se battre entre eux. C'est pourquoi ils ont plus facilement accepté de laisser tomber successivement d'autres comtés, à l'ouest de Rouen, aux mains des « Normands de Rouen », en leur cédant officiellement (c'est-à-dire après coup) le pays jusqu'à Bayeux en 924, et l'ouest de la future Normandie en 933 : il leur appartenait d'arracher ces régions soit aux Normands de la Loire, soit aux Bretons, ce qu'ils firent. En abandonnant plus ou moins tout le nord de la Neustrie — entre Seine et Loire — aux Normands, tout en s'assurant que le pouvoir y serait finalement exercé par un comte prêt à reconnaître l'autorité de l'Église aussi bien que celle du roi et prêt à s'intégrer avec les siens dans l'aristocratie du royaume, les Francs du royaume occidental ont largement préservé le reste du royaume franc du fléau qui avait auparavant troublé et déréglé la vie politique et économique du pays. Vu les circonstances, c'était une excellente politique ; c'était en même temps la réussite du dernier grand changement de l'occupation de la Gaule par des populations venues de l'extérieur.

Un Carolingien dans le monde franc

Quelle était la place du roi Charles dans le monde franc ? Car c'est du monde franc qu'il faut parler au début du Xe siècle, et non pas de « France » ou d'« Allemagne », notions qui n'existent pas encore dans leur sens ultérieur. Même après la mort de l'empereur Charles III, en 888, on a vu Arnoul, seul Carolingien dans la force de l'âge, établir une sorte d'hégémonie sur les rois élus un peu partout ; c'est pourquoi Eudes et Charles le Simple ont cherché à être reconnus par lui. Le maintien de la communauté formée par tous les royaumes ayant appartenu à l'empire de Charlemagne est encouragé par l'Église : jusqu'à la fin du Xe siècle, celle-ci convoque des synodes réunissant les évêques de deux ou plusieurs royaumes, et l'on y délibère aussi bien sur des questions concernant le royaume voisin ou l'intérêt général.

Ce monde franc reste surtout l'échiquier commun de la politique des grands lignages rivaux de l'aristocratie, malgré la « régionalisation » dont ils cherchent à profiter. Comment oublierait-on les liens d'origine, matrimoniaux et politiques qui se sont noués pendant l'unité de l'Empire ? Il suffit de se rappeler que les nouvelles dynasties royales apparues depuis 879 et 888 n'ont généralement pas d'origine « nationale » dont elles pourraient se prévaloir auprès de leurs nouveaux sujets : les « Bosonides » de Provence-Bourgogne viennent de Lotharingie, les Bérenger d'Italie ont leurs attaches familiales en Flandre, les Gui et Lambert, eux aussi rois et empereurs en Italie, ont les leurs dans la région de la Sarre et de Trèves, sinon dans la « marche contre les Bretons ». Il y a, certes, une solidarité croissante des aristocraties respectives — et même des populations — dans les différentes « patries » que sont devenus les « petits royaumes » comme l'Aquitaine, la Provence, la Bavière, la Lotharingie, mais c'est précisément pour cela qu'une interprétation précocement nationale — dans le sens des grandes nations ultérieures — empêcherait de comprendre les actions, les sentiments et motivations des hommes du début du Xe siècle.

Depuis le XIXe siècle où l'idée nationale a imprégné tous les esprits, des historiens français et allemands n'ont pas hésité à voir dans la Lotharingie l'enjeu de la rivalité franco-allemande et à la déclarer « allemande » à un moment donné, « française » à un autre. C'est inexact pour la simple raison que le « royaume de Lothaire » appelé bientôt Lotharingie, en souvenir du rôle impérial de Lothaire Ier et du pouvoir régional de son fils Lothaire II, a été considéré comme une entité politique distincte, non seulement par ses propres habitants, mais aussi par ses voisins de l'est et de l'ouest. Les premiers situaient ce pays en « Gaule » et non en « Germanie », ces notions géographiques étant en vigueur également dans l'Église. Les seconds parlaient, le plus souvent d'une façon hostile, des *Lotharienses* comme d'un peuple étranger. Ce n'est pas par hasard qu'Arnoul a, en 894, donné leur propre roi aux Lotharingiens en la personne de son fils illégitime Zwentibold et qu'après 900 les différents maîtres du pays ont permis à ce royaume de conserver sa propre chancellerie, ou ont du moins laissé à l'archevêque de Trèves son titre honorifique de *summus cancellarius* ou « archichancelier » : il le restera pour la « Gaule » jusqu'à la fin du Saint-Empire. A l'exception des pays rhénans de langue allemande qui, tout naturellement, seront absorbés dans la future Allemagne, ces régions resteront toujours le pays « entre les deux », appartenant depuis le Xe siècle au Saint-Empire, mais non à l'Allemagne.

C'est dans ce contexte dynastique et aristocratique qu'il faut voir et juger la politique lotharingienne de Charles III. Dès 898, il a répondu à l'appel de son parent Renier ; tombé en disgrâce chez Zwentibold, ce comte, puissant en Hesbaye et Hainaut, voulait ainsi sauver sa position. Sa marche rapide sur Aix-la-Chapelle et Nimègue — palais carolingiens prestigieux — se heurta à la résistance de Zwentibold qu'aidait Otton, le marquis de Saxe, dont Zwentibold avait épousé la fille Oda. Il s'ensuivit un armistice et une paix, conclue en 899 à Saint-Goar sur le Rhin grâce à la médiation des Francs de l'Est, dont le souverain, Arnoul, gravement malade, allait mourir bientôt, et dont l'héritier, Louis IV, était un enfant. C'est pourquoi il faut regarder de près ces représentants du royaume oriental qui sont de véritables régents : le marquis-duc de Franconie, Conrad, et l'archevêque de Mayence, Hatton, son allié de toujours ; ils s'entendent en secret avec les grands pour laisser provisoirement la Lotharingie à Zwentibold, mais préparent dans le même temps sa chute après la mort de son père Arnoul.

Zwentibold tomba l'année suivante sous les coups de ses adversaires lorrains, qui reconnurent pour roi le jeune Louis IV « l'Enfant ». Le clan du duc Conrad fit nommer par le jeune roi le propre frère de Conrad, Gebehard « duc du royaume de Lothaire ». La puissance du clan conradien allait encore croître.

En 906, il fit écraser, condamner et exécuter les seuls rivaux dangereux en Franconie et Thuringe : le clan des Adalbert et Henri, apparenté aux Ottoniens de Saxe. En 908, il obligea le duc Otton à céder l'importante abbaye de Hersfeld, en Saxe méridionale, et installa des parents en Thuringe. Quand en 911 Louis l'Enfant mourut, c'est tout naturellement Conrad qui fut sacré roi par son allié, l'archevêque de Mayence Hatton.

Les Lotharingiens ne se joignirent absolument pas aux autres « royaumes » ayant appartenu à Louis : ils se tournèrent vers Charles. Le rôle décisif semble avoir été de nouveau joué par Renier : profitant de la mort de Gebehard au cours d'une bataille contre les Hongrois, en 910, celui-ci avait déjà pris une position plus indépendante. Peut-être n'avait-il même pas attendu la mort du roi carolingien pour entamer son mouvement vers le roi occidental. Quoi qu'il en soit, celui-ci se rendit en Lotharingie, vers la fin de 911, pour se faire reconnaître, ce qu'il obtint rapidement en 912, dans toute la Lotharingie sauf dans le Nord, en Frise. Il récompensa largement Renier, qui reçut pratiquement toutes les grandes abbayes — Echternach, Saint-Maximin de Trèves, Saint-Servais de Maastricht —, pour la plupart enlevées aux Conradiens, et qui, surtout, fut reconnu comme *marquis* pour le « *royaume de Lothaire* ». Un acte de Charles III pour Saint-Lambert de Liège prouve bien que sa position en Lotharingie est égale à celle de Robert en Neustrie ; intercédant en faveur de cette église auprès du roi, les deux princes sont désignés parallèlement comme *Reynerus demarcus et Rotbertus comes et demarcus*. *Demarcus* est évidemment une forme de *marchio*. Charles était donc loin d'avoir le gouvernement direct du pays et la disposition complète de ses ressources.

Bien que limité, son succès restait considérable. Ce roi qui semblait condamné en 896-897 se trouva à la tête d'un royaume occidental pacifié et d'un royaume lotharingien qui le reconnaissait sans réserve : de plus, le règlement du problème normand l'auréolait de gloire. Certes, le nouveau roi à l'Est, Conrad, lui contestait la Lorraine, mais il échoua après deux tentatives faites à partir de 912, au cours desquelles il occupe deux fois Strasbourg ; Conrad ne put même pas rester maître de l'Alsace.

Charles III avait mené une politique matrimoniale très habile. Il avait épousé, en 907, Frérone, une dame de l'aristocratie saxonne ; Frérone était comme par hasard parente de la seconde femme d'Henri de Saxe, Mathilde, que le fils du duc Otton avait épousée en 909, après s'être séparé de sa première femme. Cette alliance franco-saxonne, peu évoquée par l'historiographie du XIXe siècle — tant elle allait à l'encontre des idées de l'époque sur les devoirs nationaux des rois respectifs (n'oublions pas qu'Henri allait être le « fondateur de l'Allemagne ») —, dut jouer un rôle considérable dans la lutte contre l'ennemi commun, les Conradiens.

Tandis que Frérone exerce son influence à la cour de Charles — ses parents Ecbert et Ernust s'y manifestent — et que son frère Beuves est nommé en 917 évêque de Châlons-sur-Marne, nous constatons que Conrad Ier est gêné dans ses velléités d'action contre la Lotharingie par la présence d'Henri qui a succédé, en 912, comme duc, à son père Otton. Lorsque le roi oriental se tourne, en 912-913 et en 915 contre ce puissant duc, Charles mène campagne en Alsace et vient en Lotharingie avec des forces considérables, où l'on compte celles de Robert de Neustrie. Dans ces circonstances, même la Frise reconnaît, après 914, Charles III comme roi. Conrad Ier avait d'autres luttes à mener, notamment contre les Hongrois et contre les pouvoirs régionaux en Bavière et en Alémanie. Il s'est donc finalement résigné en proposant comme successeur, en 918, Henri de Saxe. Mais il réservait le pouvoir en Franconie à son frère, le duc Évrard : ce règlement rappelle étrangement celui de 897 dans le royaume occidental et sera, de même, suivi d'un redressement dans le royaume oriental.

En 911, Charles III et son « ministre » le plus en vue, Hervé, archevêque de Reims, considèrent certainement qu'ils sont en train d'effectuer depuis 897 une véritable *renovatio regni Francorum*. Ainsi le synode de Trosly, réuni en 909 par Hervé, rappelle-t-il dans ses « canons » les devoirs du roi et la nécessité, pour les laïques, de respecter les droits des églises et du clergé, et cela en utilisant les propositions de réforme publiées sous Louis le Pieux. Il s'agit de remettre de l'ordre dans les affaires du royaume, en respectant les positions acquises par les grands devenus de véritables princes. C'est grâce à leur coopération qu'il sera possible de rétablir l'ordre extérieur et même la splendeur du « royaume des Francs ». Ce but paraît atteint quand le roi et son archichancelier sont d'accord pour que Charles III prenne, à partir de son avènement en Lotharingie et à la place du simple titre « *rex* », un titre différent, celui-là même que portait Charlemagne avant sa conquête de l'Italie : *Carolus rex Francorum, vir illustris*. Voilà recommencé le chemin d'un autre homonyme du grand empereur, Charles le Chauve : lui aussi avait cherché à dominer le plus grand nombre de « royaumes » possible avant de ceindre la couronne impériale.

Après la mort de Louis l'Enfant, Charles est le seul carolingien dans le monde franc, et il se considère comme l'héritier légitime de tous les droits de cette race impériale et royale. Il l'exprime sans ambages dans la datation de ses diplômes, auxquels Hervé fait ajouter, à partir de l'acquisition par Charles du royaume lotharingien, les mots *largiore vero hereditate* (!) *indepta*. Son roi est maintenant en possession d'un « héritage agrandi », ce qui ne veut pas dire que celui-ci est déjà complet. Et il ne l'est pas seulement par la volonté des grands, mais par droit héréditaire, lui, le seul Carolingien. On peut bien abandonner après 912 l'expression trop historisante *vir illustris*. L'emploi de *rex Francorum* connaît même des intermittences. Toujours est-il que les successeurs de Charles garderont ce titre, recréé en 911. Il restera celui des rois de France : *rex Francorum, rex Franciae*. Leurs sujets seront, au XIe siècle encore, qualifiés par l'étranger de *Karlenses*, c'est-à-dire habitants du royaume ayant appartenu à Charles le Chauve de la même manière que *Lotharienses* qualifie ceux du royaume de Lothaire, mais on finira par admettre leur nom *Franci, Francigenae*, Français.

La chute de Charles III

Si Hervé a suivi son roi dans des vues d'une certaine grandeur, il a certainement mis dans sa politique beaucoup plus de sagesse et de réflexion que son maître. On pouvait réussir de grandes choses aussi longtemps que le concours des alliés et des princes, respectés dans leur propre domaine, permettait d'isoler un adversaire pour le vaincre. Mais cet équilibre difficile ne devait pas être rompu. Or, c'est précisément ce que fit Charles, surestimant ses forces et donnant ainsi raison à ceux qui, dès le Xe siècle et pour une raison que nous ne connaissons pas de façon précise, l'ont surnommé *stultus, hebetus* — en langue romane « *sot* » — et d'une façon plus équivoque et peut-être plus indulgente, car ce mot peut aussi être interprété comme l'expression d'une vertu, *simplex* ; on en a fait « Charles le Simple ». Après la mort de Frérone, Charles, qui se remaria avec une fille du roi de Wessex, subit l'influence néfaste d'un favori lotharingien, Haganon. Figurant encore en 916 parmi les *vassi dominici*, celui-ci semble influent à la cour dès 917. Il est nommé comte en 918, et traité comme un membre de la famille royale : on fonde pour lui, tout comme pour le roi et la reine, un anniversaire spirituel consistant en la prière des moines.

C'est pendant cette même période que Charles III, présumant trop de ses forces, provoque l'un après l'autre ceux dont l'appui lui a permis de devenir le roi le plus en vue de l'Occident. Après la mort de Renier en 915, il ne renouvelle pas la dignité de marquis pour son fils aîné Gilbert et lui refuse même la première place parmi les grands lotharingiens. Il s'en fait ainsi un adversaire dangereux qui, lorsque Henri Ier sera élu roi en Germanie, se tournera vers lui et, fort de cet appui, se considérera comme « prince » en Lotharingie (919). Charles répliqua par une attaque contre Henri Ier. Un armistice intervint en 921, suivi, à la fin de l'année, d'un traité conclu à Bonn. Gilbert rentra dans le rang et reconnut à nouveau la royauté de Charles III en Lotharingie. Mais à quel prix ! Conclu sur un bateau ancré au centre du fleuve, ce traité attribue sans conteste le pays à l'ouest du Rhin à Charles, mais il contient la reconnaissance officielle, de la part du roi carolingien, d'une égalité absolue de la royauté non carolingienne d'Henri Ier dans le cadre du monde franc : au *rex Francorum occidentalium* correspond le *rex Francorum orientalium*. Voilà un abandon qui ne permettait plus de rêver de la *renovatio regni Francorum* sous l'égide du seul Carolingien. Mais de cette manière, Gilbert n'était neutralisé que pour peu de temps. Bientôt, pour des causes comparables, à savoir la rupture de l'équilibre entre rois et princes, l'autorité de Charles se trouvera contestée dans le royaume occidental. Gilbert se ralliera alors à Henri Ier.

La présence conradienne en Lotharingie était encombrante pour les grands, et elle portait préjudice à l'influence du roi de Germanie dans ce pays. La neutralisation des Conradiens par Henri Ier l'avait donc rendue plus acceptable. Mais Charles III avait trop tendance à vouloir s'imposer en Lotharingie — ceci soit par inconscience, soit par nécessité — alors que ses propres moyens étaient réduits en *Francia* occidentale. Cette politique a provoqué, ou au moins favorisé, la perte de la Lotharingie. La même attitude a provoqué les mêmes effets : la chute de Charles dans le royaume occidental.

Cette chute, inexplicable quand on voit Robert de Neustrie traité encore en 918 de « conseil et secours de notre royaume » et encore présent à la cour en 919 et 920, tient aussi à la personnalité d'Haganon et à la place que le roi voulait lui assurer à tout prix, même dans le royaume occidental. Ce faisant, non seulement il heurta les princes en leur préférant un homme qui, bien que de naissance noble, était d'un niveau sensiblement inférieur, mais il négligea un principe essentiel à l'époque : laisser traiter les affaires d'un « royaume » donné par les grands de celui-ci. Les grands n'acceptaient plus que des conseillers d'autres régions s'en mêlassent.

Un premier mouvement de mécontentement amena, en 920, un véritable abandon du roi par l'aristocratie du royaume, furieuse parce qu'il refusait d'abandonner Haganon. Seul, l'archevêque de Reims, Hervé, qui disposait de troupes considérables, tira le roi d'affaire en le protégeant pendant plusieurs mois. Hervé escomptait la reconnaissance du roi, qui devait évidemment se manifester par l'exclusion d'Haganon des affaires du royaume franc occidental. Lorsque Charles pensa avoir assuré ses arrières par le traité de Bonn, il revint sur ses engagements. Voyant que, institutionnellement, Haganon allait être exclu des affaires occidentales parce qu'il n'était pas un grand du royaume, il lui donna tout simplement, en 922, afin de l'installer dans le royaume, une des rares abbayes dont disposât encore la dynastie : celle de Chelles, où était abbesse Rothilde, fille de Charles le Chauve. Rothilde était aussi la belle-mère d'Hugues le Grand, le fils de Robert de Neustrie ! Maladresse suprême donc, qui provoqua immédiatement la mobilisation de l'armée robertienne sous la conduite d'Hugues, et l'abandon du roi par la presque totalité des grands.

La chute politique amena la faute morale : dans sa détresse, le roi appela à l'aide un païen, le chef normand Rögnvald. Charles fut destitué par les grands, qui élirent à sa place Robert de Neustrie. Celui-ci fut couronné à Reims, le 30 juin 922, par Gautier, l'archevêque de Sens qui avait déjà consacré roi Eudes. Dans le même temps, l'archevêque de Reims Hervé mourut dans sa cité épiscopale. Il était, lui aussi, brouillé avec Charles qui l'avait remplacé comme archichancelier par l'archevêque de Trèves Roger — voulant réunir tout ce qui lui restait, le roi ne respectait plus la distinction des deux royaumes — et qui avait appuyé, contre l'archevêque, la rébellion d'un vassal. Hervé aurait-il pu approuver une alliance avec les païens que son prédécesseur Foulque avait déjà condamnée lorsque le jeune Charles y avait pensé, à un moment difficile de sa lutte contre Eudes ?

Charles trouva encore quelques troupes en Lotharingie et eut le courage d'affronter Robert près de

Soissons. Robert trouva la mort, dans cette bataille, le 15 juin 923. Mais Charles fut vaincu, et les vainqueurs, restant sur leur verdict de destitution du Carolingien, élirent à la place de Robert son gendre Raoul, duc de Bourgogne et fils de Richard le Justicier. On le couronna à Soissons le 13 juillet.

Même Héribert II de Vermandois, qui était de souche carolingienne et fils de celui qui avait fait Charles roi en 893, se détourna du Carolingien et s'arrangea avec le nouveau roi, Raoul, pour faire tomber l'ancien par ruse. Il fallait en finir avec cet ennemi public : ainsi Charles était-il considéré dans la Gaule septentrionale, où l'on venait d'apprendre que Charles s'était allié avec les païens. Dans un mouvement concerté, Raoul quitta la *Francia* entre Seine et Meuse et rentra dans sa Bourgogne, tandis que Héribert envoyait des messagers à Charles, lui offrant une entrevue et, pouvait-on croire, un ralliement. Charles accepta et fut fait prisonnier. Comme nous le précise Flodoard, Héribert se rendit immédiatement après chez Raoul : preuve évidente de la complicité du roi dans une action qui ne semblait contraire ni à l'honneur ni à la fidélité, car il n'y avait plus de fidélité ni d'obligation envers un roi déchu, allié des ennemis du pays.

Or c'est une tout autre version que gardera, pour longtemps, « l'Histoire » : non pas la recherche critique des événements — art récent —, mais la mémoire consignée en passe de devenir souvenir collectif. D'abord, les hommes du Midi ne comprenaient ni ne voulaient rien comprendre de ce qui s'était passé dans le Nord. Ils continuèrent à dater leurs actes d'après Charles, non sans condamner ouvertement les « traîtres de Francs ». Mais personne ne bougea pour venir en aide à Charles, ce qui montre — la suite le confirmera — que les grands de ces régions comptaient surtout négocier leur reconnaissance d'un roi qu'ils n'acceptaient pas encore. Un peu plus tard, les dynasties — carolingienne ou capétienne — ayant tout intérêt à assurer la fidélité de leurs vassaux, on vit fleurir des récits légendaires sur le « crime » d'Héribert II, et l'on raconta des choses horribles sur sa mort.

Nous avons une preuve des sentiments nourris par les contemporains qui étaient au courant du méfait de Charles, plusieurs fois souligné par Flodoard : le même pape Jean X, qui avait soutenu le Carolingien contre Gilbert et les grands, n'hésitait pas à reconnaître maintenant la royauté de Robert. Ferdinand Lot l'a noté à propos de la mort, à Soissons, du roi Robert : « Sans l'incident de la bataille de Soissons, il eût continué à régner, la dynastie robertienne se serait enracinée, et deux tiers de siècle de compétition stériles auraient été épargnés au royaume de France. » Dans ce « si » apporté à l'histoire, il est sous-entendu que Robert et son fils Hugues le Grand auraient été des rois plus forts que ne furent, après un affaiblissement supplémentaire de la royauté à partir de Raoul, Hugues Capet et ses premiers successeurs.

La plupart des historiens ont d'ailleurs négligé de mettre en relation la mort de Robert et la perte, pour le royaume franc occidental, de la Lotharingie. Robert n'a pas été seulement reconnu roi par le pape ; Henri Ier l'a rencontré sur la Roer pour y conclure un traité qui confirmait ce qui avait été convenu en 921 entre Charles et Henri : reconnaissance réciproque des rois des Francs occidentaux et orientaux — tous deux maintenant étrangers à la dynastie carolingienne —, mais aussi reconnaissance par Henri de la royauté de Robert en Lotharingie. La mort de Robert et l'élection de Raoul de Bourgogne allaient donc « libérer » Henri de ses obligations : le roi saxon n'entra en Lotharingie qu'après ces événements.

Gilbert, qui l'appela, avait la raison la plus évidente de le faire. Le nouveau roi Raoul était le frère de Boson, un des grands les plus puissants en Lotharingie méridionale, le rival direct du fils de Renier. Celui-ci refusa donc de reconnaître Raoul et se tourna vers Henri, non sans tergiverser, en 924 pour finalement rallier Henri qui pouvait lui offrir ce qu'il cherchait depuis toujours : la dignité ducale en Lotharingie, et avec elle, la main d'une fille du roi, Gerberge. Raoul essaya bien, même les armes à la main et malgré les attaques des Normands de Rögnvald en 924 et des Normands de Rouen en 925, de s'imposer et de se maintenir en Lotharingie. Après la seconde occupation du pays en 925, par un roi de Germanie qui disposait de forces largement supérieures, il n'insista plus. Un tel dénouement tient avant tout à l'attitude de l'aristocratie du royaume occidental, qui refusa de se battre pour la Lotharingie comme elle avait refusé, en 876, de se battre pour l'Italie. Ce n'est pas « la France » qui « a perdu la Lorraine » en ce moment, pour la simple raison qu'une France ayant une volonté commune de s'imposer dans les pays de langue romane en Gaule n'existait pas encore. Détail significatif : quand plus tard, Henri Ier sera prêt à rendre au frère de Raoul, Boson, ses possessions lorraines, l'affaire lotharingienne sera « classée » pour le roi Raoul. Il ne faut pas confondre les époques.

Ne condamnons pas ce qui fut la sagesse : se limiter à la défense du pays contre les Normands. Mais, au-delà des idées et des motivations des hommes de l'époque, notons la portée considérable des événements de 923-925 pour l'avenir de l'Occident. La Lotharingie, l'héritage impérial de Lothaire Ier, et plus tard l'Italie, resteront dans les mains des Ottoniens, tandis que la Germanie connaîtra un essor qui doit beaucoup à la richesse et à la civilisation avancée des régions lotharingiennes et rhénanes. Quant à la France future, restreinte dans les limites de 843, elle trouvera dans cette concentration de ses forces finalement plus de puissance que les rois de Germanie conduits à s'épuiser dans des luttes lointaines.

Le roi Raoul

Si le fait que Raoul succédât à son beau-frère Robert posait vraiment des problèmes délicats au royaume franc occidental, pourquoi les nombreux vassaux des Robertiens n'ont-ils pas élu roi le fils de Robert, Hugues, qui s'était distingué à la tête d'une armée ? Voilà une énigme sur laquelle des historiographes médiévaux ont déjà disserté, affirmant, entre autres hypothèses, qu'Hugues — qu'on appelait parfois le Grand, mais aussi le Blanc, pour le distinguer d'un frère du roi Raoul, Hugues le Noir — aurait été effrayé par la mort subite de son père au cours d'une bataille. Une autre explication permet cependant de mieux comprendre le tissu complexe des événements du Xe siècle. Selon une règle toujours observée dans la Gaule carolingienne, le roi devait gouverner par l'intermédiaire de ses agents, les comtes : il ne pouvait être son propre comte. Pour un grand qui avait réussi à réunir entre ses mains une dizaine de comtés ou plus, l'acceptation de la dignité royale devenait donc l'équivalent d'un suicide politique : dans cette hypothèse, il perdait d'un coup tous ses comtés, étant obligé de les donner à d'autres. Il en allait différemment s'il avait un fils en âge de les gouverner, ou un frère à la fidélité assurée.

L'attitude des Robertiens s'explique ainsi facilement. Eudes, lorsqu'il accepta la couronne en 888, avait un frère dévoué, auquel il conféra sur-le-champ tous ses comtés ainsi que les abbayes dont il était l'abbé laïque ; non seulement la puissance de la « maison » n'en pâtit pas, mais elle fut renforcée par des largesses royales au profit de Robert. En 922, celui-ci avait un fils susceptible de conserver, en les administrant, tous les comtés des Robertiens : Robert accepta donc, lui aussi, la couronne. En revanche, à la mort de son père en 923, Hugues le Grand n'avait, lui, ni frère ni fils pour maintenir l'héritage politique des Robertiens. Il ne pouvait donc accepter une élection royale. Force était de chercher un « remplaçant » pour le pouvoir royal, dont la fonction demeurait la défense du pays. Mais il y avait une condition nouvelle : ne pas heurter la position acquise des princes. Ce remplaçant était tout trouvé dans la personne du beau-frère d'Hugues le Grand, Raoul : lui, avait un frère, en l'occurrence Hugues le Noir, et ce frère pouvait assurer l'avenir de la dynastie et de ses terres.

On le voit, ce n'est pas l'ensemble du peuple franc qui élisait un candidat après examen de ses capacités. Les princes, seuls, décidaient, et c'est parmi eux qu'ils devaient choisir leur candidat, car aucun de leurs collègues n'était prêt à accepter comme roi et suzerain un homme de moindre rang. On sait ce qu'avait été, dans l'affaire Haganon, la réaction provoquée par la seule influence à la cour du roi d'un homme de rang inférieur.

Cela dit, il est une autre particularité importante à la royauté de Raoul. Comme en Germanie sous Henri Ier, donc depuis 919, le roi du royaume occidental n'était plus un Carolingien. Et comme en Germanie, il n'était même plus originaire des deux « royaumes francs » (*Francia* et *Neustrie* à l'ouest, *Francia* [Franconie] et, à partir de 925, *Lotharingia*, à l'est). Mais tandis qu'il y avait un duc, Évrard, en Franconie, puis un autre, Gilbert, en Lotharingie, il n'y avait pas de chef dans la *Francia* entre Seine et Meuse, où la disparition du roi carolingien laissait un vide politique dangereux ! La tentation était donc grande pour Héribert II de profiter de cette absence du roi carolingien et des séjours prolongés de Raoul dans « sa » Bourgogne pour établir sa propre hégémonie dans le pays entre Seine et Meuse.

Dans cette longue lutte dont la *Francia* allait être le théâtre, nous pouvons distinguer quatre phases : de 923 à 926, de 927 à 929, de 929 à 934 et enfin de 935 à 936. Pendant la première, le roi Raoul était allié à Héribert. Celui-ci, qui se tenait sur la défensive dans le Nord face au puissant comte de Flandre, servit loyalement le roi avec ses troupes et lui sauva même la vie à la bataille de Fauquembergues (926) contre les Normands. De son côté, Raoul fit au comte un cadeau royal : il entérina, en 925, un règlement assez scandaleux, selon lequel Hugues, le fils d'Héribert, qui avait alors cinq ans, devait être élu archevêque de Reims. L'administration du spirituel était prise en charge par l'évêque de Soissons, et celle du temporel par Héribert soi-même, lequel se trouvait ainsi à la tête des très importantes troupes *(militia)* rémoises et pouvait puiser largement dans les terres de cette église pour consolider sa position et celle de ses vassaux. L'ancien équilibre de la *Francia*, entre le roi carolingien, l'archevêque de Reims, la maison de Vermandois et les intérêts des Robertiens se trouvait rompu. Le mécontentement d'Hugues le Grand devant cette alliance trop étroite de la Bourgogne et du Vermandois s'exprime dans un acte fort grave : de concert avec Guillaume II, duc d'Aquitaine, qui n'avait toujours pas reconnu Raoul, il s'entendit avec les Normands de la Loire ; ceux-ci épargnèrent les terres de Neustrie et d'Aquitaine et « passèrent » sans être inquiétés en Bourgogne !

La seconde phase est marquée par la rupture entre Raoul et Héribert. Au vrai, le comte de Vermandois était insatiable. A la mort du comte de Laon, il exigea ce comté alors que la cité de Laon constituait, nous l'avons vu, la dernière citadelle de la royauté. Raoul refusa net. Héribert se révéla alors comme un maître du chantage politique : il se servit de deux rois contre le sien. En 927, il faisait hommage au roi Henri Ier, s'assurant ainsi un appui appréciable, renforcé par des alliances familiales en Germanie et particulièrement en Saxe. La même année, il sortit le roi Charles le Simple de son séjour surveillé et menaça de l'imposer à nouveau comme *rex Francorum*. Devant le danger, Raoul dut livrer Laon. Il donna de surcroît le palais d'Attigny à Charles, en échange d'un renoncement définitif à la dignité royale. Au reste, Charles mourut peu après, en 929.

C'est alors que le Robertien sortit de sa réserve devant un Héribert devenu par trop puissant et dangereux. Il s'allia avec Raoul et, pendant les années 930-934, mena des campagnes souvent pénibles, pour réduire à néant les positions d'Héribert. En 932, on lui prit Reims, où l'on installa, à la place d'Hugues de Vermandois, l'archevêque Artaud.

La phase finale est dominée par Henri Ier, car celui-ci n'abandonnait pas son vassal et allié. Après un armistice imposé par le roi germanique, la paix fut conclue en 935 sur la Chiers à l'occasion d'une rencontre des trois rois : Raoul, Henri et Rodolphe II de Bourgogne. Boson, frère de Raoul, recouvra la possession de ses terres dans cette Lotharingie que nul ne contestait plus au roi Henri. Héribert retrouva presque tous ses comtés et forteresses. Quand, dans le cas particulier de Saint-Quentin, Hugues le Grand refusa de céder, une armée saxo-lorraine l'y força.

Peu après, Raoul tomba gravement malade. Il mourut en janvier 936. Hugues le Grand n'hésita pas un instant : seul un roi carolingien pouvait, avec l'appui robertien, mettre en échec la maison de Vermandois. Or ce candidat carolingien existait en la personne de Louis, le fils de Charles le Simple. Ce prince vivait alors avec sa mère, Ogive, une princesse anglo-saxonne, à la cour de son oncle Aethelstan, roi de Wessex. Et le rapprochement avait été préparé par le mariage d'Hugues le Grand avec une fille d'Aethelred. On ne saurait mieux souligner le caractère « intérimaire » de la royauté de Raoul.

Ce règne marque certainement le point le plus bas du pouvoir royal en Gaule, et cela malgré les vertus indéniables d'un Raoul qui combattit valeureusement les Normands et remporta même en 930 une victoire sur ceux de la Loire. Parmi les rois occidentaux, Raoul est le seul à n'avoir jamais été reconnu comme roi en Catalogne : on y compta les années du règne de Charles III jusqu'en 929 et, ensuite, les années à partir de sa mort. Dans d'autres régions, Raoul ne fut reconnu que très tardivement : en 932, par exemple, pour ce qui est du comte de Toulouse, « marquis » de Gothie, Raimond III Pons. Pour se faire reconnaître par Guillaume II d'Aquitaine, Raoul bénéficia du concours d'Héribert II et d'Hugues le

Grand, mais il lui fallut l'acheter en leur promettant respectivement Péronne et le Maine. Certes, il put ainsi rencontrer Guillaume sur la Loire, à la tête d'une armée importante, mais il dut encore lui céder le Berry, qu'il avait conquis, sous Charles le Simple et à l'aide de Robert de Neustrie, sur les Aquitains. C'est seulement après cette restitution que le duc d'Aquitaine accepta de lui rendre hommage, un hommage qui ne l'empêcha pas de se révolter en 926 et n'empêcha nullement son successeur Effroy de ne pas reconnaître Raoul. Il est vrai qu'en revanche le comte Ebles de Poitou — qui hérita en 927 de l'Auvergne et de la primauté en Aquitaine — reconnaissait l'autorité de Raoul.

Tout cela laisse une impression pénible. On ne s'étonne pas de voir, sous ce règne, des princes battre monnaie pour la première fois à leur propre nom, sans même mentionner celui du roi : ce que firent Guillaume II d'Aquitaine en Auvergne, à Brioude, et Guillaume Longue Epée, le fils de Rollon, en Normandie, à Rouen.

Pour cette Normandie chrétienne de Rouen le règne de Raoul correspond à une période importante de formation. Lorsqu'en 924 Rögnvald, avec une partie des Normands païens de la Loire, attaque le nord de la France à l'appel de Charles, certains Normands de Rouen ne laissèrent pas passer une aussi belle occasion de butin. Les Francs prétextèrent de cette rupture du traité de 911 pour attaquer les Normands de Rouen auxquels ils infligèrent une terrible défaite à Eu en 925. Les temps avaient changé, et les Normands installés à demeure étaient maintenant, à leur tour, exposés à des représailles. Ni Rollon qui avait, avant même le conflit, exigé et reçu la cession du Bessin, ni Guillaume son fils n'hésitèrent à appeler des Danois en renfort. Finalement, Raoul s'estima sans doute heureux d'être reconnu en 933 par un Guillaume resté longtemps « fidèle » à Charles III. Il lui en coûta la cession de la terre en bordure de la mer près de la « Bretagne », en d'autres mots du

Cotentin et de la région du Mont-Saint-Michel, où le successeur de Guillaume allait fonder la célèbre abbaye. Mais les Normands de Rouen avaient encore à conquérir la région sur les Normands de la Loire, qui dominaient également la Bretagne. C'est peu après que, grâce à cette pression normande et à la suite d'une révolte des Bretons organisée à partir du pays de Galles par leur duc Alain, la Bretagne put se libérer du joug païen (937).

Quant à Raoul, il eut quelques rares satisfactions dans une région qui lui était familière depuis sa jeunesse. Son père l'avait chargé de la protection de Louis l'Aveugle, le fils et successeur de Boson, frère de Richard, dans le royaume de Provence. A la mort de Louis l'Aveugle, en 928, Raoul obtint du régent du royaume, Hugues d'Arles, marquis de Provence, qui venait d'être élu roi d'Italie, des droits sur le vaste comté-duché de Vienne et Lyon. Et en 931, il put obliger Charles-Constantin, fils illégitime de Louis l'Aveugle et comte de Vienne, à lui prêter hommage. En revanche, la plus grande partie du royaume allait être perdue pour Raoul : Hugues d'Arles, roi d'Italie, la céda vers 933 au roi Rodolphe II de Bourgogne, ce qui permit à celui-ci et à ses successeurs de constituer ce royaume entre Bâle et la Méditerranée que le XIIe siècle appellera « royaume d'Arles ».

Après un moment prometteur, cette période difficile a vu le déclin du pouvoir royal. Mais c'est aussi, sous l'action des nouveaux princes, le temps où éclôt un autre monde, celui des grandes régions et des futures provinces françaises.

CHAPITRE XVII

Restauration et chute des Carolingiens

(936-999)

Les humiliations d'un roi

La restauration carolingienne après les règnes de Robert Ier et de Raoul est l'œuvre de l'homme le plus puissant du royaume, Hugues le Grand. On connaît les raisons pour lesquelles Hugues choisit d'offrir la couronne à Louis, le jeune fils — il a quinze ans — de Charles le Simple, qui vivait en exil à la cour d'Aethelstan, roi de Wessex. Le déroulement de la prise de pouvoir du Carolingien a été réglé d'avance dans ses moindres détails. Quand Louis, que l'histoire appellera « d'Outre-Mer », débarque à Boulogne dans l'été de 936, Hugues et les autres grands lui prêtent hommage sur la plage même. Puis ils le mènent à Laon, où il est couronné le 19 juin. Il n'y a aucune élection formelle, mais une reconnaissance, sur-le-champ, du roi légitime.

La récompense est également immédiate. Dès le premier diplôme du roi, Hugues apparaît avec le nouveau — et combien ancien ! — titre de *dux Francorum* ; dans le second, Louis en fait donner l'interprétation : « Hugues, qui est dans tous nos royaumes le second après nous. » Le nouveau duc des Francs obtient ainsi la suprématie, reconnue et légitimée par le roi carolingien, sur tous les Francs et sur les autres princes. Même dans le « royaume » de Francie entre Seine et Meuse, royaume réservé jusqu'alors à la royauté, le duc constitue une sorte d'écran entre le roi, ses vassaux et ses sujets. Lorsque, après le sacre, on promène Louis à travers les terres robertiennes, il apparaît comme un pantin entre les mains du duc. Il accompagne même celui-ci dans une campagne contre Hugues le Noir, frère de Raoul, obligé de céder au Robertien le nord de la Bourgogne — avec le comté de Sens —, que son père Richard avait conquis en 894-895.

Le principe selon lequel les « petits royaumes » constitueraient le cadre territorial où s'exercerait le pouvoir quasi héréditaire des princes est ainsi violé par Hugues le Grand qui se considère maintenant comme prince sur toute l'étendue du royaume des Francs, et qui, tel un roi, envoie à Rome l'évêque d'Orléans en ambassade au pape Léon VII qui le reconnaît comme duc des Francs et « glorieux prince des Francs ».

Les autres princes se rendirent rapidement compte que le Robertien exerçait une forme de pouvoir central autrement plus dangereuse pour leurs intérêts que celle du roi. Fort courageux malgré sa jeunesse, Louis sut saisir cette seule chance qu'avait la royauté de trouver un appui. Rentré dans la région des palais carolingiens, à Compiègne et à Laon, il se libéra en 937 de la tutelle ducale, fit venir sa mère, Ogive, à sa cour et nomma un nouvel archichancelier : l'archevêque de Reims, Artaud. Il disposait ainsi des nombreux vassaux de cette église. Il s'allia ensuite à Hugues le Noir en nommant « marquis » celui qui venait d'être humilié par le Robertien. Mais lui rendre ainsi le gouvernement légal de la Bourgogne impliquait la guerre avec Hugues le Grand.

Le roi pouvait compter sur les princes du Midi, tout acquis à la cause carolingienne. On dispose d'une preuve touchante de fidélité en Catalogne, où l'évêque de Gérone, Gotmar, écrivit en 939 une courte chronique des Francs qui allait de Clovis à Louis IV. Plus important, d'une façon concrète, était le ralliement de Guillaume « Tête d'Étoupe », comte de Poitou et d'Auvergne, qui se satisfit du titre de marquis, alors même que Louis concédait le titre de prince des Aquitains à un autre, Raimond III Pons de Toulouse-Gothie.

Hugues le Grand répliqua à cette réaction de Louis IV par un renversement des alliances. Il s'unit à celui qu'il avait voulu mater en se servant du roi carolingien : Héribert II, qui lui procura l'alliance d'Otton Ier. Celui-ci avait succédé à Henri Ier. Hugues, en 937, épousa sa sœur Hadwige.

Ce bel édifice d'alliance, qui menaçait d'écraser Louis IV, s'écroula en 939 lorsque Évrard, duc de Franconie, qu'avait humilié le jeune et impétueux Otton, se révolta en compagnie de Gilbert de Lorraine, et menaça sérieusement l'état ottonien. Gilbert offrit au Carolingien la suzeraineté sur la Lotharingie, que le roi accepta après une hésitation due à l'« amitié » qu'Otton et lui s'étaient jurée : il fut reconnu pour roi, à Verdun, par plusieurs comtes et évêques. Mais Évrard et Gilbert trouvèrent la mort le 2 octobre 939 sur le Rhin, près d'Andernach, au cours d'une bataille contre les hommes d'Otton. Celui-ci allait en profiter pour ne plus nommer de duc en Franconie.

Louis put encore rentrer en Lotharingie pour épouser la veuve de Gilbert, Gerberge, sœur d'Otton Ier. Il ne put cependant se maintenir dans ce pays et dut même faire face, en 940, à une invasion de son royaume par les troupes ottoniennes. Hugues le Grand et Héribert prêtèrent hommage à Otton dans le palais carolingien d'Attigny. Les alliés s'emparèrent de Reims et y installèrent de nouveau l'élu de 925, Hugues, fils d'Héribert, qui fut alors sacré archevêque ; il devait même être reconnu par le pape. C'était là une perte très grave pour le roi, qui allait voir Hugues le Noir obligé par ses adversaires d'abandonner la lutte.

On ne saurait suivre les péripéties de cette longue guerre. Il faut en retenir que les princes, disposant parfaitement des services de leurs vassaux respectifs, dominent alors seuls la scène politique et militaire, nouant et dénouant les alliances selon leurs intérêts du moment. La paix fut conclue en novembre 942 à Visé, près de Liège. Otton Ier et Louis IV renouvellent alors leur « amitié ». Otton réconcilie Hugues et Héribert avec Louis : ils redeviennent les vassaux de ce dernier. La Lotharingie reste ottonienne, mais Louis IV doit aussi renoncer au duché de Viennois-Lyonnais que son prédécesseur Raoul avait gagné dans l'héritage de Boson, et cela au profit de Conrad Ier, le fils et successeur — en 937 — de Rodolphe II et le « protégé » d'Otton Ier.

Louis IV a donc beaucoup perdu, et notamment sa base rémoise ; mais il s'est libéré de l'emprise directe d'Hugues le Grand et il occupe, grâce à l'appui ottonien dont il dispose maintenant, une place digne d'un roi. Il peut même consolider son pouvoir en Francie et peut-être compenser ce qui lui a échappé en Lotharingie, lorsque s'ouvrent, à quelques semaines d'intervalle, deux grands héritages. Le 27 décembre 942, Guillaume de Normandie est traîtreusement assassiné par les hommes du comte de Flandre. Le 23 février 943 meurt Héribert II.

Hugues le Grand se posa habilement en protecteur de ses neveux — sa sœur Adèle était l'épouse de Héribert — et obligea le roi à laisser l'archevêché de Reims à l'adversaire d'Artaud, Hugues de Vermandois et à « recevoir » les autres fils de Héribert comme « fidèles ». La succession ne fut d'ailleurs réglée définitivement qu'en 946, par un arbitrage d'Hugues le Grand : Robert reçut le comté de Meaux, Albert celui de Vermandois et Héribert III plusieurs petits comtés autour de Soissons, où il garda l'importante abbaye de Saint-Médard. Eudes continua sa lutte pour conserver ou conquérir le comté d'Amiens, qui finit par échoir à la maison de Flandre.

Louis IV n'avait retiré aucun avantage direct de ce règlement. Il gagna finalement — et durablement — l'un des fils de Héribert, Albert de Vermandois, à la cause carolingienne, en lui donnant la main de sa belle-fille Gerberge. Cette alliance eut de grandes conséquences : elle préparait d'autres ralliements.

La succession normande était une affaire plus importante et plus dangereuse. La mort de Guillaume Longue Épée, victime d'un lâche assassinat commis par les hommes d'un prince chrétien, devait provoquer une réaction païenne dans le pays. Des Danois venus par mer cherchèrent à en profiter. On imagine le désarroi des milieux chrétiens normands, à Rouen comme ailleurs : ils avaient fondé de grands espoirs sur Guillaume, qui avait sérieusement soutenu l'évangélisation de la Normandie ainsi que la restauration ou la fondation de monastères, entre autres celui de Jumièges. C'est un moine de cette abbaye qui rédigea alors une complainte sur la mort du bienfaiteur et l'adressa à Richard, fils de Guillaume et d'une concubine bretonne. Considérant tout naturellement Richard comme successeur légitime du prince, le moine-prêtre lui donne les titres de « comte de Rouen » et de « prince » que Rollon avait reçus en 911. Louis IV avait d'ailleurs rapidement déclaré Richard futur héritier. Il fit valoir en même temps les droits du seigneur féodal en cas de minorité pour faire éduquer à sa cour le jeune prince et prendre en main jusqu'à sa majorité l'administration de ses terres. Il avait pour cela besoin du concours d'Hugues le Grand auquel une partie des Normands, qui voulaient rester chrétiens, s'étaient d'ailleurs donnés, tandis que d'autres faisaient hommage à Louis. Le Robertien s'empara d'Évreux au prix de pertes considérables. Louis, qui avait également à vaincre des résistances païennes, entra dans Rouen et y nomma comte son fidèle lieutenant Hélouin, le comte de Ponthieu. Cédant à Hugues dans l'affaire des fils de Héribert, et lui rendant en 943 son titre de duc des Francs qu'il ne lui avait plus reconnu depuis 937, Louis IV semble avoir voulu garder les mains libres en Normandie où il occupa même Évreux. Quand, vers la fin de 944, une nouvelle campagne en Normandie devint nécessaire, Louis IV gagna encore la coopération d'Hugues le Grand en lui promettant la ville de Bayeux.

S'imposant rapidement à Rouen où les Normands qui refusaient sa domination gagnèrent la mer, et s'appuyant sur une forte armée mise sur pied par des évêques de Francie et de Bourgogne ainsi que par Arnoul de Flandre, Louis crut alors pouvoir oublier ses engagements envers Hugues: il accepta la soumission directe des Normands de Bayeux. Par cette rupture, le sort du roi était scellé. Ses adversaires normands voyaient d'un mauvais œil le rôle joué par leurs ennemis Arnoul et Hélouin, et celui-ci ne gagnait rien à leur envoyer les mains coupées du meurtrier de Guillaume, tombé dans ses mains lors d'une bataille contre Arnoul. Unis aux adversaires qu'il avait dans le camp, ils préparèrent sa perte.

Le 13 juillet 945, le roi, entouré de plusieurs comtes et vassaux, tomba dans une embuscade lors d'une entrevue avec le chef danois Harold, qui tenait Bayeux. Son entourage — dont Hélouin — fut massacré, et le roi ne s'échappa que de justesse; il fut arrêté par les Normands en rentrant à Rouen. Quand la reine Gerberge obtint enfin, en livrant des otages — deux évêques et un tout jeune fils du roi —, la libération du roi, les Normands le remirent à Hugues le Grand, qui le confia à son vassal, Thibaud, comte de Blois et vicomte de Tours. Pour le rendre à son tour à la reine, celui-ci exigea d'elle la ville de Laon. Ce n'est qu'à ces conditions humiliantes — qui représentaient en même temps une véritable catastrophe politique — que le roi put, à la fin de mai 946, retrouver sa liberté. Les premiers diplômes postérieurs à cet événement sont datés : « Quand le roi récupéra la France. » C'est en effet dans ces conditions tragiques qu'apparaît l'une des premières mentions officielles de ce mot avec ce sens: tout le royaume occidental. C'était bien « la France ».

Louis n'était pas homme à accepter le déshonneur ou l'impuissance. Le pape et les autres rois en Occident — surtout Otton Ier et Edmond, successeur d'Aethelstan dans le royaume de Wessex — refusaient également d'accepter l'abaissement de la dignité royale « en France », ainsi que le scandaleux procédé des adversaires de Louis. A l'appel de sa sœur Gerberge, Otton entra en Gaule avec une forte armée, à laquelle prenait part le roi de Provence-Bourgogne Conrad Ier. Avec Louis IV, Otton mit le siège devant Reims et fit sommer par ses parents de Saxe — les Héribertiens étaient alliés à l'aristocratie germanique — Hugues de Vermandois de ne pas oser résister : autrement, on lui arracherait les yeux après la prise de la ville. Hugues préféra quitter Reims, et les vainqueurs installèrent de nouveau l'archevêque Artaud, qui fut solennellement intronisé par ses collègues de Trèves et de Mayence.

Ce fut là le seul succès de cette campagne, succès capital, il est vrai. Devant les autres forteresses et villes, à Laon comme à Senlis et ailleurs, cette armée « franco-allemande » largement supérieure en nombre se révéla impuissante devant la défense de places bien fortifiées depuis la période des attaques normandes.

Aussi voyons-nous en 947 et 948 les évêques de Lotharingie et de Germanie, associés à quelques évêques du royaume occidental, développer, sous l'impulsion des rois et du pape, une activité fébrile qui se manifesta en plusieurs synodes : à Verdun, à Mouzon, à Ingelheim et à Trèves. Présidé par un légat apostolique en présence des rois Otton Ier et Louis IV, le « synode saint et général » d'Ingelheim, du 7 au 9 juin 948, fut un événement considérable. L'unité du monde franc semblait reconstituée. Louis présenta ses doléances et obtint la condamnation pure et simple d'Hugues le Grand et d'Hugues de Vermandois : elle fut prononcée dans la basilique de Saint-Remi, « apôtre des Francs », basilique qui datait, comme le reste du palais d'Ingelheim, de l'époque de Charlemagne. Le synode statua d'une façon générale au sujet du pouvoir temporel : « Que nul n'ose à l'avenir porter atteinte au pouvoir royal ni le déshonorer traîtreusement par un perfide attentat. » L'allusion était évidente : elle visait les procédés peu glorieux qu'avait employés Hugues le Grand.

Celui-ci, s'il ne se soumettait pas, serait exclu à jamais de l'Église. La sanction était particulièrement grave.

Témoin du synode, Flodoard signale que le texte latin de l'accusation, adressé par l'archevêque Artaud à ses adversaires, a été lu en allemand « à cause des rois ». Comme il était d'usage pour les gouvernants pendant l'unité de l'Empire, Louis IV pouvait donc encore comprendre cette langue.

Ne sous-estimons pas les menaces spirituelles des synodes. Celles-ci provoquèrent le revirement de certains évêques, dont Gui de Soissons. Appuyées par de nouvelles campagnes, elles furent aussi efficaces à long terme. C'est ainsi que le duc de Lotharingie, Conrad le Rouge, exécuta les ordres du synode d'Ingelheim en enlevant, d'accord avec Louis IV, la place forte de Mouzon à Hugues de Vermandois. Les alliés purent encore conquérir Amiens et le château fort de Montaigu, mais ils échouèrent à nouveau devant Laon, que défendait Thibaud de Blois. A son tour, celui-ci fut excommunié par le synode de Trèves. L'astuce d'un vassal de Louis IV — père de l'historiographe Richer de Saint-Remi — permit enfin au roi de s'emparer de la ville de Laon, mais non de la citadelle, que défendait toujours Thibaud.

Les menaces spirituelles jouaient encore, semble-t-il, un rôle quand le pape Agapit confirma en 949, au cours d'un synode romain, les condamnations prononcées par les synodes des années précédentes. Hugues le Grand accepta alors par l'entremise de Conrad le Rouge l'ouverture de pourparlers qui conduisirent à une première paix conclue en 950 sur les bords de la Marne. Hugues livra la tour de Laon et se reconnut de nouveau comme vassal du roi. Mais de nouvelles querelles éclatèrent bientôt entre les vassaux des deux princes, et c'est seulement le 20 mars 953 — date retrouvée récemment dans un manuscrit de l'Escorial — que la paix définitive fut conclue à Soissons.

Peu après, Louis était la victime d'un accident, pendant qu'il poursuivait à cheval un loup qui l'avait croisé près de l'Aisne, entre Laon et Reims. Le roi mourut le 10 septembre 954 et fut enseveli à Saint-Remi de Reims. Il n'avait que trente-trois ans.

On ne saurait nier le côté tragique de ce destin. Le problème politique de Louis IV ne fut pas l'anarchie générale et l'insoumission de tous les princes, mais la puissance écrasante d'un seul parmi les princes. Comme « duc des Francs », celui-ci voulait exercer le pouvoir véritable, tout en utilisant le roi comme un instrument pour accroître sans relâche des terres, droits et privilèges déjà exorbitants. Ce rôle-là, Louis a refusé de le jouer. La dignité de son comportement et le courage dont il fit preuve méritent l'estime, malgré les maladresses, voire les fautes politiques, qu'il commit lorsque enfin sa situation parut s'améliorer. Au moment de son décès, ses efforts semblaient avoir été vains : sa veuve Gerberge et son fils mineur Lothaire durent accepter les mêmes conditions que Louis IV en 936 afin qu'Hugues consentît au couronnement royal de Lothaire. Comme son père, celui-ci dut faire le tour des terres robertiennes et accompagner le duc en campagne contre le comte de Poitou qui tomba, un temps, dans la main du Robertien. Le titre du « duc des Francs » fut naturellement renouvelé.

En constatant cette puissance des Robertiens, presque sans faille pendant la première moitié du Xe siècle et même au-delà, on doit s'interroger sur son origine. Sur quelles bases a-t-elle pu s'établir ? Les sources permettent de répondre, au moins en partie, à ces questions et de constater l'existence d'un véritable « État », en gardant bien entendu à cette notion les possibilités de l'époque. Son importance pour la compréhension de la société politique du Xe siècle et pour la naissance de la France capétienne a été peut-être sous-estimée par bien des historiens.

Réalités « féodales » en Neustrie robertienne

Si les successeurs d'Hugues « Capet » — appelés Capétiens par les modernes — ont eu les honneurs mérités de l'histoire nationale comme architectes de l'unité française, ses prédécesseurs en revanche — appelés d'après le nom de Robert le Fort, leur ancêtre et authentique héros — ont été moins appréciés. Considérés dans la perspective d'un pouvoir carolingien qui s'identifiait au destin national, ils pouvaient apparaître, au moins à certains moments, parmi les premiers de ceux qui contribuèrent à son affaiblissement. Une vue du Xe siècle centrée sur les luttes dont la Francie d'entre Seine et Meuse a été le théâtre donne en effet l'image la plus désastreuse de la situation politique et institutionnelle du pays.

Or, tout change si l'on veut bien se placer en Neustrie robertienne, cette région d'où la royauté est pratiquement exclue à partir de 897, exception faite de quelques privilèges concédés par le roi. On trouve là des vassaux qui ne se font pas la guerre entre eux et qui apparaissent ponctuellement aux « plaids » des comtes, mais surtout aux réunions convoquées par le marquis-prince. On les voit combattre vaillamment les ennemis extérieurs — Normands, Bretons, Hongrois (en 936 par exemple) — ou bien les ennemis de leur maître robertien. Par tout cela, ils contribuent certainement à la paix et la stabilisation dans cette région. Dans les longues listes de témoins qui figurent au bas des actes du Xe siècle que la région de la Loire moyenne et inférieure nous a conservés, ils apparaissent soigneusement rangés selon la place hiérarchique qui leur revient, derrière les évêques qui entourent de plus en plus le Robertien comme un roi. En même temps qu'une force et une cohérence politiques indéniables, on observe des structures administratives habilement créées ou utilisées : elles permettent aux Robertiens de diriger un véritable « État » au sein même du royaume franc occidental. On ne saurait négliger trop longtemps cette partie de l'histoire, éminemment nationale pourtant, pour la simple raison que la royauté « capétienne » a été dans une certaine mesure une prolongation de la principauté robertienne.

Le premier règne d'un Robertien — celui d'Eudes, de 888 à 898 — a pu sembler éphémère. Mais il a été le point de départ de l'État robertien : il a permis au roi Eudes de privilégier son frère, le comte Robert, de le nommer « marquis » de la Neustrie entre Seine et Loire, et de faire reconnaître par le Carolingien Charles le Simple, en 897, cette nouvelle entité politique pratiquement autonome. A partir de cette date, les Robertiens ne rentrent plus jamais dans le rang. Leur « État » a donc duré un siècle, de 888 à 987, préludant ainsi aux huit siècles de royauté de leurs descendants directs.

Certes, cette longévité n'était pas prévisible en 987, mais cette observation de la stabilité d'un siècle préparatoire réduit sensiblement la portée de remarques souvent faites à propos du caractère fortuit et précaire de la royauté d'un Hugues Capet qui, en vérité, était en 987 sans alternative. Les qualités « capétiennes » de rassembleurs de provinces et de constructeurs et administrateurs patients d'un État se rencontrent déjà, de toute évidence, chez leurs ancêtres robertiens. Comparable en cela à celle des Carolingiens, l'ascension des Robertiens est marquée par l'activité prolongée de trois hommes se succédant de père en fils : Robert de 888 à 923, Hugues le Grand de 923 à 956, Hugues Capet de 956-960 à 987, puis, comme roi, à 996. Il faut compter en outre la période des origines du pouvoir robertien et de ses structures, de sorte que l'on peut distinguer quatre phases chronologiques.

Une phase préparatoire sous Robert le Fort et Hugues l'Abbé — celui-ci appartenant à une dynastie ennemie, mais poursuivant l'œuvre de Robert — va de 852 à 886 : une importante clientèle vassalique se constitue sur la base d'un commandement installé par les Carolingiens dans la région de la Loire, d'Orléans à Angers, pour combattre les Bretons et les Normands. Dès ces débuts, les chefs s'appuient également sur quelques grandes abbayes, surtout Saint-Martin de Tours — dont ils sont les abbés laïques —, ce qui leur permet d'installer de nombreux vassaux sur les terres de ces abbayes.

Une phase de fondation et d'élargissement de l'État robertien, sous Eudes et Robert, va de 886 à 898. Non seulement Charles III le Simple reconnaît le rôle de marquis dévolu à Robert de Neustrie, mais celui-ci reçoit la vassalité parisienne en tant qu'« héritier » d'Eudes — qui a été comte de Paris — et ajoute celle-ci à la vassalité des bords de Loire. Il devient également maître de plusieurs grandes abbayes de la région parisienne tombées dans l'orbite du roi Eudes, ce qui lui amène, entre autres, les vassaux de Saint-Denis et ceux de Saint-Germain-des-Prés.

L'apogée de l'État robertien se situe sous Robert et Hugues le Grand, entre 898 et 956. Hugues succède dans tous ses droits et territoires à son père ; il devient en 936, et de nouveau à partir de 943, duc des Francs. Son autorité est incontestée en Neustrie, et même sur les évêchés. Il prétend également à une suprématie en Francie, en Bourgogne et en Aquitaine. Pour son action en Bretagne et en Normandie, les *Annales* de Fleury l'appellent en 956 « prince des Francs, Bretons et Normands ». La diversité et l'étendue de sa puissance s'expriment également par le titre de *tremarcus*: « celui qui est marquis dans trois royaumes. »

Vient enfin le temps des crises et transformations, sous Hugues Capet, entre 956 et 987. Elles tiennent surtout à la minorité des fils d'Hugues le Grand et à la poussée des grands vassaux des Robertiens vers plus d'indépendance, qui les conduit à un rapprochement avec la royauté carolingienne. Une perte d'influence directe à l'ouest est partiellement compensée par des gains à l'est et au nord. Le centre de gravité de l'État robertien se déplace ainsi vers l'axe Paris-Orléans, qui sera le centre du pouvoir capétien.

Le Robertien réunit en sa personne plusieurs fonctions éminentes qui se superposent et se complètent. Le marquis ou duc, espèce de vice-roi, est le chef et bientôt le seigneur féodal des comtes de la région ; mais il est aussi lui-même comte dans une dizaine de comtés, et non des moindres. Cette charge fondamentale se combine dans plusieurs cas à celle d'abbé laïque d'importantes abbayes, et notamment de Saint-Martin de Tours. Les contemporains l'ont bien compris d'ailleurs, qui ont fusionné ces deux attributions en une seule notion, celle de l'*abbacomes*, le « comte-abbé », en l'occurrence comte de Tours et abbé de Saint-Martin. Ce faisceau de pouvoirs publics et ecclésiastiques permet au Robertien d'offrir à la jeunesse de l'aristocratie neustrienne des carrières de vassaux richement dotés par des terres de provenance souvent ecclésiastique, ou des carrières ecclésiastiques de chanoine de Saint-Martin de Tours, voire d'évêque : c'est là le « secret » de la cohésion de l'État robertien, et on le voit même dans les moments les plus difficiles. Une rapide revue des possibilités offertes par ces différentes fonctions du prince nous révélera l'essentiel des structures de cette entité politique qui domine politiquement le Xe siècle en Gaule.

Les Robertiens possédaient directement les comtés les plus importants de Neustrie, correspondant aux cités épiscopales : Anjou (Angers), Touraine (Tours), Chartrain (Chartres), Orléanais (Orléans), Parisis (Paris) et à partir de 936-941 le Sénonais (Sens), en Bourgogne celui-ci. Ils étaient comtes, également, dans le Blésois (Blois), le Dunois (Châteaudun), le Pincerais (Poissy) et dans la partie non normande du Méresais (aussi dit « Madrie », *pagus Madriacensis*) autour d'Ivry-la-Bataille. A partir de la fin du IXe siècle, le comte y nomme partout un « vicomte », auquel il cède une partie du « comté », c'est-à-dire des terres et droits formant la base économique de la charge comtale. Ces vicomtes sont évidemment ses vassaux directs ; ils ne peuvent empêcher les autres vassaux du comté de rester vassaux directs du comte. Ils ne créeront donc leur propre clientèle que lentement.

Les autres comtés de Neustrie ont leur propre comte, et leurs relations respectives avec le prince robertien incitent à les diviser en trois groupes. Il y a d'abord le comte de Rouen, lui-même prince — *princeps Normannorum* — et donc seul chef chez lui ; il est également vassal direct du roi. A un moment impossible à préciser pour l'instant — mais qui se situe de façon certaine avant 967 et probablement avant 956 — , il s'est reconnu vassal du Robertien pour les larges parties de la Normandie, à l'ouest de la Seine, qui relèvent de la Neustrie. Il n'apparaît jamais dans les plaids et les assemblées du chef de la Neustrie — nous en comptons dix-huit de 911 à 980 – , mais il lui envoie des troupes pour ses campagnes. Aussi longtemps que ce chef est marquis, le Normand reste comte ; quand le premier devient duc des Francs, le second peut à son tour recevoir le titre de marquis. Quand le duc devient roi en 987, la place pour le titre ducal se libère pour le Normand : on le rencontre officiellement, pour la première fois, en 1007. C'est dire la relation institutionnelle étroite entre Neustrie et Normandie ; cette dernière prendra d'ailleurs parfois, dans la suite, la première dénomination.

La situation du grand comté du Maine, dont le titulaire a son propre vicomte, est moins importante, mais tout aussi remarquable. Robert Ier juge d'ailleurs utile de marier son fils Hugues le Grand à Judith, la fille du comte du Maine. Ce comte d'une région qui continue la tradition du *ducatus Cenomanicus* mérovingien et carolingien fait moins régulièrement partie de l'entourage du marquis-duc, mais, quand il s'y trouve, on le nomme toujours en premier, aussitôt après le prince.

Les autres comtes de Neustrie et quelques-uns de ceux qui, de la périphérie de ce « royaume », entrèrent tôt ou tard dans l'orbite robertienne étaient des

« comtes-vassaux » : ils reconnaissaient comme seigneur direct non plus le roi, mais le duc robertien. Notons qu'un comte-vassal peut fort bien être également le vassal d'un évêque, comme l'est le comte du Vendômois par rapport à l'évêque de Chartres, ce qui ne l'empêche pas de servir également le prince neustrien.

En dehors de leur titre, ces comtes-vassaux ne dépassent donc guère le niveau du vicomte. Parmi les comtes que nous trouvons ainsi dans la vassalité robertienne, il y a ceux du Corbonnais (Mortagne), du Dreugesin ou Drouais (Dreux), du Châtrais (*pagus Castrensis* au sud de Paris ; son chef-lieu s'appelle, depuis le XVIIIe siècle, Arpajon), du Melunois, avec les deux comtés de Corbeil et de Melun, du Vexin français (Meulan), du Chambliois (*pagus Camliacensis* qui sera le comté de Beaumont-sur-Oise), du Beauvaisis (Beauvais), du Gâtinais (au nord-est d'Orléans), de l'Étampois (Étampes) et du Solentois (Senlis), ainsi que, à certains moments et plus à l'est, ceux de Valois, de Soissons et finalement de Montdidier (dans l'Amiénois méridional) où l'on retrouve la famille des comtes de l'Étampois.

Pour l'ensemble des terres robertiennes que Flodoard désigne très clairement comme *terra Hugonis* à l'époque d'Hugues le Grand, cela donne une bonne vingtaine de comtés. Le noyau en est constitué par ce qui appartient directement au duc, notamment le long de la Loire. La seconde zone surtout autour de Paris est faite des comtés dépendant féodalement du duc. Enfin, plus en marge, se trouvent le comté du Maine, et, encore à part, la Normandie.

Le premier bouleversement qui apparaît dans cet ensemble bien ordonné est la montée des vicomtes. Très tôt, les vicomtes de Blois prennent ou obtiennent le titre comtal. Les vicomtes d'Angers deviennent comtes d'Anjou. Ce qui est certain, c'est l'effet que peut avoir dans ce domaine la reconnaissance du prince robertien par le roi comme duc des Francs. Déjà comte de Blois, le vicomte de Tours Thibaud Ier cherche à prendre aussi le titre comtal à Tours, comme le fait à Paris Teudon, vicomte en 925 et en 937, et comte en 942, et comme le font les vicomtes de Sens Fromond et Renard, qui seront comtes à leur tour. Le Robertien a résisté longtemps en Touraine où il prend encore en 973 le titre comtal, mais il doit céder. On constate surtout la profondeur du changement lorsque ces nouveaux comtes, comme celui d'Anjou, n'hésitent pas à nommer leurs propres vicomtes. Ce qui semble paradoxal est pourtant vrai : en montant trop haut dans les sphères plus proches de la dignité royale, le duc des Francs perd pied sur le terrain solide des pouvoirs comtaux, où s'installent progressivement ses grands vassaux pour la simple raison qu'ils se trouvent sur place de façon permanente. Le fait que le Robertien — il n'est même plus comte à Paris, où Bouchard succède à Teudon — ne reste comte qu'à Orléans souligne bien ce glissement géographique : sous Hugues Capet, alors que les comtes établis sur la Loire inférieure lui échappent de plus en plus, Orléans est la vraie résidence du Robertien. Ce sera encore vrai au début de la royauté capétienne.

Le prince-abbé et la réforme monastique

Il est une dignité que les Robertiens-Capétiens n'ont jamais laissé échapper : celle d'abbé de Saint-Martin de Tours. Il faut comprendre l'importance considérable de la charge d'abbé laïque, en général à cette époque, et celle de l'abbé de Saint-Martin en particulier. Les rois carolingiens, nous l'avons vu, gardaient parfois pour eux-mêmes le temporel des grandes abbayes ou le donnaient à leurs grands vassaux, n'en laissant qu'une partie aux moines ou aux chanoines. Cette pratique correspondait assez peu au droit canonique et à la destination religieuse de ces établissements, mais elle a beaucoup compté dans l'histoire du royaume, livré aux pires difficultés depuis le milieu du IXe siècle. En ne considérant que l'aspect négatif et l'usurpation, et en recopiant les plaintes des sources ecclésiastiques quant aux abus qui en résultèrent, on n'a pas fait suffisamment attention à d'autres aspects très curieux de ce procédé qui permettait de disposer d'un plus grand nombre de terres pour les donner aux vassaux. L'abbé laïque était pourtant un chrétien, un croyant, qui ne voulait pas nuire aux églises par principe, mais bien les défendre. A la deuxième ou troisième génération au moins, il s'occupa de la communauté qui lui était confiée, lui restitua une partie des terres, lui fit des dons importants. Il siégea souvent avec les chanoines ou les moines, lors des occasions solennelles et dans les plaids judiciaires. Il était appelé « vénérable abbé » — tous les comtes qui sont appelés « vénérable comte » étaient abbé laïque quelque part — et prit, un peu comme le roi, bien qu'à un niveau inférieur, une allure quasi ecclésiastique, pour ne pas dire cléricale. Le saint de l'église considérée devenait donc ainsi le patron particulier de sa dynastie, et l'église se muait en lieu de sépulture non seulement de la propre famille du comte, mais aussi pour les familles de ses vassaux. A l'exemple de leurs seigneurs, ceux-ci faisaient parvenir au saint des dons considérables ; ils se faisaient souvent, peu de temps avant leur mort, moines dans le même monastère. C'est dans ce climat qu'il faut situer le rôle et l'action des Robertiens, abbés de Saint-Martin de Tours, de Saint-Aignan d'Orléans, de Saint-Denis de France, de Saint-Germain-des-Prés et de bien d'autres monastères. On comprend mieux, alors, qu'ils aient pu devenir « amis » des églises et particulièrement des moines, et jouer ainsi un rôle décisif — souvent sous-estimé — dans le succès spectaculaire du renouvellement de l'ordre monastique qui allait essaimer à partir de la France vers tout l'Occident : la réforme clunisienne.

Retenons d'abord le rôle de Saint-Martin de Tours. Cette collégiale a été, à certains moments, une sorte de capitale de l'État robertien. Son *abbacomes* était alors entouré d'évêques, de chanoines, de comtes et de vicomtes, et il n'avait aucun besoin de prendre un autre titre. Ses actes étaient écrits ou dictés par les chanoines de sa « chancellerie ». Il pouvait non seulement distribuer en « précaire » — cession à une, deux ou trois vies — des terres de sa « mense abbatiale », mais aussi, sous réserve du consentement des chanoines, céder ainsi des domaines de la « mense conventuelle ». Les intérêts temporels des chanoines étaient défendus par l'avoué de Saint-Martin : de 892 à 930 au moins, nous trouvons dans cet office Adalmar et son fils Hervé. Après ce moment, l'homme clé dans ce domaine semble être le trésorier, dont l'office, chose significative, passa d'un chanoine à un vassal laïque de l'abbé-comte.

Saint-Martin pouvait compter jusqu'à deux cents chanoines, alors que la plus importante collégiale des derniers Carolingiens, Saint-Corneille de Compiègne, n'en avait qu'une centaine. Saint-Martin constitua donc un véritable centre ecclésiastique, une pépinière de futurs évêques qui, souvent, durent leur nomination à l'abbé-comte : ainsi Gautier d'Orléans et son neveu Gautier, archevêque de Sens (consécrateur des rois robertiens et de Raoul), mais aussi Robert et Téotolon, archevêques de Tours, Rainon d'Angers, Gui de Soissons, fils de Foulque d'Anjou, et bien d'autres.

Parmi ces chanoines se trouvait également un certain Odon, fils d'un vassal Abbon. En 903, après la destruction de la basilique de Saint-Martin par les Normands, Odon reprocha vivement à ses frères leur vie insuffisamment austère, qui aurait été cause de ce malheur : le saint, courroucé, avait refusé sa protection. Cet homme rigoureux, ami du futur archevêque Téotolon, se fit moine à Cluny. C'est lui, saint Odon, qui allait donner de l'envergure à l'œuvre de réforme entreprise par saint Bernon à Gigny, puis à Cluny, sur la base des règles de saint Benoît d'Aniane. Ce premier grand abbé de Cluny venait de Touraine ; c'est là qu'il se fit d'ailleurs inhumer, à Saint-Julien de Tours, en 942, par son ami Téotolon qui assurait alors la réforme de cette abbaye. On n'a pas assez remarqué qu'après le fondateur de Cluny, le duc d'Aquitaine, Guillaume le Pieux, et après le duc puis roi Raoul, auquel Cluny était échu avec le Mâconnais, le protecteur sinon l'animateur de l'expansion clunisienne en France a surtout été le Robertien et, avec lui, ses grands vassaux.

Fleury-sur-Loire (Saint-Benoît-sur-Loire) est réformée dans les années 930, et le personnage clé de cette réforme est, du côté temporel, le comte Élisiarne, un vassal des Robertiens qui appartient à la dynastie des comtes de Corbie et de Paris. Élisiarne se fera moine à Fleury sous la direction de saint Odon, mais le premier témoin de l'acte pour Fleury où apparaît son nom est Hugues le Grand. La même dynastie comtale opère à Paris la réforme de Saint-Maur-des-Fossés, où un moine écrira la *Vie* du bienfaiteur Bouchard le Vénérable, comte de Paris et conseiller principal d'Hugues Capet. Bouchard favorise également la fondation de Saint-Pierre de Melun par l'archevêque de Sens Seguin. Hugues Capet confie en 994 la réforme — particulièrement importante — de Saint-Denis à saint Mayeul, abbé de Cluny. Celui-ci meurt en route, dans le prieuré clunisien de Souvigny en Auvergne, mais sa réforme l'emportera à Saint-Denis.

Il en va de même à Marmoutier, la célèbre abbaye martinienne de Tours, qui a longtemps été une collégiale assez désorganisée, pratiquement dépendante de Saint-Martin de Tours. L'un des grands vassaux des Robertiens, Eudes Ier, comte de Blois et de Tours, l'obtient d'Hugues Capet, y introduit avant 984 des moines clunisiens et en fait la nécropole de sa dynastie.

Son père, Thibaud Ier, avait déjà donné asile vers 950 dans son *castrum* de Saumur aux moines de Saint-Florent, en exil à Tournus après leur fuite devant les Normands. Le même comte installait les moines de Saint-Lomer dans sa ville comtale de Blois. La réforme sera, bien sûr, introduite dans les deux monastères. Quant à Geoffroi d'Anjou, il fait réformer sa grande abbaye de Saint-Aubin d'Angers dont il était l'abbé laïque. Ayant donné cette charge à son fils, Gui, il sera obligé, au moment de l'introduction d'un abbé régulier, de prendre lui-même le titre curieux d'*archiabbas*.

Ce mouvement qui régularise la situation des monastères ne laissera finalement aux abbés laïques que des prérogatives de patronat. Ce fait essentiel — avec l'essor ultérieur d'une abbaye comme Marmoutier qui essaimera au XIe siècle plus de cent prieurés clunisiens à travers la France septentrionale, souvent fondations des vassaux et arrière-vassaux — nous fait soupçonner l'ampleur du changement intervenu dans la situation des églises et l'attitude des laïques, et cela sous l'impulsion du prince robertien et de ses grands vassaux, qui finiront par être princes à leur tour, en profitant eux aussi de leur prestige dans l'Église. On ne négligera pas les motifs d'ordre économique qui ont également touché les grands : le savoir-faire des moines clunisiens, leur sérieux, l'ordre qu'ils mettaient dans les affaires de leurs monastères, étaient couramment cause d'un essor économique des domaines abbatiaux et, souvent, de toute une région. Ce serait cependant un grave anachronisme que de donner à ces considérations la prédominance sur les facteurs spirituels : la puissance d'intervention de ces moines, d'observance stricte, auprès de Dieu et des saints paraissait telle que les puissants de ce monde se sentaient obligés d'implorer à travers eux le pardon des péchés pour eux-mêmes et leurs proches, vivants et morts, mais également la prospérité des affaires de ce monde.

Que les Robertiens et leurs vassaux fussent, plus tôt que d'autres, proches de ce mouvement monastique explique pourquoi les auteurs de la fin du Xe et du XIe siècle soulignent à l'envi l'amour de cette dynastie pour l'Église et plus particulièrement pour les moines : on y voit l'une des causes de l'accession des Robertiens à la royauté ; les Carolingiens auraient négligé l'Église. Si ce n'était tout à fait exact, cela exprime bien le côté plus conservateur de la politique ecclésiastique des Carolingiens, politique qui convenait d'ailleurs mieux à certains évêques, inquiets des succès des clunisiens. Le rôle du Robertien comme comte-abbé, qui a conduit si loin, s'exprime finalement dans le surnom *Cappatus, Capetus*, qui se rencontre d'abord au sujet d'Hugues le Grand, avant de caractériser son fils, Hugues « Capet ». Il s'agit là d'une allusion à la *cappa*, ce demi-manteau de saint Martin qui était déjà relique d'État sous les Mérovingiens et les Carolingiens et avait donné leur nom aux « chapelains » dans l'entourage — la « chapelle » — des premiers Carolingiens. Pour une fois, la tradition populaire a eu raison en appelant « Capétiens » la dynastie dont les origines et les premiers succès se sont étroitement liés à Saint-Martin de Tours, cette église dont elle n'a jamais voulu se séparer. Il est important de se souvenir de cette origine-là de la « troisième race », et non seulement de celle des « comtes de Paris ».

On se demande même si ce qu'on nommera plus tard « le monde féodal » n'est pas né au Xe siècle, et plus dans la région de la Loire qu'ailleurs : dans ce pays où le système « féodal » autour d'un prince qui n'était pas roi faisait ses preuves dans un ordre et une paix relatifs, certes, mais remarquables pour l'époque. Cette région nous livre, comme par hasard, les premiers exemples de grandes forteresses « féodales », de Doué-la-Fontaine à Langeais, de Saumur à Châteaudun et Chartres. Il s'agissait d'un monde hiérarchisé, du prince — à travers comtes et vicomtes — jusqu'aux vassaux de rangs différents et soigneusement distingués dans les assemblées comme dans les actes. C'est un monde aristocratique, dans lequel les prélats prennent des positions qui correspondent au rang des familles dont ils sont issus. C'est un monde où le temporel et le spirituel sont étroitement liés, où les moines de Cluny sont les plus utiles des hommes, mais où les « abbés vénérables » parmi les grands, même après leur renoncement — dans le dernier tiers du siècle — au gouvernement direct des abbayes, gardent un contact « spécial » avec le sacré. Ce monde-là nous semble être moins issu des luttes désespérées des Carolingiens dans le nord-est de la Gaule que de la Neustrie robertienne, de ces contrées qui seront le centre d'une civilisation brillante dont profitera largement, encore au XIIe siècle, l'Angleterre. Le centre de gravité de la nouvelle civilisation née du monde gallo-franc a été sur la Loire avant d'être à Paris.

Lothaire et l'alliance ottonienne

Nous avons déjà évoqué les circonstances dans lesquelles la reine Gerberge avait obtenu, avec l'aide de son frère Brunon, archevêque de Cologne, le consentement du puissant duc des Francs au sacre de son fils Lothaire, sacre qui eut lieu le 12 novembre 954 à Saint-Remi de Reims. On pouvait alors se demander comment ce roi, qui avait juste treize ans, pourrait jamais se libérer de la domination tentaculaire d'Hugues le Grand. Celui-ci avait considérablement élargi ses domaines et le nombre de ses vassaux en Francie, en comparaison de ce qu'Eudes et Robert y avaient pu acquérir. Il « étoffait » ainsi la signification de son titre de « duc des Francs ».

Au-delà de la Francie, Hugues s'était fait un allié fidèle — contre les Carolingiens — par les fiançailles (951) et le mariage (954) de sa sœur Béatrice avec le comte Frédéric qui, devenu ainsi le mari d'une nièce d'Otton Ier, ne tarda pas à être élevé (959) à la nouvelle dignité de duc de Haute-Lotharingie, ce pays qui sera, dans son noyau territorial, « la Lorraine ». Ce lien durable entre Robertiens et Ottoniens allait jouer un rôle décisif à la fin du siècle. Non moins habiles étaient les fiançailles de la fille d'Hugues, Emma, avec Richard de Normandie. Là où Louis IV avait échoué comme seigneur féodal pour établir une influence durable, Hugues gagnait un allié, un vassal utile. Le plus grand succès de la politique matrimoniale du duc des Francs fut obtenu en Bourgogne. Successeur en 952 d'Hugues le Noir comme prince de Bourgogne et mort en 956 lors d'un séjour à Paris, Gilbert laissa à son gendre Otton, fils d'Hugues le Grand, tous ses droits et tous ses comtés, à l'exception du comté de Troyes qui échut au mari de sa seconde fille, Robert, fils d'Héribert II, et comte de Meaux. Reconnu comme duc de Bourgogne en 960 par le roi carolingien et mort en 965, Otton fut suivi par son frère Eudes qui, comme duc (965-1002) prit le nom d'Henri. Dès 956, les Robertiens étaient virtuellement maîtres de la Bourgogne : la dynastie des Bosonides, cet appui précieux pour les rois carolingiens, avait disparu.

Tout allait changer. L'événement constitue une véritable césure dans l'histoire du royaume : la mort d'Hugues le Grand, le 16 juin 956, laissa ses trois fils Hugues « Capet », Otton et Eudes en âge de minorité. Plus encore que par le passé, Brunon, archevêque de Cologne et « archiduc » de la Lotharingie auquel Otton Ier avait confié les affaires occidentales, exerça sa protection et une sorte de régence à l'égard de ses sœurs Gerberge et Hadwige, mères respectivement des Carolingiens Lothaire et Charles, et des Robertiens. Ces princesses n'hésitèrent pas à venir prendre conseil à Cologne, tandis que de son côté, Brunon intervenait plusieurs fois militairement dans le royaume occidental pour aider ses sœurs contre des vassaux récalcitrants. Mais on vit aussi les troupes de Lothaire se réunir en 957 avec celles de Brunon pour écraser le comte Renier III de Hainaut qui avait osé faire élire évêque de Liège, sans le consentement royal, son parent Baldéric. Fait prisonnier, Renier fut jugé et exilé en Bohême. Cette alliance des rois eut son apogée en 965 quand Otton Ier, devenu empereur en 962 et tout juste rentré d'Italie, fêta à Cologne en compagnie de son fils Otton II, déjà élu roi, les fiançailles de sa belle-fille Emma avec le jeune Lothaire.

On ne dira peut-être pas avec Ferdinand Lot que ce Lothaire apparaît dans un acte où il signe — après les deux Ottons — avec le simple titre « roi » comme un sous-roi carolingien, mais on constate son entrée à part entière dans un clan familial royal et dans le système ottonien.

Or le « patriarque » de ce clan, selon l'expression de l'historien suisse G.-A. Bezzola, a été Otton Ier. Ceci explique que cette situation ait duré jusqu'à la mort de ce dernier en 973.

La période « ottonienne » du royaume aura des conséquences considérables. On verra des prélats issus des grandes dynasties de la Lotharingie ottonienne occuper les sièges de deux évêchés essentiels pour la royauté carolingienne, Reims et Laon : Odelric, chanoine de Metz, « proposé » par Brunon en 962 à Lothaire comme archevêque de Reims et successeur d'Artaud, Adalbéron, frère des comtes de Verdun et d'Ardennes, dynastie particulièrement fidèle aux Ottoniens, élu successeur d'Odelric en 969 — c'est lui qui sacrera roi Hugues Capet — et Adalbéron, dit « Asselin » , évêque de Laon de 977 à 1030 : celui qui trahira Charles, le dernier prétendant carolingien. Cette simple énumération démontre qu'en cette fin du Xe siècle, il n'y a pas encore une « France » nettement séparée du monde extérieur : le royaume fait toujours partie du système carolingien dans sa forme ottonienne.

La consécration impériale d'Otton Ier, couronnant ce système néo-carolingien, a eu une influence profonde sur l'idéologie du clergé lotharingien et germanique, et cela d'autant plus que ce clergé s'est vu favorisé par la politique épiscopale ottonienne. Suivant un modèle que l'on a vu développé pour la première fois sous Charles le Chauve, cette politique consistait à donner un pouvoir accru aux évêques, à côté ou à la place des comtes, dans leur cité mais aussi dans le pays environnant. Les Ottoniens créèrent ainsi une « église impériale » dont les contingents pour les campagnes en Italie dépassaient, et de loin, ceux des ducs et comtes. Ils sapaient la puissance des ducs et des comtes, surtout en Lotharingie. Ils aidaient aussi de la sorte le roi carolingien à faire de même, au moins dans la zone d'influence qui lui restait.

On voit ainsi établi ou rétabli le pouvoir comtal des évêques (exercé militairement par des avoués ou par des comtes-vassaux) dans un groupe d'évêchés de la province ecclésiastique de Reims (Reims, Laon, Châlons, Beauvais, Noyon) ainsi qu'à Langres où Lothaire, en 967, confère, outre « la propriété des remparts, du marché, et de la monnaie de la cité, celle des droits comtaux et le revenu de tonlieu perçu aux portes de Langres ». Il avait, après plusieurs campagnes, assuré le contrôle royal sur cet évêché et sur la ville fortifiée de Dijon qui appartenait à l'évêque de Langres. Tandis que le Saint-Empire verra un peu partout des évêques-comtes devenir des princes ecclésiastiques puissants, la France n'aura que ces six évêchés, où le pouvoir épiscopal disposait de l'autorité comtale — avec le rang ducal, en ce qui concerne Reims. Comme par hasard, ces six évêques formeront, parmi les douze pairs de France du XIIIe siècle, le collège ecclésiastique.

Que les premiers Capétiens, avec leur domaine réduit au noyau Paris-Orléans, aient pu se maintenir et ensuite élargir leur zone d'influence vers le Nord-Est devenu économiquement de plus en plus important aux XIe et XIIe siècles, cela est dû largement au fait qu'ils ont disposé de cet héritage carolingien d'évêchés royaux, élément parfois un peu oublié dans l'évaluation de leurs forces.

Les principautés de la « deuxième vague »

La dernière conséquence des changements survenus après 956 concerne l'État robertien, mais aussi d'une façon générale le pouvoir des comtes dans les différents « royaumes », c'est-à-dire leur place dans un système largement dominé jusqu'ici par des princes qui étaient duc ou marquis de tout un « royaume ». L'application, plus stricte sous l'influence ottonienne, du droit royal de conférer la dignité ducale en acceptant comme vassal le nouveau duc a eu pour résultat de retarder l'investiture d'Hugues Capet comme duc des Francs et celle de son frère Otton comme duc de Bourgogne jusqu'en 960. L'État robertien a été ainsi victime d'un véritable « interrègne » qui faillit le déstabiliser.

Les anciens vicomtes que nous avons déjà vus accéder à la dignité comtale ont largement profité de cette aubaine pour se créer une situation plus indépendante, quasi « princière », tout en étendant leur territoire aux dépens du duc et des églises. C'est ainsi qu'avant 960 Thibaud Ier de Blois s'empare du comté et de la ville de Chartres, éliminant d'un seul coup les prétentions au pouvoir politique de l'évêque, aussi bien que les droits directs du Robertien sur le comté : nous trouvons dans la suite les vicomtes de Chartres, encore vassaux du duc en 937, dans la vassalité de la maison de Blois. Thibaud doit avoir réussi de même dans le Dunois (Châteaudun) voisin, où le vicomte est en 962 vassal de Blois et apparenté au lignage des seigneurs de Chinon : un lignage qui a également « glissé » de la vassalité robertienne à celle de Blois. Ce grave revers du pouvoir robertien n'est qu'un épisode dans la carrière spectaculaire de ce Thibaud que des sources postérieures et légendaires ont surnommé « le Tricheur » : il aurait trompé le Normand Harding pour s'emparer de Chartres.

Exemplaire pour les changements politiques et institutionnels, cette carrière a eu des conséquences considérables pour la géographie politique de la France médiévale : le grand principat de Blois et de Champagne-Brie en est finalement issu, qui menacera tant les Capétiens du XIe siècle. Le père de notre héros, Thibaud l'Ancien, était de haute extraction franco-bourguignonne et apparenté à Hugues, marquis d'Arles et depuis 926 roi d'Italie ; il était arrivé sur les bords de la Loire inférieure au début du Xe siècle et avait été créé immédiatement vicomte de Tours (avant 908), puis, peu après, vicomte de Blois. Thibaud Ier, son successeur vers 940, est comte de Blois. Il combat pour Hugues le Grand en Francie, où sa famille possède de vastes propriétés : nous l'y avons rencontré comme geôlier de Louis IV, et défenseur de Laon contre les troupes royales et ottoniennes.

A cette époque, il avait déjà fait un premier pas vers une émancipation politique, les fils d'Héribert II lui ayant donné en mariage leur sœur Letgarde, veuve de Guillaume de Normandie. C'est ainsi qu'il avait pu recueillir sa part de l'héritage héribertien en 946, part pour laquelle il était devenu le vassal direct du roi carolingien. Aussi le voyons-nous mener une politique matrimoniale égale à l'excellence de sa maison : il marie sa sœur à Alain II Barbetorte, duc de Bretagne. Ce dernier lui confie avant sa mort en 952 son pays et son très jeune fils Drogon, pour garde et protection. Thibaud donne sa sœur en second mariage à son allié Foulque le Bon, comte d'Anjou, et avec elle la garde de son neveu Drogon et le contrôle de la Bretagne méridionale dominée par le comté de Nantes, se réservant le contrôle de la Bretagne septentrionale dominée par le comté de Rennes. Ayant reçu pour cet arrangement une somme d'argent considérable, Thibaud l'utilisera pour la construction de très grosses tours en pierre parmi les tout premiers « donjons » : à Blois, Saumur et Chinon, ainsi qu'à Chartres et Châteaudun après sa prise de pouvoir dans ces villes. Ces constructions ont fort impressionné les contemporains.

Pendant la carence du pouvoir robertien, les deux comtes alliés Thibaud et Foulque se réunissent en 958 avec des grands et des évêques de Bretagne à Verron, sur la frontière de leurs territoires respectifs. Ils s'intitulent comtes par la grâce de Dieu et « par le don de Dieu, gouverneurs et administrateurs de ce royaume ». Encore en septembre 960, les comtes Thibaud de Blois, Geoffroi Ier « Grisegonelle » d'Anjou qui venait de succéder à Foulque, et Hugues du

Mans se rencontrent à Rivarennes, en Touraine, pour discuter des problèmes du pays.

Hugues Capet, qui, en cette même année, retrouve enfin par l'investiture royale les titres et droits de son père, ne pourra jamais récupérer complètement ce qu'il vient de perdre en Neustrie. Il se voit en face de nouveaux « princes » qui ont leurs propres comtes vassaux : Rennes pour la maison de Blois, Nantes pour celle d'Anjou — et qui sont à la fois vassaux directs du roi et vassaux d'autres princes, comme Geoffroi d'Anjou, puissant vassal à la cour du duc aquitain pour Loudun.

L'importance du changement apparaît clairement dans les chartes que les églises se font donner par les grands de ce monde. Pour la période antérieure à 956, nous avons dix-neuf actes des Robertiens contre quinze de tous les autres comtes et vicomtes ; après 956, la relation est de sept contre quarante-trois. Ce qui change, c'est aussi la teneur des actes : les nouveaux princes emploient le style royal et le pluriel de majesté, parce que leurs actes sont acceptés comme privilèges à la place des actes royaux, tout comme leur seing manuel en forme de croix est accepté à la place de celui du duc robertien pour la confirmation de droits ou de propriétés. Les évêques et abbés sont nommés ou plutôt « élus » selon les préférences des nouveaux princes, et non plus selon celles du roi ou du duc. Si le comte d'Anjou domine les élections à Angers, le comte de Blois et de Tours exerce sa pression sur l'archevêché de Tours : après avoir étendu son influence dans le Berry septentrional, il place par deux fois un frère — Richard, demi-frère de Thibaud, et Hugues, frère du comte Eudes Ier — sur le siège archiépiscopal de Bourges. Il ne reste donc aux Robertiens que la suzeraineté sur des régions qui leur échappent, ce qui les amène à constituer le nouveau noyau de leur puissance autour d'Orléans et Paris et vers la Francie.

Nous pouvons ainsi parler d'une « deuxième vague » de principautés qui se distingue de la première, formée par des marquis-ducs dominant tout un « petit royaume » comme l'Aquitaine, la Neustrie, ou la Bourgogne.

Mais à côté des comtes « rassembleurs de comtés » de cette deuxième vague, il y a une catégorie intermédiaire, dans laquelle nous classerons le comte de Rouen parce qu'il est aussi chef d'une population cohérente — « prince des Normands » —, mais aussi le comte de Flandre à la tête des *Flandrenses*, les Flamands, qui, tout en faisant partie du royaume, se distinguent des « Francs ». Or, ces deux princes réussissent respectivement et presque simultanément en 967 et 962 au plus tard, à recevoir un titre de *marchisus* (c'est déjà la forme française de « marquis ») reconnu par le roi Lothaire. Il est significatif que, dans ces deux principautés, on parle dorénavant du *regnum* (« royaume ») dont le marquis serait le chef : le modèle donné par les principautés de la première vague est évident. La conséquence en est que les Normands et les Flamands ont maintenant leur propre chef, de rang supérieur au simple comte franc, comme l'avaient déjà depuis un certain temps les Bretons, les Aquitains, les Gascons, les Goths de la Septimanie et les Bourguignons : les grandes provinces françaises se dessinent dans la Gaule carolingienne du Xe siècle.

Eudes Ier, le fils de Thibaud de Blois, cherche également à prendre le titre de marquis, mais, malgré sa puissance, sans succès durable. Il manque à ses nombreux comtés de Neustrie et de Francie un élément ethnique distinctif alors que, seul à côté du Robertien, il est possessionné à l'est et à l'ouest de la Seine. Mais son cousin Héribert III s'intitulera « comte des Francs » par analogie avec le « duc des Francs » et il sera nommé par le roi carolingien comte palatin ; ce titre restera à la maison de Blois, héritière des Héribertiens et malgré tout fondatrice de toute une région dans le sens actuel du terme : la Champagne.

Il faut admirer le courage et l'opiniâtreté du duc Hugues II qui n'a jamais renoncé à retrouver, par le combat et grâce à une politique astucieuse, la place qui lui paraissait due au duc des Francs. Les historiens ont peu parlé de cette période de sa vie, se concentrant sur « Hugues Capet, premier roi capétien » à partir de 987. Celle-ci est pourtant intéressante car elle aide à comprendre pourquoi le fils d'un duc si puissant ne sera qu'un roi faible.

Contre les menées de Thibaud, Hugues — sans vraiment manifester son hostilité — s'appuyait sur des voisins également inquiets de la puissance accrue du comte de Blois et Chartres : Geoffroi Ier d'Anjou et Richard de Normandie. Ce dernier épousa en 960 la sœur du Robertien : l'union avait été préparée par Hugues le Grand. La nouvelle coalition porta ses fruits lors d'une guerre entre les Francs et les Normands qui occupa plusieurs années au début des années 60. Lorsque Thibaud attaqua Rouen en juillet 962, Richard le défit aux portes de sa capitale, à Ermentrouville. Le fils homonyme de Thibaud trouva là la mort. Et ce fut alors au tour des Normands de dévaster le Chartrain et d'incendier Chartres.

Au dire de Flodoard, Thibaud Ier en conçut une haine profonde contre Hugues : celui-ci ne lui avait pas procuré l'aide normalement due par le seigneur selon un système d'obligations féodales qui jouait dans les deux sens. Thibaud se rendit à la cour de Lothaire, où il fut bien reçu. Au-delà des personnes, l'hostilité et la méfiance entre les Robertiens-Capétiens et la maison de Blois restera longtemps une constante de la vie politique, tout comme l'alliance entre les Robertiens-Capétiens et la maison d'Anjou.

Hugues II prit l'initiative en 962 : il préconisa que le successeur de l'archevêque Artaud — décédé en 961 — soit Hugues de Vermandois, que nous avons vu évincé en 946-948. Dans cette affaire, le duc pouvait compter sur les frères de l'ex-archevêque, en l'occurrence Robert, comte de Meaux et de Troyes, et Héribert III. Robert avait d'ailleurs enlevé au roi en 960, et pour un temps, l'importante forteresse de Dijon, et il continuait ses attaques sur les évêchés fidèles au roi, comme en 963 contre Châlons-sur-Marne. Un synode de treize évêques se prononça en faveur d'Hugues de Vermandois : ceci illustre bien la mesure dans laquelle Hugues II avait rétabli et réorganisé ses forces. Cependant, Lothaire tint bon, comptant sur l'appui de Brunon de Cologne et d'Otton Ier, qui venait d'être élevé en 962 à la dignité impériale par le pape Jean XII. Ce pape n'hésita pas à excommunier Hugues de Vermandois, lequel allait mourir, peu après, à Meaux. En accord avec Brunon, Lothaire fit donc élire archevêque de Reims Odelric, dont nous avons déjà parlé. Ce grave échec des Robertiens amena tout naturellement Robert et Héribert III à suivre le chemin d'une alliance carolingienne déjà suivi par leur frère Albert, comte de Vermandois, et leur beau-frère Thibaud.

Le royaume sort du système ottonien

Les Héribertiens seront désormais le plus puissant appui du roi Lothaire. Ils lui permettront, grâce à leurs forces considérables, de mener une politique plus active, dépendant moins de l'appui ottonien. Même les problèmes qui séparaient depuis toujours le clan héribertien de l'archevêché de Reims semblent en voie de règlement lorsqu'en 965 Héribert « rend » Épernay et Thibaud « rend » Coucy, deux propriétés de l'église de Reims. L'excommunication lancée contre eux par Odelric est alors levée, et ils reçoivent en retour, mais « en précaire », ces mêmes positions stratégiques. Thibaud recourt ici, notons-le, à l'intermédiaire de son fils Eudes : celui-ci entre ainsi dans l'orbite carolingienne.

C'est ici un tournant dans l'histoire du royaume, tournant décisif pour le sort des Carolingiens. L'église de Reims, jusqu'alors pilier de la royauté carolingienne, ne pourra supporter longtemps, aux dépens de ses propres vassaux, les faveurs que Lothaire ne manque pas d'accorder aux Héribertiens : à Héribert III le Vieux, qui succède en 967 à Troyes et à Meaux à son frère Robert, puis à Héribert IV le Jeune, fils de Robert de Meaux, qui succède vers 980-983 à son oncle Héribert III dans tous ses comtés, et enfin à Eudes Ier, qui succède à son père Thibaud Ier de Blois en 974-975.

Malgré tous les avantages dans l'immédiat, l'alliance héribertienne sera donc, à terme, funeste aux derniers descendants directs de Charlemagne. Car Reims se rapprochera — insensiblement au début — du duc des Francs. Plus grave encore, les archevêques — étroitement liés aux Ottoniens — aliéneront au Carolingien l'appui de l'Empire, favorisant en même temps le rapprochement de ce dernier et du Robertien. Ce renversement explique aussi pourquoi le roi Lothaire adopte de plus en plus une politique hostile à l'Empire : il espère réussir ainsi en Lotharingie ce que son père n'a pu réaliser, et récompenser de la sorte ses précieux alliés de la maison de Vermandois qui ont précisément des visées dans ces régions voisines de leurs propres terres. Cette politique serait tout à fait légitime pour un Carolingien vraiment puissant. Dans les circonstances que l'on vient d'analyser, elle peut paraître « suicidaire » : elle isole le roi entre l'Empire et un duc des Francs revigoré. Quand l'appui de l'église de Reims, détentrice *de facto* de la légitimité que l'Église peut conférer à la royauté, sera effectivement perdu, l'effondrement de la dynastie carolingienne s'inscrira dans une certaine logique.

A-t-on affaire à un aveuglement de la part des derniers Carolingiens ? Une découverte récente due au professeur Heinz Löwe permet de mieux voir l'arrière-plan des changements à la cour royale et le terrible engrenage dont les rois carolingiens auront été les victimes. Nous trouvons à cette cour Roricon, fils naturel de Charles le Simple et depuis 949 évêque de Laon, capitale des Carolingiens. Nous y trouvons aussi Renaud de Roucy, comte de Reims — comte-vassal de l'archevêque — et mari d'Albrade, fille du premier mariage de la reine Gerberge avec Gilbert de

Lotharingie. Dès 961, dans un écrit, « Sur la situation de l'Église », où il traite surtout du problème posé par les propriétés ecclésiastiques entre les mains des laïques, Roricon manifeste des velléités réformatrices et cela sous l'influence d'Odon de Cluny, des tenants de la réforme monastique en Lotharingie et de quelques membres de son clergé, d'origine irlandaise.

Il faut savoir que la plupart des vassaux épiscopaux étaient installés sur des terres ayant appartenu à des monastères détruits ou abandonnés dans la tourmente normande. Ces monastères avaient été rétablis et, dans une large mesure, reconstruits au Xe siècle, souvent par des moines appartenant au mouvement réformateur. L'idée d'une restitution plus ou moins complète de ces terres, et des terres ecclésiastiques d'une façon générale, menaçait donc directement les vassaux et, à travers eux, le roi qui s'appuyait jusqu'alors largement sur la *militia* rémoise que Renaud de Roucy devait conduire au combat. On comprend alors mieux pourquoi une royauté dépendant fortement des forces épiscopales avait peu intérêt à favoriser, au-delà d'un dosage mesuré, un monachisme réformé en passe de devenir trop puissant, lequel était en revanche compatible avec les intérêts des Robertiens et des autres princes qui tendaient plutôt à l'affaiblissement politique et militaire des évêques dans les comtés sous domination princière. On voit aussi les archevêques de Reims, d'origine lotharingienne, continuer et élargir leur politique favorable aux réformes. Nous apercevons là une des causes du changement de la politique de Lothaire : à une alliance avec des évêques moins puissants et peut-être moins sûrs — parce que plus tendus vers leurs tâches spirituelles que vers leurs devoirs temporels — le roi préfère l'alliance des comtes héribertiens prêts à le suivre dans des opérations lucratives.

La dégradation des relations avec l'Empire se fait en étapes que marquent la mort de Brunon en 965 et celle d'Otton en 973. Entre ces dates on constate un refroidissement, mais pas encore d'actions ouvertement hostiles. C'est à la fin des années 70 que les événements provoquent pour la première fois un conflit aigu entre l'Empire et le royaume des Francs de l'Ouest. Presque immédiatement après la mort du grand empereur, Renier et Lambert, fils du comte Renier dépossédé et exilé en 958, se mirent à ravager la Lotharingie et à occire les comtes établis par les Ottoniens sur les terres de leur père. L'intervention personnelle d'Otton II, en 974, ne parvint qu'à rejeter les agresseurs au-delà de la frontière. Ils se renforcèrent alors en 976 grâce à des alliances proches de la cour royale : celle d'Otton, fils d'Albert Ier, comte de Vermandois et celle de Charles, frère du roi Lothaire. Ce dernier, n'ayant rien hérité du royaume, était à la recherche d'un royaume propre, ce qui allait rester son destin jusqu'à la fin. Ses alliés remportèrent une victoire sur les troupes de l'empereur au cours d'un combat où fut blessé Godefroy, comte de Verdun, un fidèle des Ottoniens et le frère d'Adalbéron, archevêque de Reims.

Otton II réagit en profitant d'un grave conflit au sein de la maison carolingienne. Tout en rendant aux fils de Renier les comtés de leur père, il éleva Charles à la dignité de duc de Basse-Lotharingie, faisant ainsi vassal de l'Empire un Carolingien qui venait d'être chassé de la cour de Laon ; il avait accusé la reine Emma d'une liaison avec Adalbéron, évêque de Laon. Ce que l'empereur considéra alors comme un trait de génie diplomatique était en réalité une offense grave à l'honneur de Lothaire et du royaume. C'est ainsi que ressentirent la chose tous les vassaux, Hugues Capet compris.

L'attaque-surprise du palais d'Aix-la-Chapelle en 978 — Lothaire voulait saisir Otton II et son épouse, la princesse byzantine Théophano — ne s'explique que par cette affaire d'honneur, hors de toute autre considération liée à la dégradation des relations entre Carolingiens et Ottoniens. Averti du plan d'attaque par les siens, Otton II refusa longtemps de croire à une telle hardiesse de Lothaire : il ne prit la fuite qu'au dernier moment. Le palais impérial fut ravagé. Lothaire fit même retourner l'aigle de Charlemagne au faîte du palais que les Ottoniens avaient tourné vers l'ouest.

N'ayant que la revanche en tête, l'empereur appela à une guerre générale contre Lothaire. Tous les « royaumes » de l'Empire devaient envoyer leurs contingents. Mais, contrairement à toute sagesse, il entama sa campagne le 1er octobre, juste avant la mauvaise saison. Ses troupes avaient reçu l'ordre de ménager les églises, mais — en représailles pour l'affaire d'Aix-la-Chapelle — elles brûlèrent les palais carolingiens d'Attigny et Compiègne. Lothaire trouva refuge sur les terres du duc des Francs, dont les villes, et surtout Paris, résistèrent bien aux attaques. Forcé de s'en retourner car le mauvais temps était venu, l'empereur fit sonner un *Te Deum* par son clergé, réuni sur la colline de Montmartre, et ficha sa lance sur l'une des portes de Paris avant d'entamer une retraite qui faillit se terminer en désastre : tandis que le gros de ses troupes se tirait d'affaire, grâce à des guides procurés par Adalbéron de Reims, ses arrières, gênés par la crue de l'Aisne, furent attaqués par les troupes de Lothaire et subirent de lourdes pertes.

En cette guerre — qui avait commencé comme une querelle entre dynasties — s'observent les prémices d'un sentiment national. On lit en effet dans la datation d'un acte donné à Tours : « Sous le grand roi Lothaire, dans sa vingt-sixième année, quand il attaqua les Saxons et mit en fuite l'empereur. » La chronique de Saint-Maixent en Poitou note : « L'empereur Otton était devant Paris, mais les Francs le mirent en fuite. » Vers 1015 encore un chroniqueur séllonais affirme que l'empereur et les siens rentrèrent dans la plus grande confusion et ajoute : Après cela, ni Otton ni son armée ne s'avisèrent plus de revenir en France. » Les deux royaumes prennent, désormais, un chemin qui les éloignera de plus en plus.

L'échec carolingien

Le roi Lothaire ne semble pas avoir compris la portée de cette première et mémorable union du royaume : dès 979, il reconnaissait implicitement l'appartenance de la Lotharingie à l'Empire. Étant donné que nous retrouvons Charles, peu après, de nouveau à la cour de Laon, nous pouvons conclure qu'Otton et Charles avaient présenté leurs excuses pour l'atteinte portée à l'honneur de Lothaire : ceci prouve bien que cette satisfaction l'avait préoccupé en priorité. Les vives critiques dont le roi fut alors l'objet montrent une grande perte de prestige, à un moment qui aurait dû signifier un redressement.

Cette réconciliation — trop rapide — devait choquer : elle était dirigée contre le même Hugues Capet qui venait de sauver le roi militairement. Ce dernier n'hésita d'ailleurs pas à se rendre en 981 auprès de l'empereur en Italie pour contrecarrer l'arrangement conclu entre Otton II et Lothaire.

Lothaire — qui avait associé son fils Louis V au trône en 979, suivant en cela le modèle byzantino-ottonien — essuya d'autres revers après quelques imprudences. En acceptant pour son fils un mariage avec la veuve d'un comte du Gévaudan — il avait l'espoir de fonder ainsi de nouveau le royaume carolingien d'Aquitaine —, il s'était ridiculisé : ce mariage du jeune roi avec une femme beaucoup plus âgée fut un échec complet, et Louis dut s'en retourner à Laon. En 983 à la mort d'Otton II, qui avait subi un revers cuisant en Italie du Sud en 982, Lothaire put un instant nourrir l'espoir de devenir l'arbitre de la situation à l'est du Rhin entre, d'une part, les veuves d'Otton Ier et d'Otton II, Adélaïde et Théophano, ainsi que le très jeune Otton III, et d'autre part le duc Henri « le Querelleur », cousin d'Otton II, qui briguait la couronne. Lothaire, qui avait appuyé un moment Henri, se trouva finalement confronté à l'hostilité durable de la cour ottonienne unie autour d'un Otton III victorieux, qui l'avait surtout emporté grâce à l'aide énergique de la sœur d'Hugues Capet, Béatrice, qui gouvernait d'une main ferme la Haute-Lotharingie après la mort de son mari.

La constellation la plus pernicieuse pour les Carolingiens était donc en place : une alliance étroite entre l'Empire et Hugues Capet, l'intermédiaire étant l'archevêque de Reims. Adalbéron était d'autant plus hostile au roi que son frère Godefroi, cherchant à défendre Verdun contre les attaques des troupes de Lothaire, Eudes de Blois et Héribert IV, fut fait prisonnier ; il devait servir d'otage pendant des années. Nous pouvons suivre les tractations et les intrigues de ce temps grâce à la correspondance de Gerbert d'Aurillac, alors écolâtre de Reims.

Gerbert était un informateur fidèle et précieux de l'impératrice Théophano. Il avait déjà servi la cause de l'Empire en Italie, lorsqu'Otton II, qui admirait sa science, l'avait nommé abbé de Bobbio, une abbaye impériale que le savant avait dû quitter en 983 au moment où des troubles éclataient en Italie après la mort de son maître.

La situation d'Adalbéron, qui intervenait indirectement pour son frère et pour la cause de l'Empire, devenait délicate. Les rois Lothaire et Louis V décidèrent de l'accuser de haute trahison. Le procès tourna court par deux fois : la mort inopinée de Lothaire (2 mars 986) puis celle de Louis V (21 mai 987) sauvèrent l'archevêque. L'aboutissement d'une telle procédure, qui exigeait le consensus des grands du royaume, était d'ailleurs douteux : songeons à l'alliance de plus en plus étroite d'Adalbéron et d'Hugues Capet.

Rien de surprenant, ni de révolutionnaire donc, à ce que les grands, réunis à l'invitation de l'archevêque de Reims, tout acquis à la cause d'Hugues Capet, procèdent à l'élection du duc des Francs qu'Adalbéron allait sacrer le 3 juillet 987. Certes, Hugues était l'allié des Ottoniens : une des premières actions de son règne fut de rendre Verdun à l'Empire. Mais il n'était en rien leur créature, comme l'avait été Charles « de Lorraine ».

Le passage du pouvoir royal à une dynastie qui avait déjà donné deux rois au pays — Eudes et Robert Ier — et qui avait attendu la disparition des Carolingiens directs s'était passé dans le calme. Même la Catalogne, pourtant fidèle aux Carolingiens, reconnut le nouveau roi ; le marquis Borel lui adressa même un appel au secours contre les Arabes. Hugues prit habilement prétexte de cette prétendue expédition, lointaine et dangereuse, pour faire élire et sacrer — toujours selon le modèle byzantino-ottonien — son fils Robert le 30 décembre 987 à Orléans.

En s'emparant par surprise de Laon, vers mai 988, Charles se pose en prétendant. Se joignent à lui Eudes de Blois et Chartres et Héribert de Troyes et Meaux. Ayant échoué deux fois à prendre Laon, les rois Hugues et Robert croient habile de faire élire en 989 à Reims, comme successeur d'Adalbéron, Arnoul, fils illégitime du roi Lothaire. On le retire ainsi au parti de son oncle. Mais Arnoul livre Reims à Charles, et les rois doivent admettre en 990 leur incapacité à l'emporter militairement devant les forces réunies de Reims et des Héribertiens.

Comme en 858, les évêques ont sauvé le royaume occidental. Arnoul reste le seul traître, ce qui interdit à Charles de se faire élire et couronner roi : il reste prétendant. C'est un évêque, aussi, qui procure la décision, par une odieuse trahison, il est vrai, mais qui répond à celle d'Arnoul : Adalbéron, évêque de Laon, prisonnier de Charles en 988, puis relâché, feint de passer dans le camp de Charles, puis, réinstallé comme évêque à Laon, livre aux rois sa ville, avec Charles, dans la nuit du 29 au 30 mars 991. Enfermé dans la tour d'Hugues Capet à Orléans, Charles meurt peu après.

Personne ne songea à s'intéresser à son fils, qui survivait en liberté, les autres fils étant enfermés à Orléans : Otton, duc de Basse-Lotharingie comme son père, allait mourir sans fils en 1012.

Ces débuts peu glorieux seront reprochés aux premiers Capétiens dans l'historiographie du royaume.

Malgré cela, ils ont fait un choix judicieux, en s'appuyant entièrement sur l'épiscopat, en réunissant synode « national » sur synode. Songeons à celui qui condamna et déposa Arnoul le traître, et le remplaça par Gerbert d'Aurillac : le synode de Saint-Basle de Verzy, en juin 991. La papauté, certes, ne reconnaîtra pas un procédé contraire aux règles canoniques, et obligera finalement à céder un Robert II affaibli moralement par une malencontreuse affaire matrimoniale. Cela n'y changera rien : ni le départ de Gerbert qui sera un archevêque de Ravenne, puis le pape Sylvestre II, ni la réinstallation d'un Arnoul enfin assagi. L'alliance du roi et de l'épiscopat garantissait la pleine indépendance du royaume face à l'Empire et à la papauté : le royaume sortait du monde carolingien.

CONCLUSION

Les origines de la France sont liées à la terre et à son climat. Ces facteurs ont favorisé le constant renouvellement par lequel les peuples successifs se sont confondus en un seul. En commun, ils ont développé sur cette terre et dans ce climat un comportement spécifique, une richesse culturelle, un amour du « pays » particulièrement fort. Ces apports que le passé vécu n'a pas rejetés, mais dont il a profité, il ne faut pas que le présent les refuse mentalement, après coup. Michelet s'est déjà opposé à la lutte des races chère à Augustin Thierry. Pour Michelet, le peuple se définit précisément comme une « fusion de races ». La richesse de l'histoire de la France et de la civilisation française est le résultat d'un cumul : celui de tous les apports ethniques, démographiques, techniques et culturels. Refuser, chacun selon son goût, les Celtes, ou les Romains, ou les Francs, ou ceux qui les ont précédés, serait courir une chimère, celle d'une nation qui aurait été déjà française, avec les idéaux, les facultés et le génie de celle-ci. Cette nation-là, une des plus importantes qui soit, ne se trouve pas au début de son histoire, elle en est le résultat.

Pour que la fusion d'éléments différents se fît et développât des solidarités régionales, puis « nationales », il fallait l'action de la chose publique, de l'état et de son administration, à commencer par les frontières politiques et administratives qui en sont le produit et dont nous trouvons le souvenir jusque dans les parlers actuels. Cette autorité publique s'est exercée dans un territoire, et a conduit à une « territorialisation » de la population. Celle-ci en est devenue plus homogène. Voilà qui montre bien la continuité de cette autorité publique : non seulement le mot, mais aussi la conscience de la *res publica*. La chose publique n'a jamais disparu.

Le *princeps*, le « prince », vivant dans son « palais », mot qui a déjà dans les lois visigothiques le sens abstrait de « gouvernement », reste toujours la seule source légitime de la fonction publique qui donne le pouvoir sur les hommes : elle garde, sans interruption aucune, la même désignation, *honor*. Ceux qui peuvent « faire carrière » appartiennent presque sans exception à une noblesse qui a été créée sous le Bas-Empire et s'est élargie aux nobles francs ou goths. On est né, dans ces siècles, pour diriger les hommes dans le monde et dans l'Église, et on est né, dans la couche la plus élevée, pour être, éventuellement, roi. C'est un monde aristocratique et hiérarchisé, qui s'imagine le Ciel également hiérarchisé : cet ordre est voulu par Dieu, saint Paul l'a écrit. Pour comprendre cette mentalité, de Constantin à Charlemagne, la clé est l'Ancien Testament : il offre un modèle de société et de royauté à ceux qui voudraient être un « nouveau David », mais aussi au peuple franc qui entend être — et il le dit hautement — le nouveau peuple élu. Cette fierté est passée directement dans la « religion royale » et dans l'exaltation nationale du Moyen-Age français et de la *Chanson de Roland*.

C'est sur ces bases « théocratiques » que la période chrétienne des origines politiques de la Gaule devait penser l'unité, l'union de l'Église et de l'État, l'un gouvernant au sein de l'autre et réciproquement. L'idée d'une séparation des responsabilités et des légitimations n'est venue à l'esprit de personne avant l'an mil. La réforme grégorienne exigera la séparation, mais, bien sûr, avec la prépondérance du côté de l'Église. Une séparation plus moderne exigera la prépondérance de l'État.

Voilà une des grandes discontinuités qui justifie bien la limite entre les deux premiers volumes de cette histoire de France. Elle est balancée par des continuités souvent étonnantes qui montrent l'importance des « origines » pour la suite de cette histoire. La « Paix de Dieu », qui se diffuse vers la fin du Xe siècle à partir du midi de la Gaule, use comme cadre juridique de la *convenientia* entre les seigneurs et la population : celle-ci a été développée par Charles le Chauve dans ses « convenances » avec l'aristocratie, ce qui les fit entrer dans le serment du sacre. Le terme se trouve déjà sous les Mérovingiens, mais sur la base d'un modèle de contrat romain, où les partenaires de *la convenientia* s'appellent *pares* : « pairs ». Et voilà que les troubadours des XIIe-XIIIe siècles, quand ils mentionnent la Paix de Dieu, parlent en provençal de *convinensa* et de *pariers*. L'histoire de la France est vraiment une.

Une autre continuité doit être soulignée : elle s'exprime en un moment par le dualisme de la Neustrie et de l'Austrasie. Depuis que Clovis s'est fait reconnaître comme roi à Cologne sans avoir conquis le pays, depuis que sa dynastie a choisi de respecter les traditions de la « Francie rhénane » qui devenait le noyau de l'Austrasie, on peut dire qu'il y a deux Gaules franques. L'une est de langue romane, l'autre est un pays de bilinguisme. L'une domine l'échiquier politique au temps des Mérovingiens, l'autre a son heure sous les Carolingiens. Bien sûr, les frontières ont changé, mais ce dualisme s'inscrit en prélude de la différence qui sépare dans la Gaule médiévale la « France » et la « Lotharingie ». La France, ce n'est plus la Gaule.

Les ténèbres qui couvraient les origines de la France s'éclaircissent de plus en plus grâce à l'histoire, à l'archéologie, à d'autres disciplines encore. Leurs méthodes vont toujours s'affinant. En même temps, la lumière se répand dans nos cerveaux, longtemps enténébrés quant à ces siècles mal connus. Nous aimerions avoir montré dans ce livre que les origines de la France sont les bases de son grand destin.

Repères chronologiques

4,5 milliards d'années	Formation de la terre.
570-225 millions	Ère primaire.
300 millions	Formation des Vosges, du Massif central et du Massif armoricain.
225-65 millions	Ère secondaire.
65-1,5 million	Ère tertiaire.
37 millions	Formation des Pyrénées.
12 millions	Formation des Alpes.
4 millions	Les premiers hominidés.
2,3 millions	Premiers outillages.
1,5 million	Débuts du quaternaire.
600 000 ans	Glaciation de Günz.
500 000	Paléolithique inférieur.
480 000	Glaciation de Mindel.
380 000	Usage du feu.
235 000	Glaciation de Riss.
120 000	Glaciation de Würm I.
100 000	L'homme de Néandertal.
90 000	Paléolithique moyen. Moustérien.
80 000	Glaciation de Würm II.
40 000	Glaciation de Würm III.
35 000	L'homme de Cro-Magnon.
25 000	Aurignacien.
15 500	Peintures de Lascaux.
15 000	Solutréen. Magdalénien.
10 000	Glaciation de Würm IV. Mésolithique.
8 000	Apparition du chêne. Paléolithique supérieur.

5 000	Néolithique.
4 650 env.	Village d'agriculteurs à Courthezon.
3 500	Débuts du mégalithisme.
3 000	Apogée du Chasséen.
2 700	Palafittes de Paladru.
2 500	Civilisation de Seine-Oise-Marne.
2 200	Vases campaniformes.
2 000	Céramique cordée. Le char à chevaux.
1 800	Age du bronze.
1 200	Champs d'urnes.
1 000	Apparition des Proto-Celtes.
800	Age du fer. Époque de Hallstatt.
620	Fondation de Marseille.
500	Débuts de l'expansion celte.
450 env.	Vase de Vix.
450-50	Époque de La Tène.
300	Pression accrue des peuples germaniques.
250	Mouvement des Belges.
124	Fondation d'Aix-en-Provence.
118	Fondation de Narbonne.
107	Victoire des Tigurins sur les Romains à Agen.
102	Marius bat les Teutons à Aix-en-Provence.
101	Marius bat les Cimbres à Verceil.
61	Appel des Éduens à Rome.
58-52	César en Gaule.
43	Fondation de Lyon.
12 av. J.-C.	Érection de l'autel du Confluent.
9 ap. J.-C.	Défaite de Varus.
70	Révolte de Civilis et Classicus.
88 env.	Débuts de l'établissement du *limes*.
161-180	Marc Aurèle.
177	Les martyrs de Lyon.
212	Constitution de Caracalla : généralisation de la citoyenneté romaine.
260	L'Empire gaulois. Postumus empereur.

275	Invasion des Francs et des Alamans.
283	Mouvement social en Armorique.
293	Constance Chlore.
313	Édit de Milan : liberté du culte chrétien.
337	Mort de Constantin.
355	Nouvel assaut des Francs et des Alamans.
360	Julien proclamé empereur à Paris.
395 env.	Mort d'Ausone.
406	Invasion des Alains, des Suèves et des Vandales.
418	Installation des Visigoths en Aquitaine.
435	Ætius patrice.
451	Invasion des Huns.
454	Mort d'Ætius.
476	Fin de l'Empire romain d'Occident.
481-511	Clovis.
496 env.	Victoire des Francs sur les Alamans.
498 env.	Baptême de Clovis.
506	Loi romaine des Burgondes.
507	Clovis bat les Visigoths à Vouillé.
509 env.	Clovis roi chez les Francs rhénans.
511	Premier partage du royaume franc. Synode d'Orléans.
536	Les Francs en Provence.
550 env.	Fondation de Saint-Germain-des-Prés.
558-561	Reconstitution de l'unité franque sous Clotaire Ier.
568	Attaque des Avars.
594	Saint Colomban à Luxeuil. Mort de Grégoire de Tours.
600 env.	Mort de Fortunat, évêque de Poitiers et poète.
613-629	Clotaire II.
629-639	Dagobert Ier.
639	Régence de Balthilde pour Clovis II.
640	Mort de Pépin Ier.

641	Erchinoald, maire du palais neustrien.
642-662	Grimoald Ier, maire en Austrasie.
657-664	Régence de Balthilde pour Clotaire III.
658	Ebroïn, maire du palais neustrien.
vers 660	Fondations de Corbie et Chelles.
675 env.	Réforme monétaire d'Ebroïn.
678	Supplice de Léger, évêque d'Autun.
680	Ebroïn assassiné.
vers 680	Sarcophages de Jouarre.
687	Bataille de Tertry.
	Hégémonie de Pépin II.
711	Invasion arabe en Espagne.
714	Mort de Pépin II et de Grimoald II.
716-719	Victoires de Charles Martel sur les Neustriens.
720-725	Conquête arabe en Septimanie.
721	Eudes d'Aquitaine bat les Arabes à Toulouse.
732	Les Arabes repoussés près de Poitiers.
736-739	Campagnes de Charles Martel en Septimanie et Provence.
741	Mort de Charles Martel.
742	Chrodegang, évêque de Metz.
743-751	Childéric III, dernier roi mérovingien.
743	Synode de Carloman à Lestinnes.
744	Synode de Pépin III à Soissons.
747	Abdication de Carloman.
751-768	Pépin le Bref roi.
752-759	La Septimanie franque.
754	Étienne II en Gaule.
	Expédition franque en Italie.
756	Débuts de l'État pontifical.
760-768	Guerre d'Aquitaine.
768	Charles et Carloman rois.
768-775	Construction de la nouvelle église de Saint-Denis.
771	Charlemagne seul roi.

772	Début de la guerre contre les Saxons.
773-774	Conquête du royaume lombard.
778	Roncevaux.
781	Louis roi d'Aquitaine.
785	Baptême de Widukind.
	Capitulaire saxon.
785-801	Conquête de la Marche d'Espagne.
787	Soumission de Tassilon de Bavière.
789	*Admonitio generalis.*
790-799	Construction du palais d'Aix-la-Chapelle.
794	Synode de Francfort.
795-796	Victoire sur les Avars.
796-804	Alcuin, abbé de Saint-Martin de Tours.
800	Couronnement impérial de Charlemagne.
802	Réformes administratives.
806	*Divisio regnorum.*
812-814	Reconnaissance de l'Empire carolingien par Constantinople.
814	Mort de Charlemagne.
816	Concile d'Aix-la-Chapelle.
817	*Ordinatio Imperii.*
	Révolte de Bernard d'Italie.
817-821	Réforme monastique de Benoît d'Aniane.
818 env.	Plan de Saint-Gall.
820 env.	Évangéliaire d'Ebbon de Reims.
823	Naissance de Charles le Chauve.
829	Synodes à Paris, Lyon, Toulouse, Mayence.
830	Première destitution de Louis le Pieux.
833	Seconde destitution de Louis le Pieux.
834	Restauration de l'empereur.
840	Mort de Louis le Pieux.
841	Bataille de Fontenoy-en-Puisaye.
842	Serments de Strasbourg.

843	Partage de Verdun.
	Assemblée de Coulaines.
848	Sacre de Charles le Chauve à Orléans.
850 env.	Fresques de Saint-Germain d'Auxerre.
855	Mort de Lothaire Ier.
856	Aggravation des invasions normandes.
860	Jean Scot à la cour de Charles le Chauve.
866	Mort de Robert le Fort.
	Bible de Charles le Chauve.
869	Charles, roi à Metz.
875	Charles le Chauve, empereur.
876	Bataille d'Andernach.
877	Capitulaire de Quierzy.
	Mort de Charles le Chauve.
877-879	Louis II le Bègue.
879	Concile de Troyes.
879-882	Louis III.
879-884	Carloman.
880	Partage entre Louis III et Carloman.
881	Victoire de Louis III à Saucourt.
882	Mort d'Hincmar de Reims.
885-886	Siège de Paris par les Normands.
885-887	Charles le Gros, roi en Francie occidentale.
888-898	Eudes, roi.
893	Charles III le Simple sacré roi.
897	Arrangement entre Eudes et Charles le Simple.
898-922	Charles le Simple, roi.
910	Fondation de Cluny.
911	Rollon, comte de Rouen.
921	Mort de Richard le Justicier.
922-923	Robert Ier, roi.
923-936	Raoul de Bourgogne, roi de France.
933 env.	Naissance du royaume de Bourgogne.
936-954	Louis IV, roi de France.
936	Hugues le Grand, duc des Francs.
942	Assassinat de Guillaume Longue Epée.
	Paix de Visé-sur-Meuse.

943	Mort d'Héribert II.
	Louis IV en Normandie.
948	Synode d'Ingelheim.
953-965	L'archevêque Brunon, duc de Lotharingie.
954-986	Lothaire III, roi de France.
956	Mort d'Hugues le Grand.
av. 960	Thibaud de Blois s'empare du Chartrain.
960	Hugues Capet, duc des Francs.
	Son frère Otton, duc de Bourgogne.
960-987	Geoffroi Ier Grisegonelle, comte d'Anjou.
962	Otton Ier, empereur.
965	Alliance des Héribertiens avec Lothaire.
965-1002	Henri, duc de Bourgogne.
969-989	Adalbéron, archevêque de Reims.
975 env.	Construction de Cluny II.
976	Charles, duc de Basse-Lotharingie.
978	Otton II devant Paris.
986-987	Louis V, roi de France.
987	Élection d'Hugues Capet.
	Couronnement de Robert II.
988-991	Lutte des rois et de Charles de Lorraine.
989	Début du mouvement de paix en Aquitaine.
991	Synode de Saint-Basle de Verzy.
994-1031	Odilon, abbé de Cluny.
996	Mort d'Hugues Capet, Robert II règne seul.
999	Gerbert devient le pape Sylvestre II.

Orientation bibliographique

A quelques exceptions près ne sont mentionnés que des livres et articles récents, en langue française. Pour les ouvrages concernant également la période postérieure à l'an mil, le lecteur se reportera à l'excellente bibliographie du tome 2. D'une façon générale, nous conseillons à ceux qui s'intéressent aux découvertes archéologiques, fondamentales pour les origines de la France, la lecture de la revue *Archeologia* qui publie également des dossiers thématiques *Histoire et archéologie.*

GÉNÉRALITÉS

Michel FRANÇOIS (dir.), *La France et les Français,* Paris, Gallimard, 1972.

Robert FOSSIER (dir.), *Le Moyen Age,* t. 1 : *Les mondes nouveaux,* Paris, Colin, 1982 ; t. 2 : *L'éveil de l'Europe,* 1982.

Robert FOSSIER (dir.), *Enfance de l'Europe. Aspects économiques et sociaux,* Paris, P.U.F., 2 vol., coll. « Nouvelle Clio », 1982.

Georges DUBY (dir.), *Histoire de la France,* t. 1 : *Naissance d'une nation. Des origines à 1348,* Paris, Larousse, 1970.

André LATREILLE, Étienne DELARUELLE et Jean-Rémi PALANQUE, *Histoire du catholicisme en France,* t. 1 : *Des origines à la chrétienté médiévale,* Paris, S.P.E.S., 2e éd., 1963.

Ferdinand LOT, *Naissance de la France,* édition revue par Jacques Boussard, Paris, Fayard, 1970.

Parmi les collections d'articles, citons :

Recueil des travaux historiques de Ferdinand Lot, 3 vol., Paris-Genève, Minard-Droz, 1968-1973.

Eugen EWIG, *Spätantikes und fränkisches Gallien,* publié par Hartmut Atsma, Munich, Artemis, 1976-1979, 2 vol. (plusieurs articles en français).

Karl Ferdinand WERNER, *Structures politiques du monde franc (VIe-XIIe siècle),* Londres, Variorum Reprints, 1979 (10 articles).

Karl Ferdinand WERNER, *Vom Frankenreich zur Entfaltung Deutschlands und Frankreichs,* Sigmaringen, Thorbecke, 1984 (12 articles, dont 6 en français).

LES RÉGIONS ET LES VILLES

Nommons une fois pour toutes la collection publiée par les éditions Privat (Toulouse) : « Univers de la France ». On y trouve des histoires de provinces et de villes françaises.

Quelques grandes monographies régionales :

Élisabeth MAGNOU-NORTIER, *La société laïque et l'Église dans la Province ecclésiastique de Narbonne de la fin du VIIIe à la fin du XIe siècle,* Toulouse, Université de Toulouse-le-Mirail, 1974.

Jean-Pierre POLY, *La Provence et la société féodale 879-1166,* Paris, Bordas 1976.

André CHÉDEVILLE et Hubert GUILLOTEL, *La Bretagne des saints et des rois, Ve-Xe siècle,* Rennes, Ouest-France, 1984.

Michel ROUCHE, *L'Aquitaine des Wisigoths aux Arabes 418-781,* Paris, E.H.E.S.S. – Jean Touzot, 1979.

Léon FLEURIOT, *Les origines de la Bretagne,* Paris, Payot, 1982.

Michel BUR, *La formation du comté de Champagne, vers 950–vers 1150,* Nancy, Annales de l'Est, 1977.

Olivier GUILLOT, *Le comte d'Anjou et son entourage au* XI*e siècle,* Paris, Picard, 1972 (aussi pour la période précédente).

Pour les cités épiscopales de la Gaule, deux livres d'une grande utilité pour toute la période du Bas-Empire à l'époque féodale :

Reinhold KAISER, *Bischofsherrschaft zwischen Königtum und Fürstenmacht,* Bonn, Röhrscheid, 1981 (abondantes citations des sources).

Carlrichard BRÜHL, *Palatium und Civitas,* t. 1 : *Gallien,* Cologne, Böhlan, 1975.

En ce qui concerne plus spécialement Paris, citons deux études capitales :

Robert-Henri BAUTIER, « Quand et comment Paris devint capitale ? » dans *Bulletin de la Soc. de l'Histoire de Paris et de l'Ile-de-France,* 105e année, Paris 1979, pp. 17-46.

Michel FLEURY, « Paris du Bas-Empire au début du XIIIe siècle », *Paris. Croissance d'une capitale,* Paris, Hachette, 1961, pp. 73-96.

HISTOIRE ÉCONOMIQUE ET SOCIALE

Guy FOURQUIN, *Histoire économique et sociale de l'Occident médiéval,* Paris, Colin, 1969.

Georges DUBY, *Guerriers et paysans,* VIIe-XIIe *siècle. Premier essor de l'économie européenne,* Paris, Gallimard, 1973.

Gabriel FOURNIER, *Le château dans la France médiévale. Essai de sociologie monumentale,* Paris, Aubier, 1978.

Karl Ferdinand WERNER, « Important noble Families in the Kingdom of Charlemagne... », Timothy Reuter, *The Medieval Nobility,* Amsterdam, 1978, pp. 137 sq.

Jean-Louis GOGLIN, *Les misérables dans l'Occident médiéval,* Paris, Seuil, 1976.

Pierre RICHÉ, *La vie quotidienne dans l'Empire carolingien,* Paris, Hachette, 1973.

Otto Gerhard OEXLE, « Conjuratio et ghilde dans l'Antiquité et dans le haut Moyen Age », *Francia,* t. 10, Munich, Artemis, 1983, pp. 1-20.

Dietrich LOHRMAN, Walter JANSSEN, *Villa-curtis-grangia. Économie rurale entre Loire et Rhin de l'époque gallo-romaine aux XIIe-XIIIe siècles,* préface de Charles Higounet, Munich, Artemis, 1983.

LA CULTURE

Pierre RICHÉ, *Éducation et culture dans l'Occident barbare, VIe-VIIIe siècle,* 3e éd., Paris, Seuil, 1973.

Pierre RICHÉ, *Instruction et vie religieuse dans le haut Moyen Age,* Londres, Variorum Reprints, 1981 (23 articles).

Pierre RICHÉ, *École et enseignement dans le haut Moyen Age,* Paris, Aubier-Montaigne, 1979.

La cultura antica nell'Occidente latino dal VII all'XI secolo, Settimane di studio sull'alto medioevo, t. 22, Spolète, 1975.

HISTOIRE DE L'ART

Jean HUBERT, *Arts et vie sociale de la fin du monde antique au Moyen Age,* Genève, Droz, 1977 (35 articles importants).

Jean HUBERT, Jean PORCHER, W.-F. VOLBACH, *L'Europe des invasions,* Paris, Gallimard, L'Univers des formes, 1967.

Jean HUBERT, Jean PORCHER, W.-F. VOLBACH, *L'Empire carolingien,* Paris, Gallimard, L'Univers des formes, 1968.

Carol HEITZ, *L'architecture religieuse carolingienne,* Paris, Picard, 1980.

Wilhelm KOEHLER (†) et Florentine MUETHERICH, *Die karolingischen Miniaturen,* dernièrement t. 5 : *Die Hofschule Karls des Kahlen,* Berlin, 1982.

LES ORIGINES ET L'HISTOIRE

Jean LESTOCQUOY, *Histoire du patriotisme en France,* Paris, 1968.

Eberhard WEIS, *Geschichtsschreibung und Staatsauffassung in der französischen Enzyklopädie,* Wiesbaden, 1956.

B. LUISELLÉ, « Il mito dell'origine troiana dei Galli, dei Franchi et degli Scandinavi », *Romanobarbarica* 3, Rome, 1978, pp. 89-121.

Henri DURANTON, « Nos ancêtres, les Gaulois ». Genèse et avatars d'un cliché historique, *Cahiers d'Histoire* 14, 1969, pp. 339-370.

Käthe PANICK, *La race latine. Politischer Romanismus im Frankreich des 19. Jahrhunderts,* (Pariser Historische Studien 15), Bonn, 1978.

Jean-Pierre RIOUX, « Autopsie de "Nos ancêtres, les Gaulois" », *L'Histoire* 27, octobre 1980, pp. 85-86.

Claude BILLARD, Pierre GUIBERT, *Histoire mythologique des Français,* Paris, 1976.

Eugen EWIG, « Xanten dans la *Chanson de Roland* », *Mélanges René Louis,* Paris, 1982, pp. 481-490.

Jean-Daniel PARISET, « La France et les princes allemands. Documents et commentaires (1545-1557) », *Francia* 10, 1983, pp. 229-301.

Rosamond MCKITTERICK, « The study of Frankish History in France and Germany in the XVIth and XVIIth Centuries », *Francia* 8, 1981, pp. 556-572.

Peter STADLER, *Geschichtsschreibung und historisches Denken in Frankreich 1789-1871,* Zurich, 1958.

Jürgen VOSS, *Das Mittelalter im historischen Denken Frankreichs,* Munich, 1972.

GÉOGRAPHIE ET CLIMAT

Signalons la belle série « Atlas et géographie de la France moderne », Paris, Flammarion, avec, par exemple :

Paul FÉNELON, *Pays de la Loire,* Flammarion, 1978.
Paul CLABAL, *Haute Bourgogne et Franche-Comté,* Flammarion, 1978.
Roger DION, *Le Val-de-Loire. Étude de géographie régionale,* Tours, Arrault, 1934, réimpr. Marseille, Laffitte, 1978 (un classique).
Jean MOREAU, *Dictionnaire de géographie historique de la Gaule et de la France,* Paris, Picard, 1972, avec *Supplément...* 1983.
Emmanuel LE ROY LADURIE, *Histoire du climat depuis l'an mil,* Paris, 1967. *Le territoire de l'historien,* Paris, Gallimard, 1973.
Jean BOULAINE, *Les sols de France,* Paris, P.U.F., 1970.
Émilienne DEMOUGEOT, « Variations climatiques et invasions », *Revue historique,* t. 233, 1965, pp. 1-22.
Jean-Robert PITTE, *Histoire du paysage français,* t. 1 : *Le sacré : de la préhistoire au XVe siècle,* Paris, Tallandier, 1983.
Albert DAUZAT, *La toponymie française,* Paris, 1971.
Albert DAUZAT et Charles ROSTAING, *Dictionnaire des noms de lieu de la France,* Paris, 1963.

PRÉHISTOIRE ET ARCHÉOLOGIE

René JOFFROY, Andrée THÉNOT, *Initiation à l'archéologie de la France,* Paris, Tallandier, 1983, 2 vol.
Marshall SAHLINS, *Age de pierre, âge d'abondance. L'économie des sociétés primitives,* Paris, Gallimard, 1976 (traduit de l'anglais par Tina Jolas).
Jean GUILAINE, *La France d'avant la France. Du néolithique à l'âge du fer,* Paris, Hachette, 1980.

A. Leroi-Gourhan, *Le geste et la parole,* 2e vol., 2e éd., Albin-Michel, Paris, 1971-1973. *L'homme et la matière,* 2e éd., Paris, Albin-Michel, 1971. *Milieu et techniques,* 2e éd., Paris, Albin-Michel, 1973. *La préhistoire,* Paris, P.U.F., 1968.

J.-P. Mohen, *L'âge du bronze dans la région parisienne,* Paris, 1977.

LES GRECS A MARSEILLE

Roger Dion, « Tartessos, l'Océan homérique et les travaux d'Hercule », *Revue historique,* 224, 1960, pp. 27-44.

Raoul Busquet, « Marseille, a-t-elle ou n'a-t-elle pas civilisé la Gaule ? » *Revue historique,* 211, 1954, pp. 1-10.

H. Gallet de Santerre, « L'hellénisation du Languedoc méditerranéen et du Roussillon jusqu'à la conquête romaine », *Bull. de l'Assoc. Guillaume Budé,* 1983, fasc. 4, pp. 345-362.

Paul Faure, *La vie quotidienne des colons grecs de la mer Noire à l'Atlantique au siècle de Pythagore (VIe s. av. J.-C.),* Paris, Hachette, 1978.

John Boardman, *The Greeks Overseas. Their Early Colonies and Trade,* Londres, 1973, 2e éd. élargie, 1980 (traduit en allemand Munich, 1981).

Fernand Benoît, *Recherches sur l'hellénisation du midi de la Gaule,* Aix-en-Provence, 1965.

LES CELTES

Venceslas Kruta, *Les Celtes,* Paris, P.U.F., *Que sais-je ?,* 1976.

Yves Roman, *De Narbonne à Bordeaux. Un axe économique au Ier siècle av. J.-C.,* Lyon, Presses universitaires, 1983.

Paul-Marie DUVAL, *Les Celtes,* Paris, « Univers des formes », 1977.

René JOFFROY, *L'oppidum de Vix et la civilisation hallstattienne dans l'est de la France,* Paris, 1960.

Jean-Jacques HATT, *Celtes et Gallo-Romains,* Genève, Droz, 1970.

Jacques HARMAND, *Vercingétorix,* Paris, Fayard, 1984.

LA GAULE ROMAINE

La patrie gauloise, Colloque 1981, Lyon, L'Hermès, 1983.

J.-J. HATT, *Histoire de la Gaule romaine (120 av. J.-C. - 451 ap. J.-C.),* Paris, Payot, 1966.

Roger AGACHE, *La Somme préromaine et romaine,* Amiens, 1978.

Paul-Marie DUVAL, *La vie quotidienne en Gaule pendant la Paix romaine,* Paris, Hachette, 1952.

Paul-Marie DUVAL, *La Gaule jusqu'au* V[e] *siècle,* 2 vol., Les sources de l'histoire de France, Paris, 1971.

Michel LABROUSSE, *Toulouse antique des origines à l'établissement des Wisigoths,* Paris, de Broccard, 1968.

Élie GRIFFE, *La Gaule chrétienne à l'époque romaine,* Paris, Letouzey et Ané, 2e éd. revue, Paris, 3 vol., 1964-1965.

LE BAS-EMPIRE

Roger RÉMONDON, *La crise de l'Empire romain, de Marc Aurèle à Anastase,* Nouvelle Clio, Paris, P.U.F., 1964.

Robert LATOUCHE, *Les grandes invasions et la crise de l'Occident au* V[e] *siècle,* Les Grandes Crises de l'Histoire, Paris, Aubier, 1946.

Jean-Rémi PALANQUE, *Le Bas-Empire*, Paris, P.U.F., Que sais-je ?, 1971.

Peter BROWN, *Genèse de l'Antiquité tardive*, Paris, Gallimard, 1983 (traduction de l'anglais par Aline Roussel).

Karl Ferdinand WERNER, « Conquête franque de la Gaule ou changement de régime ? » K.F. Werner, *Vom Frankenreich zur Entfaltung Deutschlands und Frankreichs*, pp. 1-11, Sigmaringen, Thorbecke, 1984.

Martin HEINZELMANN, « Gallische Prosopographie (260-527) », *Francia* 16, Munich, Artemis, 1983, pp. 531-718.

Alexander DEMANDT « Magister militum », Pauly-Wissowa, *Realencyclopädie*, Suppl. t 12, Stuttgart, 1970, col. 553-790 (fondamental).

Denis VAN BERCHEM, *L'armée de Dioclétien et la réforme constantinienne*, Paris, 1952.

Michel ROUCHE, *Le changement de noms des chefs-lieux de cité en Gaule au Bas-Empire*, Mém. Soc. Ant. de Fr., 9e série IV, 1968, pp. 47-64.

Patrick PÉRIN, *Lutèce, Paris de César à Clovis*, Paris, Carnavalet, 1984.

A l'aube de la France, la Gaule de Constantin à Childéric, Paris, Réunion des musées nationaux, 1981.

LES GERMAINS ET LES INVASIONS BARBARES

Heinrich BECK (et autres), *Reallexikon der Germanischen Altertums-Kunde*, t. 1, de Gruyter, Berlin-New York 1973, paru jusqu'au t. 5.

Herwig WOLFRAM, *Geschichte der Goten*, Munich, Beck, 1979.

Émilienne DEMOUGEOT, *La formation de l'Europe et les invasions barbares*, Paris, Aubier, 1969-1979, 2 vol. en 3.

Le phénomène des grandes « invasions ». Réalité ethnique ou échanges culturels. L'anthropologie au secours de l'histoire. Centre de Recherches archéologiques Valbonne, C.N.R.S., 1983.

Pierre COURCELLE, *Histoire littéraire des grandes invasions germaniques,* Paris, Études augustiniennes, 3e éd., 1964.

LES FRANCS ET LE MONDE FRANC

Edward JAMES, *The Origins of France. From Clovis to the Capetians, 500-1000*, Londres, Macmillan, 1982.

Gabriel FOURNIER, *L'Occident de la fin du* Ve *siècle à la fin du* IXe *siècle,* Paris, Colin, 1970.

Michel BANNIARD, *Le haut Moyen Age occidental,* Paris, P.U.F., Que sais-je ?, 1980.

« Les Francs sont-ils nos ancêtres ? », *Histoire et Archéologie* no 56, Dijon, 1981.

LES MÉROVINGIENS

Gabriel FOURNIER, *Les Mérovingiens,* Paris, P.U.F., Que sais-je ?, 1966 (précis et utile).

Georges TESSIER, *Le baptême de Clovis,* Paris, Gallimard, 1964.

Adolf LIPPOLD, « Chlodovechus », *Paulys Realencyclopädie,* dirigé par Georg Wissowa, supplément t. 13, Munich, Artemis, 1973.

Édouard SALIN, *La civilisation mérovingienne d'après les sépultures, les textes et le laboratoire,* Paris, Picard, 1950-1959, 4 vol.

Patrick PÉRIN, *La datation des tombes mérovingiennes,* Genève, Droz, 1980.

« A propos de publications étrangères récentes concernant le peuplement en Gaule à l'époque mérovingienne : la "question franque" », *Francia,* t. 8, Munich, Artemis, 1980, pp. 537-552.

Martin HEINZELMANN, *Bischofsherrschaft in Gallien (4.-7. Jahrhundert),* Munich, Artemis, 1976.

Karl Ferdinand WERNER, « Les principautés périphériques dans le monde franc du VIIIe siècle », K.F. WERNER, *Structures politiques du monde franc (VIe-XIIe siècle),* Londres, Variorum Reprints, 1979, article no 11.

Michel ROUCHE, « La dotation foncière de l'abbaye de Corbie (657-661) », *Revue du Nord,* t. 55, 1973, pp. 219-230.

Renée DOEHAERD, *Le haut Moyen Age. Économies et sociétés,* P.U.F., « Nouvelle Clio », no 14, Paris, 1971.

Adriaan VERHULST, « Der Handel im Merowingerreich », *Early Medieval Studies,* t. 2, Stockholm, 1970, pp. 2-54 (avec textes contemporains).

Fernand VERCAUTEREN, « La circulation des marchands en Europe occidentale du VIe au Xe siècle : aspects économiques et culturels », *Settimane di studio sull' alto medioevo*, t. 11, Spoleto, 1964, pp. 393-411.

Jean LAFAURIE, « Les routes commerciales indiquées par les trésors et trouvailles monétaires mérovingiens », *Settimane...,* t. 8, Spoleto, 1961, pp. 231-278. « Eligius monetarius », *Revue numismatique,* 6e série, t. 19, Paris, 1977, pp. 111-151.

François-Louis GANSHOF, « L'immunité dans la monarchie franque », *Recueils de la Société Jean Bodin,* t. 1, Bruxelles, 1958.

Hartmut ATSMA et Jean VEZIN, *Chartae latinae antiquiores,* t. 13 à 15, (reproduction et transcription des diplômes originaux mérovingiens conservés aux Archives nationales), Zurich, Urs Graf, 1981-1984.

Luce PIETRI, *La ville de Tours du IVe au VIe siècle. Naissance d'une cité chrétienne,* Rome, École française, 1983.

Laurent THEIS, *Dagobert. Un roi pour un peuple,* Paris, Fayard, 1982.

Eugen EWIG, *Fruehes Mittelalter,* t. 1, 2 : *Rheinische Geschichte,* Düsseldorf, Schwann, 1980 (important pour l'Austrasie).

LES CAROLINGIENS

Édouard PERROY, *Le monde carolingien,* Paris, S.E.D.E.S., 1974.
Pierre RICHÉ, *Les Carolingiens. Une famille qui fit l'Europe,* Paris, Hachette, 1983.
Jean DHONDT, *Le haut Moyen Age (VIIIe-XIe siècle),* Paris, Bordas, 1976 (traduction franç. Michel Rouche).
Lucien MUSSET, *Les invasions : le second assaut contre l'Europe chrétienne (VIIe-XIe siècle),* Paris, P.U.F., « Nouvelle Clio », t. 12 *bis,* 1971.
Robert FOLZ, *Le couronnement impérial de Charlemagne, 25 déc. 800,* Paris, Gallimard, Trente journées qui ont fait la France, 1964.
Jean DEVISSE, *Hincmar, archevêque de Reims, 845-882,* 3 vol., Genève, Droz, 1976.
Georges TESSIER, *Charlemagne,* Paris, Albin-Michel, Le mémorial des siècles, 1967.
Wolfgang BRAUNFELS (dir.), *Karl der Grosse. Lebenswerk und Nachleben,* Düsseldorf, Schwann, 1965-1968, 4 vol.
Rosamond MCKITTERICK, *The Frankish Kingdoms under the Carolingians, 751-987*, Londres et New York, Longman, 1983.
Rosamond MCKITTERICK, *The Frankish Church and the Carolingian Reforms, 789-895,* Londres, Royal Historical Society, 1977.
Robert-Henri BAUTIER, « La campagne de Charlemagne en Espagne (778). La réalité historique », *Bulletin de la Société des Sciences, Lettres et Arts de Bayonne,* nº 135, 1979 (important).
Raymond DELATOUCHE, « Regards sur l'agriculture aux temps des Carolingiens », *Journal des Savants,* 1977, pp. 73-100.
Margaret GIBSON et Janet NELSON (dir.), *Charles the Bald : Court and Kingdom,* Londres, B.A.R., 1981 (Actes d'un Colloque de 1979).
Albert D'HAENENS, *Les invasions normandes, une catastrophe ?,* Paris, Flammarion, 1970.

Ramon D'ABADAL, « La domination carolingienne en Catalogne », *Revue historique,* t. 225, 1961, pp. 319-340.

Anne LOMBARD-JOURDAN, « Les foires aux origines des villes », *Francia*, t. 10, Munich, Artemis, 1983, pp. 429-448.

Stéphane LEBECQ, *Marchands et navigateurs frisons du haut Moyen Age,* t. 1 : *Essai* ; t. 2 : *Corpus des sources écrites,* Lille, Presses universitaires, 1983.

Élisabeth MAGNOU-NORTIER, « La terre, la rente et le pouvoir dans les pays de Languedoc pendant le haut Moyen Age », *Francia,* t. 9, Munich, Artemis, 1982, et t. 10, 1983 (important et neuf).

« Charlemagne et la renaissance carolingienne », *Dossiers de l'archéologie*, nº 30, Dijon, septembre-octobre 1978.

LE Xe SIECLE

Laurent THEIS, *L'avènement d'Hugues Capet,* Paris, Gallimard, Trente journées qui ont fait la France, 1984.

Edmond POGNON, *Hugues Capet, roi de France,* Paris, Albin-Michel, Le Mémorial des siècles, 1966.

Edmond POGNON, *La vie quotidienne en l'an mille,* Paris, Hachette, 1981.

Daniel LE BLÉVEC, *L'an mil,* Paris, P.U.F., Que sais-je ?, 1976.

Helmut BEUMANN (dir.), *Beiträge zur Bildung der französischen Nation im Früh-und Hochmittelalter,* Sigmaringen, Thorbecke, 1983.

Bernd SCHNEIDMÜLLER, *Karolingische Tradition und frühes französisches Königtum,* Wiesbaden, Steiner, 1979.

Françoise DUMAS-DUBOURG, *Le trésor de Fécamp et le monnayage en Francie occidentale pendant la seconde moitié du* Xe *siècle,* Paris, Bibliothèque nationale, 1971.

Karl Ferdinand WERNER, « La genèse des duchés en France et en Allemagne », dans K.F. Werner, *Vom Frankenreich...*, pp. 278 *sq*.

– « Westfranken-Frankreich unter den Spätkarolingern und frühen Kapetingern (888-1060) », K.F. Werner, *Vom Frankenreich...*, pp. 225 *sq*.

– « Quelques observations au sujet des débuts du "duché" de Normandie », K.F. Werner, *Structures politiques...*, article n° IV.

Karl Ferdinand WERNER, « Les nations et le sentiment national dans l'Europe médiévale », *Revue historique* 244, Paris, 1970, pp. 285-304.

INDEX

B

D

E

G

I

J

O

P

Q

R

WXYZ

Table des matières

Composition réalisée par JOUVE

IMPRIMÉ EN FRANCE PAR BRODARD ET TAUPIN
Usine de La Flèche (Sarthe).
LIBRAIRIE GÉNÉRALE FRANÇAISE - 6, rue Pierre-Sarrazin - 75006 Paris.
ISBN : 2 - 253 - 06203 - 0

30/2936/0